中国轻工业"十三五"规划教材

高等学校专业教材

食品营养学

主　编　肖功年
副主编　杨胜利　刘彩琴　袁海娜

中国轻工业出版社

图书在版编目（CIP）数据

食品营养学/肖功年主编. —北京：中国轻工业出版社，2023.1
中国轻工业"十三五"规划教材　高等学校专业教材
ISBN 978-7-5184-3563-0

Ⅰ.①食… Ⅱ.①肖… Ⅲ.①食品营养—营养学—高等学校—教材
Ⅳ.①TS201.4

中国版本图书馆 CIP 数据核字（2021）第 122193 号

责任编辑：钟　雨
策划编辑：伊双双　　责任终审：唐是雯　　封面设计：锋尚设计
版式设计：砚祥志远　　责任校对：晋　洁　　责任监印：张京华

出版发行：中国轻工业出版社（北京东长安街6号，邮编：100740）
印　　刷：三河市国英印务有限公司
经　　销：各地新华书店
版　　次：2023年1月第1版第2次印刷
开　　本：787×1092　1/16　印张：26.5
字　　数：590千字
书　　号：ISBN 978-7-5184-3563-0　定价：56.00元
邮购电话：010-65241695
发行电话：010-85119835　传真：85113293
网　　址：http://www.chlip.com.cn
Email：club@chlip.com.cn
如发现图书残缺请与我社邮购联系调换
221768J1C102ZBW

本书编写人员

主　　编 肖功年
副 主 编 杨胜利　刘彩琴　袁海娜
参　　编 （按姓氏笔画排序）
　　　　　王丹丽（浙江科技学院）
　　　　　方若思（浙江科技学院）
　　　　　占东升（熊猫乳品集团股份有限公司）
　　　　　李　玲（浙江科技学院）
　　　　　吕建敏（浙江中医药大学）
　　　　　任泽华（杭州元勒企业管理有限公司）
　　　　　华家才（贝因美婴童食品股份有限公司）
　　　　　刘少莉（浙江科技学院）
　　　　　刘军波（杭州市农业科学研究院）
　　　　　许韩山（杭州余杭区质量技术监测中心）
　　　　　孙金才（浙江医药高等专科学校）
　　　　　肖海龙（杭州市食品药品检验研究院）
　　　　　何光华（浙江科技学院）
　　　　　沈少林（萧山质量监测中心）
　　　　　张　慧（浙江科技学院）
　　　　　罗自生（浙江大学）
　　　　　金建昌（浙江树人大学）
　　　　　赵广生（杭州新希望双峰乳业有限公司）
　　　　　赵立峰（萧山质量监测中心）
　　　　　姜　荷（杭州市食品药品检验研究院）
　　　　　陶　菲（中国计量大学）
　　　　　龚金炎（浙江科技学院）
　　　　　储小军（贝因美婴童食品股份有限公司）
　　　　　楚秉泉（浙江科技学院）
　　　　　鲍文娜（浙江科技学院）
　　　　　潘　虹（浙江省食品工业协会）
　　　　　魏培莲（浙江科技学院）

前言 Preface

《食品营养学》是物理学、化学、生物学、微生物学、食品化学和食品分析等基础知识综合应用的一门学科。本教材立足于我国高等院校食品专业的教学特点和需要，结合当前国内外营养科学与食品科学发展现状以及我国居民目前的营养状况，以科学性、先进性和实用性为基础，从食品、营养、人体营养需求三者间关系出发，着重介绍了食品营养学基础知识、基本理论、各类食品的营养以及食品加工、贮藏技术对食品营养价值的影响、不同人群及特殊环境人群的营养需求、食品营养与疾病、食品营养强化与营养素补充、保健食品、特殊膳食食品、特殊医学用途食品等，其中融入了国内外最新的研究成果和进展。

本教材最大的特点是理论性和实用性都较强，与现实生活结合紧密，为使读者通过本教材既可学到专业基本理论，又可开阔视野扩大知识面，我们组织了生物学、微生物学、食品化学、食品加工和质量管理等相关领域的专家，尤其是国内著名大型企业的资深工程师来参与编写。本教材适合作为农业、食品科学与工程、食品安全等相关专业的本科生、研究生教材。教材中引入了具体工艺方法和参数，也可供从事食品新产品研发、生产、加工、贸易以及质量管理人员参考。

全书由浙江科技学院、浙江省食品工业协会、浙江大学、浙江工业大学、浙江中医药大学、中国计量大学、浙江树人大学、浙江医药高等专科学校、杭州市农业科学研究院、杭州市食品药品检验研究院、萧山质量监测中心、杭州余杭区质量技术监测中心等高校、科研机构，以及贝因美婴童食品股份有限公司、杭州新希望双峰乳业有限公司和熊猫乳品集团股份有限公司、杭州元勤企业管理有限公司等食品企业联合编写。编委均为在专业学科一线工作、有着丰富理论与实际经验的教授、博士或高级工程师。

全书共分十七章，其中绪论由肖功年、潘虹、罗自生编写，第一章由肖功年、吕建敏、王丹丽编写，第二章由刘军波、姜荷编写，第三章由张慧、赵广生、王丹丽编写，第四章由张慧、任泽华编写，第五章由张慧、魏培莲、占东升编写，第六章由魏培莲、陶菲编写，第七章由李玲、刘少莉编写，第八章由鲍文娜、金建昌编写，第九章由袁海娜、刘彩琴编写，第十章由刘彩琴、杨胜利编写，第十一章由楚秉泉、许韩山编写，第十二章由李玲、沈少林编写，第十三章由杨胜利、赵立峰编写，第十四章由方若思、孙金才、吕建敏编写，第十五章由鲍文娜、肖海龙编写，第十六章由何光华、华家才编写，第十七章由何光华、储小军、龚金炎编写。全书由肖功年统稿。

食品营养学涉及面广，尤其是营养与安全性问题日新月异，内容和要求变化快，加之编者水平有限，书中难免会有疏漏和不妥之处，恳请广大读者批评指正。

编者
2021 年 1 月
杭州

目录 | Contents

绪论 1
 第一节 食品营养学概述 1
 第二节 食品营养学的研究任务与发展 8

第一章 食物的消化与吸收 12
 第一节 消化与吸收概述 12
 第二节 食物的消化 19
 第三节 食物的吸收 23

第二章 能量 29
 第一节 能量的基本概念 29
 第二节 人体能量的需求 31
 第三节 能量的推荐摄入量及食物来源 38
 第四节 能量的测定方法 42
 第五节 能量与健康的平衡关系 46

第三章 碳水化合物 50
 第一节 碳水化合物及其分类 50
 第二节 碳水化合物消化、吸收和代谢 57
 第三节 碳水化合物的功能 59
 第四节 膳食纤维 60
 第五节 血糖生成指数 63
 第六节 膳食参考摄入量（DRIs）和食物来源 65

第四章 脂类 68
 第一节 脂类的分类和生理功能 68
 第二节 脂肪酸 70
 第三节 类脂 73

第四节　脂类的代谢 ………………………………………………………… 75
第五节　脂类的营养价值评价 ……………………………………………… 76
第六节　脂类在加工贮藏中的变化 ………………………………………… 77
第七节　脂类的参考摄入量及食物来源 …………………………………… 78

第五章　蛋白质与氨基酸 …………………………………………………… 81
第一节　蛋白质的分类和生理功能 ………………………………………… 81
第二节　氨基酸和必需氨基酸 ……………………………………………… 83
第三节　蛋白质的代谢及氮平衡 …………………………………………… 85
第四节　食物蛋白质的营养价值评价 ……………………………………… 87
第五节　蛋白质在加工贮藏中的变化 ……………………………………… 92
第六节　蛋白质的缺乏与过量 ……………………………………………… 93
第七节　蛋白质的参考摄入量及食物来源 ………………………………… 94

第六章　维生素 ………………………………………………………………… 96
第一节　概述 ………………………………………………………………… 96
第二节　脂溶性维生素 ……………………………………………………… 98
第三节　水溶性维生素 ……………………………………………………… 105
第四节　类维生素类物质 …………………………………………………… 116

第七章　矿物质 ………………………………………………………………… 122
第一节　矿物质分类及其生理功能 ………………………………………… 122
第二节　钙 …………………………………………………………………… 124
第三节　磷 …………………………………………………………………… 126
第四节　钠 …………………………………………………………………… 128
第五节　钾 …………………………………………………………………… 129
第六节　镁 …………………………………………………………………… 131
第七节　铁 …………………………………………………………………… 133
第八节　锌 …………………………………………………………………… 135
第九节　硒 …………………………………………………………………… 137
第十节　碘 …………………………………………………………………… 139
第十一节　铜 ………………………………………………………………… 141
第十二节　氟 ………………………………………………………………… 143
第十三节　铬 ………………………………………………………………… 144
第十四节　其他矿物质 ……………………………………………………… 144
第十五节　影响食品中矿物质成分的因素 ………………………………… 146

第八章 水 ……………………………………………………………………… 150
第一节 水的性质和生理作用 ……………………………………………… 150
第二节 人体的含水量分布和需水量 ……………………………………… 153
第三节 人体内的水平衡 …………………………………………………… 154

第九章 各类食品营养价值 …………………………………………………… 158
第一节 食品营养价值评价 ………………………………………………… 158
第二节 谷类和薯类食品的营养价值 ……………………………………… 165
第三节 豆类和坚果类食品的营养价值 …………………………………… 174
第四节 蔬菜类和水果类的营养价值 ……………………………………… 180
第五节 畜禽肉和水产品营养价值 ………………………………………… 187
第六节 乳及乳制品的营养价值 …………………………………………… 190
第七节 蛋及蛋制品的营养价值 …………………………………………… 197
第八节 调味品及其他食品的营养价值 …………………………………… 200

第十章 不同人群的营养需求与膳食 ………………………………………… 205
第一节 孕妇营养 …………………………………………………………… 205
第二节 乳母营养 …………………………………………………………… 217
第三节 婴幼儿营养 ………………………………………………………… 221
第四节 学龄前、学龄与青少年营养 ……………………………………… 225
第五节 老年人营养 ………………………………………………………… 229

第十一章 特殊环境人群的营养与膳食 ……………………………………… 234
第一节 高温环境条件下人群的营养与膳食 ……………………………… 235
第二节 低温环境条件下人群的营养与膳食 ……………………………… 239
第三节 高原缺氧环境的人体营养与膳食 ………………………………… 241
第四节 暴露于电离辐射人员的营养与膳食 ……………………………… 246
第五节 职业性接触有毒、有害物质人群的营养与膳食 ………………… 249

第十二章 社区居民营养与我国膳食指南 …………………………………… 265
第一节 社区营养 …………………………………………………………… 265
第二节 膳食营养参考摄入量 ……………………………………………… 266
第三节 膳食结构与膳食指南 ……………………………………………… 268
第四节 营养调查 …………………………………………………………… 275
第五节 营养监测 …………………………………………………………… 280

第十三章 膳食营养与健康 ... 283
- 第一节 膳食营养与恶性肿瘤 ... 283
- 第二节 膳食营养与肥胖 ... 290
- 第三节 膳食营养与糖尿病 ... 298
- 第四节 膳食营养与心脑血管疾病 ... 300
- 第五节 膳食营养与免疫 ... 308

第十四章 食品营养的强化与补充 ... 314
- 第一节 食品营养强化概述 ... 315
- 第二节 食品营养强化技术 ... 317
- 第三节 常见的营养强化剂 ... 320
- 第四节 强化食品的种类 ... 327

第十五章 保健食品 ... 331
- 第一节 保健食品的概念与分类 ... 332
- 第二节 保健食品的发展历史与功能范围 ... 333
- 第三节 保健食品的功能原理和功效成分 ... 334
- 第四节 保健食品的安全与危害因子的检测 ... 348

第十六章 特殊膳食用食品 ... 354
- 第一节 特殊膳食用食品概述 ... 354
- 第二节 常见特殊膳食用食品 ... 364
- 第三节 特殊膳食用食品管理 ... 379

第十七章 特殊医学用途配方食品 ... 384
- 第一节 特殊医学用途配方食品概述 ... 385
- 第二节 特殊医学用途配方食品 ... 389
- 第三节 特殊医学用途配方食品的管理规范 ... 406

绪论

[本章主要内容]

食品营养学及其相关的一些基本概念；食品营养学的发展概况、研究任务与内容、研究方法与现状以及与其他学科的关系等。要求学生掌握本课程的性质、地位、目的、意义；着重掌握食品营养学研究的内容；正确理解食品、营养、营养素、营养价值、营养密度等基本概念；了解营养学与其他学科的关系。

[本章重点]

食品、功能食品、特殊膳食食品、特殊医学用途食品、营养、营养素、营养价值等基本概念。

[本章难点]

普通食品、功能食品、特殊膳食食品、特殊医学用途食品之间的差异。

第一节 食品营养学概述

营养是生物体从外界吸收需要的物质来维持正常的生理、生化、免疫功能及生长发育、代谢等生命活动的过程。农业——食物——营养是一个不可分割的整体。人必须通过摄入食物获取营养，而食物主要来源于农业生产。农业是食物生产的基础，除了水和盐以外，人们的大多数食物来自农业种植和养殖业，以及农产品贮藏加工业。营养工作者一方面承担着向社会提供数量充足、品质优良和品种多样食物的任务，另一方面也承担着向广大农民宣传普及营养知识和改善农民营养状况的责任。须知，若离开了中国八亿农业人口的营养与健康，提高整个中华民族的身体素质只是一句空话。

有许多社会的和自然的因素也会影响到农业——食品——营养体系，进而影响到食物的生产和食品的生产，影响全体国民的营养健康状况。营养学是研究在当前工农业生产水平和人民经济生活条件下，使人民得到合理营养，保证人民健康的科学。所谓合理营养，就是在卫生的前提下，合理地选择和搭配食物，合理地贮藏、加工、烹调食物，使食物中营养的种类、数量及比例都能适应人们的生理、生活和劳动的实际需要。

一、 食品营养学的基本概念

食品营养学（food nutrition）主要研究食物、营养与人体生长发育和健康的关系，以及提高食品营养价值的措施。食品营养学是研究食品营养与人体健康关系的一门学科。食品营养学是随着生物化学、生理学、化学、农学以及食品科学等学科的发展而发展起来的，是通过医学家、营养学家和食品科学家等的共同努力而创立的，是20世纪的产物。食品营养学也是营养学的一个分支学科。营养学是研究食物中对人体有益的成分及人体如何摄取和利用这些成分并增进健康的学科。随着科学研究的进展和实际的需要，营养学又可分为公共营养学、社会营养学、妇幼营养学、临床营养学、特殊营养学、食品营养学、老年营养学、营养经济学、营养流行病学、中医营养学、分子营养学等。

1. 食品

《中华人民共和国食品安全法》规定，食品（food）是指"各种供人食用或者饮用的成品和原料，以及传统的既是食品又是中药品的物品，但是不包括以治疗为目的的物品"。食品包括：食物原料（食料，foodstuff），加工后的食物（food product），传统上既是食品，又是药品的物品。食品的特点是安全卫生，无毒无害，具有营养功能和感官功能，可刺激味觉和嗅觉。此外，食品还包括"传统上既是食品又是药品的物品，但不包括以治疗为目的的物品"。关于这一点，我们要特别注意正确理解与严格区分，因为食品与药品这两者的作用目的不同，食品主要用来满足人们的营养需要，必须每天食用。食品的作用可归纳为：一是为人体提供必要的营养素和能量，满足人体的营养需要，即食品的营养作用，也是食品的主要作用；二是满足人们的不同嗜好和要求，如对食品色、香、味、形态、质地等的需要，即食品的感官作用，此外，某些食品还可以具有第三种作用，即对人体的生理调节作用，这直接或间接与病、保健有关。对于既具有上述营养（第一功能）和感官（第二功能）的基本要求，又具有特定调节和改善人体生理活动（第三功能）的食品通常称为功能食品（functional food）或健康品（healthy food），在我国又称为保健食品（healthy food）。然而，以治疗为目的的物品业药品，它是用来治病的，有一定的剂量效应关系，多食则可能有害。

2. 强化食品

强化通常是指向食品中添加营养素（或称食品营养强化剂）以增加食品营养价值的过程。强化食品（fortified food）则指添加有营养素（食品营养强化剂）的食品。其作用最初是为了防治营养缺乏病，如向食盐中加碘防止缺碘性甲状腺肿，向牛乳和人造奶油中添加维生素A、维生素D，用以防治夜盲和佝偻病等。

我国规定,"食品营养强化剂是指为增强营养成分而加入食品中的天然或者人工合成的属于天然营养素范围的食品添加剂"。在我国食品营养强化剂使用卫生标准中,规定许可使用的营养强化剂品种有氨基酸及含氮化合物、维生素、矿物质和脂肪酸(不饱和脂肪酸)四类,共约110多种。与此同时,还明确规定了其使用范围和使用量。

强化食品(或称营养强化食品)不仅可以弥补天然食品中营养素不足的缺陷,如向谷类食品中添加赖氨酸以弥补其含量不足,以及补充谷类食品等在生产加工过程中某些维生素和矿物质的损失,人们还多用强化食品来满足和平衡营养需要,从而达到防病、保健的目的。在我国,强化食品发展很快,其品种数不断增加。我国对所有食盐强化碘,用以消灭我国地方性甲状腺肿,已取得巨大成绩。微量元素"碘"是机体所必需的生命元素。人体需要的碘主要来源于食物。由于食物链的作用,若土壤和饮用水中缺碘,则导致植物(包括粮食或蔬菜)及动物缺碘。人吃了含碘低的食物,会造成碘摄入不足。日常生活中最普遍、最有效的补碘方法就是食用碘盐,这是因为碘盐的价格相对便宜,每天食用5~6g盐中所含的碘就可以满足人们日常的生理需要。我国在多种多样的食品中已有针对性的强化了各所需的营养素,近年来强化食品更有所增加,在面粉等粮食中添加营养素,是我国继加碘食盐强化后,又一改善公众营养状况的重大举措。营养强化面粉是在面粉中添加维生素A、维生素B_1、维生素B_2、铁等人体所需的微量元素。在食用强化面粉后,试点地区人群的微量元素摄入量全面提高,营养性贫血状况明显好转,锌缺乏有所改善。在美国,目前约有25%的食品强化了铁,25%的乳制品强化了维生素A,即食早餐谷类食品几乎全部进行了营养强化。

对于食品中具体强化的营养素品种和数量,除应符合食品营养学原理等的基本要求以外,关键是应遵循国家有关规定使用,防止不当使用、过量使用引起中毒等情况。例如,维生素A及微量元素硒极易因强化过量而引起中毒。通常,各国对食品的营养强化都有严格的管理规定,并且受生产技术和消费的限制,强化食品有"自我限量",安全性高。

3. 功能食品

功能食品(functional food)又称健康食品或保健食品(health food),是指既具有一般食品的营养、感官两大功能,又具有调节人体生理节律,增强机体防御功能以及预防疾病,促进康复等的工业化食品。它是在20世纪70—80年代随着食品科学技术迅速发展(特别是食品工业迅速发展),以及人们对防病保健意识的增强,人们进一步研究开发出来的一类新的食品。

功能食品首先是食品而绝非医药品。药品是用来治病的,有一定的剂量效应。食品则无剂量限制,可以按机体正常需要自由摄取。功能食品则必须具有明确的功效成分,可以作为每日膳食的一部分,并且功能食品已被科学证实具有调节人体生理功能,有助于防病、保健的功能作用,如增强免疫力,抗衰老,调节血糖、血脂、血压,减肥,美容,增强记忆,改善睡眠,改善视力,改善营养性贫血,改善骨质疏松,改善胃肠道功能,改善性功能,促进生长发育,促进乳汁分泌,促进排铅,耐缺氧,抗疲劳,抗突变,抑制肿瘤等。在我国,具有上述不同功能特点的食品又称保健食品。

开发功能食品首先应鉴别和了解食品成分与机体功能之间的相互关系,即了解其功效成分,并进而确证其包括人类在内的功能作用,还必须通过一定的安全性毒理学评价。日本早在1984年率先在全世界开展了功能食品的研究,1991年法定许可某些功能食品在"特殊健康用项目"中可进行商业化。由于其所具有的特殊功能作用,再加上管理严格、缜密,故日本的功能食品在国内外发展迅速。

我国在清理、整顿国内保健品市场的基础上，从1996年起相继颁发了一系列文件，使功能食品进入良性发展阶段。例如，卫生部曾在《保健食品管理办法》中明确规定："保健食品是指表明具有特定保健功能的食品，即适宜于特定人群食用，具有调节机体功能、不以治疗疾病为目的的食品"，应具有一定标准并需经过包括安全性、功能评价等的严格审批后才可生产应用。随后在我国（GB 16740—2014）《食品安全国家标准 保健食品》中又规定，保健食品声称并具有特定保健功能或者以补充维生素、矿物质为目的的食品。即适用于特定人群食用，具有调节机体功能，不以治疗疾病为目的，并且对人体不产生任何急性、亚急性或慢性的危害。无疑，这对我国进一步发展功能食品具有重要意义。

从营养学的观点看，对于营养素的作用，我们多是阐明其在食品中对健康的影响，而今天，我们应更多地从整体观念角度。将功能食品也纳入营养学范围，这样可大大发展营养科学领域。

4. 特殊膳食食品

特殊膳食食品是指为满足某些特殊人群的生理需求，或某些疾病患者的营养需求，食品生产企业按特殊配方而专门加工的食品，包括婴幼儿辅助食品、糖尿病人食品等。这类食品的成分或成分含量，与类似的普通食品有显著不同。特殊膳食食品是通过改变食品的天然营养素的成分和含量比例而生产的食品，其生产工艺有两种：一种是对食品中原来没有的某种天然营养成分，依据国家标准《食品安全国家标准 食品营养强化剂使用标准》（GB 14880—2012）要求，人为添加的工艺；或通过某种工艺方式（如分离、精馏、离子交换、吸附、浸取）将食品中固有的某种或多种成分提炼出来。另一种是因某种食品中原有的几种营养成分不能满足特殊人群的营养需要而人为地添加营养成分，从而改变了营养成分的含量的工艺；或通过某种方式将一种或几种营养成分去除一部分的工艺，如铁强化糖果，虽然所用原料砂糖中含有一定的天然铁盐，但含量甚微，只有0.6mg/100g，在其中加入一定量铁盐，就适合因缺铁导致的贫血人群。这属于改变食品天然营养素的含量比例的情况。特殊膳食食品是不需要通过动物或人群试验，不需要证实有明显的功效作用的。《食品安全国家标准 预包装特殊膳食用食品标签》（GB 13432—2013）标准规定在标签中不能做功能宣传，而应标示出有关的营养成分及适用人群。

5. 特殊医学用途食品

特殊医学用途配方食品（food for special medical purpose，FSMP），是为了满足进食受限、消化吸收障碍、代谢紊乱或特定疾病状态人群对营养素或膳食的特殊需要，专门加工配制而成的配方食品。该类产品必须在医生或临床营养师指导下单独食用或与其他食品配合食用。特殊医学用途配方食品属于特殊膳食用食品。当目标人群无法进食普通膳食或无法用日常膳食满足其营养需求时，特殊医学用途配方食品可以作为一种营养补充途径，在其治疗、康复及机体功能维持等方面起着重要的营养支持作用。此类食品不是药品，不能替代药物起治疗作用，产品也不得声称可对疾病有预防和治疗功能。

6. 营养

营养是人类从外界摄取食物满足自身生理需要的过程。营养的含义是"作用""行为""生物学过程"，它不能被用来代表物质，也不是食物或养料的同义词。所以，我们平时常说或常用的"营养丰富""富有营养""有无营养"等，似乎是用词不当，这也说明我们对"营养"一词的理解不够到位，应该将其改为"营养成分丰富"或"营养素丰富"或"养料丰富"等，这样既包括基础营养（人类营养学），主要研究各种营养素以及人体在不同生理状态和特殊环境条件下的营养过程及对营养素的需要，也包括医学营养（临床营养学），主要研究营养与疾病的关系，人体在病理条件下对营养素的需要及满足这种需要所采取的措施。

7. 营养素

营养素是指人体必需有足够的量来保证生长发育、繁育和维持健康生活的物质。目前已知的有40~45种人体必需的营养素，存在于食品中并被人们所摄食。依据化学性质和生理功能可将它们分为6大类，即碳水化合物、脂肪、蛋白质、矿物质、维生素和水。其中碳水化合物、脂肪、蛋白质因在食品或食物中存在且摄入的量均较大，故被称为宏量营养素或常量营养素（macronutrients），而维生素和矿物质因在平衡膳食中仅需少量，故称之为微量营养素（micronutrients）。近年来不少学者把膳食纤维也列为营养素，并称之为第七类营养素。

8. 营养价值

营养价值通常是指在特定食品中营养素的质和量的关系。食品的营养价值通常是指特定食品中的营养素及其质和量的关系，或是指食品中所含热能和营养素能够满足人体需要的程度。食品营养价值的高低，取决于食品中营养素的种类是否齐全、数量是否充足、相互比例是否适宜以及是否易于被人体消化、吸收等。食品营养价值的评定主要是从食品所含营养素种类及含量和营养素的质量两个方面进行。也就是说，该食品的营养价值高不高要看其所含的营养素种类多不多、各种营养素的含量多不多以及所含的营养素是否容易被人体吸收，是否适合人们的机体需要。

什么样的食品营养价值高？第一点就是食品中所提供营养素的种类和含量，越接近人体需要，该食品的营养价值就越高。食物中营养素的种类和含量会受到食物品种、部位、产地、成熟程度的影响。第二点就是营养素的质量，营养素的质与量同等重要。营养素的质指什么？从它被人体消化吸收和利用的程度上说，营养素的营养价值是与其消化吸收率和利用率成正比的，如蛋、乳、肉、鱼等动物性蛋白质以及大豆蛋白质的氨基酸模式与人体蛋白质氨基酸模式较接近，其所含必需氨基酸被机体利用的程度就较高，蛋白质的营养价值也相对较高，蛋白质营养价值也经常用六个指标来描述：食物蛋白质含量、食物蛋白质消化率、食物蛋白质功效比、生物价、蛋白质净利用率、氨基酸评分。第三点就是营养质量指数（INQ），INQ是指某种食物中营养素能满足人体营养需要的程度（营养素密度）与该食物能满足人体能量需要程度（能量密度）的比值。其用式（1-1）表示就是：

$$INQ = 某营养素密度/能量密度 = （营养素含量/钙营养素参考摄入量）/（所产生能量/能量参考摄入量） \quad (1-1)$$

INQ=1，表示食物的某种营养素供给与能量供给达到平衡。INQ>1，表示食物中某种营养素的供给量高于能量的供给量，故INQ≥1为营养价值高。反之，INQ<1，说明此食物中某种营养素的供给量少于能量的供给量，易发生该营养素的不足或能量过剩，因此该食品的营养价值低。INQ是评价食品营养价值的一个简明实用的指标。

食品的营养价值是相对的。此外，食品的营养价值还应考虑到食品中存在的某些抗营养因子，如草酸含量高的蔬菜会影响机体对钙的吸收，鞣酸含量高的茶叶会影响机体对铁的吸收，生大豆中有抗胰蛋白酶因子会影响机体对蛋白质的消化与吸收。食品在烹调加工中由于消除了抗营养因子，可使营养价值提高，但也可因为预处理及加工条件不当（如高温、酸碱等）损失营养素，从而使营养价值降低。

9. 营养标签

营养标签指在肉类、果蔬及其他各种加工食品上描述其热能及营养素含量的标志。如美国

FDA 据每日 RDA 设计用于食品标签,以成年男子推荐的 RDA 的营养素数量为标准。营养报道必须遵循 FDA 规定的标签形式,包括:

(1) 每份食品的能量、蛋白质、碳水化合物和脂肪的含量。

(2) 通常将蛋白质、7 种维生素、矿物质列出美 RDA 的百分数(维生素 A、维生素 C、维生素 B_1、维生素 B_2、烟酸、Ca、Fe)。

(3) 可列出其他一些类型营养素(不强求) 维生素 D、I、Cu、Na、胆固醇及多不饱和脂肪酸等。

二、 人体对营养的需要

营养是人类从外界摄取食物满足自身生理需要的过程。食物中的有效成分称为营养素。人体所需的营养素有几十种,可概括为七大类:蛋白质、脂肪、糖类、无机盐、维生素、水和食物纤维。俗话说,"人是铁饭是钢,一顿不吃饿得慌",一切生物维持生命和生长发育及从事各种活动都必须有能量的支撑,能量由食物内的化学潜能转化而来。人体的主要热能来源是碳水化合物,其次是脂肪、蛋白质,因此,这些物质又被称为热能营养素。营养素是能够在生物体内被利用,具有供给能量、构成机体并调节和维持生理功能的物质。蛋白质是一切生命的物质基础,由多种氨基酸组成,并含有碳、氢、氧、氮及少量的硫和磷。碳水化合物又称糖类,由碳、氢、氧三种元素组成。矿物质又称无机盐,包括钙、镁、钾、钠、磷、氯等。维生素是维护人体健康、促进生长发育和调节生理功能所必需的有机化合物。水是人类生存所必需的物质,是人体组织中不可缺少的成分,有帮助血液流动、促进营养物质消化吸收等多种功能。水的硬度适度,到目前为止,只有弱碱性呈离子态的水能够完全符合人体的需要。因此,它不仅适合健康人长期饮用,而且也由于它具有明显的调节肠胃功能、调节血脂、抗氧化、抗疲劳及美容作用,也非常适合胃肠病、糖尿病、高血压、冠心病、肾病、肥胖、便秘及过敏性疾病等体质酸化患者。蛋白质的生理功能是构成、更新及修复人体组织,构成人体内的酶、激素、抗体、血红蛋白、尿纤维蛋白等,以调节生理功能、维持血浆渗透压、提供热能。生活中,蛋白质主要来源于肉、蛋、乳及豆类。脂肪的生理功能是提供及储存热能,构成身体组织,供给必需脂肪酸,促进脂溶性维生素的吸收,维持体温,保护脏器,增加饱腹感。生活中,脂肪主要来源于动物性食品、食用油、坚果类等。碳水化合物的生理功能是提供热能,参与构成机体组织,保肝解毒,抗生酮作用。生活中,碳水化合物主要来源于谷类和根茎类食品(如粮食和薯类)、各种食糖(蔗糖、麦芽糖等)。矿物质中钙的生理功能是构成骨骼与牙齿的主要成分,调节心脏和神经的正常活动,维持肌肉紧张度,参与凝血过程,激活多种酶,降低毛细血管和细胞膜的通透性。生活中,矿物质主要来源于乳及乳制品、海带、小虾米皮、芝麻酱、豆类、绿色蔬菜、骨粉、蛋壳粉等。维生素分为脂溶性维生素和水溶性维生素。维生素 A 维持正常夜视功能,增强机体免疫力,促进生长发育。动物肝脏、乳制品、禽蛋类、有色蔬菜及水果等。维生素 D 调节钙磷代谢,促进钙磷吸收。维生素 K 合成凝血因子,促进血液凝固肠内细菌的合成。维生素 C 可保护细胞膜、防治坏血病,促进铁的吸收和利用,促进胶原、神经递质、抗体合成,参与胆固醇代谢,多见于新鲜蔬菜和水果中。

人们对于食物有共同、最基本的营养要求:

(1) 供给能量、维持体温,并满足生理活动和从事生活劳动的需要。

(2) 构成细胞组织、供给生长发育和自我更新所需要的材料,并为制造体液、激素、免疫抗体等创造条件。

(3) 保护器官机能、调节代谢反应，使机体各部分工作能正常运行。

人体对营养的需要也是食物应具备的营养功能，所以食物是合理营养的物质基础。

三、 大健康背景食品营养学发展

大健康是根据时代发展、社会需求与疾病谱的改变所提出的一种全局的理念。它围绕着人的衣食住行以及人的生老病死，关注于各类影响健康的危险因素和误区，提倡自我健康管理，大健康概念是对生命全过程全面呵护的理论指导下提出来的。它追求的不仅是个体的身体健康，还包含精神、心理、生理、社会、环境、道德等方面的完全健康，它提倡的不仅有科学的健康生活，更有正确的健康消费等。

中国营养健康食品产业起步晚、基数小、成长快，已形成一批有竞争力的大型企业，市场品牌的认同度已有所提高。我国的营养健康产业包括营养补充剂产业、健康功能食品产业、强化食品产业、富营养食品产业。在营养健康产业中认同度最高的是膳食补充剂和健康功能食品。

我国保健食品产业兴起于20世纪80—90年代，由于其可创造高额利润和具有相对宽松的政策与技术壁垒使其出现了第一个高速发展期。但仅靠广告宣传及营销攻势很难实现持续发展，因此在一段时间内出现了低谷期。随着行业逐步规范以及新一轮兴起的保健食品消费热潮的到来，至今我国保健食品产业进入了又一个高速发展时期。企业促销及消费者行为已趋于理智，消费者更注重质量、品牌、实际功效等。随着城市中产阶级人数规模的扩大，保健食品的消费文化已经形成并逐渐呈现多样化的趋势，企业开始走产品、品牌差异化的战略，更加注重产品的功效和消费者的需求。预计未来我国保健食品市场整体将保持高速发展的态势，成为世界保健食品增长最快的市场。随着市场竞争愈演愈烈，竞争战场必将转移到服务竞争上。除了需要满足消费者对保健产品实物的需求外，保健食品企业还需要使消费者能够获取更多的产品附加值。从延伸服务角度分析，消费者需要得到更多的与健康相关的服务，包括健康教育讲座、客户联谊会等，拼客户、拼服务将成为保健营销领域的主要方向。目前，国内大多数保健食品企业的发展策略是以营销为主的。许多企业用炒作代替技术创新和品牌战略，夸大的宣传降低了保健食品在国人心目中的信誉度，结果是"小的企业做不大，大的企业做不强"，而且"昙花一现"短寿的企业多。

1. 营养健康保健食品

健康保健食品不同于食品又区别于药品，它是供亚健康（或称第三态，诱发病态）人群服用的。目前列入科技支撑计划的"亚健康中医干预研究"是在中医的理论及临床研究的基础上进行的，尚缺少现代生物学、医学和营养科学的支撑。据了解，我国台湾一些生物科学、医学和营养学专家已开始用现代生物学、医学的基本理论阐述、界定并干预人们的亚健康状态了，这是值得借鉴的。

现代食品营养学的发展在经历了对能量问题的研究和认识之后，进一步研究并认识到了碳水化合物、脂肪、蛋白质、维生素、矿物质的作用。20世纪60年代，人们进一步对蛋白质进行了扩大研究，并认为蛋白质缺乏是世界上最严重和普遍的营养问题。此后则从多方面研究、干预，并且重点与营养不良做斗争。近年来，人们对上述某些营养素的研究有更深入的认识。例如，对多不饱和脂肪酸特别是，$\omega-3$系列的α-亚麻酸及其在体内形成的二十碳五烯酸（EPA）和二十二碳六烯酸（DHA）的研究颇受重视，而α-亚麻酸已被认为是人体必需脂肪酸、维生素 E、维生素 C 和 β-胡萝卜素以及微量元素硒等在体内的抗氧化作用及其作用机制的研究也十分引人注目，更重要的是对膳食纤维以及某些植物化学物质（phytochemicals）如有机硫化物、异硫氰酸盐、多酚、黄酮和异黄酮等非传统营养素进行了研究，并认识到它们对人体有益，特别是对人体某些慢性和非传染性疾病，如心血管病和某些癌症等有预防作用。因此，将食品营养学对了解某些营养素在预防营养缺乏中所起的作用，逐渐发展为既可防止营养缺乏病又可防护某些慢性和非传染性疾病的发生。

2. 大健康时代食品创新

2020 年全国 60 岁以上老年人口增加到了 2.5 亿人左右，占总人口比例的 17.8%左右。据预计，到 21 世纪中叶，老年人口将达到 4.8 亿左右，在这一过程中，我国老年人口数量始终居于世界第一位，我国还属于老龄化速度最快国家之一。伴随人口老龄化，心脑血管、关节炎等各种慢性病发病率越来越高，这绝不是单靠药物就能解决的社会问题，具有各种功能的保健食品，尤其是针对本源的细胞营养必将受到人们的欢迎。当前世界保健（功能）食品产业已进入快速增长期，只有创新，才是我国保健（功能）食品产业抓住机遇，走出低谷的根本动力。

目前，保健食品的生产加工大都采用了中药现代化生产的一些新技术，保健食品专用的技术较少，专用设备也较少。人们应该在生产保健食品的专用技术和专用设备上下功夫。在功能创新上，可以发现保健食品的新成分并发掘老成分的新功能或新的作用机制。原料创新首先应具有安全性，其次是有效性。要明确摄入原料的安全量和有效剂量，特别要明确有效的作用范围（尤其是最低有效量）。对于一些有复杂成分的食物或中药，还要明确其功能因子。目前我国以食品为载体的保健（功能）食品不到总数的 1%。以食品为载体，使保健食品进入消费者的一日三餐，是国外功能食品产业非常注重的课题。如何赋予我国传统食品以保健功能，值得加强研究。

第二节　食品营养学的研究任务与发展

食品营养学是研究食品和人体健康关系的一门科学。它应使人们在最经济的条件下获得最合理的营养。其主要内容如下：

（1）食品的营养成分及其检测。
（2）人体对食品的摄取、消化、吸收、代谢和排泄。
（3）营养素的作用机制和它们之间的相互关系。
（4）营养与膳食问题。
（5）营养与疾病防治。
（6）食品加工对营养素的影响。
（7）特殊膳食食品营养。
（8）特殊医学用途食品营养。

由上述（6）食品加工与营养的关系可以看出，由于食品营养学与食品科学或食品工艺学关系密切，我们可以认为，食品营养学是研究食品对人体的影响，或者是人体以最有益于健康的方式来利用食品的科学。对于从事食品科学或食品加工的人来说，则应在了解普通营养学知识的基础上更多地了解食品加工对营养的影响；在尽量发挥食品加工有益作用的同时，将食品加工、运输、保藏等过程中营养素的损失，以及在此过程中出现的安全、卫生问题减到最小，并进一步改善和提高食品的营养价值，使之更有利于健康。此外，近年发展起来的旨在防病保健的功能食品、特殊膳食食品、特殊医学用途食品为食品营养学的发展又开辟了一个新的领域。

在前瞻性研究方面，健康功能食品的研究方向主要集中在四个方面：①评价功能食品健康声称的生物学标记及其有效性；②食品及其组分的安全性；③食品组分的健康效应、作用机制；④开发新的活性物质。健康食品不是药品，但它不是一般的食品，而是具有健康功能的食品。目前，一些发达国家认为，功能食品可以具有经过科学认证的"功能声称"。功能食品除了具有传统的营养功能外，还应具有提高机体健康、调节心理状态，以及降低疾病风险的"功能声称"，以区别于一般食品。健康食品功能声称划分一般可概括为两大类：一类是有关增强机体健康和调节心理状态的功能声称，包括增强机体免疫、缓解机体疲劳、美容养颜、抗氧化等；另一类是降低疾病风险的功能声称，特别是降低与生活方式相关的慢性疾病的风险。

一、营养科学发展概况

1. 基础营养

近10余年来，基础营养研究又取得了许多新进展，如膳食纤维的生理作用，多不饱和脂肪酸特别是ω-3系列的α-亚麻酸、EPA及DHA的生理作用被逐渐揭示；叶酸、维生素B_{12}、维生素B_6与出生缺陷及心血管疾病病因关联的研究已到分子水平；维生素E、维生素C、β-胡萝卜素及微量元素硒、锌和铜等在体内的抗氧化作用及其机制已成为当前研究的热点。

2. 公共营养

在WHO、FAO的努力下，人们加强了营养工作的宏观调控作用，提出了一些新概念，如营养监测、营养政策等，逐步形成了公共营养学或社会营养学，更加重视如何使大众得到实惠。世界各国制定了膳食指南并提出了营养素每日推荐供给量，在此基础上又提出了适宜摄入量和人体可耐受最高摄入量。并号召各国政府保障食品供应，控制营养缺乏病，加强宣传教育，并制订国家营养改善行动计划。

3. 营养与健康

营养与健康的关系已成为现代营养学的一项重要内容。越来越多的研究表明，一些慢性病如心脑血管疾病、糖尿病等与膳食营养关系密切，膳食因素是这些疾病的重要成因，也是预防和治疗这些疾病的重要手段。所以，WHO强调在社区中用改善膳食和适当体力活动为主的干预措施可防治多种慢性病。

4. 营养与基因表达

营养因素与遗传基因的相互作用是营养学研究的一个新热点。从理论上讲，人类主要慢性疾病都有其特异的易感基因。人体内特异性疾病基因的存在对于决定个体对某种疾病的易感性有重要作用。从疾病预防的策略考虑，是要防止疾病基因得到表达，其次是通过较长期的努力来减少人群中疾病特异性基因的存在。

5. 食物中的活性成分

食物中的活性成分是目前营养学研究较活跃的领域。目前研究较多的有：茶叶多酚、茶色素、类胡萝卜素、活性多糖、异黄酮等。但这方面的研究往往难以划清食品和药品的界限。

6. 营养与农业

营养素来自食物，食物源自农业。在人口增长超过耕地增长的情况下，农业的发展为世界食物供求平衡作出了巨大贡献。

二、 合理营养的重要性

营养失衡，过度或不足都会给健康带来不同程度的危害。如饮食无度、营养过剩可导致肥胖病、糖尿病、胆石症、高血压及其他心血管疾病，还可成为某些肿瘤和多种疾病的诱因，严重影响健康。而营养缺乏所产生的影响更为复杂、严重而深刻，涉及优生优育、劳动能力、免疫功能、预期寿命等各个方面。营养状况可决定人体的机能状态，关系到脑力、体力、劳动能力、竞技状态和运动成绩。营养不良可使机体免疫功能低下，易感疾病，且病程会迁延。

合理营养就是在卫生的前提下，合理地选择食物和搭配食物，合理地储存、加工和烹调食物，使食物中营养素的种类、数量及比例都能适应人们的生理、生活和劳动的实际需要。其核心是营养素要"全面、平衡、适度"。

三、 我国居民的营养状况

近年来随着经济的快速发展，人们越来越重视饮食养生。俗话说："民以食为天"。随着社会的进步和物质生活水平的提高，人们开始从"吃饱"向"吃好"转变，人们认为不仅要吃饱，还要兼顾营养，吃出健康和品味。《中国居民膳食指南（2016）》是2016年5月13日由国家卫生计生委发布的，提出了符合我国居民营养健康状况和基本需求的膳食指导并制定了相关法规。自2016年5月13日起实施。《中国居民膳食指南（2016）》是以理想膳食结构为导向、汇集了近年来国内外最新研究成果以及近10年来我国居民的膳食营养结构及疾病谱变化的新资料，参考了国际组织及其他国家膳食指南的制定依据，充分考虑了我国营养和社会经济发展的现状，还广泛征求筛选了相关领域专家、管理者、食品行业专业人员、消费者的重点建议，最终提出的符合我国居民营养与健康状况和基本需求的膳食指导建议。《中国居民膳食指南（2016）》是由一般人群膳食指南、特定人群膳食指南和中国居民平衡膳食实践三个部分组成的。

一般人群膳食指南适用于2岁以上健康人群，结合我国居民的营养问题，明确了平衡膳食、能量平衡、多吃的食物、少吃的食物和限制的食物。一般人群膳食指南（2016）的主要内容有以下几点。

（1）食物多样，谷类为主。
（2）吃动平衡，健康体重。
（3）多吃蔬果、乳类、大豆。
（4）适量吃鱼、禽、蛋、瘦肉。
（5）少盐少油，控糖限酒。
（6）杜绝浪费，兴新食尚。

四、 食品营养学与其他学科的关系

食品营养学可以说是农业科学、食品科学与营养科学有机结合的新型学科，也有人认为是一门重要的医学边缘学科，老百姓常说的"病从口入"，与人类的健康息息相关，在促进健康和生长发育、预防疾病和提高生活水平等方面发挥重要作用，具有很强的科学性、应用性和社会性。为此培养优秀专业营养人才，改善与提高人们营养、健康水平是学科发展的必然途径。

食品营养学与农业学科关系密切，农业学科是前段，只有控制了优质的原料，才可以谈到营养，农业学科以解决人类的"吃饭穿衣"为首要已任。随着农业科技创新速度的不断加快，生物技术和信息技术的飞速发展及其在农业中的广泛应用，农学在保持传统特色的基础上，正焕发着勃勃生机。农业科学是研究与农作物生产相关领域的科学，包括作物生长发育规律及其与外界环境条件的关系、病虫害防治、土壤与营养、种植制度、遗传育种等领域。农学（农业科学）是研究农业发展的自然规律和经济规律的科学，因涉及农业环境、作物和畜牧生产、农业工程和农业经济等多种科学而具有综合性。

食品营养学与营养科学的关系：营养科学的涉及面很广，所包含的知识内容也很多，如生理学、生物化学、营养学（含基础营养学和应用营养学）、食品化学、食品工艺学、烹饪学、食品卫生学、食品标准化、食品商品与销售经济学以及心理学等，营养学是营养科学大范畴中的一部分，而食品营养学则可被认为是与食品专业有关的应用营养学。

参考文献

[1] 刘开华，王荣荣. 食品营养学 [M]. 北京：中国科学技术出版社，2013.

[2] 孙远明. 食品营养学（第2版）[M]. 北京：中国农业大学出版社，2010.

[3] 张赟彬. 食品营养学课程教学改革与探索 [J]. 农产品加工（学刊），2012（2）：146-148.

[4] 李铎. 食品营养学 [M]. 北京：化学工业出版社，2011.

[5] 王光慈. 食品营养学 [M]. 北京：中国农业出版社，2006.

[6] 王莉. 食品营养学 [M]. 北京：化学工业出版社，2006.

[7] 中国营养学会. 中国居民膳食指南2016 [M]. 北京：人民卫生出版社，2016.

[8] 仲山民，黄丽. 食品营养学 [M]. 武汉：华中科技大学出版社，2013.

[9] 应飞虎. 我国食品营养标签制度的理论认知与完善建议 [J]. 法学，2020，12（2）：83-102.

[10] 易美华. 食品营养与健康 [M]. 北京：中国轻工业出版社，2000.

第一章 食物的消化与吸收

CHAPTER 1

[本章主要内容]

人体消化系统的组成与特点，消化的概念、方式与过程，机体对脂类、蛋白质、维生素、矿物质等营养素的消化作用原理及其特点；吸收的概念与机理以及糖类、脂类、蛋白质、维生素等消化产物的吸收情况；要求学生重点掌握人体消化系统的组成与特点；正确理解消化、吸收的概念、方式与机制；掌握机体对糖类、脂类、蛋白质等的消化作用原理及其特点，对糖类、脂类、蛋白质消化产物的吸收作用。

[本章重点]

能概述食物的消化过程；分析小肠的结构和功能的关系。

[本章难点]

尝试解读并建立营养物质在消化道内被消化和吸收的图解。

第一节 消化与吸收概述

众所周知，生命的基本特征之一就是不断地进行新陈代谢。人体进行新陈代谢需要不断地从外界摄取各种营养物质，而人体所需的营养物质主要来自于各种食物。食品中的自然营养物质如糖类、脂类、蛋白质等，一般都是结构复杂的大分子有机物质，不能直接被人体吸收和利用，它们必须先在消化道内经过分解，变为结构简单的小分子物质如葡萄糖、甘油、脂肪酸、氨基酸等，才能通过消化道黏膜的上皮细胞进入血液和淋巴循环，供人体组织利用，也就是说，食物必先进行消化，然后才能被吸收与利用。

一、人体消化系统的组成与消化液

1. 消化系统的组成

人体的消化系统（图1-1、图1-2）由消化道和消化腺两大部分组成。

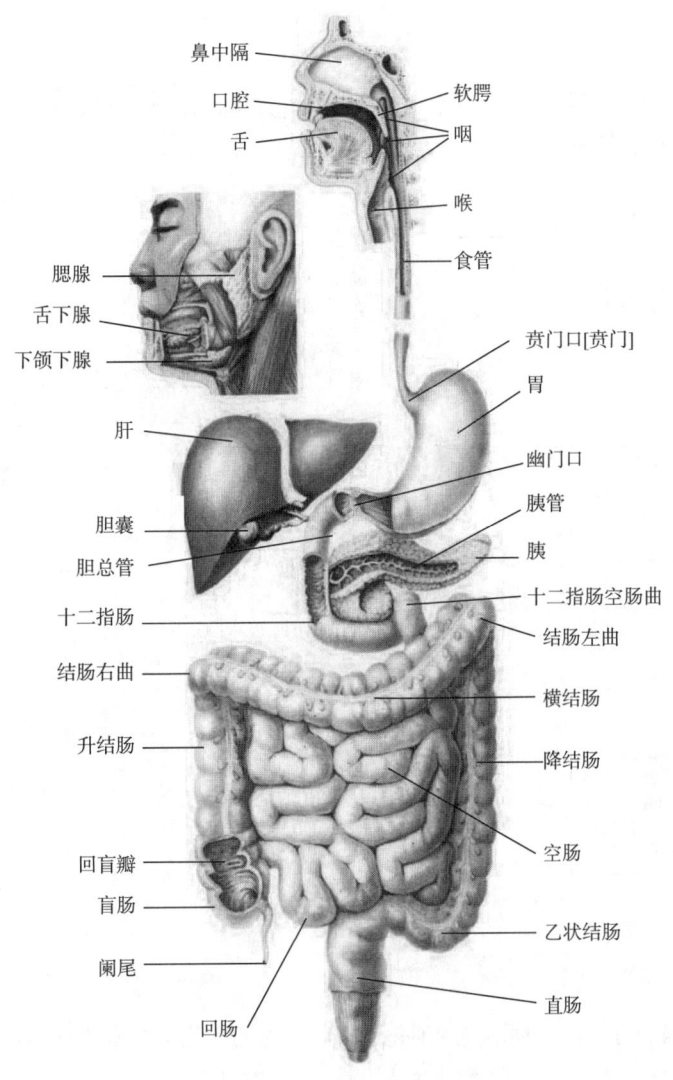

图1-1 消化系统概览

（1）消化道（管） 消化道是一条从口腔到肛门的肌性长管，它既是食物通过的管道，又是进行食物消化、吸收的场所。根据其位置、形态和功能的不同，消化道可依次分为口腔、咽、食道（管）、胃、小肠（含十二指肠、空肠、回肠）、大肠（含盲肠、阑尾、升结肠、横结肠、降结肠、乙结肠、直肠）和肛门，共7个部分。全长为8~10m。

（2）消化腺 消化腺是分泌消化液的器官（腺体），主要有唾液腺（含腮腺、下颌下腺和舌下腺）、胃腺（含贲门腺区、泌酸腺区、幽门腺区）、胰腺、肝和小肠腺（含十二指肠腺、肠腺），有的就存在于消化道的管壁内，如胃腺、小肠腺，其分泌液直接进入消化道中，有的则存在于消化道之外，如唾液腺、胰腺和肝，它们有专门的腺导管，可将各自的分泌液送入消化道内。

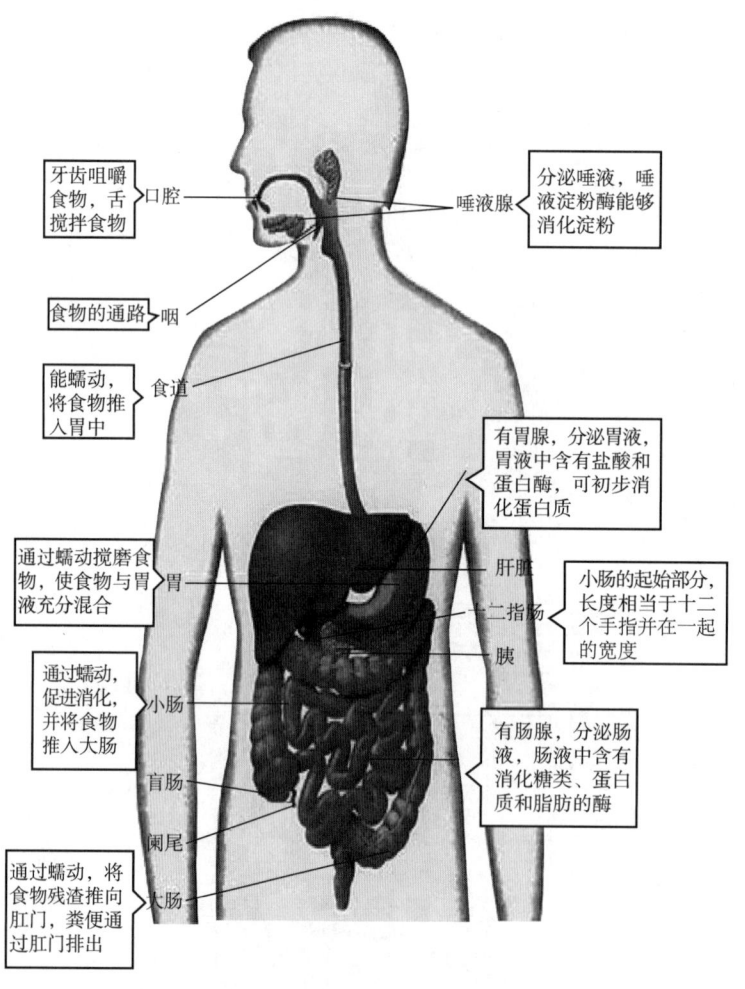

图 1-2 人体消化腺组成

2. 消化液

不同的消化腺会分泌出各种不同的消化液，而不同的消化液含有不同的消化酶以及与消化有关的一些有机物和无机物等，进而对食品的消化会产生不同的作用与效果。

（1）唾液的成分与作用 由唾液腺分泌的唾液是无色、无味的混合液体，pH 为 6.6~7.1。唾液中水分约占 99%，其中所含的有机物主要是黏蛋白、氨基酸、尿素、尿酸以及唾液淀粉酶、溶菌酶等；所含的无机物主要有 Na^+、K^+、Ca^{2+}、Cl^-、HCO_3^- 和微量的 CNS^-。此外，唾液中还含有一定量的 O_2、N_2 和 CO_2 等气体，唾液可以湿润并溶解部分食品，使食品易于被吞咽并引起味觉；唾液的流动可以冲洗掉口腔黏膜上的有害物质，唾液中的溶菌酶和微量的 CNS^- 有杀菌作用，唾液淀粉酶可使淀粉水解为麦芽糖，但因食品在口腔中停留的时间较短，所以淀粉的水解也有限。绝大多数的味觉刺激，尤其是酸味能引起大量的唾液分泌，另外当一个人嗅到或吃到他喜好的食品时，唾液分泌量会远远超过他遇到所厌恶食品的唾液分泌量。正常成人每日分泌唾液为 1.1~1.5L。

(2) 胃液的成分与作用　纯净的胃液是一种无色而呈酸性的混合液体，pH 为 0.9~1.5。胃液的主要成分包括水、HCl、Na^+、K^+ 等无机物以及黏蛋白、胃蛋白酶等有机物，成人每日分泌的胃液量为 1.5~2.5L。

①盐酸。胃液中的 HCl 也称胃酸，是由胃腺壁细胞分泌的，在整个机体中只有胃才能容纳酸性分泌液，胃液的 pH 很低，而一般细胞外液的 pH 都比胃酸高，如血液的 pH 则为 7.0，胃中的 HCl 具有多种功能：首先是它能抑制和杀灭随食物进入胃内的病菌；能激发蛋白酶原使之转变为胃蛋白酶，并形成胃蛋白酶最适应的酸性环境以利于水解蛋白质，HCl 进入小肠后能刺激胰液和小肠液的分泌，并引起收缩，排出胆汁；此外，胃酸还有助于小肠对钙、铁等的吸收。胃酸分泌过少会引起消化不良，出现明显的食欲减退如饱闷感等，有时还会引发腹泻，而胃酸过多对胃壁及十二指肠壁有副作用。

②胃蛋白酶。胃蛋白酶是胃液中的主要消化酶，其最适 pH 为 2.0，胃蛋白酶能使食物水解为蛋白质、蛋白胨及少量的多肽、氨基酸。

③黏液。黏液呈弱碱性，主要成分是糖蛋白，其次是黏多糖、蛋白质等大分子覆盖在胃黏膜的表面上，可以润滑食物使其易于通过，使胃黏膜不受食物中坚硬物质所损伤；此外，因黏液呈弱碱性，可减弱胃蛋白酶的活性，从而防止胃酸和胃蛋白酶对胃黏膜白的水解作用，因此也有人称它为"黏液屏障"。

④内因子。正常胃液中含有"内因子"，它是一种分子质量为 53000u 的糖蛋白，它与 B 族维生素结合形成一种复合物，促进维生素 B_{12} 的吸收。胃黏膜萎缩或胃癌患者因胃液中缺乏内因子而引起 B 族维生素缺乏，从而影响红细胞的生成使人患恶性贫血。一般混合食物入胃 30min 后，便离开胃而进入十二指肠，液体食物在胃内则停留 2~3h，脂肪在胃中完全排空则需 4~5h 或以上。

(3) 胆汁的成分与作用　肝除了在中间代谢中有许多重要功能外，还是人体中最大的腺体，成人的肝约重 1500g。肝细胞具有分泌胆汁的功能，胆汁沿着肝内胆道系统流出，经胆囊浓缩贮于胆囊，再经胆总管流入十二指肠。成人每日进入肠道的胆汁为 0.8~1L，人的胆汁呈黄褐色或金黄色。胆汁所含的主要有机物是胆汁酸盐、胆色素、脂肪、磷脂、胆固醇、黏蛋白等；所含的无机物除水外，还有 Na^+、K^+、Ca^{2+}、HCO_3^- 等。胆汁不含消化酶，其中有消化意义的成分为胆汁酸盐、磷脂和胆固醇，它们作为脂肪的乳化剂可降低脂肪的表面张力，从而增加其与胰脂肪酶的作用面积；胆盐还可与被水解出的脂肪酸、单酰甘油酯形成水溶性复合物，以促进这些物质的吸收；胆盐另一方面又可激活胰脂肪酶，使其催化脂类水解的作用加速。此外，胆汁对促进脂溶性维生素的吸收也有重要意义。

胆汁酸是在肝细胞内由胆固醇转变生成的，健康人的胆汁中，牛磺胆汁酸与甘氨胆汁酸的比例约为 1:3。人体每天合成胆固醇为 1~1.5g，其中 0.4~0.6g 在肝内转变成胆汁。

(4) 胰液的成分与作用　胰是人体的第二大消化腺。胰腺有许多分泌胰液的腺泡，所分泌的胰液流入肠腔。胰液是无色的碱性液体，pH 为 7.8~8.4，正常成年人每日分泌 1~2L。其主要成分有 $NaHCO_3$ 和各种消化酶，如胰淀粉酶、胰脂肪酶、胰蛋白酶等。$NaHCO_3$ 能中和由胃进入小肠的 HCl，为小肠中的各种消化酶提供适宜的弱碱性环境。

胰蛋白酶等从胰腺分泌出来时，呈不活动的酶原状态，需在小肠腔内经肠激酶的作用而被激活。

（5）小肠液的成分与作用　小肠液是小肠黏膜内肠腺分泌的液体，十二指肠分泌的黏液具有保护肠黏膜、防止酸、碱侵蚀的作用。小肠液呈弱碱性，pH 为 7.8 左右，成人每日分泌量为 1~3L。小肠液中除了含肠激酶外，还含有多种消化酶，如羧基肽酶、氨基肽酶、二肽酶、麦芽糖酶、乳糖酶、蔗糖酶、肠脂酶、磷脂酶及维生素 A 脂酶等。小肠液的作用是进一步分解肽类、双糖和脂类，使其成为可被吸收的物质。目前认为这些酶主要局限在小肠黏膜的微绒毛区以发挥酶解作用，被称为膜消化作用（membrane digestion）。

（6）大肠液的成分与作用　大肠黏膜有肠腺，分泌少量碱性液体，pH 为 8.3~8.4。大肠液的主要成分是糖蛋白，它能保护肠黏膜并润滑粪便。大肠内有许多细菌，这些细菌主要来自于空气和食物，它们由口腔入胃，最后到达大肠。大肠内的酸碱度和湿度适宜一般细菌的繁殖。细菌中含有的酶能分解食物残渣，糖类发酵的产物有乳酸、醋酸、二氧化碳及沼气等；脂类发酵的产物有脂肪酸、甘油及胆碱等；蛋白质腐败的产物有蛋白标、蛋白胨、氨基酸、氨、硫化氢、组织胺和吲哚等，它们中的少量可被吸收，其中有些成分是有毒的。在正常情况下，机体一方面通过肝脏对这些毒物进行解毒，另一方面通过大肠将这些毒物排出体外。大肠内的细菌还能利用肠内较简单的物质合成某些 B 族维生素的复合物和维生素 K，它们被吸收后对人体具有营养作用。据统计，粪便中死的和活的细菌占粪便固体总量的 20%~30%。

二、消化概述

1. 消化的方式（形式）

消化的方式，主要有物理性消化和化学性消化两种。

（1）物理性消化　通过口腔咀嚼及消化道肌肉收缩活动，将食物磨碎，并使食物与消化液充分混合，将食物不断地向消化道的下方推送。

（2）化学性消化　靠消化液及其消化酶的作用，把食品中的大分子物质进行化学分解，使之成为可被吸收的小分子物质。需注意的是，物理性消化和化学性消化这两种方式往往是同时进行、互相配合的。

2. 消化的过程

食品的消化从口腔开始，口腔的咀嚼可将食品粉碎，并使之与唾液混合开始对淀粉类物质进行部分的消化，因为食品在口腔内停留的时间很短，所以这对食品的消化作用并不大。经口腔咽下的食品，通过食道很快地进入胃内，被进一步磨碎，并与胃液混合，其中的蛋白质成分可分解为分子质量较小的蛋白标和蛋白胨，此时的食品状态就像粥一样，被称为食糜。

从胃中出来的食糜进入小肠中的十二指肠后，进一步受到胰液、胆汁和小肠液的化学作用，其中的各种营养成分被分解为可被吸收的小分子物质。食品通过小肠后，消化过程基本完成，只留下一些未经消化的食物残渣，从小肠进入大肠。大肠内无明显的消化作用，大肠内的细菌能使食物残渣发酵腐败，最后以粪便形式排出体外。

3. 消化道活动的特点

消化道的运行机能由消化道肌肉层的活动来完成，消化道中，除食管上端的肌肉是骨骼肌外，其余均由平滑肌组成。其活动具有以下特点。

(1) 兴奋性低，收缩缓慢。
(2) 富于伸展性　最长时可为原来长度的 2~3 倍，消化道的某些部位如胃，常可容纳几倍于自身初始体积的食物。
(3) 有一定的紧张性　消化道的各部位，如胃、肠等都能保持一定的形状和位置，肌肉的各种收缩均是在肌肉紧张的基础上发生的。
(4) 进行节律性运动　即消化道会进行有节奏、有规律的运动，故应予以爱护。
(5) 消化道对化学、温度和机械牵引的刺激较敏感，对内容物的推进或排空有重要意义。

4. 消化作用的意义

消化作用的意义主要有两点。
(1) 利于机体胃肠道协调的生理活动；
(2) 将大分子营养成分分解为小的非特异性的物质，便于机体的吸收和利用。

三、吸收概述

1. 吸收的概念

食品（物）进入人体后经过消化，将其中的大分子物质变成小分子物质，如多糖分解成单糖，蛋白质分解成氨基酸，脂肪分解成单酰甘油酯、脂肪酸、甘油等，维生素与矿物质则在消化过程中从食物的细胞中被释放出来。这些小分子物质只有通过肠壁进入血液，随血液循环到达身体的各个部分，才能进一步被机体组织和细胞所利用。所谓吸收就是指食品（物）经过消化后，其消化产物、水分及盐类等物质透过消化道的黏膜（或管壁）进入血液和淋巴循环的过程。也可以说是食物经分解后透过消化道管壁进入血液循环的过程。消化道部位不同，其吸收情况也不同。这主要与消化道各部位的组织结构以及食物在该部位的成分与停留时间有关。在口腔和食道内，食物实际上是不被吸收的；在胃内，食物被吸收的量也很少，胃仅可以吸收乙醇和少量水分；大肠（结肠）主要吸收水分和矿物质；小肠则主要吸收营养物质。成人的小肠长约 4m，是消化道最长的一段，其直径约为 4cm。小肠的黏膜具有环状级，拥有大量的绒毛与微绒毛。绒毛是小肠黏膜的微小突出结构，长度为 0.5~1.5mm，密度为 10~40 个/mm，绒毛上的每一个柱状上皮细胞可以有 600 多条微绒毛，如图 1-3 所示。小肠黏膜这种特殊的皱褶及大量绒毛与微绒毛结构，使得小肠黏膜有巨大的表面积，其总吸收面积可达 200~400m²，即使手术切掉小肠的 2/3，对吸收仍无严重妨碍。再加上食物在小肠内停留的时间较长，为 3~8h，均为食物成分得以被充分吸收提供了保障。因此，人体总饮水量的 4/5 在小肠中吸收，通常所摄取的蛋白质、脂肪和糖类物质的 95%~97% 也在小肠中被吸收。通常人们认为蛋白质、脂肪和糖类的消化产物，大部分在十二指肠和空肠被吸收，当食糜到达回肠时吸收已基本完成。回肠的主要生理功能是消化、吸收食物，使食糜向前运动，但是它能主动吸收胆盐和维生素 B_{12}。在十二指肠和空肠上部，水分、电解质由血液进入肠腔且由肠腔进入的量很大，交流较快，因此，肠内容物的量减少并不多，而回肠中的这种交流却比较少，离开肠腔的液体也比进入的要多，这使得回肠内容物的量大大减少。

2. 吸收机制

(1) 被动转运　主要包括以下这些作用。

①滤过。滤过靠膜两边的流体压力差而进行。肠黏膜上皮细胞可被看成一个滤计，如果肠腔内压力超过毛细血管压或毛细淋巴管压时，水分或其他物质就可依靠压力差滤入毛细血管或

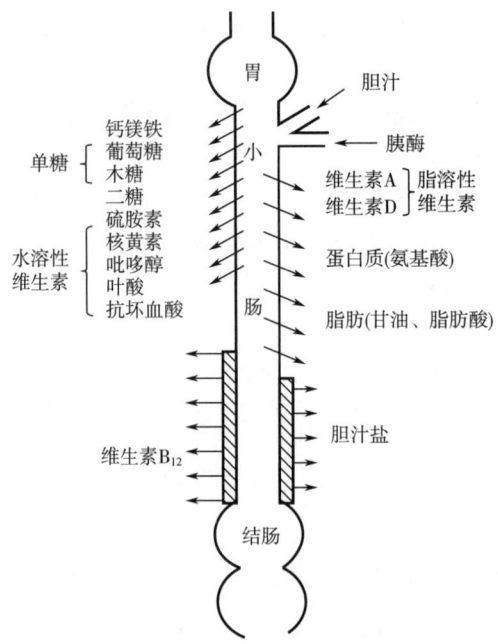

图1-3 小肠中各营养素的吸收情况

毛细淋巴管内。

②渗透。渗透靠膜两侧的渗透压差而进行。这与膜两侧溶质的浓度差密切相关,分子可以借助于膜两侧的渗透压差,从浓度高的一侧渗入到浓度低的一侧,水分则是从渗透压较低的一侧进入渗透压较高的一侧,最后达到两侧的渗透压相等。

③单纯扩散。单纯扩散是因为不停顿的分子运动所产生的。例如,将两种不同浓度的同一溶液相邻地放在一起,那么高浓度区域中的溶质分子就会向低浓度区域净移动,即扩散。

④易化扩散。易化扩散指一些不溶于脂质的物质,在细胞膜蛋白质的帮助下,由膜的高浓度一侧向低浓度一侧扩散的过程。其特点是细胞膜的每一种蛋白质只能转运具有稳定化学结构的物质,它不是单纯的物理扩散,而是有某种化学反应参与其中。

(2) 主动转运 细胞膜还能将某些物质的分子由浓度低的一侧向浓度高的一侧转运,这种转运需要载体的协助并要消耗能量,故将其称为主动转运。也可以说是由于细胞膜上存在一种具有"泵"样作用,可以逆浓度梯度进行蛋白质转运,因此要有能量的消耗。至于主动转运完成的确切机制尚不清楚,但有载体系统参与是肯定的,被吸收的营养物质与特定的载体相结合,可形成能推动营养物质穿过膜的复合物,一旦营养物质通过了膜,便和载体分开了。

(3) 胞饮作用 胞饮作用(pinocytosis)是一种通过细胞膜的内陷将物质摄取到细胞内的过程,也是物质进入活细胞膜内的主动运输形式。活细胞摄取微粒时,首先使细胞的原生质围绕各种物质流动,然后重新形成细胞膜,并把这些物质包裹起来,以后这些粒子就变成了细胞的内含物(图1-4)。若被卷入的是液体,它就在原生质中形成充满液体的小液囊(胞饮泡)。这一过程能使细胞吸收某些完整的脂类和蛋白质,这也是新生儿从乳中吸收抗体的方式。此外,这种未经消化的天然蛋白质进入体内,可能是某些人产生过敏的原因。

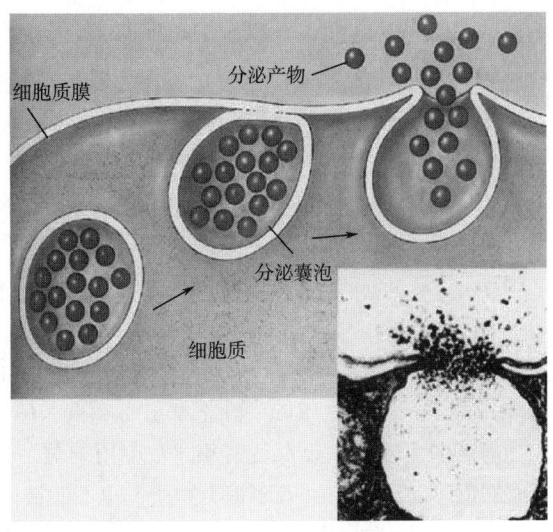

图 1-4 胞饮作用示意图

第二节　食物的消化

消化是指食物进入人体后，经过口腔咀嚼、消化道磨碎和分解，变成结构简单的小分子物质的物理、化学变化过程。简单地说，食品在消化道内的分解过程即为消化。食品的消化作用非常重要。因为食品只有通过消化以后才能被人体所吸收与利用，才具有营养作用。

一、糖类的消化

糖类即碳水化合物，通常包括淀粉、纤维素、半纤维素、果胶等。食品中糖类含量最多的通常是淀粉，多来自各种谷类和薯类食物，也有为数很少的淀粉存在于动物的肌肉与肝脏之中，我们称为糖原，又称为动物淀粉，其次是蔗糖和牛乳中的乳糖等。食品中的糖类物质经消化道有关的酶作用水解成为单糖后才能被吸收，其过程如图 1-5 所示。糖类物质的消化从口腔开始。口腔内有 3 对大唾液腺及无数分散存在的小唾液腺，主要分泌唾液。唾液中所含的 α-淀粉酶，仅对 α-1, 4 糖苷键具有专一性，它首先对淀粉进行水解，最终产品可形成糊精与麦芽糖。因通常情况下，食物在口腔中停留的时间很短，所以此时淀粉水解的程度不是很大。当食物进入胃以后，在 pH 为 0.9~1.5 的酸性环境中，唾液淀粉酶便很快失去了活性。

应该说，糖类物质消化的主要场所在小肠。来自胰液的 α-淀粉酶可以将淀粉水解为带有 1, 6-糖苷键支链的糖——α-糊精与麦芽糖。而小肠黏膜细胞所含的 α-糊精酶（内含 1, 6-低聚葡萄糖苷酶）和麦芽糖酶，则可以分别将 α-糊精分子及麦芽糖分子进行水解，最终生成葡萄糖。通常情况下，食品中的直链淀粉主要受 α-淀粉酶的作用而被水解，使分子质量逐渐变小，最终成为麦芽糖和葡萄糖，之后的分解过程与直链淀粉相同，最终产物为葡萄糖。

食品中的双糖可被小肠黏膜微绒毛中的双糖酶所分解。蔗糖可被分解为葡萄糖和果糖。乳糖酶可将乳糖水解为葡萄糖和半乳糖。此外，α-糊精酶、蔗糖酶具有催化水解，生成葡萄糖的作用，其中α-糊精酶的活力最强，约占水解麦芽糖总活力的50%。大豆及豆类制品中含有一定量的棉籽糖和水苏糖。棉籽糖为三碳糖，由半乳糖、葡萄糖和果糖组成。水苏糖为四碳糖，由两分子半乳糖、一分子葡萄糖和一分子果糖组成。体内没有水解此类碳水化合物的酶，所以它们不能被机体消化吸收，而是滞留于肠道，在肠道微生物的作用下发酵、产气，因此称之为"胀气因素"。大豆在被加工成豆腐时，胀气多已被去除。豆腐乳中的根霉可以分解并去除此类碳水化合物，因而也不会出现胀气。食品中含有的膳食纤维，如纤维素是由β-葡萄糖通过β-1,4-糖苷链连接而成的。

由于人体消化道内没有β-1,4-糖苷键水解酶，故使得许多膳食纤维（水溶性、非水溶性）都能被消化吸收。由多种高分子多糖组成的半纤维素也不能被人体所消化吸收。另外，含工业中常用的琼脂、果胶、海藻胶等植物胶以及近些年才被应用的魔芋粉（主要含由甘露葡萄糖以2：1或3：2聚合而成的魔芋甘露聚糖）等多糖类物质，也不能被人体所消化吸收。通常，食品中的糖类物质在小肠上部几乎全部被消化分解成各种单糖，如图1-5所示。

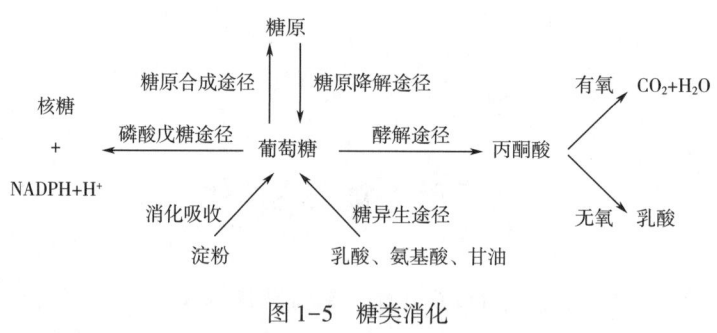

图1-5 糖类消化

二、脂类的消化

脂类是脂肪（中性脂肪及油）和类脂（磷脂、糖脂、固醇及其酯）的总称。膳食中的脂类主要是中性脂肪，即甘油三酯；其次为少量的磷脂、胆固醇及胆固醇酯。它们的某些理化特性及代谢特点类似于中性脂肪。胃液中仅含有少量的脂肪酶，而且它的最适pH6.3~7.0，而成人胃液的pH为1.0~2.0。所以，脂肪在胃内几乎不发生消化作用。脂类的消化主要在小肠中进行。小肠内存在着小肠液以及由胰腺和胆囊所分泌的胰液和胆汁。胰液中含有胰脂肪酶，它主要水解甘油三酯分子中C_1和C_3的外酯键，从而将脂肪分解为甘油和脂肪酸。小肠液中也含有脂肪酶。肝细胞产生的胆汁中含有胆酸盐，可使不溶于水的脂肪乳化，这有利于胰脂肪酶的作用。胆酸盐主要是结合胆汁酸所形成的盐，胆固醇是胆汁酸的前体。胆酸盐和胆固醇等都可乳化脂肪，形成脂肪微滴，使之分散于水溶液中，增加与脂肪酶的接触面积，促进脂肪的分解。

脂类不溶于水，它们在食糜这种水环境中的分散程度对人体消化具有重要意义。因为水解反应，只在疏水的脂肪滴与溶解于水的酶蛋白之间的界面进行，所以乳化成分或分散的脂肪更容易被消化。脂肪形成均匀乳浊液的能力受其熔点限制。此外，食品乳化剂如卵磷脂等，对脂肪的乳化、分散起着重要的促进作用。

要注意，脂肪的水解是不恒定的。有50%左右可完全水解，生成相应的脂肪酸与甘油；而其余的大部分可分解为具有很强乳化作用的甘油一酯，另一小部分则被分解为油脂，它们与胆汁中的胆酸盐及脂肪酸一起可形成混合性胶粒，与肠黏膜微绒毛接触，易于被吸收。此外，脂肪酶解的速度也因其脂肪酸的长度及组成而异，通常带有短链和中链脂肪酸的甘油三酯容易被酶完全水解为脂肪酸与甘油；含不饱和脂肪酸的甘油三酯，其速度要快于含饱和脂肪酸的甘油三酯，如图1-6所示。食品中的磷脂需有胰液中的磷脂酶给予催化作用，才能被水解而生成甘油和磷酸等。总之，食品中的脂类物质被消化代谢，储存在皮下结缔组织、肠系膜等处。

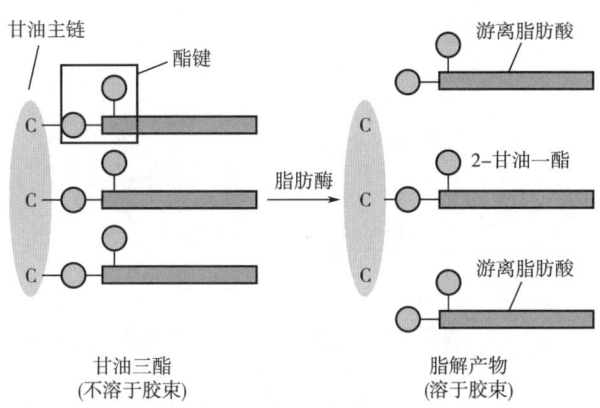

图1-6　脂类物质消化

三、蛋白质的消化

蛋白质的消化在胃中开始。胃液中含有胃蛋白酶（由胃蛋白酶原经活化而成），它能水解各种水溶性蛋白质，但主要水解由苯丙氨酸或酪氨酸组成的肽键，对亮氨酸或谷氨酸组成的肽键也有一定作用。其水解产物主要是䏡、胨、多肽和少量氨基酸。胃蛋白酶也是唯一能消化胶原的酶胶原，是肉中纤维组织的主要成分，它必须先被消化才能使肉中其他成分受到消化酶的作用，继而在胰蛋白酶、糜蛋白酶（胰凝乳蛋白酶）的作用下，可使蛋白质在小肠上段被进一步消化。此外，胃蛋白酶对乳中的酪蛋白还具有凝乳作用。食物由胃进入小肠后，分别受到来自胰液和小肠黏膜细胞产生的多种不同酶的作用，可对其中的蛋白质进行进一步的消化分解。胰液是由胰腺分泌的、无色无臭的碱性液体，它所含的蛋白酶有许多种，可分为内肽酶与外肽酶两大类。胰蛋白酶、糜蛋白酶均属于内肽酶（胃蛋白酶也是内肽酶），它们只能使肽链从中间被水解。通常情况下，它们均以非活性的酶原形式存在于胰液中。小肠液中的肠致活酶可将无活性的胰蛋白酶原被激活成具有活性的胰蛋白酶。酸、胰蛋白酶本身及组织液也具有活化胰蛋白酶原的作用。具有活性的胰蛋白酶可以将糜蛋白酶原激活成糜蛋白酶，以发挥其作用。

胰蛋白酶、糜蛋白酶以及弹性蛋白酶都可以使蛋白质肽链内的某些肽键水解，但具有各自不同的肽键专一性。例如，胰蛋白酶主要水解由赖氨酸及精氨酸等碱性氨基酸残基的羧基组成的肽键，产生羧基端为碱性氨基酸的肽；糜蛋白酶主要作用于芳香族氨基酸，如由苯丙氨酸、酪氨酸等残基的羧基组成的肽键，产生羧基端为芳香族氨基酸的肽，有时也作用于由亮氨酸、谷氨酰胺及甲硫氨酸残基的羧基组成的肽键；弹性蛋白酶则可以水解各种脂肪族氨基酸，如缬氨酸、亮氨酸、丝氨酸等残基所参与组成的肽键。外肽酶主要是羧肽酶A和羧肽酶B。前者可将羧基末端水解为各种中性氨基酸残基组成的肽键；后者则主要将羧基末端水解为赖氨酸、精氨酸等碱性氨基酸残基组成的肽键。因此，经糜蛋白酶及弹性蛋白酶水解而产生的肽，可被羧基肽酶 A 进一步水解，而经胰蛋白酶水解产生的肽，则可被羧基肽酶 B 进一步水解，如图 1-7 所示。

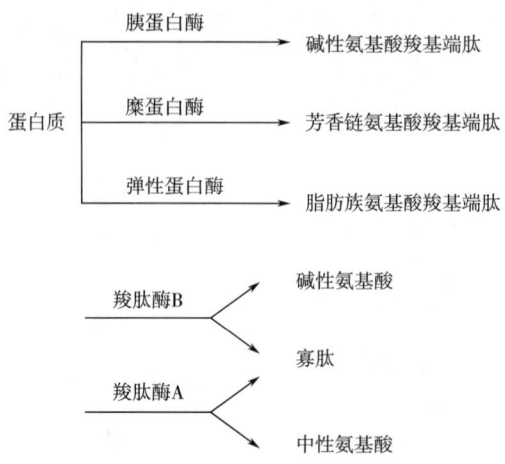

图 1-7　胰液中各蛋白酶在十二指肠中水解蛋白质

胰液中各蛋白酶在十二指肠中水解蛋白质，所得的产物中仅 1/3 为氨基酸，其余为肽。肠内消化液中水解寡肽的酶较少，但在肠黏膜细胞的刷状缘及胞液中均含有寡肽酶，寡肽酶能从肽链的氨基末端或羧基末端逐步水解肽键，分别被称为氨基肽酶和羧基肽酶，含多种寡肽酶，能水解各种由 2~6 个氨基酸残基组成的寡肽，而胞液寡肽酶则主要水解二肽与三肽。

食物中的蛋白质在消化道内的水解过程与作用如图 1-8 所示。

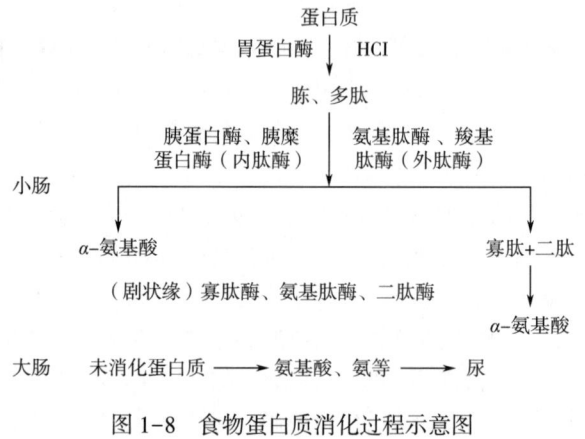

图 1-8　食物蛋白质消化过程示意图

以上是食物中单纯蛋白质的消化过程，至于食物中的结合蛋白质，如核蛋白、血红蛋白等，它们在消化道中酶的作用下，辅基先与蛋白质分离开，然后蛋白质部分就按上述过程逐步被水解为氨基酸，而辅基部分则分别在相应的酶催化下进行分解代谢。要注意：大豆、棉籽、花生、油菜籽、菜豆等食物，尤其是豆类食物中含有的、能抑制蛋白酶、糜蛋白酶等多种酶的物质，统称为蛋白酶抑制剂，普遍存在并有代表性的是蛋白酶抑制剂，或称之为抗胰蛋白酶因素。这类食物需经适当的加工后方可食用。除去蛋白酶抑制剂的有效方法是，常压蒸汽加热 30min，或在 98kPa 压力蒸汽下加热 15~30min。

四、维生素的消化

在人体消化道中没有分解维生素的酶。胃液的酸性环境、肠液的碱性环境，再加上其他食物成分以及氧的存在等，都可能对不同的维生素产生不同的影响。水溶性维生素在动植物性食品的细胞中以结合蛋白质的形式存在，在细胞崩解以及蛋白质的消化过程中，这些结合物被分解，从而释放出维生素；脂溶性维生素因溶解于脂肪中，所以它可随着脂肪的乳化与分散而同时被消化。维生素只有在一定的 pH 范围内，而且往往是在无氧的条件下才具有最大的稳定性，因此，对于那些易被氧化的维生素，如维生素 A，在消化过程中也可能会受到破坏。我们可通过供给或摄取足够量的抗氧化剂如维生素 E 来减少它们在消化过程中被氧化分解的量。

五、矿物质的消化

矿物质的种类很多，它们在食品中呈现的状态不同，会对人体产生不同的影响。有些矿物质是以离子状态（即溶解状态）存在于食品中的，例如多种饮料中的钾、钠、氯三种离子既不生成不溶性盐，也不生成难以分解的复合物，故它们可直接被机体所吸收利用。而有些矿物质则相反，它们结合在食品的有机成分上，例如，乳酪蛋白中的钙可结合在磷酸根上，铁多存在于血红蛋白之中，许多微量元素存在于酶中。由于人体胃肠道中没有能够将这些矿物质从相应的化合物中分解出来的酶，这些矿物质往往是在食物的消化过程中，随着所结合的有机成分的分解而被释放出来的，所以，它们可利用的程度（可利用性）与食品的性质以及与其他食品成分的相互作用密切有关。虽然这些呈结合态的矿物质在食物成分的消化过程中可以被分解释放，但是，被释放出来之后，也可能再次被结合而生成一些不溶性或难溶性的盐，如某些蔬菜所含的草酸，就能与钙、铁等离子生成难溶的草酸盐，某些谷物食品所含的植酸也可与草酸结合生成难溶性的盐，从而造成这些矿物质吸收利用率的下降或不能被利用。所以，我们在食用食物或进行食品加工时，要注意这些情况的变化，合理地选配食物，以便更好、更有效地利用矿物质。

第三节 食物的吸收

一、糖类消化产物的吸收

在天然食物中，最主要的糖类是淀粉和糖原，它们被消化成单糖后由小肠上段进行吸收。可见，糖被吸收的主要形式是单糖，人体肠道内的单糖主要是葡萄糖，也还有少量的半乳糖和果糖等。糖在胃中几乎不被吸收，而在小肠中则几乎能被完全吸收。糖主要通过血液吸收。

1. 糖的选择性吸收

各种单糖的吸收速度是不同的，若葡萄糖的吸收速度为 100，则半乳糖为 110、果糖为 70、木糖醇为 36、山梨醇为 29、甘露糖为 19。这一情况与在大鼠身上所观察到的吸收比例关系非常相似（半乳糖：葡萄糖：果糖：甘露糖：木糖：阿拉伯糖＝110：100：43：19：15：9）。

2. 糖的吸收机制

糖的吸收机制依单糖种类而异。目前认为，葡萄糖、半乳糖的吸收方式是主动转运，吸收速度很快，它需要载体蛋白质，并且要消耗能量，它可以逆浓度梯度进行转运，当血液和肠道的葡萄糖浓度比例为200：1时，其吸收仍可进行，且吸收速度很快，这是葡萄糖的主动转运机制。当Na^+的转运被阻断后，转运也能进行，肠腔内Na^+的浓度为10~14mmol/100g肠液；而小肠上皮细胞内Na的浓度只有5mmol/100g细胞内时，细胞内的电位比肠腔低10mV，这一电化学梯度的维持，使得细胞内侧的"钠泵盐池"的Na^+被连续地排到细胞外液中，这有利于葡萄糖的主动转运（图1-9）。戊糖等以纯扩散的方式进行吸收，即由高浓度区经细胞膜扩散渗透到低浓度区，吸收速度变慢。果糖一旦进入肠上皮细胞后，一部分被转变为葡萄糖和乳糖，所以果糖的吸收速度在主动吸收的葡萄糖和被动吸收的甘露糖之间。糖的种类不同，在小肠各部分的吸收率也不同，进入体内的单糖由血液经静脉合成糖原或直接被利用。

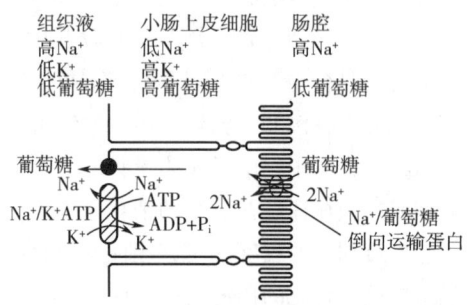

图1-9 小肠上皮细胞吸收转运葡萄糖的过程模式图

二、脂类消化产物的吸收

脂类消化产物的吸收主要在十二指肠的下部和空肠的上部。脂肪在十二指肠经胆酸乳化后与各种脂肪酶接触，被消化分解为甘油、游离脂肪酸、甘油一酯以及少量的二酰酯和未消化的甘油三酯。这些水解产物又靠胆酸盐微粒被"引渡"到小肠上段黏膜细胞中以扩散的方式被吸收，而胆酸盐微粒则返回到肠腔的食糜中再一次参与"引渡"。中链脂肪酸组成的甘油三酯容易分散和被完全水解，水解所产生的短链脂肪酸即以游离态与白蛋白结合，直接通过血液循环经静脉进入肝，而由长链脂肪酸组成的甘油三酯经水解后，所得的长链脂肪酸则在肠壁被再次酯化成甘油三酯，新生成的甘油三酯与胆固醇、磷脂及脂蛋白结合形成乳糜微粒，经小肠膜绒毛的中心被乳化，通过淋巴管，最后流入总的血液循环中，被运送到有关组织中进行贮藏或利用。

中性脂肪的甘油三酯约50%在小肠内受胰脂肪酶的作用，可被完全分解为脂肪酸和甘油，有25%左右只分解到甘油一酯阶段便终止了，还有一部分则未能进行分解，中性脂肪以及多数长链脂肪酸是采取淋巴途径吸收的，然后间接进入血液；而对于碳链小于12个碳原子的短链和中链脂肪酸以及甘油，则可以以原始状态由上皮细胞进入血管。人类膳食中的动植物油内含15个碳原子以上的长链脂肪酸较多，所以脂肪的吸收途径以进入淋巴为主。

各种脂肪酸因极性和水溶性不同，故其吸收速率也不同。吸收率由大至小依次为：短链脂肪酸＞中链脂肪酸＞不饱和长链脂肪酸＞饱和长链脂肪酸。脂肪酸的水溶性越小，胆酸盐对其吸收的促进作用也越大。甘油的水溶性大，不需要胆酸盐即可通过黏膜经静脉吸收进入血液。大部分食用脂肪均可被完全消化、吸收与利用。如果大量摄入被消化吸收很慢的脂肪，很容易使人产生饱腹感，而且其中的一部分尚未被消化吸收就会随粪便被排出。那些易被消化吸收的脂肪，则不易令人产生饱腹感，并很快就会被机体吸收与利用。在正常机体内，摄入的脂肪至少有95%可被吸收，也就是说，一般食用脂肪的消化率可达95%，如奶油、椰子油、豆油、玉米油与猪油等，几乎都能被人体在6~8h内消化，并在摄入后的2h吸收24%~41%，4h可吸收53%~71%，6h吸收达68%~86%。婴儿与老年人对脂肪的吸收速度较慢。脂肪乳化剂不足可降低机体对脂肪的吸收率。若摄入过量的钙，会影响高熔点脂肪的吸收，但不影响多不饱和脂肪酸的吸收，这可能是由于钙离子与饱和脂肪酸形成难溶的钙盐所致。食物中的磷脂在小肠内经磷脂酶A、磷脂酶B的催化水解生成甘油、脂肪酸、磷酸及胆碱等。除脂肪酸外，其余大都易溶于水而被吸收，脂肪酸及约1/4未经水解的磷脂在胆盐的协助下被小肠细胞吸收，被吸收的磷脂水解产物又在小肠黏膜细胞内再次合成完整的磷脂，一部分磷脂参与形成乳糜微粒，在血液循环中运送脂肪。

人体从食物中获得的胆固醇，称为外源性胆固醇，为10~1000mg/d，多来自动物性食物，一般有1/3左右被吸收；由肝脏合成并随胆汁流入肠腔的胆固醇，称为内源性胆固醇，为2~3g/d。机体本身吸收胆固醇的能力有限，通常成年人对胆固醇的吸收速率为每天10mg/kg。大量进食胆固醇时吸收量可加倍，但最多每天吸收2g（上限）。内源性胆固醇约占胆固醇总吸收量的一半。食物中的自由胆固醇可由小肠黏膜上皮细胞吸收，胆固醇酯则经过胰胆固醇酯酶水解后被吸收。肠黏膜上皮细胞将甘油三酯等组合成乳糜微粒时，也可把胆固醇掺入在内，成为乳糜微粒的组成部分。吸收后的自由胆固醇又可再酯化生成胆固醇酯。胆固醇并不是被完全吸收的，自由胆固醇的吸收率比胆固醇酯要高，禽卵中的胆固醇大多数是非酯化的，较易吸收；植物固醇如β-谷固醇，不但不容易被吸收，而且还能抑制胆固醇的吸收。因为植物固醇会与胆固醇相互竞争黏膜细胞上的载体，可见食物胆固醇的吸收率波动较大。通常食物中的胆固醇约有1/3能够被机体所吸收。胆固醇的吸收部位主要在空肠，吸收的方式靠简单的扩散来进行。胆固醇进入黏膜上皮细胞后，即转入肠淋巴管内被运走。

三、蛋白质消化产物的吸收

食物中的蛋白质在小肠内被蛋白酶水解后，其水解产物大约1/3为氨基酸，2/3为寡肽。当水解成为氨基酸时可被立即吸收，而且吸收的速度很快，在肠内容物中的自由氨基酸含量不超过7%。

正常情况下，蛋白质的消化产物几乎不在胃中吸收或吸收极少，真正吸收蛋白质消化物的部位是小肠，尤其是小肠上部。当食糜到达小肠末端时，所有的氨基酸都已被吸收，它的吸收途径为血液。氨基酸的吸收机制与单糖相似，也是主动转运。转运氨基酸时也同样需要Na^+的参与，当Na^+的吸收被阻断后，氨基酸的转运便不能进行。在小肠上皮细胞上，目前已确定有四种不同的转运氨基酸的载体系统，不同的系统会有不同氨基酸的吸收过程，而且吸收的速度也大不相同。

第一种是中性氨基酸转运系统，它对中性氨基酸有高度亲和力，可转运芳香族氨基酸（苯丙氨酸、色氨酸及酪氨酸）、脂肪族氨基酸（丙氨酸、丝氨酸、苏氨酸、缬氨酸、亮氨酸及甲硫氨酸，胱氨酸），以及组氨酸、胱氨酸、谷氨酰胺等。这类载体系统转运速度最快，所吸收速度依次为：甲硫氨酸>异亮氨酸>缬氨酸>苯丙氨酸>色氨酸>半胱氨酸。部分可借此载体进行转运。

第二种是碱性氨基酸转运系统，赖氨酸、组氨酸、精氨酸等碱性氨基酸，其转运速率较慢，仅为中性氨基酸载体系统转运速率的5%~10%。

第三种是酸性氨基酸转运系统，它主要转运天冬氨酸和谷氨酸。

第四种是亚氨基酸和甘氨酸转运系统，转运脯氨酸、羟脯氨酸及甘氨酸，其转运速率很慢，因含有这些氨基酸的二肽可被直接吸收，故此载体系统在氨基酸吸收过程中意义不大。

上述这些氨基酸的转运系统具有立体特异性，人体能利用的主要是L-氨基酸，各种氨基酸要比相应的D-氨基酸容易在体内被吸收。一般来说，人体小肠吸收中性氨基的能力比吸收酸性氨基酸或碱性氨基酸要强；对左旋氨基酸的转运速度也比对右旋氨基的转运速度要快。除肠腔中的游离氨基酸外，有些低聚肽也能很快被吸收，这在患氨基酸转运系统病，如患胱氨酸尿症时，以低聚肽方式供给有关氨基酸，则其吸收很顺利。吸收到体内的氨基酸由门静脉送到肝脏，再进入总循环，最后送到各组织中被利用。

四、维生素的吸收

维生素通常被分为水溶性维生素和脂溶性维生素两大类。对水溶性维生素的吸收是以简单的扩散方式进行的，特别是分子质量相对较小的维生素就更易被吸收。维生素 B_{12} 虽为水溶性但其分子较大，其吸收有自己的特点：它只有与胞壁细胞分泌的、相对分子质量为53000的一种糖蛋白（又称内因子）结合成大分子才能被复合吸收，面且只有在回肠中才能被吸收。此外，大肠内菌群制造的各种B族维生素、维生素A、维生素D、维生素E、维生素K，因其溶解性和脂类相似，所以它们也需要胆汁才能被小肠吸收，其吸收机制与脂类物质相似，以简单扩散的方式被吸收。脂肪可促进维生素的吸收。

五、水的吸收

人体每天的饮水量约1.5L，加上各种消化液中的水分约有6.5L，总量可达8L左右，只有少量（约0.15L）随粪便排出，其余绝大部分都被消化道吸收了。一般成人每日的排尿量平均约为1.5L。水分的吸收主要在小肠，大肠也可吸收所剩余的很大一部分水分，胃也能吸收少量水分。人体中的水分可以自由地穿过消化道的膜，从肠腔面通过黏膜细胞进入机体组织。水分的这种流动主要依靠渗透作用和滤过作用，而且以渗透作用为主。小肠吸收其他物质时所产生的渗透压，是促使水分被吸收的重要因素，特别值得注意的是 Na^+ 的转运。由于 Na^+ 的主动吸收使上皮细胞内渗透压增加，因此促进了水分的吸收。而对于滤过作用来说，只有在小肠收缩、肠腔内流体静压力增高时才得以实现，但液体的移动量不大。在任何物质被吸收的同时，往往都伴有水分的吸收。

六、矿物质的吸收

矿物质可通过单纯扩散方式被被动吸收，也可通过特殊转运途径被主动吸收，具体吸收方式因矿物质种类而异。食物中钠、钾、氯等的吸收主要取决于肠内容物与血液之间的渗透压差、浓度差和pH差。其他矿物质元素的吸收则与其化学形式，与食品中其他物质的作用，以及机体的机能状况等密切相关。一般来说，单碱性盐类如钠、钾、铵盐被吸收得很快，而多碱性盐类如钙、镁等则被吸收得较慢。凡能与钙结合而形成沉淀的盐，如硫酸盐、磷酸盐、草酸盐等，则不能被吸收。

1. 钠和氯的吸收

钠和氯通常以氯化钠（食盐）的形式被摄入。人体每日由食物获得的氯化钠为8~10g，几乎可完全被吸收。钠和氯的摄入量与排出量一般大致相当，当食物中缺乏钠和氯时，其排出量也会相应减少。根据电中性原则，溶液中的正负离子电荷必须相等。因此，在钠离子被吸收的同时，必然有等量电荷的阴离子朝同一方向，或有另一种阳离子朝相反方向转运。故氯离子至少有一部分是随钠离子一同被吸收的。由于钠是主动转运的物质，小肠上皮细胞内存在钠泵，可使钠逆化学梯度进行快速转运，因此也可以认为，氯离子的吸收主要是吸收钠离子的结果。钾是被动转运的物质，小肠与血液间的浓度梯度对钾的吸收有利。钾离子的净吸收可能随水的吸收被动进行。正常人每日摄入钾为2~4g，绝大部分可被吸收。

2. 钙的吸收

钙的吸收是通过主动转运进行的，它需要利用有氧代谢所产生的高能磷酸键，也需要维生素D。钙盐只有在水溶液状态（即钙为离子状态，如氯化钙、葡萄糖酸钙溶液），而且不被肠腔中任何其他物质所沉淀的情况下，才能被吸收。腔内容物的酸度，对于钙的吸收具有重大影响。在pH约为3时，钙呈离子化状态吸收最好。如肠内容物中磷酸盐过多，就会形成不被溶解的磷酸钙，而使钙不能被吸收。此外，脂肪食物可以促进钙的吸收，因为脂肪分解后可释放出的脂肪酸，可与钙结合形成所谓的钙肥皂，它可与胆汁酸结合形成水溶性复合物而被吸收。应该说，钙在肠道中的吸收很不完全，有70%~80%存留在粪便中，这主要是由于钙离子可与食物及肠道中存在的植酸、草酸、磷酸等形成不溶性钙盐所致。机体缺钙时，钙的吸收率会增大。

3. 铁的吸收

铁的吸收与其存在形式及机体的机能状态等密切相关。由于我国目前的膳食结构还以植物性食物为主，所以食物中的铁绝大部分是高铁形式［如$Fe(OH)_3$］存在的，而高铁和有机铁都不容易被吸收，必须还原为亚铁形式后才能被吸收。维生素C能将高价铁还原为亚铁以帮助机体吸收。铁在酸性环境中易被溶解，从而容易被吸收。食品中的植酸盐、磷酸盐等可与铁形成不溶性的铁盐而妨碍其吸收。在血红蛋白、肌红蛋白中，铁与卟啉形成的血红素铁则可直接被肠黏膜上皮细胞吸收，这类铁既不受植酸盐等抑制的影响，也不受维生素C等促进因素的影响。胃黏膜分泌的内因子对机体吸收铁有利，铁的吸收部位主要在小肠上段，尤其在十二指肠中，铁的吸收最快。肠黏膜吸收铁取决于黏膜细胞内铁的含量。经肠黏膜吸收的铁可暂时贮藏于细胞内，之后慢慢被转移至浆中。当黏膜细胞吸收了铁而尚未将其转移到血浆中时，肠黏膜吸收铁的能力可暂时降低，这样积存在黏膜细胞中的铁就成了再吸收铁的抑制因素。机体出现缺铁性贫血时，铁吸收会增加。

本章知识链接

人体对食物消化因个人而异。通过本章的了解，我们可以知道不同类型食物的消化难易程度。①水果。瓜类水果（如西瓜）所需要的消化时间最短，而香蕉所耗费的时间最长。②蔬菜。瓜类蔬菜（如冬瓜）所耗时间最短，其次为茄果类蔬菜（如番茄、茄子），之后是叶类蔬菜（如菠菜、小白菜）和十字花科类蔬菜（如西蓝花），消化时间最长的是根茎类蔬菜（如红薯、芋头）。③谷物。流质或半流质的谷物食品（如粥）消化时间较短，经过发酵且没有添加油脂的食物（如馒头、不含油脂的面包），也比较容易消化。它们在体内的消化率最高，可达到98%。④蛋白质类。牛乳、豆浆等流质蛋白质食品比较容易消化。⑤脂肪类。脂肪的消化率与其低级脂肪酸及不饱和脂肪酸的含量有关，这些脂肪酸含量越高，越易被消化，因此植物油比动物油更易被消化。脂肪与谷物或蛋白类食物共同摄入会延长动物油的消化时间。

练习与思考

1. 人体消化系统的组成情况如何？
2. 何谓消化？消化的方式有哪些？
3. 消化道活动的特点是什么？
4. 在消化吸收过程中，唾液、胃液、胆汁、胰液、小肠液、大肠液等各自所含的成分及其作用是什么？
5. 何谓吸收？吸收的机理如何？
6. 糖类、脂类、蛋白质、维生素、矿物质等营养素在机体内进行消化与吸收的大致情况如何？

参考文献

[1] 刘开华，王荣荣. 食品营养学 [M]. 北京：中国科学技术出版社，2013.

[2] 孙远明. 食品营养学（第2版）[M]. 北京：中国农业大学出版社，2010.

[3] 张赟彬. 食品营养学课程教学改革与探索 [J]. 北京：农产品加工（学刊），2012（2）：146-148.

[4] 李铎. 食品营养学 [M]. 北京：化学工业出版社，2011.

[5] 王光慈. 食品营养学 [M]. 北京：中国农业出版社，2006.

[6] 王莉. 食品营养学 [M]. 北京：化学工业出版社，2006.

CHAPTER 2

第二章 能量

[本章主要内容]

了解能量、能量单位和能量系数等基本概念；了解能量需求的组成，其中重点掌握基础代谢和基础代谢率的概念、基础代谢的计算方法和影响因素；了解能量的来源及碳水化合物、脂肪和蛋白质三大营养素的能值；了解能量的测定方法。

[本章重点]

学习掌握能量需求的组成，重点掌握基础代谢和基础代谢率的概念、基础代谢的计算方法和影响因素；掌握能量的来源及碳水化合物、脂肪和蛋白质三大营养素的能值。

[本章难点]

理解能量需求的组成，掌握基础代谢和基础代谢率的概念，基础代谢的计算方法和影响因素。

第一节 能量的基本概念

能量是营养学的基础，也是生命活动的基础，一切机体活动都需要能量。人体时刻都需要能量来维持基本的生理代谢及其他各种机体活动。能量在自然界中是以热能、光能、电能、化学能等多种形式存在的,并能相互转换,其中能量以化学能的形式贮藏在食物中,人体通过摄取食物获得所需要的能量。食物中的化学能最终来源于太阳,绿色植物吸收空气中的二氧化碳和水分,通过光合作用合成有机化合物,并将太阳能束缚在碳和氢原子之间的化学键上,这些贮藏着化学能的有机化合物被人体和动物摄入,为机体活动提供能量。

一、能量

能量是指维持人体生命活动的热能,一切人体活动都是能量代谢活动。人体需要能量来维持心脏跳动、血液循环、呼吸作用、体温维持、肌肉收缩、腺体分泌、生长发育等生命活动及其他体力活动。食物中提供热能的三大营养素为蛋白质、脂肪和碳水化合物。

二、能量单位

能量的常用单位为卡(calorie,cal)和千卡(kilocalorie,kcal),国际通用单位为焦耳(joule,J)、千焦耳(kilojoule,kJ)、兆焦耳(megajoule,MJ)。1cal 是指 1g 纯水在 15℃ 上升 1℃ 所需要的能量。1J 相当于用 1N 的力把 1kg 物质移动 1m 所需要的能量。营养学上常用 kcal 表示能量。两种单位之间的换算关系如下:

$$1cal = 4.184J$$
$$1kcal = 4.184kJ$$
$$1J = 0.239cal$$
$$1kJ = 0.239kcal$$
$$1MJ = 239kcal$$
$$1MJ = 1000kJ = 10^6 J$$

三、能量系数

能量系数是指每克产能营养素在体内氧化分解后为机体供给的净能。碳水化合物、脂肪、蛋白质是三大产能营养素,是食物中能量的主要提供来源。三大产能营养素中,1g 碳水化合物、脂肪和蛋白质在体外氧化燃烧分别释放的能量为 4.10kcal、9.45kcal 和 5.65kcal,其中碳水化合物和脂肪,在体外氧化燃烧与体内完全氧化释放的能量相等,但蛋白质在体内并不能被完全氧化,1g 蛋白质的代谢产物(尿素、尿酸、肌酐等)中仍含有 1.3kcal 的能值,因此蛋白质在体内氧化所提供的能量值为 5.65kcal-1.3kcal=4.35kcal。实际中,人体一般摄入的是含有蛋白质、脂肪、碳水化合物的复合膳食,人体对复合膳食的吸收率并不能达到 100%,其中,蛋白质、脂肪和碳水化合物的消化吸收率分别为 92%、95% 和 98%。按照上述论述,三种营养素能提供的能量系数为:

$$蛋白质\ 4.35 \times 92\% = 4kcal/g$$
$$脂肪\ 9.45 \times 95\% = 9kcal/g$$
$$碳水化合物\ 4.10 \times 98\% = 4kcal/g$$

第二节 人体能量的需求

营养学中的能量指热和能两种,也将其合称为热能。能量是人体赖以生存的基础,体内的能量一方面不断地释放出热量,以维持体温的恒定并不断地向环境中散发热量,另一方面能量可作为能源维持人体新陈代谢、生长发育、从事体力活动等各种生命活动的正常进行。因此,能量对一个人的重要性不言而喻,充足的能量摄入是保障机体健康的必需和前提。在人体的理想健康状态下,人体能量的需要量和能量的消耗量应保持一致,即食物摄取的能量要刚好满足机体能量的消耗需求。

正常人每日的能量消耗,主要用于维持基础代谢、从事体力活动和食物特殊动力消耗等方面。对于生长发育的婴幼儿、儿童和孕妇来说,能量消耗还应包括生长发育、身体各种组织器官增长及特殊生理需要等方面的能量需求。

一、基础代谢

1. 基础代谢和基础代谢率的概念

基础代谢(basal metabolism,BM)是指人体维持机体生命所消耗的最低热量消耗。一般是指人体在清醒又极端安静的状态和恒温(18~25℃)条件下,禁食12h后,不受肌肉活动、食物及精神紧张等影响而仅维持呼吸、正常体温、血液循环及其生命器官正常运转时的能量消耗。

基础代谢率(basal metabolic rate,BMR)是指人体在基础代谢状态下,单位时间内每平方米体表面积或单位体重所消耗的代谢能量,单位常用 kJ/(m^2·h) 或 kJ/(kg·h)。因此,基础代谢率是计算基础代谢能耗(basic energy expenditure,BEE)的前提,对于制定人群每日能量所需、科学指导膳食具有重要意义。

2. 基础代谢的计算

(1) 用体表面积推算 一般同一年龄组的基础代谢率是一个相对恒定的数值,BMR 常用每小时每平方米体表所散发的热量来表示(表2-1)。按照体表面积和该年龄的 BMR 可计算出每日的基础代谢能量。基础代谢能量为 BEE=BMR×24×体表面积。

人体的体表面积又与身高与体重相关,因此可以根据身高、体重求出体表面积,体表面积可根据 Steveson 公式[式(2-1)]求出:

$$体表面积=0.0061×身高+0.0128×体重-0.1529 \quad (2-1)$$

式中 体表面积的单位为 m^2,身高单位为 cm,体重单位为 kg。

根据中国人的人体特征,我国赵松山于1984年提出了一个相对适合中国人的体表面积计算公式[式(2-2)]:

$$体表面积=0.00659×身高+0.0126×体重-0.1603 \quad (2-2)$$

式中 体表面积的单位为 m^2,身高单位为 cm,体重单位为 kg。

表 2-1　　　　　　　　　　人体每小时基础代谢率

年龄	kJ/(m²·h)		kcal/(m²·h)	
	男	女	男	女
1	221.8	221.8	53.0	53.0
3	214.6	214.2	51.3	51.2
5	206.3	202.5	49.3	48.4
7	197.9	200.0	47.3	45.4
9	189.1	179.3	45.2	42.8
11	179.9	175.7	43.0	42.0
13	177.0	168.5	42.3	40.3
15	174.9	158.8	41.8	37.9
17	170.7	151.9	40.8	36.3
19	164.6	148.5	39.2	35.5
20	161.5	147.7	38.6	35.3
25	156.9	147.3	37.5	35.2
30	154.0	146.9	36.8	35.1
35	152.7	146.9	36.5	35.0
40	151.9	146.0	36.3	34.9
45	151.5	144.3	36.2	34.5
50	149.8	139.7	35.8	33.9
55	148.1	139.3	35.4	33.3
60	146.0	136.8	34.9	32.7
65	143.9	134.7	34.4	32.2
70	141.4	132.6	33.8	31.7
75	138.9	131.0	33.2	31.3
80	138.1	129.3	33.0	30.9

资料来源：何志谦，《人类营养学》。

(2) 公式推算法　公式推算法是利用人体能量消耗量与某些生理指标之间存在的相关性，建立数学模型以得出的预测公式，其中多以性别、体质量、身高、年龄等生理指标来预测能量消耗量。研究者们经过多年的研究提出了许多公式（表 2-2），来预测人群的基础代谢能耗，在实际应用中，常用的公式为 Harris 公式，可根据体重、身高和年龄直接计算基础代谢的能量消耗。

表 2-2　　　　　　　　　　基础代谢的预测公式

序号	作者/来源	年龄	男	女
1	FAO/WHO/UNU	18~30	$(0.00640W+2.84) \times 238.85$	$(0.0615W+2.08) \times 238.85$
2	Harris 等		$13.7516W+5.0033H-6.7550A+66.4730$	$9.5634W+1.8496H-4.6756A+655.0955$

续表

序号	作者/来源	年龄	男	女
3	Schofied 等	18~30	15.057W+692.2	14.818W+486.6
		30~60	11.472W+873.1	8.126W+845.6
4	Mifflin 等		9.99W+6.25H-4.92A+5	9.99W+6.25H-4.92A-161
5	Layter 等	18~30	12.19W+836.52	11.23W+669.22
		30~60	12.67W+733.75	9.32W+733.78
6	Liu 等	≥18	13.88W+4.16H-3.43A-112.40S+54.34	13.88W+4.16H-3.43A-112.40S+54.34
7	Owen 等		879.06+10.28W	794.93+7.17W
8	Yang 等		277+89W+600	277+89W
9	Camps 等		12.6W+666	12.6W+468.2

注：W：体重，kg；H：身高，cm；A：年龄，岁；S：性别，男=0、女=1；单位：kcal/d（1kcal=4.186kJ）。

资料来源：张佳月等，《人类基础代谢率测量方法的研究进展》。

(3) 按体重计算　为了简化计算方法，WHO 建议可以按照体重计算基础代谢能耗。从 20 世纪 90 年代起，世界上许多国家开始采用此方法计算人体 24h 基础代谢的能量消耗，公式如表 2-3 所示，但是按照该方法计算中国人的基础代谢能量消耗数值与实际相比偏高，根据中国营养学会的推荐，我国儿童和青少年的基础代谢可以按照该公式计算，18 岁以上的人群要按照该公式的计算结果再减少 5%计算。

表 2-3　　　　　　　　　　按体重计算基础代谢公式　　　　　　　　　　单位：kcal/d

年龄/岁	男		女	
	kcal/d	MJ/d	kcal/d	MJ/d
0~3	60.9m-54	0.2250m-0.226	61.0m-51	0.2250m-0.214
3~10	22.7m+495	0.0949m+2.07	22.5m+499	0.9410m+2.09
10~18	17.5m+651	0.0732m+2.72	12.2m+746	0.0510m+3.12
18~30	15.3m+679	0.0640m+2.84	14.7m+496	0.0615m+2.08
30~60	11.6m+879	0.0485m+3.67	8.7m+829	0.0364m+3.47
>60	13.5m+487	0.0565m+2.04	10.5m+596	0.0439m+2.49

注：m=体重（kg）。

(4) 用静息代谢率来计算　由于基础代谢率 BMR 的测定实施起来比较困难，WHO 于 1985 年提出用静息代谢率（resting metabliclate，RMR）代替 BMR。静息代谢率是测定维持人体正常功能和体内稳态，再加上交感神经系统活动所消耗的能量（表 2-4）。测定时，全身处于休息状态，但与 BMR 测定的主要区别在于不是空腹而是在进食 3~4h 后测量，此时机体仍在进行着一些正常的消化活动。因此，RMR 的值略高于 BMR，但两者的差别很小，RMR 与 BMR 相差约 10%，因而目前用 RMR 更为普遍。

表 2-4　　　　　　　　　　　人体 24h 静息代谢参考值　　　　　　　　单位：kcal/24h

年龄/岁	体重/kg								
	40	50	57	64	70	77	84	91	100
男性									
10~18	1351	1526	1648	1771	1876	1998	2121	2243	2401
18~30	1291	1444	1551	1658	1750	1857	1964	2071	2209
30~60	1343	1459	1540	1621	1691	1772	1853	1935	2019
>60	1027	1162	1256	1351	1423	1526	1621	1716	1837
女性									
10~18	1234	1356	1441	1527	1600	1685	1771	1856	1966
18~30	1084	1231	1334	1437	1525	1628	1731	1833	1966
30~60	1177	1264	1324	1386	1438	1499	1560	1621	1699
>60	1016	1121	1195	1268	1331	1404	1478	1552	1646

资料来源：Smolin，*Nutrition Science and Applications*，2e。

3. 影响人体基础代谢的因素

在同一性别、体重和年龄组的正常人基础代谢率很接近，其中约 90% 以上的人其基础代谢率与平均值相差不超过 15%。故在临床上以此百分值作为正常值的界限。超过这一界限就被认为基础代谢异常。影响人体基础代谢的因素主要有体表面积与体型、年龄、性别、激素水平、外界温度条件、应激状态等因素。

（1）体表面积与体型　基础代谢消耗的能量随体表面积的增大而增加。在体重相同的情况下，瘦高体型的人比矮胖体型的人体表面积大，基础代谢水平高。基础代谢与体内去脂组织（又称瘦组织，是人体中除去脂肪组织之外的所有组织的总称）含量的多少也有关系，去脂组织消耗的热能占基础代谢的 70%~80%，去脂组织在代谢中的相对耗热量要大于脂肪组织，去脂组织含量越高，肌肉越发达者，基础代谢也越高。

（2）年龄　处于生长发育期的婴幼儿基础代谢消耗的能量高，随着年龄的增长，基础代谢消耗的能量会逐渐降低。年龄不同，身体组成的差别很大，每种组织和器官在身体中的能量代谢速率不同，如表 2-5 所示。一般成年人能量代谢速率低于儿童，老年人低于成年人，成年后，基础代谢随着年龄的增长逐渐下降。30 岁以后，基础代谢每 10 年降低 2%。60 岁以后，基础代谢会下降更多。

表 2-5　　　　　　　　　　　人体器官和组织的代谢率

名称	成人				新生儿			
	重量/kg	代谢率/kcal	代谢率/kJ	占总代谢百分率/%	重量/kg	代谢率/kcal	代谢率/kJ	占总代谢百分率/%
肝	1.6	482	2017	27	0.14	42	176	20
脑	1.4	338	1414	19	0.35	84	352	44
心	0.32	122	510	7	0.02	8	33	4

续表

名称	成人				新生儿			
	重量/kg	代谢率/kcal	代谢率/kJ	占总代谢百分率/%	重量/kg	代谢率/kcal	代谢率/kJ	占总代谢百分率/%
肾	0.29	187	782	10	0.024	15	63	7
肌肉	30.00	324	1356	18	0.8	9	38	5
其他				19				20
总计	70.00	1800	7530		3.5	197	824	

资料来源：WHO technical report series.

(3) 性别　在同一年龄、同一表面积的情况下，女性基础代谢率低于男性，男性基础代谢水平高于女性5%~10%。主要原因是女性体内的脂肪组织比例高于男性，脂肪组织占体重比例越大，基础代谢率越低，但女性在经期、孕期、哺乳期因合成新组织，基础代谢率会增大，消耗的能量会明显增高，增幅可达28%左右。

(4) 激素水平　体内许多腺体分泌的激素对细胞代谢起调节作用，如甲状腺、肾上腺、垂体等，当其分泌失调时会影响基础代谢消耗的能量。如甲状腺可以使细胞内的氧化过程加快，对于甲状腺功能亢进的患者来说，甲状腺的功能会增加，其基础代谢率可比正常值高20%~80%；而甲状腺功能低下者则比正常值低20%~40%，因此基础代谢率的测定是临床上诊断甲状腺疾病的简便而有效的方法。其他如肾上腺激素和腺垂体激素分泌不足时，也可表现为基础代谢率下降。

(5) 外界温度条件的影响　一般来讲，在高温或寒冷环境下，人体的基础代谢水平要高于适宜气温条件下的基础代谢水平。当人体处于寒冷或炎热等不舒适环境条件下，基础代谢水平会发生改变。

(6) 应激状态　一切应激状态，如发烧、创伤、情绪波动等都会影响基础代谢水平，当体温升高时，基础代谢率也升高。一般体温每升高1℃，基础代谢率就升高13%。人体在长期饥饿或营养不足时，会出现基础代谢降低的情况，降幅可达50%。此外，当摄入尼古丁和咖啡因，诱发刺激的情况下，基础代谢需要的热能消耗也会升高。

二、体力活动的能量需求

体力活动是指任何由骨骼肌收缩引起的能导致能量消耗的身体运动，是影响人体热能消耗的主要因素，体力活动的能量消耗是构成人体总能量消耗的重要部分。在活动中，人体的重量本身就是一种负荷，人的活动需要肌肉及其他组织做功，在消耗机械能的同时，人体的细胞、组织和器官还要合成蛋白质和糖原等热能物质，代谢物质的转运也要消耗能量，这些能量都需要由ATP提供。影响体力活动能量的因素主要有以下几点。①肌肉发达程度：肌肉越发达者，活动时消耗的能量就越多。②体重差异：体重越重者，做相同的运动所消耗的能量就越多。③劳动强度、持续时间和工作熟练程度：劳动强度越大，持续时间越长，工作越不熟练，消耗的能量就越多。

人体能量需要量的不同主要是因人体体力活动有差别。体力活动一般包括职业活动、社会活动、家务活动和休闲活动，因此，职业不同造成的能量差别最大。人体体力活动种类很多，从营养学角度来说，根据能量消耗水平不同，即活动强度不等，分为5个级别，随着级别的增高，能量需要量也在升高，每个级别的能量需要量差值为200~600kcal。

1. 极轻体力活动

以坐姿为主的活动，如开会、开车、打字、缝纫、办公室工作、绘画、打牌、听音乐等，其能量需要一般成年男子为2400kcal，成年女子为2200kcal。

2. 轻体力活动

以站着或少量走动为主，一般为水平面上走动的活动。如售货员、教师讲课、打扫卫生、实验室工作等，成年男子为2400kcal，成年女子为2200kcal。

3. 中等体力活动

包括学生的日常活动、行走、除草、负重行走、打网球、滑雪、骑自行车、电工安装、机床操作、机动车驾驶等，也包括一般农田劳动和重型机械操作，其能量需要一般成年男子为3000kcal，成年女子为2800kcal。

4. 重体力活动

包括非机械化搬运、负重爬山、手工挖掘、打篮球、登山、踢足球等，其能量需要值一般成年男子为3400kcal，成年女子为3200kcal。

5. 极重体力劳动

包括非机械化的装卸、采矿、开垦土地等，其能量需要值成年男子为4000kcal，女子一般不从事这类劳动。

中国营养学会将我国居民活动等级由五级调整为三级：轻体力活动、中体力活动、重体力活动三级（表2-6）。对于同一级别的体力活动，不同特定活动的能量消耗仍然存在差别（表2-7）。目前，随着科学技术和社会的进步，许多重体力劳动强度都已经逐渐下降，许多活动更多地已实现机械化和自动化，尤其在重体力劳动的各工种中，因此考察项目的时候，更应该根据实际的体力付出来进行科学的判断。

表2-6　　　　　　　　　　　　成人活动水平分级

活动强度	职业工作时间分配	工作内容举例	体力活动水平	
			男	女
轻	75%时间坐着或站立 25%时间站着活动	办公室工作、修理电脑或钟表、售货员、酒店服务员、化学实验操作、讲课等	1.55	1.56
中	40%时间坐着或站立 60%时间特殊职业活动	学生日常活动、机动车驾驶员、电工、安装、车床操作、金工切割等	1.78	1.64
重	25%时间坐着或站立 75%时间特殊职业活动	非机械化农业劳动、炼钢、舞蹈、体育活动、装卸、采矿等	2.1	1.82

注：体力活动水平等于24h总能量消耗/24h基础代谢。

资料来源：中国营养学会，《中国居民膳食营养素参考摄入量》。

表 2-7　　某些特定活动的能量消耗

项目	能量消耗（×BMR）	
	男	女
睡眠	1.0	1.0
躺着、静坐	1.2	1.2
站立	1.4	1.5
散步（慢走）	2.8	3.0
洗衣服	2.2	1.8
烹饪	1.8	1.7
办公室工作	1.3~1.6	
实验室工作	2.0	2.9
轻工业：化学工业	3.5	2.0
电工	3.1	2.7
机械工具业	3.1	
农业：摘水果	3.4	4.3
挖地种植		5.0
打谷（脱粒）		
开拖拉机	2.1	
饲养动物	3.6	
挖水渠	5.5	—
砍甘蔗	6.5	
锯木：电锯	4.2	
手锯	7.5	
用斧伐木	7.5	
娱乐：玩牌	2.2	2.1
轻（台球、高尔夫球等）	2.2~4.4	2.1~4.2
中（跳舞、游泳、网球等）	4.4~6.6	4.2~6.3
重（足球、田径运动、赛船等）	6.6	6.3

注：能量消耗为估计值，以基础代谢率 BMR×代谢常数表示。
资料来源：魏新军，杨春华，食品营养与卫生学。

三、食物特殊动力消耗的能量

食物特殊动力作用（specific dynamic action，SDA），又称食物的热效应（thermic effect of food，TEF），是指机体由于摄取食物而引起体内能量消耗增加的现象，即指摄食过程中，对食物进行消化、吸收、代谢转化过程而消耗的能量。食物热效应产生的原因很多。摄食后，消化系统对食物营养素的消化、吸收；转运到血液循环系统后，还需要进一步代谢、转化和排泄。这一过程与消化体统、肝脏、内分泌系统和泌尿系统等许多系统和器官的功能相关，消化系的运动，消化酶的分泌都会消耗热量，因此需要额外消耗能量。同时，食物在体内氧化分解时，除了本身释放出热能以外，还会增加人体的基础代谢率，刺激人体产生额外的热量消耗，同时使体温升高。

食物热效应只能增加体热的外散，而不能增加可利用的能量。食物的热效应引起的能量额外消耗平均为 150~200kcal，约相当于总能耗消耗的 10%，不同食物的特殊动力作用也会因食物成分而异，食物蛋白质所引起的额外能量消耗约占自身能量的 30% 以上，食物热效应最大，碳水化合物所引起的额外能量消耗为 5%~6%，脂肪最低为 4%~5%。摄食普通混合膳食，人们一般认为它的热效应消耗量约为食物摄取热量的 10%。食物热效应的一般计算方式，如式（2-3）所示。

$$食物热效应 = （BMR+活动量）\times 10\% = 食物摄取热量 \times 10\% \qquad (2-3)$$

即如果有 500kcal 的热量需求，需要吃 550kcal 的食物；或者摄入食物的能量 500kcal，通过食物热效应还剩余 450kcal。因此，为了保存体内的营养储备，摄入食物时必须考虑食物热效应额外消耗的能量，使摄入的能量与消耗的能量保持平衡。

食物特殊动力作用在进食后不久即可出现，进食后 2h 后食物特殊动力作用可达到最高点，在进食 3~4h 后基本恢复到进食前的水平，一组对健康男子摄入食物后的食物热效应与基础代谢能耗的监测比较，如表 2-8 所示。

表 2-8　　　基础能量与餐后（混合膳）各时点能耗量的比较

	BEE	TEF0	TEF0.5	TEF1.0	TEF1.5	TEF2.0	TEF2.5	TEF3.0	TEF3.5	TEF4.0
均数	0.982	1.255	1.285	1.334	1.381	1.362	1.306	1.202	1.255	1.235
标准差	0.149	0.189	0.250	0.214	0.255	0.272	0.268	0.175	0.180	0.197

注：BEE：静卧空腹基础代谢能耗量。

TEF0-4.0：分别为混合膳食餐后 0、0.5、1.0、1.5、2.0、2.5、3.0、3.5、4.0h 所测的能耗量。

四、生长发育

正常生长发育的机体还需要额外的热能来维持以合成新组织，维持机体的发育成长。如处于生长发育期的婴儿、儿童、青少年。其中对于婴幼儿、儿童和青少年提供组织新陈代谢的能量多少应该随幼儿增长速度的快慢而定。凡增长速度快的幼儿，则所需的热量就多。3~6 个月的婴儿每天有 15%~23% 的能量用于合成新组织，婴儿每增加 1g 体重，大约需要 20.9kJ 的能量。孕妇和哺乳期妇女等特殊人群也需要增加能量消耗，用于组织增长和特殊生理变化的能量消耗。孕妇在孕期，其子宫、乳房、胎盘、胎儿的生长发育及体脂储备，都会增加能量消耗。哺乳期妇女的身体为了补偿乳汁分泌，每日大约需要能量 200kcal。

第三节　能量的推荐摄入量及食物来源

一、能量的推荐摄入量

能量的需要量是指维持机体正常生理功能所需要的能量，即能长时间保持良好的健康状况,具有健康体型、机体构成和活动水平的个体达到能量平衡,并能胜任必要的经济活动和社会活动所需的能量摄入。当然,对于婴儿、儿童等群体还应满足生长发育的需要,对于孕妇应满足胎儿成长的能量需要。对于身体健康,体质稳定的个体来说,理想状态下,能量需要量应等于能量消耗量。能量的平均需要量(estimated average requirement,EAR)是根据个体需要量的研究资料制定的,是根据某些指标判断可以满足某一特定性别、年龄及生理状况群体中50%个体需要量的摄入水平。

能量的推荐摄入量(recommended nutrient intake,RNI)与各类营养素的推荐摄入量不同,它是以能量的平均需要量(EAR)为基础的,但不增加安全量。能量需要量是确定产能营养素需要量的前提。因此,针对不同性别,不同年龄,如婴儿、儿童和青少年、孕妇和乳母、老年人等人群各自的生理特点不同,能量的推荐摄入量(RNI)也不尽相同。不同劳动强度的个体,如从事轻体力劳动的办公室文员和从事重体力劳动的采矿工人的劳动强度不同,能量的需要量差异明显,因此,能量的推荐摄入量(RNI)也不同。

中国营养学会2000年提出的中国居民膳食能量参考摄入量指出,成年男性轻、中体力劳动者每日需要能量为2400~2700kcal;女性轻、中体力劳动者每日需要能量为2100~2300kcal。根据国际粮农组织推出的能量正常需要量经验公式,如式(2-4)、式(2-5)所示。

$$成年男性:每日能量需要量(kJ)=体重(kg)×192 \quad (2-4)$$
$$成年女性:每日能量需要量(kJ)=体重(kg)×167 \quad (2-5)$$

按劳动强度不同分别以不同系数加以调整。轻体力劳动、积极活动和剧烈活动的调整系数分别为:0.9、1.17和1.34。例如,70kg体重轻体力劳动男性,每日能量需要量为:70×192×0.9=12096kJ,折算为2880kcal,此数值明显高于中国人能量推荐摄入量(轻体力劳动成年男性为2400kcal)。在能量推荐量还需要进一步下调的当今社会,国际粮农组织这一算法并不适合中国居民的能量需要量估计。所以,中国营养学会根据中国经济水平、饮食结构、体力活动特点等,结合国内外的研究资料,制定了中国居民膳食能量推荐摄入量,具体如表2-9所示。

表2-9 中国居民膳食能量推荐摄入量(RNIs)

年龄(岁)	kcal/d		MJ/d	
	男	女	男	女
0~0.5[kcal/(kg·d)]①	95/[kcal/(kg·d)]	95/[kcal/(kg·d)]	0.40/[MJ/(kg·d)]	0.40/[MJ/(kg·d)]
1~	1100	1050	4.60	4.40
2~	1200	1150	5.02	4.81
3~	1350	1300	5.64	5.43
4~	1450	1400	6.06	5.83
5~	1600	1500	6.70	6.27
6~	1700	1600	7.10	6.67
7~	1800	1700	7.53	7.10
8~	1900	1800	7.94	7.53
9~	2000	1900	8.36	7.94

续表

年龄（岁）	kcal/d		MJ/d	
	男	女	男	女
10~	2100	2000	8.80	8.36
11~	2400	2200	10.04	9.20
14~	2900	2400	12.00	9.62
18~				
轻体力活	2400	2100	10.03	8.80
中体力活	2700	2300	11.29	9.62
重体力活	3200	2700	13.38	11.30
孕妇4~6个月		+200		+0.84
孕妇7~9个月		+200		+0.84
乳母		+500		+2.09
50~				
轻体力活	2300	1900	9.62	8.00
中体力活	2600	2000	10.87	8.36
重体力活	3100	2200	13.00	9.20
60~				
轻体力活	1900	1800	7.94	7.53
中体力活	2200	2000	9.20	8.36
70~				
轻体力活	1900	1700	7.94	7.10
中体力活	2100	1900	8.80	8.00
80~	1900	1700	7.94	7.10

①为母乳喂养，非母乳喂养应增加20%

二、能量的食物来源

人体的能量来源是食物中的碳水化合物、脂肪和蛋白质。这三类营养素普遍存在于各种食物中，三者的消化率、产能等参数比较如表2-10所示。碳水化合物、脂肪和蛋白质这三种供给能量的营养素在代谢中可以互相转化，按照能量守恒定律，从能量供给的角度讲，三种物质摄取比例的变化并不影响能量的摄取，可以在一定程度上相互代替，1g碳水化合物=0.45g脂肪=1g蛋白质，因此，在特殊情况下可以摄取一种或两种，这也是制造特殊食品的依据，但是不同的营养素，它们在人体内还各自有独特的生理功能，长期摄取单一种类营养素会造成营养不平衡的情况，影响健康，因此从膳食中摄取营养素应保持恰当的比例。一般条件下，碳水化合物是主要的能量来源，其次是脂肪，蛋白质的主要作用并不是提供热量。结合我国人民膳食习惯，在摄入的总能量中碳水化合物提供的能量应占60%~70%，脂肪提供的能量应占20%~25%，蛋白质提供的能量应占10%~15%。粮谷类和薯类食物含碳水化合物较多，是膳食能量最经济的来源；油料作物富含脂肪；动物性食物一般比植物性食物含有更多的脂肪和蛋白质；但大豆和坚果类例外，它们含丰富的油脂和蛋白质；蔬菜和水果一般含能量较少。

表 2-10　　　　　　　　　　三种产能营养素的比较

重要性	碳水化合物	脂肪	蛋白质
	主要来源	能值最高	替补能源
产能量/（kcal/g）	4.10	9.45	4.35
消化率/%	98	95	92
净产能/（kcal/g）	4	9	4
食物特殊动力作用（SDA）/%	5~6	4~5	30

除食物中的碳水化合物、脂肪和蛋白质三种营养素提供热能外，酒中的乙醇也会提供热能。1g 乙醇在体内可产生热量 7kcal。酒中的乙醇由多糖发酵而来，但乙醇不属于糖和碳水化合物，不属于营养素范畴。因为营养素除了能提供热能外，还是人体细胞、组织和器官生长的组成成分，对人体生存和健康至关重要，不可或缺。而酒中的乙醇虽然可以产生热量，但是对人体没有营养作用，不能合成身体的任何组织结构，若人适量饮酒，酒精的热量可以节省其他营养素产生的热量，但过量饮酒还会对身体产生有害作用，干扰其他营养素的吸收和代谢，造成酒精肝硬化等疾病。

三、食物能量的测定

食物热量，也称食物能值，即食物彻底燃烧时测定的能值。一般测量方法是将食物放在测量仪器的燃烧室内使其完全燃烧，在密闭环境中用水吸收释放出的全部能量。在常压下 1mL 水升高 1℃，需要吸收 4.187J，记录下水的质量和水温变化，可相应计算食物的热量，如式（2-6）所示。

每克食物中的能量（J）= 水的体积（mL）×水的温差变化×4.187J/食物的重量（g）　　（2-6）

不同食物中碳水化合物、脂肪和蛋白质的含量各不相同，若需了解某种食物所含的能值，可利用食物成分表或仔细分析其含有的组成成分，通过食物中蛋白质、碳水化合物、脂肪的含量计算，如式（2-7）所示。

能量（kJ/100g）= 蛋白质×17+脂肪×37+碳水化合物×17　　（2-7）

对于一般常见的食物可以从《食物营养成分表》中查到对应的能量值，而对于预包装食品按照国家相关要求，必须在包装上标示能量值，具体的标示方法，可参见 GB 28050—2011《食品安全国家标准　预包装食品营养标签通则》。

四、健康的能量摄入方式

人体能量的需要量受年龄、性别、生理状态和劳动强度等因素影响而有所不同，因此要根据自身能量的需要来摄入食物。人体所需的热能和各营养素之间要保持平衡，倡导健康饮食，但值得注意的是，健康饮食首先是防热量，而不是单纯地防重量。不同的食品能量密度（每克食物所含的能量）不同，能量密度主要与食物中水分和脂肪的含量相关，含水多的食物能量密度低，含脂肪多的食物能量密度高。高能量密度的食物，如巧克力、奶油等，可以满足热能消耗大、持续时间长的需要，特别是那些高寒地区从事探险、考察等活动。低密度的食物，如蔬菜和水果含能量较少,可以满足肥胖、糖尿病患者等特殊群体的需要。

除根据自身活动需要选取食物外,能量的摄入时间也应该符合健康的作息规律。每天早餐前可以做些轻缓的健身运动,运动后可摄入高营养的早餐。中国传统饮食中,早餐以包子、油条等淀粉类食物为主,随着人们对营养的重视,目前牛乳、鸡蛋等蛋白质的摄入量在早餐饮食比例也在逐渐增加。上午人们工作、学习任务繁重,需要通过一份高营养的早餐来保证能量供应,以维持大脑的高效运转。在10点左右的间歇时间可以适当补充些能量,如水果和坚果等健康的食品。而午餐食品一定要保证多样性,注意荤素搭配,营养均衡。晚餐既要注意营养、又要控制能量的摄入,因为晚间的活动减少,基本上人体的新陈代谢处于比较慢的状态,适当的摄入一些富含维生素的食物,就能满足人体的基本需要。

第四节 能量的测定方法

人体摄入食物后,食物中的能量在人体中分解,产生热量,其中50%左右以热量的形式散失,没有被机体利用,另有不足50%的能量被储存起来,以供生命活动所需,这些能量经新陈代谢,大部分也会以热能的形式散失。因此,测定机体向外界散发的热量就可以代表机体的能量消耗,即能量的需要量。能量代谢是生命活动的基本特征。能量代谢中能量消耗量的测量一直以来就是生理学家、营养学者和医生的研究重点内容。这部分能量可以通过气体代谢法、双水标记法、心率监测法、活动时间记录法、要因计算法、膳食调查法和能量平衡法等方法测定。

一、气体代谢法

气体代谢法又称呼吸气体分析法,是被测对象在一个密闭的气流循环装置内进行的特定活动,通过测定装置内的氧气和二氧化碳浓度变化,可得到氧气的消耗量,按每升氧气产热可计算出热量的消耗量,又称 Douglas 袋法。

气体代谢法的测试原理被利用在化学反应中,反应物的量和生成物的量之间呈一定的比例关系,即以定比关系来进行测定。同一种化学反应,不论经过什么样的中间步骤,也不管反应条件差异有多大,这种定比关系不变。同一时间内二氧化碳生成量与氧耗量之比,被称为呼吸商(respiratory quotient, RQ)。呼吸商不同,每消耗 1L 氧所消耗的糖和脂肪比例不同,因此所产生的热能也不同。由于各种营养物质无论在体外燃烧,还是在体内氧化,其二氧化碳的产量和氧气的消耗量都取决于各种营养物质的化学组成。所以在理论上,任何一种营养物质的呼吸商都可根据其氧化生成的最终产物二氧化碳和水的化学反应式计算出来。在实际计算中,只需查出一定时间内,人体中氧化分解的糖类、脂肪、蛋白质量3种产能营养素的氧化量就可计算出呼吸商。

在人的日常生活中,营养物质不是单一的,而是糖类、脂肪和蛋白质组成的混合膳食,它的呼吸商常变动于 0.71~1.00。人体在特定时间内的呼吸产热取决于哪种营养物质是当时的主要能量来源。若能源主要是糖类,则呼吸商接近于 1.00;若能源主要是脂肪,则呼吸商接近于 0.71。在长期病理性饥饿情况下,能量主要来自机体本身的蛋白质和脂肪,则呼吸商接近于

0.80。一般情况下，摄取混合食物时，呼吸商常在 0.85 左右。表 2-11 所示为糖类、脂肪和蛋白质 3 者的热价、氧热价及呼吸商等数据。

表 2-11　　　　　　　　　　　　三种营养物质氧化时的数据

营养物质	产热量			耗氧量 /(L/g)	CO_2产量 /(L/g)	氧热价 /(KJ/J)	呼吸商 /RQ
	物理热价	生物热价	营养学热价				
碳水化合物	17.0	17.0	16.7	0.83	0.83	21.0	1.00
蛋白质	23.5	18.0	16.7	0.95	0.76	18.8	0.80
脂肪	39.8	39.8	37.6	2.03	1.43	19.7	0.71

注：食物在体内氧化产生的热量称为生物热价，而体外燃烧时释放的热量则称为物理热价。
资料来源：孙锐等，《气体代谢法及其典型设备 K4b2 在能量代谢测量中的应用》。

二、双标记水法

双标记水法（doubly labeled water，DLW）是一种经典的能量代谢测量方法，其原理是通过在受试者喝入定量的双标记水，即服用一定剂量的由稳定同位素 ^2H 与 ^{18}O 标记的水后，根据 ^2H 通过水代谢排出，^{18}O 通过水与二氧化碳代谢排出这一原理，在一定时间内（8~15d）连续收集尿样，通过尿液或唾液测量体内 ^2H 与 ^{18}O 丰度值，从而得出 ^2H 与 ^{18}O 的消除率，计算出二氧化碳排出率，进而得到人体的能量消耗。该方法能够测量人或者动物一段时间内的平均日代谢总量。该方法的优点是适用于任何人群和个体的测定，无须佩戴任何设备，无毒无损伤，不会影响人的正常生活与运动，但费用高，需要高灵敏度、准确度的同位素质谱仪及专业技术人员。近年主要用于测定个体不同活动水平（PAL）人群的基础代谢测量。

双标记水法因其同位素的消除而有一定的适用时间限制，国际原子能机构在其发布的《国际原子能机构的人体健康系列》第三部分中关于双标记水法测量代谢总量的实验设计时间为 10~14d，近年来国内外的相关人员使用双标记水法的测量时间多集中在 8~15d。在航天飞行中，准确获得航天员长期的能量消耗是一项至关重要的工作，这关系到航天员健康状态的检测、食物的配给以及航天器与航天服中氧气的供给与二氧化碳处理能力的设计等。但是，由于航天过程中的特殊失重环境，使得在地面进行能量消耗研究时常用的一些方法如便携式气体分析仪、Douglas 袋法、能量代谢测试舱等不能应用于航天飞行中，而双标记水法测量能量消耗期间无须仪器操作，不影响受试者正常活动，所以，美国国家航空航天局（NASA）曾采用分 3 次服用高同位素剂量的双标记水法测量航天员在航天飞机上 16d 的代谢数据。双标记水法使用的 ^2H 与 ^{18}O 均为稳定同位素，对人体无影响，孕妇与婴儿也可安全使用。

三、心率监测法

心率监测法是依据中到重体力活动者的心率与氧耗量的相关性，采用 Logistic 回归方程建立心率与能量消耗的多元回归方程来推算能量消耗的。

用心率监测器和 Douglas 袋法同时测量各种活动的心率和能量消耗量，推算出心率—能量消耗的多元回归方程，通过连续一段时间（3~7d）监测实际生活中的心率，可参照回归方程推算受试者每天能量消耗的平均值。如在警察体能教育中，由于受各种条件的限制，教官对警察体能锻炼的强度、训练量和生理负荷的安排，各组锻炼间的恢复期情况的看法也不一致，制定计划时存在主观随意性。为了给警察体能锻炼提供科学的依据，结合警察有氧代谢能力锻炼的实际情况，通过运用"心率监测法"来严格控制警察体能锻炼的量、强度、密度，调整三者的比例，可使训练更科学合理。心率监测法可消除一些因素对受试者的干扰，但这易受环境和心理的影响。

近些年来，使用智能传感器测算能量消耗的相关研究越来越多，这为临床医师估算日常体力活动能量消耗提供了适宜的测量工具。目前研究中使用较多的监测设备有心率带和加速度计，这两个设备各有优缺点。加速度计可收集体力活动的频率、强度、持续时间等多角度信息，但测量静止活动（如举重、脚踏车训练等）的准确率不高。心率带作为使用更广泛的体力活动便携设备，虽然其心率监测值容易受到情绪的影响，因其具有较低廉的价格、与体力活动的强度相关性，使之成为了一款体力活动中常用的监测设备。

四、活动时间记录法

活动时间记录法是了解能量消耗最常用的方法。它是通过详细记录一天各种活动的持续时间，然后按每种活动的能量消耗率计算全天能量消耗量的方法。各种活动的能量消耗率可以用直接测定法测定也可直接采用他人的测定结果，表2-12列出了一些日常活动的能量消耗量。活动时间记录法的优点是可以利用已有的测定资料，不需昂贵的仪器和较高的分析技术手段，但该法影响测定结果的因素较多，职业外活动记录也难以被准确记录，这导致测定结果不准确。活动时间记录法通常适用于人群而不适于个体，针对人群测量可以避免活动时间记录法工作量大且繁杂甚至难以进行的缺陷。

表 2-12　　　　　　　　　日常活动能量消耗量

日常活动	$kJ/(m^2 \cdot min)$	$kcal/(m^2 \cdot min)$
睡眠	2.736	0.654
午睡	3.192	0.763
坐位休息	3.628	0.867
站位休息	3.690	0.882
走路	11.234	2.685
跑步	28.602	6.836
整理床铺	8.841	2.113
穿脱衣服	7.012	1.676
看报	3.481	0.832
集合站队	5.268	1.259
上下楼	18.518	4.426
洗衣服	26.967	6.445
洗手	5.777	1.333
上下坡	26.966	6.445

续表

日常活动	kJ/(m² · min)	kcal/(m² · min)
乘坐汽车	4.820	1.152
打排球	13.615	3.254
打乒乓球	14.146	3.381
单杠运动	16.564	3.959
双杠运动	18.108	4.328
爬绳运动	14.058	3.360
跳高	22.334	5.338
拖地板	11.608	2.796
室内上课	3.770	0.901
扫院子	11.820	2.825

资料来源：杨滨，《食品营养学》。

五、要因计算法

要因计算法是将某一年龄的不同人群组的能量消耗结合他们的 BMR 来估算其总能量消耗量的方法，即应用 BMR 乘以体力活动水平 PAL 来计算人体能量消耗量或需要量的方法。能量消耗量或需要量=BMR×PAL。此法通常适用于人群而不适于个体，可以避免活动时间记录法工作量大且繁杂甚至难以进行的缺陷。BMR 可以由直接测量推论的公式计算或参考引用被证实的本地区 BMR 资料，PAL 可以通过活动记录法或心率监测法等获得。根据一天的各项活动可推算出一天的总能量需要量。推算出全天的活动水平（PAL）可进一步简化全天能量消耗量的计算。PAL=24h 总能量消耗量/24h 的 BMR（基础量）。例如，可采用要因计算法推算中体力劳动男子的能量消耗，如表 2-13 所示。

表 2-13 中体力劳动男子的能量消耗量

活动类别	时间/h	能量/kcal	能量/kJ
卧床 1.0×BMR	8	520	2170
职业活动 1.7×BMR	7	1230	5150
随意活动：			
社交及家务：3.0×BMR	2	390	1630
保持心血管和肌肉状况，中度活动不计	—	—	—
休闲时间能量需要：4.0×BMR	7	640	2680
总计：1.78×BMR	24	2780	11630

注：25 岁，体重 58kg，身高 1.6m，BMI22.4，估计 BMR：273kJ（65kcal）/h

资料来源：FAO/WHO/UNU report on energy and protein requirement.

六、膳食调查法

身体健康的人，在食物供应充足、在某一时期内体质量保持稳定，不发生明显变化时，其热能摄入量基本上可以反映出其热能需要量,即在一定程度上可说明人体能量摄入量与能量消耗量保持平衡。膳食调查法通过调查受试者在某一时期内摄入的能量来反映其能量消耗情况,能量摄入量受体力活动、体型和代谢率等因素的影响而存在个体差异。膳食调查法以能量摄入量反映能量消耗量,常用称重法、记账法、询问法和化学分析法等方法,其中,询问法包括24h回顾法、膳食史法、食物频率法等。不过这种膳食调查一般至少进行5~7d,如果确定一类人群的热能需要,还应注意调查对象应有一定的数量,调查结果才相对地可信、可靠。

七、能量平衡法

健康成年人的摄食量与能量需要相适宜时,为能量平衡,体重保持相对恒定;当能量摄入量超过能量消耗时,多余的能量以脂肪的形式被贮藏起来,表现为体重增加,每增加1kg体重,机体将储存25~33MJ的能量,平均为29MJ,为能量正平衡;当能量摄入低于机体的能量消耗时,机体会分解脂肪,体重减少为能量负平衡。为了简化计算,在实际工作中,可按照下列公式计算能量消耗。

1. 体重增加

体重增加时,能量消耗量可按式(2-8)计算。

$$能量消耗量(MJ)=能量摄入量(MJ)-平均体重增加量(kg)\times 29MJ/调查天数(d) \quad (2-8)$$

2. 体重减少

体重减少时,能量消耗量可按式(2-9)计算。

$$能量消耗量(MJ)=能量摄入量(MJ)+平均体重减少量(kg)\times 29MJ/调查天数(d) \quad (2-9)$$

第五节 能量与健康的平衡关系

一、能量平衡

在保证食物摄取充足的情况下,正常人可以自动调节并能有效从食物中摄取到自身消耗所需的能量,能相对保持能量代谢过程中能量摄入和能量输出及贮藏之间的平衡。即体内消耗的能量必须从外界摄取食物才得到补偿,当机体消耗的和摄取的能量趋于相等时,可维持能量代谢的平衡。

能量的平衡是营养学的一个最基本的问题。在评论人们的生活水平时首先要看人们是否能吃饱,然后关注他们摄取营养素的比例是否合理,合理的营养应该是既要吃饱又要吃好。因此,维持能量平衡是人体处于良好营养和健康状态的前提。营养学上的能量平衡并不是要求每个人在每天的能量摄取都要做到平衡,而是指在一定时段内,人体中的能量要保持相对平衡。即在一定时段内,输入和输出的人体能量之比,应等于该人体内蓄存能量的变化率。一般要求成年人在5~7d消耗的与摄入的能量平均值应趋于相等。

二、能量失衡

在能量代谢过程中,食物可提供人体所需要的能量,以满足基本的生命活动和日常身体活动的需要，若受到客观条件及主观因素的影响，使能量摄取量长期低于或高于能量的消耗量，人体会处于能量失衡状态。

成年人的健康体重取决于体内的能量平衡，即能量摄入与能量消耗的平衡。健康成人维持基本生命活动所消耗的能量通常在一个稳定范围内，而日常身体活动和运动消耗的能量变化较大，所以说，进食量和身体活动是维持能量平衡的两个决定性因素。当进食量相对大于运动量时，多余的能量就会在体内以脂肪的形式积存下来，以增加体重，久之就会使人发胖；相反，若进食量相对小于运动量时，能量不足可引起体重降低，久之会造成体重过低和消瘦。因此，能量失衡的判断指标可以测定体重是否相对恒定，这就涉及标准体重的计算问题，成年人的标准体重计算方法有很多种，其中最常用的是体质指数（body mass index，BMI），BMI 是在国际上常用的衡量人体胖瘦程度的一个指标标准，是结合体重和身高来衡量人体脂肪相对水平的一种指标，也是衡量一个人是否健康的重要标准。BMI 体质指数计算公式，如式（2-10）所示。

$$BMI = W/H^2 \qquad (2-10)$$

式中　BMI——单位体表面积所含有的体重，kg/m^2，即体重/身高的平方；

　　　W——体重，kg；

　　　H——身高，m。

人的体重包含身体脂肪组织的重量，还包括骨骼、肌肉等非脂肪组织的重量。对于大多数人而言，BMI 的增加大体上能够反应体内脂肪重量的增加，根据世界卫生组织（WHO）最新肥胖指南标准所提供的数据，亚洲人群：$BMI<18.5kg/m^2$ 为低体重，$BMI=（18.5\sim22.9）kg/m^2$ 为正常体重，$BMI=（23.0\sim24.9）kg/m^2$ 为超体重；$BMI>25.0kg/m^2$ 为肥胖；$BMI>30.0kg/m^2$ 为严重肥胖。但是，体质指数不适合生长发育期的儿童、孕妇和肌肉比例高的运动员等。

我国健康成人体重的 BMI 范围是 $18.5\sim23.9kg/m^2$，最佳的 BMI 为 $20.0\sim22.0kg/m^2$。体重在健康范围内的人患各种疾病的危险性小于消瘦或超重、肥胖的人。BMI>25 的人为肥胖。我们可以发现体重过重、身材过于肥胖的人，他们的呼吸都会比较急促，而且呼吸较深。这就说明身材过于肥胖会影响到人的呼吸，而且在睡觉的时候可能会出现呼吸暂停的风险。而且身材过于肥胖还容易引发高血压、高血脂、糖尿病，给人们的日常的工作和生活带来严重的不便，也会影响到身体的健康并造成心理负担。BMI<18.5，一般属于体重偏低的人群，对于体重过轻、身材太瘦的人也是不好的，而且过瘦不仅会影响正常的消化，引起消化不良，也会使体内激素分泌异常。

三、能量失衡与代谢疾病

1. 能量不足

机体能量代谢平衡对维持机体健康状况至关重要。在漫长的进化过程中，人体已具备了完善的能量调控机制，可通过合成脂肪储存过多的能量，用于维持饥饿状态下的正常生命活动。

一个人如果长期热量摄入不足，能量摄入不足，机体会调动自身的能量储备甚至消耗自身组织以满足生命活动的能量需要，通常会先消耗自己储存的自身的糖原和脂肪，再进一步使其发生蛋白质的分解转化以产生热量。各个系统因为能量供应不足，都会出现机能下降、减退，体重减轻，发育迟缓的现象，严重的甚至可导致死亡。对中枢神经系统来说，能量供应不足会导致机体出现反应迟钝，记忆力明显减退，表情呆滞等症状，症状逐渐严重后会出现意识模糊、浅昏迷、昏迷；运动系统由于能量供给不足，会出现运动速度和耐力的逐渐下降，直至卧床不起；热量摄入不足就是饮食减少，会使机体消化系统功能逐渐下降，消化吸收能力越来越差，蛋白质参与供热，会造成人体蛋白质缺乏，会影响机体正常的新陈代谢、组织更新，从而使机体出现消瘦、贫血等症状。

2. 能量过剩

随着人类日常生活中饮食摄入增加和运动减少，现代人群普遍处于一种能量过剩状态。从营养过剩到肥胖，从肥胖到糖尿病、高血压、动脉粥样硬化，再到心梗、中风与死亡，这一系列过程与糖与脂的摄入增加，尤其与摄入的碳水化合物与脂肪的种类密切相关。长期以来，中国人的饮食以碳水化合物为主，碳水化合物的摄入量占60%~70%。近二三十年，中国人碳水化合物摄入有所降低，供能比下降到占50%左右。但是，各种加糖饮料与食品的流行，导致近年来人群中糖的摄入量在明显增加。大量流行病学研究表明，糖摄入与胰岛素抵抗、高尿酸、心血管疾病等密切相关。因此，糖的摄入量增加是人体从肥胖到糖尿病、高血压、动脉粥样硬化等疾病过程中的关键因素。随着中国饮食中碳水化合物的降低，脂肪的摄入在逐渐增加，已经达到占总摄入量的35%，以脂肪摄入为主的营养过剩也是导致机体整体体重增加与肥胖的主要原因。营养过剩对于机体的影响主要在于：一方面激活线粒体氧化呼吸耗能从而产生大量氧自由基（ROS）并造成氧化应激损伤；另一方面则通过选择性胰岛素抵抗，导致肥胖、脂肪异位沉积等。持续的胰岛素抵抗可导致高血糖、高血压、血脂紊乱，从而构成了对机体有害的代谢压力，包括糖尿病、代谢综合征、心脑血管病等一系列代谢异常疾病。因此，治疗这一类疾病的关键环节是缓解代谢压力。

本章知识链接

"民以食为天"。食物是指能够满足机体正常生理和生化能量需求，并能延续正常寿命的物质。我们的饮食文化，从采集时期的生肉发展到学会用火、发酵……再到现在琳琅满目的食物种类，可以说，人类的发展历程也透射出了食物的演变过程。

食物像燃油一般，给我们提供能量，让我们维持正常的生理机能和日常活动。我们逐渐赋予食物特殊的意义，让它们与记忆一起寄托着我们的情感。但是，随着我们对食物的深入了解，我们与食物的关系变得越来越复杂。我们给食物贴上"低脂""高热量""健康""发胖"等标签，对那些"美味"的食物又爱又恨。

从什么时候开始我们与食物的关系已经变得这么复杂了？又是从什么时候开始食物控制了我们的情绪和生活？食物的能量密度是指单位重量食物中所含的能量，它主要与食物中水分和脂肪含量相关，含水多的能量密度低，含脂肪多的能量密度高。蔬菜和水果含能量较少，动物性食品含脂肪和蛋白质较多，高能量密度类的一些坚果，如花生和核桃，也含较多脂肪。加工类的食物，不管是香肠比萨还是炸薯片，都是高能量密度的食物。在饮食健康的实践中，人们往往有两种疏忽，一种是只关注重量不关注品种；另一种是注意了品种但没有注意烹饪方法。有些人只是吃得少，但吃进去的多是高能量密度食物，或是摄取食物的品种太少，造成了微量元素的缺乏；另外一个关键是烹饪方法，一般经油烹调的食物，热量会增加60%~100%，有人计算过，22片薯片的热量和两个水煮大马铃薯的热量相当，而1个炸鸡腿的热量等于2个卤鸡腿的热量。

练习与思考

1. 试述能量的概念。
2. 试述能量的消耗主要用于哪些方面？
3. 分析影响不同人群的能量需要量的主要因素。
4. 试述能量测定的主要方法。
5. 阐述能量平衡与健康的关系。

参考文献

[1] 孙远明. 食品营养学 [M]. 北京：中国农业大学出版社，2010.

[2] 杨滨. 食品营养学 [M]. 昆明：云南人民出版社，2014.

[3] 何志谦. 人类营养学 [M]. 北京：人民卫生出版社，2000.

[4] 金园. 食品营养卫生学 [M]. 北京：中国商业出版社，1986.

[5] 孙锐，杨晓光，朴建华. 气体代谢法及其典型设备 K4b2 在能量代谢测量中的应用 [J]. 中国食品卫生杂志，2005，17（5）：445-448.

[6] 魏新军，杨春华. 食品营养与卫生学 [M]. 北京：化学工业出版社，2014.

[7] 付丽. 食品营养与卫生 [M]. 北京：轻工业出版社，2013.

[8] 张程，费锦学，杨振中，等. 应用双标记水法测量人体 20d 能量消耗的剂量方案优化 [J]. 航天医学与医学工程，2018，31（1）：16-21.

[9] 李小英. 能量失衡与代谢性疾病 [J]. 养生大世界，2018，（7）：24.

[10] 周才琼，周玉林. 食品营养学 [M]. 北京：高等教育出版社，2006.

[11] 陈炳卿. 营养与食品卫生学 [M]. 北京：人民卫生出版社，1981.

[12] 中国营养学会. 中国居民膳食营养素参考摄入量 [M]. 北京：中国轻工业出版社，2000.

[13] 吉喆，冯其斌. 青少年儿童能量代谢失衡导致单纯性肥胖探究 [J]. 唐山师范学院学报，2015，37（5）：89-91.

[14] 全国中等卫生学校试用教材《营养及食品卫生学》编写组. 营养及食品卫生学 [M]. 杭州：科学技术出版社，1980.

[15] 唐高见，吕晓华. 人体能量消耗的测量误差 [J]. 中国组织工程研究与临床康复，2008（2）：158-161.

[16] 金龙飞. 食品与营养学 [M]. 北京：中国轻工业出版社，1999.

[17] 食品营养学 [M]. 北京：中国农业大学出版社，2002.

[18] 李堃. 5~6 岁儿童体力活动心率与能量消耗转换模型的建立及验证 [D]. 沈阳：中国医科大学，2017.

[19] 梁杰，蒋卓勤. 广东省某高校大学生能量消耗研究 [J]. 卫生研究，2003，32（5）：468-470.

第三章 碳水化合物

[本章主要内容]

掌握碳水化合物的分类、常见单糖、双糖、寡糖及多糖、碳水化合物的生理功能、膳食纤维的概念、种类和生理功能、血糖生成指数的概念及其应用，了解碳水化合物的消化、吸收和代谢过程，了解碳水化合物的适宜摄入量及膳食来源。

[本章重点]

碳水化合物的分类、常见单糖、双糖、寡糖及多糖，碳水化合物的生理功能，膳食纤维的概念、种类和生理功能，血糖生成指数的概念及其应用。

[本章难点]

常见碳水化合物，碳水化合物的消化、吸收和代谢，血糖生成指数。

第一节 碳水化合物及其分类

碳水化合物（carbohydrate）由碳、氢和氧三种元素组成，绝大多数分子中的氢原子是氧原子的2倍，与水分子的组成相似，所以称为碳水化合物，又称糖类。可用通式 $C_x(H_2O)_y$ 来表示。碳水化合物是机体的重要组成成分，具有重要的生理功能，是三大产能营养素中最主要最经济的能量来源。

根据 FAO/WHO 专家组的建议，碳水化合物的分类根据其聚合度可分为糖、寡糖和多糖三个组（表3-1）。糖单位≥3 和<10 聚合度（DP），为寡糖和糖的分界点。按生理学或营养学的理解分为可消化利用碳水化合物、不可消化利用碳水化合物。

表 3-1　　　　　　　　　　　主要的膳食碳水化合物

分类（糖分子 DP）	亚组	碳水化合物
糖（1~2）	单糖	葡萄糖、果糖、半乳糖、阿拉伯糖等
	双糖	蔗糖、乳糖、麦芽糖、海藻糖
	糖醇	山梨醇、甘露醇、木糖醇、麦芽糖醇等
寡糖（3~9）	异麦芽低聚寡糖	麦芽糊精
	其他寡糖	棉籽糖、水苏糖、低聚果糖等
多糖（≥10）	淀粉	直（支）链淀粉、变性淀粉、抗性淀粉
	非淀粉多糖	纤维素、半纤维素、果胶、水凝胶等

在食品营养学和食品化学上，通常按照碳水化合物的化学结构可将其分为单糖（monosaccharide）、双糖（disaccharide）、寡糖（oligosaccharide）和多糖（polysaccharide），其中，单糖和双糖常被称为简单糖类（simple sugar），而寡糖和多糖被称为复杂碳水化合物（complex carbohydrate）。

一、糖

糖是指能够准确测定的碳水化合物，包括单糖、双糖和糖醇。

1. 单糖

单糖是最简单的碳水化合物，通常情况下，单糖是不能再被水解成更小分子的糖，是所有糖类的基本结构单位。单糖具有醛基或酮基，分别被称为醛糖和酮糖。每分子含碳原子数3~7个，按碳原子数目依次称为丙、丁、戊、己、庚糖。其中，丙糖和丁糖以中间代谢物的形式存在。自然界中存在最多的是戊糖和己糖。对人体有生理意义的单糖有葡萄糖、果糖和半乳糖，食品中最常见的是葡萄糖和果糖，此外还有其他含量比较低的单糖，如核糖、脱氧核糖、阿拉伯糖和木糖等，如图3-1所示。

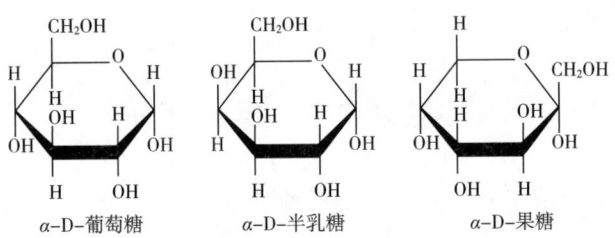

图 3-1　常见单糖的结构

（1）葡萄糖（glucose）　　葡萄糖是构成食品中各种糖类的最基本单位，也是人体空腹时唯一游离存在的六碳糖，血液中的葡萄糖即血糖浓度保持恒定具有重要的生理意义。葡萄糖在天然食品中的含量是比较少的，葡萄、西瓜和草莓中的含量相对较高。人体利用的葡萄糖主要由淀粉水解而来，还可来自于蔗糖、乳糖等的水解。葡萄糖、果糖有 D 型和 L 型，人体只能代谢 D 型糖而不能利用 L 型糖，所以可以用 L-葡萄糖或 L-果糖做甜味剂，以达到增加食品的甜味而不增加能量摄入的双重目的。

（2）果糖（fructose）　一种常见的己酮糖，比糖类中的其他糖都甜，是食品工业中重要的甜味物质。果糖主要存在于水果和蜂蜜中。果糖容易被消化，不需要胰岛素的作用就能直接被人体代谢利用，因此适于幼儿和糖尿病患者食用。在食品工业上，用异构化酶在常温常压下可以使葡萄糖转化为果糖。人工制作的玉米糖浆或果葡糖浆中果糖含量达 40%～90%，是饮料、冷冻食品、糖果蜜饯生产的重要原料。果糖吸收后，会经肝脏转变成葡萄糖被人体利用，也有一部分可转变为糖原、乳酸和脂肪。

（3）半乳糖（galactose）　自然界中半乳糖很少以单糖形式存在，而是乳糖、棉籽糖和琼脂等的组成成分，可以被乳酸菌发酵。半乳糖吸收后会在肝脏内被转变成肝糖，然后分解为葡萄糖被机体利用。母乳中的半乳糖是在体内合成的，而不是由食物中直接获得的。

（4）其他单糖　除了上述三种重要的己糖外，食物中还有少量的戊糖（pentose），如核糖（ribose）、脱氧核糖（deoxyribose）、阿拉伯糖（arabinose）和木糖（xylose）。前两种糖可在动物体内合成，后几种主要存在于水果和根、茎类蔬菜中。

2. 双糖

由两分子单糖组成的碳水化合物称为双糖。自然界最常见的双糖是蔗糖（sucrose）、乳糖（lactose），此外还有麦芽糖、海藻糖、异麦芽糖、纤维二糖、壳二糖等。甘蔗、甜菜含有大量蔗糖；发芽的谷粒，特别是麦芽中含有大量的麦芽糖，饴糖的基本成分是麦芽糖；乳糖存在于各种乳汁中。营养学上有意义的双糖如下所述，如图 3-2 所示。

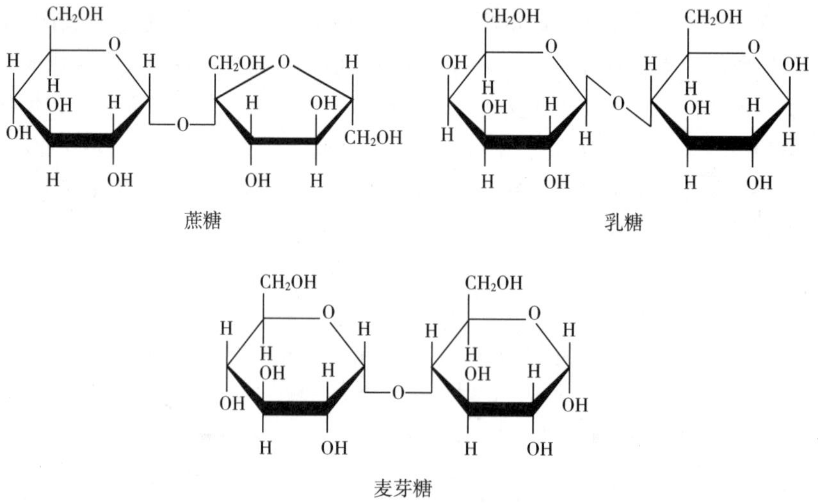

蔗糖　　　　　　　　　　　　乳糖

麦芽糖

图 3-2　常见双糖的结构

（1）蔗糖（sucrose）　是自然界分布和应用最广泛的糖，是制糖工业的重要原料。蔗糖由一分子葡萄糖和一分子果糖以 α-1，2-糖苷键连接而成。蔗糖几乎普遍存在于植物的叶、花、根、茎、种子及果实中，甘蔗、甜菜、槭树汁和蜂蜜中含量尤为丰富，日常食用的白砂糖即是蔗糖，是从甘蔗或甜菜中提取的。

（2）乳糖（lactose） 是由葡萄糖和半乳糖以 β-1,4-糖苷键连接而成的，存在于哺乳动物乳汁中，约占鲜乳的 5%，是婴儿食用的主要碳水化合物。乳糖甜度只有蔗糖的 1/6，较难溶于水，在消化道中吸收较慢，有利于维持合适的肠道菌群数，并能促进钙的吸收，对婴儿具有重要的营养学意义。

（3）麦芽糖（maltose） 麦芽糖由两分子葡萄糖以 α-1,4-糖苷键连接而成，在饴糖、高粱饴、玉米蔗糖、乳糖、麦芽糖浆中大量存在，是食品工业中重要的糖质原料。淀粉在淀粉酶的作用下可被降解生成大量的麦芽糖。麦芽糖的甜度约为蔗糖的 1/2，在营养学上除供能外，尚未见有特殊的意义。

3. 糖醇

糖醇是单糖的重要衍生物，在天然的水果、蔬菜中存在少量的糖醇类（sugar alcohol）物质。糖醇类物质因在体内消化吸收速度慢，且提供能量较葡萄糖少而被用于食品加工业。目前常使用的糖醇有山梨糖醇（sorbitol）、甘露糖醇（mannitol）、木糖醇（xylitol）和麦芽糖醇（maltitol）等。

（1）山梨糖醇（sorbitol） 又称葡萄糖醇，广泛存在于许多植物的果实中，如苹果、梨、葡萄等，工业上可通过葡萄糖氢化制得。山梨糖醇含有多个醇羟基，亲水性强，甜度为蔗糖的一半。临床上，常用 20% 或 25% 的山梨糖醇溶液作为脑组织或周围组织的脱水剂以降低颅内压，消除水肿。山梨糖醇被人体吸收后每克供能约 4kcal，代谢时不转化为葡萄糖，而是转化为果糖，故不受胰岛素的控制，适合作为糖尿病患者的甜味剂。此外，因其具有很强的吸湿性，山梨糖醇可用作糕点等食品的保湿剂。

（2）甘露糖醇（mannitol） 是一种己六醇，与山梨糖醇是同分异构体。山梨糖醇的吸湿性很强，而甘露醇完全没有吸湿性。甘露醇有甜味，其甜度相当于蔗糖的 60%。目前，工业生产甘露醇主要有两种工艺：一种是海带提取法，可以直接利用海带作为生产原料，也可以采用海带提取碘和海藻酸钠后的废水为原料；另一种是以蔗糖和葡萄糖为原料，通过异构氢化制得。因甘露糖醇溶解时吸热，有甜味，对口腔有清凉舒服感，故更广泛用于醒酒药、口腔清凉剂等咀嚼片的制造，其颗粒型专门作为直接压片的赋形剂。甘露醇也可用作硝酸甘油片的基料。

（3）木糖醇（xylitol） 天然存在于多种水果、蔬菜中，如存在于香蕉、黄梅、草莓、胡萝卜、洋葱、莴苣、菜花、茄子、蘑菇等。工业上常用玉米芯和甘蔗渣等水解制成木糖后，再经氢化获得木糖醇。

木糖醇甜度与蔗糖相当，代谢不受胰岛素调节，故常作为甜味剂用于糖尿病患者的专用食品及许多药品中。此外，木糖醇不能被口腔细菌发酵利用，可以预防龋齿的形成，改善口腔卫生，被广泛用作无糖糖果的甜味剂。

（4）麦芽糖醇（maltitol） 是由麦芽糖氢化、还原制成的双糖醇。工业上，其生产工艺可分为两大步骤：首先将淀粉水解制成高麦芽糖浆，然后将制得的麦芽糖浆加氢还原制成麦芽糖醇。它是一种含有多种糖醇和氢化葡萄糖的混合物，其麦芽糖醇的含量从 50% 到 90% 不等，故又称麦芽糖糖浆（氢化葡萄糖浆）。

麦芽糖醇被人体摄入后，在小肠内的分解量是同量麦芽糖的 1/40，所以是非能源物质，不会使血糖升高，也不增加胆固醇和中性脂肪的含量。因此，可作为功能性甜味剂用于心血管病、糖尿病等患者的保健食品中。另外，麦芽糖醇也不能被口腔中的微生物利用，有预防龋齿作用。

二、寡糖

寡糖又称低聚糖。FAO/WHO 根据专家建议，定义糖单位≥3 和<10 为寡糖。寡糖在食品中存在的不多，目前已知的几种重要寡糖有棉籽糖（三糖）、水苏糖（四糖）、毛蕊花糖（五糖）、低聚异麦芽糖、低聚果糖、低聚甘露糖、大豆低聚糖等。其甜度通常只有蔗糖的 30%～60%。

(1) 低聚果糖　低聚果糖（fructo oligosaccharide）又称寡果糖或蔗果三糖族低聚糖，是在蔗糖分子的果糖残基上连接 1～3 个果糖分子而形成的，分别被称为蔗果三糖、蔗果四糖、蔗果五糖（图 3-3）。低聚果糖主要存在于日常食用的水果、蔬菜中，如洋葱、大蒜、香蕉等中，也存在于一些谷物中，如小麦、燕麦等中，但这些食物中的低聚果糖含量都很低，不易被提取，工业上多用果糖基转移酶由发酵法生产。

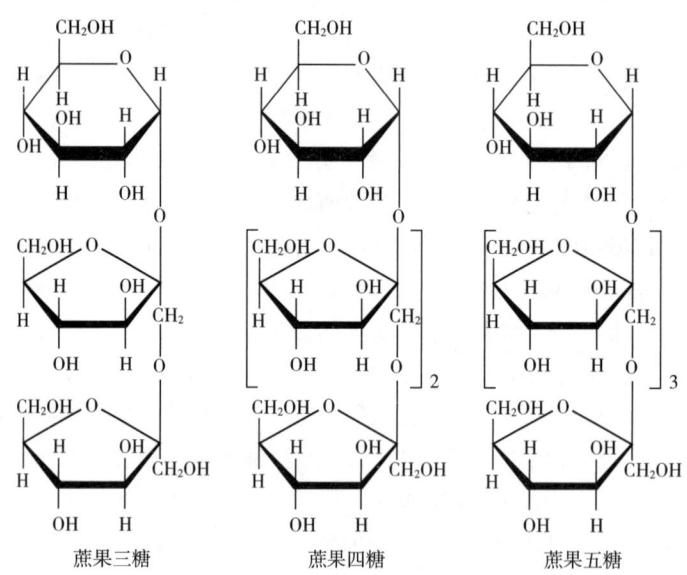

图 3-3　低聚果糖的结构

低聚果糖难以被人体消化吸收，被认为是一种水溶性膳食纤维，但易被大肠中的双歧杆菌利用，使之大量增殖，这样可以防止肠道腐败菌和病原菌的生长，抑制肠内腐败和诱癌物质的生成，同时可促进肠道蠕动，防止便秘。此外，低聚果糖还可使双歧杆菌增殖而产生 B 族维生素，提高机体免疫力。

(2) 大豆低聚糖　大豆低聚糖（soybean oligosaccharide）是存在于大豆中的可溶性糖的总称，食品工业上，大豆低聚糖是以大豆分离蛋白生产中的副产物大豆乳清为原料，进一步分离提取制得的。其甜味是蔗糖的 70%，热值为蔗糖的 50%；但改良后的大豆低聚糖只含有棉籽糖和水苏糖，其甜度仅为蔗糖的 22%。成熟大豆中的水苏糖和棉籽糖干基含量分别是 1%～3% 和 3.7%。

棉籽糖由半乳糖、葡萄糖和果糖各一分子构成；而水苏糖则由两分子的半乳糖和一分子的葡萄糖和果糖构成，如图 3-4 所示。它们不被肠道消化酶分解而消化吸收，但在大肠中可被肠道细菌代谢，产生气体和其他产物，造成胀气，故称之为"胀气因子"。早期人们采用许多加工技术，尽量去除这种引起人体肠胃不适反应的因子，但近年来人们发现这两种寡糖有益于肠道内双歧杆菌的生长，被称为"双歧因子"。经过大豆低聚糖增殖后的双歧杆菌通过磷脂酸与肠黏膜上皮细胞相互配合作用，占据肠黏膜表面，可形成一层具有保护作用的生物膜屏障，可阻止有害菌群的入侵，起到改善肠道环境和保护肠道的作用。

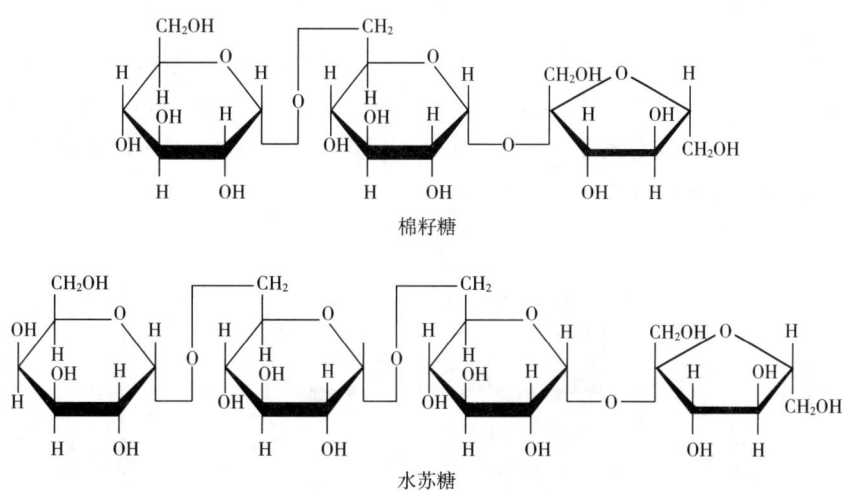

图 3-4 棉籽糖和水苏糖的结构

大豆低聚糖糖浆外观无色透明，黏度比麦芽糖低。在酸性条件下加热处理后，比果糖、低聚糖和蔗糖稳定，一般加热至 140℃时才开始热解，可用于需要进行加热杀菌的酸性食品。大豆低聚糖也可代替部分蔗糖作为低热量甜味剂。它的吸湿性比蔗糖小，水分活性接近蔗糖，可用于清凉饮料、酸乳、乳酸菌饮料、冰淇淋、面包、糕点、糖果、焙烤食品和巧克力食品中。

（3）低聚异麦芽糖　低聚异麦芽糖又被称分支低聚糖，是由 2～5 个葡萄糖单位构成的，且其中至少有一个糖苷键是由 α-1,6-糖苷键结合的低聚糖。低聚异麦芽糖主要成分包括异麦芽糖、异麦芽三糖、异麦芽四糖、异麦芽五糖等，其甜度随聚合度的增加而逐渐降低，通常为蔗糖的 30%～60%。在自然界，低聚异麦芽糖很少游离存在。工业上常用淀粉经水解后由微生物发酵制成。低聚异麦芽糖不能被人体消化吸收，但可以被肠道中的双歧杆菌利用，促进其增殖，以抑制肠道有害菌的繁殖。人体在摄入低聚异麦芽糖后，粪便中的组胺、酪胺、二甲基二硫醚、二乙基二硫醚等显著降低。由于双歧杆菌大量增殖后，可在肠道内自行合成维生素 B_1、维生素 B_2、维生素 B_6、维生素 B_{12} 以及烟酸、叶酸等 B 族维生素，所以可提高机体免疫力。另外，低聚异麦芽糖不能被口腔中的微生物利用，不会引起龋齿。

（4）低聚乳果糖　低聚乳果糖是将蔗糖分解产生的果糖基转移到乳糖还原性末端 C_1 的羟基上，生成半乳糖基蔗糖的。它是由半乳糖、葡萄糖和果糖三个单糖相连构成的（图 3-5），通常以乳糖和蔗糖按 1∶1 为原料，在 β-呋喃果糖苷酶催化作用下制成的。低聚乳果糖是非还原性低聚糖，甜度是蔗糖的 30%～50%。低聚乳果糖几乎不被人体利用，所以摄入后也不会引起血糖和胰岛素水平的波动，可供糖尿病患者食用。此外，它也具有促进双歧杆菌增殖、改善肠道菌群的作用。

（5）低聚木糖　低聚木糖是由木糖、木二糖及少量木聚糖构成的（图 3-6）。其木二糖含

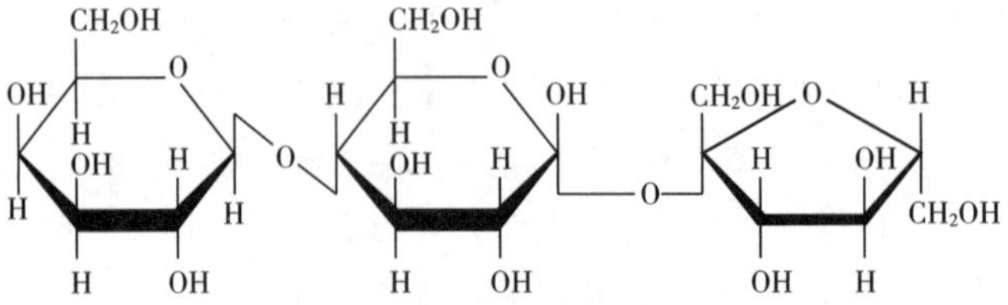

图 3-5　低聚乳果糖的结构

量越高，产品的质量越高。低聚木糖是从玉米芯、棉籽壳、甘蔗渣等原料中提取木聚糖后，通过木聚糖酶水解木聚糖制得的。其主要成分木二糖是由二分子木糖以 β-1,4 糖苷键相连的，甜度为蔗糖的 40%。低聚木糖也不被人体消化吸收，但可被肠道中的双歧杆菌利用，以促进其增殖，从而防止结肠病的发生。

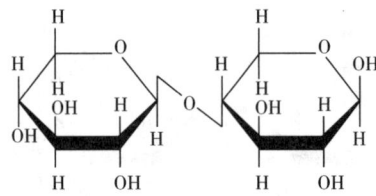

图 3-6　低聚木糖的结构

三、多糖

多糖是指由 10 个以上的单糖组成的大分子糖类，是重要的能量储存形式（如淀粉和糖原），也是细胞骨架类物质（如纤维素、半纤维素等）。按照组成和消化性能可将多糖分为淀粉和非淀粉多糖。淀粉是由葡萄糖聚合而成的均一性可消化多糖，是重要的能量来源。非淀粉多糖是一类具有糖类结构但很难或不能被人体利用的纤维素等，包括膳食纤维和粗纤维。重要的多糖有淀粉（starch）、糖原（glycogen）、膳食纤维（dietary fiber）等。

（1）淀粉　淀粉大量贮藏在植物的种子、块茎和块根内，是植物中能量贮藏的主要形式，也是人类最主要的能量来源。因聚合方式不同，淀粉分为直链淀粉和支链淀粉。直链淀粉易老化，支链淀粉易糊化，糊化后的淀粉消化吸收率显著提高。淀粉大量贮藏在植物的种子、块茎和块根内，薯类、豆类和谷类含有丰富的淀粉。

（2）糖原　糖原也称动物淀粉，在肝脏和肌肉中合成并贮藏，是一种含有许多葡萄糖分子和支链的动物多糖。肝脏中贮藏的糖原可维持正常的血糖浓度，肌肉中的糖原可提供机体运动所需要的能量，尤其是高强度和持久运动时的能量需要。其较多的分支可提供较多的酶的作用位点，以便能快速地分解和提供较多的葡萄糖。食物中糖原含量很少，因此它不是有意义的碳水化合物的食物来源。

（3）膳食纤维　膳食纤维由于其特殊的生理作用，被称作"第七大营养素"。膳食纤维存在于植物的各种组织中，包括纤维素、半纤维素、木质素、果胶等成分。关于膳食纤维的详细内容，详见本章第四节。

第二节　碳水化合物消化、吸收和代谢

一、碳水化合物的消化

碳水化合物的消化主要指多糖和双糖在消化道内被水解，最后形成单糖通过肠黏膜进入体内的过程。食物中的碳水化合物主要是淀粉（60%），也有少量蔗糖（30%）和乳糖（10%）等。淀粉的消化从口腔开始，口腔内的唾液淀粉酶能把淀粉水解成麦芽糖。但由于食物在口腔停留的时间很短，淀粉在口腔内消化很少。食物进入胃后因有胃酸的作用，所以唾液淀粉酶很快会失去活性，胃酸对碳水化合物的水解量很少。淀粉的消化主要在小肠内进行，在小肠内来自胰液的 α-淀粉酶把淀粉分解为 α-糊精、低聚糖、麦芽糖和麦芽三糖。小肠黏膜上皮的刷状缘中含有丰富的 α-糊精酶，可将 α-糊精分子及低聚糖水解生成葡萄糖。麦芽糖、麦芽三糖可被 α-葡萄糖苷酶水解为葡萄糖。此外，α-糊精酶、蔗糖酶都有催化麦芽糖水解生成为葡萄糖的作用，其中，α-糊精酶活力最强，约占水解麦芽糖总活力的 50%，蔗糖酶约占 25%。食物中的蔗糖可被蔗糖酶分解为葡萄糖和果糖，乳糖酶可将乳糖分解为葡萄糖和半乳糖。缺乏乳糖酶的患者，乳糖不能分解与吸收，不吸收的乳糖会分解为乳酸，引起腹泻。食品中的糖类在小肠上部几乎全部能消化成各种单糖。大豆及豆制品中尚有一定量的棉籽糖和水苏糖等糖类，棉籽糖是三糖，由半乳糖、葡萄糖和果糖组成；水苏糖为四糖，由 2 分子半乳糖、1 分子葡萄糖和 1 分子果糖组成。人体内没有分解它们的酶，而不能被消化，但它们可被肠道微生物发酵产气，故被称为胀气因子。大豆在被加工成豆腐时，此胀气因子多被除掉，在腐乳发酵过程中可被根霉分解、去除。

食物中含有的纤维素是由葡萄糖以 β-1,4 糖苷键连接组成的多糖，人体消化道内没有 β-1,4 糖苷键水解酶，故不能消化纤维素。由多种高分子多糖组成的半纤维素也不能被消化。食品工业中使用的魔芋粉中含有的魔芋甘露糖，是由甘露糖与葡萄糖聚合而成的，分子中以 β-1,4 糖苷键结合为主，也有 β-1,3 糖苷键结合的分支。人体内无分解此糖的酶，不能被消化、吸收。此外，食品工业中常用的琼脂、果胶以及其他植物胶、海藻胶等多糖类物质人体也不能消化吸收魔芋甘露糖。碳水化合物的消化过程如图 3-7 所示。

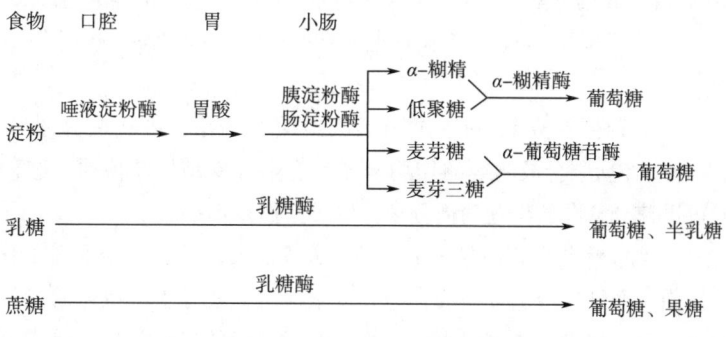

图 3-7　碳水化合物的消化过程

二、碳水化合物的吸收

糖在胃中几乎不被吸收,在小肠中几乎被完全吸收。碳水化合物被吸收的主要形式是单糖,在肠管中主要的单糖是葡萄糖,另外有少量的半乳糖和果糖等。人体可以直接吸收葡萄糖,且一般为主动吸收,该过程与 Na^+ 吸收相偶联;果糖在小肠中通过易化扩散吸收,然后转运至肝脏转变成葡萄糖被人体利用,也有部分转变为糖原、乳酸和脂肪;半乳糖吸收后也进入肝脏,在肝脏中转变为葡萄糖,或进一步代谢合成糖原。这些单糖的吸收方式和机制不同,吸收速率也大不一样。一般来说,己糖的吸收速度快,而戊糖的吸收速度较慢。若以葡萄糖的吸收速度为 100,人体对各种单糖的吸收速度如下:D-半乳糖(110)、D-果糖(70)、木糖醇(36)、山梨醇(29)、木糖(15)、阿拉伯糖(9)。有一些人不能或只能少量分解吸收乳糖,而大量未被吸收的乳糖进入大肠,在肠道细菌作用下产酸、产气,导致胃肠不适、胀气、痉挛和腹泻等,这种症状叫乳糖不耐受症。

三、碳水化合物的代谢

葡萄糖被吸收进血液后运送到肝脏,再进行相应的代谢或运送到其他器官直接被利用。被机体吸收后的单糖有三个去向:一是进入血液被直接利用,二是暂时以糖原的形式贮藏在肝脏及肌肉中,三是转变为脂肪。

(1)满足机体对糖的需要　早晨空腹时,正常人一般血糖水平为 4.5mmol/L,相当于 90mg/100mL,进食后即逐渐升高,至 7.5mmol/L 或更高一些,但也不能无限升高,它可以在一个相对稳定的水平上波动;当血糖浓度降低时,肝中糖原可被释放入血以维持这种动态平衡。但肝糖原的总量不过 100g,在没有任何新的碳水化合物来源的情况下,这些糖原储备会在 18h 内完全耗竭。此时,肝脏需从其他方面的能源取得合成糖原的原料,如利用蛋白质,此过程即为糖的异生作用。由此可见,早餐绝对不是可有可无的,适量碳水化合物的摄入对于机体的协调和健康是必不可少的。

葡萄糖在机体内可被直接氧化以提供能量。在有氧情况下,葡萄糖首先经糖酵解途径被降解为丙酮酸,丙酮酸进入线粒体,氧化脱羧后进入三羧酸循环,最终被彻底氧化成二氧化碳和水,这个过程被称为碳水化合物的有氧氧化。在无氧情况下,糖酵解产生的丙酮酸在胞质内被还原为乳酸,这一过程被称为碳水化合物的无氧氧化。有氧氧化是机体获取能量的主要方式。1 分子葡萄糖彻底氧化可生成 36~38 个 ATP,是无氧氧化生成量的 18~19 倍。无氧氧化产生的可利用能量虽然有限,但在某些特殊情况下具有重要的生理意义。例如,加重体力劳动或剧烈运动时,肌肉可因氧供应不足处于严重相对缺氧状态,这时需要通过无氧氧化补充急需的能量。

(2)合成糖原　葡萄糖首先与 ATP 作用形成磷酸葡萄糖,再转变为尿苷二磷酸葡萄糖(UDP-葡萄糖),最后经糖原合成酶等的作用合成具有多分支结构的糖原,这种结构使人体在需要能量的时候可迅速分解释放出葡萄糖分子,以维持血糖水平。

(3)合成脂肪　当碳水化合物满足了上述两个方面的要求后,多余的碳水化合物就会以脂肪的形式储备在体内,而且这种储备是没有饱和度限制的。实际上,机体的能量代谢既从脂肪酸又从葡萄糖取得来源。但大量摄入碳水化合物的时候,糖的氧化放能占绝大部分,这个过程由胰岛素控制。

第三节 碳水化合物的功能

一、提供能量

碳水化合物是人类获取能量最经济和主要的来源,它在体内消化吸收迅速而完全,即使在缺氧条件下,碳水化合物仍能进行部分降解,供给机体能量。碳水化合物在体内消化后,主要以葡萄糖的形式被吸收。葡萄糖可被所有的组织利用,肌肉活动最有效的能量是糖原,心脏、神经系统只能利用葡萄糖作为能源,所以,维持正常的血糖水平对心脏、神经系统发挥功能非常重要。

二、构成机体组织和重要生理活性物质

碳水化合物在体内仅占人体干重的2%左右,但它参与体内重要的代谢活动,例如糖脂是细胞膜与神经组织的组成部分,糖蛋白是许多重要功能物质,如酶、抗体、激素的一部分,核糖和脱氧核糖是遗传物质RNA和DNA的主要成分之一。

三、节约蛋白质作用

碳水化合物摄入充足时,机体首先利用它提供能量,减少了蛋白质作为能量的消耗,使更多的蛋白质用于组织的构建和再生。

四、抗生酮作用

碳水化合物提供的能量不足时,机体就需要消耗大量的脂肪以补充能量消耗,这时脂肪的代谢将不完全,会产生过多的酮体,导致酮症酸中毒。当碳水化合物摄入充足时,可维持脂肪代谢的正常水平。

五、保肝解毒作用

当碳水化合物摄入充足时,可增加体内肝糖原的储备,机体抵抗外来有毒物质的能力增强。肝脏中的葡萄糖醛酸能与这些有毒物质结合,将其排出体外,起到解毒作用,具有保护肝脏的作用。

六、增强肠道功能

非淀粉多糖是一类不能被机体小肠消化利用的多糖类物质,但能刺激肠道蠕动,有利人体肠道的健康,具有重要的生理意义。

第四节 膳食纤维

一、膳食纤维(dietary fiber,DF)的概念

食物中的纤维曾被称为只能填饱肚皮而没有任何营养的物质,也曾被称为非淀粉多糖(nonstarch polysaccharide, NSP)。20世纪70年代,Trowell等提出了膳食纤维的概念,认为是"人体不能消化的植物性成分的总称"。目前,按照美国化学家学会的定义,膳食纤维是能抗人体小肠消化吸收,而在人体大肠能部分或全部发酵的可食用的植物性成分、碳水化合物及其相类似物质的总称。根据中国营养学会的定义,膳食纤维为不易被消化酶消化的多糖类食物成分,聚合度≥3的碳水化合物和木质素,主要来自植物的细胞壁。基于以上定义,膳食纤维主要包括纤维素、半纤维素、果胶、树胶、寡糖、木质素以及相关的植物性成分。

根据水溶性的不同,膳食纤维分为可溶性膳食纤维(soluble dietary fiber, SDF)和不溶性膳食纤维(insoluble dietary fiber, IDF)。可溶性膳食纤维是指可溶于温水或热水,且其水溶液能被4倍95%乙醇再沉淀的那部分纤维,主要是细胞壁内的储存物质及分泌物,另外,还包括微生物多糖和合成多糖,其组成主要是一些胶类物质,如果胶、树胶和黏液等,还有甘露糖、葡聚糖、海藻酸钠、羧甲基纤维素和真菌多糖等,部分半纤维素。不溶性膳食纤维是不溶于温水或开水的纤维,通常是细胞壁的组成部分,包括纤维素(cellulose)、某些半纤维素(hemicellulose)和木质素(lignin)等。

根据在大肠内的发酵程度不同,膳食纤维可被分为部分发酵纤维和完全发酵纤维。部分发酵纤维包括纤维素、半纤维素、木质素、植物蜡和角质等;完全发酵纤维包括β-葡聚糖、果胶、瓜尔豆胶、阿拉伯胶、海藻胶和菊粉等。一般来说,完全发酵纤维多属于可溶性纤维,而部分发酵纤维多属于不溶性纤维,但也有例外,例如,羧甲基纤维素(CMC)易溶于水,但几乎不被大肠内的菌群所发酵。膳食纤维的分类如表3-2所示。

表3-2　　膳食纤维的分类

类型		成分	举例	生理作用	主要食物来源
不溶性纤维	非碳水化合物	木质素	大麦糠麸	增加粪便体积	全谷食品
	碳水化合物	纤维素	小麦制品	增加粪便体积	所有植物
		半纤维素	糙米	减少粪便在肠内的停留时间	小麦、黑麦、稻米、蔬菜
可溶性纤维	碳水化合物	果胶、树胶	香蕉、苹果	延迟胃排空时间	柠檬类水果、燕麦制品
		植物胶	橙	减缓葡萄糖的吸收	
		某些半纤维素	胡萝卜、大麦、燕麦、菜豆	降低血胆固醇	豆类、添加至食物中的增稠剂等

1. 不溶性膳食纤维

(1) 纤维素（cellulose） 纤维素是一种由 D-葡萄糖以 β-1,4 糖苷键连接而成的大分子直链多糖，通常由 300~500 个葡萄糖缩合而成，最多能达到 1000 个葡萄糖单体。纤维素是自然界分布最广、含量最多的一种多糖，占自然界碳含量 50% 以上，一般木材中，纤维素占 40%~50%，还有 10%~30% 的半纤维素和 20%~30% 的木质素。纤维素不溶于冷水、热水、稀酸和稀碱溶液。人体内的淀粉酶只能水解 α-1,4-糖苷键，而不能水解 β-1,4-糖苷键，因此，纤维素不能被人体胃肠道的酶消化。

(2) 半纤维素（hemicellulose） 半纤维素是由阿拉伯糖、半乳糖、葡萄糖和木糖混合组成的一种聚合物，是一种具有支链的异质多糖，不溶于冷水、热水和稀酸，但能溶于稀碱溶液，与稀酸加热时比纤维素更易被水解，具有亲水性。半纤维素是植物组织中与纤维素密切联系的多糖混合群，但两者的化学性质截然不同。半纤维素在小肠中不被消化，但在结肠中可被微生物所分解。

(3) 木质素（lignin） 木质素并非多糖，而是以苯丙烷为单位的多聚物，具有复杂的三维结构，主要存在于纤维素之间。植物的木质部含有大量木质素，起抗压作用，使木质部维持极高的硬度。在木本植物中木质素的含量为 25%~30%，是自然界第二丰富的有机物。因为木质素存在于细胞壁中很难与纤维素分离，所以在膳食纤维的组成成分中包括了木质素，人和动物都不能消化木质素。食物中木质素含量较少，主要存在于蔬菜的木质化部分和种子中，如草莓籽、老化的胡萝卜和花茎甘蓝中。

2. 可溶性膳食纤维

可溶性纤维指既可溶解于水又可以吸水膨胀，并能被大肠中微生物酵解的一类纤维，常存在于植物细胞液和细胞间质中，有以下几类。

(1) 果胶（pectin） 果胶是一类主要以 D-半乳糖醛酸通过 α-1,4-糖苷键连接组成的酸性杂多糖，除 D-半乳糖醛酸外，还含有少量 L-鼠李糖、D-半乳糖、D-阿拉伯糖、D-甘露糖、L-岩藻糖等。果胶中的半乳糖醛酸常被甲酯化，根据甲酯化的程度分为高酯果胶和低酯果胶。果胶常存在于水果和蔬菜的软组织中，尤其是柑橘类和苹果中含量较多。果胶分解后产生甲醇和果胶酸，这是过熟或腐烂的水果中及各类果酒中甲醇含量较多的原因。在食品加工中常用果胶作为增稠剂制作果冻、色拉调料、冰淇淋和果酱等。

(2) 植物胶 植物胶有海草中提取的琼脂、海藻胶、鹿角胶、树胶（阿拉伯胶、卡拉胶、刺槐豆胶）、种子胶（如瓜儿豆胶）、β-葡聚糖等。这类物质溶于水后产生增稠及凝胶效果，它们常作为食品添加剂应用于食品中，可赋予食品黏稠性、凝胶性、成膜性等。构成植物胶的基本单位仍然是中性单糖、糖醛酸等。

还有一些来源于动物组织的多糖也可被认为是膳食纤维，如几丁质、透明质酸、硫酸软骨素以及多糖衍生物，如羧甲基纤维素、环糊精等。

二、膳食纤维的生理功能

膳食纤维的化学组成和结构决定了其理化性质，虽然膳食纤维在人体内不能被消化吸收，但具有重要的生理功能。

1. 促进胃肠道蠕动，预防便秘

膳食纤维具有吸水膨胀的特性，增加了大便的水分和体积，刺激肠壁蠕动使排便速度加快,可防止大便在肠道内停留时间过长,失去水分而难以排出。

2. 控制体重和减肥作用

膳食纤维,特别是可溶性膳食纤维具有较强的吸水性,可使胃内容物体积增加,产生饱腹感,从而减少食物和能量的摄入。另外,膳食纤维对油脂的吸附能力较强,使其随粪便一起排出体外,减少了脂肪的消化吸收,从而达到控制体重和减肥的作用。

3. 降低血胆固醇和血压

各种膳食纤维具有结合胆汁的能力,可以吸附胆汁酸、脂肪等物质,减少人体对上述物质的吸收,达到降血脂的作用。可溶性膳食纤维在大肠中被肠道细菌代谢分解会产生一些短链脂肪酸,如乙酸、丙酸、丁酸等,这些短链脂肪酸一旦进入肝脏,也可减弱肝脏中胆固醇的合成。膳食纤维具有较强的阳离子吸附功能,可以降低肠道中 Na^+ 和 K^+ 的浓度,从而降低血压。

4. 调节血糖,预防糖尿病

由于大部分膳食纤维无法被人体消化吸收,所以,使其在肠胃中产热低,在肠道中会形成不可分解的网状结构,从而促进了肠胃的蠕动,使食物快速经过肠道,降低了食物的吸收时间,从而降低机体对葡萄糖的吸收。另外,膳食纤维提高了胰岛素受体的敏感性,可使胰岛素利用率增加,并能延缓饭后血糖和胰岛素的升高,使血糖保持稳定。研究表明,增加膳食纤维的摄入,同时减少摄入脂肪,对 2 型糖尿病有一定预防作用。

5. 防治结肠癌

食物中的某些刺激物或有毒物质长时间停留在结肠部位,对结肠有毒害作用,毒物被肠壁吸收会刺激结肠细胞发生变异,诱发结肠癌。研究表明,膳食纤维具有预防结肠癌的作用,原因可能有以下几个方面:首先膳食纤维进入人体后,能刺激肠道的蠕动,加速粪便排出体外,减少了粪便中有毒物质与肠壁接触的机会;其次膳食纤维可以吸收大量水分,增大粪便体积,相对降低了有毒物质的浓度。另外,膳食纤维会促进肠道益生菌而抑制有害菌的生长,从而防止一些腐生菌产生致癌物质。肠道菌群还可以分解膳食纤维中的营养物质成为短链脂肪酸,这些短链脂肪酸可以作为结肠细胞再生的能量来源与营养基础。

三、 膳食纤维的摄入量

世界各国不同机构提出的膳食纤维适宜摄入量相差很大。美国食品药品管理专家提出的推荐量为:成年女子每日 28g,男子每日 38g。超过 50 岁,则女子降至 21g,男子降至 30g。同时建议避免从膳食补充剂中获得纯纤维素,因为它们不含有天然食物中富含的其他营养素。英国国家顾问委员会建议膳食纤维的摄入量为每日 25~35g。澳大利亚建议膳食纤维摄入量为每日 25g。中国营养学会建议膳食纤维的适宜摄入量为 25~35g/d,其中,不溶性膳食纤维占 70%~75%,可溶性膳食纤维占 25%~30%。

膳食纤维是植物细胞壁的主要成分,在动物细胞中是不存在的,所以只有吃蔬菜、水果、坚果等植物性食物才能获得膳食纤维。根据中国营养学会的建议,成人每天宜摄入 25g 左右膳食纤维,相当于每天吃 300g 粮食、300~400g 蔬菜、100~200g 水果,才能达到。

膳食纤维在一定的摄入量范围内是有益的,但过量摄入也会引发一些健康问题,包括以下几方面。

(1) 迅速增加食物中纤维含量会引发胃肠道不适,出现胀气现象,因此,应逐渐加大摄入量,且同时给予充足的水分供应。如果每天摄入量超过 60g,则需要大量增加液体的摄入量,否则会导致粪便坚硬且难以排出，更严重的是若造成肠梗阻则不得不进行手术治疗。

（2）由于膳食纤维具有阳离子交换能力，因此导致机体对一些矿物质如锌、铁的吸收不利。但当矿物质含量充足且膳食纤维的供给量合理时，并不会影响矿物质在体内的平衡。此外，膳食纤维对维生素的吸收也有一定的影响。

（3）对于正在生长发育的儿童及食量较小的人来说，大量的膳食纤维会导致能量和其他营养素摄入不足。

（4）有急性和慢性肠炎、伤寒、痢疾、肠道肿瘤、消化道少量出血、肠道手术前后、某些食道静脉曲张等疾病的患者，不宜多摄取膳食纤维。

第五节 血糖生成指数

一、血糖生成指数的概念和分类

1. 血糖生成指数的概念

1981年，加拿大多伦多大学的詹金斯（Jankins）等学者经过多项实验研究后，提出了血糖生成指数（glycemic index，GI）的概念。它是指碳水化合物能够使人体血糖升高的相对能力，被用来衡量食物中碳水化合物对血浆葡萄糖浓度的影响。一般以这种方式来表示：一定时间内（通常为2h），人体食用含50g有价值的碳水化合物的食物后，血糖反应曲线下的面积与食用相当量的葡萄糖后血糖反应曲线下的面积之比乘以100所得的数值。

GI值测定的一般过程为：10名左右受试者摄入含50g可消化碳水化合物的食品后，在2h内按固定的时间间隔测定其血糖浓度，并描记出血糖浓度随时间变化的曲线。第二天早晨，再让这些人吃相同量的葡萄糖（有时候用白面包代替葡萄糖），按相同的方法描记血糖浓度曲线。以葡萄糖为参考食品，将其GI值定为100，求得葡萄糖曲线下的面积，再用所吃食品血糖曲线下的面积除以葡萄糖曲线下的面积，乘以100，就得到这种食品的GI值。

因为血糖生成指数是由人体试验得来的，而多数评价食物的方法是化学方法，所以我们也常说食品血糖生成指数是一种生理学参数。这种方法测得的食品GI值是经过许多组人的测定得出的平均值，消除了影响指数得分的多种因素，所以，具有很强的客观性和准确性。部分食物的血糖生成指数如表3-3所示。

表3-3　　　　　　　　　常见食物的GI值

食物	GI值	食物	GI值	食物	GI值
葡萄糖	100	大米饭	83.2	苹果	36
蔗糖	65	大米粥	69.4	香蕉	52
蜂蜜	73	面条（全麦粉）	37	西瓜	72
巧克力	49	面条（小麦粉）	81.6	牛乳	27.6
马铃薯	62	黄豆（浸泡、煮）	18	汉堡	61

续表

食物	GI 值	食物	GI 值	食物	GI 值
馒头（富强粉）	88.1	可乐	40.3	冰淇淋	61
面包（全麦粉）	69	爆米花	55		

GI 值高（GI>75）的食物进入胃肠后消化快、吸收率高，葡萄糖释放快，葡萄糖进入血液后峰值高，也就是血浆葡萄糖升得高；GI 值低（GI<55）的食物在胃肠中停留时间长，吸收率低，葡萄糖释放缓慢，葡萄糖进入血液后的峰值低、下降速度也慢，简单说就是血浆葡萄糖比较低。

2. 根据 GI 值对食品进行分类

根据食品的 GI 值通常将食品分成三类。

（1）高血糖生成指数食品　一般而言，GI>70 为高血糖生成指数食品，以大米、面粉为原料的各种主食为主，如面包、饼干、馒头、米饭、膨化食品、麦芽糖。它们进入胃肠后消化快，吸收率高，葡萄糖释放快，葡萄糖进入血液后峰值高。

（2）低血糖生成指数食品　GI<55 为低血糖生成指数食品，如煮山药、未发酵的面食、茎叶及豆类蔬菜、酸乳酪和牛乳、黏性谷物和粗加工的食品、藕粉、山芋等。它们在胃肠中停留时间长，吸收率低，葡萄糖释放缓慢，葡萄糖进入血液后的峰值低，下降速度慢。

（3）GI 值居中的食品　GI 值 56~69 为 GI 值居中的食品，如煮番薯、冰淇淋与牛乳巧克力（GI<50，这是因为脂肪阻碍了碳水化合物与水的充分接触，降低了碳水化合物的消化速度）、蔗糖（GI=68，由一分子葡萄糖和一分子果糖组成，而果糖在人体内转变为葡萄糖的速度比较慢）、荞麦、燕麦、全麦粉等。

二、影响血糖生成指数的因素

食物血糖生成指数还受到很多因素的影响，如食物中碳水化合物的类型、结构、食物的化学成分和含量以及食物的物理状况和加工制作过程等。

（1）食物中碳水化合物的类型　单糖含量高的食物，因为单糖可被直接吸收，GI 值就高。支链淀粉比直链淀粉吸水少、分子排列紧密、具有较少的水解末端因此消化慢，因此含支链淀粉的食物比含直链淀粉的食物 GI 值低。

（2）食品加工和烹调方式　不同的加工烹饪方式影响食物的消化率。精细加工的食品通常比天然食品更容易被消化，GI 值也更高一些，如粗制大米就要比精磨大米 GI 值低一些。同样的食物原料，烹调时间越长，食物的 GI 值越高。而淀粉类食品的烹调可糊化淀粉分子、软化食品，从而加快营养素的吸收，也会使 GI 值升高。

（3）食物中其他成分的含量与膳食搭配　食品中不易消化的成分多，血糖生成指数就会降低，如全麦面包、全谷类早餐要比白面包和精制谷物血糖生成指数低，因为谷物外层的糠麸、种皮等物质可作为天然的屏障而减缓酶对内部淀粉的消化作用；单独食用面条、稀饭时血糖生成指数值高，若同时与蔬菜食用则血糖生成指数会降低较多。膳食纤维，尤其是具有黏性的可溶性膳食纤维可将肠内容物变成胶状物质，从而减缓酶对淀粉的酶解作用，在降低食品 GI 值控制血糖方面具有重票的作用。蛋白质、脂肪等成分可增加胃排空时间，也可降低食物的 GI 值。酸能延缓食品的胃排空率，延长进入小肠的时间，故可以降血糖，在副食中加醋和柠檬汁是降低 GI 值简便易行的方法。

（4）食物的形状和特征　颗粒较大的食物，延长消化和吸收的时间，血糖反应缓慢、温和。从控制血糖指数的角度讲，饮食不要太精细，控制粮食的碾磨程度、蔬菜能不切就不切。

三、食物血糖生成指数的应用

血糖生成指数是一个较为科学的食物选择指标，它所反映的是人体进食后机体血糖生成的应答状况，更为精确地描述了富含碳水化合物的食品的生理效应与机体健康之间的关系。这一概念的提出，也使人们从一个全新的角度，深入认识摄入碳水化合物与各种慢性疾病，特别是肥胖、糖尿病的关系，为更加科学地选择食物、倡导平衡膳食、遏制慢性疾病的增长提供了理论依据。目前，GI 已成为衡量膳食平衡和调控糖尿病的重要营养指标。食物的血糖生成指数不仅用于指导糖尿病患者的食物选择和膳食管理，还被广泛应用于肥胖人群和高血压患者的膳食管理，以控制体重及慢性病的发病率。

（1）控制超重和肥胖　超重和肥胖是多种慢性疾病的诱发因素。研究表明，经常摄入高 GI 食品，可引起血糖和胰岛素分泌的大幅波动，血糖在迅速升高后会很快下降，导致饥饿感来得更快、更强烈，长此以往，容易引发超重和肥胖。如果经常选择低 GI 食品，血糖和胰岛素的波动幅度相对平缓，饱腹感持续时间较长，可控制食欲、延迟饥饿感，有利于维持正常体重。

（2）控制糖尿病患者的血糖水平　经常摄入高 GI 食品可以使 2 型糖尿病的危险性增加，而低 GI 食品可延迟葡萄糖的吸收，能降低胰岛素浓度峰值和总胰岛素的需求量，有助于控制血糖。

（3）与冠心病的关系　血脂异常是心血管疾病的重要危险因素。一般来说，低 GI 食品可以使合并高脂血症的糖尿病患者的血清总胆固醇、低密度脂蛋白和甘油三酯分别降低，高密度脂蛋白含量上升，有利于减少心血管疾病的发生。

第六节　膳食参考摄入量（DRIs）和食物来源

一、膳食参考摄入量

膳食中碳水化合物供给量与饮食习惯、生活水平、劳动性质及环境因素等密切相关。根据目前我国膳食碳水化合物的实际摄入量，中国营养学会推荐我国健康人群的碳水化合物供给量为总能量摄入的 55%~65%，同时对碳水化合物的来源也做了要求，即应包括复合碳水化合物淀粉、不消化的抗性淀粉、非淀粉多糖和低聚糖等碳水化合物；限制纯能量食物如糖的摄入量，提倡摄入营养素/能量密度高的食物，以保障人体能量和营养素的需要、改善胃肠道环境和预防龋齿的发生。

二、食物来源

人类所需的碳水化合物主要由植物性食品提供，每人每天应至少摄入 50~100g 可消化的碳水化合物。碳水化合物的主要食物来源有谷物（如水稻、小麦、玉米、大麦、燕麦、高粱等）、水果（如甘蔗、甜瓜、西瓜、香蕉、葡萄等）、干果类、干豆类、根茎蔬菜类（如胡萝卜、番薯等）等，其中，粮谷类中淀粉占60%~80%，薯类一般含15%~29%，豆类40%~60%。蔗糖、糖果、甜食、糕点及含糖饮料等主要提供双糖、单糖。动物性食品只有肝脏含有糖原，乳中有乳糖，其他则含量甚微。

膳食碳水化合物供给的最好来源是淀粉类的复合糖，要避免摄入过多的单糖、双糖等简单糖，原因在于摄入单糖、双糖不能获得除糖以外的其他营养素。

本章知识链接

膳食中缺乏碳水化合物将导致全身无力、疲乏、血糖含量降低，产生头晕、心悸、脑功能障碍等。严重者会引发低血糖昏迷。当膳食中碳水化合物过多时，就会转化成脂肪贮藏于体内，使人过于肥胖而导致出现各类疾病如高血脂、糖尿病等。我们每天所摄入体内的碳水化合物，可以为我们的身体提供60%左右的热量。如果我们一天中摄入的碳水化合物过量了，那么体内的热量也就会过量，一直无法消耗就会造成身体肥胖。所以，要减肥的人，还一定要注意每天碳水化合物的摄入，在保证身体基本功能的情况下，应该尽量减少碳水化合物的摄入，要多吃一些健康优质的食物。

练习与思考

1. 碳水化合物的常见分类方法是怎样的？
2. 列举常见膳食中常见的单糖、双糖和寡糖。
3. 简述碳水化合物的主要生理功能。
4. 什么是膳食纤维？膳食纤维的生理功能主要有哪些？
5. 何谓血糖生成指数？血糖生成指数有什么意义？
6. 简述碳水化合物在人体内的消化吸收过程。
7. 简述糖尿病患者在能量控制和糖类选择上应注意的问题。

参考文献

[1] 余海忠，黄升谋．食品营养学概论[M]．北京：中国农业大学出版社，2018．
[2] 邓泽元．食品营养学（第四版）[M]．北京：中国农业出版社，2016．
[3] 李云捷，黄升谋．食品营养学[M]．成都：西南交通大学出版社，2018．
[4] 张忠，李凤林，余蕾，等．食品营养学[M]．北京：中国纺织出版社，2017．
[5] 周才琼，周玉林．食品营养学（第三版）[M]．北京：中国质检出版社，2017．
[6] 孙远明．食品营养学[M]．北京：科学出版社，2006．
[7] 耿越．食品营养学[M]．北京：科学出版社，2013．

［8］马霞，贾士儒. 膳食纤维及其生理作用［J］. 食品研究与开发，2001，22（4）：46-48.

［9］胡春. 膳食纤维的种类及功能［J］. 陕西粮油科技，1992，17（3）：49-52.

［10］孙海燕，杨梦凡，郝丹青，等. 膳食纤维的研究现状［J］. 保鲜与加工，2019，19（6）：238-242.

CHAPTER 4

第四章 脂类

[本章主要内容]

脂类的概念、分类与生理功能；脂肪酸、必需脂肪酸和类脂的种类和功能作用；脂肪和类脂的代谢；脂类的营养价值评价方式、在加工贮藏中的变化、参考摄入量及食物来源。要求学生重点掌握脂肪酸、必需脂肪酸和类脂的分类和生理功能，脂类的代谢和营养价值评价方式。掌握脂类的分类和生理功能、在加工贮藏中的变化、参考摄入量及食物来源等。

[本章重点]

能概述脂类的代谢过程、营养价值的评价方式和类脂的功能作用；分析脂肪酸、必需脂肪酸的分类和生理功能。

[本章难点]

脂类的代谢。

第一节　脂类的分类和生理功能

脂类是由脂肪酸和醇作用生成的酯及其衍生物，是脂肪和类脂的总称。它们不溶于水而能溶解于有机溶剂，如乙醚、氯仿、苯、丙酮等；大多数具有酯的结构，并以脂肪酸形成的酯含量最多。但是有些脂类物质也不完全符合以上特点，如卵磷脂微溶于水而不溶于丙酮，鞘磷脂的复合脂质不溶于乙醚等。

脂类是人类膳食的重要组成部分，也是食物中三种重要的功能营养素中产生热能最高的一种营养素，每克脂肪在体内可产生 9kcal 热能。膳食中脂肪摄入过多，容易造成热能过剩而引发肥胖，进而引起高血脂、动脉硬化、高血压、糖尿病等一系列疾病。脂类还有许多重要的生理功能，可供给机体所需能量、提供机体所需的必需脂肪酸，还是人体细胞的组成成分等。因此，重视合理的脂类营养，对预防疾病和延年益寿具有重要意义。

一、脂类的分类

脂类的种类繁多，结构各异，从营养学角度可将脂类分为脂肪和类脂两大类。

1. 脂肪

脂肪又名中性脂肪，由碳、氢、氧三种元素构成，是一分子甘油和三分子的脂肪酸所形成的甘油三酯。在体内也有少量被 2 个或 1 个脂肪酸酯化的甘油二酯或甘油一酯存在。习惯上将在室温下呈固态的脂肪称为脂（fat），呈液态的称为油（oil）。脂肪是人体需要的产热营养素，也是体内主要的储能物质，脂肪中还含有必需脂肪酸。

脂肪是自然界最丰富的脂，占食物中脂类的 98%，在身体中超过 90%。日常食物脂肪包括：①可见脂肪，是指那些已经从动植物中分离出来，能鉴别和计量的脂肪，如猪油、黄油、花生油、豆油等烹调油；②不可见脂肪，是指没有从动植物中分离出来的脂肪，如存在于肉类、蛋类、牛乳、坚果和谷物等食品中的脂肪。

2. 类脂

类脂是一种在某些理化性质上与脂肪相似的物质，种类很多，重要的类脂有磷脂、糖脂、固醇类、脂蛋白等。类脂组成的元素除碳、氢、氧外，还有氮、磷、硫。磷脂含有磷酸及氮化合物，如卵磷脂、脑磷脂、神经磷脂；糖脂含有碳水化合物及氮化物，如脑苷脂类。

类脂主要存在于细胞原生质和细胞膜中，是构成生物膜的基本成分，不易受营养状况和机体活动的影响而变动，故又称为定脂，占体脂的 5% 左右。

二、脂类的生理功能

1. 脂肪的生理功能

（1）提供和储存能量　脂类由于其特殊的分子组成，氧化燃烧所释放出的热量高于蛋白质和碳水化合物，每克脂肪在体内氧化可产生 9.0kcal 的热量，其发热量相当于碳水化合物和蛋白质的两倍多，人体所需热量的 25%～30% 来自脂类。当机体摄入过量碳水化合物、脂肪和蛋白质后最终都会转换为脂肪储存在体内。若机体的能量消耗大于摄入量时，人体会首先动用储存的脂肪来补充机体所需的能量，以避免体内蛋白质的消耗。

（2）构成机体组织　脂肪是人体的重要组成成分，多分布于皮下、腹腔、肌肉间隙和脏器周围等处，对机体器官起着支撑、缓冲和保护的作用。此外，脂肪是热的不良导体，可阻止体热的散发，在寒冷的环境中有利于保持体温和御寒。

（3）提供必需脂肪酸　有些多不饱和脂肪酸是人体不能合成的，但是人体所必需的，如亚油酸、亚麻酸和花生四烯酸等，这类脂肪酸只能从食物中摄取。它是组织细胞的组成成分，对线粒体和细胞膜特别重要。

（4）促进脂溶性维生素的吸收　脂溶性维生素 A、维生素 D、维生素 E、维生素 K 等不溶于水，只溶于脂类物质。食物中脂溶性维生素多伴随着脂肪的存在，如鱼肝油、奶油等动物油脂中含有较多的维生素 A 和维生素 D；麦胚油、玉米油、花生油等植物油中含有较多的维生素 E。当机体摄入这些脂肪时，脂溶性维生素可随脂肪一起被机体吸收。另外，脂类能促进胆汁的分泌，有利于体内脂溶性维生素的消化吸收。

（5）改善食物的感官性状　脂肪如烹调油脂等能赋予食物特殊的风味，改善食物的色、香、味等感官质量，赋予食品特殊的香味，如油炒蔬菜等会有特有的美味感等，可激发人的食欲。

2. 类脂的生理功能

（1）维持组织细胞的结构和功能　类脂质是细胞膜结构的基本原料，特别是磷脂和胆固醇等。磷脂、糖脂和胆固醇组成了细胞膜的类脂层，磷脂还是脑和神经组织的结构脂，对生长发育非常重要。

（2）合成维生素和激素的前体物质　胆固醇可在皮肤中转化为维生素 D_3，调节机体钙、磷的代谢，可促进骨骼、牙齿等的生长发育；还可在肾上腺皮质中转化为肾上腺皮质激素，在性腺转化为性激素等，是合成固醇类激素的重要物质。胆固醇还是合成胆汁酸的前体物质，胆汁酸可以乳化脂类食物而加速脂类食物的消化。

（3）运输脂肪的作用　磷脂和蛋白质结合形成脂蛋白，通过血液运输至身体各处组织器官。胆固醇可与必需脂肪酸或其他衍生物结合形成胆固醇酯，在体内运输代谢。

第二节　脂肪酸

脂肪酸是组成各种脂类的重要成分，它是由羧基（—COOH）与脂肪烃基（R—）连接而成的一元羧酸，通式为 R—COOH。自然界中有七八十种不同的脂肪酸，大多数是偶数碳原子的直链脂肪酸，奇数碳原子的脂肪酸少见，一般是由微生物产生。能被人体吸收利用的只有偶数碳原子的脂肪酸。

一、脂肪酸的分类

根据分子结构的特点，脂肪酸按碳链长短分为短链（含 6 碳以下）脂肪酸、中链（含 6~12 碳）脂肪酸、长链（含 12 碳以上）脂肪酸，脂肪酸分子含碳原子数目不同，其性质变化很大，机体对其消化吸收的程度也不相同。通常，短链和中链脂肪酸在机体内能够被迅速地吸收和转运，食物中以 18 碳脂肪酸为主。

按其饱和程度（即脂肪酸有无双键）不同，脂肪酸被分为饱和脂肪酸和不饱和脂肪酸。

根据脂肪酸的空间结构不同，可将脂肪酸分为顺式脂肪酸和反式脂肪酸，在自然状态下，大多数的不饱和脂肪酸为顺式脂肪酸，只有少数的是反式脂肪酸如奶油中的反式脂肪酸。

二、饱和脂肪酸

饱和脂肪酸是指分子中不含双键的脂肪酸。脂类中以棕榈酸和硬脂酸最为普遍，棕榈酸是几乎所有油脂的组分之一，而硬脂酸则大量存在于动物脂肪中。饱和脂肪酸的主要食物来源是家畜和乳类中的脂肪，以及热带植物油如棕榈油、椰子油等。天然食用油脂中存在的饱和脂肪酸主要是长链、直链和具有偶数碳原子的脂肪酸，在乳脂中也含有一定数量的短链脂肪酸。食物中常见的饱和脂肪酸如表4-1所示。

表4-1　　　　　　　　　　　食物中常见的饱和脂肪酸

名称	碳原子数	脂肪来源
己酸	6	黄油
辛酸	8	椰子油
癸酸	10	椰子油、奶油等
月桂酸	12	椰子油、奶油等
棕榈酸	16	多数油脂
硬脂酸	18	多数油脂
花生酸	20	花生油
山芋酸	22	花生油、猪油
木脂酸	24	花生油

在常温下，饱和脂肪酸中碳原子数小于10者为液态，称为低级饱和脂肪酸；碳原子数大于10者为固态，称为高级脂肪酸。随着分子中碳链的加长，饱和脂肪酸的熔点增高，熔点越高，越不易被消化、吸收。

饱和脂肪酸摄入不足，会使人的血管变脆，易患脑出血、贫血、肺结核和神经障碍等疾病；摄入过量，会导致胆固醇、甘油三酯等升高，引起动脉管腔狭窄，增加患冠心病的风险。

三、不饱和脂肪酸

不饱和脂肪酸是指分子中含有双键的脂肪酸。分子中含有一个双键的脂肪酸称为单不饱和脂肪酸；分子中含有两个或两个以上的双键时，称为多不饱和脂肪酸。根据双键离甲基的距离是3个还是6个碳原子，又分为 ω-3 和 ω-6 不饱和脂肪酸。

1. 单不饱和脂肪酸

单不饱和脂肪酸是指含有1个双键的脂肪酸，最为普遍的是油酸，主要存在于红花籽油、橄榄油、棕榈油、花生油、茶籽油和鱼油中；还有肉豆蔻油酸，主要存在于黄油、羊脂和鱼油中；棕榈油酸在鱼油中含量较高；蓖麻油酸是蓖麻油中的主要脂肪酸等。单不饱和脂肪酸具有降低血清总胆固醇和低密度脂蛋白胆固醇的作用，可起到预防动脉硬化的效果。

2. 多不饱和脂肪酸

多不饱和脂肪酸是含有两个或两个以上双键的脂肪酸，主要是亚油酸、亚麻酸、花生四烯酸、二十碳五烯酸（eicosa pentaenoic acid，EPA）、二十二碳六烯酸（docosa hexaenoic acid，DHA）等。含多不饱和脂肪酸较多的油有玉米油、黄豆油、葵花油等。

亚油酸和 α-亚麻酸是人体的必需脂肪酸；花生四烯酸可由亚油酸转变而来，二十碳五烯酸（EPA）和二十二碳六烯酸（DHA）可利用 α-亚麻酸合成，这些脂肪酸由于在合成过程中存在竞争抑制作用，其在体内合成速度较慢，合成数量远不能满足机体生理需要，所以仍需由食物供给。

花生四烯酸是构成肝磷脂和脑磷脂的物质,在人体中的重要功能是合成前列腺素。EPA、DHA 能够抑制内源性胆固醇及甘油三酯的合成,降低血液中胆固醇、甘油三酯、低密度脂蛋白的水平,促进卵磷脂-胆固醇转移酶的活性,使高密度脂蛋白升高,高密度脂蛋白为抗动脉硬化因子,具有抗动脉硬化、防治心血管疾病的作用。富含 EPA 和 DHA 的鱼油可使银屑病发病率降低,有抗皮炎的作用。DHA 在人脑的灰质和神经系统中大量存在,是构成脑磷脂的必需脂肪酸,与脑细胞的功能密切相关。此外,EPA 和 DHA 还与抗癌免疫有关。

四、必需脂肪酸

人体除了从食物中摄取脂肪酸外,还能自身合成多种脂肪酸,称为非必需脂肪酸。但有些脂肪酸是人体无法合成的,只能从食物中摄取,并且它对机体的某些功能是必不可少的,被称为必需脂肪酸,人体最重要的必需脂肪酸是亚油酸和 α-亚麻酸。

必需脂肪酸有许多生理功能。

(1) 必需脂肪酸是细胞和线粒体膜的组成成分 必需脂肪酸参与磷脂的合成并以磷脂的形式出现在细胞和线粒体膜中,必需脂肪酸缺乏可导致线粒体肿胀,细胞膜结构发生改变,使膜通透性、脆性增加。α-亚麻酸可在体内转化为 DHA,DHA 是构成脑磷脂的必需脂肪酸,在人脑的灰质、白质和神经组织中大量存在,它对神经的发育、维护、兴奋及递质的传导,都起着有益的作用。

(2) 必需脂肪酸与脂类代谢密切相关 胆固醇要和必需脂肪酸结合后才能在体内转运并进行正常代谢,必需脂肪酸具有升高高密度脂蛋白(HDL)和降低低密度脂蛋白(LDL)的作用,血中胆固醇主要由 HDL 转运入肝脏进行代谢,防止胆固醇在血管壁内的沉积;如果体内缺乏必需脂肪酸,则胆固醇将与饱和脂肪酸结合,并可能在血管壁沉积,终可发展成动脉粥样硬化。

(3) 必需脂肪酸是合成前列腺素必需的前体物质 亚油酸的摄入量也与前列腺素的合成量相关。前列腺素对机体表现为催产、抗早孕、改善心肺功能等多方面的作用。

(4) 必需脂肪酸可保护皮肤免受射线损害 必需脂肪酸对 X 射线引起的一些皮肤损害有保护作用,可能由于损伤组织的修复和新生组织的生长都需要必需脂肪酸。

(5) 必需脂肪酸与生殖、妊娠和发育有关 体内缺乏必需脂肪酸时,会出现动物精子形成数量减少、泌乳困难、婴幼儿生长缓慢等情况,通过食用含丰富亚油酸的食物使症状可得到改善。

(6) 必需脂肪酸可维持正常的视觉功能 亚麻酸可在体内转化为 DHA,DHA 在视网膜光受体中含量丰富,是维持视紫质视红质发挥正常功能的必需物质。

成人每日供给必需脂肪酸的量达到总热量的 2% 即可满足机体的需要,婴儿对必需脂肪的需要量比成人高。必需脂肪酸最好的食物来源是植物油,如豆油、玉米油、芝麻油等,菜油和茶油比其他植物油少。动物油脂中的含量一般比植物油中的要低,禽类脂肪比猪油含量高,动物内脏中的含量比肌肉中的含量高。

常见食用油脂中主要脂肪酸的组成如表 4-2 所示。

表 4-2　　常见食用油脂中主要脂肪酸的组成（食物中脂肪总量的百分数）

食用油	饱和脂肪酸	不饱和脂肪酸			其他脂肪酸
		油酸	亚油酸	亚麻酸	
大豆油	16	22	52	7	3
菜籽油	13	20	16	6	42[①]
葵花籽油	14	19	63	5	—
花生油	19	41	38	0.4	1
芝麻油	15	38	46	0.3	1
玉米油	15	27	56	0.6	1
棕榈油	42	44	12	—	—
椰子油	92	0	6	2	—
猪油	43	44	9	—	3
牛油	62	29	2	1	—
黄油	56	32	4	1.3	4

①主要为芥酸。

第三节　类脂

类脂主要包括磷脂、固醇、脂蛋白等。

一、磷脂

磷脂由脂肪酸、磷酸和含氮有机物组成，是甘油三酯中一个或两个脂肪酸被含磷酸的其他基团所取代的一类脂质。磷脂按组成结构可以分为磷酸甘油酯和神经鞘磷脂两类。

磷脂是细胞膜的重要组成成分，具有极性和非极性的双重特性，可以帮助脂类或脂溶性物质如脂溶性维生素、激素等顺利通过细胞膜，促进细胞内外的物质交流。磷脂还可保护和修复细胞膜，有抗衰老作用。磷脂是一种优良的乳化剂，有利于脂类物质的吸收、转运和代谢，在食品加工业中也有使用磷脂作为乳化剂的情况，如人造奶油、蛋黄酱、巧克力生产中常以卵磷脂作为乳化剂。此外，磷脂与胆固醇作用可清除胆固醇在血管壁上的沉积，防止动脉硬化及心血管病的发生。食物中的磷脂被机体消化吸收后释放出胆碱，与乙酰结合形成神经递质乙酰胆碱，加快大脑细胞之间的信息传递，可增强学习记忆效果。

磷脂的缺乏会造成细胞膜结构受损，使毛细血管变脆且通透性增加，皮肤细胞对水的通透性增高可引起水代谢紊乱，产生皮疹等，还可造成脂肪代谢障碍引起脂肪肝、动脉粥样硬化等。

磷脂广泛存在于动植物的细胞内，鸡蛋、大豆、肝脏等含磷脂丰富，其中蛋黄含卵磷脂最多，达9.4%；大豆中磷脂含量可达1.5%~3.3%，其他植物如玉米、棉籽、菜籽、花生、葵花籽中也含有一定量的磷脂。人体除了可以从食物中获得磷脂外，在肝脏中也能合成一些磷脂。

二、胆固醇

胆固醇是重要的固醇类物质。它是细胞膜的重要成分之一，人体内90%的胆固醇存在于细胞中。胆固醇还是人体内许多重要活性物质的合成材料，如维生素D、肾上腺素、性激素、胆汁等。胆固醇的代谢产物胆酸能乳化脂类，帮助膳食中脂类物质的吸收。

胆固醇既可以通过自身合成，也可以通过食物补充，所以一般不存在胆固醇缺乏。体内胆固醇的水平与高脂血症、动脉粥样硬化、心脏病等有关，在限制摄入胆固醇的同时，要注意热能的摄入平衡，预防内源胆固醇水平的升高。

胆固醇在动物性食品中广泛存在，肉类、蛋类、鱼类、禽类、乳酪产品等都含有胆固醇，一般而言，肥肉中的胆固醇含量高于瘦肉中的，贝壳类和软体类动物中的胆固醇含量高于一般鱼类，而蛋黄、鱼子、动物内脏的胆固醇含量则更丰富。

三、植物固醇

植物固醇是植物性食品中含有28~29个碳的植物固醇类化合物。常见的植物固醇包括β-谷固醇、豆固醇和菜籽固醇。机体对植物固醇的吸收能力很低，膳食中最常见的植物固醇的5-α-氢化产物是谷固烷醇（谷固醇的饱和衍生物），吸收率为0%~3%，在血清中不能被检出。

植物固醇具有降低血液胆固醇，减少冠心病等慢性病发病的作用。它能够阻止小肠对胆固醇的吸收，降低血液中低密度脂蛋白胆固醇，而对高密度脂蛋白没有影响。许多的植物性食物中都含有植物固醇，植物固醇含量较高的有植物油类，如玉米胚芽油、芝麻油等；坚果种子类如开心果、黑芝麻等；豆类如黄豆、青豆等。蔬菜、水果及薯类中的植物固醇含量较低。

四、血浆脂蛋白

血浆脂蛋白是由蛋白质、磷脂、胆固醇和甘油三酯等组成的，主要运输血液中的脂类。脂蛋白中的蛋白质是由肝及小肠黏膜细胞合成的一组特异球蛋白，因能与脂类结合而在血浆中运转脂类，故又称为载脂蛋白。

根据血浆脂蛋白分子大小、组成、密度和功能可分为乳糜微粒（CM）、极低密度脂蛋白（VLDL）、低密度脂蛋白（LDL）、高密度脂蛋白（HDL）四类。

1. 乳糜微粒（chylomicrons，CM）

乳糜微粒由小肠黏膜上皮细胞合成，其成分中90%是甘油三酯，其余为磷脂、蛋白质和胆固醇，它的主要作用是运输外源性甘油三酯到肝脏或脂肪组织中进行代谢。

2. 极低密度脂蛋白（very low density lipoprotion，VLDL）

由肝脏细胞合成，主要由甘油三酯构成，但磷脂和胆固醇的含量比乳糜微粒多。极低密度脂蛋白是内源性脂肪的主要运输形式，负责将甘油三酯从肝脏送往全身脂肪组织或其他组织储存。

3. 低密度脂蛋白（low density lipoprotion，LDL）

低密度脂蛋白由极低密度脂蛋白代谢转变而来，或由肝脏合成后分泌到血液中，主要成分为胆固醇。它的主要作用是将内源性胆固醇由肝脏运送到各个组织细胞中。低密度脂蛋白是细胞膜和某些激素的原料。浓度增高预示着有动脉粥样硬化的潜在风险。

4. 高密度脂蛋白（high density lipoprotion，HDL）

高密度脂蛋白在肝脏和小肠中都能合成，主要由大量蛋白质、磷脂和少量胆固醇、甘油三酯组成。高密度脂蛋白的主要功能是清除组织中不需要的胆固醇，并将其运送到肝脏中代谢分解，可防止胆固醇在动脉壁上沉积从而引起动脉粥样硬化，可起到保护心血管系统健康的作用。

四类血浆脂蛋白的组成见表 4-3。

表 4-3　　　　　　　　　　血浆脂蛋白成分　　　　　　　　　　单位:%

脂蛋白	蛋白质	甘油三酯	磷脂	胆固醇	分子直径/nm
乳糜蛋白	0.5~2.5	79~94	3~18	2~12	80~500
极低密度脂蛋白	2~13	46~74	9~23	9~23	25~80
低密度脂蛋白	20~25	10	22	43	20~25
高密度脂蛋白	45~55	2	30	18	5~20

第四节　脂类的代谢

机体每天从胃肠道接收 50~100g 甘油三酯，4~8g 磷脂，300~450mg 胆固醇。膳食中所含的脂类主要为甘油三酯，少量为磷脂和胆固醇。

一、脂肪的代谢

膳食脂肪主要为甘油三酯，其分子内的三个脂肪酸可以具有不同的饱和键和不同长度的碳链，因此其吸收效率也不相同。

人体胃液中含有少量的脂肪酶，此酶只有在中性 pH 时才有活性，成人胃液的 pH 为 1.0~2.0，因此脂肪在胃中几乎不能被消化；但是婴儿时期，胃酸浓度低，胃中 pH 接近中性，脂肪尤其是乳脂可被部分消化。正常情况下，胃的蠕动能促使脂肪被磷脂乳化成为细小的油珠，并与肝脏分泌的磷脂胆固醇复合体形成胆汁酸盐微团而进入小肠腔内。脂肪的消化和吸收主要在小肠中进行，当膳食脂肪由胃进入小肠后，能刺激胆囊分泌胆汁（胆汁由肝脏合成贮藏于胆囊中）进入小肠腔中，胆汁能将形成的微团进一步乳化成更小的脂滴。同时，胰腺合成的脂肪消化酶可通过胰腺导管进入小肠，将形成的脂滴进一步分解成 2 分子脂肪酸和 1 分子甘油一酯（由 1 分子甘油和 1 分子脂肪酸构成）；它们和胆汁、磷脂共同组成胶团被小肠黏膜吸收。

通常，食物中的油脂主要由长链脂肪酸组成，为进入血液循环，它们需要在小肠黏膜内重新合成甘油三酯，然后主要以乳糜微粒的形式进入血液循环中；而小肠黏膜吸收的中链和短链脂肪酸可不必重新合成甘油三酯，而且也不需要乳糜微粒的携带；只需要在转运蛋白或是磷脂的携带下即可进入血液循环。短链和中链脂肪酸能够被机体迅速地消化吸收。

进入血液循环的脂肪，可被细胞利用，释放能量；可作为合成脂溶性物质的原料；也可贮藏在脂肪组织中。

膳食摄入脂肪与体内脂肪在代谢上构成一种可互换的动态平衡，同样参加分解代谢。体脂在分解代谢前，靠脂蛋白由血液运至肝脏，经磷酸化、脱氢、氧化等一系列化学反应变为活性较高的物质，参加分解代谢。

二、类脂的代谢

1. 磷脂

食物中的磷脂进入消化道后，部分在小肠中被磷脂酶水解为甘油、脂肪酸、磷酸和胆碱（或乙醇胺）而被吸收，部分未被水解的磷脂直接随乳糜微粒进入体内，脂肪酸和甘油吸收途径与油脂相同，磷酸以 Na^+/K^+ 盐形式被吸收，胆碱经淋巴吸收。磷脂是构成细胞的成分，也是形成乳糜微粒的成分，在肝细胞中代谢更新很快，体内磷脂缺乏时，机体也可以自行合成磷脂。

2. 胆固醇

动物性食物中的胆固醇，游离型比酯化型吸收率高。游离型胆固醇可直接被吸收，酯化型先经水解，再与游离型胆固醇一起在肠道被吸收进入内源性胆固醇池。食物中的胆固醇及酯需在胆汁和脂肪的存在下才能被肠道吸收。血中的胆固醇一部分被直接排入肠道；另一部分在肝内合成胆汁酸经胆道排入肠道，大部分重吸收进行肝肠循环；还有少量胆固醇在性腺及肾上腺皮质中可转化为性激素和肾上腺皮质激素，或在肝和肠道内脱氢成为 7-脱氢胆固醇；仅少量在大肠内经细菌分解还原为粪固醇排出。

人体内的胆固醇，大部分由机体自身合成，少部分来自动物性食物。肝脏是合成胆固醇的主要场所，其次为小肠。血浆胆固醇浓度过高，可在血管壁沉积形成粥样斑块，促使动脉粥样硬化形成。血浆胆固醇的浓度，不仅取决于膳食胆固醇摄入量，还受机体反馈性合成、摄入者年龄、遗传等因素的影响。

植物性食物中含有的植物固醇如谷固醇、豆固醇等，不易被人体吸收，还可以阻碍胆固醇的吸收，因此食用植物性食物及植物油有利于血浆胆固醇的降低并可防止动脉粥样硬化的形成。

第五节 脂类的营养价值评价

食物脂肪的营养价值，取决于它的消化率、脂肪酸组成及含量、脂溶性维生素含量以及油脂的稳定性等。脂类是消化率高、必需脂肪酸及维生素含量丰富，且不易变质的食物脂肪，其营养价值高。

一、食物脂肪的消化率

食物脂肪的消化率与其熔点密切相关。熔点接近或低于体温的脂肪，其消化率高达97%～98%；高于体温脂肪的消化率约为90%。熔点又与食物脂肪中所含不饱和脂肪酸的种类和含量有关。含不饱和脂肪酸和短链脂肪酸越多的脂肪，熔点越低、越容易被消化，机体对它们的利用率也较高。一般植物油脂熔点较低，较易被消化。植物脂肪的消化率要高于动物脂肪。常见动、植物油脂的熔点及消化率见表4-4。

表 4-4　　　　　　　　　常见动、植物油脂的熔点及消化率

油脂名称	熔点/℃	消化率/%
菜油	室温下液体状	99
豆油	室温下液体状	91
花生油	室温下液体状	98
棉籽油	室温下液体状	98
茶油	室温下液体状	98
葵花籽油	室温下液体状	96.5
牛脂	42~50	89
猪脂	36~50	94
奶油	28~36	98
椰子油	28~33	98

二、必需脂肪酸的含量

必需脂肪酸的含量和组成是衡量食物脂肪营养价值的主要方面。植物油中的必需脂肪酸如亚油酸、α-亚麻酸是人体必需脂肪酸的主要来源，其含量高于动物脂肪，故其营养价值较高。但椰子油是例外，椰子油中亚油酸含量很低，不饱和酸含量也少。动物的心、肝、肾及血中含有较多的亚油酸和花生四烯酸。

三、脂溶性维生素含量

一般脂溶性维生素含量高的脂肪，营养价值也高。植物油中维生素 E 含量丰富，特别是谷类种子的胚油（如麦胚油）维生素 E 含量更高。动物脂肪几乎不含维生素，肝脏中含有丰富的维生素 A、维生素 D，特别是某些海产鱼肝脏脂肪中含量更多。乳和蛋中也含有丰富的维生素 A、维生素 D。

四、油脂的稳定性

油脂的稳定性也是评价脂肪优劣的重要方面。油脂所含的脂肪酸、油脂的贮藏条件、加工方法和天然抗氧化剂等都是影响油脂稳定性的因素。植物油中的维生素 E 是天然抗氧化剂，使油脂不易氧化变质，促进其稳定性。油脂在空气中长时间放置或受湿、热等不良条件的影响，会发生酸败变质，不仅气味发生改变，脂肪酸、维生素等物质也会被破坏，使油脂营养价值降低，有时还会产生有毒有害物质，影响食用，甚至危害身体健康。

第六节　脂类在加工贮藏中的变化

脂类在食品加工或贮藏过程中，受温度、光照、酸碱作用、加工时间等多种因素的影响，会引起食品色、香和味的改变，有时会使食品发生不利于健康的变化，影响食品的营养价值。

一、脂类在精炼、改性加工中的变化

动植物原料中提取的粗脂肪由于含有色素、蛋白质及有异味的杂质等，会使得脂肪无论风味、外观等品质都不理想，需要进一步加工精制，以改善风味，延长货架期。

脂肪通过精炼可以除去使脂肪呈现明显颜色和气味的物质，营养学的变化主要是一些脂溶性维生素如维生素 A、维生素 E 和类胡萝卜素等的损失。脂肪的氢化使在室温下呈液态的油由转变成固态的脂，熔点和稳定性均提高，颜色变浅，如食品工业中的起酥油、人造奶油等。油脂氢化后多不饱和脂肪酸含量下降，脂溶性维生素因被氢化而破坏，有时氢化还伴随有反式脂肪酸的产生。

二、脂类在高温加工中的变化

脂类在高温下加工烹调时，会发生热分解、热聚合、水解、氧化反应等各种化学反应，若烹调时油脂高温加热超过 100℃（冒烟），会破坏部分维生素和必需脂肪酸；油脂在加热 250℃以上时，通常会发生油脂的分解、聚合、碘值降低、黏度增大、变色等性质变化，不仅会使营养价值下降，还会产生有毒性的己二烯环状化合物等，因此，在食物烹饪加工时要避免应用 200℃以上的高温，同时加工用油一般不能长期循环使用，残油不能再作为食品用油，以免产生食品安全性问题。当然，油脂的化学反应不一定都是负面的，如油炸食品中香气的形成与油脂在高温条件下的某些反应产物有关，通常油炸香气的主要成分是羰基化合物，它赋予食品特殊的油炸香味。

三、脂类的氧化酸败

脂类在加工中受到高温作用，或在贮藏、运输中受热、水、微生物、酶和空气等的影响，都会因成分分解和脂肪酸氧化而变质。脂肪氧化过程中产生的过氧化脂质，几乎能和食品中的任何成分发生反应，如过氧化脂质可与蛋白质反应，可使蛋白质溶解度降低，颜色褐变和必需氨基酸损失等，可导致食品的外观、质地和营养质量变劣，甚至产生致突变的物质。酸败后的脂类不仅结构和化学性质会发生变化，气味和滋味也会发生很大的改变。

四、改善食品的色香味

天然脂肪带有某种颜色，是由于含有一些脂溶性色素如类胡萝卜素、叶绿素等所致，在加工菜肴的过程中，除油脂本身的色泽对食品会产生影响外，原料中的蛋白质、糖类、淀粉等物质也会发生反应出现颜色变化，使加工后的菜点具有一定的色泽；同时，在普通的烹饪加工温度下，部分脂肪在热、酸或碱等的作用下会发生水解反应，生成脂肪酸和甘油，使汤汁具有肉汤味，而且有利于人体的消化、吸收，可增进人们的食欲。

第七节 脂类的参考摄入量及食物来源

一、脂肪的参考摄入量

通常情况下，人体所需热量的 20%~30% 由脂肪供给，成人脂肪摄入量一般应控制在摄入总能量的 20%~30%，儿童、青少年为 25%~30%。每日摄入油脂的种类，以脂肪酸的种类表示，其所占发热量理想的构成比例：饱和脂肪酸（SFA）、单不饱和脂肪酸（MUFA）和多不饱和脂肪酸（PUFA）的比例为 1∶1∶1 较为合适。

膳食脂肪的供应量因生产情况、气候条件、饮食习惯的不同，脂肪的摄入差别很大。脂肪无论来源于动物还是植物都是高能量物质。脂肪摄入过多，会使肥胖、心血管疾病、高血压等发病率升高。中国营养学会修订的《中国居民膳食营养素参考摄入量（2016版）》，提出了我国居民各年龄阶段脂肪适宜摄入量（AI）和可接受范围（U-AMDR），如表 4-5 所示。

表 4-5 中国居民膳食脂肪和脂肪酸参考摄入量（AI）和可接受范围（U-AMDR）

年龄/岁	总脂肪 AMDR/%E	饱和脂肪酸 U-AMDR/%E	亚油酸 AI/%E	ω-6 多不饱和脂肪酸 AMDR/%E	α-亚麻酸 AI/%E	ω-3 多不饱和脂肪酸 AMDR/%E
0~	48（AI）	—	7.3（ARA150mg）	—	0.87	—
0.5~	40（AI）	—	6.0	—	0.66	—
1~	35（AI）	—	4.0	—	0.60	—
4~	20~30	<8	4.0	—	0.60	—
7~	20~30	<8	4.0	—	0.60	—
11~	20~30	<8	4.0	—	0.60	—
14~	20~30	<8	4.0	—	0.60	—
18~	20~30	<10	4.0	2.5~9	0.60	0.5~2.0
50~	20~30	<10	4.0	2.5~9	0.60	0.5~2.0
65~	20~30	<10	4.0	2.5~9	0.60	0.5~2.0
80~	20~30	<10	4.0	2.5~9	0.60	0.5~2.0
孕妇（早）	20~30	<10	4.0	2.5~9	0.60	0.5~2.0
孕妇（中）	20~30	<10	4.0	2.5~9	0.60	0.5~2.0
孕妇（晚）	20~30	<10	4.0	2.5~9	0.60	0.5~2.0
乳母	20~30	<10	4.0	2.5~9	0.60	0.5~2.0

注：未制定参考值者用"—"表示；%E 为占能量的百分比。

二、脂类的食物来源

在各类食物中都含有一定量的脂类。膳食中脂类的主要来源为植物油和动物脂肪，还包括其他各种食物中的脂类物质。

植物油中主要含有不饱和脂肪酸，一般不含胆固醇。日常膳食中的植物油主要有菜籽油、豆油、芝麻油、花生油、玉米油、棉籽油等，是人体必需脂肪酸的良好来源。在植物性食物中，以花生、核桃、瓜子、葵花籽、榛子等坚果类的脂肪含量较高，最高可达 50% 以上，可作为膳食脂肪的辅助来源。

动物性食物脂肪由于品种、部位、动物饲料等存在不同，脂类含量和种类差异较大。如牛、羊、猪肉等，根据其肥瘦程度，脂肪含量为 10%~50%，禽蛋类、乳类及鱼类脂肪含量稍低，蛋黄和全脂乳粉中脂肪含量较高，约 20%，乳及蛋黄是婴幼儿脂类的良好来源。贮藏脂中含有大量的饱和脂肪酸，脑、心、肝中含有较多的磷脂，水产品中含有丰富的多不饱和脂肪酸，如深海鱼鲱鱼、鲑鱼等含有丰富的 EPA 和 DHA。

本章知识链接

　　人们谈脂肪色变，老百姓甚至将脂肪与肥胖画等号，脂肪是一种我们耳熟能详却又不甚了解的物质，可说不清从什么时候开始，它的"社会形象"开始变为负面了，一听到"脂肪"这个词，人们马上会联想到臃肿的身材、不健康的饮食、某些慢性疾病等。脂肪果真如此糟糕？它和人们避之不及的肥胖到底有啥关系？其实不然，脂肪在保持人类机体运行方面的贡献功不可没，脂肪对生命极其重要，它的功能众多，正是脂肪这样的物质在远古海洋中划分出界限，使细胞有了存在的基础。依赖于脂类物质构成的细胞膜，将细胞与周围的环境分隔开，使生命获得了向更加复杂的形式演化的可能。因此毫不夸张地说，没有脂肪这样的物质存在，就没有生命可言。脂肪是人类热量的来源之一，能溶解一些营养物质，一些非常重要的维生素需要膳食中脂肪的帮助才能被人体吸收，如维生素 A、维生素 D、维生素 E、维生素 K 等。脂肪还是构建人体组织和活性物质的基础，同时还维持着人类的体温。但过多的脂肪在人体内堆积，极易诱发肥胖、高血压、高血脂等症状，造成的危害也是非常严重的。

　　所以，合理地摄取脂肪，才能促进身体健康。

○练习与思考

1. 何谓必需脂肪酸？有哪些生理功能？
2. 试述脂肪酸的分类。
3. 脂类的营养评价应注意哪些方面？
4. 类脂主要包括哪几种？
5. 试述脂肪的生理功能。

参考文献

[1] 仲山民，黄丽. 食品营养学 [M]. 武汉：华中科技大学出版社，2013.
[2] 周才琼，周玉林. 食品营养学（第三版）[M]. 北京：中国质检出版社，2017.
[3] 张忠，李凤林，余蕾. 食品营养学 [M]. 北京：中国纺织出版社，2017.
[4] 耿越. 食品营养学 [M]. 北京：科学出版社，2013.
[5] 孙远明. 食品营养学（第2版）[M]. 北京：中国农业大学出版社，2010.
[6] 郭景光. 食品营养化学 [M]. 大连：大连海事大学出版社，1996.
[7] 王玉芬. 食品营养化学 [M]. 北京：中原农民出版社，2006.
[8] 杨滨. 食品营养学 [M]. 昆明：云南人民出版社，2014.
[9] 王俊东，李敬玺. 食品营养学（第二版）[M]. 北京：中国农业科技出版社，1999.

第五章 蛋白质与氨基酸

[本章主要内容]

蛋白质的概念、分类及生理功能；氨基酸、必需氨基酸及限制氨基酸的概念、种类，蛋白质氨基酸模式；蛋白质的代谢过程及氮平衡；食物蛋白质的营养价值评价；蛋白质的互补作用；蛋白质在加工贮藏中的变化；蛋白质的缺乏、过量、参考摄入量及食物来源。要求学生重点掌握氨基酸、必需氨基酸的概念及种类，蛋白质的氨基酸模式；蛋白质的代谢过程及消化率、利用率；蛋白质的互补作用；掌握蛋白质的缺乏、过量及参考摄入量和食物来源等。

[本章重点]

能概述蛋白质的代谢过程、消化率和利用率的概念、表示方式及相互之间的关系；明晰必需氨基酸的种类、蛋白质氨基酸模式及蛋白质的互补作用。

[本章难点]

蛋白质的代谢过程及氮平衡。

第一节 蛋白质的分类和生理功能

蛋白质是一类重要的产能营养素，是由氨基酸通过肽键连接起来的具有复杂立体结构的高分子化合物，是生命的物质基础。蛋白质中以碳、氢、氧、氮四种元素为主，许多蛋白质还含有硫、磷元素，少数蛋白质含有微量元素铁、锌、铜、锰和碘等。一般情况下，正常成人体重的 16%～19% 为蛋白质，在各项生命活动中发挥着重要作用。

一、蛋白质的分类

蛋白质是由 20 多种 α-氨基酸构成，不同的氨基酸种类和数量组成使得蛋白质具有不同的营养价值。从蛋白质营养价值出发可将蛋白质分为三种：完全蛋白质、不完全蛋白质和半完全蛋白质。

1. 完全蛋白质

这类蛋白质含有能维持机体生命及促进生长发育的全部必需氨基酸，数量充足，且氨基酸比例与人体需要接近。作为唯一蛋白质来源能满足机体健康及生长发育需要。乳品、肉、禽、蛋等动物来源蛋白质多为完全蛋白质，如乳中的酪蛋白和乳白蛋白；蛋类中的卵白蛋白和卵黄蛋白；肉类中的白蛋白和肌蛋白等。有些植物源蛋白质也是完全蛋白质，如小麦中的麦谷蛋白，玉米中的谷蛋白等。

2. 半完全蛋白质

这类蛋白质的各类必需氨基酸基本齐全，但氨基酸的相互比例不平衡，在膳食中作为唯一蛋白质来源时，可维持生命，但不能促进机体的生长发育，如小麦及大麦中的麦胶蛋白等。

3. 不完全蛋白质

这类蛋白质所含人体所必需的氨基酸种类不齐全，往往会缺少一类或几类氨基酸，若膳食中将不完全蛋白质作为唯一蛋白质来源，既不能维持生命，也不能促进生长。不完全蛋白质多见于植物蛋白质，如玉米中的玉米胶蛋白，豌豆中的球蛋白等。有些动物组织中也含有不完全蛋白质，如动物结缔组织和肉皮中的胶质蛋白。

二、蛋白质的生理功能

人体组织中氮的唯一来源是蛋白质，它是组成器官和细胞的重要成分之一，参与体内的一切代谢活动，是其他营养素所不能替代的。其生理功能主要表现在以下几个方面。

1. 机体组织的生长发育和修复材料

人体的器官和组织中含有大量的蛋白质，心、肝、肾、肌肉、骨骼、牙齿、指甲等都含有蛋白质，并发挥着重要作用。如毛发、指甲存在 α-角蛋白；参与构成身体支架的胶原蛋白和弹性蛋白，则存在于骨骼、肌腱和结缔组织中；有细胞核蛋白对生长增殖发挥着一定作用等。人体生长过程中，蛋白质在不断增加和变化着。

人体每天约有 3% 的蛋白质参与代谢。机体所需氮源都要从食物中获得，食物只有提供含必需氨基酸种类齐全、配比适当的蛋白质，才能保证机体的生长和发育。

2. 调节体液平衡和维持酸碱平衡

正常人组织液和血浆间水分不断地交换，细胞膜两侧的体液必须保持渗透压平衡，这种平衡需要电解质和蛋白质调节而达到。血浆胶体的渗透压由其所含蛋白质的浓度所决定，若缺乏蛋白质，会致血浆蛋白含量水平低，渗透压降低，水无法全部返回到血液循环系统中，使组织间隙水分积蓄过多，出现水肿症状。

蛋白质是两性缓冲物质，体液内可溶性蛋白质可解离为阴、阳离子，能与酸或碱发生化学反应，还能与其他缓冲物质如碳酸盐、磷酸盐等，共同维持血液渗透压和酸碱平衡。

3. 构成人体生理物质

人体生命活动的特征之一是机体不断地进行着新陈代谢，一些生理活性物质如激素、酶等含氮物质发挥着调节生理机能的作用，如胰岛素、垂体激素、肾上腺素、甲状腺素等都是体内细胞分泌的化学物质，由蛋白质、蛋白质衍生物或肽类构成，可通过血液循环到达全身，调节机体的正常活动。机体新陈代谢过程中的许多化学反应和变化需要酶的参与才能迅速完成，而酶的化学本质是蛋白质，如体内的蛋白酶、淀粉酶等，可促进食物的消化、吸收和利用。某些维生素是由氨基酸转变而成的，或者与蛋白质结合存在，如色氨酸可转化成烟酸，生物素与赖氨酸结合成肽等。细胞膜、血液中，作为各类物质运输载体的也是蛋白质，如脂蛋白转运脂类，运铁蛋白运载铁，血红蛋白在血液中运载氧等。此外，人体的肌肉运动、视觉形成等均与蛋白质有关，如肌球蛋白、视蛋白等。

4. 增强免疫力

蛋白质是构成人体免疫物质的重要成分，免疫物质包括白细胞、抗体、补体等。机体对外界侵入的某些有害物质可产生抗体，以阻断抗原的有害作用，这种抗体的免疫功能主要由免疫球蛋白来完成并维持。吞噬细胞对外来异物有吞噬和消化的功能，是机体天然防御机制之一，骨髓、脾、肝等组织是大部分吞噬细胞的主要来源，若蛋白质缺乏，这些组织萎缩，使机体制造白细胞、抗体和补体的能力下降，机体抵抗疾病的能力也下降。此外，被用于抑制病毒和抗癌作用的干扰素也是一种糖蛋白。

5. 供给热能

蛋白质含有碳、氢和氧元素，可在体内分解代谢释放出人体所需的热能，通常人体所需能量的10%~15%来自蛋白质。

蛋白质在体内的主要生理功能是结构功能和调节功能，提供热量仅是蛋白质的次要功能。一般情况下人体主要由碳水化合物和脂肪提供热能，但当碳水化合物和脂肪提供的能量不足时，部分蛋白质也将提供热能。

第二节　氨基酸和必需氨基酸

氨基酸是组成蛋白质的基本单位，是羧酸碳原子上的氢原子被一个氨基取代的化合物，由碳、氢、氧、硫、氮等多种元素构成。组成人体蛋白质的氨基酸有20余种。

一、氨基酸的分类

按营养功能氨基酸可以分为三大类：必需氨基酸、非必需氨基酸、半必需氨基酸。

（1）必需氨基酸（essential amino acid，EAA）　是指机体不能合成或合成速度不能满足机体需要，必须从食物中补充的氨基酸，已确定的必需氨基酸有8种，它们是赖氨酸、甲硫氨酸、苯丙氨酸、亮氨酸、异亮氨酸、苏氨酸、缬氨酸、色氨酸，此外，组氨酸被认为是婴幼儿必需氨基酸。

（2）非必需氨基酸（nonessential amino acid，NEAA） 是指人体可以自行合成，或者可由其他氨基酸转变而来，可不必由食物供给的氨基酸。对机体而言，非必需氨基酸的作用也是很重要的。

（3）半必需氨基酸 半胱氨酸和酪氨酸可分别由甲硫氨酸和苯丙氨酸转化而来，当膳食中半胱氨酸和酪氨酸提供充足时，可减少甲硫氨酸和苯丙氨酸的消耗，这两种氨基酸被称为半必需氨基或条件必需氨基酸。

二、必需氨基酸及限制氨基酸

1. 必需氨基酸

人体需要蛋白质，确切地说是需要蛋白中的氨基酸。机体的蛋白质在代谢的过程中，既需要代谢必需氨基酸，也需要代谢非必需氨基酸。各种必需氨基酸之间及必需氨基酸和非必需氨基酸之间存在着种类和数量之间的比例关系。

人体的必需氨基酸有 8 种，还有婴幼儿体内的必需氨基酸组氨酸，这些氨基酸在构成人体组织蛋白质时有一定的比例，当食物蛋白质所提供的必需氨基酸数量和比例与人体所需氨基酸的数量和比例接近时，才能被机体充分利用。WHO 及 FAO 等对不同人群每日氨基酸需要量的估计值进行了归纳，如表 5-1 所示。

表 5-1　　　　　　　　人体每日氨基酸需要量估计值　　　　　　　　单位：mg/kg 体重

氨基酸	婴儿	幼儿（2岁）	儿童（10~12岁）	成人
亮氨酸	161	73	45	14
异亮氨酸	70	31	30	10
苏氨酸	87	37	35	7
苯丙氨酸+酪氨酸	125	69	27	14
甲硫氨酸+半胱氨酸	58	27	27	13
缬氨酸	93	38	33	10
色氨酸	17	12.5	4	3.5
赖氨酸	103	64	60	12
组氨酸	28	—	—	8~12

半胱氨酸和酪氨酸在体内可分别由甲硫氨酸和苯丙氨酸合成，摄入足量的这两种氨基酸，可分别代替 30%甲硫氨酸和 50%苯丙氨酸，节省这两种必需氨基酸的消耗。

机体中合成不同类型的蛋白质所需的必需氨基酸的种类和数量各有不同，把某种蛋白质中各种必需氨基酸的构成比例称为氨基酸模式。通常以色氨酸含量为 1，其他必需氨基酸与之的相应比值，即为该种蛋白质的氨基酸模式。机体中，每种必需氨基酸的利用都有一定的比例范围，某种氨基酸过多或过少会干扰另一些氨基酸的利用。人体中和几种食物中蛋白质氨基酸模式，如表 5-2 所示。

表 5-2　　　　　　　　　人体和几种食物中蛋白质氨基酸模式　　　　　　　　单位：mg/g

氨基酸	人体	全鸡蛋	牛乳	牛肉	大豆	面粉	大米
亮氨酸	7.0	5.1	6.8	6.8	5.7	6.4	6.3
异亮氨酸	4.0	3.2	3.4	4.4	4.3	3.8	4.0
苏氨酸	4.5	2.8	3.1	3.6	2.8	2.5	2.9
苯丙氨酸+酪氨酸	6.0	5.5	7.3	6.2	3.2	7.2	3.8
甲硫氨酸+半胱氨酸	3.5	3.4	2.4	3.2	1.2	2.8	2.3
缬氨酸	5.0	3.9	4.6	4.6	3.2	3.8	4.8
赖氨酸	5.5	4.1	5.6	7.2	4.9	1.8	2.3
色氨酸	1.0	1.0	1.0	1.0	1.0	1.0	1.0

全鸡蛋蛋白质与人体蛋白质的必需氨基酸模式最为接近，其营养价值高于其他蛋白质。因此，在比较膳食中蛋白质营养价值和质量时，常以鸡蛋蛋白质作为参考蛋白。还有一些蛋白质如动物蛋白质中畜禽肉、鱼类、乳等以及大豆蛋白质，营养价值也较高，被称为优质蛋白质。

2. 限制氨基酸

如果某一种或几种必需氨基酸缺少或数量不足，会使得其他必需氨基酸的利用不充分，这限制了食物蛋白质合成机体蛋白质的过程，造成其蛋白质营养价值较低的情况，这一种或几种氨基酸被称为限制氨基酸。按照必需氨基酸缺乏的程度依次将其称为第一、第二和第三限制氨基酸，其中含量最低的称为第一限制氨基酸，如大豆、花生、肉类、牛乳的第一限制氨基酸是甲硫氨酸，其次为苯丙氨酸；谷类（小麦、大麦、大米）的第一限制氨基酸为赖氨酸，其次为苏氨酸；玉米的第一限制氨基酸是赖氨酸，第二限制氨基酸是色氨酸，第三限制氨基酸是苏氨酸。机体中有任何一种必需氨基酸含量不足时，则无论其他氨基酸有多么充足，也不能被充分利用。

第三节　蛋白质的代谢及氮平衡

一、蛋白质的代谢

蛋白质代谢包括蛋白质被分解成氨基酸以及氨基酸合成蛋白质的各种生化过程。食物中的蛋白质在消化道中被多种蛋白质及肠肽酶水解为氨基酸，在小肠中被吸收。氨基酸从消化道进入血液后 5~10min 内就能被全身细胞所吸收，并且立即合成为细胞蛋白质。人体的各种组织细胞均可以合成蛋白质，但以肝脏的合成速度最快。蛋白质的合成过程，就是氨基酸按一定顺序以肽键相互结合，形成多肽链的过程。许多细胞内的蛋白质在细胞内溶酶体消化酶类的作用下又很快再次被分解为氨基酸，并再次运输出细胞回到血液中。正常情况下，氨基酸进入血液与其输送到组织细胞的速度几乎是相等的，处于动态平衡状态。

食物蛋白质经消化生成的氨基酸在小肠内被吸收入血，这是氨基酸的外源性来源；组织蛋白分解产生的氨基酸和组织细胞合成的氨基酸，是氨基酸的内源性来源，这些氨基酸混合在一起参与代谢，共同组成氨基酸代谢库。

体内氨基酸一部分用于合成蛋白质和多肽，正常人体内75%的氨基酸用于合成组织蛋白质；另一部分氨基酸会进行分解代谢，氨基酸分解代谢最主要的反应是脱氨基作用，脱氨基的方式有氧化脱氨基、转氨基、联合脱氨基和非氧化脱氨基等，以联合脱氨基的方式最为重要。通过脱氨作用进行代谢或氧化产生能量，或转变成脂肪和糖类，也可以使氨基化转变成非必需氨基酸等；小部分氨基酸也可以通过脱羧基作用产生二氧化碳和胺；还有一部分氨基酸用于合成新的含氮化合物，如肌酸、肾上腺素和嘌呤碱类等。肝脏是血液氨基酸的重要调节者，一部分氨基酸可在肝脏中进行脱氨基作用后进行代谢或氧化产生能量，或将其转化成脂肪贮藏起来。蛋白质在体内的代谢情况如图5-1所示。

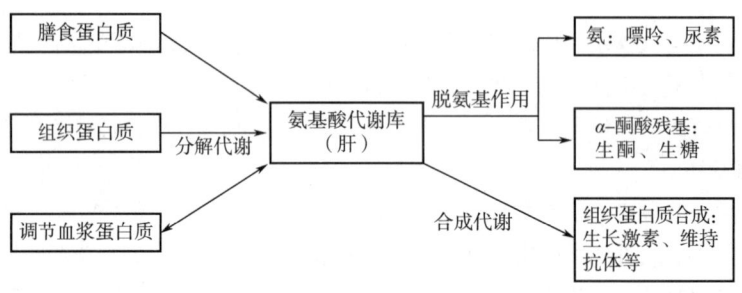

图 5-1　蛋白质在体内的代谢情况

二、氮平衡

氮平衡是指机体摄入食物所含全部氮与机体排出氮之间的平衡状态。正常情况下，人体内的蛋白质总量是相对稳定的，通过摄入、代谢、排出等维持着动态平衡状态。

人体摄入的氮是食物蛋白质或其他含氮物质的总量；排出氮是指被人体吸收利用并代谢后，由尿液、粪便、皮肤或其他途径排出的氮。其中，尿中的氮主要为尿素、氨、尿酸和肌酐等物质中的氮，还包括尿道黏膜脱落的细胞氮；粪氮除了未被吸收的食物氮外，还包括肠道分泌物、肠黏膜脱落细胞氮及肠道死亡微生物等所含有的氮；皮肤及其他途径排出氮包括通过表皮细胞、毛发、分泌物等丧失的氮。总体而言，机体摄入氮和排出氮之间存在相互关系，当机体摄入氮和排出氮的量相等时，即为氮平衡。

氮平衡可用式（5-1）来表示：

$$B = I - (U + F + S) \qquad (5-1)$$

式中　B——氮平衡；
　　　I——摄入氮；
　　　U——尿氮；
　　　F——粪氮；
　　　S——皮肤或其他途径损失的氮。

通过测定食物中的含氮量（摄入氮），尿及粪便中的含氮量（排出氮），了解氮平衡的状态，从而估计蛋白质在体内的代谢量和机体的生长、营养等情况。

当摄入氮量等于排出氮量，即 B=0 时，称为零氮平衡，这表明体内蛋白质的合成量和分解量处于动态平衡，一般健康的成年人属于这种情况。

当摄入的氮量大于排出的氮量，即 B>0 时，称为正氮平衡，这表明体内蛋白质的合成量大于分解量。生长期的婴幼儿、青少年、孕妇、乳母和恢复期的伤病员等属于正氮平衡，其机体所吸收的蛋白质有一部分用于生长发育和合成新组织。

当摄入氮量小于排出氮量，即 B<0 时，称为负氮平衡，这表明体内蛋白质的合成量小于分解量。膳食中蛋白质供给不足，或者人体患消耗性疾病、有组织创伤、处于饥饿状态时，体内蛋白质分解速度大于合成的速度，机体处于负氮平衡。

机体在完全不摄入蛋白质的情况下，体内蛋白质仍然在分解和合成，仍然会通过尿、粪、皮肤和毛发等排出氮，是机体不可避免要消耗的氮量，被称为必要氮损失。如果机体长期不能从膳食中补充足够的蛋白质，会出现负氮平衡，从而导致蛋白质缺乏症，如疲乏、体重减轻、抵抗力低下、生长发育停滞等。

实际上，机体从膳食中摄入蛋白质时，由于食物蛋白质的组成与人体蛋白质组成不可能完全相同，还有消化率等因素的影响，机体的摄入氮比排出氮多，这样才能补偿机体蛋白质的损失。

第四节　食物蛋白质的营养价值评价

各种食物中蛋白质含量、氨基酸模式不同，人体对不同蛋白质的消化、吸收和利用不同，其营养价值也不一样。评价一种食物蛋白质的营养价值，一方面从"量"的角度来评价，即食物中蛋白质含量有多少，另一方面从"质"的角度来评价，即食物蛋白质中必需氨基酸的模式来考虑。正确的评价食物蛋白质的营养价值，对于指导人群膳食、进行食物资源的研究开发等具有一定的意义。

一、食物中蛋白质的含量

食物蛋白质的营养价值首先是以量为基础的，如果含量太低，即使必需氨基酸比例合适，也不能满足机体的需要。

一般食物中的含氮物质绝大部分是蛋白质，其含量的测定一般采用凯氏定氮法，先测定氮的含量，再乘以由氮换算成蛋白质的换算系数，即可得到蛋白质的含量。多数蛋白质的含氮量约为 16%，其倒数即为 6.25，所以测得的食物中氮的含量乘以 6.25，即为粗蛋白质含量，如式（5-2）所示。

$$粗蛋白质含量 = 含氮量（\%）\times 6.25 \quad (5-2)$$

不同食物蛋白质中含氮量略有差别，若要准确换算蛋白质的含量，可按各自标准换算系数计算。如表 5-3 所示。

表 5-3　　　　　　　　　　　　常用食物蛋白质的换算系数

食品	蛋白质换算系数	食品	蛋白质换算系数
面条、白面	5.70	黄豆	5.71
大米	5.95	花生	5.46
小麦、大麦	5.83	乳类	6.38
椰子、栗子	5.30	蛋	6.25
玉米	6.25	肉	6.25

二、蛋白质的消化率

蛋白质的消化率是指食物蛋白质被消化酶分解后吸收的程度，可用吸收氮量与摄入总氮量的比值表示。消化率越高，被机体利用的可能性越大。蛋白质在人体内消化率的高低，是评价蛋白质营养价值的另一个重要方面。蛋白质的消化率可按式（5-3）计算。

$$消化率 = \frac{氮吸收量}{氮摄入量} \times 100\% \qquad (5-3)$$

在营养学上消化率可分为表观消化率（apparent digestibility, AD）和真实消化率（true digestibility, TD），可按式（5-4）、式（5-5）计算。

$$表观消化率 = \frac{食物氮 - 粪氮}{摄入氮} \times 100\% \qquad (5-4)$$

$$消化率 = \frac{食物氮 - (粪氮 - 粪代谢氮)}{摄入氮} \times 100\% \qquad (5-5)$$

粪氮是由食物中不能被消化吸收的氮和粪代谢氮构成的。粪代谢氮则是在人体进食足够热量但完全不摄取蛋白质的情况下在粪便中测得的含氮量，也是指肠道内源性氮，如脱落的肠黏膜细胞、消化道和肠道微生物中的氮等。如果粪代谢氮被忽略不计，即为表观消化率。表观消化率比真实消化率低，用于对蛋白质的营养价值估计偏低，具有较大的安全系数，所以常用表观消化率表示蛋白质的消化率。

蛋白质的消化率受人体、食物等多种因素的影响，人体方面的影响有全身状态、消化功能、精神情绪、饮食习惯等；食物方面有食物属性、加工精细度、烹调方式等的影响。如在一般的加工方法下，乳类蛋白质的消化率为97%~98%，肉类蛋白质为92%~94%，蛋类98%，米饭为80%左右，玉米面为66%等。动物蛋白质的消化率比植物蛋白质高，这是由于植物性蛋白质含膳食纤维多，影响了蛋白质与消化酶的接触程度，可使消化率降低。但如果食物在加工和烹调的过程中，将膳食纤维破坏、软化或除去，则可适当提高植物性蛋白质的消化率。如大豆整粒进食时消化率仅为60%，而加工成豆腐或豆浆时，蛋白质的消化率可提高至90%。

三、蛋白质的利用率

蛋白质的利用率是指食物蛋白质被消化吸收后在体内被利用的程度。测量蛋白质利用率的指标有以下几种。

1. 生物价（biological value, BV）

蛋白质的生物价是以食物蛋白质经消化吸收后体内储留氮与吸收氮的比值来表示。生物价越高，说明蛋白质被机体利用的程度越高，营养价值也越高。蛋白质的生物价可按式（5-6）~式（5-8）计算。

$$蛋白质的生物价 = \frac{氮储留量}{氮吸收量} \times 100\% \tag{5-6}$$

$$氮吸收量 = 氮摄入量 - （粪氮排出量 - 粪代谢氮量） \tag{5-7}$$

$$氮储留量 = 氮吸收量 - （尿氮 - 尿内源氮） \tag{5-8}$$

尿内源氮为人体进食足够热量但完全不摄取蛋白质的情况下尿中的含氮量。主要来源于组织的分解。

常见食物蛋白质的生物价如表 5-4 所示。

表 5-4　　　　　　　　　　常见食物蛋白质的生物价

蛋白质	生物价	蛋白质	生物价
鸡蛋蛋白质	83	大米	77
鸡蛋黄	96	小麦	67
脱脂牛乳	85	生大豆	57
鱼	83	玉米	60
牛肉	76	花生	59
猪肉	74	马铃薯	67

2. 蛋白质的净利用率（net protein utilization，NPU）

蛋白质净利用率是机体氮储留量与氮摄入量之比，反映了蛋白质实际被利用的程度。蛋白质生物价没有考虑在消化过程中未被吸收而丢失的氮，生物价乘以消化率，即为蛋白质净利用率。可按式（5-9）计算。

$$蛋白质净利用率 = \frac{氮储留量}{氮摄入量} \times 100\% = 蛋白质的生物价 \times 蛋白质消化率 \tag{5-9}$$

3. 蛋白质功效比值（protein efficiency ratio，PER）

蛋白质功效比值是指实验动物在实验期内，平均每摄入 1g 蛋白质所增加的体重的量。可按式（5-10）计算。

$$蛋白质功效比值 = \frac{动物体重增加量（g）}{摄入食物蛋白质的量（g）} \tag{5-10}$$

实验时，受试动物为处于生长阶段的幼年动物，一般用出生二十多天刚断乳的大白鼠；喂养饲料中被测蛋白质是唯一蛋白质来源，占饲料的 10%，实验期为 28d。

4. 氨基酸评分法（amino acid score，AAS）

氨基酸评分法也称化学分法，或蛋白质分法。氨基酸评分法是用化学方法测定一种食物蛋白质的必需氨基酸的含量，再分别与理想模式或参考蛋白（通常用鸡蛋蛋白质）中相应的氨基酸含量进行比较的方法，按式（5-11）计算：

$$氨基酸评分 = \frac{每克待评蛋白质中某种氨基酸含量（mg）}{理想模式或每克参考蛋白质中该种氨基酸含量（mg）} \times 100\% \tag{5-11}$$

理想氨基酸模式采用 FAO 提出的模式（表 5-5）。

表 5-5　　　　　　　　　　　　理想氨基酸模式

氨基酸	必需氨基酸需要模式/(mg/g)
异亮氨酸	40
亮氨酸	70
赖氨酸	55
甲硫氨酸+半胱氨酸	35
苯丙氨酸+酪氨酸	60
苏氨酸	40
色氨酸	10
缬氨酸	50

食物蛋白质氨基酸模式与人体蛋白质构成模式越接近，越易被充分利用，其营养价值越高。评价蛋白质的营养价值时，可将蛋白质中必需氨基酸含量与理想氨基酸模式或鸡蛋蛋白质的氨基酸比例相比较进行评价，一种蛋白质的氨基酸评分越接近100，表示其含量越接近人体的需要，营养价值越高。氨基酸评分适用于单一食物蛋白质的评价，也可用于混合食物蛋白质的评价。常见几种食物蛋白质氨基酸评分，如表 5-6 所示。

表 5-6　　　　　　　　　　　几种食物蛋白质的氨基酸评分

品种	化学分	品种	化学分
全蛋	100	玉米	49
牛乳	95	小米	63
大豆	75	大米	67
芝麻	50	全麦	53
花生	65		

氨基酸评分相对较低的必需氨基酸为限制性氨基酸；氨基酸评分最低的必需氨基酸为第一限制性氨基酸。由于限制性氨基酸含量相对较低，使得其他氨基酸在体内不能充分被利用而浪费，因此，蛋白质营养价值低。实际工作中，食物蛋白质的限制氨基酸常是赖氨酸、甲硫氨酸、苏氨酸、色氨酸，评分时应侧重注意这几种氨基酸。

确定某种食物蛋白质氨基酸评分一般分为两步，首先计算被测蛋白质中每种必需氨基酸的评分值；其次找出第一限制氨基酸的评分值。第一限制性氨基酸评分值也为该食物蛋白质的最终氨基酸评分。

例如，某小麦粉的蛋白质含量10.9%，其中100g 小麦粉中各种氨基酸含量如表 5-7 所示，试计算按 FAO 提出必需氨基酸需要模式的该小麦粉化学分。

解：(1) 求出每克蛋白质中氨基酸含量（mg/g）；

(2) 按 FAO 必需氨基酸需要模式（mg/g）求出氨基酸比值；

(3) 找出最小比值×100，即为小麦粉的氨基酸评分值47，第一限制氨基酸为赖氨酸。

表 5-7　　　　　　　　　　　小麦粉的氨基酸评分计算

氨基酸	FAO 评分标准模式中必需氨基酸含量/(mg/g)	每100g 面粉中氨基酸含量/mg	每克蛋白质中氨基酸含量/mg	氨基酸比值	最终氨基酸评分
异亮氨酸	40	403	36.97	0.92	47
亮氨酸	70	768	70.46	1.01	
赖氨酸	55	280	25.69	0.47	
甲硫氨酸+半胱氨酸	35	394	36.15	1.03	
苯丙氨酸+酪氨酸	60	854	78.35	1.31	
苏氨酸	40	309	28.35	0.71	
缬氨酸	50	514	47.15	0.94	
色氨酸	10	135	12.38	1.24	

四、蛋白质的互补作用

不同食物的蛋白质中限制氨基酸的种类和数量各不相同，若将不同食物混合食用，不同的食物蛋白质之间相对不足的氨基酸会相互补偿，使其比例更接近人体需要的模式，从而提高蛋白质的利用率和营养价值，这种作用被称为蛋白质的互补作用。例如，面筋蛋白中赖氨酸含量低，而甲硫氨酸相对较多，大豆蛋白质中赖氨酸含量丰富而甲硫氨酸含量不足，将豆腐和面筋蛋白质单独食用时，生物价分别为 65 和 67，当两者以 42∶58 的比例混合进食时，赖氨酸和甲硫氨酸会相互补充，其生物价可提高至 77，提高了蛋白质的利用程度。此外，植物性食物和动物性食物混搭食用，其蛋白质的互补作用比单纯的植物性食物之间的互补效果更好，如小米、小麦、熟大豆、干牛肉单独食用时，其蛋白质的生物价分别为 57、66、73、74，若将它们按 25%、55%、10%、10% 的比例混合食用，则蛋白质的生物价可提高到 89%。几种食物蛋白质混合前后生物价的变化如表 5-8 所示。总之，饮食中应当包含来源不同的各种蛋白质，可使饮食具有更高的生理价值。

表 5-8　　　　　　　　　　几种食物蛋白质混合前后生物价的变化

食物蛋白	单独食用生物价	混合比例/%	混合食用生物价
小麦	66	40	70
玉米	60	40	
生大豆	57	20	
生大豆	57	33	77
小麦粉	66	67	
小米	57	40	73
生大豆	57	20	
玉米	60	40	
生大豆	57	70	77
鸡蛋	94	30	

续表

食物蛋白	单独食用生物价	混合比例/%	混合食用生物价
乳粉	85	34	83
小麦	66	66	
小米	57	25	89
小麦	66	55	
熟大豆	73	10	
干牛肉	74	10	

资料来源：何志谦，《人类营养学》。

为充分发挥食物蛋白质互补作用，在调配膳食时，应遵循三个原则：①食物的生物学种属越远越好，如动物性和植物性食物之间应混合搭配；②搭配种类越多越好，品种越多，氨基酸种类也就越多；③食用时间越近越好，同时食用最好，因为单个氨基酸在血液中的停留时间约4h，然后到达组织器官，再合成组织器官的蛋白质，而合成组织器官蛋白质的氨基酸必须同时到达才能发挥互补作用，合成组织器官的蛋白质。

第五节　蛋白质在加工贮藏中的变化

食品在加工和贮藏过程中使用加热、冷却、化学试剂处理、发酵、干燥等处理方法时，不可避免地引起蛋白质物理、化学和营养的变化。

一、热处理和低温处理对蛋白质的影响

食品中的蛋白质受到热处理时，会涉及变性、分解、氨基酸氧化、氨基酸新键形成等化学反应。绝大多数的蛋白质加热后会发生变性反应，使得折叠部分的肽链松散，容易受到消化酶的作用，提高消化率和生物有效性，从而使其营养价值得到提高。热处理还可使一些酶类如蛋白酶、淀粉酶、多酚氧化酶等失活，使食品在保藏期间不发生酸败、质构及色泽等变化。一些氨基酸如赖氨酸、精氨酸、苏氨酸等，在热处理过程中易与还原糖发生美拉德反应，使产品呈现金黄色或棕褐色，如面粉焙烤呈色等。热处理也会给蛋白质带来不利的影响，如美拉德反应可生成不易消化的席夫碱及其他产物，从而降低蛋白质的营养价值。

低温贮藏食品则可延缓或阻止微生物的生长并抑制酶的活性和化学变化等，有利于保持蛋白质的营养价值。

二、氧化和脱水处理对蛋白质的影响

包装材料杀菌物质如过氧化氢、过氧化乙酸等的残留、氧和光照条件等的影响，都有可能引起蛋白质发生氧化变化。蛋白质残基和氨基酸被氧化的反应机理一般比较复杂，氧化反应会导致蛋白质营养价值的降低，甚至产生有害物质。

食品脱水处理往往有利于保藏和增加食品的稳定性，但也有一些不利的变化发生，当水分被除去时，会发生蛋白质-蛋白质的相互作用，引起蛋白质聚集，如高温去除水分时可导致蛋白质溶解度和表面活性的降低，影响蛋白质的消化率。真空干燥和冷冻干燥对蛋白质的损害较小，有利于保持食品的品质。

此外，辐照处理、机械处理（如研磨、挤压）等加工方式都会对蛋白质的结构、性能等有不同程度的影响，食品加工过程中应选择合适的加工条件，以保持或提高食品的营养价值。

第六节 蛋白质的缺乏与过量

一、蛋白质缺乏

蛋白质缺乏在成人和儿童群体中都会发生，特别对处于生长阶段的儿童更易发生。据 WHO 估计，目前世界上大约有 500 万儿童蛋白质-热能营养不良（proein-energy malnutrition，PEM），大多数是由饥饿和贫困引起的。

机体内当蛋白质供应不足时，蛋白质更新越快的组织越易受到影响，如肠黏膜及分泌消化液的腺体等受到影响，可引起消化不良，导致出现腹泻、失水、失盐。严重缺乏时可致机体出现水肿、肌肉萎缩、贫血等，还可影响婴幼儿生长发育和智力水平。长期缺乏蛋白质，机体会出现负氮平衡，成人则会出现疲倦、无力、体重减轻；妇女可出现月经障碍，乳汁分泌减少等症状。此外，还可出现免疫功能下降、伤口不愈合、生殖功能降低等情况。

引起蛋白质缺乏的主要原因有以下几点。①膳食中蛋白质长期摄入不足或品种过于单一，缺乏必需氨基酸或比例不当，热能供给不足会使蛋白质转化为葡萄糖供能而引起蛋白质缺乏。②疾病和老龄妨碍了蛋白质的吸收和消化。消化道慢性疾病会导致蛋白质类食物消化、吸收不良；老年人会因机体各器官功能低下而使消化吸收减弱。③蛋白质合成出现障碍。肝脏是合成蛋白质的重要器官，肝脏如果出现了病变如肝炎、肝硬化等，会使肝脏合成蛋白质的能力下降，导致蛋白质缺乏。④蛋白质损失过多。创伤、手术、甲状腺功能亢进等可使蛋白质分解加速，造成负氮平衡；肾炎等患者由于蛋白尿等原因可引起蛋白质长期损失。

二、蛋白质过量

蛋白质尤其是动物蛋白质摄入过多，对人体同样有害。动物蛋白质摄入过多，必然摄入较多的动物脂肪和胆固醇，还会使含硫氨基酸摄入过多，加速骨骼中钙的丢失，易产生骨质疏松。人体内过多的蛋白质还会出现脱氨分解，氨由尿排出体外，这一过程需要大量的水，这加重了肾脏的负荷。蛋白质的酸性代谢产物则会增加肝、肾的负担，造成肝、肾肥大并使人容易疲劳。高蛋白质还对水和无机盐代谢不利，有可能引发泌尿系统结石和便秘等。

第七节　蛋白质的参考摄入量及食物来源

一、蛋白质的参考摄入量

人体蛋白质的需要量既要满足维持生命和保证生长发育，还要在此基础上加上一定的安全系数，以消除个体差异和食物蛋白质品质优劣的影响等，以维持机体高度的健康水平和工作能力。人体蛋白质需要量的衡量应依照年龄的不同而采用不同的方法，针对婴儿应以母乳为基础测量，对成人主要以要依据加算法和氮平衡法，依照我国的饮食习惯和膳食构成以及各年龄段人群的蛋白质代谢特点，2013年中国营养学会提出了中国居民膳食营养素参考摄入量（recommended nutrient intake，RNI），如表5-9所示。RNI是健康个体膳食营养素摄入量的目标值。

表5-9　　　　　　　中国居民膳食蛋白质参考摄入量

年龄/岁	RNI/(g/d)		年龄/岁	RNI/(g/d)	
	男	女		男	女
0~	9 (AI)	9 (AI)	10~	50	50
0.5~	20	20	11~	60	55
1~	25	25	14~	75	60
2~	25	25	18~	65	55
3~	30	30	50~	65	55
4~	30	30	65~	65	55
5~	30	30	80~	65	55
6~	35	35	孕妇（早）	—	55
7~	40	40	孕妇（中）	—	70
8~	40	40	孕妇（晚）	—	85
9~	45	45	乳母	—	80

二、蛋白质的食物来源

蛋白质广泛存在于动植物食物之中，动物性食品蛋白质质量较高，畜、禽、肉和鱼类蛋白质含量为16%~20%，蛋类为11%~14%，鲜乳为2.7%~3.8%；植物性食品蛋白质含量较高的有豆类、花生、核桃、薯类、谷物等，干豆类蛋白质含量为20%~40%，花生、核桃等坚果类为15%~30%，谷物为7%~10%。

我国居民膳食中的蛋白质主要来自于谷类食品，分类蛋白质占总摄入蛋白质的60%以上，动物蛋白质及大豆蛋白质占总摄入蛋白质的20%左右，其他植物性蛋白质约占13%。

在日常膳食中应注意多样化饮食、勿偏食，粗细杂粮混合食用，动物性蛋白质、豆制品、谷类蛋白等要合理分配于各餐之中，应在一餐中尽量包含更多的氨基酸，充分提高蛋白质的利用率。

本章知识链接

　　蛋白质是重要的营养物质，人体能够适应各种环境，保持健康，是因为有免疫系统的保护。在免疫系统中，有许多免疫蛋白，这些免疫蛋白相当一部分是来自蛋白质。当体内蛋白质充足，免疫系统会正常运行时，可维持人体的免疫功能。

　　蛋白质在人体中起重要作用，但人体每日会要更新约3%的蛋白质，如果日常不注重补充，就容易造成蛋白质缺乏现象。当体内缺乏蛋白质时，会导致身体消瘦；疲惫、精力下降；皮肤没有光泽弹性；抵抗力下降，身体处于亚健康状态等。日常摄取蛋白质主要来自饮食，富含优质蛋白质的食物有豆制品、牛乳、鸡蛋、鱼肉等，畜禽类肉中也富含蛋白质，但其中也含有大量的脂肪，过量食用会有增加肥胖的风险，因此要注重限量食用。除此之外，如果一日三餐蛋白质补充不足或身体抵抗力较差，将蛋白粉作为三餐之外的额外营养补给也是不错的选择。

练习与思考

1. 蛋白质的生理功能有哪些？
2. 什么是必需氨基酸？包括哪几种？它们对合理利用蛋白质有何作用？
3. 什么是蛋白质的互补作用？
4. 什么是限制性氨基酸、生物价和氨基酸评分？它们之间有何联系？
5. 何谓正氮平衡？

参考文献

[1] 仲山民，黄丽.食品营养学［M］.武汉：华中科技大学出版社，2013.
[2] 周才琼，周玉林.食品营养学（第三版）［M］.北京：中国质检出版社，2017.
[3] 张忠，李风林，余蕾.食品营养学［M］.北京：中国纺织出版社，2017.
[4] 耿越．食品营养学［M］.北京：科学出版社，2013.
[5] 孙远明.食品营养学（第2版）［M］.北京：中国农业大学出版社，2010.
[6] 郭景光.食品营养化学［M］.大连：大连海事大学出版社，1996.
[7] 王玉芬.食品营养化学［M］.北京：中原农民出版社，2006.
[8] 杨滨.食品营养学［M］.昆明：云南人民出版社，2014.
[9] 王俊东，李敬玺.食品营养学（第二版）［M］.北京：中国农业科技出版社，1999.

第六章 维生素

[本章主要内容]

了解并掌握维生素的概念、共同特点和分类,掌握各种常见维生素的主要性质、生理功能、缺乏和过量的危害,了解其吸收代谢特点、参考摄入量及主要食物来源。

[本章重点]

维生素的特点、分类,各种常见维生素的主要性质、生理功能、缺乏和过量危害。

[本章难点]

各种维生素的主要性质和生理功能。

第一节 概述

维生素(vitamin)又称维他命,是一类维持人体生命过程所必需的微量低分子有机化合物,它既不参与机体组成,也不提供能量。维生素种类繁多,化学结构各异,在体内含量极微,但它对体内的物质和能量代谢起着非常重要的调节作用。

一、维生素的共同特点

(1)以本体(维生素本身)形式或前体形式(维生素原)存在于天然食物中;

(2) 人体代谢不可缺少，但在体内不能合成或合成量不足，必须由食物供给；

(3) 在机体内不能产生热量，也不参与机体组织的构成，但在调节物质和能量代谢中起着十分重要的作用；

(4) 虽然需要量极微，但当机体缺乏时会发生代谢障碍，表现出各种缺乏症。

二、维生素的命名

维生素的命名有三类方法。一是按照发现顺序以英文字母顺序命名，如维生素 A、维生素 B、维生素 C、维生素 D、维生素 E 等。二是根据其生理功能或治疗作用来命名，如抗坏血酸、凝血因子、抗干眼病因子等。三是根据其化学结构命名，如视黄醇、核黄素、硫胺素等。以上三类命名方法在使用上无严格限制，互相通用。

三、维生素的分类

维生素的种类很多，化学结构差异很大，通常按照其溶解性的不同，分为微脂溶性维生素和水溶性维生素两大类（表6-1）。

1. 脂溶性维生素

不溶于水，而溶于脂肪和有机溶剂（如苯、乙醚、氯仿等），包括维生素 A、维生素 D、维生素 E、维生素 K。它们在食物中常与脂类共存，在体内消化、吸收与脂类密切相关，当脂类吸收不良时，它们吸收量会大为减少，甚至会出现缺乏症状。脂溶性维生素摄入后大部分储存在脂肪组织中，由于排泄效率低，大剂量摄入容易在体内蓄积，引发中毒。

2. 水溶性维生素

溶于水，不溶于脂肪和有机溶剂，包括 B 族维生素（维生素 B_1、维生素 B_2、烟酸、维生素 B_6、叶酸、维生素 B_{12}、泛酸、生物素等）和维生素 C。水溶性维生素绝大多数以辅酶或辅基的形式参与各种酶系统，一般无毒性，大量摄入时容易从尿中排出，一般不会产生蓄积和毒害作用，如摄入过少，会很快出现缺乏症状。

还有一些物质，尽管不被认为是真正的维生素类，但它们具有维生素类物质相似的生物活性，有时人们把它们列入 B 族维生素中，通常称它们为类维生素物质，包括胆碱、维生素 P（生物类黄酮）、维生素 B_T（肉毒碱）、辅酶 Q（泛醌）、维生素 B_{17}（苦杏仁苷）、肌醇、硫辛酸、对氨基苯甲酸（PABA）、维生素 B_{15}（潘氨酸）等。

表 6-1 　　　　　　　　　　　常见维生素

分类	名称	别名	英文名称
脂溶性维生素	维生素 A	视黄醇、抗干眼病因子	vitaminA, retinol
	维生素 D	钙化醇、抗佝偻病维生素	vitaminD, calciferol
	维生素 E	生育酚	vitaminE, tocopherol
	维生素 K	叶绿醌、凝血维生素	vitaminK, phylloquinone
水溶性维生素	维生素 B_1	硫胺素、抗脚气病维生素	vitaminB_1, thiamin
	维生素 B_2	核黄素	vitaminB_2, riboflavin
	泛酸	维生素 B_5	vitaminB_5, pantothenic acid

续表

分类	名称	别名	英文名称
水溶性维生素	维生素 PP	尼克酸、烟酸、抗癞皮病因子	niacin, nicotinic acid, niaciamide
	维生素 B_6	吡哆醇（醛、胺）	pyridoxine, pyridoxal, pyridoxamine
	叶酸	维生素 B_{11}	folacin, folic acid, folate
	生物素	维生素 H	biotin
	维生素 B_{12}	钴胺素、氰胺素质、抗恶性贫血病因子	cobalamin
	维生素 C	抗坏血酸、抗坏血病因子	ascorbic acid
类维生素	胆碱		choline
	生物类黄酮	维生素 P	bioflavonoids
	肉毒碱	维生素 B_T	carnitine
	辅酶 Q	泛醌	coenzyme Q
	肌醇		inositol
	潘氨酸	维生素 B_{15}	pangamicacid
	苦杏仁苷	维生素 B_{17}	amygdalin
	硫辛酸		alpha lipoic acid
	对氨基苯甲酸	PABA	p-aminobenzoic acid

第二节　脂溶性维生素

一、维生素 A

1. 概述

维生素 A 是人类最早发现的维生素。狭义的维生素 A 仅指视黄醇，广义的维生素 A 则包括维生素 A 和维生素 A 原，是指所有具有全反式视黄醇生物活性的一大类物质，从结构上来看它们都是含有 β-白芷酮环的多烯基化合物。维生素 A 包括维生素 A_1（视黄醇）和维生素 A_2（3-脱氢视黄醇），二者的生理功能相似。维生素 A_1 主要存在于海鱼中，而维生素 A_2 主要存在于淡水鱼中，维生素 A_2 的生物活性为维生素 A_1 的 40%。棕榈酸视黄酯是视黄醇的主要储存形式。

视黄醇可被氧化成视黄醛，视黄醛可进一步被氧化为视黄酸，视黄醛是维生素 A 的主要活性形式。

在体内，视黄醇分子末端的 $-CH_2OH$ 可被氧化成 $-CHO$，称为视黄醛。11-顺式视黄醛在光的作用下可转变为全反式视黄醛，是与视觉有密切关系的维生素 A 活性形式。视黄酸是视黄醛被进一步氧化的产物，它对细胞的增生和分化有重要作用。近年认为，它对阻止或延缓癌前病变、防止化学致癌有一定的作用，但它不能被还原为视黄醛，对视觉功能无作用，视黄醇、视黄醛、视黄酸的化学结构如图 6-1 所示。

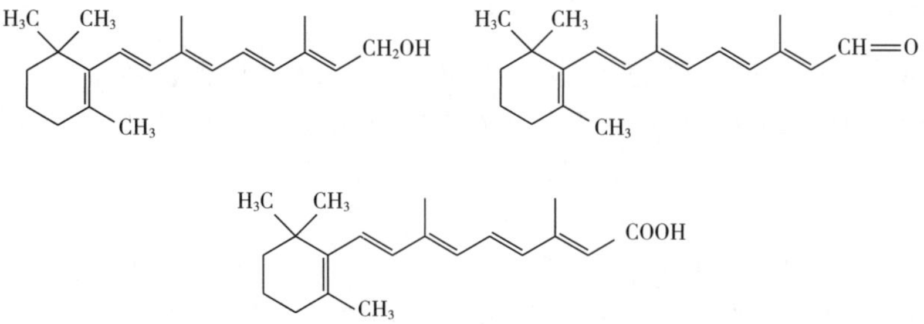

图 6-1 视黄醇、视黄醛、视黄酸的化学结构

在植物中不含维生素 A，但在某些有色（黄、橙、红色）植物中含有类胡萝卜素，其中有一小部分可在小肠和肝细胞内被转变为视黄醇和视黄醛，被称为维生素 A 原，如 α-胡萝卜素、β-胡萝卜素、β-隐黄素、γ-胡萝卜素等。目前已发现的类胡萝卜素约有 600 多种，仅有约 1/10 是维生素 A 原，其中最有效的是 β-胡萝卜素，1 分子 β-胡萝卜素理论上可以产生 2 个等效的维生素 A，由 β-胡萝卜素转化成为的维生素 A 约占人体维生素 A 需要量的 2/3。

维生素 A 为淡黄色结晶，不溶于水，对热、酸、碱比较稳定。在一般的烹调和罐头制品中不易被破坏。易被空气中的氧氧化破坏，尤其在高温条件下更易被氧化，紫外线和金属离子可以促进这种氧化反应的进行。脂肪酸败时，所含的维生素 A 和胡萝卜素将被严重破坏。当食物中有抗坏血酸、维生素 E、磷脂等抗氧化剂存在时，可以保护脂肪及脂溶性维生素免遭破坏。

胡萝卜素的溶解度和稳定性等物理性质与维生素 A 相似。

2. 生理功能

（1）维持正常视觉　维生素 A 与维持正常视觉有关。当人眼从亮处进入暗处时，视觉需要一定的时间才能逐渐恢复，这个过程称为暗适应。视觉恢复的快慢与照射光的波长、强度、照射时间以及体内维生素 A 的营养水平有关。如果体内维生素 A 不足，人眼在黄昏或由明亮处进入暗时就不能看清物体，严重时可造成夜盲症（雀盲）。

（2）维持上皮组织细胞的正常形成　维生素 A 在维持上皮细胞的正常生长和分化过程中具有重要的作用。当体内维生素 A 缺乏时，可引起上皮组织的改变和功能障碍，出现皮肤干燥、脱屑、毛囊角化、汗腺皮脂腺萎缩等症状。

（3）促进生长发育　维生素 A 可促进蛋白质的生物合成及骨细胞的分化，有助于细胞增殖与生长、骨骼的正常发育，维生素 A 是机体生长发育所必需的营养物质。

（4）维护生殖功能　维生素 A 的缺乏可能会造成雌激素黄体酮的合成减少，使生物活性下降，进而影响到肾上腺、生殖腺及胎盘中类固醇激素的产生，使生殖能力明显下降。

（5）维持正常免疫功能　维生素 A 有利于体内抗体的生成，可清除含氧自由基，因而有增强机体免疫力的功能。

（6）抗癌作用　维生素 A 或胡萝卜素可以促进人体皮肤和黏膜组织细胞的正常分裂，抑制其癌变。

（7）其他作用　维生素 A 是一种抗氧化剂，可保护细胞免受自由基的侵害，可以抗衰老、去皱纹。

维生素 A 还具有促进血红蛋白合成的作用，在铁缺乏的情况下，大剂量补充维生素 A 可促进血红蛋白的合成和释放。

3. 吸收与代谢

维生素 A 极易被吸收，主要在肝脏中储存，几乎全部在体内被代谢，β-胡萝卜素是维生素 A 的前体，在动物肠黏膜内可转化为活性维生素 A，主要经由尿、粪便排出，经乳汁可有少量排出。

维生素 A 与维生素 B、维生素 D、维生素 E、钙、磷和锌等配合使用时，能充分发挥其功效。降胆固醇药物如降胆敏（商品名 Questran）会降低维生素 A 的吸收。

小肠中的胆汁是维生素 A 乳化所必需的，足量的膳食脂肪可促进维生素 A 的吸收，抗氧化剂如维生素 E 和卵磷脂等有利于其吸收。服用矿物油不利于维生素 A 的吸收。

维生素 C 对维生素 A 有破坏作用，尤其是大量服用维生素 C 以后会促进体内维生素 A 的排泄。

4. 缺乏与过量症

（1）缺乏症　维生素 A 缺乏仍然是许多发展中国家的一个主要营养问题。婴幼儿和儿童缺乏维生素 A 的发生率远高于成人，原因是孕妇血液中的维生素 A 不易通过胎盘屏障进入胎儿体内。一些消耗性疾病、消化道疾病、血吸虫病和饮酒等易伴随出现维生素 A 缺乏症。

维生素 A 缺乏的早期症状是暗适应能力下降，严重者可致夜盲症、干眼病（因泪液分泌减少眼结膜干燥、增厚、浑浊）和出现毕脱氏斑（结膜颞侧表面的泡沫状赘生物）。缺乏维生素 A 还会引起机体不同组织上皮干燥、增生及角质化，食欲降低，易感染，特别是老人、儿童，容易引发呼吸道炎症。儿童缺乏维生素 A 时，免疫功能低下，生长发育迟缓。

（2）过量症　维生素 A 可在机体内储存，摄入过量的维生素 A 可引发毒性反应，包括急性、慢性和致畸毒性。一次或连续多次摄入大剂量的维生素 A 会导致急性中毒，如成人摄入每日推荐剂量的 100 倍或儿童 20 倍以上时就有可能发生急性中毒，表现为烦躁、头痛、恶心、呕吐、嗜睡、视觉模糊、颅内压增高等。维生素 A 的摄入剂量为推荐剂量的 10 倍以上时可发生慢性中毒，常见症状是头痛、食欲降低、低热、多汗、脱发、肝脏肿大、长骨末端周围部位疼痛、肌肉僵硬、皮肤干燥瘙痒等。

经长期观察，可发现骨折与维生素 A 摄入过量有关，其机制是维生素 A 促进骨吸收、抑制骨形成。大量摄入维生素 A 和血清维生素 A 水平过高也是血管疾病的危险因素。孕妇和婴幼儿对维生素 A 过敏感，孕妇维生素 A 中毒可导致胎儿畸形。维生素 A 中毒多数是由于过量摄入维生素 A 制剂或者食用野生动物、鱼的肝脏引起的。

5. DRIs 与食物来源

我国成人维生素 A 的推荐摄入量，男性为 800μg RAE/d（RAE, retinol activity equivalent, 视黄醇活性当量），女性为 700μg RAE/d。维生素 A（不包括胡萝卜素）的可耐受最高摄入量，成人为 3000μg RAE/d，7 岁儿童为 1500μg RAE/d。

人类从食物中获取的维生素 A 主要有两类，一类是来自动物性食物的维生素 A，如动物肝脏、蛋黄、鱼卵、奶油、鱼肝油等。另一类是维生素 A 原，即各种类胡萝卜素，经吸收后可转化为维生素 A，主要存在于深绿色或黄绿色蔬菜和水果等植物性食物中，如豌豆、胡萝卜、番茄、辣椒、红薯、香蕉、南瓜、杏、芒果等。

二、维生素 D

1. 概述

维生素 D 又称为钙化醇、抗佝偻病维生素，是具有钙化醇生物活性的一类化合物，属于类固醇的衍生物，以维生素 D_2（麦角钙化醇）和维生素 D_3（胆钙化醇）最为常见。维生素 D 是环戊烷多氢菲类化合物，可由维生素 D 原经紫外线（270~300nm）激活形成。动物皮下 7-脱氢胆固醇是维生素 D_3 原，经紫外线照射可转变成维生素 D_3。酵母或植物中的麦角固醇是维生素 D_2 原，经日光或紫外光照射后可转变成维生素 D_2。维生素 D_2 和维生素 D_3 的生理功能和作用机制完全相同，二者都具有维生素 D 的活性，常被统称为维生素 D。其化学结构如图 6-2 所示。

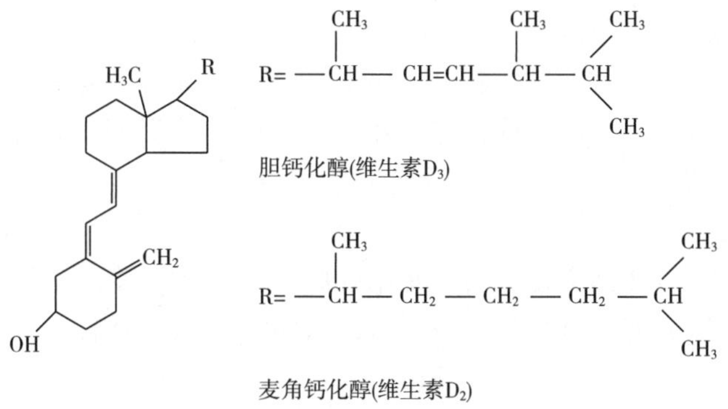

图 6-2 维生素 D 的化学结构

维生素 D_2 和维生素 D_3 均为白色晶体，最大吸收峰为 265nm，对热、碱较稳定，通常的储存加工不影响其生物活性，但光与酸促进其异构作用，脂肪酸败也可引起其破坏，应储存在氮气、无光、无酸的低温环境中。

2. 生理功能

（1）促进小肠对维生素 C 的吸收 在小肠黏膜上皮细胞内，1,25-$(OH)_2$-D_3 诱发合成一种特异性的钙运输载体（钙结合蛋白），可增加黏膜细胞对钙的通透性，将钙进行主动运输。

（2）促进肾小管对钙、磷的重吸收 1,25-$(OH)_2$-D_3 对肾小管也有直接作用，能促进肾小管对钙、磷的重吸收，减少丢失。

（3）调节血钙平衡 维生素 D 与内分泌系统一起发挥作用调节血钙平衡，主要调节因子有 1,25-$(OH)_2$-D_3、甲状旁腺素、降钙素及血清钙和磷。当血钙降低时，甲状旁腺素升高，1,25-$(OH)_2$-D_3 增多，通过对小肠、肾、骨等器官的作用，可升高血钙水平；当血钙浓度过高时，甲状旁腺素降低，降钙素分泌增加，使尿中钙和磷排出增加。

（4）其他 如对骨细胞的多种作用及基因转录调节作用等。当血钙中钙浓度降低时，1,25-$(OH)_2$-D_3 能动员骨骼组织中的钙和磷并将其释放进入血液以维持正常的血钙浓度。同时，1,25-$(OH)_2$-D_3 通过调节基因转录对细胞分化、增殖和生长进行调节，可促进干细胞向破骨细胞分化，抑制纤维细胞、淋巴细胞以及肿瘤细胞的增殖。

3. 吸收与代谢

人体通过两个途径获得维生素 D，一是经口从食物摄入，另一个是皮肤内 7-脱氢胆固醇经紫外线照射形成。

维生素 D 主要储存在脂肪组织和骨骼肌中，肝、大脑、肺、脾、骨和皮肤也有少量存在。维生素 D 分解代谢主要在肝脏中进行，代谢物可经胆汁进入小肠，大部分随粪便排出体外。

4. 缺乏与过量症

(1) 缺乏症 膳食供应不足或人体日照不足是维生素 D 缺乏的主要原因，只要日照充足、户外活动正常，一般情况下不易发生维生素 D 的缺乏。如果体内维生素 D 缺乏，常会引起佝偻病、骨质软化症、骨质疏松症、手足痉挛症等，多见于婴幼儿、家庭妇女和老年人群。佝偻病多见于婴幼儿，由于骨骼不能正常钙化而变软和弯曲变形，表现为 X 形腿、O 形腿、胸骨外翻（鸡胸）、脊柱弯曲等，婴儿囟门闭合推迟，出牙晚，腹部因为肌肉发育不良而膨出。骨质软化症在孕妇、乳母及老年人群中多发，骨质疏松症在老年人中常见。

(2) 过量症 长期过量摄入维生素 D 可引起维生素 D 中毒症，常见于长期大量服用浓缩维生素 D 的儿童，主要症状为高血钙症、高尿钙症、食欲缺乏、体重减轻、恶心、呕吐、腹泻、头痛、发热、多尿、烦渴、关节疼痛、肌肉乏力等。

5. DRIs 与食物来源

(1) DRIs 维生素 D 既来源于膳食又可由皮肤合成，因此，很难估计膳食维生素 D 的摄入量。中国营养学会制定的膳食营养素参考摄入量中规定：儿童、少年、孕妇、乳母、老人维生素 D 的 RNI 为 10μg/d，16 岁以上成人为 5μg/d。

(2) 食物来源 维生素 D 主要存在于海水鱼（如沙丁鱼）、肝、奶油、蛋黄等动物性食品中，人乳和牛乳中含量较低，蔬菜、谷类和水果中几乎不含维生素 D。普通食物中的维生素 D 含量极少，通过食物获得充足的维生素 D 很不容易，但经常晒太阳是获得维生素 D 的经济可靠来源。成年人只要经常在室外接触阳光，并做到均衡饮食，一般不会出现维生素 D 缺乏症。

三、 维生素 E

1. 概述

维生素 E 又称生育酚、抗不育维生素，是最主要的抗氧化剂之一。维生素 E 包括生育酚和生育三烯酚两类共 8 种化合物，即 α 生育酚、β 生育酚、γ 生育酚、δ 生育酚和 α 生育三烯酚、β 生育三烯酚、γ 生育三烯酚、δ 生育三烯酚。这 8 种化合物结构极其相似，但生物活性却相差很大，其中以 α-生育酚活性最高，在自然界中分布最广泛，食物中的含量也最丰富。

维生素 E 为橙黄色或淡黄色油状液体，溶于脂肪及脂溶剂，对热及酸稳定，对碱不稳定，在一般烹调方式下损失不大，但油炸会使维生素 E 的活性明显降低。维生素 E 对氧极为敏感，油脂酸败会加速其破坏。生育酚和生育三烯酚的化学结构如图 6-3 所示。

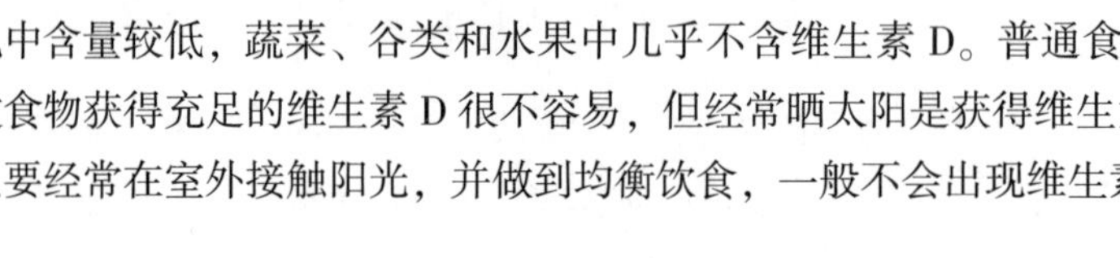

	R_1	R_2	R_3
α	CH_3	CH_3	CH_3
β	CH_3	H	CH_3
γ	H	CH_3	CH_3
δ	H	H	CH_3

图 6-3 生育酚和生育三烯酚的化学结构

2. 生理功能

(1) 抗氧化作用　维生素 E 是一种很强的抗氧化剂，它与其他抗氧化物质和抗氧化酶一起构成了人体内的抗氧化系统，清除体内的自由基并阻断其引发的链反应，可防止生物膜和脂蛋白中的多不饱和脂肪酸、细胞骨架以及其他蛋白质的巯基受自由基和氧化剂的攻击。维生素 E 还可与过氧化物反应，预防过氧化脂质的产生，从而维持细胞膜的完整性和机体的正常功能。

维生素 E 还可防止维生素 C、维生素 A、β-胡萝卜素的氧化，延长维生素 A 在肝内的贮藏时间，保持肝脏的解毒功能。

(2) 抗衰老作用　补充维生素 E 可减少细胞中脂褐质的形成，淡化老年斑。维生素 E 还可改善皮肤的弹性，延迟性腺体萎缩，提高机体的免疫能力，在预防和延缓衰老方面有一定的作用。

(3) 与动物的生殖功能和精子的生成有关　维生素 E 缺乏时可使雄性动物精子的形成受到严重抑制，雌性动物孕育异常。在临床上常用维生素 E 治疗先兆性流产和习惯性流产。

(4) 维持红细胞的完整性　膳食中长期维生素 E 摄入不足，可导致人体中红细胞数量减少，脆性增加，寿命缩短。维生素 E 还可抑制血小板凝集，降低心肌梗死和脑卒中的危险性。

(5) 其他　维生素 E 可抑制体内胆固醇合成限速酶，从而降低血浆中胆固醇的水平；抑制肿瘤细胞的生长和繁殖，维持正常的免疫功能；对神经系统和骨骼肌具有保护作用等。

3. 吸收与代谢

生育酚在食物中多以游离的形式存在，而生育三烯酚则以酯化的形式存在，它必须经水解后才能被吸收。食物中的维生素 E 以微胶粒的形式在小肠中段被吸收，通过被动扩散进入肠黏膜细胞，胆盐、中链甘油三酯可促进维生素 E 的吸收，而多不饱和脂肪酸则抑制维生素 E 的吸收。当脂肪吸收出现障碍时，维生素 E 的吸收也会受影响。大量进食多不饱和脂肪酸，可使维生素 E 的需要量增加。

维生素 E 主要由低密度脂蛋白（LDL）运输，血浆维生素 E 的浓度与血浆总脂浓度呈正相关。

维生素 E 主要被储存于脂肪组织、肌肉和肝脏中。维生素 E 主要随粪便排出，少量随尿排出。

4. 缺乏与过量症

(1) 缺乏症　食物中维生素 E 含量丰富，维生素 E 缺乏在人类中较为少见，但可出现在低体重早产儿、血 β-脂蛋白缺乏症和脂肪吸收障碍的患者中。当维生素 E 缺乏时，患者不能吸收脂肪，血液和组织中生育酚水平低，增加红细胞脆性，缩短红细胞的寿命，并增加尿中肌酸的排泄，主要症状有视网膜蜕变、蜡样质色素积聚、溶血性贫血、肌无力、神经退行性病变、小脑共济失调和震动感觉丧失等。

(2) 过量症　维生素 E 的毒性相对较小，是安全性较高的营养素。大多数成人都可以耐受每日口服 100~800mg 的剂量。摄入过量时（如长期摄入 1000mg/d）有可能出现中毒症状，如恶心、视觉模糊、头痛和极度疲乏等。

5. DRIs 与食物来源

(1) DRIs　维生素 E 的需要量受许多膳食因素的影响。随着多不饱和脂肪酸（PUFA）在体内含量的增加，需要大量的维生素 E 防止其氧化，食物中 PUFA 比例增加，可使维生素 E 在肠道内的吸收受到抑制。美国建议成年人维生素 E（mg）与 PUFA（g）的比值为 (0.4~0.6)∶1。

中国营养学会于2013年制定的中国居民膳食营养素参考摄入量中提出成年人膳食维生素E的适宜摄入量（AI）为14mg α-TE/d，可耐受最高摄入量（UL）为700mg α-TE/d。

（2）食物来源　维生素E广泛存在于动植物组织中，如几乎所有绿叶植物、各种植物油、谷物的胚芽、豆类、蛋黄、肉、乳、奶油、鱼肝油中等，在人体肠道中也可以合成。因此，在正常情况下，人体不会缺乏维生素E。一些黄胆型肝硬化患者，由于存在脂肪吸收障碍，会引起血液中维生素E浓度的降低，从而出现肌肉萎缩等现象，需要设法补充。

四、维生素K

1. 概述

维生素K有三种形式（维生素K_1、维生素K_2、维生素K_3），所有K族维生素具有共同的母体结构2-甲基-1,4-萘醌，也被称为甲萘醌或维生素K_3。维生素K在绿色植物中的存在形式为维生素K_1（2-甲基-3-植基-1,4-萘醌，phylloquinone，叶绿醌），细菌合成的维生素K_2实际上是一系列多异戊烯甲萘醌（MK-n），化学合成的商品多为甲萘醌（menadione），在哺乳动物的肝脏中可被烷化为有生物活性的MK-4。维生素K_1是黄色黏稠性物质，甲萘醌是黄色结晶。维生素K易受紫外线和碱的作用而分解。维生素K的化学结构如图6-4所示。

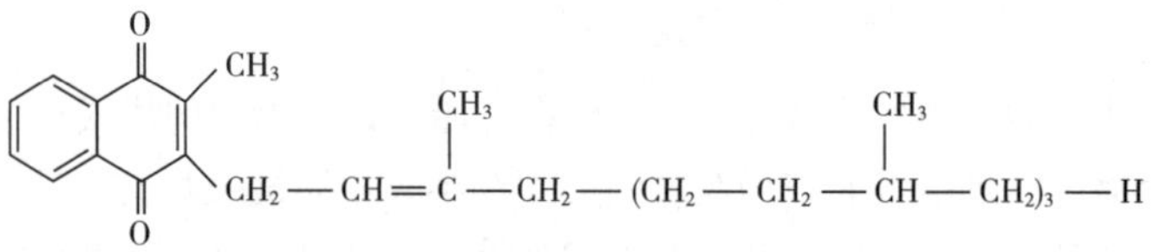

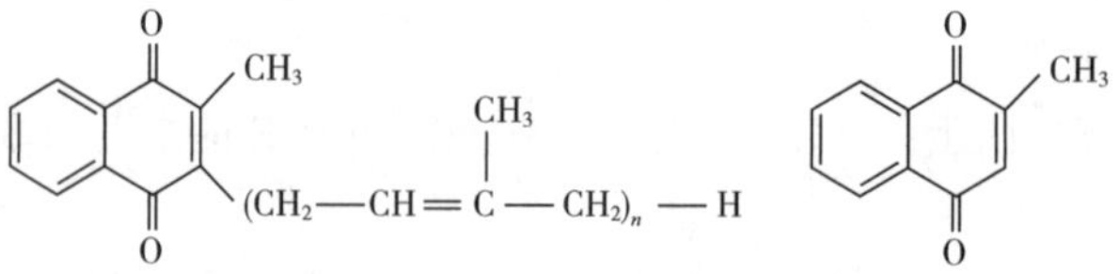

图6-4　维生素K的化学结构

2. 生理功能

维生素K是维生素K依赖性羧化酶的辅酶，该酶可催化蛋白质的谷氨酸残基发生γ-羧基化，对所有含γ-羧基谷氨酸残基的蛋白质来说都是必要的。这类蛋白质主要有凝血因子（Ⅱ、Ⅶ、Ⅸ、Ⅹ）和骨钙蛋白等。

（1）血液凝固与维生素K　当血管壁受到损伤时，血小板向损伤处积聚，开始发生凝血反应。各种血液凝固因子的钙结合部位都集中在N-末端并存在γ-羧基谷氨酸残基，如果缺乏维生素K，就不能形成γ-羧基谷氨酸，而谷氨酸不能和钙结合就不能启动凝血机制。

（2）骨代谢与维生素K　骨钙蛋白（osteocalcin）又称骨钙素，分子中含有3个γ-羧基谷氨酸残基，γ-羧基谷氨酸可增加蛋白质对钙的亲和力。当缺少维生素K时，骨钙蛋白未羧化率增加，对钙的亲和力明显降低。流行病学调查显示，老年妇女的骨折发生率与血液维生素K水平呈负相关，骨矿物质密度与维生素K水平呈正相关，与血浆未羧化骨钙蛋白水平呈负相关。

3. 吸收和代谢

维生素 K 吸收率可低至 10% 或高达 80%，主要取决于维生素 K 的来源。影响膳食脂肪吸收的因素也影响维生素 K 的吸收。吸收后的维生素 K 进入乳糜微粒，由淋巴液经胸管和血液转运至肝脏。肝脏对维生素 K 进行浓缩，更新速度也很快。维生素 K 成为极低密度脂蛋白和低密度脂蛋白的组成后向骨骼肌、皮肤、脂肪组织、肾脏和心脏等组织分散。人体维生素 K 的总体池很小，是异常低的一种脂溶性维生素。体内的维生素 K 主要经胆汁随粪便排出，但也有部分随尿排出。

4. 缺乏和过量症

由于来源丰富，人体肠道微生物也能合成维生素 K，健康人群很少出现原发性维生素 K 缺乏。维生素 K 缺乏主要见于 0~3 个月新生儿和由于疾病或药物治疗引起的成人继发性缺乏。维生素 K 缺乏的典型症状为凝血时间延长，甚至出血。出生后 1~3 个月的新生儿容易发生皮肤、胃肠道、胸腔内出血，甚至颅内出血。

维生素 K 缺乏可能引发骨质疏松症。骨折治疗中如果大量使用抗生素，由于维生素 K 的拮抗作用和对肠道细菌有杀灭作用，也会引发维生素 K 的二次缺乏，抑制骨的新生，延缓骨折的治愈时间。

还没有发现长期摄入大剂量叶绿醌会引发任何的中毒症状。摄入大量的甲萘醌制剂可引起新生儿溶血性贫血等不良反应。

5. DRIs 与食物来源

中国营养学会在 2013 年提出了成人维生素 K 的适宜摄入量为 80μg/d，可耐受最高摄入量未定。每 100g 绿色蔬菜可提供 50~800μg 的维生素 K，是最好的食物来源。牛乳、乳制品、肉类、蛋类、谷类、水果和其他蔬菜中也存在少量维生素 K。

第三节 水溶性维生素

一、维生素 C

1. 概述

维生素 C 又称抗坏血酸，是含有六个碳原子的 α-酮基内酯的酸性多羟基化合物。天然存在的抗坏血酸是 L-型，抗坏血酸易氧化脱氢形成 L-脱氢抗坏血酸，后者在体内又可还原为 L-抗坏血酸，其活性约为抗坏血酸的 80%。

维生素 C 易失去电子，具有强还原性。固态的维生素 C 性质相对稳定，在溶液状态不太稳定，在氧气、加热、碱性物质、光照、金属离子、氧化酶等因素存在时易被氧化破坏，在酸性条件下稳定。维生素 C 的化学结构如图 6-5 所示。

2. 生理功能

维生素 C 可清除 $O_2^{-·}$、$OCl^{-·}$、$OH·$、$NO·$ 等自由基，在保护 DNA、蛋白质和膜结构免遭损伤方面起着重要作用。维生素 C 还可使二硫键（—S—S—）还原为巯基（—SH），在体内与

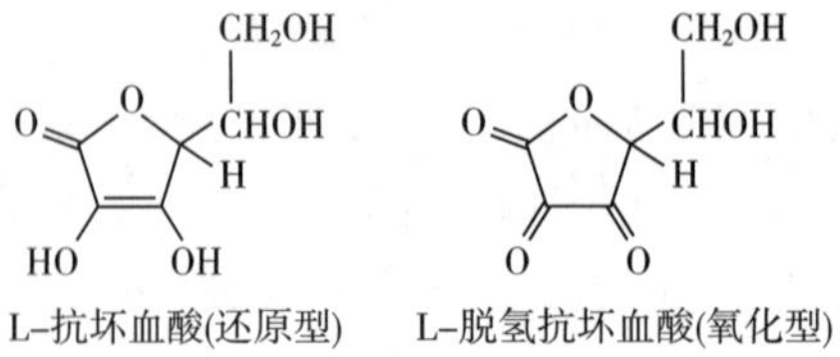

L-抗坏血酸(还原型)　　L-脱氢抗坏血酸(氧化型)

图 6-5　维生素 C 的化学结构

其他抗氧化剂一起清除自由基，可防止或延缓维生素 A、维生素 E 及不饱和脂肪酸的氧化。维生素 C 作为底物和辅酶参与体内许多重要的羟化反应，可使脯氨酸羟化酶和赖氨酸羟化酶复合体中的 Fe^{3+} 被还原成 Fe^{2+} 以维持其活性，并使脯氨酸和赖氨酸转变成羟脯氨酸和羟赖氨酸。因此，维生素 C 在维护骨骼、牙齿的正常发育和血管壁的正常通透性方面起着重要作用。羟脯氨酸和羟赖氨酸是胶原蛋白的重要成分，维生素 C 的缺乏会影响胶原合成，可使创伤愈合延缓，毛细血管壁变脆弱。维生素 C 也作为辅酶参与神经递质的合成。维生素 C 是多巴胺-β-羟化酶的辅酶，该酶催化多巴胺的侧链羟化形成去甲肾上腺素。维生素 C 还参与类固醇的代谢，如由胆固醇转变成胆酸、皮质激素及性激素。长链脂肪酸通过线粒体膜而进入线粒体时，必须由肉碱携带，维生素 C 作为羟化酶的辅酶可促进肉碱的合成。维生素 C 在细胞内作为铁与铁蛋白间相互作用的一种电子供体，可使 Fe^{3+} 还原而促进铁的吸收，对改善缺铁性贫血有一定作用。增加富含维生素 C 的蔬菜和水果的摄入量可降低患胃癌及其他癌症的风险，其机制可能与自由基清除和阻止某些致癌物的形成有关。维生素 C 可促进胆固醇向胆酸转化，降低血液中胆固醇含量，从而有防治心血管疾病的作用。

3. 吸收与代谢

维生素 C 主要在小肠上段被吸收。大多数维生素 C 以钠依赖的主动转运形式被吸收入血，少量以被动扩散的方式被吸收。抗坏血酸在吸收前可被氧化成脱氢抗坏血酸，后者能以更快的速度通过细胞膜。脱氢抗坏血酸一旦进入小肠黏膜细胞或其他组织细胞，在脱氢抗坏血酸还原酶作用下会很快被还原成抗坏血酸。抗坏血酸的吸收率随摄入量的增加而降低。当摄入量为 30~200mg 时，吸收率为 80%~100%；摄入量达 500mg 时，吸收率降至 75%。未吸收的抗坏血酸在消化道被氧化降解。

被吸收的维生素 C 在血浆中主要以抗坏血酸的形式被转运，约 5% 以脱氢抗坏血酸的形式被转运。机体不同组织中维生素 C 的浓度相差很大，如肾上腺、垂体和白细胞中浓度很高，但在血浆和唾液中浓度较低。健康人体代谢池内维生素 C 的含量可达 1200~2000mg，最多可达 3000mg，总转换率是 45~60mg/d。维生素 C 主要经肾脏排出，汗液和粪便中也有少量。

4. 缺乏与过量症

轻度疲劳是维生素 C 缺乏的早期症状。维生素 C 长期缺乏可引起坏血病，主要临床表现是毛细血管脆性增强、牙龈肿胀、出血、萎缩，常有鼻衄、月经过多及便血，还可导致机体抵抗力下降、骨钙化不正常及伤口愈合缓慢等。长期大剂量服用维生素 C 对机体不利。有报道每日摄入维生素 C 量为 2~8g 时，可出现恶心、腹部痉挛、腹泻、铁吸收过度、红细胞被破坏及泌尿道结石等副作用，并可能造成人们对大剂量维生素 C 的依赖性。

5. DRIs 与食物来源

中国居民成人维生素 C 的 RNI 为 100mg/d，UL 为 2000mg/d。预防非传染性慢性病的建议摄入量（PI-NCD）为200mg/d。维生素C的主要来源是新鲜的蔬菜和水果，如辣椒、苦瓜、花菜、猕猴桃、柑橘、鲜枣等食物中含量丰富。

二、维生素 B_1

1. 概述

维生素 B_1，又称抗神经炎因子、抗脚气病维生素，化学名称为硫胺素，是由被取代的嘧啶和噻唑环通过亚甲基相连组成的。硫胺素存在于大多数天然食品中，纯品为无色针状结晶，其化学结构如图6-6所示。

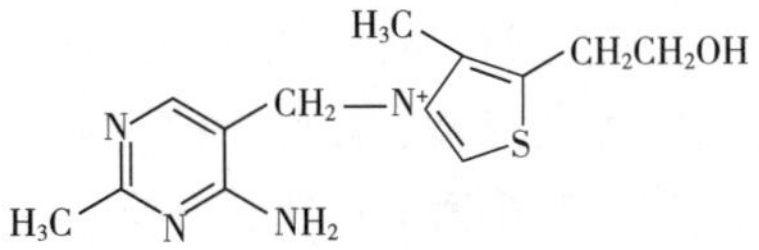

图6-6 硫胺素的化学结构

维生素 B_1 的稳定性取决于温度、pH、离子强度、缓冲体系等。硫胺素在酸性介质中比较稳定，在中性和碱性条件下易被破坏。紫外线也可使维生素 B_1 降解而失活，铜离子可加快其破坏。维生素 B_1 耐热，在pH 3.5以下虽加热到120℃也不会被破坏。维生素 B_1 极易溶于水，故米不宜多淘洗以免损失维生素 B_1。亚硫酸盐在中性或碱性介质中能加速维生素 B_1 的分解，故在保存含维生素 B_1 较多的食物时，不宜用亚硫酸盐作为防腐剂或以二氧化硫熏蒸食物。软体动物和鱼类的肝脏中含硫胺素酶，能分解破坏硫胺素，但此酶一经加热即被破坏。

2. 生理功能

硫胺素的活性形式为焦磷酸硫胺素，与能量代谢密切相关。焦磷酸硫胺素（TPP）是碳水化合物代谢中脱羧酶的辅酶，即作为丙酮酸和 α-酮戊二酸脱羧反应的辅酶。从葡萄糖、脂肪酸、支链氨基酸衍生来的丙酮酸和 α-酮戊二酸需经氧化脱羧反应，产生乙酰CoA和琥珀酰CoA，才能进入三羧酸循环，氧化产生ATP。因此，当硫胺素严重缺乏时，ATP会出现生成障碍，丙酮酸和乳酸在组织中堆积，会对机体造成广泛损伤。

硫胺素与核酸及脂肪酸的合成有关。TPP作为转酮醇酶的辅酶参与转酮醇作用。转酮醇酶在磷酸戊糖途径中具有重要的作用，它可催化5-磷酸木酮糖生成3-磷酸甘油醛的反应以及5-磷核糖生成7-磷酸景天糖的反应。转酮醇作用虽然不是碳水化合物氧化供能的重要途径，但它是核酸合成中的戊糖及脂肪酸合成中还原型辅酶Ⅱ的重要来源。

硫胺素对维持神经、肌肉（特别是心肌）的正常功能，维持正常食欲、胃肠蠕动和消化液分泌有重要作用。神经组织的能量主要来自糖的氧化，当硫胺素缺乏时，乙酰CoA生成减少，影响乙酰胆碱的合成，影响神经传导。

3. 吸收与代谢

硫胺素的吸收主要在空肠。硫胺素浓度较低时，主要通过钠依赖的载体介导系统被主动吸收；较高浓度时被动扩散形式占优势。在小肠黏膜游离的硫胺素可磷酸化成磷酸酯被转运入血，血液内的硫胺素主要通过红细胞转运。在肝、肾和红细胞等组织细胞中，焦磷酸硫胺素激酶催化硫胺素可与ATP形成TPP，其他相关的酶代谢产物包括一磷酸硫胺素（TMP）、二磷酸硫胺素（TDP）及三磷酸硫胺素（TTP）。体内维生素 B_1 总量中以TPP最为丰富，约占总硫胺素的

80%。体内各种形式的硫胺素可以相互转化。

人体内硫胺素总量约 30mg，在心、肝、肾和脑组织中的浓度较高，约一半存在于肌肉中。硫胺素的生物半衰期为 9.5~18.5d。如膳食中缺乏硫胺素，1~2 周后体内的硫胺素含量会下降进而影响健康。摄入量超过生理需要量时，硫胺素会由肾脏排出体外。

4. 缺乏与过量症

（1）缺乏症　长期食用精白米面，又缺乏富含硫胺素的食物补充，或煮粥、煮豆、蒸馒头时加入过量碱，会造成硫胺素摄入不足。机体处于特殊生理状态如妊娠、哺乳、高温环境、精神高度紧张以及发热、甲状腺功能亢进等病理状态下时，机体需要硫胺素的量会增加。长期慢性腹泻、酗酒及肝、肾疾病会导致硫胺素吸收或利用障碍，均易出现硫胺素缺乏症。

硫胺素缺乏时，糖代谢受阻，丙酮酸积累，可使患者的血、尿和脑组织中丙酮酸含量增高，出现多发性神经炎、皮肤麻木、心力衰竭、四肢无力、肌肉萎缩、下肢浮肿等症状，临床上俗称脚气病。另外，硫胺素可抑制胆碱酯酶的活性，当维生素 B_1 缺乏时，该酶活性升高，乙酰胆碱水解加速，使神经传导受到影响，出现胃肠蠕动缓慢、消化液分泌不足、食欲减退、消化不良等消化道症状。

（2）过量症　尚无经口摄入维生素 B_1 中毒的证据。有研究显示：每日口服 500~1500mg 维生素 B_1，持续 10 天，未发现不良反应。

5. DRIs 与食物来源

维生素 B_1 摄入量与机体能量摄入量成正比。我国居民成年男女硫胺素的 RNI 分别为 1.4mg/d 和 1.2mg/d。

硫胺素主要存在于种子外皮及胚芽中，如米糠、麦麸、黄豆芽等中；此外，硫胺素在酵母、瘦肉等食物中的含量也很高。日常膳食中，维生素 B_1 主要来自谷类食物，但谷类过分精制加工、烹调时淘洗过度、加碱、高温等均可使其有不同程度的损失。

三、维生素 B_2

1. 概述

维生素 B_2，又称核黄素，是带有核醇侧链的异咯嗪衍生物。核黄素纯品为橙黄色针状结晶，味苦。核黄素水溶性较低，常温下每 100mL 水仅可溶解 12mg 核黄素。核黄素耐酸不耐碱，光照和紫外线均可引起其分解。核黄素的化学结构如图 6-7 所示。

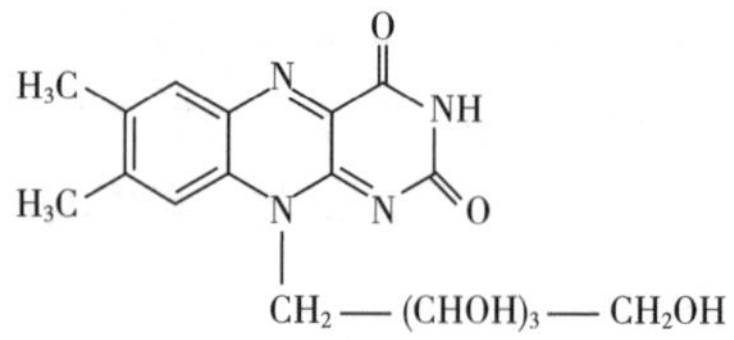

图 6-7　核黄素的化学结构

2. 生理功能

核黄素是两种黄素辅酶——黄素单核苷酸（FMN）和黄素腺嘌呤二核苷酸（FAD）的组分和前体，FAD 和 FMN 作为辅酶可与特定蛋白质结合形成黄素蛋白。黄素蛋白通过呼吸链参与机体的氧化还原反应与能量代谢。重要的含黄素蛋白的酶有 L- 及 D-氨基酸氧化酶、细胞色素

C 还原酶、谷胱甘肽还原酶、丙酮酸脱氢酶、琥珀酸脱氢酶、脂肪酰辅酶 A 脱氢酶、黄嘌呤氧化酶、单胺氧化酶等。这些酶在氨基酸、脂肪、碳水化合物的代谢中起重要作用，从而能促进人体正常的生长发育，维护皮肤和黏膜的完整性。

FAD 和 FMN 作为辅酶可参与色氨酸转变为烟酸、维生素 B_6 转变为磷酸吡哆醛的代谢过程。FAD 作为红细胞谷胱甘肽还原酶的辅酶，参与体内的抗氧化防御系统，维持还原型谷胱甘肽的浓度。

3. 吸收与代谢

自然界中核黄素主要以黄素单核苷酸（FMN）和黄素腺嘌呤二核苷酸（FAD）两种形式存在，它们作为辅酶可与特定蛋白质结合形成黄素蛋白。食物中核黄素复合物只有转变成游离形式才能被吸收。核黄素复合物首先与蛋白质分离，FAD 在焦磷酸酶作用下可被转变成 FMN，FMN 再在磷酸酶作用下可转变成游离的核黄素。

核黄素的吸收是需要 Na^+ 和 ATP 参与的主动转运过程。一般来说，动物来源的核黄素比植物来源的核黄素容易吸收。胃酸和胆汁有助于游离核黄素的释放和吸收；抗酸剂干扰食物中核黄素的释放；铜、锌和铁等金属离子通过螯合抑制核黄素的吸收；酒精可干扰核黄素的消化和吸收。

核黄素一进入小肠黏膜细胞即被磷酸化为 FMN，在浆膜面，FMN 再脱磷酸化成为游离核黄素，并经门静脉进入肝脏。核黄素在肝脏中被磷酸化成 FMN 和 FAD。血浆中的白蛋白、免疫球蛋白和纤维蛋白原可作为核黄素、FMN 和 FAD 运输的载体，其中白蛋白是主要运输载体。核黄素与血浆蛋白的结合能够减少肾小球滤过过程中核黄素的丢失。

机体各组织均有少量的核黄素，肝、肾和心脏含量最高。多余的核黄素从肾脏排出。由于人体核黄素贮藏量少，故需每日从食物中补充。

4. 缺乏与过量症

维生素 B_2 缺乏是我国常见的一种营养缺乏病，冬季发病率远高于其他季节。摄入不足和酗酒是核黄素缺乏的最主要原因。若体内核黄素不足，则会使物质和能量代谢发生紊乱，并常伴有脂质过氧化作用增加，表现出多种缺乏症状，主要表现出眼部、口腔和皮肤症状。

（1）口腔部症状　表现为口角湿白及裂开、湿白斑、溃疡、疼痛（口角炎）；下唇红肿、干燥、皲裂（唇炎）；舌肿胀、疼痛、红斑、舌乳头萎缩（舌炎）。

（2）眼部症状　表现为睑缘炎、角膜血管增生、羞光、视物模糊、流泪、暗适应能力下降等。

（3）皮肤症状　表现为脂溢性皮炎，常见于鼻唇沟、眉间、耳后及乳房下、腋下、腹股沟等处。男性常可在阴囊两侧出现对称性阴囊皮炎。

核黄素大剂量摄入并不能过多地增加其吸收，多余的核黄素将被排出体外。目前尚无过量核黄素引起中毒的报道。

5. DRIs 与食物来源

维生素 B_2 的需要量与能量摄入量成正比。我国居民成年男女膳食中核黄素的推荐摄入量分别为 1.4mg/d 和 1.2mg/d。核黄素广泛存在于各类食物中，动物内脏（肝脏、肾脏、心脏）、蛋黄、乳类中的核黄素尤为丰富，植物性食物中，以绿色蔬菜、豆类中的核黄素含量较高，谷类中的核黄素含量较低。

四、烟酸

1. 概述

烟酸,又称尼克酸、维生素 PP,分子式 $C_6H_5NO_2$,是具有烟酸生物活性的吡啶-3-羧酸衍生物的总称。烟酰胺则是烟酸的胺基化合物(图 6-8)。

烟酸和烟酰胺是白色针状晶体,性质较稳定,不易潮解,在酸、碱、氧、光照或加热条件下均不易被破坏,在 120℃条件加热 20min 也不被破坏。因此,一般烹调加工方法对其破坏很少,但洗涤时烟酸会随水流失。

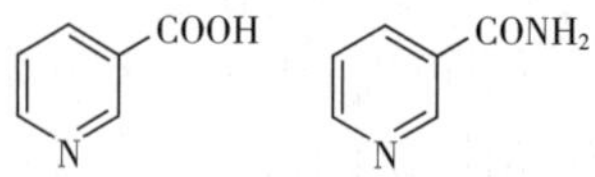

图 6-8 烟酸和烟酰胺的化学结构

2. 生理功能

烟酸在体内以 NAD 和 NADP 的形式作为脱氢酶的辅基,在生物氧化还原反应中作为氢受体和电子供体。参与葡萄糖酵解、丙酮酸代谢、戊糖合成以及高能磷酸键的形成;参与蛋白质核糖基化过程,与 DNA 复制、修复和细胞分化有关;在维生素 B_6、泛酸和生物素存在的情况下参与脂肪酸、胆固醇及类固醇激素等的生物合成。烟酸还是葡萄糖耐受因子 GTF 的重要组分,能促进胰岛素反应。烟酸还能降低血清胆固醇,有利于改善心血管功能。

3. 吸收与代谢

食物中的烟酸主要以辅酶Ⅰ(NAD)和辅酶Ⅱ(NADP)的形式存在,它们在胃肠道中经消化酶水解可释放出游离的烟酸和烟酰胺,主要在小肠被吸收,高浓度时通过被动扩散方式吸收,低浓度时通过 Na^+ 依赖的途径被主动吸收。吸收入血的烟酸主要以烟酰胺的形式存在。血浆中的烟酰胺能迅速被组织细胞摄取,按需合成 NAD 或 NADP。肝脏中 NAD、NADP 浓度最高,其次是心脏和肾脏。

体内过多的烟酸主要在肝脏甲基化后由肾脏排出,也可随乳汁和汗液排出。

4. 缺乏与过量症

烟酸缺乏会引起癞皮病(糙皮病)。初期表现为食欲减退、体重减轻、倦怠乏力、消化不良及易兴奋和失眠等,随着进展可出现较典型的症状,即皮炎、腹泻和痴呆。其中皮肤症状最具特征性,主要表现为裸露皮肤及易摩擦部位出现对称性晒斑样损伤。慢性病例皮炎处皮肤变厚、脱屑、有色素沉着,也可因感染而出现糜烂。口、舌部症状表现为杨梅舌及口腔黏膜溃疡,常伴有疼痛和烧灼感。胃肠道症状主要为食欲不振、恶心呕吐、腹痛腹泻等。神经系统症状可表现为失眠、衰弱、乏力、抑郁、淡漠、记忆力丧失,甚至可发展成木僵或痴呆症。烟酸缺乏常与硫胺素、核黄素缺乏同时存在。

烟酸毒性报道主要见于临床采用大剂量烟酸治疗高脂血症的患者,表现为皮肤潮红、眼部不适、恶心呕吐等。这些反应可随剂量减少或停药而缓解。

5. DRIs 与食物来源

烟酸和烟酰胺广泛存在于食品中,酵母、肝肾、瘦肉、鱼、坚果等含量丰富。乳和蛋类中烟酸和烟酰胺含量不高,但色氨酸含量较高,可转化为烟酸。玉米中含有较多的烟酸,但其所含烟酸大部分与糖类物质或小分子肽共价结合,不能被人体吸收利用。这种结合型烟酸在碱性溶液中可分解出游离烟酸。在玉米粉中加入 0.6%~1.0%NaHCO$_3$ 做成的窝头,熟制品中游离烟酸含量随 pH 升高而增加,而其中的维生素 B$_1$、B$_2$ 的含量基本不受影响。

除了直接从食物中摄取外,烟酸还可由色氨酸转化而来,平均约 60mg 色氨酸可转化为 1mg 烟酸。因此,膳食中烟酸的参考摄入量采用烟酸当量(NE)为单位,如式(6-1)所示。

$$烟酸当量(NEmg) = 烟酸(mg) + 烟酰胺(mg) + 1/60 色氨酸(mg) \quad (6-1)$$

我国居民成年男女烟酸的 RNI 分别为 15mg NE/d 和 12mg NE/d。烟酸和烟酰胺的 UL 分别为 35mg/d 和 310mg/d。

五、维生素 B$_6$

1. 概述

维生素 B$_6$ 是吡啶的衍生物,包括吡哆醇(PN)、吡哆醛(PL)和吡哆胺(PM)。它们可以相互转变。维生素 B$_6$ 对热的稳定性与介质 pH 有关,在酸性溶液中稳定,在碱性溶液中易被破坏。它们对光较敏感,尤其是在碱性环境中。吡哆醇的稳定性比其他类型的维生素 B$_6$ 要高,因此作为食品添加剂一般采用吡哆醇的盐酸盐,其化学结构如图 6-9 所示。

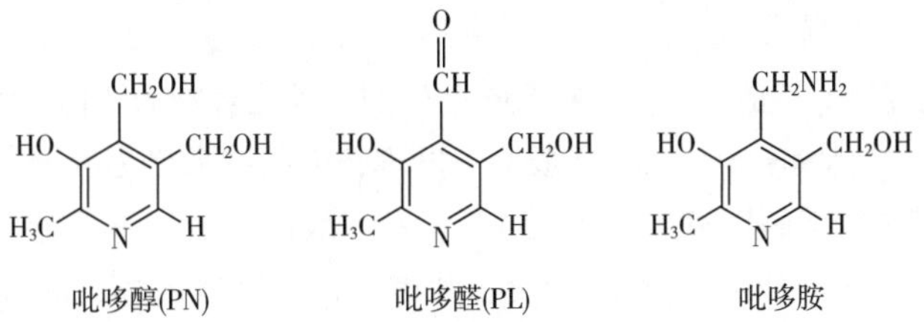

图 6-9 维生素 B$_6$ 的化学结构

2. 生理功能

维生素 B$_6$ 在体内被磷酸化为辅酶参与转氨基、脱氨基、脱羧、侧链裂解、转硫和消旋等反应,在氨基酸的合成与分解代谢中起重要作用。在糖原与脂肪酸代谢、一碳单位代谢、烟酸的形成、血红素的合成和神经传导物质的生成方面也发挥着重要作用。维生素 B$_6$ 是糖原磷酸化反应中磷酸化酶的辅助因子,催化肌肉与肝脏中的糖原转化。维生素 B$_6$ 还参与亚油酸合成花生四烯酸以及胆固醇的合成与转运。维生素 B$_6$ 是丝氨酸羟甲基转氨酶的辅酶,该酶通过转移丝氨酸羟甲基侧链到四氢叶酸分子中来参与一碳单位的代谢,从而影响核酸和 DNA 的合成。继而会影响机体的免疫功能。维生素 B$_6$ 涉及神经系统中的许多酶促反应,使神经递质的水平升高,包括 5-羟色胺、多巴胺、去甲肾上腺素、组氨酸和 γ-氨基丁酸等。

3. 吸收与代谢

维生素 B$_6$ 主要在空肠中被被动吸收。食物中的维生素 B$_6$ 多以磷酸盐的形式存在,吸收较慢,但经非特异性磷酸酶水解为非磷酸化的维生素 B$_6$ 时,其被吸收速度较快。维生素 B$_6$ 在体内与血浆白蛋白结合而被转运,以磷酸吡哆醛(PLP)形式与多种蛋白质结合分布于组织中。通常人体内维生素 B$_6$ 含量为 40~150mg,有 75%~80% 存在于肌肉组织中。

维生素 B$_6$ 在肝脏磷酸化过程中发挥着其生理功能。在血循环中磷酸吡哆醛约占 60%,它在肝脏中分解代谢为无活性的 4-吡哆酸随尿排出体外。维生素 B$_6$ 也可随粪便排出,但排泄量有限。当摄入较大剂量的吡哆醇时,几小时后多余部分便随尿液排出体外了。

4. 缺乏与过量症

由于食物中富含维生素 B_6,同时肠道细菌也可以合成维生素 B_6,因此,单纯性维生素 B_6 缺乏较少见。维生素 B_6 缺乏通常与其他 B 族维生素缺乏同时存在。人体缺乏维生素 B_6 可引起皮肤炎症、神经精神症状及免疫功能降低等,如发生皮肤脂溢性皮炎等。临床可见有唇裂、舌炎及口腔炎症,个别有神经精神症状,易激惹、抑郁或有人格改变。此外,可出现高半胱氨酸血症和黄尿酸尿症,偶见低色素小细胞性贫血。儿童维生素 B_6 缺乏时,可出现烦躁、抽搐、惊厥、脑电图异常以及生长不良等临床症状。

从食物中获取过量的维生素 B_6 没有毒副作用,而长期大剂量补充维生素 B_6(500mg/d)会出现严重的毒副作用,主要表现为神经毒性和光敏感反应。

5. DRIs 与食物来源

我国居民成人维生素 B_6 的 RNI 为 1.4mg/d,UL 为 60mg/d。维生素 B_6 广泛存在于各类食品中,良好食物来源为肉类、肝脏、鱼类、豆类、坚果类等。谷类、水果和蔬菜也含有维生素 B_6,但含量不高。

六、 叶酸

1. 概述

叶酸,又称维生素 B_{11},是含有蝶酰谷氨酸结构的一类化合物的统称,由蝶啶、对氨基苯甲酸和谷氨酸三部分组成。1941 年,最早从菠菜中发现,因此被命名为叶酸。叶酸为黄色粉末状结晶,微溶于水,其钠盐溶解度较大。叶酸对热、光和酸性溶液均不稳定,在酸性溶液中超过 100℃ 即分解。在中性和碱性溶液中对热稳定。叶酸易被紫外线破坏,新鲜蔬菜在室温下贮藏 2~3d,其叶酸量便会损失 50%~70%。食物中 50%~95% 的叶酸在烹调时被破坏。叶酸缺乏症在全世界被公认为是一个保健问题。婴儿、青少年和孕妇特别容易受到叶酸缺乏的危害,其化学结构如图 6-10 所示。

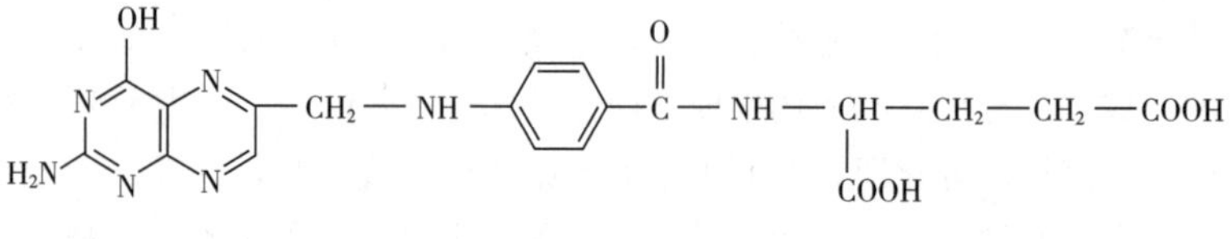

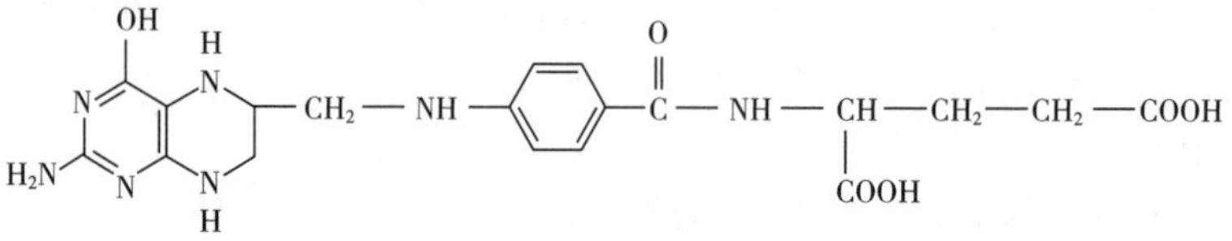

图 6-10 叶酸和四氢叶酸的化学结构

2. 生理功能

叶酸在体内的活性形式是四氢叶酸（THFA），是体内生化反应中一碳单位转移酶系的辅酶，在体内许多重要的生物合成中作为一碳单位的载体，其分子中的 N^5、N^{10} 两个氮原子为一碳单位（包括甲基、亚甲基、甲炔基、甲酰基及亚胺甲酰基等）的传递体。

叶酸在腺嘌呤核苷酸与胸腺嘧啶核苷酸合成、甘氨酸与丝氨酸相互转化、同型半胱氨酸向甲硫氨酸转化以及组氨酸向谷氨酸转化等过程中充当一碳单位的载体。因此，叶酸不仅对 DNA、RNA 和蛋白质的合成有重要影响，还可以通过甲硫氨酸代谢影响磷脂、肌酸以及神经介质的合成。

3. 吸收与代谢

食物中的叶酸多以蝶酰多谷氨酸的形式存在，必须经空肠黏膜刷状缘上的 γ-谷氨酰羧基肽酶水解成单谷氨酸叶酸的形式才能被小肠吸收。叶酸本身的存在形式会影响其在肠道中的吸收率，叶酸中谷氨酸分子越多，则吸收率越低。此外，膳食中也存在一些影响叶酸吸收的因素，如抗坏血酸和葡萄糖可促进叶酸的吸收，乙醇可干扰叶酸的代谢。人体内叶酸的总量估计为 10~100mg，主要以 5-甲基四氢叶酸的形式存在。叶酸大部分被转运到肝脏中，肝脏每日释放约 0.1mg 叶酸到血液中，以维持血清叶酸的平衡。叶酸在体内的代谢产物主要通过胆汁和尿排出体外。

4. 缺乏和过量症

叶酸缺乏时将引起红细胞中 DNA 合成受阻，导致骨髓中幼红细胞的分裂停止在巨幼红细胞阶段而成熟受阻，导致巨幼红细胞贫血。此类贫血以婴儿和妊娠期妇女多见。患巨幼红细胞贫血的孕妇易出现胎儿宫内发育迟缓，胎儿易早产及引发新生儿低体重。孕早期缺乏叶酸是引起胎儿神经管畸形的主要原因。

叶酸缺乏可使同型半胱氨酸向胱氨酸转化出现障碍，导致高同型半胱氨酸血症。高浓度同型半胱氨酸会对血管内皮细胞造成损害，并可激活血小板的黏附和聚集，这可能是动脉粥样硬化及心血管疾病的重要致病因素之一。

由于缺乏叶酸，所以由致癌物诱导的结肠癌发生较快，病情也较重。由此可见，叶酸可能对癌症有一定的预防作用，其机制可能与 DNA 甲基化、DNA 修复等有关。

大剂量服用叶酸会产生毒副作用，如干扰抗惊厥药物的作用、影响锌的吸收、使胎儿发育迟缓等。过量叶酸的摄入会干扰维生素 B_{12} 缺乏的诊断，可能使叶酸合并维生素 B_{12} 缺乏的巨幼红细胞贫血患者出现严重的不可逆转的神经损害。

5. DRIs 与食物来源

叶酸的摄入量以膳食叶酸当量（DFE）来表示。膳食中叶酸的生物利用率为 50%，叶酸补充剂与膳食混合时的生物利用率为 85%，比单纯来源于食物的叶酸利用率高 1.7 倍，因此膳食叶酸当量的计算公式，如式（6-2）所示。

$$DFE（\mu g）= 膳食叶酸（\mu g）+1.7×叶酸补充剂（\mu g） \qquad (6-2)$$

中国营养学会提出我国居民成人叶酸的 RNI 为 400μg DFE/d，孕妇和乳母必须增加摄入量，最高摄入量可为 1000μg/d（指合成叶酸摄入量的上限，不包括天然食物来源的叶酸量）。

叶酸广泛存在于动植物食物中，丰富来源为动物肝脏、豆类、酵母、坚果类、深绿色叶类蔬菜及水果。

七、维生素 B_{12}

1. 概述

维生素 B_{12} 又称钴胺素,是一组含钴的类咕啉化合物,是目前所知唯一含有金属的化学结构最复杂的维生素。其分子的核心是由四个还原型吡咯环连接构成的咕啉环,中心位置是一个钴(Co)。1948 年首次从肝脏中分离提取出来,提纯物是一种深红色的晶体,化学名称为[氰]钴胺素,其中氰化基来自分离过程,体内并无与—CN 结合的钴胺素存在。

[氰]钴胺素是维生素 B_{12} 的主要药物形式,溶于水,在 pH4.5~5.0 的弱酸条件下稳定,在强酸(pH<2)或碱性溶液中易分解。氧化剂及还原剂对其有破坏作用,遇强光或紫外线也易被破坏。遇热在一定程度上被破坏,但快速高温消毒损失较小。食品多在中性或偏酸性范围,故在烹调加工时维生素 B_{12} 被破坏不多,其化学结构如图 6-11 所示。

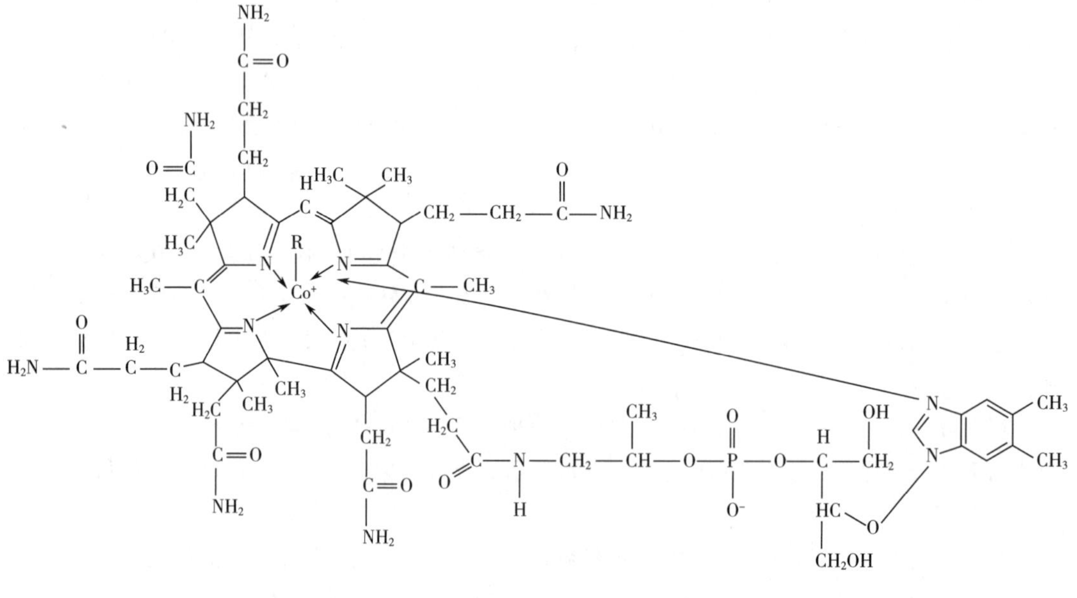

图 6-11 维生素 B_{12} 的化学结构

2. 生理功能

维生素 B_{12} 在体内以甲基钴胺素和 5′-脱氧腺苷钴胺素(辅酶 B_{12})两种辅酶形式存在并参与生化反应。作为甲基转移酶的辅酶,可将 5-甲基四氢叶酸的甲基移去形成有活性的四氢叶酸,参与嘌呤、嘧啶的合成。所以,维生素 B_{12} 可通过增加叶酸的利用率来影响核酸和蛋白质的合成,从而促进红细胞的发育和成熟。

维生素 B_{12} 参与神经组织中髓磷脂的合成,同时又能使谷胱甘肽保持还原型而有利于糖代谢,故对维持神经系统的正常功能有重要作用。

3. 吸收与代谢

自然界中存在的维生素 B_{12} 几乎都是由微生物合成的。植物具有维生素 B_{12} 非依赖性酶系,不需要从外界吸取维生素 B_{12}。动物性食品中所含有的维生素 B_{12} 来源于其所摄入的小动物和微生物,或者来源于肠道细菌。

人体内维生素 B_{12} 的存储总量为 2~3mg，其中 50% 被贮藏于肝脏，体内的储存可满足大约 6 年的需要而不出现维生素 B_{12} 缺乏的症状。每日有少量维生素 B_{12} 分泌入胆汁，维生素 B_{12} 的肝肠循环对其重复利用和体内稳定十分重要，正常情况下约一半可被重吸收。维生素 B_{12} 主要随粪便排出。每日丢失量为储存量的 0.1%~0.2%。

4. 缺乏与过量症

维生素 B_{12} 半衰期 1360d，即使供给量小也要很久以后才会出现贫血。当机体的维生素 B_{12} 含量降至 0.5mg 左右时，可导致红细胞中 DNA 合成障碍，诱发巨幼红细胞贫血，并且很难与叶酸缺乏引起的贫血相区别。此外，维生素 B_{12} 缺乏可引起神经系统损害，年幼的患者会出现精神抑郁、智力减退的症状。目前未见从食物或者补充剂中摄入过量维生素 B_{12} 有害健康的报道。

5. DRIs 与食物来源

我国居民成人膳食中维生素 B_{12} 的 RNI 为 2.4μg/d。维生素 B_{12} 的主要来源为肉类，尤以内脏含量最多，鱼贝类、蛋类其次，乳类最少，植物性食物一般不含有维生素 B_{12}。人类结肠中的一些微生物也可以合成维生素 B_{12}，但是它们往往与蛋白质结合而不被吸收，可随粪便排出。

八、生物素

生物素又称维生素 B_7、维生素 H、辅酶 R，由一个脲基环和一个带有戊酸侧链的噻吩环组成，现已知有 8 种同分异构体，但天然存在且具有生物活性的只有 α-生物素。

生物素的主要功能是以侧链的羧基与酶蛋白赖氨酸残基的 ε-NH_2 结合，作为各种羧化酶（乙酰辅酶 A 羧化酶、丙酮酸羧化酶、丙酰辅酶 A 羧化酶等）的辅基而发挥作用。生物素对细胞的生长，脂类、碳水化合物和氨基酸的代谢，DNA 的生物合成，唾液酸受体蛋白的表达以及各种免疫细胞的正常功能都有重要作用。

生物素广泛存在于各种动植物食物中，人体的肠道细菌也能合成生物素，且生物素对光、热、空气及中等程度的酸碱都较稳定，在一般的烹调和加工过程中损失很少，所以人和动物缺乏生物素是罕见的。生物素的缺乏主要见于长期生食鸡蛋的人。因为生蛋清中存在一种糖蛋白——抗生物素蛋白，可与生物素结合而使其失去活性，抑制生物素在肠道中的吸收。加热处理可破坏抗生物素蛋白，因此食用熟鸡蛋不会影响机体对生物素的利用。生物素的缺乏主要表现出皮肤症状，可见毛发变细、失去光泽、皮肤干燥、鳞片状皮炎、红色皮疹等。6 个月以下婴儿，可出现脂溢性皮炎。

生物素的毒性很低，用大剂量的生物素治疗脂溢性皮炎，未发现蛋白代谢异常或遗传错误及其他代谢异常。

中国营养学会提出的我国居民膳食生物素的适宜摄入量为成人 40μg/d，乳母增加 10μg/d。生物素广泛以游离形式或与蛋白质结合的形式存在于各种动植物食物中，含量较为丰富的食物有干酪、肝、肾、大豆等，其次为蛋类、菜花、菠菜、全麦粉等，精制谷类、水果中的生物素含量较少。不同食物中生物素的利用率有很大差异，玉米和大豆中的生物素可全部被利用，小麦中的生物素则难以被利用。

九、胆碱

胆碱为 β-羟乙基三甲胺的氢氧化物，为强有机碱，1849 年首次从猪胆汁中分离出来，故命名为"胆碱"。

胆碱是卵磷脂的组成成分，也存在于神经鞘磷脂中，是构成细胞膜的必要物质，又是细胞间多种信号的前体物质。胆碱是机体可变甲基（活性甲基）的重要组成部分，参与体内酯转化过程。胆碱是乙酰胆碱的前体，可加速合成及释放乙酰胆碱这一重要的神经传导递质，以促进脑发育和提高记忆能力，并能调节肌肉组织的运动等。胆碱还能促进脂肪的代谢，降低血清胆固醇。胆碱从食物中被吸收入血，随血液循环被大脑吸收利用，是大脑发育的必需物质，具有重要的营养意义。

胆碱广泛存在于动植物体内，特别是肝脏、花生、莴苣、花菜等中含量较高，人体也能合成胆碱。另外，胆碱耐热，在加工和烹调过程中的损失很少，在干燥环境下，即使在长时间储存的食物中胆碱的含量也几乎没有变化。所以，一般不易出现胆碱缺乏症。若长期摄入缺乏胆碱的膳食可出现胆碱缺乏，主要表现为肝、肾、胰腺的病变，记忆紊乱和生长障碍等。不育症、生长迟缓、骨质异常、造血障碍和高血压也与胆碱的缺乏有关。

我国推荐膳食中胆碱的适宜摄入量为成年男性 500mg/d，成年女性为 400mg/d，可耐受最大摄入量为 3000mg/d。

第四节　类维生素类物质

近年来，人们在食物中又发现了一批"其他微量有机营养素"，其含量比维生素多，机体可自身合成一部分，具有维生素的一些特点，但功能尚不太明确，所以将这一类物质称为类维生素（quasi-vitamins）。常见类维生素包括生物类黄酮、肉毒碱、辅酶 Q、肌醇、苦杏仁苷、硫辛酸、对氨基苯甲酸（PABA）、潘氨酸、牛磺酸等。

一、生物类黄酮

生物类黄酮（bioflavonoids）是自然界中存在的酚类物质，又称维生素 P，常与维生素 C 伴存。它们是植物次级代谢的产物，在自然界中广泛存在于植物的叶、花、果中，因多呈黄色而被称为生物类黄酮。生物类黄酮泛指 2 个苯环通过中央三碳链相互结合的一系列 C_6—C_3—C_6 化合物，主要是指以 2-苯基色原酮为母核的化合物，其基本结构见图 6-12。至今已发现 4000 多种生物类黄酮物质，这些类黄酮物质根据其中央三碳链的氧化程度、苯环联接位置以及三碳链是否构成环状等特点，分为 8 类：黄酮（flavones）、黄酮醇（flavonols）、黄烷酮（flavanones）、异黄酮（isoflavones）、黄烷醇（flavanols）、黄烷酮醇（flavanonols）、查耳酮（chalcone）及花色素（anthocyanidins）。生物类黄酮对热、氧、干燥和适中酸度相对稳定，在一般的加工过程中损失较少，但遇光易被破坏。

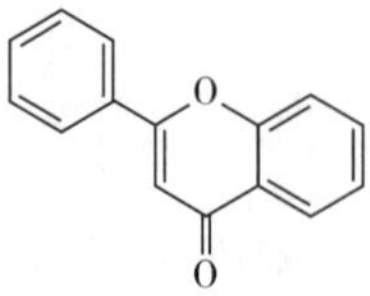

图 6-12　生物类黄酮的基本结构（2-苯基苯并吡喃）

近年来发现生物类黄酮具有调节血脂、消除氧自由基、抗氧化、抗肿瘤、抗病毒等多种生理活性，引起了国内外学者的广泛关注，成为研究开发的热点。

生物类黄酮广泛存在于蔬菜、水果、谷物等植物中，并多分布于植物的外皮器官中，即接受阳光多的部位。其含量随植物种类的不同而异，一般叶菜类、果实中含量较高，根茎类含量较低。水果中的柑橘、柠檬、杏、樱桃、木瓜、李、越橘、葡萄、葡萄柚，蔬菜中的花茎甘蓝、青椒、莴苣、洋葱、番茄及饮料植物中的茶叶、咖啡、可可等中的生物类黄酮含量较高。果酒和啤酒也是人体生物类黄酮的重要来源。

二、肌醇

肌醇，即环己六醇，是广泛存在于食物中的一种物质，结构类似于葡萄糖。纯的肌醇为白色结晶，能溶于水而有甜味，耐酸、碱及热。在动物细胞中，主要以磷脂的形式出现。在谷物中常与磷酸结合形成六磷酸酯（即植酸），而植酸能与钙、铁、锌结合成不溶性化合物，影响人体对这些营养的吸收。大豆中的肌醇则为游离状态，其化学结构如图 6-12 所示。

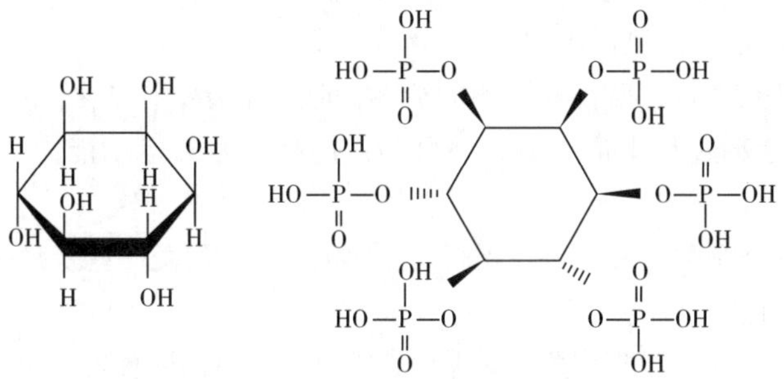

图 6-13 肌醇和六磷酸酯（植酸）的化学结构

肌醇在脂肪和胆固醇代谢中具有重要的作用，可促进脂肪代谢，降低血胆固醇，预防动脉硬化。还可促进机体产生卵磷脂，卵磷脂有助于将肝脏中的脂肪转移到细胞中，避免脂肪肝的发生。肌醇可供给脑营养，有镇静作用，可促进健康毛发的生长，防止脱发、预防湿疹。此外，肌醇在细胞膜的通透性、线粒体的收缩、精子的活动、离子的运载及神经介质的传递等方面也有作用。

肌醇广泛存在于各类食物中，肌醇含量丰富的食物有动物的肾、脑、肝、心、酵母、麦芽、柑橘类水果等，瘦肉、水果、全谷、坚果、豆类、牛乳及蔬菜中也有较多的肌醇。除了食物来源，人体细胞也能通过葡萄糖合成肌醇，因此很少会出现肌醇缺乏症。一旦出现肌醇缺乏，其主要症状为生长缓慢与脱发。肾是肌醇分解代谢的主要器官，但随尿液排泄得不多，平均约 37mg，但糖尿病患者的排泄量远远超过此量。

三、L-肉碱

肉碱分布于各种组织中，尤以线粒体内含量居多。按国际分类，肉碱也可归为胆碱类。肉碱有三个光学异构体，即左旋肉碱、右旋肉碱和消旋肉碱，其中只有左旋肉碱具有生理活性。左旋肉碱（L-carnitine）又称肉毒碱，化学名称为 β-羟基-γ-三甲氨丁酸。L-肉碱为白色晶体或白色透明细粉,极易吸潮,具有较好的水溶性和吸水性,能耐 200℃以上的高温。L-肉碱成人体内可以合成,但婴儿体内不能合成或合成速度不能满足自身需要,其化学结构如图 6-14 所示。

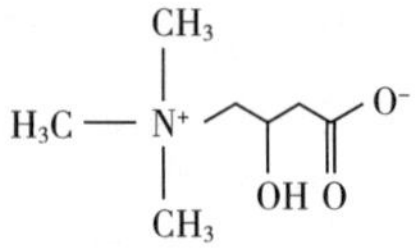

$$
H_3C - \overset{CH_3}{\underset{CH_3}{\overset{|}{N^+}}} - CH_2 - \underset{OH}{\overset{|}{C}}H - \underset{O}{\overset{\parallel}{C}} - O^-
$$

图 6-14 L-肉碱的化学结构

L-肉碱是动物组织中的一种必需辅酶,在线粒体脂肪酸的 β-氧化及三羧酸循环中起重要作用,它可将脂肪酸以酯酰基形式从线粒体膜外转移到膜内,也可将脂肪酸、氨基酸和葡萄糖氧化的共同产物乙酰 CoA 以乙酰肉碱的形式通过细胞膜,所以,L-肉碱在机体中具有促进三大能量营养素氧化的功能。L-肉碱还可促进乙酰乙酸的氧化,可能在酮体利用中起作用。当机体缺乏 L-肉碱时,脂肪酸 β-氧化受抑制,会导致脂肪浸润,补充 L-肉碱,改善脂肪代谢紊乱、降血脂、治疗肥胖症以及纠正脂肪肝等。

L-肉碱可以促进细胞内丙酮酸脱氢酶的活性,促进葡萄糖的氧化,有利于延缓运动疲劳。L-肉碱还能够清除运动过程中产生的过多乳酸,提高机体的运动能力,促进运动性疲劳的恢复。

L-肉碱可以保护细胞膜的稳定性,提高人体的免疫力,避免一些疾病的侵袭,对亚健康的产生有一定的预防作用。

此外,L-肉碱还有很多生理作用,如保护心肌健康作用;抗衰老作用;提高精子数目与活力的功能;缓解动物败血症休克的作用等。

植物性食品 L-肉碱含量较低,同时合成肉碱的两种必需氨基酸(赖氨酸和甲硫氨酸)含量也低。动物性食物含量较高,含 L-肉碱丰富的食物有酵母、乳、肝及肉等。L-肉碱能在人体的肝脏中合成,在正常情况下人体不会缺乏 L-肉碱,但在婴儿、青春期以及成人的特定生理条件下,可能因合成量不足而导致缺乏。许多个体处于缺乏或边缘性缺乏的状态,其血液和组织中 L-肉碱水平较低,主要见于禁食、素食、剧烈运动、肥胖者以及吃未强化肉碱的配方食品的婴儿等。苯丙酮尿症(PKU)患者,由于其摄入的天然蛋白质只占总摄入量的 20%,其体内 L-肉碱水平远远低于正常人群,应予以补充。婴儿因体内 L-肉碱的合成能力不足也常常需要补充 L-肉碱。

因 L-肉碱对人体健康的重要作用,西方有些营养学家甚至把 L-肉碱当作一种维生素,作为日常饮食中的添加剂加以推荐。我国也曾将 L-肉碱列入营养强化剂,但 2013 年中国营养学会公布的中国居民膳食营养素参考摄入量中未作规定。

四、辅酶 Q

辅酶 Q 是多种泛醌的集合名称,是一种像脂质一样的物质,其化学结构与维生素 E、维生素 K 类似,有较长的多个异戊烯构成的侧链。不同来源的辅酶 Q 其侧链异戊烯单元的数目不同,人类和哺乳动物有 10 个异戊烯单位,所以称为辅酶 Q_{10}。

辅酶 Q 存在于一切活细胞中,以细胞线粒体内含量最多,因侧链的疏水作用,它能在线粒体内膜中迅速扩散，是呼吸链中一个重要的参与物质，是产能营养素释放能量所必需的。如辅酶 Q 缺乏，细胞就不能进行充分的氧化，无法为机体提供足够的能量。

辅酶 Q 对大脑退化性疾病，如早老性痴呆、记忆力减退等，能起到预防作用。辅酶 Q 能减轻因维生素 E 缺乏引发的某些症状，而维生素 E 和硒能使机体组织保持高浓度的辅酶 Q。辅酶 Q 还能抑制血脂过氧化反应，保护细胞免受自由基的破坏，在临床上用于治疗心脏病、高血压及癌症等。另外，辅酶 Q_{10} 还是有效的免疫调节剂，能显著增强体内噬菌率，增强体液、细胞介导的免疫力，其化学结构如图 6-15 所示。

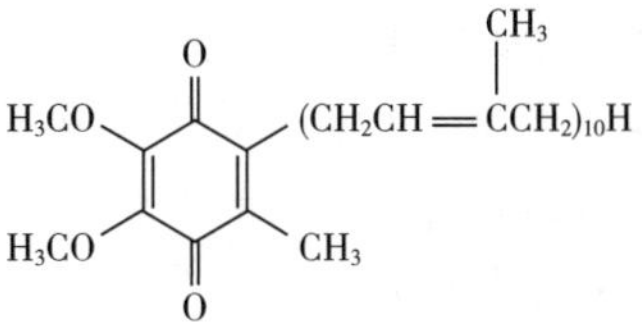

图 6-15　辅酶 Q_{10} 的化学结构

人体可以自身合成辅酶 Q，但人体产生辅酶 Q 的功能随着年龄增加而呈下降趋势，从 20 岁以后开始下降，中年时达到严重缺乏状态。有研究表明，50 岁后大量出现的心脏退化和许多疾病都与体内辅酶 Q 的下降有关。因此，需要补充一定的辅酶 Q 以维持人体的健康。

辅酶 Q 类化合物广泛存在于微生物、高等植物和动物中，尤以大豆、小麦（特别是麦芽）、植物油及许多动物组织中的含量较高。鱼类特别是鱼油中有丰富的辅酶 Q，其他如动物的肝脏、心脏、肾脏及牛肉、豆油和花生中也含有较多的辅酶 Q。对于 50 岁以上的成人补充 30mg/d 足以达到抗衰老的目的，如有慢性病的老人则可服 50~150mg。因其为脂溶性的，所以服用时要有脂肪的配合，如同时服用维生素 E 可促进辅酶 Q 的生成。微量元素硒及维生素 B_2、维生素 B_6、叶酸、维生素 B_{12} 和烟酸都是合成辅酶 Q_{10} 的重要原料。

五、对氨基苯甲酸

对氨基苯甲酸（PABA）是叶酸的组成成分，对人和高等动物来说，PABA 是作为叶酸的主要部分而起作用的。它作为辅酶对蛋白质的分解利用以及对红细胞的形成都有极其重要的作用，其化学结构如图 6-16 所示。

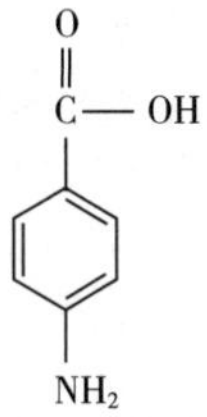

图 6-16　对氨基苯甲酸的化学结构

PABA 是黄色结晶状物质，微溶于水，如在小肠中有利，人体能自己合成。磺胺类药物是 PABA 的拮抗物，长期服用可引起 PABA 的缺乏，也可引起叶酸的缺乏，症状有如疲倦、烦躁、抑郁、神经质、头痛、便秘及其他消化系统症状。

PABA 对人类基本无害，但连续大剂量使用可能有恶心、呕吐等毒性作用。其丰富来源为酵母、肝脏、鱼、蛋类、大豆、花生及麦芽等。

本章知识链接

维生素，顾名思义是维持生命的要素。它存在于各类食物中，与其他营养成分最大的差别是既不供给热能，也不构成人体组织，只需少量就能满足生理需要。人一旦缺乏维生素，就会出现各种各样的疾病。目前已经发现的维生素有20多种，按溶解性质的不同，可把它分成两类：一类是脂溶性维生素，如维生素A、维生素D、维生素E、维生素K；另一类是水溶性维生素，如维生素B、维生素C等。维生素A，又称"抗干眼病因子"。它的作用是：促进生长发育、维持上皮细胞正常代谢、参与视网膜内感光色素的形成等。缺乏维生素A，容易得夜盲症，使皮肤变得干燥，抗病能力降低，还容易患感冒、气管炎等疾病。在肝脏、牛乳、蛋黄等食物中，含有丰富的维生素A。维生素D，又称"抗佝偻病维生素"。它可调节体内无机盐的代谢，能促进小肠对钙、磷的吸收，与骨的钙化、牙齿的正常发育有密切的关系。缺乏维生素D，可使儿童易患佝偻病，成人易患骨软化症。在肝脏、牛乳、蛋黄等食物中，含有丰富的维生素D。维生素E，又称"生育酚"，它与生育有关。缺乏维生素E，会引起肌肉萎缩、不育、流产等症。在麦胚油里含有丰富的维生素E。维生素K，又称"凝血维生素"。它对血液的凝固有重要作用。在绿色植物中含有维生素K。在B族维生素中，主要有维生素B_1、维生素B_2、维生素B_6、维生素B_{12}等。维生素B_1，又称"硫胺素"。它与糖代谢、神经系统的正常生理功能有密切关系。缺乏维生素B_1，容易引发神经炎、食欲不振、消化不良，严重时会引起脚气病等。在稻、麦等谷物的种皮里，含有丰富的维生素B_1。维生素B_2，又称"核黄素"，它与生长关系密切。缺乏维生素B_2，会引起口角炎、阴囊炎等。在小麦、大豆、酵母等食物中，含有丰富的维生素B_2。维生素B_6，与氨基酸代谢有密切关系。缺乏维生素B_6，会引起皮炎、神经炎、痉挛等。在酵母、肝脏、谷类等食物中，含有丰富的维生素B_6。维生素B_{12}，又称"钴胺素"，它能促进红细胞的生成。缺乏维生素B_{12}，会引起恶性贫血。在肝脏、乳类、肉类、蛋类等食物中，含有丰富的维生素B_{12}。维生素一般不能在体内合成。上述关于缺乏某种维生素会引起某些疾病的描述，都是较典型的例子。事实上，人体某种维生素不足或缺乏是一个渐进过程。当进食中长期缺乏某种维生素时，最初仅表现为组织中维生素的储备量下降，最多出现某些生化、生理功能异常，也不一定必然发生种种临床症状。但是，长期轻度缺乏维生素，可使一个人脑力劳动效率下降，思想不易集中，主观感觉不适，对疾病的抵抗力明显下降。因此，合理搭配食物，确保维生素的供给量，其意义不仅限于能预防维生素缺乏症的发生，更重要的是能不断提高身体的健康水平。

练习与思考

1. 什么是维生素？维生素有什么共同特点？
2. 常见的维生素分类方法有哪些？
3. 常见的脂溶性维生素有哪些？常见的水溶性维生素有哪些？

4. 维生素 A 的主要生理功能是什么？维生素 A 缺乏有什么危害？
5. 维生素 C 的主要生理功能是什么？如何提高食品中维生素 C 的保存率？
6. 维生素 D 有什么生理功能？维生素 D 缺乏有什么危害？
7. 维生素缺乏的常见原因是什么？
8. 为什么说维生素 E 是一种重要的维生素？

参考文献

[1] 余海忠，黄升谋. 食品营养学概论 [M]. 北京：中国农业大学出版社，2018.

[2] 邓泽元. 食品营养学（第四版）[M]. 北京：中国农业出版社，2016.

[3] 李云捷，黄升谋. 食品营养学 [M]. 成都：西南交通大学出版社，2018.

[4] 张忠，李凤林，余蕾，等. 食品营养学 [M]. 北京：中国纺织出版社，2017.

[5] 周才琼，周玉林. 食品营养学（第三版）[M]. 北京：中国质检出版社，2017.

[6] 孙远明. 食品营养学 [M]. 北京：科学出版社，2006.

[7] 耿越. 食品营养学 [M]. 北京：科学出版社，2013.

[8] 王镜岩，朱圣庚，徐长法. 生物化学教程 [M]. 北京：高等教育出版社，2008.

[9] 陈春刚，韩芬霞. 生物类黄酮的研究与应用综述 [J]. 安徽农业科学，2006，34（13）：2949-2951.

[10] 谢棒祥，张敏红. 生物类黄酮的生理功能及其应用研究进展 [J]. 动物营养学报，2003，15（2）：11-15.

CHAPTER 7

第七章 矿物质

[本章主要内容]

矿物质的概念、分类及生理功能；钙、磷、钠、钾、镁、铁、锌、硒、碘、铜、氟、铬等各个矿物质的生理功能、吸收与代谢作用、膳食参考摄入量及食物来源；影响食品中矿物质成分的因素及强化方法。要求学生重点掌握常量元素的膳食参考摄入量及生理功能。

[本章重点]

常量元素的生理功能、膳食参考摄入量及食品来源。

[本章难点]

常量元素的吸收与代谢过程。

第一节 矿物质分类及其生理功能

一、 矿物质的分类

根据矿物质在人体中的含量和人体对他们的需求量，可将矿物质分为常量元素和微量元素两大类。

1. 常量元素

常量元素是指人体内含量大于体重 0.01%，每人每日需要量在 100mg 以上的矿物质，包括钙、磷、钾、钠、硫、氯、镁七种。

2. 微量元素

微量元素是指人体内含量小于体重 0.01%，每人每日需要量在 100mg 以下的矿物质。微量元素在体内存在的量极少，在组织中的浓度只能为 mg/kg 甚至 μg/kg。1990 年，FAO/WHO 的专家委员会提出了人体必需微量元素的概念：①为人体内的生理活性物质、有机结构中的必需成分；②这种元素必须通过食物摄入，当从膳食中摄入的量减少到某一低限值时，即将导致某一种或某些重要生理功能的损伤。"必需微量元素"可分为三类：第一类为人体必需的微量元素，有铁、碘、锌、硒、铜、钼、铬、钴八种；第二类为人体可能必需的微量元素，为锰、硅、镍、硼、钒五种；第三类具有潜在毒性，但在低剂量时，对人体可能是必需的微量元素，包括氟、铅、镉、汞、砷、铝、锂、锡。

二、矿物质的生理功能及特点

1. 矿物质的生理功能

（1）常量元素的生理功能

①构成人体组织的重要成分，如骨骼和牙齿等硬组织，大部分由钙、磷和镁组成，而软组织含钾较多，蛋白质含有硫、磷等。

②在细胞内外液中与蛋白质一起调节细胞膜的通透性、控制水分流动、维持正常的渗透压和酸碱平衡，维持神经和肌肉的兴奋性，如钾、钠、钙、镁等离子。

③构成酶的成分或激活酶的活性，参加物质代谢。

（2）人体必需微量元素的生理功能

①矿物质是酶和维生素必需的活性因子。许多金属酶含有微量元素，如碳酸酐酶含有锌，呼吸酶含铁和铜，精氨酸酶含有锰，谷胱甘肽过氧化酶含有硒。

②矿物质能构成某些激素或参与激素的作用，如甲状腺素含碘，胰岛素含锌，铬是葡萄糖耐量因子的重要组成成分，铜参与肾上腺类固醇的生成等。

③矿物质参与基因调控和核酸代谢。核酸是遗传信息的携带者，含有多种微量元素，并需要铬、锰、钴、锌、铜等维持核酸的正常功能。

④矿物质具有特殊的生理功能，如含铁血红蛋白可携带并输送氧到各个组织，不同微量元素参与蛋白质、脂肪、碳水化合物的代谢。

2. 矿物质的特点

（1）矿物质在体内不能合成，必须从食物和饮水中摄取。由于新陈代谢的作用，每天都有一定数量的矿物质从各种途径被排出体外，因此必须不断地通过膳食予以补充。

（2）矿物质在体内的分布极不均匀，同一元素在不同的机体组织、器官中的含量也有很大差异。例如，钙与磷绝大部分集中在骨骼和牙齿等硬组织中，铁集中在红细胞中，碘集中在甲状腺中，钴集中在造血器官中等。

（3）矿物质相互之间存在协同或拮抗作用，如膳食中钙和磷比例不适合可影响这两种元素的吸收，过量的镁会干扰钙的代谢，过量的锌会影响铜的代谢，过量的铜可抑制铁的吸收。

（4）某些微量元素在体内虽需要量很少，但其生理剂量与中毒剂量范围较窄，摄入过多易产生毒性作用。

第二节 钙

钙（calcium）是机体内含量最丰富的无机元素。钙是构成人体的重要组分，正常成人体内钙含量为 1000~1200g，相当于体重的 1.5%~2.0%。其中，大约 99% 以上的钙以羟磷灰石 $[3Ca_3(PO_4)_2Ca(OH)_2]$ 为主要形式存在于骨骼与牙齿中；其余不到 1% 的钙，一部分与柠檬酸螯合或与蛋白质结合，一部分则以离子状态分布于软组织、细胞外液和血液中，被统称为混熔钙。

一、钙的生理功能

1. 钙是构成骨骼和牙齿的主要成分

骨骼和牙齿中的钙主要以羟磷灰石结晶的形式存在，少量为无定型的磷酸钙 $[Ca_3(PO_4)_2]$。婴儿体内，磷酸钙所占的比例较大，以后随年龄增长而逐渐减少，成年人体内的钙以结晶型的羟磷灰石占优势。

2. 骨骼钙对维持机体的生命过程具有重要作用

骨骼以外的钙约占体内总钙的 1%。分布在体液和其他组织中，但在机体内多方面的生理活动和生物化学过程中起着重要调节作用。

（1）调节质膜的通透性及其转换过程，并维持质膜的完整性；

（2）参与调节多种激素和神经递质的释放，调节酶的活性。Ca^{2+} 的重要作用之一是作为细胞内第二信使，将细胞外的信息传递到细胞内，同时可激活多种酶；

（3）钙离子参与血液凝固过程。钙是血液凝固所必需的凝血因子。

二、钙的吸收与代谢

钙的吸收有主动吸收和被动吸收两种途径。吸收的机制因摄入量的多少与需求量的高低而不同。①主动吸收：当机体对钙的需要量高，或摄入量较低时，肠道对钙的主动吸收机制最活跃，是一个需要能量的主动吸收过程。这一过程需要钙结合蛋白的参与以及维生素 D 的调节。主动吸收主要在十二指肠和空肠上部完成。②被动吸收：当钙摄入量较高时，则大部分通过被动的离子扩散方式吸收，这过程也需要维生素 D 的作用，但更主要地取决于空腔与浆膜间钙浓度的梯度。

影响钙吸收的因素很多，如膳食中钙水平和膳食中其他成分、机体生理状况、维生素 D 含量、体力活动的强度等，主要受机体因素和膳食因素两方面的影响。

机体因素：钙的吸收与机体的需要程度密切相关，也受年龄的影响。在生命周期的各个阶段中，钙的吸收情况不同，钙的吸收率随年龄的增加而逐渐减少。婴儿时期因需要量大，吸收率可高达 60%，儿童时期的钙需要量约为 40%，成年人为 20%~30%，一般 40 岁以后的钙吸收率会逐渐下降，老年人钙吸收率仅为 15% 左右。

膳食因素：膳食中对钙吸收的影响因素也很多，有的在肠道中对钙的吸收有促进作用，而有的却会抑制人体对钙的吸收。

（1）促进钙吸收的主要因素有以下几点。

①维生素 D 促进钙的吸收。膳食中维生素 D 的存在与量的多少，对钙的吸收有明显影响。尤其是对婴幼儿，可通过定期补充维生素 A 和维生素 D 制剂来促进机体对膳食中钙的吸收率。

②蛋白质供给充足，可促进钙的吸收。小肠中含有一定量的蛋白质水解产物（如多肽和氨基酸），可与钙形成可溶性络合物而利于钙的吸收，但当蛋白质超过推荐摄入量时，则未见其他有利影响。

③乳糖促进钙的吸收。乳糖一方面能与钙形成可溶性低分子物质，另一方面可被肠道菌分解发酵产酸，降低肠道 pH，这些有利于钙的吸收。

④酸性环境促进钙的溶解及吸收。

⑤低磷膳食可降低血液磷的水平，刺激维生素 D 活化，促进钙的吸收。

（2）钙吸收不利的主要因素有以下几点。

①粮食、蔬菜等植物性食物中含有较多的植酸、草酸、磷酸，可与钙形成难溶的盐类，使钙难于被吸收。有些蔬菜如苋菜、圆叶菠菜等，草酸含量甚至高于钙含量。

②脂肪消化吸收不良时，未被消化吸收的脂肪酸与钙结合，可形成难溶的钙皂，以降低钙的吸收。高脂膳食可延长在肠道的停留时间和钙与黏膜接触时间，可使钙的吸收有所增加，但脂肪酸与钙结合会形成脂肪酸钙，会影响钙的吸收。

③过多的膳食纤维会影响钙的吸收。膳食纤维中的糖羧酸残基可与钙螯合形成不溶性的物质，从而干扰钙的吸收。

体内大部分的钙通过肠黏膜上皮细胞的脱落及消化液的分泌被排入肠道，其中一部分被重新吸收，剩下的随粪便排出。另有一部分钙可随尿液排出，汗液中也会排出部分的钙，乳汁中也有。体内钙的储存量会随供给量增多而增加，另外，机体对钙的需要量多时，储存量也较多。只要食物中钙的供给量超过机体钙的消化量，则机体将根据体内对钙的需要，增加或减少对钙的吸收、排泄和储存，使成年人体内的钙处于平衡状态。

三、钙的膳食参考摄入量

中国营养学会推荐成人钙的适宜摄入量为 800mg/d，成年人及 1 岁以上各人群体内钙的可耐受最高摄入量为 2000mg/d。不同人群的适宜摄入量如表 7-1 所示。

表 7-1　　　　　　　　　　不同人群钙的适宜摄入量

年龄/岁	钙/（mg/d）	年龄/岁	钙/（mg/d）
0~	300	7~	800
0.5~	400	11~	1000
1~	600	14~	1000
4~	800	18~	800

续表

年龄/岁	钙/(mg/d)	年龄/岁	钙/(mg/d)
50~	1000	中期	1000
孕妇		晚期	1200
早期	800	乳母	1200

四、钙的食物来源

因为乳中钙量丰富，吸收率也高，因此乳和乳制品应是钙的重要来源。水产品中小虾米皮含钙量特别多。此外，豆腐及豆制品、绿叶蔬菜等含钙量也很高。一些食物中的钙含量见表 7-2。

表 7-2　　　　　　　　　含钙丰富的食物　　　　　　　　单位：mg/100g

食物	含量	食物	含量	食物	含量
虾皮	991	苜蓿	713	酸枣棘	435
虾米	555	荠菜	294	花生仁	284
河虾	325	雪里蕻	230	紫菜	264
泥鳅	299	苋菜	187	海带（湿）	241
红螺	539	乌塌菜	186	黑木耳	247
河蚌	306	油菜薹	156	全脂牛乳粉	676
鲜海参	285	黑芝麻	780	酸乳	118

第三节　磷

正常成人体含磷（phosphorus）量为 600~700g，约占体重的 1%，体内磷的 85%~90% 存在于骨骼和牙齿中，10% 与蛋白质、脂肪、碳水化合物及其他有机物结合构成软组织，其余则分布于骨骼肌、皮肤、神经组织和其他组织及膜的成分中。

一、磷的生理功能

1. 构成骨骼和牙齿的重要材料

磷与钙形成的难溶性无机磷酸盐，使骨骼及牙齿结构坚固，磷酸盐和胶原纤维共价结合，在骨的沉积及骨骼的溶出过程中起决定性作用。

2. 软组织结构的重要成分

骨骼以外的大部分磷，是以有机形式分布于软组织中的，如很多结构蛋白质、细胞膜的类脂质、RNA 和 DNA 都含有磷。

3. 组成酶的成分

磷是许多酶系统的组成成分及激活剂,如环腺苷酸(cyclic adenosine monophosphate, cAMP)、环鸟苷酸(cyclic guanosine monophosphate, cGMP)等是生命体重要物质的组成成分。

4. 参与能量代谢

体内的磷以有机磷酸酯的形式参与于代谢过程中。高能磷酸化合物如三磷酸腺苷及磷酸肌酸等为能量载体,在细胞内能量的转化、代谢中作为能源物质在生命活动中起着重要作用。

5. 参与调节酸碱平衡

磷酸盐缓冲体系接近中性,是体内重要的缓冲体系。

二、磷的吸收与代谢

磷的吸收部位在小肠,从膳食中摄入的磷有70%在小肠吸收。食物中的磷大部分是磷酸酯化合物,必须分解为游离的磷,然后以无机磷酸盐的形式存在才能被吸收。维生素D可促进磷的吸收,并且合理的钙磷比例也对磷的吸收有利。

磷的储存与钙和磷的摄取量有关,当每日钙的摄入量超过940mg时,增加膳食中磷的摄入量可使磷的储存量增加,钙摄入量较低时则磷的储存量也较低。

磷的主要排泄途径是肾脏。未经肠道吸收的磷可随粪便排出,这部分平均约占机体每日磷摄入量的30%,其余70%经由肾以可溶性磷酸盐形式从尿液中排出,少量也可随汗液排出。

三、磷的膳食参考摄入量与食物来源

由于食物中含磷普遍而丰富,所以很少会因为膳食原因引发营养性磷缺乏。中国营养学会发布的《中国居民膳食营养素参考摄入量》中对磷的参考摄入量做了规定:成人磷的适宜摄入量(AI)为700mg/d。妊娠期由于机体对磷的吸收增加,而哺乳期又无须增加磷的摄入量,因此,孕妇和哺乳期妇女磷的AI仍为700mg/d。

磷在食物中分布很广,如瘦肉、蛋、乳、动物的肝、肾等都是含磷高的食物,海带、紫菜、芝麻酱、花生、干豆类、坚果、粗粮中含磷也较丰富。含磷丰富的食物如表7-3所示。

表7-3　　　　　　　　　磷含量较丰富的常见食物　　　　　　　　单位:mg/100g

食物	磷含量	食物	磷含量
南瓜籽仁	1159	花生(炒)	326
黄豆	465	葵花籽(炒)	564
籼米	112	核桃	294
标准粉	188	瘦肉	189
大蒜头	117	猪肾	215
香菇(干)	258	猪肝	310
紫菜	350	牛乳	73
银耳	369	河蚌	319
鲫鱼	193	虾皮	582

第四节 钠

钠（natrium）是人体不可缺少的常量元素，性质非常活泼，自然界中钠多以钠盐的形式存在，食盐是人体获得钠的主要来源。成人体内钠含量为 70~100g，约占体重的 0.15%。其中，44%~50%存在于细胞外液，40%~47%存在于骨骼中，9%~10%存在于细胞内液。正常人血浆钠浓度为 135~140mmol/L。

一、钠的生理功能

1. 调节体内水分和渗透压

钠主要存在于细胞外液中，是细胞外液中的主要阳离子，占阳离子含量的 90%左右。它与相对应的阴离子一起构成渗透压，对细胞外液渗透压的调节和体内水分的恒定起着重要作用。当钠含量增高时，水含量也增加；反之，钠含量低时，水含量减少。

2. 维持体液的酸碱平衡

Na^+ 通过与 Cl^- 和 HCO_3^- 结合，可参与调节体液的酸碱平衡。Na^+ 在肾小管重吸收时与 H^+ 交换，可以清除体内的酸性代谢产物，参与调节体液的酸碱平衡。

3. 钠泵的构成成分

钠钾离子的主动转运，由 Na^+-K^+-ATP 酶驱动，使钠离子主动从细胞内排出，以维持细胞内外液渗透压的平衡。钠对 ATP 的生成和利用、肌肉运动、心血管功能、能量代谢都有作用，钠不足可影响这些方面的功能。此外，糖代谢、氧的利用也需要钠的参与。

4. 增强神经肌肉兴奋性

钠、钾、钙、镁等离子的浓度平衡，对于维护神经肌肉的兴奋性是不可少的。体内充足的钠可增强神经肌肉的兴奋性。

二、钠的吸收与代谢

钠在小肠上部被吸收，吸收率极高，几乎可全部被吸收。每日从肠道中吸收的氯化钠总量在 4400mg 左右。被吸收的钠，部分通过血液被输送到胃液、肠液、胆汁以及汗液中。

体内钠的稳定平衡是通过肾素-血管紧张肽-醛固酮系统、血管升压素、心钠素、肠血管活性肽等调节体内基础钠水平的，即通过控制肾小球的滤过率、肾小管的重吸收、远曲小管的交换作用以及激素的分泌来调节钠的排泄量，以保持钠平衡。

三、钠的膳食参考摄入量与食物来源

钠的需要量取决于生长的需要、环境温度、出汗及其他分泌丢失的钠量以及膳食中钾的含量。

WHO 建议，每人每天食盐用量不超过 6g。中国营养学会提出了各人群钠的适宜摄入量（AI），如表 7-4 所示。

表 7-4　　　　　　　　　　不同人群钠的适宜摄入量

年龄/岁	钠/(mg/d)	年龄/岁	钠/(mg/d)
0~	200	11~	1200
0.5~	500	14~	1800
1~	650	18~	2200
4~	900	孕妇、乳母	2200
7~	1000		

钠广泛存在于各种食物中。一般动物性食物中的钠含量高于植物性食物。膳食中钠的摄入主要来源于食盐、加工处理时加入的盐或含钠的复合物（如谷氨酸钠、小苏打等）以及酱油、腌制或盐渍食品、咸味休闲食品等。常见食物中钠的含量见表 7-5。

表 7-5　　　　　　　　　常见食物中钠的含量　　　　　　　　单位：mg/100g

食物	含量	食物	含量	食物	含量
食盐	39311	羊肉（肥瘦）	80.6	茄子	5.4
味精	8160	鸭	69	番茄	5
酱油	5757	鸡	63.3	小米	4.3
海虾	302.2	白萝卜	61.8	甜椒	3.3
海蟹	260	猪肉（肥瘦）	59.4	小麦粉	3.1
河蟹	193.5	油菜	55.8	粳米	2.4
河虾	133.8	大白菜	57.5	黄豆	2.2
鸡蛋	131.5	牛乳	37.2	赤豆	2.2
黄鱼	120.3	甘蓝	27.2	苹果	1.6
牛肉（肥瘦）	84.2	韭菜	8.1	柑橘	1.4

第五节　钾

人体钾（kalium）总量约 175g，占人体无机盐总量的 5%。其中 98% 的钾在细胞内，主要分布于肌肉、肝脏、骨骼以及红细胞中，2% 存在于细胞外液中，其中约 1/4 存在于血浆中。正常人血清钾浓度为 3.5~5.5mmol/L。

一、钾的生理功能

1. 参与细胞新陈代谢和酶促反应

糖原和蛋白质的合成、能量的释放和 ATP 的生成等都需要钾在其中起催化作用。当细胞内钠浓度增加时,将对抗钾的催化作用,使细胞代谢尤其是蛋白质的合成受到干扰。

2. 维持细胞内正常渗透压和酸碱平衡

由于钾是细胞内的主要阳离子,其浓度可达150mmol/L,因此,钾对维持细胞内液渗透压具有重要作用。钾离子又能通过细胞膜与细胞外H^+、Na^+交换,调节酸碱平衡。

3. 维持神经肌肉的应激性和正常功能

血钾过低可导致机体应激性下降,肌肉无力及发生松弛型瘫痪,严重时可影响呼吸肌,出现呼吸衰竭;血钾过高时可出现肌肉无力、麻痹,严重时可发生瘫痪。

4. 维持心肌的正常功能

心肌细胞内外的钾浓度对心肌的自律性、传导性和兴奋性起着重要作用。当钾缺乏时,心肌兴奋性增高;钾过高时又使心肌自律性、传导性和兴奋性受抑制。

二、钾的吸收与代谢

人体摄入的钾大部分由小肠吸收,吸收率为90%左右。吸收的钾通过钠泵将钾转入细胞内。钠泵即Na^+-K^+-ATP酶,可利用ATP水解所获得的能量将细胞内的3个Na^+转到细胞外,2个K^+交换到细胞内,使细胞内保持较高浓度的钾。

摄入人体的钾约90%由肾脏排出,每日排出量为280~360mg,因此,肾脏是维持钾平衡的主要调节器官。肾脏每日过滤钾600~700mmol,几乎全部在近端肾小管以及髓袢被重吸收。每日所排出的钾在远端部分肾小管中被代谢出来,随尿液排出,经粪便和汗液也可排出少量钾。

三、钾的膳食参考摄入量与食物来源

中国营养学会制定了我国各人群中钾的适宜摄入量,成人适宜摄入量为2000mg/d,其他人群AI见表7-6。

表7-6　　　　　　　　　　不同人群钾的适宜摄入量

年龄/岁	钾/(mg/d)	年龄/岁	钾/(mg/d)
0~	500	11~	1500
0.5~	700	14~	2000
1~	1000	18~	2000
4~	1500	孕妇	2500
7~	1500	乳母	2500

大部分食物都含有钾,但蔬菜和水果是钾最好来源。每100g食物中钾的含量:豆类600~800mg,蔬菜和水果200~500mg,谷类100~200mg,肉类150~300mg,鱼类200~300mg。常见食物中的钾含量见表7-7。

表7-7　　　　　　　　　　常见食物中钾的含量　　　　　　　　　　单位:mg/100g

食物名称	含量	食物名称	含量	食物名称	含量
紫菜	1796	牛肉(瘦)	284	橙	159
黄豆	1503	带鱼	280	芹菜	154

续表

食物名称	含量	食物名称	含量	食物名称	含量
冬菇	1155	黄鳝	278	柑	154
赤豆	860	鲢鱼	277	柿	151
绿豆	787	玉米（白）	262	南瓜	145
黑木耳	757	鸡	251	茄子	142
花生仁	587	韭菜	247	豆腐干	140
枣（干）	524	猪肝	235	大白菜	137
毛豆	478	羊肉（肥瘦）	232	甘薯	130
扁豆	439	海虾	228	苹果	119
羊肉（瘦）	403	杏	226	丝瓜	115
枣（鲜）	375	牛肉（肥瘦）	211	牛乳	109
马铃薯	342	油菜	210	葡萄	104
鲤鱼	334	豆角	207	黄瓜	102
河虾	329	芹菜（茎）	206	鸡蛋	98
鲳鱼	328	猪肉	204	梨	97
青鱼	325	胡萝卜	193	粳米（标二）	78
猪肉（瘦）	295	标准粉	190	冬瓜	78
小米	284	标二稻米	171	猪肉（肥）	23

第六节　镁

　　镁（magnesium）主要凝集于线粒体中，在线粒体内，其含量仅次于钾和磷，在细胞液中含量仅次于钠和钙，居第三位。人体内含镁 20~28g，其中 60%~65% 存在于骨骼和牙齿中，27% 分布在肌肉和软组织中。血浆中镁浓度为 1~3mg/100mL。

一、镁的生理功能

1. 多种酶的激活剂

　　镁作为多种酶的激活剂，参与 300 余种酶促反应。镁既能与细胞内许多重要成分形成复合物而激活酶系，也能直接作为酶的激活剂激活酶系。

2. 维护骨骼生长

　　镁是维持骨细胞结构和功能所必需的元素。镁具有维持和促进骨骼、牙齿生长的作用。镁是与钙、磷一起构成骨骼和牙齿的成分，镁与钙既有协同作用又有拮抗作用，当钙摄入不足时，可适量由镁代替钙，但当镁摄入量过多时，反而会阻止骨骼的正常钙化作用。

3. 对激素的调节作用

血浆镁的变化可直接影响甲状腺旁激素的分泌。血浆镁增加时，可抑制甲状旁腺激素的分泌，血浆镁浓度下降时则可兴奋甲状旁腺，促进少量的镁自骨骼、肾脏、肠道转移至血液中。

4. 维持体液酸碱平衡和神经肌肉的兴奋性

镁与钙的协同作用，可维持体内酸碱的平衡和神经肌肉的兴奋性。不论血中镁或钙哪一种元素过低，神经肌肉兴奋性均增高；反之则有镇静作用。

5. 调节心血管功能

镁是第二信使 cAMP 生成的调节因子。镁是腺苷酸环化酶的激活剂，可促使细胞内 cAMP 生成增多，从而引起血管扩张。

6. 调节胃肠道功能

镁是导泻剂，镁离子在肠腔中吸收缓慢，可引起水分滞留，有导泻作用。

二、镁的吸收与代谢

镁在整个肠道中均可被吸收，但镁摄入后主要还是经小肠吸收，吸收率一般约为摄入量的 30%，大肠中镁的吸收很少或不吸收。镁的吸收与膳食摄入量的多少有密切关系，摄入量少时吸收率增加，摄入量多时吸收率降低。水对镁的吸收起重要作用。镁的主动运输通过肠壁，其途径与钙相同。氨基酸会增加难溶性镁盐的溶解度，所以蛋白质可促进镁的吸收。膳食磷酸盐和乳糖的含量、肠腔内镁的浓度及食物在肠内的过渡时间对镁的吸收都有影响。

正常成人膳食中每日可供应约 200mg 的镁，每天排出 50~120mg 镁，占摄入量的 1/3~1/2，镁大量从胆汁、胰液中分泌到肠道，其中 60%~70%可随粪便排出，有些在汗液或脱落的皮肤中丢失，其余随尿液排出。肾是排镁的主要器官，还有过滤和重吸收的作用。正常情况下，分泌的镁大多被肾小管重吸收，过滤的镁大约有 65%被重吸收。

三、镁的膳食参考摄入量与食物来源

中国营养学会制定了镁的适宜摄入量，成人 AI 值为 350mg/d，孕妇和哺乳期妇女的 AI 值可增加到 400mg/d；成年人镁的可耐受最高摄入量值为 700mg/d。不同人群的适宜摄入量和可耐受最高摄入量值，如表 7-8 所示。

表 7-8　不同人群镁的适宜摄入量和可耐受最高摄入量　　单位：mg/d

年龄/岁	适宜摄入量	可耐受最高摄入量
0~	30	—
0.5~	70	—
1~	100	200
4~	150	300
7~	250	400
11~	350	700
孕妇	400	700
乳母	400	700

叶绿素是镁卟啉的螯合物，所以镁富含于各种绿叶蔬菜中。植物性食物如糙粮、坚果、干豆也含有丰富的镁。肉类、淀粉类食物及牛乳等食物中的镁含量中等。精制谷物中的镁含量一般较低，这是由于加工可使谷物颗粒表层中的镁受到损失。表7-9中的食物为含镁较丰富的食物。

表7-9　　　　　　　　　　　常见含镁较丰富的食物　　　　　　　　　　单位：mg/100g

食物名称	镁含量	食物名称	镁含量
大黄米	116	苋菜（绿）	119
大麦（元麦）	158	口蘑（白蘑）	167
黑米	147	木耳（干）	152
荞麦	258	香菇（干）	147
麸皮	382	发菜（干）	129
黄豆	199	蘑菜（干）	1257

第七节　铁

铁（iron）是人体必需的微量元素之一，也是体内含量最多的微量元素。正常人体含铁（iron）量为3~5g，男性平均含铁量为3.8g，女性平均含铁量为2.3g。体内铁有两种存在形式，功能性铁和储备铁。功能性铁是铁的主要存在形式，约占70%。其大部分存在于血红蛋白中，其次为肌红蛋白，还有少部分存在于含铁的酶（细胞色素氧化酶、过氧化物酶、过氧化氢酶等）和运输铁中。储备铁约占总铁含量的30%，主要以铁蛋白和含铁血黄素的形式存在于肝、脾和骨髓中。膳食中的铁在人体中的吸收率较低，容易导致缺乏。

一、铁的生理功能

1. 维持正常的造血功能

铁在骨髓造血细胞中进入幼红细胞内，与卟啉结合形成高铁血红素，再与珠蛋白合成血红蛋白。缺铁可造成红细胞中血红蛋白的量不足，甚至影响DNA的合成及幼红细胞的增殖，还可使红细胞的寿命缩短，使自身溶血增加。

2. 参与体内氧的运输和组织呼吸过程

铁在体内主要作为血红蛋白、肌红蛋白、细胞色素等的组成部分而参与体内氧的运输、氧与二氧化碳的交换和组织呼吸过程。血红蛋白能与氧进行可逆性结合，当血液流经氧分压较高的肺部时，血红蛋白能与氧结合生成氧合血红蛋白，而当血液流经氧分压较低的组织时，氧合血红蛋白又将离解成血红蛋白和氧，以供组织利用，并将各组织中的二氧化碳送至肺部排出体外，从而完成氧和二氧化碳的运转、交换和组织呼吸的任务。

3. 维持正常的免疫功能

免疫功能的正常发挥与体内铁的水平有关。缺铁可引起淋巴细胞的减少和自然杀伤细胞的活性降低，但当发生感染时，若存在过量的铁又往往会增进细菌的生长，对抵御感染不利。

4. 其他作用

铁可催化促进 β-胡萝卜素转化为维生素 A，参与嘌呤与胶原的合成、抗体的产生、脂类在血液中转运以及药物在肝脏中的解毒过程等。

二、铁的吸收与代谢

食物中铁有血红素型铁与非血红素型铁两种类型，它们的吸收与利用各有不同。

血红素铁：血红素铁是与血红蛋白及肌红蛋白中的卟啉结合的铁，可被肠黏膜上皮细胞直接吸收，在细胞内分离出铁并与脱铁蛋白结合。

非血红素铁：非血红素铁又称离子铁，主要以 $Fe(OH)_3$ 络合物的形式存在于食物中。其结合的有机分子有蛋白质、氨基酸及其他有机酸等。非血红素铁必须先溶解，与有机分子部分分离，还原为亚铁离子后，才能被吸收。

人体对食物中铁的吸收率很低，膳食中铁的吸收率平均约为 10%，一般动物性食物中铁的吸收高于植物性食物，如牛肉为 22%、牛肝为 14%～16%、鱼肉为 11%，而玉米、大米、大豆、小麦中的铁吸收率只有 1%～5%。影响铁吸收的主要因素可归纳为以下几点：①植物性食物中含有较多的磷酸盐、碳酸盐、植酸、草酸等，可与铁形成难溶性铁盐，降低铁的吸收率。②维生素 C 有利于铁的吸收。维生素 C 与铁形成小分子可溶性络合物，因而有利于铁的吸收。③肉、禽、鱼类食物中铁的吸收率较高，除了与其中含有一半左右的血红素铁有关外，也与动物肉中的一种叫"肉因子"的物质有关。④食物中的有些成分，如胱氨酸、半胱氨酸、赖氨酸、组氨酸、葡萄糖、果糖、柠檬酸、琥珀酸、脂肪酸、肌苷、山梨酸等能与铁螯合形成小分子可溶性单体，组织铁的沉淀，因而有利于铁的吸收。⑤食物中钙的含量充足，可与铁吸收的抑制因素如植酸根、草酸根等结合，有利于铁的吸收，但体内含量大量的钙不利于铁的吸收，原因尚不明确。⑥蛋黄中含有卵黄高磷蛋白，会干扰铁的吸收，其铁的吸收率仅为 3%。⑦食物中另有一些成分可妨碍铁的吸收，如茶叶中所含的鞣酸在肠道内可与铁形成难溶性的复合物，对铁的吸收有明显的抑制作用。

根据一个成年人的血液总容量、血液中血红蛋白的含量以及血红蛋白中铁含量（0.34%），正常人每天用于合成血红蛋白的铁有 20～25mg。由于机体具有保留、储存和再利用铁的特点，能够将代谢铁的 90% 以上加以保留并反复利用。机体内过多的铁主要以铁蛋白或含铁血黄素的方式储存在细胞中。含铁血黄素的含铁量较铁蛋白高，储存部位主要是肝实质细胞和骨髓的网状内皮细胞。以铁蛋白形式储存于肝、脾、骨髓及肠黏膜细胞中的铁总量，成年男子为 1000mg，女子为 300mg。

机体排泄铁的能力有限，成年人每天排出的铁量为 0.9～1.05mg，包括胃肠道损失 0.35mg，胆汁中损失 0.2mg，黏膜中损失 0.1mg。从尿液中排出的铁极少，仅 0.08mg。

三、铁的膳食参考摄入量与食物来源

铁在体内代谢中，一方面由于可被机体反复利用，另一方面排出的铁量又少。因此，只要从食物中吸收加以弥补，即可满足机体的需要。中国营养学会推荐我国居民膳食铁的适宜摄入量（mg/d），如表 7-10 所示。成年人铁的可耐受最高摄入量为 50mg/L。

表 7-10　　　　　　　　　　不同人群铁的适宜摄入量

年龄/岁	性别	铁/(mg/d)	年龄/岁	性别	铁/(mg/d)
0~	—	0.3	18~	男	15
0.5~	—	10		女	20
1~	—	12	50~		15
4~	—	12	孕妇		
7~	—	12	早期	—	15
11~	男	16	中期	—	25
	女	18	晚期	—	35
14~	男	20	乳母	—	25
	女	25			

铁广泛存在于各种食物中，但不同来源的食物其吸收率不同。动物性食物中含有丰富的铁，如动物肝脏、瘦猪肉、牛羊肉、禽类、鱼类、动物全血等食物不仅含铁丰富而且人体吸收率很高，是膳食中铁的良好来源，但鸡蛋和牛乳中铁的吸收率低。植物性食物中的含铁量不高，且吸收率低，大豆和小油菜、芹菜、毛豆等中的铁含量较高。常见食物中铁含量，如表 7-11 所示。

表 7-11　　　　　　　　　　常见食物中铁含量　　　　　　　　　　单位：mg/100g

食物	含铁量	食物	含铁量	食物	含铁量
稻米	2.3	黑木耳（干）	97.4	芹菜	0.8
标准粉	3.5	猪肉（瘦）	3.0	大油菜	7.0
小米	5.1	猪肝	22.6	大白菜	4.4
玉米（鲜）	1.1	鸡肝	8.2	菠菜	2.5
大豆	8.2	鸡蛋	2.0	干红枣	1.6
红小豆	7.4	虾米	11.0	葡萄干	0.4
绿豆	6.5	海带（干）	4.7	核桃仁	3.5
芝麻酱	58.0	带鱼	1.2	桂圆	44.0

第八节　锌

正常成人体内含锌（zinc）2~2.5g，广泛分布于人体各组织和器官中。其中，肌肉含量最高，约占 60%；其次为骨骼，占 22%~33%；其他依次为：皮肤和毛发 8%，肝 4%~6%，胃肠道和胰腺 2%，中枢神经系统 1.6%，全血 0.8%。

一、锌的生理功能

1. 酶的组成成分和酶的激活剂

锌是人体许多重要酶的组成成分,已知含有锌的酶不少于80种,主要有金属酶、碱性磷酸酶等。

2. 促进生长发育

锌缺乏可引起DNA、RNA以及蛋白质合成障碍,可使细胞分裂减少,生长停止。锌与骨骼发育、骨质代谢有关。胎儿的生长发育、儿童骨骼的生长和身高等都会受体内锌水平的影响。

3. 维持正常味觉和食欲

锌是味觉素的组成成分,同时也参与味蕾细胞转化,因此,锌与味觉有密切关系。锌能直接影响消化酶的活性,从而改变消化功能。

4. 促进机体免疫功能

锌可促进淋巴细胞的优势分裂,增加T细胞的数量和活力,对胸腺细胞的成熟和胸腺上皮功能也有影响。除了促进T细胞的成熟外,对免疫细胞的凋亡也有影响。

5. 参与维生素A的代谢

当机体需要维生素A时,肝脏中的视黄醇酯可被水解为维生素A,然后通过血液循环到各个组织细胞,发挥其生理功能。参与维生素A合成的维生素A还原酶是一种含锌的醇脱氢酶,缺锌时此酶活性降低。

6. 维持细胞膜的稳定

细胞膜系中存在大量含锌的酶及蛋白质,因此,锌对细胞内外的各种代谢活动具有重要的调节作用。锌可通过抑制和消除过多自由基对膜的破坏,减少了膜上不饱和脂肪酸的过氧化,有利于细胞膜结构的稳定和功能的发挥。

二、锌的吸收与代谢

锌主要在小肠内被吸收,其吸收机制为耗氧的主动吸收,然后与血浆中蛋白质或转铁蛋白结合,随血流入门静脉循环,分布于各器官和组织。

锌吸收率受多种因素影响。肠腔内锌的浓度直接影响锌的吸收。当体内缺锌时,锌的吸收率会增高。体内锌浓度高时,可诱导肝脏金属硫蛋白合成增加,增加的硫蛋白与锌结合可积存于肠黏膜细胞中,当锌水平下降时,细胞中的锌再释放至肠腔中,使体内锌含量维持在一个稳定水平。锌吸收受膳食中碳化合物的影响;过量纤维素及某些微量元素也影响其吸收;铁过多可抑制锌的吸收。锌的吸收率一般为20%~30%。

锌在体内代谢后,主要随粪便排出,少部分随尿排出。经粪排出的锌大部分是肠道内未被吸收的锌。膳食中氯和磷的增加会明显加大锌从尿液排出的量。

三、锌的膳食参考摄入量与食物来源

中国营养学会推荐中国居民成人男性的锌摄入量为15.0mg/d,女性为11.5mg/d,锌的可耐受最高摄入量为男性45mg/d,女性为37mg/d。不同人群锌的推荐摄入量,如表7-12所示。

表 7-12　　　　　　　　　　不同人群锌的推荐摄入量

年龄	性别	锌/(mg/d)	年龄	性别	锌/(mg/d)
0~	—	1.5	18~	男	15.0
0.5~	—	8.0		女	11.5
1~	—	9.0	50~		11.5
4~	—	12.0	孕妇		
7~	—	13.5	早期	—	11.5
11~	男	18.0	中期	—	16.5
	女	15.0	晚期	—	16.5
14~	男	19.0	乳母	—	21.5
	女	15.5			

动物性食物含锌丰富且吸收率高。一般贝壳类海产品（如海蛎肉、扇贝、牡蛎等）、红色肉类、动物内脏等都是锌的良好来源。蛋类、干果、豆类、花生、燕麦等食物中含锌也较丰富，但蔬菜、水果类食品的含锌量低。常见食物中锌的含量，如表 7-13 所示。

表 7-13　　　　　　　　　　常用食物中锌的含量　　　　　　　　　　单位：mg/100g

食物	含锌量	食物	含锌量	食物	含锌量
生蚝	71.2	螺蛳	10.29	南瓜籽（炒）	7.12
海蛎肉	47.05	墨鱼（干）	10.02	葵花籽（炒）	5.91
小麦胚芽	23.40	糌粑	9.55	猪肝	5.78
蕨菜	18.11	火腿鸡	9.26	牛肉	3.71
蛏子	13.63	口蘑	9.04	牛肉粉	3.14
山核桃	12.59	松子	9.02	猪肉	2.99
扇贝	11.69	香菇	8.57	花生仁（炒）	2.82
泥蚶	11.59	蚌肉	8.50	稻米	1.70
鱿鱼	11.24	辣椒	8.21	小麦粉	1.64
山羊肉	10.42	兔肉	7.81	鸡蛋	1.00

第九节　硒

硒（selenium）分布于机体的各组织器官和体液中，在肝脏和肾脏中浓度最高，肌肉、骨骼和血液中浓度中等，脂肪组织中浓度最低。人体硒量的多少与地区膳食硒的摄入量差异有关，成人体内硒总量为 3~20mg。

一、硒的生理功能

硒的主要功能是抗氧化。除此之外，硒在肿瘤抑制、提高免疫力和甲状腺激素调节等方面具有重要作用。

1. 抗氧化作用

硒抗氧化作用是因为其参与构成了谷胱甘肽过氧化物酶。谷胱甘肽过氧化物酶具有抗氧化作用，能清除体内脂质过氧化物，阻断活性氧和自由基对机体的损伤作用。

2. 保护心血管和心肌的健康

硒能降低心血管病的发病率。硒的缺乏可使脂质过氧化增强，导致心肌纤维的坏死、心肌小动脉及毛细血管损伤。

3. 参与甲状腺激素的代谢

硒是碘甲状原氨酸脱碘酶的构成成分，可催化各甲状腺激素分子脱碘。

4. 解毒作用

硒是一种天然的对抗重金属的解毒剂。由于硒与金属有较强的亲和力，所以在体内能与重金属结合形成金属-硒-蛋白质复合物而起到解毒作用，并能促进金属被排出体外。

5. 其他功能

硒还具有提高人体免疫机能、改善视力、防治眼疾、辅助治疗糖尿病等功能。

二、硒的吸收与代谢

硒主要在小肠（包括十二指肠、空肠和回肠）中被吸收，人体对食物中硒的吸收率一般为60%~80%。不同形式的硒有不同的吸收方式，如硒甲硫氨酸是主动吸收，亚硒酸盐是被动吸收，而硒酸盐的吸收方式不太明确，如亚硒酸盐的吸收率大于80%，硒甲硫氨酸和硒酸盐的吸收率大于90%。

被吸收的硒首先要进入血浆，然后被转运至各个组织，如骨骼、头发及白细胞等。硒被代谢后大部分随尿排出，占总硒排出量的50%~60%。粪便可排泄少量硒，其排出的硒主要是未被吸收的硒。此外，汗液、毛发等也可排出少量的硒。

三、硒的膳食参考摄入量与食物来源

过多的硒摄入不仅没有必要，而且还可能产生负面影响。中国营养学会推荐我国成人膳食硒摄入量为 50μg/d。成年人硒的可耐受最高摄入量为 400μg/d。不同人群硒的推荐摄入量如表 7-14 所示。

表 7-14　　　　　　　　　　不同人群硒的推荐摄入量

年龄/岁	硒/(μg/d)	年龄/岁	硒/(μg/d)
0~	15	4~	25
0.5~	20	7~	35
1~	20	11~	45

续表

年龄/岁	硒/(μg/d)	年龄/岁	硒/(μg/d)
14~	50	早期	50
18~	50	中期	50
50~	50	晚期	50
孕期		乳母	65

食物中硒含量差距很大，海产品、动物内脏以及肉类都是硒的良好来源。大蒜、圆葱中硒含量丰富，而其他蔬菜和水果中硒含量较低，而且蔬菜在加工中还会流失一部分硒。我国目前食物中的硒供给量存在不足的情况。常见食物中硒的含量见表7-15。

表7-15　　　　　　　　　常用食物中硒的含量　　　　　　　　单位：μg/100g

食物	含硒量	食物	含硒量	食物	含硒量
魔芋精粉	350.15	带鱼	36.57	杏仁	15.65
猪肾	156.77	腰果	34	桂圆	12.4
松蘑	98.44	羊肉	32.2	猪肉	11.97
普中红磨	91.70	扁豆	32	牛肉	10.55
牡蛎	86.64	南瓜籽	27.03	猪蹄筋	10.27
珍珠白磨	78.52	鸡蛋黄	27.01	紫菜	7.22
鲜贝	57.35	豆腐干	23.60	黑豆	6.79
鸭肝	57.27	西瓜籽	23.44	黄豆	6.16
小黄花鱼	55.20	大蒜	19.3	大蒜（紫皮）	5.54
蘑菇	39.18	猪肝	19.21		

第十节　碘

正常成人体内含有20~25mg的碘（iodine）。其中70%~80%存在于甲状腺中，其次是肌肉，其余的则分布在肺、卵巢、肾脏、肝脏、脑、淋巴结等组织中。甲状腺中的碘以无机和有机两种形式存在，其中99%为有机结合碘，包括甲状腺球蛋白、甲状腺素、3，5，3′-三碘甲状腺原氨酸。甲状腺中的含碘量随年龄、摄入量及腺体的活动性不同而有差异。

一、碘的生理功能

碘主要参与甲状腺激素的合成，其生理作用也是通过甲状腺激素的作用表现出来的。甲状腺激素是机体最重要的激素之一，对机体的作用是多方面的，它不仅是调节机体物质代谢必不可缺的物质，对机体的生长发育也有着非常重要的作用。

1. 参与三大营养素及能量的代谢

甲状腺素具有调节蛋白质合成与分解作用：当体内缺乏甲状腺素或膳食蛋白质摄入不足时，甲状腺素可促进蛋白质合成，而体内甲状腺素不缺或膳食蛋白质摄入充足时，甲状腺素则促进蛋白质的分解。并且，甲状腺能促进糖的吸收，加速肝糖原分解和促进组织对糖的利用，促进脂肪分解及调节血清中胆固醇和磷脂的浓度。此外，蛋白质、糖和脂肪三大营养素均通过三羧酸循环的生物氧化释放能量，其中一部分能量通过磷酸化过程储存在三磷酸腺苷（ATP）中，而甲状腺激素具有促进三羧酸循环的生物氧化、协调生物氧化和磷酸化偶联及调节能量转换的作用。

2. 促进生长发育

甲状腺激素能调控并维持动物体内细胞的分化与生长。发育期儿童的身高、体重、肌肉、骨骼的增长等都必须有甲状腺激素的参与。

3. 激活许多重要的酶

甲状腺激素能活化体内100多种重要的酶，包括细胞色素酶系、琥珀酸氧化酶系以及碱性磷酸酶。这些酶在生物氧化和物质代谢中具有重要作用。

4. 促进维生素的吸收和利用

甲状腺激素能促进烟酸的吸收和利用、β-胡萝卜素向维生素A的转化以及核黄素合成黄素腺嘌呤二核苷酸等。

5. 促进神经系统发育

碘是胎儿神经发育的必须物质，在胎儿或婴幼儿脑发育的一定时期内依赖甲状腺激素的参与。甲状腺激素能促进神经系统的发育、组织的发育和分化、蛋白质合成。

6. 垂体的支持作用

甲状腺激素对维持垂体正常的形态、功能和代谢是至关重要的。当血浆中甲状腺激素增多时，垂体即受到抑制，促使甲状腺激素分泌减少；当血浆中甲状腺激素减少时，垂体又能促进甲状腺激素分泌，这种双重调节作用对稳定甲状腺功能很有必要。

二、碘的吸收与代谢

人每日摄取的碘总量为100~300μg，其中80%~90%来自食物，10%~20%来自饮水，来自空气的碘<5%。碘主要以碘化物的形式由消化道吸收，其中有机碘部分可直接被吸收，一部分则需在消化道内转化为无机碘后，才可吸收。

碘进入血液后被送至全身，可分布于各组织中，如甲状腺、肾脏、唾液腺、乳腺、卵巢等，只有进入甲状腺的碘，才能合成甲状腺激素。在代谢过程中，甲状腺激素分解而脱下的碘，一部分可重新被利用。另一部分体内的碘主要经过肾脏排出，尿液中排出的碘占总量的90%，粪便中排出的约占10%，汗液中可排出少量的碘。

三、碘的膳食参考摄入量与食物来源

碘的需要量受性别、年龄、体重、发育、营养状况、气候以及疾病状态等因素的影响。中国营养学会提出了每人每日碘的推荐摄入量：成年人为150μg/d，孕妇及乳母为200μg/d，成年人碘的可耐受最高摄入量为1000μg/d。不同人群碘的推荐摄入量如表7-16所示。

表 7-16　　　　　　　　　中国居民膳食含碘参考摄入量　　　　　　　单位：μg/d

年龄/岁	推荐摄入量	可耐受最高摄入量	年龄/岁	推荐摄入量	可耐受最高摄入量
0~	50	—	18~	150	1000
0.5~	50	—	50~	150	1000
1~	50	—	孕妇		
4~	90	—	早期	200	1000
7~	90	800	中期	200	1000
11~	120	800	晚期	200	1000
14~	150	800	乳母	200	1000

海盐和海产品中碘含量丰富。海产品如海带、紫菜、蛤干、干贝、海参等都是良好的碘食物来源。在碘缺乏地区，采用碘强化措施是防治碘缺乏的重要途径，如在食盐中加碘、食用油中加碘及自来水中加碘等。食用碘盐是最方便、有效的预防缺碘的方法。常见食物中碘的含量如表 7-17 所示。

表 7-17　　　　　　　　　　常见食物中碘的含量　　　　　　　　　　单位：μg/100g

食物	碘含量	食物	碘含量	食物	碘含量
海带（干）	36240	鸡肉	12.4	橘子	5.3
紫菜	4323	牛肉	10.4	小米	3.7
哈贝	346	核桃	10.4	小麦粉	2.9
海鱼	295.9	松子仁	10.3	番茄	2.5
虾皮	264.5	小白菜	10	大米	2.3
海带（鲜）	113.9	黄豆	9.7	扁豆	2.2
虾米	82.5	青椒	9.6	牛乳	1.9
豆腐干	46.2	豆腐	7.7	鸡肝	1.3
鸡蛋	27.2	草鱼	6.4	马铃薯	1.2
猪肝	16.4	柿子	6.3	茄子	1.1

第十一节　铜

铜（cuprum）在人体含量较少，正常人体内的含铜总量为 1.5~2.0mg/kg，估计总量在 50~150mg。铜广泛分布于体内各组织器官中，如肌肉、骨骼中占 50%~70%，肝脏占 20%，血液占 5%~10%，还有少量存在于含铜的酶中。

一、铜的生理功能

铜参与铜蛋白和多种酶的构成,是体内许多氧化酶的组成成分,如胺氧化酶、亚铁氧化酶Ⅰ(铜铁大白)、亚铁氧化酶Ⅱ、细胞色素C氧化酶等,它们在人体内发挥着重要的生理功能。

1. 维持正常的造血功能

铜参与铁的代谢和红细胞的生成,铜能促进铁的吸收、转运和储存。亚铁氧化酶Ⅰ和亚铁氧化酶Ⅱ可氧化铁离子(Fe^{2+}氧化为Fe^{3+}),使铁离子与运铁蛋白结合,对生成运铁蛋白起重要作用,并可将铁从小肠腔和储存点运送到红细胞生成点,促进血红蛋白的形成。因此,缺铜使红细胞生产障碍,可引起缺铁性贫血。

2. 促进结缔组织形成

铜主要通过赖安酰氧化酶促进结缔组织中胶原蛋白和弹性蛋白的交联,以形成强壮、柔软的结缔组织。

3. 维护中枢神经系统的完整性

铜在中枢神经系统中的一些遗传性和偶发性神经紊乱的发病过程中有重要的作用,如细胞色素氧化酶能促进神经髓鞘的形成。

4. 抗氧化作用

铜是超氧化歧化酶的组成成分,也是该酶的活性中心结构。超氧化物歧化酶能催化超氧阴离子成为氧和氢过氧化物,过氧化物可通过过氧化氢酶或谷胱甘肽过氧化物酶转变为水,从而保护细胞免受超氧自由基引起的损害。

5. 促进正常色素形成及保护毛发正常结构

含铜的酪胺氧化酶能催化酪氨酸转化为多巴,并进而转化为黑色素。铜缺乏时,黑色素生成障碍,导致毛发脱色。硫氢基氧化酶具有维护毛发结构正常和防止其角化的作用。该酶也是含铜的酶。铜缺乏时,可引起毛发角化,出现具有铜丝样头发的卷发症。

6. 其他功能

铜与葡萄糖代谢、脂质代谢、心肌细胞氧化代谢、免疫功能、激素分泌等也有关。

二、铜的吸收与代谢

铜主要在十二指肠被吸收,小肠末端和胃也可以吸收铜,吸收率约为40%。植物性食物中铜的吸收率约为33.8%,动物性食物中铜吸收率约为41.2%,某些膳食成分可能影响铜的吸收和利用,如锌、铁、钼、维生素C、蔗糖和果糖,但所需要量都比较高。铜吸收后,被运至肝脏、骨骼等组织器官中,用以合成铜蓝蛋白和含铜酶。

铜的主要排泄途径是随胆汁到胃肠道,再与进入胃肠道的铜以及少量来自小肠细菌的铜一起随粪便中排出,由胆汁排泄入胃肠道的铜10%~15%可被重新吸收。

三、铜的膳食参考摄入量与食物来源

中国营养学会推荐我国成年人铜的适宜摄入量为2.0mg/d,可耐受最高摄入量为8.0mg/d。铜的食物来源广泛,牡蛎、贝类海产品、坚果、谷类、豆类、动物的肝和肾等含铜量都较丰富,而蔬菜、乳及乳制品中含铜量较低。

第十二节 氟

成年人体内含氟（fluorine）为 2~3g，氟在人体内的分布主要集中在骨骼和牙齿中，少量存在于指甲、毛发、内脏、软组织和体液中。

一、氟的生理功能

氟在牙齿和骨骼的形成中具有重要作用。牙釉质中的羟磷灰石吸附氟后，可在牙齿表面形成一层坚硬的抗酸性耐腐蚀的氟磷灰石保护层。缺氟时，由于不能形成保护层，牙釉质容易受微生物、有机酸以及酶的侵蚀而发生龋齿。人体骨骼固体成分的60%是骨盐，氟能与骨盐晶体表面的离子进行交换，形成更为稳定的氟磷灰石而成为骨盐的组成成分。骨盐中氟含量多时，骨质将更坚硬，而且适量的氟有利于钙和磷的利用并可在骨骼中的沉积，促进骨骼的生长。

二、氟的吸收与代谢

膳食和饮用水中的氟摄入人体后，主要在胃部被吸收。通过被动扩散进入血液的氟，吸收很快，吸收率也很高。饮用水中的氟可被完全吸收，食物中的氟一般吸收率为75%~90%。膳食中某些因素会影响氟的吸收，如铝盐、钙盐可降低氟在肠道中的吸收，而脂肪水平可增加氟的吸收。

肾脏是氟排泄的主要途径。每天摄入的氟有50%~80%通过肾脏被清除。从肠道排出的氟量很少，也有极少部分随汗液、毛发排出。

三、氟的膳食参考摄入量与食物来源

中国营养学会推荐氟的成年人适宜摄入量为1.5mg/d，不同人群的适宜摄入量，如表7-18所示。成年人氟的可耐受最高摄入量为3.0mg/d。

表7-18　　　　　　　　不同人群氟的适宜摄入量

年龄/岁	氟/(mg/d)	年龄/岁	氟/(mg/d)
0~	0.1	11~	1.2
0.5~	0.4	14~	1.4
1~	0.6	18~	1.5
4~	0.8	50~	1.5
7~	1.0		

氟的主要来源是饮用水，大约占人体每日摄入量的65%，其余约30%来自食物。一般，动物性食品氟含量高于植物性食品。茶叶、海带、海鱼和紫菜中含氟含量较高。从饮用水中摄入的氟也占人体中一定的比例，我国不同地区的天然水源中氟含量不同，一般为0.2~0.5mg/L。

第十三节 铬

铬（chromium）是人和动物必不可少的微量元素之一。人体含铬量甚微，总量仅为 5~10mg。含量较高的组织有骨、大脑、肌肉、皮肤、肾上腺、脂肪等，而血清中铬浓度较低。组织中铬含量随年龄增长而下降，一般新生儿机体组织中含铬量较高。

一、铬的生理功能

铬的活性形式为三价铬，其主要功能是维持身体内正常的葡萄糖含量水平。"葡萄糖耐量因子"是一种含铬的有机物。铬作为胰岛素的辅助因子，有增加葡萄糖利用以及使葡萄糖转变成脂肪的作用。此外，铬能影响脂肪的代谢，有降低血清胆固醇和提高高密度脂蛋白胆固醇的作用，可减少胆固醇在动脉壁上的沉积。铬还可促进蛋白质的代谢和机体的生长发育，对人体的免疫功能也有影响。

二、铬的吸收与代谢

无机铬化合物在人体中的吸收率很低，小于3%。铬可与有机物结合成具有生物活性的复合物，从而提高其吸收率，可提高达 10%~25%。膳食中某些因素可影响铬的吸收，如维生素C可促进铬的吸收，植酸盐和草酸盐则可降低铬的吸收率，膳食中单糖和双糖含量高时也可干扰铬的吸收。

三、铬的膳食参考摄入量与食物来源

我国成人铬的适宜摄入量为 50μg/d，可耐受最高摄入量为 500μg/d。

铬广泛分布于食物中，动物性食品如肉类、鱼贝类、乳制品等含铬较丰富，谷类、豆类、坚果类、黑木耳、紫菜、啤酒酵母、肝脏等也是铬的良好来源。

第十四节 其他矿物质

一、锰

锰（manganese）在人体内含量甚微，成年人仅 12~20mg，分布于身体的骨骼、脑、肝脏、肾脏、胰腺等组织中。锰在体内作为锰金属酶或锰激活酶发挥生理作用，在参与骨骼形成、氨基酸、胆固醇和碳水化合物代谢，维持脑功能以及神经递质的合成与代谢等多方面发挥着重要作用。

锰主要在小肠中吸收，吸收率较低，仅为 3%~4%。当锰含量增高时吸收率较低，反之，

吸收率则增加。膳食中钙、磷浓度高时，锰的吸收率较低，铁缺乏时，锰的吸收率增高。

成年人锰的适宜摄入量值为 3.5mg/d，可耐受最高摄入量为 10mg/d。茶叶、谷类、核桃、海参、鱿鱼中富含锰，其次是蔬菜、水果类，精制的谷类及动物性食品如肉、鱼、乳类食品中锰含量较少。

二、钼

钼（molybdenum）在人体内含量很少，约 9mg，分布于全身各种组织和体液中，肝、肾中含量最高。钼的生理功能主要是通过 3 种含钼或依赖钼的酶而表现的。这 3 种酶是黄嘌呤氧化/脱氢酶、醛氧化酶和亚硫酸盐氧化酶。黄嘌呤氧化/脱氢酶可催化组织内的嘌呤转变为尿酸，醛氧化酶可催化各种嘧啶、嘌呤及相关化合物的氧化与解毒，亚硫酸盐氧化酶可催化半胱氨酸转变为亚硫酸或甲硫氨酸转变为无机硫化物。

钼的吸收部位在胃及小肠。食物中钼化合物极易被吸收，吸收率可达 88%~93%。膳食中硫化物对钼的吸收有较强的抑制作用，血液中的钼大部分被肝、肾摄取。肝脏中的钼与大分子结合可形成钼酶或钼辅基。钼主要以钼酸盐的形式通过肾脏排泄。膳食中的钼摄入增多时，肾脏排泄钼也随之增多。因此，尿钼的排泄是维持机体钼平衡的重要机制。

中国营养学会制定了中国居民膳食钼参考摄入量，其中，成人钼的适宜摄入量为 60μg/d，可耐受最高摄入量为 350μg/d。钼广泛存在于各种食物中。动物肝、肾中含量最丰富。谷类、乳类及乳制品和干豆类食品也是钼的良好来源。蔬菜、水果、鱼类中钼含量较少。

三、钴

钴（cobalt）在人体内含量极少，为 1.1~1.5mg，以肝、肾和骨骼含量较高。钴是维生素 B_{12} 的重要组成成分之一。其功能以维生素 B_{12} 的作用来体现，主要是促进红细胞的成熟。

膳食中钴在小肠上部被吸收，吸收率为 63%~93%。人体缺铁时，钴的吸收增强，而钴的增加可降低铁的吸收。钴主要通过肾脏排出，少部分随粪便、汗液、经毛发等排出，一般不在体内蓄积。

中国营养学会膳食指南指出，成年人的适宜摄入量为 60μg/d，可耐受最高摄入量为 350μg/d。动物内脏（包括肾、肝、胰等）的含钴量比较丰富，其次是牡蛎、瘦肉。发酵豆制品中含维生素 B_{12} 也不少，如臭豆腐、红豆乳、豆豉、酱油、黄酱等。蘑菇、甜菜、卷心菜、洋葱、萝卜、番茄、菠菜、无花果和谷类等食物中钴含量较高，而乳制品及各种精制食品中钴含量较低。

四、硼

硼（Boron）是人体可能必需的微量元素。硼主要参与胎胚形成、骨骼发育、细胞膜功能和稳定、代谢调节以及免疫应答，也是人和动物氟中毒的主要解毒剂。植物性食物，尤其是非柑橘类水果、叶菜、果仁和豆类富含硼，果酒、苹果汁和啤酒的含硼量也很高，肉、鱼和乳类食品中含硼量少。

五、硅

硅（silicon）在人体内含量为 2~3g，是形成骨、软骨、结缔组织的必需成分。膳食硅摄入量一般在 14~62mg/d 范围内。硅存在于各类食物中，粗粮及谷类制品中含量丰富。

六、镍

镍（niccolum）在植物和维生素中作为酶的辅因子或结构组分（如脲酶、氢化酶、CO 脱氢酶等）发挥生物学作用，包括水解和氧化还原反应和基因的表达等，但在人体中的营养作用还未被确认。镍在人体甲硫氨酸代谢中与维生素 B_{12} 和叶酸有交互作用，或在同型半胱氨酸合成甲硫氨酸及丙酰 CoA 转换成琥珀酰 CoA 时发挥作用。

镍富含于巧克力、坚果、干豆、谷类及梨等食物中。

第十五节 影响食品中矿物质成分的因素

许多相互作用的因素影响着食品中矿物质的成分，因此食品中矿物质成分变化很大。

一、影响植物性食品矿物质成分的因素

植物在生长过程中从土壤中吸取水和必需矿物质营养素，因此，植物可食部分的最终成分受土壤的肥力、植物的遗传学和它们生长环境的影响和控制。同一品种植物的矿物质含量都可能因生长在不同的地区而存在很大的变化。

二、影响动物性食品矿物质成分的因素

动物性食品中矿物质浓度变化小。一般情况下，动物饲料的变化仅对肉、乳和蛋中矿物质浓度产生很小的影响，显然这是由于动物体内存在着平衡机制，它能调节组织中必需营养素的浓度。

三、加工对食品中矿物质成分的影响

与维生素和氨基酸不同，热、光、氧化剂、极端 pH 或其他能影响有机营养素的因素一般不会破坏矿物质元素。食品加工时矿物质的变化，会随食品中矿物质的化学组成、分布以及食品加工方式的不同而异。其损失可能很大，也可能由于加工用水及所用设备不同等原因不但没有损失，反而可有增加。

1. 烫漂对食品中矿物质含量的影响

食品在烫漂或蒸煮时，若与水接触，则食品中的矿物质损失可能很大，这主要是因烫漂后要沥滤的原因。至于矿物质损失程度的差别则与它们的溶解度有关。如菠菜在烫漂时矿物质的损失如表 7-19 所示。

表 7-19　　　　　　　　烫漂对菠菜矿物质的影响

名称	含量/（g/100g）		损失率/%
	未烫漂	烫漂	
钾	0.9	3.0	50

续表

名称	含量/(g/100g)		损失率/%
	未烫漂	烫漂	
钠	0.5	0.3	43
钙	2.2	2.3	0
镁	0.3	0.2	30
磷	0.6	0.4	36
硝酸盐	2.5	0.8	70

2. 烹调对食品中矿物质含量的影响

烹调对不同食品的不同矿物质含量影响不同，尤其是在烹调过程中，矿物质很容易随汤汁流失。此外，马铃薯在烹调时的铜含量随烹调类型的不同而有差别（表7-20）。铜在马铃薯皮中的含量较高，煮熟后含量下降，而油炸后含量却明显增加。

表7-20　　　　　　　　烹调对马铃薯铜含量的影响

烹调类型	含量/(mg/100g 鲜重)	烹调类型	含量/(mg/100g 鲜重)
生鲜	0.21±0.1	油炸薄片	0.29
煮熟	0.1	马铃薯泥	0.1
烤熟	0.18	马铃薯皮	0.34

豆子煮熟后矿物质的损失非常显著（表7-21），其钙的损失与其他常量元素相同而与菠菜相反，至于其他微量元素的损失也与常量元素相同。

表7-21　　　　　　　　生熟豌豆的矿物质含量

名称	含量/(mg/100g)		损失率/%
	生	熟	
钙	13.5	69	49
铜	0.8	0.33	59
铁	5.3	2.6	51
镁	163	57	65
锰	1	0.4	60
磷	453	156	55
钾	821	298	64
锌	2.2	1.1	50

3. 碾磨对食品中矿物质含量的影响

谷类中的矿物质主要分布于其糊粉层和胚组织中，所以碾磨可使其矿物质的含量减少，而且碾磨越精，其矿物质的损失越多。矿物质不同，其损失率也有不同。小麦磨粉后某些微量元素的损失如表7-22所示。当小麦被碾磨成粉后，其中，锰、铁、钴、铜、锌的损失严重。钼虽然也集中在麦麸和胚芽中,但集中的程度比上述元素低,损失也较低。至于铬在麦麸和胚芽中的浓度与钼相近。硒的含量受碾磨的影响不大,仅损失 15.9%。

表 7-22　　　　　　　　　碾磨对小麦微量元素的影响

名称	小麦/(mg/kg)	白面粉/(mg/kg)	损失率/%
锰	46	6.5	85.8
铁	43	10.5	75.6
钴	0.026	0.003	88.5
铜	5.3	1.7	67.9
锌	35	7.8	77.7
钼	0.48	0.25	48
铬	0.05	0.03	40
硒	0.63	0.53	15.9
镉	0.26	0.38	—

4. 大豆加工对矿物质含量的影响

大豆可加工成脱脂大豆蛋白粉,并可进一步被制成大豆浓缩蛋白与大豆分离蛋白。在上述加工过程中,大豆和大豆制品中微量元素可有变化(表 7-23)。大豆的加工过程与谷类碾磨不同,其微量元素除硅外无明显损失,而铁、锌、铝、锶等元素反而都浓缩了,这可能是因为大豆深加工后提高了蛋白质的含量,上述元素与蛋白质组分相结合,因此被浓缩了。

表 7-23　　　　　　　大豆及大豆制品中矿物质的含量　　　　　　　　单位:mg/kg

名称	大豆	脱脂大豆蛋白	大豆浓缩蛋白	大豆分离蛋白
铁	80	65	100	167
锰	28	25	30	25
硼	19	40	25	22
锌	18	73	46	110
铜	12	14	16	14
钡	8	6.5	3.5	5.7
硅	—	140	159	7
钼	—	3.9	4.5	3.8
碘	—	0	0.17	0.1
铝	—	7.7	7.7	18
锶	—	0.85	0.85	2.3

四、强化

美国自 1924 年起进行了在食品中强化矿物质的工作,首先是将碘加入食盐中。到了 20 世纪 40 年代，在面粉中加入铁和各种人体易缺乏的维生素。目前在美国用铁和碘强化食品仍然很普遍，此外，也在早餐谷物和其他食品中加入钙、锌和其他微量元素。因婴儿食品在营养上必须是完全的，所以婴儿的配方食品中含有许多品种的添加矿物质。

在食品中添加矿物质必须遵循相关的法规。同时，一些技术上的问题，尤其是被添加的矿物质在食品中的稳定性和与食品中其他组分相互作用可能产生不良后果等问题必须得到妥善的解决。

本章知识链接

人体组织中几乎含有自然界中存在的所有元素。碳、氢、氧、氮主要以有机化合物的形式存在，其他元素笼统地被称为"矿物质"或"无机盐"。根据在体内含量的多少，矿物质又可被分为两大类：含量大于体重的 0.01% 的被称为"常量元素"或"宏量元素"，如钙、磷、钾、钠、镁、氯、硫，都是人体必需的元素；含量小于体重的 0.01% 的被称为"微量元素"，目前的技术水平可检出约 70 种微量元素，其中被确认为人体必需微量元素的有 14 种，即铁、铜、锌、锰、钴、铬、钼、锡、钒、氟、镍、硒、碘、硅。矿物质和微量元素的生理功能包括：①构成人体组织，如钙、磷、镁是骨骼和牙齿的主要成分；②维持体内水分的正常分布、酸碱平衡和神经肌肉的兴奋性；③矿物质和微量元素是一些酶的激活剂和组成成分。由于新陈代谢，每天都有一定量的矿物质和微量元素经大小便、汗液、头发、指甲、皮肤等途径被排出体外，所以必须通过膳食加以补充。

练习与思考

1. 矿物质有哪些生理功能？
2. 影响钙、铁、锌的吸收和代谢的因素有哪些？
3. 影响食品加工过程中矿物质成分的因素有哪些？

参考文献

[1] 孙远明. 食品营养学（第 2 版）[M]. 北京：中国农业大学出版社，2010.

[2] 张忠，李风林，余蕾. 食品营养学（第 1 版）[M]. 北京：中国纺织出版社，2017.

[3] 王光慈. 食品营养学 [M]. 北京：中国农业出版社，2006.

第八章 水

[本章主要内容]

本章主要讲述了水作为人体必不可少营养物质的性质和生理作用以及人体内水的摄入和排出及调节水平衡机制。

[本章重点]

1. 水的性质和生理作用；
2. 水在人体内的分布与人体需水量；
3. 水平衡调节。

[本章难点]

1. 水的生理作用；
2. 水在人体内的分布；
3. 水平衡调节机制。

第一节 水的性质和生理作用

水是一切生物体的重要组成部分，是人类赖以维持最基本生命活动的物质，对维持机体的正常功能和代谢具有不可忽视的作用，离开水，生命将不复存在。人体组织成分中含量最多的是水，体内所有的组织中都含有水，水约占体重的2/3。水在体内不仅构成身体的成分，而且还具有调节生理功能的作用。由于水在自然界中分布广泛，一般无缺乏的风险，所以在营养学中常常被忽视，但这并不能否定水在生命活动中的重要作用。

一、水的性质

水，化学式为H_2O，是由氢、氧两种元素组成的无机物，无毒，可饮用。在常温常压下为无色无味的透明液体，被称为人类生命的源泉。水是地球上最常见的物质之一，是包括人类在内所有生命生存的重要资源，也是生物体最重要的组成部分。

1. 水的物理性质

水在常温下为无色、无味无臭的液体。在标准大气压下（101.325kPa），纯水的沸点为99.975℃，凝固点为0℃。纯水在4℃时的密度为$1.0000g/cm^3$。常温下水的离子积常数$K_w=1.00×10^{-14}$；纯水的理论电导率为$0.055\mu S/cm$。

水分子间形成的氢键使水具有优异的储热能力，水吸收的大部分热能用来克服氢键，因此不会显著增加液体的温度。比热容（specific heat capacity，符号c），又称比热容量，是热力学中常用的一个物理量，表示物体吸热或散热的能力，水的比热容是为$4.18×10^3 J/(kg·℃)$，比大部分液体高。高比热容使人体中的水作为一种良好的热量存储媒介发挥着调节体温的作用，体内热量的增加或减少都不会引起体温的较大波动，水对于人维持体温有重要的作用。水蒸发潜热高也是由于水分子间氢键的影响，水蒸发的能量大部分是用于断裂水分子间的氢键。水蒸发潜热高的特性对于植物是很重要的，因为植物叶片通过水分蒸发可消耗过多吸收的光能从而避免温度升高对细胞造成伤害。25℃时，水的蒸发潜热是44kJ/mol，是所有已知溶剂中最高的。

在已知的溶剂中，水的极性是最大的，而水分子的极性使它成了一种很好的极性溶剂，是离子和极性化合物（如无机盐、水溶性维生素等）的良好溶剂，也是人体内各类营养物质消化、吸收、运输和代谢尾产物排泄的载体。

我们都知道杯子满了以后水会沿着杯壁往下流，这是很自然的事，但细心的你也许同样也能发现，在杯子将满未满的时刻，水平面会逐渐地升高，在高过玻璃杯沿的时候，水仍未落下，水的表面却像涨起的气球一样，随着水的一点点增加，慢慢地变得丰盈起来，在高过杯沿一定的程度的时候，才像承受不住似的，哗啦一下流下来。当水将落未落时，水面像紧紧附着一层水膜，拉着水不让它流下去，这就是液体的表面张力。液体会产生使表面尽可能缩小的力，这个力称为"表面张力"。清晨凝聚在叶片上的水滴、水龙头上缓缓垂下的水滴，都是在表面张力的作用下形成的。而在非金属液体中，水的表面张力是最大的，水可以作为蛋白质等有机大分子构象的稳定剂，还可以维持细胞的形态、弹性和硬度。

2. 水的化学性质

水的生成焓很高，为-285.8kJ/mol，故热稳定性好，在1726.85℃的高温下其离解不足百分之一。尽管水的行为复杂又独特，它却是既小又简单的分子。它由两个氢原子和一个氧原子键合而成，水分子的三个原子形成104.5°，每个氢原子和氧原子之间的共价键分享一对电子，但这对电子的共享程度并不均衡，氧比氢更需要电子（这种特性称为电负性），共价电子则主要在负电氧原子周围运动。因此，共价键氧的一侧带负电（-），氢的一侧带正电（+），故在纯水中存在下列电离平衡：$H_2O \longleftrightarrow H^+ + OH^-$ 或 $H_2O + H_2O \longleftrightarrow H_3O^+ + OH^-$。

由于水由氢氧元素组成的，氢有零价和正一价，氧有零价、负一价和负二价，水中氢为正一价，可得电子被还原为零价。氧为负二价，可失电子被氧化为负一价或零价。水有氧化还原两性，当水与强氧化剂反应时，显示还原性，如水跟氟单质反应时，表现出还原性，使得氧被还原成氧气：$2F_2+2H_2O = 4HF+O_2\uparrow$。水还可与还原剂反应显示其氧化性，如水跟较活泼金属或碳反应时，氢被还原成氢气：$2Na+2H_2O = 2NaOH+H_2\uparrow$。

此外，水在直流电作用下，还被分解生成氢气和氧气，工业上用此法制纯氢气和纯氧气：$2H_2O = 2H_2\uparrow+O_2\uparrow$。

水还可以跟活泼金属的碱性氧化物、大多数酸性氧化物以及某些不饱和烃发生水化反应。例如，$Na_2O+H_2O = 2NaOH$、$CaO+H_2O = Ca(OH)_2$、$SO_2+H_2O = H_2SO_4$、$P_2O_5+3H_2O = 2H_3PO_4$、$CH_2=CH_2+H_2O \longleftrightarrow C_2H_5OH$ 等。

水还可以与化合物发生水解反应。在无机化学概念中，化合物中的弱酸根或弱碱离子与水反应，可生成弱酸和氢氧根离子（或弱碱和氢离子）。在有机化学概念中，该化合物会分解为两部分，水中的 H^+ 和 OH^- 分别加到这两部分中，从而得到两种或两种以上新的化合物。

无机水解反应：在溶液中盐电离出的离子与水电离出的 H^+ 和 OH^- 结合生成弱电解质的反应。无机物在水中的分解通常是复分解过程，水分子也被分解，和被水解的物质残片结合形成新物质。如氯气在水中分解，一个氯原子和一个水被分解的氢原子结合生成盐酸，另一个氯原子与水分子的另一个氢原子和氧原子结合生成次氯酸：$Cl_2+H_2O \longleftrightarrow HCl+HClO$。碳酸钠水解会产生碳酸氢钠和氢氧化钠（水解后呈碱性）。第一步：$CO_3^{2-}+H_2O \longleftrightarrow HCO_3^-+OH^-$；第二步：$HCO_3^-+H_2O \longleftrightarrow H_2CO_3+OH^-$。氯化铵水解会产生盐酸和氨水（水解后呈酸性）：$NH_4Cl+H_2O \longleftrightarrow NH_3\cdot H_2O+HCl$。

有机水解反应：有机物的分子一般都比较大，水解时需要酸或碱作为催化剂，有时也可用生物活性酶作为催化剂。工业上应用较多的是有机物的水解，主要生产醇和酚，它是中和或酯化反应的逆反应。但大多数有机化合物的水解，仅用水是很难顺利进行的。根据被水解物的性质，水解剂可以用氢氧化钠水溶液、稀酸或浓酸，有时还可用氢氧化钾、氢氧化钙、亚硫酸氢钠等的水溶液。这就是所谓的加碱水解和加酸水解。在酸性水溶液中，脂肪会水解成甘油和脂肪酸；淀粉会水解成麦芽糖、葡萄糖等；蛋白质会水解成氨基酸等分子质量比较小的物质。在碱性水溶液中，脂肪会分解成甘油和固体脂肪酸盐，即肥皂，因此这种水解又称皂化反应。

二、水的生理功能

1. 水是机体的重要组成部分

水是人体含量最大和最重要的部分，从某种意义上讲，人是水做的，成人体内含水量约占体重的 2/3，在婴儿体内水分含量甚至可以达到体重的 80%，水广泛存在于组织细胞内外，可构成人体的内环境，水还是很多生命大分子的组成部分。在人体内，大部分水会和亲水胶体结合，如蛋白质胶体中的结合水可参与细胞构筑，并使组织器官保持一定的形态、弹性与硬度。

2. 水是人体内的重要溶剂

在已知的溶剂中，水的极性是最强的，是一种很好的极性溶剂，可作为人体内各种生化反应的媒介，参与体内水解、水合等生化反应。由于水的流动性强，可作为体内各种物质的载体，对有机营养物质（糖类化合物、蛋白质、脂类物质和维生素）和无机盐的消化、吸收、运输和代谢产物的排泄都有着非常重要的作用，既可以将进入体内的多种营养物质运送到有关组织器官，又可通过排便、排尿、排汗、呼吸等途径将体内的代谢废物、毒物以及多余成分排出体外。

3. 水能调节体温，保持体温恒定

水的比热大，1g 水温度每升高或降低 1℃ 需要约 4.2J 热量，比同等量固体或其他液体所需的热量高，所以人体内的水可以吸收代谢过程中产生的能量，使体温不至于显著升高。同时水的蒸发热也大，在 37℃ 体温条件下，蒸发 1g 水可带走 2.4kJ 热量，因此在高温情况下，人体可以通过排汗的方式散发大量的热，使体温不至于升高，从而维持体温的恒定。因此，因体内有大量水分，可使人的体温不至于因为人体内代谢改变或者外界环境的变化而产生大幅波动，可保持体温恒定。

4. 水的润滑作用

水的黏度小，可使身体内存在摩擦的部位变得润滑，减少损伤。在体内关节、胸腔、腹腔、肠胃道、韧带、肌肉、眼球等处都存在一定量的水分，水分对器官、关节、肌肉、组织的活动可起到缓冲、润滑、保护的功效。如泪水润滑眼睛，可防止眼睛干燥；唾液及消化液润滑咽喉及消化道，有利于吞咽及消化道的蠕动；关节液有利于关节伸屈；胸腔、腹腔的液体，可以使脏器活动自由，减少相互之间的摩擦。

此外，水还可以参与机体的各种生化反应，充填并支撑人体各部分细胞组织等。有研究表明，生物体内酶、核酸等的活动，生物膜的功能，不仅与周围水的量有关，也与周围水的状态有很大关系，即与水分子团的构造和排列情况有关。还有人指出，支持 DNA 对信息进行记忆和执行的应是与其共鸣场有关的水的状态。目前已有用磁化、远红外辐射、压力场、冻结解冻等方法对水进行的功能化设计了，人们观察到了这些水对生物膜的改变、酶及激素活性有重要影响，因此，我们也称这样的水为"功能性水"。

第二节 人体的含水量分布和需水量

一、水在人体的含量与分布

人体内水含量会随年龄、性别、生理状态、组织脂肪量等因素的变化而变化。胚胎期水分占体重的比例可高达 90%，新生儿体内含水量约占体重的 80%，婴儿体内含水量约占体重的 70%，婴幼儿身体含水量高于成年人，而随着年龄增长，身体内的含水量会逐渐下降，10~16 岁后，人体内的含水量就会减至成年人水平，含水量约占体重的 60%，而通常男性体内含水量要高于女性，女性体内含水量约为体重的 50%~55%，且随着年龄的增长，含水量会进一步下降，一般 60 岁以上男性体内含水量约为体重的 51.5%，女性只有体重的 45.5% 左右。

人体内的水分细胞内液和细胞外液，它们被细胞膜隔开。人体最大的蓄水库（约 62%）在细胞内，细胞外的水约占机体总含水量的 30%，包括组织间（间质）液和血浆（约占机体总水量的 7%），大约有 2/3 的细胞外水分在间质（全身组织间的一种复杂的凝胶样肌质）中。人体内所有组织中都含有水，各个器官组织、脏器中所含水分不一样，其中代谢最活跃的组织含水量最高，稳定而代谢不活跃的组织含水量低，例如人的唾液含水量为 99.5%，脑脊液含水量为 99%，肾、肺等脏器含水量都在 85% 以上，血液含水量为 80%，血浆含水量在 90% 以上，皮肤含水量为 60%~70%，肌肉组织含水量为 75%~80%，脂肪组织含水量为 10%~30%，骨骼含水量为 12%~15%。

另外，人体内的含水量与脂肪含量成反比，体胖者的含水量比体瘦者含水量少。女性体内脂肪量比男性多，这也是女性体内含水量比男性少的原因。

二、人体的需水量

人体的需水量主要受代谢情况、年龄、体重、体力活动、温度、膳食等因素影响，故在不同条件下，人对水的需求量会有很大差异。表 8-1 列出了不同年龄阶段的人每天的需水量。

表 8-1　　　　　　　不同年龄阶段的人每天的需水量　　　　　　单位：mL/kg 体重

年龄	需水量	年龄	需水量
1 岁以下	120~160	8~9 岁	70~100
2~3 岁	100~140	10~14 岁	50~80
4~7 岁	90~110	15 岁以上	40

一般正常人每日每千克体重需水量约为 40mL，即 60kg 体重的成人每天需水量约为 2500mL，而婴幼儿由于体内含水量相对较高、代谢旺盛，其需水量约为成年人的 3~4 倍。而哺乳期妇女因为乳汁中 87% 是水，产后 6 个月内平均乳汁的分泌量约为 750mL/d，故每天需额外增加 1000mL 的水。

人体的需水量还与膳食息息相关，食物组成不同，需水量也不同。当人进食高蛋白食物时，蛋白质代谢的尾产物尿素的生成量增加，这需要较多的水稀释尿素，因此需水量会增加。当进食纤维含量较多的食物时，无法消化的纤维残渣需要排出体外，也需要更多的水。进食含盐量多的食物时，需水量也增加。

人体的需水量还跟环境温度呈正相关，环境温度越高，需水量就越大。正常情况下，夏季需水量远高于冬季。当气温下降到 10℃ 以下时，需水量减少，人的饮水量会明显下降。当气温升到 30℃ 以上时，需水量增加，饮水量显著增加。

此外，人体的需水量还与运动相关，运动越激烈，需水量越大。当剧烈运动大量出汗时，体内水消耗增多，甚至可高达 5000mL，所以对水的需求量也会相应增加。

我国 2016 年发布的《中国居民膳食指南》明确指出："足量饮水"。在温和气候条件下生活的从事轻体力活动的成年人每日最少饮水 1500~1700mL。指南中还建议少量多次饮水，早晨起床以后空腹喝一杯水等。

第三节　人体内的水平衡

机体在不停的新陈代谢过程中，一方面不断摄入水分，一方面又持续排出水分，通过每天摄入的水量与排出的水量来维持人体内的水平衡。人体内的水平衡对维持内环境的稳定有着非常重要的意义。

一、水的摄入途径

人体内的水来源于饮水、食物水和人体内碳水化合物、蛋白质以及脂肪三大类产热营养素在代谢过程中的分解产物——代谢水。其中，饮水和食物水是人体水的主要来源。

1. 液态水

液态水是指日常生活中人们饮用的水、咖啡、饮料、酒、茶、汤、乳制品等一系列的液体，一般来说，只依靠食物中的水和营养物质代谢获得的水难以提供代谢产物从尿液中排泄、补充肠道中水的丢失和从体表蒸发所需的水，所以饮水是必须的，这也是人体摄入水分最主要的来源。需要注意的是，咖啡、茶和一些含有咖啡因的饮料会有促排尿的效果。

2. 固态水

固态水通常指米饭、水果、蔬菜等食物中含有的水，也称食物水，食物中水的含量相差甚大，水果蔬菜等食物中的含水量通常超过 80%。

3. 代谢水

代谢水通常指人体内的碳酸化合物、蛋白质和脂肪三大类产热营养素在代谢过程中产生的最终氧化产物之一的成分，我们称之为代谢水或者氧化水。每 100g 营养素在体内代谢产生的水量分别为碳水化合物产生水量 60mL、蛋白质产生水量 41mL、脂肪产生水量 107mL。一般成年人每日可产生 200~400mL 的代谢水。

二、水的排出途径

人体内水的排出主要通过尿、粪便、呼吸、皮肤蒸发等方式。

1. 通过尿排水

人体内的水主要是通过肾脏，以尿液的形式排出，一般占水分总排出量的 50% 左右。尿液的主要成分就是水，正常情况下，人的尿液含水量约为 95%。肾脏的排水量不定，一般随体内水的多少而增减，以调节体内的水平衡，而且受饮水量、食物性质、活动量以及环境温度等因素的影响。其中饮水量的影响是最大的，饮水越多，排尿量越大；活动量越大、环境温度越高，则排尿量越少。正常情况下一个人一天的尿液在 500~1000mL。

2. 通过粪便排水

如果人不吃蔬菜和粗糙的谷类食物，粪便的固液比例是相对稳定的，即水分约 65%，固体约 35%。以粪便形式排出的水量，受食物因素的影响较大。当食物在消化道消化时，消化道分泌的消化液含水量每天可高达 8L，但是在正常情况下，消化液会在小肠部位被吸收，所以最后只有 100~200mL 的水会随着粪排出体外，而当肠胃功能紊乱，发生腹泻或者呕吐等情况时，机体会丢失大量的水分，从而使机体处于脱水的状态。

3. 通过呼吸排水

肺呼吸蒸发的水是人体排泄水的重要途径。肺呼出气体的含水量往往大于吸入气体的含水量，这是由于呼出的气体中水蒸气的含量几乎达到了饱和。在适宜的环境条件下，人体经呼吸散失的水量是恒定的。随着环境温度的提升、活动量的增加、人呼吸频率加快，经肺呼出的水分也增加。每日通过呼吸排出的水分有 250~350mL。

4. 通过皮肤排水

通过皮肤排水是人体排泄水的又一重要途径，是连续的、无知觉的，主要通过皮肤蒸发和汗腺分泌进行的。蒸发是指水从毛细血管和皮肤的体液中简单扩散到表皮，是随时在进行的，即使在寒冷的环境中也不例外；汗腺的分泌就是所谓的"出汗"，与环境温度、相对湿度、活动强度等有关。每日皮肤排出的水分为450~1900mL。皮肤出汗和散发体热、调节体温密切相关。人体处在高温状态下，可通过出汗排出大量水分，带走热量降低体温。在适宜的环境条件下，人体通过排汗（隐汗）途径仅损失少量水分。

三、水平衡调节机制

人体内含水总量保持相对稳定，这种平衡主要依赖人体调节水代谢的一系列机制。水平衡是指人体水分的摄入与排出之间的平衡关系，即从饮食摄取的和体内代谢产生的水，与通过尿液和粪便排出以及呼吸和皮肤蒸发排出的水量相当，如表8-2所示；也指正常情况下，人体细胞与组织水分分布处于平衡状态。

表8-2 成年人每天水分进出量

水的进量/(mL/d)		水的出量/(mL/d)	
饮水	1200	尿	350
食物水	1000	粪	500
代谢水	300	呼吸	1500
		皮肤	100
		其他（鼻、眼等）	50
合计	2500	合计	2500

1. 摄水调节

人体对水的摄入依靠渴觉来调节，控制口渴感觉的神经中枢在下丘脑。渴觉主要是由于身体失水而引起细胞外液渗透压的升高，刺激下丘脑视前区的渗透压感受器而产生的，进而引发人体的饮水意识。一般情况下，当体液损失达到总体液量的1%~2%，即一个成年人的体液损失量达到350~700mL时，就可产生口渴感，促使人体摄入水。体内水分得到补充后，渗透压会恢复正常，人则无口渴的感觉而不需要饮水。此外身体缺水也会降低唾液腺的分泌，使口腔黏膜和喉咙发干，产生刺激信号，由神经传入下丘脑摄水中枢而产生口渴的感觉和饮水的意识。

2. 排水调节

人体水的排出，主要依靠肾脏的排尿量来调节。如果身体缺水，则尿量减少；反之，如果人大量饮水，则尿量会增加。人的最低排尿量有两个影响因素：一个是身体必须排出的溶剂量，另一个是肾对尿液的浓缩功能。

尿的排出主要受下垂体分泌的抗利尿激素（加压素）调节。当人体缺水而导致血浆渗透压上升时，渗透压感受器则兴奋，可反射性地刺激脑下垂体释放抗利尿激素，从而改变肾小管的通透性，加强肾对水的重吸收，使尿液浓缩，尿量减少；反之，当人大量饮水后，血浆渗透压会下降，则抗利尿激素分泌量会减少，水分重吸收减弱，尿液浓缩变少，尿量增加。此外，肾上腺皮质分泌的醛固酮激素在促进肾小管对钠离子重吸收的同时，也会增加机体对水的重吸收。

有"口渴中枢"控制的液体摄入与抗利尿激素引起的体液保存，共同维持着人体体液的稳定状态。

练习与思考

1. 人在剧烈运动或长时间高温作业时要适量补充盐水，这是为了及时补充水分和维持细胞的渗透压。但是，为什么漂流在海上的人在长期断水后却绝对不能饮用也含有无机盐的海水？
2. 水的生理功能有哪些？
3. 女性体内含水量比男性少的原因是什么？
4. 人体需水量是否是固定不变的，它与哪些因素相关？
5. 水的摄入途径有哪些？
6. 水的排出途径有哪些？
7. 什么是水平衡？水平衡的调节机制有哪些？

参考文献

[1] 周明. 营养学导论 [M]. 北京：化学工业出版社，2019.

[2] 张雅利，赵琳. 营养与健康 [M]. 西安：西安交通大学出版社，2018.

[3] 周才琼，周玉林. 食品营养学 [M]. 北京：中国质检出版社，2017.

[4] 张忠，李风林，余雷. 食品营养学 [M]. 北京：中国纺织出版社，2017.

[5] 邓泽元. 食品营养学 [M]. 北京：中国农业出版社，2016.

[6] 闫荣玲，廖阳. 如何理解生物学常识之"水是生命之源" [J]. 湖南科技学院学报，2018，39（5）：39-40.

第九章
各类食品营养价值

[本章主要内容]

食品营养价值概述，营养价值的相对性，食品营养价值评价方法和评价指标，食品营养价值评价的意义。谷类、薯类、豆类、坚果类、蔬菜类、水果类、畜禽肉类、水产品类、乳及乳制品、蛋及蛋制品、调味品及其他食品等的营养价值。要求学生理解食品营养价值及评价的相关概念，了解食品营养价值的相对性。了解并掌握食品营养价值评价方法，理解食品营养价值评价的意义。了解各类食品的营养特点和营养价值。

[本章重点]

掌握食品营养价值的评价方法和意义，了解各类食品的营养特点和营养价值。

[本章难点]

掌握食品营养价值评价方法，掌握各类食品营养价值特点。

第一节 食品营养价值评价

食品是人类获得热量和各种营养素的基本来源。食品按其来源和性质可大致分为三类：动物性食品，如畜、禽肉类，水产品、乳、蛋及其制品等；植物性食品，如粮谷类、豆类、蔬菜水果类、食用菌类及其制品等；以天然食物制取的原料，如各类调味品等。

一、食品营养价值及其相对性

食品营养价值是指食物中所含的各种营养素和能量可满足人体营养需要的程度。食品的营养价值主要包括两方面：①提供营养素，指食品中所含的营养素和能量可以满足人体需要的程度；②生理调节功能，即膳食对维持或促进人体健康，特别是对预防慢性疾病的贡献。各种食品由于所含的营养素和热能可满足人体营养需要的程度不同，其营养价值也不同。理想的高营养价值食品除含有人体必需营养素和热能外，各种营养素应种类齐全，数量充足满足人体需要，营养素组成比例应恰当，易于被人体消化、吸收和利用。值得关注的是，随着营养学的发展，人们认识到食品中很多非营养素成分对人体健康的重要作用也不容忽视。因此，食品营养素含量与其健康价值往往并不完全一致。

食物的营养价值是相对的，不能以一种或两种营养素的含量来简单断定食物营养价值的高低优劣，必须看它在膳食整体中对营养平衡的贡献。除了6个月内的婴儿可以单纯依靠母乳健康生存之外，其他任何一种食物，无论其中的某种营养素含量如何丰富，都不可能代替由多种食物组成的平衡膳食。总结起来，食物的营养相对性主要体现在以下几个方面。

(1) 几乎所有天然食物都含有人体所需一种以上营养素。除去特殊设计食品，如宇航员食品及6个月内婴幼儿纯母乳喂养之外，没有一种食品的营养价值能够满足人体的全部营养需求。而通常所认为的"高营养价值"食品，往往是指某类营养素含量加高或多种营养素含量丰富的食品。

(2) 不同食物提供的热量和营养素不同，且同一种食物的不同品种、不同产地、不同成熟度及不同部位的营养价值不同。而食物成分表中的营养素含量仅为这类食物的代表值。

(3) 食物的营养价值受其加工、烹调和贮藏等条件影响会发生一些变化。如谷粒精加工后，其糊粉层中的赖氨酸、B族维生素和矿物质损失较严重。不同加工精度与营养素保留率密切相关，一般为了充分保留谷类食物中的营养素，加工精度不宜过高。食物在烹调过程中会损失一些营养素，尤其是维生素。如蒸煮过程会极大破坏面粉中的维生素 B_1、维生素 B_2 和烟酸。而蔬菜、肉类等食物在煮制过程中，随煮沸时间的延长，维生素损失加剧。

(4) 有些食物中含有天然抗营养因子或有毒物质。如大豆中的胰蛋白酶抑制剂，可影响蛋白质的吸收。四季豆含皂素、植物血球凝集素、胰蛋白酶抑制物，黄花菜含有秋水仙碱等毒素。这些化学物质对食物的营养价值和人体健康会产生不良影响，应通过充分适当的加工烹调使之灭活。

(5) 有些食物含有特殊天然活性成分，有利于人体健康，对预防和减少疾病发生有重要作用，如蔬菜中的类黄酮、类胡萝卜素，大豆中的大豆异黄酮及植物性食物中的膳食纤维等。

(6) 食物的营养价值与身体状况有关，如乳糖不耐症人群对牛乳中乳糖不耐受，某些人群对坚果、海鲜等食物有过敏反应等，都影响该食物对机体的营养价值。

(7) 如果一种食物本身的某种营养素含量较高，但膳食中无法大量供应，或不可能大量食用，或可接受性很差，则此食物的营养贡献就会受影响，如海鲜对于我国北方居民碘的补充，在一定程度上受到地域的影响。

因此，食物的营养价值不能简单地用营养素含量来判断。营养平衡膳食，需要综合考虑食物的营养素密度、营养贡献及营养素的生物有效性，也要注意膳食中的抗营养因素和天然毒素等。值得注意的是，食品的安全性是首要问题，微生物或化学有毒物质对食品的污染，使食品的营养价值无从谈起。

二、食品营养价值评价

食物营养价值评价为人们选择健康膳食提供了科学依据。食品营养价值的评价指标主要包括以下几个方面。

（1）食品中营养素含量及热量。可通过理化分析或查阅食品营养成分表，采用营养素密度或营养质量指数进行评价。实际工作中，常通过查阅食物成分表，计算食物中各种营养素的含量和他们之间的各种比值，初步评定食物的营养价值，如蛋白质需计算必需氨基酸含量及组成间的比例，脂类需考虑饱和和多不饱和脂肪酸的比例。

（2）食品中各营养素的生物有效性，即蛋白质、脂类及钙、铁、锌的矿物元素经人体消化吸收后，被人体利用的程度。可通过动物试验及人体观察试验进行评价。

（3）食品的感官状态，通过条件反射影响人的食欲及消化液分泌，从而影响人体对该食物的消化能力。

目前食物营养评价方式很多，如营养素密度、营养质量指数、营养素的生物利用率、营养素度量法、食物的血糖生成指数、食品的抗氧化能力、氨基酸评分、食品脂肪评价等。

1. 营养素密度

营养素密度（nutrient density，ND）指食物中某种营养素满足人体需要的程度与其能量满足人体需要程度的比值，主要评价食物的营养特点。可表述为提供1000kcal能量的食物中某种营养素的含量。即：ND=营养素质量单位/1000kcal (9-1)

或者：ND=（一定数量某食物中的某种营养素含量/同量该食物中所含能量）×1000 (9-2)

[例9-1] 请计算生葵花籽和全脂牛乳中维生素B_2的营养素密度。

解：经查食物成分表，生葵花籽中维生素B_2的含量为0.2mg/100g，能量为609kcal/100g；经查食品成分表，全脂牛乳中维生素B_2的含量为0.14mg/100g，能量为54kcal/100g；通过营养素含量比较，生葵花籽中维生素B_2高于全脂牛乳。生葵花籽中维生素B_2的营养素密度=0.2×1000/609=0.33；全脂牛乳中维生素B_2的营养素密度=0.14×1000/54=2.59。因此，通过营养素密度比较，生葵花籽中维生素B_2含量低于全脂牛乳。

ND常用于食物中微量营养素含量的评价，较单纯的营养素含量数据更具指导意义。人体总能量需求有限，食物总能量过高易导致肥胖，需要用较少的能量摄入满足机体对营养素的需求。如果食品营养素密度过低，在适度能量摄入时，就容易发生营养素不足的情况，则造成代谢不平衡。

2. 营养质量指数

营养质量指数（index of nutritional quality，INQ）：指营养素密度与能量密度之比。Hansen在1979年将营养质量指数推荐作为了评价食物营养价值的指标。公式如式（9-3）所示。

$$INQ=某营养素密度/能量密度=（某种营养素含量/该营养素参考摄入量）/（所含能量/能量参考摄入量） \quad (9-3)$$

INQ的计算方法：

（1）查《食物成分表》，获得某种营养素含量；

（2）查中国居民营养素参考摄入量，确定某一人群能量与营养素膳食的参考摄入量；

（3）计算某种食物的营养素密度

$$营养素密度=营养素含量/该营养素参考摄入量 \quad (9-4)$$

(4) 计算某种食物的能量密度

$$能量密度 = 能量含量/能量素参考摄入量 \quad (9-5)$$

(5) 计算某一食物中营养素 INQ 值

$$INQ = 营养素密度/能量密度 \quad (9-6)$$

评价：

(1) INQ=1　表示食物中该营养素含量与能量对该摄入量的人的营养需要达到平衡；

(2) INQ>1　表示食物中该营养素含量高于能量，故 INQ≥1，为营养价值高；

(3) INQ<1　表示此食物中该营养素含量低于能量，长期食用此种食物可发生该营养素的不足或能量过剩，其营养价值低。INQ 是评价食品营养价值的简明指标。表 9-1 所示为鸡蛋、大米和大豆中各营养素的 INQ 值。

表 9-1　几种食品不同营养素的 INQ 值

	热能/kJ	蛋白质/g	视黄醇/μg	硫胺素/mg	核黄素/mg
成年男子轻体力劳动的营养素供给标准	10042	75	800	1.4	1.4
100g 鸡蛋	653	12.8	194	0.13	0.32
INQ		2.62	3.73	1.43	3.52
100g 大米	1456	8.0	—	0.22	0.05
INQ		0.74	—	1.08	0.25
100g 大豆	1502	35.1	37	0.41	0.20
INQ		3.13	0.31	1.96	0.96

充足的营养素和适宜的能量摄入是合理膳食的重要要求之一。因此，通过食品补充维生素或矿物质时，营养素密度和 INQ 比营养素含量更具有参考价值。食品生产中，对食物进行脱脂、低脂、低糖甚至无糖处理，可有效提高食品的营养素密度。对于婴幼儿、老弱人群、体重控制者或孕妇、乳母、运动员等营养素需求高的人群，应特别注意膳食中的营养素密度和 INQ 值。

[例 9-2] 请比较鸡蛋和大豆中的蛋白质、维生素 A 和维生素 B_1 对中体力活动的男性的 INQ。

解：经查相关表格，中等体力活动的男性每日能量推荐量为 2700kcal，蛋白质的推荐量为 80g，维生素 A 的推荐摄入量为 800μg RE，维生素 B_1 的推荐摄入量为 1.4mg。鸡蛋和大豆能量、营养素含量分别为：鸡蛋能量 144kcal，蛋白质 13.3g，维生素 A 234μg RE，维生素 B_1 0.11mg；大豆能量 390kcal，蛋白质 35g，维生素 A 37μg RE，维生素 B_1 0.41mg。计算可知：

鸡蛋的蛋白质营养素密度 = 13.3/80 = 0.167

鸡蛋的维生素 A 营养素密度 = 234/800 = 0.293

鸡蛋的维生素 B_1 营养素密度 = 0.11/1.4 = 0.079

鸡蛋的能量密度 = 144/2700 = 0.053

则：

鸡蛋的蛋白质 INQ = 0.167/0.053 = 3.15

鸡蛋的维生素 A 的 INQ = 0.293/0.053 = 5.53

鸡蛋的维生素 B_1 的 INQ = 0.079/0.053 = 1.49

因此，鸡蛋中蛋白质、维生素 A、维生素 B_1 的 INQ 均大于 1，这说明对于蛋白质、维生素 A、维生素 B_1 来说，鸡蛋为营养质量合格的食品。

同理：
$$大豆的蛋白质营养素密度 = 35/80 = 0.438$$
$$大豆的维生素 A 营养素密度 = 37/800 = 0.046$$
$$大豆的维生素 B_1 营养素密度 = 0.41/1.4 = 0.292$$
$$大豆的能量密度 = 390/2700 = 0.144$$

则：
$$大豆的蛋白质 INQ = 0.438/0.144 = 3.04$$
$$大豆的维生素 A 的 INQ = 0.046/0.144 = 0.32$$
$$大豆的维生素 B_1 的 INQ = 0.292/0.144 = 2.03$$

因此，大豆中蛋白质、维生素 B_1 的 INQ 均大于 1，说明对于蛋白质和维生素 B_1 来说，大豆为营养质量合格的食品。但其维生素 A 的 INQ 小于 1，说明对于这种营养素来说，其维生素 A 的营养质量不高，不能满足需求，应注意从其他来源进行食物补充。

[例 9-3] 一杯燕麦粥含铁 1.8mg，其能量为 100kcal，请计算其对中等体力活动的男性和女性的 INQ。

解：经查相关表格，中等体力活动的男性/女性每日能量推荐量为 2700/2300kcal，铁的推荐摄入量为 15/20mg。对于男性来说，燕麦粥的铁营养素密度 = 1.8/15 = 0.12，燕麦粥的能量密度 = 100/2700 = 0.037，燕麦粥的铁 INQ = 0.12/0.037 = 3.24；对于女性来说，燕麦粥的铁营养素密度 = 1.8/20 = 0.09，燕麦粥的能量密度 = 100/2300 = 0.043，燕麦粥的铁 INQ = 0.09/0.043 = 2.09。由此可知：用能量密度或营养素密度评价食物，关键在于对营养需求不同的人群，同一种食物可能有不同的能量或营养素密度值，对不同的人来说，食物营养价值是不一样的。

3. 食品营养素的生物利用率

食品中的营养素往往必须经过消化、吸收和转化才能发挥其营养作用。营养素生物利用率（Bioavailability）指食品中所含的营养素能够真正在人体代谢中被利用的程度。影响食品中营养素生物利用率的因素主要有以下几个方面。

(1) 食物的消化率　如虾皮富含钙、铁、锌等矿物元素，但由于虾皮很难彻底被嚼碎，消化率低，从而降低了矿物元素的生物利用率。

(2) 食物中营养素的存在形式　植物性食品中的铁元素主要以不溶性的三价铁复合物存在，其生物利用率较低。动物性食品中的铁以血红素铁的形式存在，其生物利用率较高。

(3) 食品中营养素与其他食品成分共存状态及相互作用　可能会干扰或促进营养素的吸收和利用，例如，菠菜因有草酸的存在，可使钙和铁的生物利用率降低。

(4) 人体需要状况与营养素供应充足程度　人体需求急迫或食物供应不足时，许多营养素的生物利用率会提高，反之则降低。当评价某种食物在膳食中营养贡献时，不能仅仅看其营养素含量，而更应关注营养素在体内的可利用量。

4. 食品营养素度量法

营养素度量法（Nutrient Profiling, NP）是一种新的食物营养评价方法，该方法是以预防疾病和促进健康为目的，综合考量食物的营养成分，对其进行科学的分类、排序和营养评价的新方法。营养素度量法一般是通过对食品的营养素含量或/及食物成分评分或/及阈值来对食品进行分类或排序的方法。相较于传统的营养评价方法，如能量营养素密度、营养质量指数、食物利用率、氨基酸评分等,该方法能较为全面地体现食物的特性,界定食物对于健康膳食作用的大小,并能够得出一个综合的食物营养价值结论。

NP 将食品中的营养素分为推荐性和限制性营养素两种。这两种成分必须在食品包装上的"食物营养素度量法标识"上进行标识。推荐性营养成分用"√"显示,限制性营养成分用"×"显示。2006 年 12 月,欧盟《第 1924/2006 号关于食品营养声称和健康声称的法规》明确要建立营养素度量模型,作为食品营养声称和健康声称的资格限制条件。在 NP 研究方法中,不同的研究模型所含的推荐性营养成分一般都含有蛋白质、纤维素、人体必需脂肪酸、维生素 A、维生素 C 以及矿物质钙、铁。有的国家还增加了 ω-3 脂肪酸、B 族维生素、维生素 E、纤维素、叶酸以及钾、锌、镁。限制性营养成分则含能量、总脂肪、饱和脂肪、反式脂肪酸、胆固醇、钠、总糖和酒精等。我国根据居民营养和健康状况,将人体缺乏或对预防高发疾病有益的膳食纤维、钙、铁、蛋白质、维生素 C 和维生素 E 列为"√"营养成分。将摄入过量或能引发疾病的危险因素的能量、脂肪、胆固醇和钠,列为"×"营养成分。

营养素度量法用途广泛,可以综合体现食物中多种营养成分的交互作用,可反映食物的营养质量以及各种营养素之间的平衡关系。在实践应用过程中,最常见的是配合食物标签制度使用,以帮助消费者对食物的营养成分组合有更清晰的了解,从而选购更健康的食物。此外,营养素度量法也可应用于儿童食品的推销。

如基于 NP 的包装正面营养标签体系(front-of-package,FOP),是指食品通过 NP 对其整体营养价值进行评价,以图标、符号或描述性文字的形式概括该度量法的评价结果并标示在包装正面营养标签上。

营养素度量模型主要分为两大类:一类是根据结果描述食品的营养素含量(例如高糖、高钠);另一类是根据结果描述食品对人体健康的影响(例如健康、健康之选)。目前,包括美国、澳大利亚和新西兰、加拿大、德国、比利时、荷兰、瑞典、法国等国家共建立了 20 余种 NP 模型,如推荐与限制营养素得分比值(RRR)、富含营养舒食物(NR-Fn.3)等。我国在 NP 系统的建立和应用方面才刚刚起步,目前尚未形成统一的 NP 模型。

然而,目前国外多种模型同时存在,没有统一标准,且在一种特定文化背景或目的下建立的模型,应用于其他地区仍存在争议。目前,我国对营养素度量模型的应用仍然较少。2008 年正式实施的《食品营养标签管理规范》中规定:标示能量和蛋白质、脂肪、碳水化合物和钠 4 种核心营养素的含量,不涉及食物营养的综合评价。同时,近年来我国居民膳食营养素摄入呈现能量摄入降低,摄入高能量密度膳食结构趋势明显,以及钠持续高摄入及钙、维生素等推荐营养素摄入量不足的特点。

5. 食物血糖生成指数

食物血糖生成指数(glycemic index,GI),是指某种食物与标准化食物(通常指葡萄糖)被人体摄入后,升高血糖效应之比,即含 50g 碳水化合物的食物与相当量的葡萄糖在一定时间(一般为 2h)在体内血糖反应水平的百分比值,该比值反映了食物与葡萄糖(GI100)相比升高血糖的速度和能力,是食物引起餐后血糖变动的一项有效指标,可以用来衡量某种食物或膳食组成对人体血糖浓度影响的程度。一般而言,GI>70 的为高 GI 食物,55~70 为中 GI 食物,<55 为低 GI 食物。现代营养学认为,GI 是一个比糖类的化学分类更有用的营养学概念,揭示了食物和健康之间的新关系:GI 较高的食物会过度刺激胰腺分泌,并最终导致胰腺功能耗竭,这在一些有遗传倾向的个体中会进展为 2 型糖尿病;长期高 GI 饮食可使机体对胰岛素的需求量增

加，可提高糖尿病发病风险。低 GI 膳食可改善糖尿病患者血糖，降低血浆总胆固醇、甘油三酯、低密度脂蛋白，增高高密度脂蛋白，可降低糖尿病和心血管疾病的风险，不但有短期效应而且有长期的健康意义。

GI 受多方面因素影响，如食物中碳水化合物的类型、结构、食物的化学成分和含量以及食物的物理状况和加工制作过程等。另外，GI 并不是一成不变的，它因人、因时而异。影响 GI 的因素很多，包括以下几种因素。

(1) 食物中碳水化合物的类型　单糖 GI 高于多糖，支链淀粉高于直链淀粉。

(2) 食物中其他成分含量　高脂肪食品 GI 低于等量低脂肪食品，但同时需注意，高脂肪增加了热量摄入，提高了动脉粥样硬化风险。

(3) 食品的加工烹调方法和形状特征　同一原料，不同加工烹饪方法，会影响食品的消化率，导致 GI 不同。食品加工越精细，淀粉颗粒越小，摄入体内后被消化、吸收就越快，血糖升高也就越快。反之，颗粒食物较大，延长了消化、吸收时间，使血糖升高变慢。如糙米饭和精米饭 GI 分别为 70 和 83.2。同样的，食品原料烹调时间越长，GI 也越高。

(4) 某些食物延长了胃排空时间　坚果、肉等低碳水化合物食品，柠檬、醋等偏酸性食品，以及薯条、炸鸡等高脂肪类食品，延长了胃排空的时间，减缓了淀粉或蔗糖的消化、吸收时间。

(5) 低 GI 食品是很好的膳食纤维来源，可增加食品中膳食纤维含量，这不仅利于降低 GI，还可改善肠道菌群。豆类、蔬菜、乳类等为较低 GI 的食品，而谷类、薯类、水果等常引起 GI 变化，其中的膳食纤维使吸收变得缓慢，降低了碳水化合物转化进入血液系统的速度，可以帮助糖尿病患者调节血糖。但需注意，大部分谷类食品 GI 较高。因此，要注意将高 GI 和低 GI 食品合理搭配，健康饮食的理念强调避免过多摄入高 GI 食品。

6. 食品的抗氧化能力

食品的抗氧化能力取决于食物中抗氧化物的含量。食品中天然抗氧化物包括维生素（如维生素 C、维生素 E）、微量元素（如锌、铜、锰、硒等）和植物化学成分（如酚类、类黄酮、类胡萝卜素等）。随着食品科学的发展，番茄中的番茄红素、葡萄籽中的花青素、鲑鱼所含的高比例的 ω-3 多不饱和脂肪酸等，均被认为具有很强的抗氧化能力。食品的抗氧化能力越大，其营养价值相对越高。

7. 氨基酸评分

食品蛋白质质量评价与其氨基酸数量和组成有关。人体必需氨基酸为：亮氨酸、异亮氨酸、赖氨酸、甲硫氨酸、苯丙氨酸、苏氨酸、色氨酸、缬氨酸。当食品中蛋白质的氨基酸数量和组成符合人体需要时，其吸收利用率较高。

氨基酸评分（AAS）是蛋白质营养价值评价指标之一。蛋白质的氨基酸评分指用被测食物蛋白质的必需氨基酸与推荐的理想模式或参考蛋白的氨基酸模式进行比较，计算出的比值，比值最低者为第一限制氨基酸。如式（9-7）、式（9-8）所示。

$$\text{氨基酸含量（mg/g 蛋白质）} = \text{氨基酸含量（mg/100g）} / \text{蛋白质含量（g/100g）} \quad (9\text{-}7)$$

$$AAS = \frac{\text{被测食物蛋白质每克氮（蛋白质）中氨基酸含量（mg）}}{\text{理想模式中每克氮（蛋白质）中氨基酸含量（mg）}} \quad (9\text{-}8)$$

结合蛋白质消化率，获得校正的氨基酸评分法（PDCAAS），如式（9-9）所示。

$$PDCAAS = \text{氨基酸评分（AAS）} \times \text{真消化率（TD）} \quad (9\text{-}9)$$

根据蛋白质氨基酸评分，可判断食品蛋白质的营养价值，为不同食品蛋白质营养互补提供参考。

8. 食品脂肪评价

食品中的脂肪评价包括脂肪消化率、必需脂肪酸含量、脂溶性维生素含量、脂肪酸比例等。近年来，必需脂肪酸含量和脂肪酸比例备受关注。人体不能合成亚油酸（十八碳二烯酸，C18：2）和亚麻酸（十八碳三烯酸，C18：3），必须从膳食中补充的，为必需脂肪酸。必需脂肪酸含量越高，其营养价值也越大。植物油（棕榈油除外）中必需脂肪酸含量较高，动物油（鱼油除外）中禽肉的必需脂肪酸含量高于畜肉中的必需脂肪酸含量，内脏中含量高于肌肉，瘦肉高于肥肉。另外，根据双键的位置及功能又将多不饱和脂肪酸分为 $\omega-6$ 系列和 $\omega-3$ 系列。亚油酸、花生四烯酸（AA）等属 $\omega-6$ 系列，亚麻酸、二十碳五烯酸（EPA）、二十二碳六烯酸（DHA）属 $\omega-3$ 系列。多不饱和脂肪酸含量是评价食用油营养水平的重要依据。豆油、玉米油、葵花籽油中，$\omega-6$ 系列不饱和脂肪酸较高，而亚麻油、紫苏油中 $\omega-3$ 不饱和脂肪酸含量较高。根据《中国居民膳食指南（2016）》，专家建议单不饱和脂肪酸、多不饱和脂肪酸和饱和脂肪酸的摄入比例以单不饱和脂肪酸为对照，其中单不饱和脂肪酸与多个饱和脂肪酸的比例大于1，单不饱和脂肪酸与饱和脂肪酸的比例小于1。有研究指出，老年人不饱和脂肪酸、多不饱和脂肪酸和饱和脂肪酸的摄入比例宜控制在 6%~8%：10%：8%~10%。2周岁以下幼儿及60岁以上老年人，$\omega-6：\omega-3=4：1$，成人 $\omega-6：\omega-3=4~6：1$。WHO指出，饮食中饱和脂肪酸和反式脂肪酸的高水平摄入与心血管疾病风险的增加相关。因此，WHO在其发布的脂肪酸摄入指南草案中建议，成人和儿童摄入的饱和脂肪酸所提供的热量应不超过饮食总热量的10%，摄入的反式脂肪酸应不超过1%。

三、 评价食品营养价值的意义

食品营养价值评价的重要性和意义主要体现在以下几个方面。

（1）可以全面了解各种食物的天然组成成分，包括营养素、非营养素类物质等，提出现有食品的营养缺陷，并指出改造或创新食品的方向，解决抗营养素因子问题，充分利用食物资源。

（2）了解在加工烹调过程中食品营养素的变化和损失，采取有效的措施，最大限度地保存食品中的营养素含量，提高食品的营养价值。

（3）指导公众科学地选购食品和合理配制营养平衡膳食，以达到增进健康、增强体质、预防疾病的目的。

第二节　谷类和薯类食品的营养价值

我国居民最常食用的粮谷为稻类及小麦，其次为玉米、小米、高粱、大麦、燕麦等。谷类是人体热能的主要来源（占人体每日所需热能的60%~80%），并提供人体膳食中约50%的蛋白质。同时，粮谷还能提供我国居民膳食中一定量的矿物质、B族维生素和维生素E。谷类在我国居民膳食中举足轻重，常称为"主食"。谷类食物是我国传统膳食的主体。《中国居民膳食指南（2016）》中"食物多样、谷类为主"始终列于膳食指南第一条目。薯类包括马铃薯、红薯、山药、芋头等根茎类，是我国膳食的重要组成部分。现代营养学发现，薯类既提供丰富的碳水化合物，还富含钾盐、维生素 C、胡萝卜素、膳食纤维等营养素。薯类是居民淀粉的主要来源之一，且在我国居民膳食构成中占有重要地位。

一、谷类的营养价值

1. 谷粒的结构和营养素分布

不同品种谷粒形态大小虽不尽相同，但其基本结构大致相似。谷粒的外壳是谷壳，加工时会被除去。去壳的谷粒结构由谷皮、糊粉层、胚乳和胚芽四个部分组成，如图 9-1 所示。不同结构中营养成分分布差异较大。

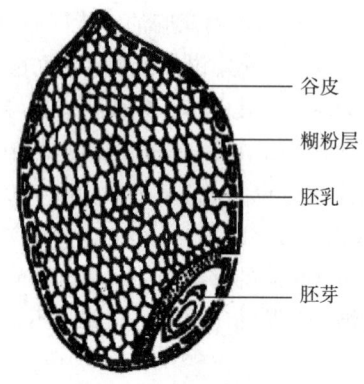

图 9-1 米粒的纵剖面图
资料来源：孙长颢．营养与食品卫生学（第 6 版）。

谷皮为包裹在谷粒外面的被膜层，是谷粒的最外层，占谷粒质量的 13%~15%，主要由纤维素和半纤维素组成，也含有一定量的蛋白质、脂肪、植酸、维生素及矿物质，且矿物质含量较丰富，但不含淀粉。谷皮是谷粒磨粉、碾米麸皮的主要成分，可作为饮料和高纤维食品的原料。谷皮的下层为多角形细胞构成的糊粉层，位于谷皮和胚乳之间，占谷粒质量的 6%~7%，含较多的蛋白质、脂肪、矿物质和 B 族维生素。它含有较多的磷元素。精米加工时，糊粉层易与谷皮一起脱落而混入米糠中，从而造成营养损失。糊粉层里面为占谷粒 80%~90% 的胚乳层，主要为淀粉颗粒，由约 74% 淀粉、10% 蛋白质及很少量的脂肪、无机盐、纤维素及维生素等组成。蛋白质主要分布在胚乳的外周，越靠近胚乳中心，蛋白质含量越低。胚乳层的脂肪、矿物质、维生素和粗纤维含量很低。胚乳层是谷粒主要营养素成分集中处，碳水化合物含量高，质地紧密，易在碾磨过程中被碾碎，加工时应尽量全部保留。胚芽位于谷粒的一端，为谷粒的发芽部分，占谷粒质量的 2%~3%，富含蛋白质、脂肪、矿物质、B 族维生素和维生素 E，营养价值高。胚芽质地柔软而有韧性，不易被粉碎，加工时易与胚乳分离而造成损失。胚芽中含有 α-淀粉酶、β-淀粉酶、蛋白酶、脂肪酶等。因此，谷类保存时和加工时易发芽和腐烂变质。另外，在胚芽和胚乳连接处含有丰富的维生素 B_1，谷类加工精度越高，维生素 B_1 损失越高。

谷类食品是膳食中 B 族维生素的重要来源。但精制大米和面粉，由于谷胚和麸皮被碾磨掉，可使维生素和矿物质的含量明显减少，因此，大米白面不是越精细越好。其实正相反，尤其是面粉,加工得越白去掉的谷胚和麸皮越多,营养素损失得也越多。损失掉的谷胚和麸皮还会使面粉中的纤维素大量地减少,使得面粉制品的血糖指数升高,对维持正常血糖有不利的影响。

2. 谷类的营养价值

(1) 碳水化合物　谷类所含碳水化合物主要是淀粉,其次为糊精、戊聚糖及少量可溶性糖。淀粉分布于胚乳的淀粉细胞中,含量占总重量的75%~80%。谷类淀粉在人体中消化吸收率很高,是人体最理想、最经济、最安全的热能来源,我国人民膳食结构中有50%~70%的能量来自谷类的碳水化合物。碳水化合物也是我国膳食能量供给的主要来源。淀粉的代谢特点是能被人体以缓慢、稳定的速率消化、吸收与分解,最终转化成能供人体利用的葡萄糖,且其能量的释放缓慢,不会使血糖突然升高,对人体健康是有益的。另外,它所含的纤维素、半纤维素在膳食中也具有重要的功能,特别是这些营养素在糙米中的含量比精白米中的含量高得多。膳食纤维虽不被人体消化吸收、利用,但它却对人体有特殊的生理功能。它能吸水,增加肠内容物的容量,能刺激肠道,增加肠道的蠕动,加快肠内容物的通过速度,有利于肠道清理废物,减少有害物质在肠道内的停留时间,从而达到预防或减少肠道疾病的功能。谷类中的葡萄糖和果糖等可溶性糖可为酵母发酵所利用,在食品加工中具有重要意义。

谷类淀粉根据结构分为直链淀粉和支链淀粉,分别占20%~30%和70%~80%,具体含量因品种不同而有差异,且受产地气候土壤条件等影响。淀粉结构的不同直接影响其制品的加工工艺和品质。直链淀粉易溶于水,胀性大而黏度小,易被消化。支链淀粉则相反。如糯米淀粉几乎全部为支链淀粉,胀性小而黏度大,这也是其"糯"性所在,不易被消化吸收。一般大米的直链淀粉量不超过40%,籼米直链淀粉含量在23%~27%,粳米的直链淀粉在16%~21%。普通小麦的直链淀粉含量在20%~30%,而糯小麦的直链淀粉要下降2%~5%。现代遗传育种技术可提高谷类中的直链淀粉含量,现已培育出直链淀粉含量高达70%的玉米品种。

(2) 蛋白质　谷类的蛋白质含量一般在8%~18%,因品种、气候、产地和加工方法不同而有所差异。蛋白质主要包括谷蛋白、球蛋白和醇溶蛋白。不同谷类蛋白质组成不同,如表9-2所示。

表9-2　　　　　　　　　　几种谷类的蛋白质组成　　　　　　　　　　单位:%

谷类	白蛋白	球蛋白	醇溶蛋白	谷蛋白
大米	5	10	5	80
小麦	3~5	6~10	40~50	30~40
大麦	3~4	10~20	35~45	35~45
玉米	4	2	50~55	30~45
高粱	1~8	1~8	50~60	32

一般谷类蛋白质的必需氨基酸组成不平衡,如赖氨酸含量较少,同时苏氨酸、色氨酸、苯丙氨酸及甲硫氨酸含量也偏低,而亮氨酸过多。谷类蛋白质一般多以赖氨酸为第一限制性氨基酸,苏氨酸为第二限制性氨基酸,玉米蛋白质以色氨酸为第一限制性氨基酸。生物价一般较低,大米为77,小麦为67,大麦为64,玉米为60,高粱为56,尤其不利于儿童的生长发育。此外,谷类蛋白质必需氨基酸组成比值与人体蛋白质有较大的差距,可造成蛋白质的氨基酸不平衡,

合成人体蛋白质的效率较低。因此，谷类蛋白质的营养价值低于动物性食物。

为了提高谷类食品蛋白质的营养价值，在食品工业上常采用氨基酸强化的方法，如在面粉、面条和面包等的生产过程中加入相关氨基酸成分，以解决氨酸缺乏的问题，如面粉中强化 0.2%～0.3% 的赖氨酸，或加入适量的大豆粉，可显著提高蛋白质的生物效价。此外，也可利用基因工程方法改善谷类蛋白质的氨基酸组成，以提高其营养价值，如将高赖氨酸玉米品种中的醇溶性蛋白含量降低，而其他蛋白质含量增加。因为一般白蛋白和球蛋白中赖氨酸含量较高，醇溶性蛋白和谷蛋白中亮氨酸较多，而赖氨酸较少，特别是醇溶蛋白中赖氨酸含量极少。所以经基因改造的玉米中赖氨酸和色氨酸含量显著提高而亮氨酸明显降低，这优化了玉米蛋白质的氨基酸组成，提高了其营养价值。另外，还可以采用蛋白质互补的方法提高其营养价值，即将两种或两种以上的食物一起食用，使各食物的必需氨基酸得到相互补充，如粮豆共食、多种谷类共食或粮肉共食等。谷类蛋白质含量虽不高，但在日常食物的总量中谷类所占的比例较高，因此谷类是膳食中蛋白质的重要来源。

(3) 脂肪　谷类的脂肪含量低，如大米、小麦只有 1%～2%，玉米和小米约为 4%，荞麦达 7%，且主要集中在胚芽和糊粉层。谷类脂肪中不饱和脂肪酸含量很高，主要为油酸、亚油酸和棕榈酸，并含有少量磷脂、糖脂等。因此在谷类加工时易损失或转入副产品中。食品加工业中常从其副产品中提取与人类健康有关的油脂，如从米糠中提取米糠油、谷维素和谷固醇，从小麦胚芽和玉米中提取胚芽油等。这些油脂中的不饱和脂肪酸含量达 80%，其中亚油酸约占 60%。在保健食品的开发中常以这类油脂作为功能油脂替代膳食中富含饱和脂肪酸的动物油脂，可明显降低血清胆固醇含量，具有防止动脉粥样硬化的作用。

谷类中脂肪有调节食物色香味的作用，使其各类制品在蒸制后产生一种特有的香气。但谷类粮食在长期贮藏中，由于空气中氧的作用，脂肪会发生氧化酸败现象，使谷类食物的香气消失或减少，并产生令人不快的陈味。因此脂肪的氧化是粮食陈化的重要原因之一。

(4) 维生素　谷类 B 族维生素是膳食中维生素 B 的主要来源，如硫胺素、核黄素、烟酸、泛酸、吡哆醇等，其中以维生素 B_1、烟酸含量最高。这些维生素主要分布在糊粉层和胚芽中，胚芽中还含有较丰富的维生素 E。谷类维生素可随加工而损失，且加工越精细损失越大。大米烹调之前的淘洗，要损失 29%～60% 的硫胺素、23%～25% 的核黄素，米越精白、搓洗次数越多、水温越高、浸泡时间越长，维生素的损失就越严重。精白米、精白面中的 B 族维生素可能只有原来的 10%～30%。因此，长期食用精白米、精白面，而又不注意从其他副食中的补充，容易引起机体维生素 B_1 缺乏，从而导致患脚气病，并损害神经血管系统。孕妇或乳母若摄入维生素 B_1 不足，可能会影响到胎儿或婴幼儿健康发育。玉米中烟酸含量较多，但主要为结合型，不易被人体吸收利用，在碱性环境下可转变为游离型烟酸可被人体吸收利用。玉米中的烟酸主要以结合型存在，只有经过适当的烹调加工，如用碱处理，才可使之变为游离型的烟酸，才能被人体吸收利用，若不经处理，以玉米为主食的地区就容易出现烟酸缺乏症，如癞皮病。黄色玉米和小米中还含有少量的 β-胡萝卜素。

(5) 矿物质　谷类中的矿物质含量为 1.5%～3%，主要是钙和磷元素，含磷丰富，含钙少，并多以植酸钙镁盐的形式集中在谷皮和糊粉层中，在人体中的消化吸收率较低。谷类中还含有铁、锌、铜、钾、镁、氯等元素，但铁含量很少。不同谷类含铁量不同，一般为 1～5mg/100g。莜麦含铁量高达 9.6mg/100g。

一般谷类中都含有植酸，它能和铁、钙、锌等人体必需的无机盐元素结合，生成人体无法吸收的植酸盐，所以人体对谷类中无机盐的消化吸收较差。出粉率高的面粉含植酸量较多，对食物中钙、铁、铜、硒、锌等元素的吸收不利。尤其维生素D不足时，更为明显。小麦粉常是经发酵后蒸制成馒头或烤制成面包供人食用的，在发酵过程中，植酸已大部分被水解而消除，又因小麦粉蛋白质含量丰富，所以消化时可被水解为氨基酸，能与钙等无机盐元素形成易于被人体吸收的可溶性盐类，有利于人体的吸收利用。据测定，小麦粉中铁的吸收率是玉米的2倍，大米的5倍。

3. 常见谷类的营养价值

（1）粳米　粳米是粳稻的种仁，又称稻米、大米，是稻谷的成品，其制作工序包括去壳、碾米、成品整理等。粳米是我们日常生活中的主要粮食。粳米含有大量碳水化合物，约占79%，是热量的主要来源。粳米按收获季节分为早粳米和晚粳米。早粳米含直链淀粉18%左右；晚粳米含直链淀粉15%左右。稻米中蛋白质含量一般为7%~12%，主要为谷蛋白。由于糙米皮层是稻米营养素最丰富的部分，所以稻米营养价值的高低与加工精度密切相关。精白米中蛋白质含量要比糙米中减少8.4%、比脂肪减少56%、比纤维素减少57%、比钙减少43.5%、比维生素B_1减少59%、比维生素B_2减少29%、比烟酸减少48%。在以精白米为主食的地区，应注意防止脚气病的发生。

粳米除含有人体必需的营养成分、能满足人体重要需求外，还具有食疗作用。祖国医学典籍《本草求真》中早有记载："粳米味甘性平，人非此物不能养，性主脾胃，而兼及他脏，凡五脏血脉，靡不因此而灌溉；五脏积液，靡不因此而充溢；他如周身筋骨肌肉皮肤，靡不因此而强健。"可见，粳米具有补中气、益脾胃的功效，是病后肠胃功能虚弱、烦渴、虚寒、痢泄等症的食疗佳品。

（2）小麦　小麦是世界上种植最广的作物之一，富含淀粉、蛋白质、脂肪、矿物质、钙、铁、硫胺素、核黄素、烟酸及维生素A等。因品种和环境条件不同，营养成分的差别较大。从蛋白质的含量看，生长在大陆性干旱气候区的小麦含蛋白质较高，达14%~20%，面筋强而有弹性，适宜烤面包；生于潮湿条件下的小麦含蛋白质8%~10%，麦粒软，面筋差。蛋白质是小麦中重要的营养成分之一，根据溶解特性被分为清蛋白、球蛋白、麦醇溶蛋白、麦谷蛋白，其中，麦醇溶蛋白和麦谷蛋白是影响小麦加工品质的最主要蛋白。小麦粉中的矿物质和维生素含量与小麦粉的出粉率和加工精度有关，加工精度越高，面粉越白，其中所含矿物质和维生素的含量就越低。

（3）玉米　玉米总产量占世界粮食产量的第三位，在我国粮食总产量中仅次于稻米和小麦。玉米主要用于食用和饲料，除此之外还大量被用做工业原料。玉米胚是种子的胚乳，具有很高的营养价值，每100g中含脂肪4.6g以上、蛋白质8.2g、碳水化合物70.6g以上、粗纤维1.3g以上、钙17mg以上、铁2.0mg以上、磷21mg以上、烟酸2.4mg以上、核黄素0.14mg以上。玉米蛋白质主要为玉米醇溶蛋白。其氨基酸组成中缺乏赖氨酸、色氨酸和苏氨酸，这使得蛋白质生物效价较低。食用时可混入15%~25%的大豆粉，提高其营养价值。玉米含脂肪6.1%，主要分布于胚芽中，含有人体必需脂肪酸和卵磷脂，营养价值高。玉米矿物质含量约为1.7%，主要是磷、钾，其次是锰、硅、钙、氯、钠等。玉米中的维生素含量非常高，是稻米、小麦的5~10倍。玉米广泛用于各类食品、饲料和发酵工业中，其中玉米淀粉、玉米胚芽油在我国被广泛食用。

（4）小米　小米粉粳、糯两种，蛋白质、脂肪和铁含量较稻米高。蛋白质含量为9%~

10%，主要为醇溶谷蛋白。其中，甲硫氨酸、色氨酸和苏氨酸含量较其他谷类高，但赖氨酸含量较低。小米中的脂肪和铁含量高于玉米。小米在碾磨过程中只去外皮，可保存较多维生素，其硫胺素和褐黄色含量丰富，每500g小米中含硫胺素2.95~3.30mg，核黄素0.95mg，高于大米和面粉。小米中还含有少量β-胡萝卜素。小米中各种营养素的人体消化吸收率较高，蛋白质为83.4%、脂肪为90.8%、糖类为99.4%。

（5）荞麦　荞麦的营养价值比米、面都高。荞麦蛋白质主要为球蛋白，谷蛋白含量很低。荞麦所含的必需氨基酸中的赖氨酸含量高而甲硫氨酸的含量低，氨基酸模式可以与主要的谷物（如小麦、玉米、大米的赖氨酸含量较低）互补。荞麦的碳水化合物主要是淀粉。因为颗粒较细小，所以和其他谷类相比，具有容易煮熟、容易消化。荞麦含有丰富的膳食纤维，其含量是一般精制大米的10倍。荞麦含丰富的维生素B_1、维生素B_2和β-胡萝卜素，铁、锰、锌等微量元素也比一般谷物丰富。还含有多种独特成分，如叶绿素、苦味素、荞麦碱、芦丁、槲皮素等类黄酮物质，不但可以预防心血管疾病，还对糖尿病、青光眼、贫血等有较好疗效。

（6）高粱米　高粱米中蛋白质含量为9.5%~12%，主要为醇溶谷蛋白，亮氨酸含量较高，但赖氨酸、苏氨酸等必需氨基酸含量较低。高粱米中脂肪和铁含量高于大米，淀粉约60%，淀粉粒细胞膜较硬，不易糊化，煮熟后消化性能较大米、面粉差。且高粱内膜中含色素和鞣质，加工过粗使饭色发红、味涩，影响蛋白质的消化、吸收和利用。脱糠率为20%的高粱米保存的营养成分高，感官性状好。

（7）燕麦　燕麦又称莜麦，是世界公认的高营养杂粮之一。燕麦是一种高能食物，每100g燕麦释放的热能相当于同等数量肉类所释放的热能。燕麦中蛋白质含量十分丰富，为15.6%，是大米、小麦粉的1.6~2.3倍，在禾谷类粮食中居首位。燕麦蛋白营养价值很高，含有18种氨基酸，其中8种是人体必需氨基酸。8种必需氨基酸不仅含量丰富且配比合理，接近FAO/WHO推荐的营养模式，人体利用率高。其中，燕麦中赖氨酸含量为680mg/100g，是小麦、稻米的2倍以上，色氨酸含量是小麦、稻米的1.7倍以上。因此，补充燕麦食品，能弥补中国膳食结构所导致的"赖氨酸缺乏症"。燕麦脂肪含量为5%~9%，相当于大米、白面的4~5倍，居所有谷物类之首。燕麦脂肪80%为不饱和脂肪酸，主要是单不饱和脂肪酸、亚油酸和亚麻酸，其中，亚油酸占脂肪含量的38.1%~52.0%，其消化吸收率也较高。亚油酸是人体最重要的必需脂肪酸，在人体内具有重要的生理功能，可降低胆固醇在心血管中的积累。燕麦含有丰富的维生素包括维生素B_1、维生素B_2，较多的维生素E及烟酸、叶酸等。其中，维生素B_1、维生素B_2较大米中的含量高，维生素E的含量也高于面粉和大米。燕麦中的矿物质含量也很丰富，包括钙、铁、磷、镁、锌、铜、硒等。特别是钙的含量明显高于小麦粉、稻米、小米、荞麦面等。燕麦中硒含量也很高，达0.696μg/g，相当于小麦的3.72倍，玉米的7.9倍，大米的34.8倍。另外，燕麦含有可溶性和不溶性两种膳食纤维，是重要的天然膳食纤维。燕麦总纤维素含量为17%~21%，其中可溶性膳食纤维（主要成分是β-葡聚糖）约占总膳食纤维的1/3，明显高于其他谷物。可见，燕麦含糖少，蛋白质多，纤维素高，是心血管疾病、糖尿病患者的理想保健食品。

（8）薏仁　薏仁又称薏米、苡米、苡仁、米仁等。薏仁中含有约18%的蛋白质、10%的脂肪、55%的淀粉，并含有人体必需的亮氨酸、精氨酸、赖氨酸、酪氨酸等氨基酸，还含有0.070%的钙、0.24%的磷和0.001%的铁等多种微量元素，营养价值堪称谷类食品之首。此外，薏仁中所含的不饱和脂肪酸也较高，而重金属含量及有毒物质残留量却极低。除明显的药用价值外,民间也将其作为滋补食品广泛食用。薏仁油中还含有强抗癌活性的脂肪酸,其中,甘油三酯达87%以上,不饱和脂肪高达84%以上。《本草纲目》记载:"薏米能健脾益胃,补肺清热,祛风胜湿。炊饭食,治冷气。煎饮,利小便。"中外学者陆续报道了薏苡仁在抗肿瘤、提高免疫力、降血糖等方面的药理活性。目前,薏苡仁已成为防治肿瘤、调节免疫、能起到降糖及降脂作用的保健食品。

4. 谷类加工和烹调过程对其营养价值的影响

谷类的营养价值随着加工、烹调、贮藏等条件的影响会发生一些变化。

(1) 谷类加工　谷类加工一般是指经过碾磨,除去杂质及部分谷皮使谷类成为米或面,以利于食用和消化吸收的过程。但由于谷粒结构特点不同,各种营养素分布不均衡,因此,营养素的保留程度与其加工方法和加工精度密切相关,如表9-3所示。

表9-3　　　　　　　　　　不同出粉率面粉中营养素含量

营养素	出粉率/%					
	50	72	75	80	85	95~100
蛋白质/g	10.0	11.0	11.2	11.4	11.6	12.0
铁/mg	0.9	1.0	1.1	1.8	2.2	2.7
钙/mg	15.0	18.0	22.0	57.0	50.0	—
维生素 B_1/mg	0.08	0.11	0.15	0.26	0.31	0.40
维生素 B_2/mg	0.03	0.35	0.04	0.05	0.07	0.12
烟酸/mg	0.70	0.72	0.77	1.20	1.60	6.0
泛酸/mg	0.4	0.6	0.75	0.9	1.1	1.5
维生素 B_6/mg	0.1	0.15	0.2	0.25	0.3	0.5

谷粒所含的无机盐、维生素、蛋白质及脂肪大部分都在谷粒的胚芽和表皮层中,过分提高加工精度,会使胚芽、谷皮连同各种营养物质被转移到副产品如麸皮、饲料当中去,造成营养素的丢失;反之,如果出粉率或出米率太高,虽然保留了较多的营养素,但产品中会带有大量的谷皮而使纤维素和植酸含量太高,妨碍人体对蛋白质的吸收。为了最大限度地保留各种营养成分,并兼顾产品的良好感官性状和消化吸收情况,我国提倡将米面加工成精度为"九五米"(即50kg糙米碾出47.5kg大米)和"八五粉"(即50kg小麦至少磨出42.5kg面粉)的标准米和标准粉。从营养素的含量来说,虽然有一定的营养损失,但提高了感官性质和一定的消化吸收率,比精白米面保留了更多数量的营养素和膳食纤维。这在预防某些营养素缺乏病和节约粮食方面起到了积极作用。另外,也可以通过营养素强化法或营养互补方法,在谷物中加入谷类所缺乏的营养素,改善长期食用精米面习惯而引起的营养不足问题。

(2) 合理烹调加工　谷类食物经烹调后,可改善感官性状,促进消化吸收。烹调可使纤维素软化,同时增加了淀粉的适口性。但烹调加工过程会造成营养素损失,如在淘米过程中可溶性维生素和矿物质损失较多,其次是可溶性蛋白质。淘米可损失30%~60%维生素 B_1,20%~25%维生素 B_2 和烟酸,70%矿物质,15.7%蛋白质,而且营养素的损失随着搓洗次数的增加、浸泡时间延长、水温的增高而加重。免淘米则是从淘洗环节减少了米制品的营养损失。做米饭时,米汤的捞饭法比不去米汤的做法,维生素和矿物质多损失40%。而制作米饭采用蒸的方式,

B族维生素的损失要比捞饭的方式少得多。另外,米饭保温时间越长,维生素 B_1 损失越严重。制作面食采用蒸、烙、烤的方式,B族维生素损失较少,而采用高温油炸的方式制作面食,B族维生素损失较大。水煮面条时,捞面损失了25%的硫胺素和核黄素。此外,烹调过程中加碱会破坏维生素,但煮玉米时加碱可以使结合型的烟酸分解为游离型的烟酸,有利于人体的消化吸收。面食焙烤过程中,还原糖和氨基化合物会发生美拉德反应,产生褐色物质,虽然可使食品色香味发生怡人的改变,但赖氨酸被破坏而失去效能,降低了蛋白质的营养价值,且美拉德反应产物在人体消化道中不易被水解,无营养价值。因此,应注意控制焙烤温度和糖的用量。

(3) 合理贮藏　在适宜条件下,谷类可被较长时间贮藏,其蛋白质、维生素和矿物质含量不发生明显变化。但当贮藏条件改变,如当环境相对湿度增大或贮藏温度升高时,谷类细胞呼吸作用则加强,酶活性增大,可引起蛋白质分解,促进霉菌的生长,致使蛋白质含量降低,脂肪分解产物聚集,酸度升高,碳水化合物分解产物累积,最后霉烂变质,失去食用价值,食用后会引起食物中毒。故谷类应贮藏于避光、通风、干燥和阴凉的环境中,以抑制谷粒的生化过程,控制霉菌和害虫的滋生繁殖,减少空气中氧和日光对营养素的破坏,尽可能保持其营养价值。

二、薯类的营养价值

1. 马铃薯的营养价值

马铃薯又称土豆、山药蛋、洋芋等,是全球第四大重要的粮食作物,仅次于小麦、稻谷和玉米。与小麦、稻谷、玉米、高粱并称为世界五大作物。马铃薯的营养丰富,被誉为人类的"第二面包",在欧美国家特别是北美,马铃薯早就成为第二主食,以马铃薯为原料的食品是世界上十大营养食品之一。

马铃薯的根茎营养丰富,其中所含淀粉9%~20%,蛋白质1.5%~2.3%,脂肪0.1%~1.1%,粗纤维0.6%~0.8%。有关实验数据表明,100g马铃薯中所含的营养成分分别为:能量318kJ,钙5~8mg,磷15~40mg,铁0.4~0.8mg,钾200~340mg,碘0.8~1.2mg,胡萝卜素12~30mg,硫胺素0.03~0.08mg,核黄素0.01~0.04mg,烟酸0.4~1.1mg,马铃薯的营养成分全面,营养结构合理,具有很高的食用价值。

马铃薯含有2%左右的蛋白质,易被人体消化和吸收,能与鸡蛋的蛋白质相媲美,适合老人或小孩食用。而且马铃薯的蛋白质中含有18种氨基酸,其中包含人体所必需氨基酸,尤其是谷类作物中缺乏的赖氨酸和色氨酸含量丰富,是植物性蛋白质良好的补充。马铃薯脂肪含量低于1%。

马铃薯含有多种维生素,尤其是马铃薯含有禾谷类粮食,如人们日常吃的大米和白面中所没有的胡萝卜素和维生素C,每100g马铃薯含量达25mg和40μg RE;马铃薯块茎中还含有维生素A、维生素 B_1、维生素 B_2、烟酸、维生素E、维生素 B_3、维生素 B_6、叶酸和生物素等多种有益维生素,被称为维生素含量最全的粮食作物。而且马铃薯中这些维生素含量都比其他的蔬菜和水果中含量高出多倍。马铃薯块茎中含有丰富的膳食纤维和无机盐,其所含的膳食纤维跟苹果相近,产生强的饱腹感;马铃薯块茎中所含的矿物元素含量为0.4%~1.9%,如钙、磷、铁、钾、钠、锌、锰等,其中钾占2/3以上。这些矿物元素是促进幼儿发育和人体健康所必需的微量元素,具有很高的食用价值。马铃薯块茎中还含有多酚类化合物,如芥子酸、香豆酸、花青素和黄酮等。

随着马铃薯种植技术的不断提高,我国马铃薯的产量已经跃居全世界第一。由于马铃薯中含有大量的淀粉,一般早熟品种含量为11%~14%,中晚熟品种含量为14%~20%,其中高淀粉品种的含量可达到25%以上。自2015年起,我国开始了马铃薯主粮化发展。马铃薯成了继稻米、小麦、玉米之后的又一种主要的粮食。除此之外,对马铃薯淀粉的深加工开发的系列变性淀粉具有广阔的国内和国际市场。马铃薯既是粮食又是蔬菜,还是轻工业和食品工业方面的重要原材料,既有极高的营养价值,又有很好的经济价值,是一种市场前景非常广阔的不可多得的农作物。

彩色马铃薯有紫色马铃薯、红色马铃薯、黑色马铃薯、黄色马铃薯、七彩马铃薯等。中国已培育出以紫色、红色为主的彩色优质马铃薯。相比于普通马铃薯,彩色马铃薯富含多种多酚、花青素、维生素C及类胡萝卜素等功能成分。

马铃薯含有一些有毒的生物碱,主要是茄碱和毛壳霉碱,如茄碱,主要存在于未成熟块茎的外皮中。但一般经过170℃的高温烹调,有毒物质就会分解。龙葵素也主要存在于外皮中,可引发溶血和神经症状。此外,马铃薯贮藏不当会发芽、变绿或腐烂时龙葵素含量大幅上升,不慎食用会引起食物中毒。在挑选马铃薯时,发绿的芽苞部分和霉烂的马铃薯不可食用。烹调时加醋有中和龙葵素的作用。

2. 甘薯的营养价值

甘薯又名红薯、番薯、甜薯、地瓜等。甘薯营养丰富,富含淀粉、糖类、蛋白质、维生素、纤维素以及各种氨基酸,是非常好的营养食品。甘薯块根水分含量为60%~80%,淀粉含量高,占鲜重的15%~26%,高的可达30%,可溶性糖类占3%左右。甘薯蛋白质含量约为2%,赖氨酸丰富,甘薯与米面搭配食用可发挥蛋白质的互补作用,提高营养价值。每100g鲜甘薯中含碳水化合物29g、蛋白质2.3g、脂肪0.2g、粗纤维0.5g、无机盐0.9g(其中钙18mg、磷20mg、铁0.4mg)。甘薯富含维生素,每100g鲜甘薯含维生素C 30mg、烟酸0.5mg、胡萝卜素0.125mg RE。此外,甘薯维生素B_1和维生素B_2含量为面粉的2倍,维生素E为小麦的9.5倍,纤维素为面粉的10倍。食用甘薯可以保持血液中酸碱平衡。此外,甘薯含功能成分蛋白多糖、果胶、膳食纤维和脱氢表雄固酮等。但需注意,甘薯不宜一次大量食用,尤其是生吃,会刺激胃酸分泌。吃烤红薯可减轻这种症状,红薯粥适宜于老年人食用。

3. 芋头的营养价值

芋头是一种重要的蔬菜兼粮食作物,营养和药用价值高,是老少皆宜的食品。芋头中除水分外,淀粉含量高达9.6%~73.7%,而且芋头的淀粉颗粒小至马铃薯淀粉的1/10,其消化率可达98%以上,尤其适于婴儿和患者食用。芋头的部分营养素见表9-4。

芋头中的蛋白质含量平均为9.3%,氨基酸种类丰富,包含了人体必需的8种必需氨基酸,尤其是含有色氨酸这种在谷物中没有的必需氨基酸。芋头中的膳食纤维含量高、脂肪含量低,是一种热量低的食物,因此,适合血脂高以及减肥的人群食用。芋头中含有多种矿物元素和维生素,但芋头品种的不同、种植环境的不同会造成矿物质元素及其他营养成分含量存在差异。

表9-4　　　　　　　　　　　芋头的部分主要营养素含量

成分	含量/(mg/100g)
K	378
Na	33.1

续表

成分	含量/(mg/100g)
Mg	23
Ca	36
Zn	0.49
Fe	1.0
Cu	0.37
P	55
Mn	0.30
硫氨酸	0.06
核黄素	0.05
烟酸	0.7
维生素 C	6

芋头营养丰富,作为粮蔬具有很好的营养保健功能,可以调节体内酸碱平衡,防治胃酸过多;芋头中的聚糖也具有清热解毒、健脾滋补、增强免疫的功效;某些非淀粉多糖,还可以降低罹患直肠癌的概率,且能不同程度地增强细胞免疫和体液免疫的功能。此外,它还具有很高的药用价值,芋叶、叶柄、花和块茎均可入药,所有部位均可被加以利用,有宽肠胃、补脾胃、破血散结等功效。

第三节 豆类和坚果类食品的营养价值

豆类分为大豆类(如黄豆、黑豆和青豆)和其他豆类(如豌豆、扁豆、绿豆、小豆、芸豆等)。大豆是我国重要的粮食作物之一。大豆营养丰富、全面,又易被消化,是我国居民膳食中的优质植物油和蛋白质的重要来源。含有较高的蛋白质,脂肪含量中等,碳水化合物含量相对较低。其他豆类中蛋白质含量中等,碳水化合物含量较高,脂肪含量较低。坚果以种仁为食用部分,因外覆木质或革质硬壳而得名。坚果营养全面、丰富,含蛋白质、油脂、矿物质、维生素较高,对人体生长发育、增强体质、预防疾病有极好的功效。按脂肪含量不同,坚果可分为油脂类坚果和淀粉类坚果,前者油脂含量高,如核桃、榛子、杏仁、松子、腰果、花生、葵花籽、西瓜籽、南瓜籽等;后者淀粉含量高而脂肪含量少,如栗子、银杏、莲子、芡实等。

一、豆类的营养价值

1. 大豆的化学组成和营养价值

(1) 蛋白质 大豆蛋白质含量高达 35%~40%,优质大豆甚至可高达 50%。其蛋白质含量比猪肉高 2 倍,是鸡蛋含量的 2.5 倍,又称为植物性肉类。大豆与常用粮谷类和动物性食品中的蛋白质含量对比见表 9-5。大豆是日常生活中不可或缺的食品,也是人体中蛋白质补充的重要来源。

表 9-5　　　　　　　　　大豆与常用粮谷类和动物性食品中的蛋白质含量

种类	平均含量/%
大豆	40.0
大米	8.0
小麦	13.0
玉米	10.4
小米	12.7
高粱	9.7
燕麦	16.0
鸡肉	23.3
鸡蛋	14.7
猪肉(瘦)	16.7
牛肉(瘦)	20.3
鲑鱼	17.0
羊肉(瘦)	17.3

大豆蛋白质氨基酸组成和动物蛋白质相似,含人体所需的 8 种必需氨基酸,尤其含有丰富的赖氨酸和亮氨酸,除了甲硫氨酸略低外,其余氨基酸组成和比例接近人体需要,是谷类蛋白质的理想氨基酸互补食品。大豆蛋白质中丰富的天冬氨酸、谷氨酸和微量胆碱,对脑神经系统有促进发育和增强记忆的作用。大豆与其他作物的必需氨基酸含量对比见表 9-6。所以说,大豆蛋白是非常完美、营养、健康的优质蛋白。将植物蛋白与动物蛋白进行组合,可提高混合蛋白质的利用率。例如,在植物性食物中,米、面粉所含蛋白质中缺少赖氨酸,豆类蛋白质中则缺少甲硫氨酸和胱氨酸,故食用混合性食物具有互补功能,若再补充适量的动物性蛋白质,可提高膳食中蛋白质的营养价值。目前市场上,大豆蛋白制品,包括大豆粉、大豆浓缩蛋白、大豆分离蛋白、组织化大豆蛋白及大豆肽等,已广泛作为食品加工的原料或辅料了。

表 9-6　　　　　　大豆与其他作物的必需氨基酸含量对比　　　　　　单位:mg/g

氨基酸	大豆蛋白质	大米蛋白质	小麦蛋白质	玉米蛋白质
赖氨酸	6.01	3.53	2.44	3.67
色氨酸	1.20	1.68	1.14	0.78
苯丙氨酸	5.00	4.75	4.53	4.96
甲硫氨酸	1.56	1.73	1.41	1.83
苏氨酸	3.66	3.85	3.04	4.40
异亮氨酸	5.02	3.53	3.58	3.28
亮氨酸	7.72	8.40	7.11	15.20

续表

氨基酸	大豆蛋白质	大米蛋白质	小麦蛋白质	玉米蛋白质
缬氨酸	5.30	5.43	4.22	4.95
组氨酸	2.25	2.32	2.23	3.03

从 2018 年起，大豆蛋白质再次进入科学家的视野，关于植物饮食和替代蛋白质的讨论非常热烈。能够重现动物肉类口感和味道的植物基肉类制品已经进入市场；采用大豆、杏仁和椰子作为原料的植物基乳制品将成为替代蛋白质的另一个增长点，随着技术的发展，植物肉在口感和质地上都已取得很大改善；实验室细胞培养肉也是替代蛋白质的热门研究对象，但也引发了新的伦理争议。

(2) 脂肪　大豆脂肪含量为 15%~20%。大豆脂肪中，85% 为不饱和脂肪酸，容易被人体消化吸收，人体必需脂肪酸亚油酸含量占比为 51.7%~57%。大豆中还含有较多的磷脂，占比为 1.5%~3.0%，其中卵磷脂占比约为 29%，脑磷脂为 31%。大豆脂肪可以阻止胆固醇的吸收，常被推荐为防治冠心病、高血压、动脉粥样硬化等疾病的理想食品。大豆油的天然抗氧化能力强，是优质食用油。

(3) 碳水化合物　碳水化合物是大豆中的第二大组成成分，含量为 20%~30%。成熟大豆中的碳水化合物主要纤维素、半纤维素、果胶、甘露聚糖等，以及蔗糖、棉籽糖、水苏糖等，单糖含量很少，几乎可忽略，而淀粉含量一般少于 1%（干基）。大豆中的碳水化合物和膳食纤维的含量如表 9-7 所示。

大豆低聚糖是大豆重要的膳食纤维，含量为 7.0%~10.0%。大豆总膳食纤维含量为 24%~37%，其中不溶性膳食纤维占比 74%~78%。大豆寡糖是指大豆中分子结构由 2~10 个单糖分子以糖苷键相连接而成的糖，大豆低聚糖是大豆中可溶性寡糖的总称。大豆中低聚糖不能被人体消化吸收，因为人体小肠中缺乏可分解半乳寡糖的 α-D-半乳糖苷酶。棉籽糖和水苏糖等大豆中低聚糖被摄入体内后在小肠中不能被消化吸收，直接到达消化道后段，在大肠内经厌氧微生物发酵产生 CO_2、CH_4 和 H_2 等气体，从而使食用动物产生腹胀、消化不良等症状。但大量研究表明，适宜剂量的大豆低聚糖可用作益生元，选择性促进动物肠道后段双歧杆菌和乳酸杆菌等益生菌的增殖，提高这些益生菌的活力，抑制外源致病菌和肠内有害细菌的生长繁殖，提高结肠中的肠道菌群的平衡和调节其代谢，可达到保持肠道通畅和防止便秘的功效。大豆膳食纤维可作为食品填充剂，以达到使食用者饱腹同时有预防肥胖和肠道保健的效果。

抗性淀粉是不能被动物小肠消化而进入到大肠的一部分淀粉，在大肠中抗性淀粉可作为微生物的底物被发酵，产生一些短链脂肪酸。研究发现食用含有高水平抗性淀粉的大豆，可增加肝对胆固醇的吸收，将胆固醇降解成胆汁酸并排出体外等，可显著降低高脂血症患者的血浆胆固醇浓度。

表 9-7　　　　　　　　大豆中的碳水化合物和膳食纤维的含量

碳水化合物种类	含量（干基）/%
葡萄糖	0.03~2.5

续表

碳水化合物种类	含量（干基）/%
果糖	0.03~2.4
蔗糖	1.1~7.4
棉籽糖	0.1~1.4
水苏糖	1.2~6.9
毛蕊花糖	痕量
淀粉	0.2~1
粗纤维	4~8
总膳食纤维	24.4

（4）维生素　大豆中含有较高含量的 B 族维生素，如 100g 大豆含维生素 B_1 0.79mg、维生素 B_2 0.25mg，高于谷类。大豆中还含有维生素 E、维生素 K 和胡萝卜素等，具有较强的抗氧化能力。

（5）矿物质　大豆中富含矿物元素，占比为 4.0%~4.5%，主要包括钙、铁、镁、磷、钾等。每 100g 大豆中含钙 367mg、磷 571mg、铁 11mg，是一类高钾、高镁、低钠的食品。大豆中含铁虽然高，但其吸收率较低。

（6）其他有效成分　大豆中还含有一些特殊的营养成分如大豆皂苷（含量为 0.6%~6.2%）、大豆异黄酮（含量为 0.05%~0.3%）、大豆核酸（含量为 0.1%~0.2%）等。大豆皂苷是从大豆及其制品中提取出来的天然生物活性物质，属于五环三萜类，因为它的水溶液能形成泡沫，所以它被命名为皂苷。目前，从大豆皂苷中分离得到阿拉伯糖、葡萄糖、木糖、鼠李糖和半乳糖。大豆皂苷具有抗凝血、抗肿瘤和免疫增强作用。大豆异黄酮是一种具有生物活性的植物雌激素，它们是一种次生代谢产物，包括异黄酮苷类、染料木苷，染料木苷占多数。大豆异黄酮具有各种生物活性，如大豆异黄酮可预防和防御绝经期妇女骨质疏松症、动脉粥样硬化和冠心病、预防和治疗更年期综合征等。此外，异黄酮也被认为是潜在的抗癌物质。大豆多肽是大豆蛋白通过蛋白酶水解再经特殊处理产生的小分子化合物，一般由 3~6 个氨基酸构成。大豆多肽有许多生理功能，如抗疲劳、抗氧化和降胆固醇、提高免疫力等，并且是一种低热量的功能性食品，可以阻碍脂肪吸收、促进脂肪代谢。

2. 大豆中的抗营养因子

大豆含有一些抗营养因子，影响其在动物体内的消化、吸收和有效利用。大豆及其加工产品中存在的抗营养因子有大豆球蛋白（Glycinin）、β-伴大豆球蛋白（β-conglycinin）、胰蛋白酶抑制因子（TI）、大豆凝集素（SBA）、抗维生素因子、脲酶、植酸、皂苷、异黄酮、单宁、寡糖等。按照其对热的稳定性可以分为两种。热不稳定性抗营养因子：胰蛋白酶抑制因子、大豆凝集素、寡糖、脲酶以及抗维生素因子。热稳定性抗营养因子：大豆球蛋白、β-伴大豆球蛋白、异黄酮、单宁、植酸、皂苷等。

胰蛋白酶抑制剂是大豆中主要的抗营养因子，现在已经发现的胰蛋白酶抑制剂有 7~10 种。胰蛋白酶抑制剂在大豆中的含量为 2% 左右。胰蛋白酶抑制剂一方面能阻碍肠道内胰蛋白酶、胃蛋白酶、糜蛋白酶等多种蛋白质水解酶的作用而使蛋白质消化率下降，引起恶心、呕吐等肠胃中毒症状；另一方面胰蛋白酶抑制剂还作用于胰腺本身，发生补偿性反应，造成机能亢进，刺激胰腺分泌过多的胰腺酶，造成胰腺分泌的内源性必需氨基酸缺乏，引起消化吸收功能的失调或紊乱，严重时会出现腹泻，抑制机体生长并造成胰脏肿大等现象。因此，必须对大豆中的蛋白酶抑制剂进行钝化后方可食用，如采用常压蒸汽加热 15~20min，或将大豆在水中浸泡使之含水量达 60% 后，再采用水蒸气蒸 5min，即可钝化生大豆中的抗胰蛋白酶因子。

大豆凝集素是一种高亲和性的糖蛋白，其在大豆中的含量为 3% 左右。大豆凝集素在动物体内，凝集素分子中的 1 个亚基与 1 个血细胞表面的凝血素专一结合，另 1 个亚基与另一个血细胞结合，通过凝血素的架桥作用导致血细胞聚集。凝血素在动物肠道中不易被蛋白酶水解，它通过与小肠壁上皮细胞表面特异性受体相结合，可损坏小肠壁刷状缘的黏膜结构，干扰消化酶的分泌，抑制肠道对营养物质的消化吸收，从而机体对降低蛋白质的利用率，使动物生长受阻甚至停滞。另外，凝血素还可对肠壁、肠道细菌及免疫机能产生一定影响，引起肠腔糜烂、微绒毛变短萎缩、肠细胞退化、病变周围组织产生水肿和杯状细胞肥大增生等。

大豆中的植酸含量可达 2%，大豆中 60%~80% 的磷都是以植酸态的形式存在的。植酸是一种很强的络合剂，在肠胃中能牢固地黏合带正电荷的锌、铜、钙、镁、铁等二价和多价金属离子，形成难溶性的植酸盐络合物，从而导致这些必需矿物质元素的利用率降低，使动物出现矿物质缺乏症，严重影响机体的正常代谢与生殖能力。另外，植酸还能与大豆蛋白质或一些酶结合，形成植酸蛋白质/酶复合物，影响蛋白质/酶的生理功能。可将 pH 控制在 4.5~5.5，在此条件下 35%~75% 的植酸可溶解，且对蛋白质影响不大。也可通过大豆发芽，使植酸酶活性增强，分解植酸，从而提高大豆中矿物质的生物利用率。

脂肪氧化酶又称抗维生素因子，它在大豆蛋白质中的含量比较高，约占大豆总蛋白质的 2%，是一种含非血红素铁的蛋白质。该酶能专一催化大豆中多元不饱和脂肪酸（亚油酸、亚麻酸）发生氧化反应，生成的过氧化物可以破坏与其共存的维生素 A、维生素 D、维生素 E、维生素 B_{12} 和胡萝卜素，生成具有共轭双键的脂肪酸氢过氧化物，再经裂解酶分解生成短碳链的醇、酮和醛类等挥发性物质，导致大豆产生豆腥味。另外，脂肪氧化酶氧化生成的过氧化物，可破坏脂肪中的维生素 A、维生素 D、维生素 E 等脂溶性维生素及胡萝卜素的活性，从而降低大豆蛋白的效价和营养价值。加热至 95℃ 以上 10~15min，可破坏脂肪氧化酶。

大豆低聚糖中的棉籽糖和水苏糖为主要的胀气因子，可在大豆被加工成豆制品时将其除去，在豆芽中胀气因子的量也会减少很多。

3. 其他豆类的营养价值

其他豆类蛋白质含量为 20%~25%，含有全部必需氨基酸，其中赖氨酸的含量较高，甲硫氨酸含量略少。脂肪含量为 1%。碳水化合物含量高达 55% 以上。此外，其他豆类还含有丰富的维生素和矿物质。其他豆类主要营养成分，如表 9-8 所示。

表 9-8　　　　　　　　　　其他豆类的主要营养成分　　　　　　　　　　单位：100g

食物名称	扁豆	绿豆	小豆	豌豆	芸豆
蛋白质/g	25.3	21.6	20.2	20.3	21.4
脂肪/g	0.4	0.8	0.6	1.1	1.3

续表

食物名称	扁豆	绿豆	小豆	豌豆	芸豆
膳食纤维/g	6.5	6.4	7.7	10.4	8.3
碳水化合物/g	61.9	62.0	63.4	65.8	62.5
胡萝卜素/μg	30	130	80	250	180
维生素 B_1/mg	0.26	0.25	0.16	0.49	0.18
维生素 B_2/mg	0.45	0.11	0.11	0.14	0.09
烟酸/mg	2.6	2.0	2.0	2.4	2.0
维生素 E/mg	1.86	10.96	14.36	8.47	7.74
钙/mg	137	81	74	97	176
铁/mg	19.2	6.5	7.4	4.9	5.4
锌/mg	1.9	2.18	2.2	2.35	2.07
磷/mg	218	337	305	259	218
硒/μg	32	4.28	3.8	1.69	4.61

二、坚果的营养价值

坚果营养丰富，低水分含量，高能量，富含各种矿物元素和 B 族维生素。

1. 脂肪

脂肪是油脂类坚果的重要成分。油脂类坚果的脂肪含量可达 40% 以上，澳洲坚果仁中含油量高达 80%，其中单不饱和脂肪酸比例占 80%。每 100g 坚果可提供 500~700kcal 的能量。品种、产地会显著影响坚果脂肪含量及组成。有些高产量的油脂类坚果，如花生、葵花籽等是植物油的重要来源。坚果脂肪多为不饱和脂肪酸，人体必需脂肪酸亚油酸和 α-亚麻酸丰富，如葵花籽、西瓜籽中富含亚油酸，核桃和松子中富含较多的 α-亚麻酸。榛子、澳洲坚果、杏仁、花生、腰果等富含油酸。

2. 蛋白质

坚果仁中蛋白质含量因澳洲坚果的品种、成熟度、生长环境等不同而有很大差异，其中蛋白质的含量仅低于脂肪含量，高于其他成分的含量。油脂类坚果蛋白质含量多为 12%~22%，而西瓜籽和南瓜籽的蛋白质含量高达 30% 以上。淀粉类坚果的蛋白质含量较低，板栗为 4%~5%，芡实为 8%，银杏和莲子为 12% 以上。可见坚果是一种理想的富含蛋白质的食物。坚果的蛋白质营养价值与氨基酸组成有关，不同坚果中氨基酸组成和含量差异较大。例如，澳洲坚果中不含色氨酸，花生、榛子和杏仁中缺乏甲硫氨酸和胱氨酸，核桃缺乏甲硫氨酸和赖氨酸；巴西坚果富含甲硫氨酸，葵花籽含硫氨基酸丰富，但缺乏赖氨酸。

3. 碳水化合物

淀粉类坚果是碳水化合物的良好来源，淀粉含量达 60% 以上。板栗脂肪含量低，干板栗中 70% 都是碳水化合物，和粮食薯类差不多。品种和栽培环境等条件的差异会影响坚果中碳水化合物的含量。坚果中还含有低聚糖和膳食纤维等。淀粉类坚果膳食纤维含量为 1.2%~3.0%，虽然淀粉含量较高，但 GI 值低于精制米面。油脂类坚果膳食纤维含量较高，如松子和巴旦木中的膳食纤维最丰富，可消化的碳水化合物含量较少。

4. 维生素

坚果中富含 B 族维生素和维生素 E，如维生素 B_1、烟酸和叶酸。油脂类坚果富含维生素 E，如美国杏仁维生素 E 含量为 24mg/100g，葵花籽仁中高达 50.3%mg/100g，开心果、松子和巴旦木维生素 E 含量丰富。杏仁也富含维生素 B_2，美国杏仁含量为 0.78mg/100g。巴旦木也含有较高的维生素 B_2，开心果、碧根果和夏威夷果的维生素 B_1 含量较高。此外，榛子、核桃、花生、葵花籽等含少量胡萝卜素，而新鲜板栗和杏仁含一定量的维生素 C。

5. 矿物质

坚果仁中含有丰富的矿物质，如钾、镁、磷、钙、铁、锌等元素。矿质营养是衡量澳洲坚果果仁品质优劣的重要指标之一。美国杏仁和榛子是钙的良好来源。芝麻富含铁、锌、铜、锰等元素，是传统的补充微量元素的食品。一般情况下，油脂类坚果矿物质含量高于淀粉类坚果。

6. 坚果的合理食用

除了栗子、白果之外，坚果中所含的淀粉很少，膳食纤维却比较高，所以它们升高血糖的危险较小。坚果类属于低嘌呤食品，其中的嘌呤含量低于黄豆和大部分豆类。坚果的营养价值很高，但因其油脂含量过高，过多食用坚果对患高脂血症、冠心病、动脉硬化、糖尿病等疾病的患者不利。不同食用者需注意坚果中的蛋白质有引起过敏反应的风险。此外，某些坚果含有毒物质，如苦杏仁中含有苦杏仁苷，多食会导致氢氰酸中毒。银杏含银杏酸、银杏酚，多量生食会引发呕吐、腹泻甚至抽搐、呼吸困难等反应。

第四节　蔬菜类和水果类的营养价值

《中国居民膳食指南（2016）》指出，新鲜蔬菜、水果是人类平衡膳食的重要组成部分，也是我国传统膳食重要特点之一。蔬菜、水果能量低，是维生素、矿物质、膳食纤维和各种植物化学物质的重要来源。富含蔬菜、水果的膳食对保持身体健康，保持肠道正常功能，提高免疫力，降低患肥胖、糖尿病、高血压等慢性疾病的风险具有重要作用。推荐我国成年人每天吃蔬菜 300~500g，水果 200~400g。

一、蔬菜、水果的化学组成与营养价值

1. 水

水分影响蔬菜、水果的新鲜度、脆度和口感，与果蔬的风味品质也密切相关。一般新鲜水果含水量为 70%~90%，新鲜蔬菜含水量为 75%~95%。水分是糖、多元醇、多聚戊糖、果胶、有机酸、单宁、色素、维生素、酶、其他含氮物质和大部分无机物质的溶解媒介。水分也是维持果蔬采后生命活动的限制因素，为微生物与酶的活动创造了有利条件，与果蔬的腐烂变质密切相关。常见蔬菜、水果中的水分含量，如表 9-9 所示。

表 9-9　　　　　　　　　　　常见蔬菜、水果中的水分含量　　　　　　单位：g/100g 可食部分

名称	水分	名称	水分	名称	水分
大白菜	93~96	萝卜	89.9~95	黄瓜	94~97.2
大葱	89~93	胡萝卜	86~91	茄子	91.6~95.7
甘蓝	91~95	马铃薯	70~82.6	番茄	94~96
洋葱	87~90	南瓜	88~97.8	藕	77.9~89
菠菜	89~94.2	东莞	96.5~97.2	大蒜	63~72
芹菜	88~95.3	菜花	90.5~92.6	辣椒	79.4~94
韭菜	90~92.6	莴苣	94.2~97	姜	85~87
苹果	85~90	桃	83~85	樱桃	80~90
柑橘	85~90	猕猴桃	82~85	梨	86~90
荔枝	82~85	葡萄	70~85	香蕉	70~80

资料来源：杨月欣，中国食物成分表（2004）（第 2 册）。

2. 碳水化合物

蔬菜、水果中所含碳水化合物主要包括单糖、低聚糖、淀粉、纤维素和果胶物质等，其含糖的种类和数量因果蔬种类和品种的不同而有较大差异。水果中的仁果类（如苹果、梨等）以果糖为主，葡萄糖和蔗糖次之。柑橘类（如柑、橘等）、核果类（如桃、李、杏等）以蔗糖为主，葡萄糖和果糖次之。浆果类（如葡萄、草莓、猕猴桃等）以葡萄糖和果糖为主。蔬菜中的胡萝卜、南瓜、番茄、甜菜等含糖量较多，以单糖和双糖为主。而芋类、薯类和藕等所含碳水化合物主要为淀粉。成熟度不同，含糖量和含糖种类也不同。成熟前，果实多含淀粉，成熟后淀粉酶会将淀粉解转化为单糖、寡糖等，使甜味增加，如香蕉在成熟过程中，淀粉含量由 26% 降至 1%，糖则由 1% 增至 20%。

蔬菜、水果中所含纤维素、半纤维素和果胶物质等是膳食纤维的主要来源。水果中，果胶物质以原果胶、果胶及果胶酸三种形式存在。不同种类果实的果胶含量差异很大，如表 9-10 所示。柑橘皮、甜菜根和苹果渣中果胶含量较高，是商业果胶的主要来源。果实的发育成熟、与衰老程度对果胶含量有较大影响。一般地，成熟度较低的果实果胶含量较高，而成熟高的果实果胶含量较低。原果胶多存在于未成熟果蔬中，随着果蔬的成熟，原果胶在原果胶酶的作用下分解为果胶。随着果实的过熟，果胶在果胶酶的作用下转变为果胶酸，果实开始变得软烂。

表 9-10　　　　　　　　　　常见水果、蔬菜果胶含量　　　　　　　单位:%（以干物计）

果品类	果胶含量	蔬菜类	果胶含量
山楂	6.4	胡萝卜	8~10
柑橘（白皮层）	1.5~3.0	成熟番茄	2.0~2.9
苹果	1~1.91	甜瓜	1.7~5.0
梨	0.5~1.4	甘蓝	5.0~7.5
桃	0.56~1.25	甜菜	3.8
杏	0.5~1.2	南瓜	7.0~17.0

续表

果品类	果胶含量	蔬菜类	果胶含量
李	0.2~1.5	马铃薯	0.2~1.5
草莓	0.7	芜菁	11.9

果蔬中纤维素的含量为0.2%~4.1%，其中桃为4.1%，柿子为3.1%，西瓜为0.3%。蔬菜中纤维素含量为0.3%~2.3%，其中根菜为0.7%~1.7%，果菜为0.4%。半纤维素在水果中含量为0.7%~2.7%，蔬菜中含量为0.2%~3.1%。果蔬中的纤维素影响其制品口感，影响果蔬饮料的浑浊度。

3. 维生素

蔬菜水果中，含有丰富的维生素，其中维生素C和胡萝卜素含量最丰富。蔬菜中的维生素C，主要分布于代谢旺盛的叶、茎和花等组织器官中。有研究发现，维生素C与叶绿素的分布平行，即深绿色蔬菜维生素C含量较浅色蔬菜高。相比于绿叶类和根茎类蔬菜，除苦瓜外的瓜类蔬菜中维生素C含量较少。蔬菜中青椒的维生素C含量最高，水果中新鲜大枣的维生素C含量最高。胡萝卜素广泛存在于各类绿色、黄色和红色蔬菜中。胡萝卜素含量与蔬菜颜色有关，绿叶菜和橙黄色菜都含有较多的胡萝卜素，尤其是深绿色叶菜。水果中胡萝卜素含量普遍较少，山楂、芒果、橘子等相对较多。维生素A在植物体内并不存在，而是由胡萝卜素转化而成的。在我国膳食结构中，机体所需的维生素A和维生素C绝大部分是由蔬菜、水果提供的。果蔬中维生素B_1含量为1~2mg/kg。蔬菜中维生素B_2含量并不丰富，但却是我国居民维生素B_2的重要来源。维生素B_2在一般绿叶蔬菜中含量相对较多，如空心菜、苋菜、菠菜等。居民膳食中维生素B_2需由多种食品共同供给，新鲜蔬菜则是除动物内脏、豆类、杂粮外，膳食维生素B_2的重要来源。常见蔬菜、水果中部分维生素的含量如表9-11所示。

表9-11　　　　常见蔬菜、水果中部分维生素的含量　　单位：mg/100g 可食部分

名称	胡萝卜素	维生素B_1	维生素B_2	维生素C	名称	胡萝卜素	维生素B_1	维生素B_2	维生素C
大白菜	0.11	0.02	0.04	24.0	黄瓜	0.26	0.04	0.04	14.0
油菜	1.59	0.08	0.11	61.0	茄子	0.04	0.03	0.04	3.0
辣椒	1.56	0.04	0.03	105.0	番茄	0.31	0.03	0.02	11.0
菜花	0.08	0.06	0.08	88.0	苹果	0.08	0.01	—	5.0
菠菜	1.03	0.03	0.08	36.0	柑橘	0.55	0.08	—	30.0
芹菜	0.11	0.03	0.04	6.0	山楂	0.82	0.02	—	89.0
韭菜	2.96	0.04	0.13	31.0	葡萄	0.04	0.04	—	4.0
莴苣	0.02	0.03	0.02	1.0	草莓	0.01	0.02	—	35.0
萝卜	0.02	0.02	0.04	30.0	菠萝	0.09	0.09	—	7.0
胡萝卜	2.80	0.04	0.04	8.0	梨	0.01	0.01	—	3.0
苋菜	1.92	0.04	0.14	35.0	桃	0.01	0.01	—	6.0
大蒜	0	0.24	0.07	3.0	杏	1.79	0.02	—	7.0
大葱	1.20	0.08	0.05	14.0	甜枣	0.01	0.06	—	270~600

续表

名称	胡萝卜素	维生素 B_1	维生素 B_2	维生素 C	名称	胡萝卜素	维生素 B_1	维生素 B_2	维生素 C
南瓜	2.40	0.05	0.06	4.0	柚子	0.01	0.05	—	8.0
冬瓜	0.01	0.01	0.02	16.0	柿	0.16	0.02	—	16.0

资料来源：杨月欣，中国食物成分表（2004）（第2册）。

4. 矿物质

蔬菜、水果中矿物质含量丰富。如钙、磷、铁、钾、钠、镁、锰等，它们以硫酸盐、磷酸盐、碳酸盐或与有机物结合的盐类形式存在。果蔬中所含矿物质是我国膳食矿物质的重要来源，对维持机体内酸碱平衡及对构成人体组织与调节生理机能起到了重要作用。各类蔬菜中，叶菜类矿物质含量较多，尤其是绿叶蔬菜。一般100g绿叶蔬菜中含铁1~2mg，含钙100mg以上。值得注意的是，蔬菜中存在的草酸、植酸、磷酸等影响钙、铁的吸收，降低了钙、铁的生物利用率。食用含草酸较多的蔬菜时，可以将蔬菜先在沸水中焯一下，以去除部分草酸，提高钙、铁吸收。水果中钙、铁含量较蔬菜低，但水果特别是香蕉中含丰富的钾元素，而浆果类果实中铁含量较高。蔬菜、水果中的矿物质较稳定，贮藏过程中矿物质的变化较少。部分蔬菜的钙、磷、铁含量见表9-12。

表9-12　　　　　　　　　部分蔬菜的钙、磷、铁含量　　　　单位：mg/100g 可食部分

名称	钙	磷	铁	名称	钙	磷	铁
大白菜	40~89	20~37	0.5~1.4	芥菜	56~149	21~42	0.6~3.8
苋菜	116~464	46~80	1.9~5.6	番茄	4~35	14~19	0.2~1.5
辣椒	7~62	13~89	0.3~2.5	茄子	13~48	11~34	0.1~3.6
菜花	18~37	32~82	0.7~1.4	黄瓜	12~31	16~58	0.2~1.5
菠菜	15~239	19~75	1.6~2.9	冬瓜	10~32	5~21	0.2~0.6
芹菜	39~318	18~71	0.4~8.5	南瓜	9~36	7~40	0.1~1.1
韭菜	35~126	16~88	1.2~8.9	姜	20	45	7
莴苣	7~45	18~141	0.1~2.0	大葱	12~89	15~48	0.6~3.1
甘蓝	32~62	16~44	0.3~1.9	洋葱	19~41	24~55	0.2~1.8
萝卜	25~1	20~35	0.8~1.8	藕	18~76	37~124	微量~4.4
胡萝卜	4~47	24~44	0.2~3.2	大蒜	5~50	37~139	微量~0.9

资料来源：杨月欣，中国食物成分表（2004）（第2册）。

5. 有机酸

水果中含有多种有机酸，如苹果酸、柠檬酸、酒石酸等。各种有机酸在水果组织中以游离或酸式盐形式存在。水果中有机酸的组成与含量是果实品质风味的重要组成因子，植物体内积累的有机酸还参与光合作用、呼吸作用以及氨基酸、酚类、酯类和芳香类物质合成等代谢过程。部分有机酸还有着特殊的功效，如抗氧化、防腐和抑菌等。

水果中有机酸种类及含量与品种、外在自然环境和栽培措施等因素有关。不同种类和品种的水果中有机酸的种类和含量差异很大。一般含量为0.3%~0.5%，低的仅0.1%左右，而柠檬

和黑醋栗中的有机酸含量高达3%以上。柠檬酸主要分布于柑橘、树莓、草莓、菠萝、石榴、刺梨等果实中；苹果酸主要分布在苹果等仁果类果实中，而在李、樱桃、杏、桃、香蕉等果实中柠檬酸和苹果酸共存。此外，葡萄中主要含酒石酸，未成熟的水果中多含琥珀酸和延胡索酸。果实的不同部位、成熟度和贮藏等对果实的含酸量也有影响。同一果实，一般近果皮的果肉和尚未成熟的果肉中含酸量较高。果实成熟时，一般总酸含量下降。果实中不同部位含酸比例也不相同，如在橘子皮中以苹果酸为主，还有一些有机酸也少量存在于不同的水果中，如酒石酸、草酸、异柠檬酸、琥珀酸、乳酸、甘油酸、乙醛酸、草酰乙酸、奎宁酸等。一般蔬菜均含草酸，其他有机酸含量较少。如菠菜中草酸含量为0.3%~1.2%，甜菜中含量为0.3%~0.9%。草酸对食物中各种无机盐，特别是钙、铁、锌等的消化和吸收有着明显的抑制作用。但番茄中主要含柠檬酸和苹果酸，草酸含量较少。

6. 色素

果蔬中含多种色素物质。按其溶解性分为脂溶性色素，如叶绿素、类胡萝卜素等；水溶性色素，如花青素、花黄素等。根据结构不同有吡咯色素（叶绿素）、多烯类色素（胡萝卜素、番茄红素、叶黄素）、酚类色素（花青素、花黄素）和醌酮色素（甜菜红）。这些天然色素除赋予了果蔬色泽、增进食欲外，有些还具有一定的营养保健功效。类胡萝卜素是人体内维生素A的主要来源，同时还具有抗氧化、免疫调节、抗癌、延缓衰老等功效。番茄红素所具有的长链多不饱和烯烃分子结构，使其具有很强的消除自由基能力和抗氧化能力。叶黄素具有抗氧化和光过滤作用，能够在一定程度上保护视力，防止视力衰退，预防白内障等眼科疾病；虾青素有很强的抗氧化能力，对抗炎症、免疫调节有一定的帮助。花青素属于生物类黄酮物质，而黄酮物质最主要的生理活性功能是自由基清除能力和抗氧化能力。

7. 芳香物质

芳香物质是油状挥发性化合物，又称挥发油。主要成分包括醇、酯、醛、酮、萜、烯等。含量极微为10~100mg/kg。果蔬种类、品种不同，所含芳香物质也不同。同一果蔬中，因部位不同，其所含挥发油也有所差异。果蔬中所含芳香物质，不仅可构成果蔬及其制品的香气，而且能引发人们的食欲，有助于人体对其他营养成分的吸收。有些果蔬的芳香物质以糖苷或氨基酸状态存在，如大蒜油、芥子油等，必须经由酶的作用将其分解为精油，才能释放出香气。不同的芳香物质赋予了果蔬特有的芳香风味，如苹果成熟时要产生100多种芳香物质，主要是醇类、酯类、醛类和酮类，以丁醇含量最多，其次是丁基、戊酯基醋酸盐；香蕉成熟后产生200多种挥发性物质，主要是醋酸异戊酯类和醋酸丁酯类，柑橘中含有柠檬醛、松油醇等，大蒜中含有硫化二丙烯。

8. 单宁

单宁又称鞣质，属于多酚类化合物，在水果中广泛存在，未成熟的水果中单宁含量高，如柿子、李、石榴等，具有涩味，有收敛性，少量可具有清凉感觉。每100g生柿子中单宁含量为0.5~2g。单宁在空气中会被氧化生成暗褐色的氧化物，在碱性溶液中氧化更快。苹果、梨等水果中的单宁在多酚氧化酶作用下可与空气中的氧发生酶促褐变，影响水果的色泽和风味。单宁具有潮解性，与金属反应生成不溶性的盐类，尤其与铁反应生成蓝黑色物质。所以，加工这类食品不能使用铁质器皿。应用温水浸泡，如40℃水中浸泡10~15h可在一定程度上去除单宁。蔬菜中单宁含量较少，单宁对蔬菜风味的影响很大。若单宁与糖、酸比例适当，能产生良好的风味。另外，单宁对蛋白质的消化及对钙、铁、锌等矿物质的吸收利用有不利影响。

9. 其他物质

水果、蔬菜中还含有一些特殊功效物质，如糖苷。糖苷是由糖和其他含有羟基的化合物（如醇、醛、酚）结合而成的。大多数都具有苦味和特殊香味，有些糖苷是果蔬独特风味的来源，但部分糖苷类则有剧毒，如苦杏仁苷水解形成的氢氰酸为剧毒物质，茄碱苷（龙葵苷）主要存在于马铃薯块根、番茄和茄子中，其水解产物茄碱是有毒物质，具有溶解红细胞的作用。黑芥子苷普遍存在于十字花科蔬菜中，如萝卜、油菜、芥菜等，其水解产物具有特殊辣味和香气。柑橘类糖苷（新橙皮苷、柚皮苷、柠檬苷等）主要存在于柑橘类果实中，为柑橘类果实的苦味来源，具有维持人体血管正常渗透压的作用，是生物类黄酮的重要组成部分。此外，果蔬中还含有多种酶和其他天然成分，如果胶酶、淀粉酶、蛋白酶、多酚氧化酶等。有研究显示某些果蔬中还含有一些特殊的营养保健成分。大蒜中含有杀菌物质。大蒜鳞茎中的蒜氨酸经蒜酶分解可生成挥发性的蒜辣素，是大蒜的主要抗菌成分。大蒜中还含有多种低聚肽，也具有杀菌功效。洋葱和大葱中含有巴豆醛、双丙基二硫化合物等抗菌成分。芹菜中所含的芹内酯有抗胆碱阵挛和消炎镇痛作用。十字花科蔬菜中的二硫酚硫酮和异硫氰酸酯等成分，有利于抑制结肠上皮细胞的增长作用。芦笋中所含芦丁有降低血管脆性和降血压作用。

二、野菜和野果的营养价值

适于食用的野菜、野果也具有一定的营养价值。野菜富含维生素和矿物质，如胡萝卜素、维生素C、维生素B_2、叶酸、钙、铁等，如表9-13所示。野菜中蛋白质的含量与蔬菜类似。有些野菜中含有毒物质，不宜生食，必须经过烫、煮，再用清水浸泡，除去了涩味和苦味才可食用，但去毒处理过程对维生素破坏严重。许多野果富含维生素C、胡萝卜素、有机酸和生物类黄酮，如沙棘含较多的胡萝卜素和维生素E，金樱子含丰富的维生素C。猕猴桃中维生素C含量为40~400mg/100g，最高可达2000mg。刺梨中维生素C的含量比柑橘高出50~100倍。这些野果具有独特风味，深加工潜力巨大。

表9-13　　　　　常见野菜的维生素和钙、铁含量　　　　　单位：mg/100g

名称	胡萝卜素	维生素B_2	维生素C	钙	铁
苜蓿	3.28	0.36	92	332	8.0
启明菜	3.98	0.27	28	250	5.2
刺儿菜	5.99	0.33	44	254	19.8
苦菜	1.79	0.18	12	120	3.0
灰菜	5.16	0.29	69	209	0.9
马齿苋	213	0.11	23	85	15
酸模	3.2	—	70	440	—

三、食用菌和藻类的营养价值

1. 食用菌

食用菌是指可供人类食用的大型真菌。中国的食用菌资源丰富，也是最早栽培、利用食用菌的国家之一。常见的食用菌有香菇、草菇、蘑菇、木耳、银耳、猴头、竹荪、松茸、口蘑、红菇、灵芝、虫草、松露、白灵菇和牛肝菌等；少数属于子囊菌亚门，其中有羊肚菌、马鞍菌、块菌等。食用菌含有丰富的蛋白质和氨基酸，其含量是一般蔬菜和水果的几倍到几十倍。如鲜蘑菇中的蛋白质含量为1.5%~3.5%，是大白菜的3倍，萝卜的6倍，苹果的17倍。1kg干蘑菇所含的蛋白质相当于2kg瘦肉，3kg鸡蛋或12kg牛乳的蛋白量。食用菌氨基酸组成比较全面，大多数菇类含有人体所需的八种必需氨基酸，其中蘑菇、草菇、金针菇中赖氨酸含量丰富，可以作为谷类的膳食补充。食用菌脂肪含量很低，占干品重量的0.2%~3.6%，而其中74%~83%是对人体健康有益的不饱和脂肪酸。食用菌还含有维生素，食用菌富含维生素B_1和维生素B_{12}，都高于肉类，草菇中维生素C含量为辣椒的1.2~2.8倍，是柚、橙的2~5倍，香菇的17倍。香菇维生素D_3含量高达128国际单位，是紫菜的8倍，甘薯的7倍，大豆的21倍。维生素D原经紫外线照射可转化为维生素D，可促进机体对钙的吸收。食用菌还富含多种矿质元素：磷、钾、钠、钙、铁、锌、镁、锰等及其他一些微量元素。银耳含有较多的磷，香菇、木耳含铁量高。香菇的矿物元素中钾占65%，可中和肉类食品产生的酸。此外，研究显示，食用菌除可供食用外，还具有一定的保健和药用价值，如食用菌的生物活性物质具有一定抗菌、降血压、降血脂、免疫调节等作用。

2. 藻类

可食用的海洋藻类有多种，如海带、紫菜、裙带菜、发菜等。海藻含有丰富的蛋白质、碳水化合物、B族维生素和矿物质，尤其是碘和钙，实践已经证明，沿海居民常食用富含碘的海藻，很少患甲状腺疾病，其他心血管疾病、肿瘤和肝病等发病率也偏低，海藻还具有抗放射性污染的作用。紫菜富含膳食纤维，能促进肠道致癌物质的排出。海带富含烟酸和甘露醇，所含褐藻氨酸有降压作用。海带的降血压、抗癌、预防动脉硬化、预防便秘、防止血液凝固和甲状腺肿大，维持钾钠平衡等食疗作用，也备受关注。海藻食物货源充足，是很好的膳食补充物质。

近年来，人工繁殖小球藻获得了成功，小球藻是一种优质的绿色营养源食品，具有高蛋白、低脂肪、低糖、低热量以及维生素、矿物质元素含量丰富的优点，并且具有某些特殊医疗保健功能。因此，小球藻是食品添加剂以及保健食品等的优质健康食品源。

(1) 蛋白质及氨基酸　小球藻蛋白质含量很高，但营养成分会因藻种品系、培养方式以及培养基的不同而有所差异。小球藻蛋白质含量颇丰，氨基酸种类齐全并且比例接近标准模式，完全能满足人、动物的生长所需，是优良的单细胞蛋白源，可以作为营养强化剂应用于食品产业中，应用时应注意与甲硫氨酸、胱氨酸以及苏氨酸的配合，通过氨基酸的互补进一步提高其营养价值。

(2) 多糖　经过和单糖组分的对比，小球藻糖蛋白中主要含葡萄糖、半乳糖、鼠李糖，有实验证实它们的比例为7.3:1.97:1。另外，小球藻糖蛋白中还含有少量的阿拉伯糖、木糖和甘露糖。但在不同提取液中，提取所含单糖的组分会不同。

(3) 对异养蛋白核小球藻进行营养成分分析，结果表明异养蛋白核小球藻粉中不饱和脂肪酸的比例在70%以上，而且链长集中在C16~C18，其中必需脂肪酸亚油酸和α-亚麻酸含量较高，这在其他食品中是很少见的。

第五节 畜禽肉和水产品营养价值

一、畜禽肉的化学组成和营养价值

肉类是适合人类食用的动物皮下组织及肌肉。肉类食物中,人食用得最多的是畜肉和禽肉两种。畜肉指猪、牛、羊等牲畜的肌肉、内脏及其制品,禽肉指鸡、鸭、鹅等的肌肉、内脏及其制品。一般来说,人食用畜肉的量远大于禽肉。肉类为人体提供了良好的蛋白质、脂肪、矿物质和维生素,其营养成分的分布与动物的种类、品种、年龄、性别、部位、肥瘦状况及饲养状况关系密切。

1. 蛋白质

肉类含丰富蛋白质,一般在10%~20%。畜肉中,猪肉蛋白质含量平均为13.2%,牛肉为20%,羊肉为17%,鸡肉蛋白质含量平均为20%,鸭肉为16%,鹅肉为18%。一般肝脏蛋白质含量高达21%以上,瘦肉含量约为17%,而肥肉蛋白质含量较低,肥猪肉蛋白质含量仅为2.2%。肉类蛋白组成主要是肌浆蛋白(20%~30%)、肌原纤维蛋白(40%~60%)和间质蛋白(10%~20%)。肉类食品所含的蛋白质是优质蛋白质,不仅含有的必需氨基酸全面、数量多,而且比例较恰当,接近于人体的蛋白质需求,除了苯丙氨酸和甲硫氨酸低于人体所需外,肉类蛋白质的生物效价一般为80%以上,容易被消化吸收。但间质蛋白由胶原蛋白和弹性蛋白组成,连接和保护机体组织,此蛋白中色氨酸、酪氨酸、甲硫氨酸含量较少,为不完全蛋白质,生物效价较低。肉类蛋白中含有谷类食品缺少的赖氨酸,适宜与谷类食品进行膳食搭配。

在肉类烹调过程中,肉类能释放出多种非蛋白质含氮浸出物,主要包括游离氨基酸、肽、磷酸肌酸、核苷酸类、肌苷、尿素等。肉汤中含氮溶出的非蛋白质含氮浸出物越多,味道越浓郁,肉汤越有鲜味,对胃液分泌的刺激作用也越大。成年动物中的含氮浸出物高于幼年动物,禽肉的质地较畜肉鲜嫩,且含氮浸出物多,因此禽肉炖汤较畜肉汤更鲜美。

2. 脂肪

肉类中脂肪平均含量为10%~30%,主要是各种脂肪酸和甘油三酯,还有少量卵磷脂、胆固醇、游离脂肪酸及脂溶性色素。肉类脂肪主要分布于皮下、肠系膜、心、肾周围以及肌肉间,脂肪含量因动物种类、肥瘦程度及部位而差异明显。如肥肉中脂肪含量高达90%,猪五花肉中脂肪含量为35.3%,猪里脊肉脂肪含量为7.9%。不同的畜禽肉中脂肪含量不同,脂肪酸种类组成也不同。畜肉脂肪含量高,且主要为饱和脂肪酸,熔点高,不易被人体消化吸收,如猪油、牛油、羊油中含饱和脂肪酸分别为42%、53%和57%。禽肉中脂肪含量较畜肉少,熔点低,含有约20%的亚油酸等不饱和脂肪酸,较易于被人体消化吸收,因此,一般认为禽肉的营养价值高于畜肉。畜禽肉类含有较高的胆固醇,肥的猪肉、牛肉和羊肉含量高达100~200mg/100g,内脏器官的胆固醇含量更高,如动物脑组织的胆固醇含量高达2000~3000mg/100g。禽肉内脏胆固醇含量也较高,鸡肝和鸭肝中胆固醇含量为400~500mg/100g。因此,应控制膳食中胆固醇的摄入量,降低患心血管疾病的风险。尤其对患有冠心病、高血压、肝肾疾病的患者及老年人,尤其要控制膳食中动物脂肪的摄入比例。有研究表明，肉用仔鸡饲养日粮对禽肉的脂肪酸及胆固醇的影响较大。添加亚麻籽、亚麻粕或双低油菜籽均会显著降低胴体总脂肪含量，提高 $\omega-3$ 多不饱和脂肪酸水平。添加生育酚可提高亚麻酸、二十碳五烯酸、二十二碳五烯酸和二十二碳六烯酸的水平，降低饱和脂肪酸含量，提高 $\omega-3/\omega-6$ 脂肪酸比例。另外，肉类脂肪可提供较多的热量，如 100g 肥猪肉可提供热量 830kcal。

3. 碳水化合物

碳水化合物在肉类中含量很低，平均为 1%~5%，主要以糖原形式存在于肝脏和肌肉中。动物宰杀后，糖原在一系列酶的作用下进行无氧酵解，其最终产物为乳酸，乳酸的生成，可导致肉的 pH 降低，使肉呈酸性，有利于肉的嫩化。

4. 维生素

肉类中含有多种维生素，主要以 B 族维生素和维生素 A 为主。动物的内脏，尤其是肝脏中维生素含量最高。B 族维生素中，以维生素 B_2 含量最高，猪肝、牛肝和羊肝的维生素含量分别为 2.08mg/100g、1.30mg/100g 和 1.57mg/100g。羊肝中的维生素 A 最高，达 29900IU/100g，其次是牛肝和猪肝。鸡肝中维生素 A 含量比牲畜肝脏高 1~6 倍。此外，动物肝脏内还含有维生素 D、叶酸、维生素 C、烟酸等，动物肝脏营养丰富。肉类肌肉组织中，维生素含量较少，但猪肉中维生素 B_1 含量较高，为 0.53mg/100g，约为牛肉和羊肉的 7 倍。禽肉中还含有较多的维生素 B_1 和维生素 B_2。各种烹调方式对肉类中维生素损失较大，如红烧肉类，则肉类中的维生素 B_1 损失达 60%~65%，清蒸方式可使维生素 B_2 损失高达 87%。

5. 矿物质

肉中的矿物质含量为 0.6%~1.1%，一般瘦肉中矿物质含量高于肥肉，内脏器官的矿物质含量高于瘦肉。肉类含钙较少，仅为 6~13mg/100g，但吸收利用率较高。铁和磷含量较多。磷含量为 100~200mg/100g，动物肝脏和肾脏中含铁丰富，主要以血红素铁的形式存在，消化吸收利用率高。猪肝含铁量为 25mg/100g，比肌肉组织高 15 倍。牛肝铁含量为 9.0mg/100g，是肌肉组织的 10 倍。

二、水产品的营养价值

水产类食品包括各种鱼类、虾类、蟹类、贝类等，含有丰富的优质蛋白质、脂肪、维生素和矿物质。水产品味道鲜美，营养组成与畜禽类动物差别较大，体现为高蛋白、低脂肪，在人类膳食结构中占据重要地位。

1. 蛋白质

水产类含有丰富蛋白质，一般含量为 15%~25%。如黄鱼的蛋白质含量为 17.6%、带鱼的蛋白质含量为 18.1%、鲐鱼的蛋白质含量为 21.4%、鲢鱼的蛋白质含量为 18.6%、鲤鱼的蛋白质含量为 17.3%、鲫鱼的蛋白质含量为 13%。鱼肉所含的蛋白质都是完全蛋白质，而且蛋白质所含必需氨基酸的量和比值适合人体需要，含丰富的甲硫氨酸、胱氨酸、苏氨酸和赖氨酸，含苯丙氨酸略少。鱼肉蛋白容易被人体消化、吸收，利用率高达 85%~90%。与畜禽肉相比，鱼类肌肉纤维较短，间质少，结构疏松，水分含量高，故鱼肉肉质细腻，易被人体消化。烹调时含氮浸出物较多，能刺激胃液分泌，促进食欲。

2. 脂肪

水产品脂肪含量较低，大多数只有 1%~4%，如黄鱼的蛋白质含量为 0.8%、带鱼的蛋白质含量为3.8%、鲐鱼的蛋白质含量为4%、鲢鱼的蛋白质含量为4.3%、鲤鱼的蛋白质含量为5%、鲫鱼的蛋白质含量为1.1%、鳙鱼的蛋白质（胖头鱼）含量仅为0.9%、墨斗鱼的蛋白质含量为0.7%。鱼类脂肪含量随种类、年龄、食饵、季节的不同而异。鲟鱼、八目鳗、带鱼脂肪含量高，鲳鱼、鲤鱼脂肪含量中等，鳕鱼和银鱼脂肪含量较低。鱼类的脂肪主要分布在皮下和内脏周围，脂肪多为不饱和脂肪酸，通常呈液态，人体吸收率高达95%。海鱼不饱和脂肪酸高达70%~80%。鱼类脂肪中的二十碳五烯酸（EPA）和二十二碳六烯酸（DHA）具有降血脂、防止动脉粥样硬化的作用。鱼类胆固醇含量一般为60~114mg/100g，鱼子、虾子和蟹黄中胆固醇含量高达354~940mg/100g。鱼类脂肪由于多不饱和脂肪酸含量高，因此更易被氧化。

3 碳水化合物

水产品中碳水化合物含量一般为0.5%~1.0%，主要以糖原形式储存在肌肉和肝脏中，是能量的来源。鱼类肌肉中的糖原含量与致死方式和种类密切相关：活杀及红肉鱼糖原含量高，鱼类比贝类糖原含量低。水产品中还含有黏多糖，常与蛋白质结合形成黏蛋白，具有较高的抗肿瘤活性，广泛分布于鱼贝类的软骨、皮和壳中。

4. 维生素

水产品富含维生素A、维生素B_1、维生素B_2、维生素D和维生素E，是《中国居民膳食指南（2016）》推荐的我国居民平衡膳食的重要组成。鱼油和鱼肝油是维生素A和维生素D的重要来源，金枪鱼、鲣鱼肝脏中维生素D含量高达250000IU/g，鳝鱼、蟹富含维生素B_2，鲟鱼富含泛酸，鱼类中维生素C含量较低。鱼中的硫胺素酶会破坏维生素B_1，可通过加热钝化硫胺素酶的方法来保护维生素B_1。

5. 矿物质

水产品含丰富的矿物质，一般含量为1.1~2.6g/100g，稍高于畜禽肉，如钙、磷、钾、铁、锌、镁、氯等。海鱼富含碘，鱼虾中的钙含量丰富，如虾皮含钙量达1000mg/100g。牡蛎富含铜，鲑鱼所含的硒最多。鱼贝类中的钙磷比非常易于被人体吸收，同时鱼类含丰富的钾，可形成钠钾平衡，保持身体水分，维持细胞内外的液体平衡。鱼肉中含有丰富的镁元素，对心血管系统有很好的保护作用，有利于预防高血压、心肌梗死等心血管疾病。表9-14所示为几种鱼贝类肌肉的营养成分。

表9-14　　　　　　　　几种鱼贝类肌肉的营养成分　　　　　　　　单位:%

鱼贝名称	水分	蛋白质	脂肪	碳水化合物	矿物质
鲅鱼	72.5	21.2	3.1	2.1	1.1
带鱼	73.3	17.7	4.9	3.1	1.0
鲤鱼	76.7	17.6	4.1	0.5	1.1
比目鱼	74.5	21.2	2.3	0.5	1.5
牡蛎	82	5.3	2.1	8.2	2.4
章鱼	86.4	10.6	0.4	1.4	1.2
红螺	68.7	20.2	0.9	7.6	2.6
墨鱼	79.2	15.2	0.9	3.4	1.3

续表

鱼贝名称	水分	蛋白质	脂肪	碳水化合物	矿物质
鲈鱼	77.5	18.6	2.4	0	1.5
对虾	76.5	18.6	0.8	2.8	1.3
河虾	78.1	16.4	2.4	0	2.9
海蟹	77.1	13.8	2.3	4.7	2.1
海带（鲜）	94.4	1.2	0.1	1.6	2.2
海参（鲜）	77.1	16.5	0.2	0.9	3.7
海蜇皮	76.5	3.7	0.3	3.8	15.7

6. 其他成分

水产品营养价值高，同时还含有一些特殊的功能成分。目前研究者已从鱼类软骨中提取出了硫酸软骨素，可用于治疗肿瘤。沙蚕中提取制备的沙蚕毒素，已被制成杀虫剂。有些水产品可药用：如墨鱼的墨汁为止血良药，海螺蛸骨内服可治疗胃溃疡、胃酸过多和消化不良。

第六节 乳及乳制品的营养价值

乳类食品是哺乳动物分娩后从乳腺分泌的一种白色或稍带黄色的液体，富含蛋白质、脂肪、乳糖、矿物质、维生素以及各种生物活性成分。乳类营养价值高，含有人体所必需的营养成分，组成比例适宜，容易被人体消化吸收利用，尤其是婴幼儿、老人等生理状态低下的人群最理想的天然食品。母乳是新生儿最理想的天然食物，若以牛乳代替母乳，应通过调整牛乳中营养成分使其充分接近母乳，以利于婴儿的生长发育。目前，人类可利用的乳类包括牛乳、羊乳、水牛乳、牦牛乳、马乳等十多种，其中牛乳占乳制品消费量的95%。现代乳品业已成为食品工业的重要产业，乳品是我国居民膳食的重要组成部分。

一、乳的化学组成及营养价值

乳由水分和乳固体组成，乳固体包括脂质类和非脂质乳固体，非脂乳固体由蛋白质、乳糖、矿物质、维生素等组成，如表9-15所示。乳的化学组成与乳牛种类、品种、环境因素和管理因素密切相关。表9-16所示为山羊乳、牛乳、人乳总营养成分比较。

表9-15　　　　牛乳主要化学成分及其含量变化范围　　　　单位：%

成分	水分	总乳固体	脂肪	蛋白质	乳糖	矿物质
变化范围	85.5~89.5	10.5~14.5	2.5~6.0	2.9~5.0	3.6~5.5	0.6~0.9
平均值	88	12	3.5	3.1	4.7	0.7

表 9-16　　　　　　　　山羊乳、牛乳和人乳总营养成分比较

组成	山羊乳	牛乳	人乳
蛋白质/%	3.5	3.3	1.2
脂肪/%	3.8	3.6	4
乳糖/%	4.1	4.6	6.9
矿物质/%	0.8	0.7	0.2
水/%	87.8	87.7	87.7
热量/（kcal/100g）	70	69	68

1. 水分

牛乳中水分含量一般为 87%~89%，水分中溶有各种可溶性盐类、碳水化合物、维生素和小部分蛋白质。同时水中还分散着脂肪球乳状液和酪蛋白胶束两个胶体系统。牛乳中的水分可分为游离水、结合水和结晶水。其中游离水占比最大，它既可作为乳中各种组成成分的分散介质，还关系着乳的理化变化和生物学过程。结合水主要是结合乳中蛋白质、乳糖及某些盐类物质，一般的处理条件难以将其除去，对乳液的浓缩加工有重要影响。结晶水作为乳分子组成成分，按一定比例与乳中成分结合的水，是牛乳中最稳定的水分存在形式。

2. 蛋白质

牛乳中的蛋白质含量为 2.8%~3.5%，乳蛋白中含有人体所需的 8 种必需氨基酸及其他氨基酸，且构成比例适宜人体需求，消化率可达 98%~100%，是人类膳食优质蛋白质的来源。但不同乳类必需氨基酸含量和模式有一定差别。山羊乳蛋白质中组氨酸、苏氨酸和赖氨酸含量高于牛乳和人乳，其余几种必需氨基酸含量均低于牛乳和人乳。同时，山羊乳蛋白质中必需氨基酸的总含量也较低。在氨基酸模式方面，山羊乳和牛乳氨基酸评分接近，但都低于人乳，这表明人乳蛋白质营养价值最高，山羊乳和牛乳蛋白质的营养价值相近。另外，三种乳的第一限制氨基酸也不同，山羊乳第一限制氨基酸是缬氨酸，牛乳为甲硫氨酸，人乳为组氨酸，如表 9-17 所示。乳蛋白主要包括酪蛋白、乳清蛋白和少量脂肪球磨蛋白。

表 9-17　　　　　　山羊乳、牛乳和人乳蛋白质必需氨基酸含量及氨基酸评分

必需氨基酸	人体氨基酸模式/(mg/g)	山羊乳 含量/(mg/g)	山羊乳 评分	牛乳 含量/(mg/g)	牛乳 评分	人乳 含量/(mg/g)	人乳 评分
组氨酸	26	32	123	25	96	23	88
异亮氨酸	46	45	98	48	104	59	128
亮氨酸	93	92	99	117	126	97	104
赖氨酸	66	80	121	73	111	68	103
甲硫氨酸+半胱氨酸	42	29	69	29	69	38	91
苯丙氨酸+酪氨酸	72	63	88	86	119	81	113
苏氨酸	43	51	119	41	97	47	109
缬氨酸	55	35	64	54	98	64	116

续表

必需氨基酸	人体氨基酸模式/(mg/g)	山羊乳含量/(mg/g)	评分	牛乳含量/(mg/g)	评分	人乳含量/(mg/g)	评分
色氨酸	17	12	71	15	88	22	129
总和	460	439		488		499	
第一限制氨基酸		缬氨酸		甲硫氨酸		组氨酸	

注：人体氨基酸模式为 FAO/WHO 推荐婴儿氨基酸模式（1985）；组氨酸为婴幼儿的必需氨基酸。

酪蛋白是温度在20℃条件下调节脱脂乳 pH 至 4.6 时沉淀的蛋白质，占比80%~82%。牛乳中，酪蛋白为结合蛋白，与磷、钙结合可形成酪蛋白-磷酸钙络合物，此络合物呈胶粒状态存在于牛乳中，每升牛乳含有（5~15）×10^{22}个酪蛋白胶粒。酪蛋白胶粒对热、挤压、Ca^{2+}稳定。酪蛋白在皱胃酶的作用下可生成副酪蛋白，加入过量的钙可形成不溶性的副酪蛋白盐凝块，可利用此性质生产乳酪。酪蛋白主要由 α_{S1}-酪蛋白、α_{S2}-酪蛋白、β-酪蛋白和 κ-酪蛋白组成，如表 9-18 所示。有研究发现，α_{S1}-酪蛋白是人体主要蛋白质过敏源。

表 9-18　山羊乳、牛乳和人乳中的酪蛋白

蛋白质	山羊乳	牛乳	人乳
总酪蛋白/(g/100mL)	2.1	2.7	0.4
α_{S1}-酪蛋白/(g/100g 酪蛋白)	5.6	38.0	—
α_{S2}-酪蛋白/(g/100g 酪蛋白)	19.2	12.0	—
β-酪蛋白/(g/100g 酪蛋白)	54.8	36.0	60~70
κ-酪蛋白/(g/100g 酪蛋白)	20.4	14.0	7.0

乳清蛋白为乳去除在 pH4.6 等电点沉淀的酪蛋白后，残留的蛋白质，占乳蛋白的 18%~20%。与酪蛋白不同，乳清蛋白粒子分散度高，水合力强，包括对热稳定乳清蛋白和对热不稳定乳清蛋白两部分。乳清蛋白主要由 α-乳白蛋白和 β-乳球蛋白组成，此外还含有乳铁蛋白、免疫球蛋白、转铁蛋白、催乳素、叶酸结合蛋白等生理活性物质，如表 9-19 所示。α-乳白蛋白、β-乳球蛋白和免疫球蛋白为热敏性蛋白。近年来研究发现引起牛乳过敏的主要原因与牛乳中含有较高 β-乳球蛋白有关。母乳中酪蛋白少而乳清蛋白含量高，易被儿童消化吸收，为了使牛乳尽可能接近母乳，可利用乳清蛋白进行调整，生产出母乳化的高品质婴幼儿配方乳粉。

表 9-19　山羊乳、牛乳和人乳中的乳清蛋白

蛋白质	山羊乳	牛乳	人乳
乳清蛋白/(g/100mL)	0.06	0.06	0.06
α-乳白蛋白/(g/100mL)	0.06~0.11	0.11	0.30
β-乳球蛋白/(g/100mL)	0.18~0.28	0.4	0
乳铁蛋白/(mg/100mL)	2~20	2~20	200
转铁蛋白/(mg/100mL)	2~20	2~20	5
催乳素/(mg/100mL)	4.10	5	4~16

续表

蛋白质	山羊乳	牛乳	人乳
叶酸结合蛋白/(mg/100mL)	1.2	0.8	—
免疫球蛋白 IgA/(mg/100mL)	3~8	14	100
免疫球蛋白 IgM/(mg/100mL)	1~4	5	10
免疫球蛋白 IgG/(mg/100mL)	10~40	59	4

牛乳中除了酪蛋白和乳清蛋白外,还含有一些由磷脂质与蛋白质结合的乳脂肪球膜蛋白。100g 乳脂肪中含乳脂肪球膜蛋白 0.4~0.8g。乳脂肪球膜蛋白含有脂蛋白、碱性磷酸酶和黄嘌呤氧化酶等。乳脂肪球膜蛋白为热敏感蛋白,加热使牛乳产生蒸煮味。

3. 脂肪

牛乳中脂肪含量为 2.8%~4%,以脂肪球的形式分散于乳浆中,可形成乳浊液。乳脂肪平均直径为 3μm,呈高度分散状态,易被人体消化吸收,消化吸收率高达 98%。乳脂肪主要成分为甘油和脂肪酸组成的甘油三酯,其脂肪酸的组成及在甘油三酯中的分布对乳中脂肪的营养具有重要影响。乳脂肪中含有约 9% 的短链饱和脂肪酸-丁酸和乙酸,短链脂肪酸在乳和乳制品中具有独特的风味,短链脂肪酸易被脂肪酶分解,有利于人体的消化吸收。此外,短中链脂肪酸能够抑制胆固醇沉积,预防和治疗肠功能紊乱及胆结石、冠心病、膀胱纤维变性等疾病。约 40% 的饱和棕榈酸和硬脂酸,油酸、亚油酸和亚麻酸分别占比 30%、5.3% 和 2.1%。牛乳中饱和脂肪酸含量约为 70%,反式脂肪酸和胆固醇含量较低。乳中脂肪酸在甘油三酯中的分布对人体营养有重要影响。大量的研究表明,脂肪酸位于 sn-2 时有利于人体的消化吸收,并且长链饱和脂肪酸在甘油三酯的 sn-2 位时,能够促进机体对钙、镁、脂肪等营养物质的吸收。乳中的脂肪酸以棕榈酸(C16:0)为主,人乳中有 80% 的棕榈酸在 sn-2 位上,远高于山羊乳和牛乳,这是人乳中脂肪酸更容易被人体消化吸收的主要原因。

4. 碳水化合物

牛乳碳水化合物中 99.8% 为乳糖,占牛乳质量百分比的 4.6%~4.9%,其中还含有少量的葡萄糖、果糖和半乳糖。母乳中乳糖含量较高,为 7.0%~7.9%。乳糖经乳糖酶水解后可产生半乳糖,可促进脑苷脂类和黏多糖类的生长,对幼儿智力发育非常重要。乳糖具有调节胃酸,促进人体对钙、铁的吸收,预防小儿佝偻病和中老年人骨质疏松症等作用。乳糖还能促进人肠道益生菌的生长,改善肠道菌群。乳糖对于防止肝脏脂肪的沉积有重要作用。

初生婴儿乳糖酶含量较多,但随着年龄增长,人体肠道内乳糖酶逐渐减少,因此,不能分解和吸收乳糖,同时,使之被肠道细菌分解转化为乳酸,可出现胀气、腹泻等症状,临床上称之为"乳糖不耐症"。在乳制品生产过程中,可通过外加乳糖酶或利用乳酸菌发酵转化出乳糖,以预防"乳糖不耐症",同时也可提高乳糖的消化吸收率。另外,从小坚持喝牛乳、饱腹后少量多次喝牛乳或通过先喝酸乳等方法,可在一定程度上促进机体产生乳糖酶,以减轻乳糖不耐症。

5. 矿物质

牛乳中矿物质含量为 0.3%~1.21%,主要包括钙、磷、镁、氯、硫、铁、钠、钾等,大部分以无机盐或有机盐的形式存在,其中以磷酸盐、酪酸盐和柠檬酸盐含量最多。牛乳中钙含量高,20%以酪蛋白酸钙复合物的形式存在,酪蛋白含有 10% 的磷,乳中钙、磷比例合理,并含有维生素 D、乳糖等促吸收因子，吸收率高，是人体钙的最佳来源。牛乳中的钾、钠、镁含量也较多。但牛乳中铁含量较母乳中少，1L 牛乳中仅含 3mg 铁，故人工哺育婴儿时，需强化铁的摄入。不同种类乳的矿物质组成和含量不同，如表 9-20 所示。与西方发达国家相比，我国人均牛乳消费量较少，是膳食组成中的重要缺陷之一。营养学家建议，青少年儿童应当"早、晚一杯奶"，每天饮乳量应为 400~500mL。

表 9-20 山羊乳、牛乳和人乳中的矿物质

矿物质	山羊乳	牛乳	人乳
Ca/(mg/100g)	134	122	33
P/(mg/100g)	121	93	14
Mg/(mg/100g)	16	12	4
K/(mg/100g)	181	152	51
Na/(mg/100g)	41	58	15
Cl/(mg/100g)	150	100	60
S/(mg/100g)	2.89	—	—
Fe/(mg/100g)	0.07	0.08	0.20
Cu/(mg/100g)	0.05	0.06	0.06
Mn/(mg/100g)	0.032	0.02	0.07
Zn/(mg/100g)	0.56	0.53	0.38
I/(mg/100g)	0.022	0.021	0.007
Se/(μg/100g)	1.33	0.96	1.52

6. 维生素

牛乳中含有几乎所有已知的维生素，如脂溶性维生素 A、维生素 D、维生素 E 和维生素 K，以及水溶性维生素 B_1、维生素 B_2、维生素 B_6、维生素 B_{12} 和维生素 C 等。而牛乳中矿物质含量因季节、饲养条件、加工方式的不同而差异明显。与在牛棚饲养的牛相比，放牧饲养的牛的牛乳中维生素从 377IU 增加至 1266IU，胡萝卜素由 0.089mg 增加至 0.237mg。青饲料喂养乳牛所产的牛乳较冬春季干饲料喂养的乳牛所产的牛乳，维生素 A、胡萝卜素和维生素 C 含量明显提高。牛乳中维生素 D 含量不高，夏季日照时间长时，所以牛乳中钙含量有所增加，但将牛乳作为婴幼儿食品时应进行维生素 D 强化。不同乳中维生素的含量如表 9-21 所示。

表 9-21 不同乳中维生素的含量

维生素	山羊乳	牛乳	人乳
维生素 A/(IU/100g)	185	126	190
维生素 D/(IU/100g)	2.3	2.0	1.4
维生素 B_1/(mg/100g)	0.068	0.045	0.017
核黄素/(mg/100g)	0.21	0.16	0.036
烟酸/(mg/100g)	0.27	0.08	0.17

续表

维生素	山羊乳	牛乳	人乳
维生素 B_3/(mg/100g)	0.31	0.032	0.2
维生素 B_6/(mg/100g)	0.046	0.042	0.011
叶酸/(μg/100g)	1.0	5	5.5
生物素/(μg/100g)	1.5	2	0.4
维生素 B_{12}/(μg/100g)	0.065	0.357	0.03
维生素 C/(mg/100g)	1.29	0.94	5

7. 其他成分

牛乳中含有很多酶类，如过氧化物酶、过氧化氢酶、磷酸酶和脂解酶，可影响乳制品的生产和质量，改变牛乳在贮藏过程中的风味和理化性质。

牛乳中含有0.072%~0.086%的磷脂，主要包括磷脂酰胆碱、脑磷脂和神经鞘磷脂。在速溶全脂乳粉制造工艺中采用喷涂磷脂酰胆碱技术，可改善乳粉的冲调性能。

牛乳中固醇含量很低，每100mL含7~17mg固醇，固醇主要存在于脂肪球膜上。乳脂中的固醇主要是胆固醇。有些固醇，如麦角固醇经紫外线照射后具有维生素D特性，但紫外线照射同时会引起乳脂肪氧化。

牛乳中还含有核苷酸、核苷以及嘧啶和嘌呤等物质，为非蛋白氮组分。不同种类动物乳中这些物质的组成和浓度不同。核苷被认为是机体组织快速生长的必要成分，对新生儿有着特殊功能。我国、日本及欧洲一些国家允许将核苷酸应用于婴幼儿配方食品中。

二、乳制品的营养价值

1. 液体乳

液体乳一般是指生鲜乳或以乳粉为原料经过适当加工处理（如合理调配、有效加热杀菌）后，制成分装出售的，可供消费者直接饮用的液态状的乳制品。根据加工过程中的热处理方式，可将液体乳分为巴氏杀菌乳和灭菌乳。

巴氏杀菌乳指"仅以生牛（羊）乳为原料，经巴氏杀菌等工序制得的液体产品"，见GB19645—2010《食品安全国家标准　巴氏杀菌乳》。巴氏杀菌是较为温和的杀菌方式，可主要杀死乳中的致病菌，而保留了小部分无害或有益、较耐热的细菌或细菌芽孢。巴氏杀菌乳中的蛋白质仅发生很少变性，热敏性维生素损失少，牛乳的颜色、风味和质地几乎没有变化。按产品中乳脂肪的含量可将乳制品分为全脂、部分脱脂和脱脂三种。

根据GB 25190—2010《食品安全国家标准　灭菌乳》，灭菌乳可被分为超高温灭菌乳和保持灭菌乳。超高温灭菌乳是"以生牛（羊）乳为原料，添加或不添加复原乳，在连续流动的状态下，加热到至少132℃并保持很短时间，再经无菌灌装等工序制成的液体产品"。保持灭菌乳是"以生牛（羊）乳为原料，添加或不添加复原乳，无论是否经过预热处理，在灌装并密封之后经灭菌等工序制成的液体产品"。灭菌乳中几乎所有的微生物和耐热酶类都失去了活力。但灭菌乳不是无菌乳，产品应达到商业无菌状态。

根据营养成分的不同，可将液体乳分为纯牛乳、调制乳、含乳饮料。按现行国家标准，含乳饮料应不属于乳品类产品。巴氏杀菌纯牛乳和超高温灭菌纯牛乳均不应添加任何添加剂。根据GB25191—2010《食品安全国家标准 调制乳》规定，调制乳是"以不低于80%的生牛（羊）乳或复原乳为主要原料，添加其他原料或食品添加剂或营养强化剂，采用适当的杀菌或灭菌等工艺制成的液体产品"。

2. 乳粉

根据GB 19644—2010《食品安全国家标准 乳粉》规定，乳粉指"以生牛（羊）乳为原料，经加工制成的粉状产品"。调制乳粉是"以生牛（羊）乳或及其加工制品为主要原料，添加其他原料，添加或不添加食品添加剂和营养强化剂，经加工制成的乳固体含量不低于70%的粉状产品"。根据原料、原料处理及加工方法的不同，乳粉可被分为全脂乳粉、脱脂乳粉、调制乳粉和婴幼儿配方乳粉。不同乳粉的营养成分也存在差异，见表9-22。在乳粉生产的热处理和干燥过程中，乳粉会损失较多维生素，尤其是水溶性维生素。

表9-22　　　　　　　　　不同类型乳粉的主要化学组成　　　　　　　　　单位：g/100g

乳粉种类	蛋白质	脂肪	乳糖	水分	矿物质
全脂乳粉	24.5	28.0	39.3	2.5	5.7
脱脂乳粉	34.0	1.0	54.0	3.0	8.0
婴儿配方乳粉	12.5	26.5	55.4	2.5	3.1

全脂乳粉营养丰富，适用于除婴儿外的所有消费者。脂肪含量高，易被氧化。脱脂乳粉中脂溶性维生素损失较大，适合中老年人、高血脂患者和肥胖人群食用。婴幼儿配方乳粉加入了适量的维生素、矿物质和/或其他成分，其能量和营养成分分别能够满足0~6月龄婴儿的正常营养需要，以及较大婴儿（6~12月龄）和幼儿（12~36月龄）的部分营养需要。特殊医学用途婴儿配方乳粉，是针对患有特殊紊乱、疾病或医疗状况等特殊医学状况婴儿的营养需求，而设计制成的粉状或液态配方食品。在医生或临床营养师的指导下，可单独食用也可与其他食物配合食用，其能量和营养成分能够满足0~6月龄特殊医学状况婴儿的生长发育需求。常见的特殊医学用途婴儿配方食品包括无乳糖配方或低乳糖配方食品、乳蛋白部分水解配方食品、乳蛋白深度水解配方或氨基酸配方食品、早产/低体重婴儿配方食品、母乳营养补充剂、氨基酸代谢障碍配方食品等。

3. 发酵乳

根据GB19302—2010《食品安全国家标准 发酵乳》标准，发酵乳为"以生牛（羊）乳或乳粉为原料，经杀菌、发酵后制成的pH降低的产品"。发酵乳包括酸乳、风味发酵乳、风味酸乳。酸乳"以生牛（羊）乳或乳粉为原料，经杀菌、接种嗜热链球菌和保加利亚乳杆菌（德氏乳杆菌保加利亚亚种）发酵制成的产品"。风味发酵乳"以80%以上生牛（羊）乳或乳粉为原料，添加其他原料，经杀菌、发酵后pH降低，发酵前或后添加或不添加食品添加剂、营养强化剂、果蔬、谷物等制成的产品"。风味酸乳"以80%以上生牛（羊）乳或乳粉为原料，添加其他原料，经杀菌、接种嗜热链球菌和保加利亚乳杆菌（德氏乳杆菌保加利亚亚种）发酵前或后添加或不添加食品添加剂、营养强化剂、果蔬、谷物等制成的产品"。

发酵乳经乳酸菌发酵后，其中的乳糖可被转化为乳酸，可减轻乳糖酶活性低的人群的"乳糖不耐受"。同时，乳酸可促进人体对钙、磷、铁的吸收利用。乳酸菌可分解乳糖产生乳酸，同时产生挥发性风味物质，如丁二酮和乙醛等，可赋予发酵乳典型风味，在发酵过程中，也会产生少量B族维生素。乳酸菌等益生菌可调节肠道菌群平衡，具有一定降解脂肪和蛋白质的作用,可使发酵乳制品更容易被人体消化吸收。

4. 炼乳

根据 GB13102—2010《食品安全国家标准 炼乳》,炼乳可分为淡炼乳、加糖炼乳和调制炼乳。淡炼乳为"以生乳和(或)乳制品为原料,添加或不添加食品添加剂和营养强化剂,经加工制成的黏稠状产品"。加糖炼乳为"以生乳和(或)乳制品、食糖为原料,添加或不添加食品添加剂和营养强化剂,经加工制成的黏稠状产品"。调制炼乳为"以生乳和(或)乳制品为主料,添加或不添加食糖、食品添加剂和营养强化剂,添加辅料,经加工制成的黏稠状产品"。炼乳中的碳水化合物和抗坏血酸(维生素C)比乳粉多,其他成分,如蛋白质、脂肪、矿物质、维生素A等,皆比乳粉少。淡炼乳被人体食用后在胃酸和凝乳酶作用下,可形成柔软的凝块,易于被人体消化。加糖炼乳是在新鲜牛乳中加入约16%的蔗糖,并浓缩至原体积40%左右的一种浓缩乳制品。食用时需加 5~8 倍的水稀释。但当甜味符合要求时,往往其中的蛋白质和脂肪的浓度会比新鲜牛乳降低一半,若加水稀释使蛋白质和脂肪的浓度接近新鲜牛乳,则糖含量偏高,不适于喂养婴儿。

5. 干酪

干酪又称乳酪,是乳浓缩物。每千克干酪制品都是由 10kg 的牛乳浓缩而成的,其中含有丰富的蛋白质、钙、脂肪、磷和维生素等营养成分。根据 GB 5420—2010《食品安全国家标准 干酪》,干酪为"成熟或未成熟的软质、半硬质、硬质或特硬质、可有涂层的乳制品,其中乳清蛋白/酪蛋白的比例不超过牛乳中的相应比例"。干酪生产过程是乳蛋白质(特别是酪蛋白部分)的浓缩过程,因此,干酪中蛋白质的含量显著高于所用原料中蛋白质的含量。干酪分为成熟干酪、霉菌成熟干酪和未成熟干酪。成熟干酪为"生产后不能马上使(食)用,应在一定温度下储存一定时间,以通过生物化学和物理变化产生该类干酪特征的干酪"。霉菌成熟干酪指"主要通过干酪内部和(或)表面的特征霉菌生长而促进其成熟的干酪"。未成熟干酪(包括新鲜干酪)是指"生产后不久即可使(食)用的干酪"。干酪是高钙乳制品,其独特的发酵工艺,使其营养的吸收率达到了 96%~98%。

6. 奶油

根据 GB 19646—2010《食品安全国家标准 稀奶油、奶油和无水奶油》规定,稀奶油是"以乳为原料,分离出的含脂肪的部分,添加或不添加其他原料、食品添加剂和营养强化剂,经加工制成的脂肪含量为 10.0%~80.0%的产品"。奶油(黄油)是"以乳和(或)稀奶油(经发酵或不发酵)为原料,添加或不添加其他原料、食品添加剂和营养强化剂,经加工制成的脂肪含量不小于 80.0%产品"。无水奶油(无水黄油)为"以乳和(或)奶油或稀奶油(经发酵或不发酵)为原料,添加或不添加食品添加剂和营养强化剂,经加工制成的脂肪含量不小于 99.8%的产品"。牛乳中,脂溶性营养成分被保留于奶油中,奶油的颜色因含有的类胡萝卜素而呈现橙色。但乳中类胡萝卜素的含量与季节密切相关,冬季产奶油颜色较深,水牛乳因不含类胡萝卜素,而使其生产的奶油呈现白色。

第七节 蛋及蛋制品的营养价值

人们常食用的蛋类主要包括鸡蛋、鸭蛋、鹅蛋、鹌鹑蛋、鸽蛋等。蛋类营养素含量丰富,尽管家禽种类、品种、饲养条件和产蛋时间等因素影响着蛋的各营养素含量,但各种禽蛋中富含人体必需的优良蛋白质、脂肪、类脂质、矿物质和维生素等营养物质,其消化吸收率高,营养价值高,适宜于各类人群食用。

一、蛋的结构

各种禽蛋结构相似,主要由蛋壳、蛋清和蛋黄三部分组成,分别占 11%、55%~65% 和 30%~35%,如图 9-2 所示。在蛋的钝端,由角质膜分离成一气室。蛋壳颜色与鸡的品种密切相关,与蛋的营养价值无关。蛋清和蛋黄营养丰富,如表 9-23 所示。不同种类的禽蛋营养大致相同,如表 9-24 所示。

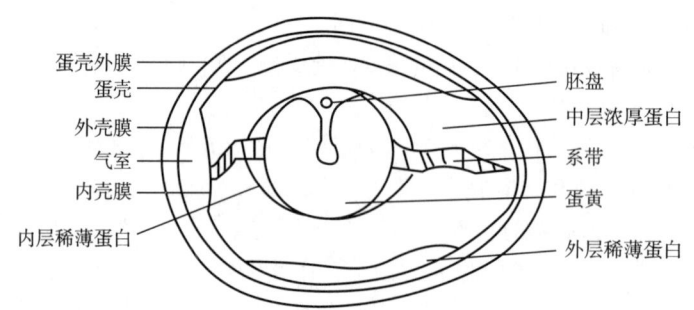

图 9-2 蛋的结构

资料来源:孙长颢,营养与食品卫生学(第六版)。

表 9-23　　　　　　　　　蛋各部分的主要营养组成　　　　　　　　　单位:%

营养物质	全蛋	蛋清	蛋黄
水分	73.8~75.8	84.4~87.7	44.9~51.5
蛋白质	12.8	8.9~11.6	14.5~15.5
脂肪	11.1	0.1	26.4~33.8
糖	1.3	1.8~3.2	3.4~6.2
矿物质	1.0	0.6	1.1

表 9-24　　　　　　　几种蛋类主要营养素含量　　　　　　　单位:100g 可食部分

食品	水/g	蛋白质/g	脂肪/g	糖/g	热量/kJ	钙/mg	磷/mg	铁/mg	维生素A/IU	硫胺素/mg	核黄素/mg	胆固醇/mg
鸡蛋	71	14.7	11.6	1.6	711.8	55	210	2.7	1440	0.16	0.31	2680
鸭蛋	70	13	14.7	1.0	778.7	71	210	3.2	1380	0.15	0.37	2420
鹌鹑蛋	68.9	16	12.3	2.5	736.9	72	238	3.8	1000	0.11	0.86	2348

资料来源:杨月欣. 中国食物成分表(2004)(第 2 册)。

二、蛋的化学组成与营养价值

1. 蛋白质

蛋类蛋白质含量一般在10%以上。全鸡蛋蛋白质的含量为12%左右，蛋清中蛋白质含量略低，蛋黄中较高，加工成咸蛋或松花蛋后，蛋白质变化不大。鸭蛋的蛋白质含量与鸡蛋类似。蛋白质氨基酸组成与人体需要最接近，因此生物价也最高，达94%，是其他食物蛋白质的1.4倍左右。蛋白质中赖氨酸和甲硫氨酸含量较高，和谷类和豆类食物混合食用，可弥补其赖氨酸或甲硫氨酸含量不足的缺点。蛋的蛋白质中还富含半胱氨酸，加热过度可使半胱氨酸部分分解产生硫化氢，与蛋黄中的铁结合可形成黑色的硫化铁。煮蛋的蛋黄表面的青黑色和鹌鹑蛋罐头的黑色物质来源于此。蛋清中主要含有卵白蛋白、副卵白蛋白、卵球蛋白、卵黏蛋白、类卵黏蛋白。有研究显示，卵黏蛋白有一定的抗流感能力，类卵黏蛋白可抑制胰蛋白酶，加热可使之灭活。蛋黄主要含有抗生物素蛋白、卵黄磷蛋白、卵黄脂蛋白、卵黄球蛋白和卵黄酶蛋白等。抗生素蛋白可在100℃条件下加热灭活。蛋类蛋白质是理想的优质全蛋白，常作为食物蛋白质营养质量评价参考蛋白。

2. 脂肪

蛋清中含脂肪极少，98%的脂肪存在于蛋黄当中。蛋黄中的脂肪几乎全部以与蛋白质结合的良好乳化形式存在，因此消化吸收率高。鸡蛋黄中脂肪含量为28%~33%，其中中性脂肪含量占62%~65%，磷脂占30%~33%，固醇占4%~5%，还含有微量脑苷脂类。蛋黄中性脂肪的脂肪酸中，以单不饱和脂肪酸油酸最为丰富，占50%左右，亚油酸约占10%，其余主要是硬脂酸、棕榈酸和棕榈油酸，且含微量花生四烯酸。蛋黄是磷脂的极好来源，所含卵磷脂具有降低血胆固醇的效果，并能促进脂溶性维生素的吸收。蛋类的胆固醇含量极高，主要集中在蛋黄中。加工成咸蛋或松花蛋后，蛋中的胆固醇含量无明显变化。

3. 碳水化合物

蛋类碳水化合物一般为1%左右，约0.5%与蛋白质结合，约0.4%游离存在于蛋中。游离碳水化合物中98%为葡萄糖，还包括微量的果糖、甘露糖、阿拉伯糖、木糖和核糖。葡萄糖是蛋粉生产过程中美拉德反应产生的原因，可采用葡萄糖氧化酶去除葡萄糖，以避免蛋粉贮藏过程中的褐变反应。

4. 矿物质

蛋中的矿物质主要存在于蛋黄中，含量为1.0%~1.5%，蛋清部分含量很低，仅为0.6%。蛋黄是多种矿物质的良好来源，其中磷含量丰富，为240mg/100g，钙含量为112mg/100g。蛋中的铁含量较高，以非血红素铁形式存在，且蛋黄中的卵黄磷蛋白可以结合铁元素，干扰铁的吸收，导致铁的吸收率较低，仅为3%左右。蛋中的矿物质含量受饲料影响较大，所以，可通过调整饲料的成分改善蛋中矿物质的组成。

5. 维生素

蛋中的维生素含量十分丰富，且品种较为完全，包括所有的B族维生素、维生素A、维生素D、维生素E、维生素K和微量的维生素C。其中，绝大部分的维生素A、维生素D、维生素E和维生素B_1都分布于蛋黄中。鸭蛋和鹅蛋中的维生素含量一般高于鸡蛋。蛋中维生素含量受品种、季节、饲料组成、光照等因素的影响。家禽蛋黄呈现淡黄色乃至黄红色，蛋黄颜色与饲料中胡萝卜素、叶黄素、玉米黄素等有关，与维生素A含量无关。

6. 蛋的合理食用

生鸡蛋的蛋清中，含有抗生物素蛋白和抗胰蛋白酶。前者与生物素在肠道内结合，可影响生物素的吸收率。抗胰蛋白酶能抑制胰蛋白酶活力，妨碍蛋白质的消化吸收，故不可食用生蛋清，通过烹调加热可破坏这两种物质，但加热温度过高可使蛋白质凝固，影响消化吸收。

蛋黄中胆固醇含量高，大量食用能引起高脂血症，血中胆固醇含量高是动脉粥样硬化、冠心病等的危险因素。但蛋黄中还含有大量的卵磷脂，对心血管疾病的防治有利。因此，蛋虽营养价值高，但也应适量食用。

三、蛋制品的营养价值

1. 皮蛋

皮蛋又称松花蛋，是用混合的烧碱、泥土和糠壳覆于蛋壳表面，经过一段时间放置而制成的再制蛋，具有独特色香味。制作中加入的碱在一定程度上破坏了蛋中的B族维生素，皮蛋的其他营养成分与咸蛋接近。

2. 咸蛋

咸蛋又称盐蛋、腌蛋、味蛋等，是一种风味特殊、食用方便的再制蛋。咸蛋是将蛋浸泡在饱和盐水中或用混合食盐黏土裹在蛋壳表面，腌制1月左右而制成的。由于经过一段时间的腌制，咸蛋蛋白质含量减少，脂肪含量增多，碳水化合物含量较鲜蛋增加；矿物质保存较好，钙的含量有所提高。皮蛋、咸鸭蛋和松花蛋中营养素含量变化如表9-25所示。

表9-25　　　　鸭蛋、咸鸭蛋和松花蛋营养素比较

食品	蛋白质/g	脂肪/g	碳水化合物/g	视黄醇当量/μg	硫胺素/mg	核黄素/mg	钙/mg	铁/mg	胆固醇/mg
鸭蛋	12.6	13	3.1	261	0.17	0.35	62	2.9	565
咸鸭蛋	12.7	12.7	6.3	134	0.16	0.33	118	3.6	647
松花蛋	14.2	10.7	4.5	215	0.06	0.18	63	3.3	608

3. 蛋粉

蛋粉为蛋液经喷雾干燥而成的，为粉状或易松散的块状，分为全蛋粉、蛋黄粉和蛋白粉。蛋粉中维生素A略有破坏，蛋粉多作为辅料应用于食品工业中，如用以生产糕点、面包、冰淇淋等，不适于直接食用。

第八节　调味品及其他食品的营养价值

一、常用调味品营养价值

调味品是人们用来调节食品色、香、味的一类食品。调味品的种类繁多，常用的有食盐、

酱油、醋、糖、味精以及八角、胡椒等。

1. 食盐

食盐的主要成分为 NaCl，未精制粗盐还含有少量的碘、镁、钙、钾等，海盐中含碘较多。近年来，许多试验证实，食盐摄入量与高血压发病率有一定关系，膳食中食盐摄入过多，可引发高血压病。WHO 建议每人每日摄入 6g 以下食盐，可预防冠心病和高血压。在我国，成人每日摄入 6g 食盐即可满足机体对钠的需要。

2. 酱油

酱油是我国传统的调味品，主要由大豆、小麦、食盐经过制油、发酵等程序酿制而成的。酱油的成分比较复杂，营养丰富，除食盐外，还有多种氨基酸、可溶性蛋白质、糖类、有机酸、色素及香料等成分，以咸味为主，也有鲜味、香味等，易于促进食欲。酱油的鲜味和营养价值取决于氨基酸态氮含量的高低，一般来说，氨基酸态氮越高，酱油的等级就越高，也就是说产品的品质越好。按照我国酿造酱油的标准，氨基酸态氮 ≥0.8g/100mL 为特级，≥0.7g/100mL 为一级，≥0.7g/100mL 为二级，≥0.4g/100mL 为三级。酱油中还含有一些维生素和矿物质，但由于酱油的摄入量不高，对人体营养素供给量影响不大。有些国家和地区在酱油中强化了铁元素，此类酱油可以作为人体铁的重要补充和来源。

3. 食醋

食醋是以糯米、大米、麸皮、小麦、高粱、糖或酒等酿成而成的，乙酸含量为 3%~4%。与酱油相比，食醋中蛋白质、脂肪和碳水化合物含量较少，含有较丰富的钙和铁，还含有少量乳酸、乙醇、糖、氨基酸等，可以调味并促进食欲。

4. 食糖

食用食糖主要有白糖、红糖和冰糖三种，其主要成分均为蔗糖。为纯能量食品，缺乏其他营养素。我国主要的食用食糖品种主要有白砂糖、绵白糖、赤砂糖、多晶体冰糖、单晶体冰糖、方糖、冰片糖、黄砂糖、加工红糖等。近来，果葡糖浆已经成为糖的重要替代品。

5. 味精和鸡精

味精和鸡精是常用增味剂。味精的主要成分物质是谷氨酸钠。鸡精的主要成分是味精，还加入了核苷酸及鲜味剂。此外，鸡精还含有其他成分，如食盐、白砂糖、鸡肉粉、糊精、香辛料、助鲜剂、香精等。我国规定，每 100g 鸡精中的蛋白质含量不能少于 10.7g。鸡精中缺乏钙、铁等矿物质和各种维生素，应合理食用。孕妇及婴幼儿不宜吃味精；老人和儿童也不宜多食。

6. 其他调味料的营养成分

其他常见调味料的营养素含量，如表 9-26 所示。

表 9-26　　　　　　　　　常见调味料的营养素含量　　　　　　　单位：100g 可食部分

调味料	碳水化合物/g	膳食纤维/g	胡萝卜素/μg	Ca/mg	P/mg	K/mg	Na/mg	Mg/mg	Fe/mg	Zn/mg	Se/μg
八角	75	43	40	41	64	202	14.7	68	6.3	0.6	3.1
胡椒粉	77	2	60	2	172	154	4.9	128	9.1	1.2	7.6
花椒	67	29	140	639	69	204	47.4	111	8.4	1.9	2
芥末	35	7	190	656	530	366	7.8	321	17.2	3.6	69

续表

调味料	碳水化合物/g	膳食纤维/g	胡萝卜素/μg	Ca/mg	P/mg	K/mg	Na/mg	Mg/mg	Fe/mg	Zn/mg	Se/μg
辣椒粉	58	44	18740	146	374	1358	100	223	20.7	1.5	8
五香粉	73	5	—	181	66	1138	27.2	88	34.4	2.8	5.7
小茴香	56	34	320	751	336	1104	79.6	336	0.9	3.5	2
酵母（鲜）	24	—	—	9	409	448	13.6	54	7.1	3.1	2.8
薄荷（鲜）	7	5	1277	341	99	677	4.5	133	4.2	0.9	—
陈皮	79	21	408	82	85	186	21	113	9.3	1.0	4.4
丁香	67	17	—	137	10	47	122.1	—	0.2	1.0	12.6
甘草	75	39	—	832	38	28	154.7	337	21.2	5.9	4.7
肉豆蔻	43	14	—	42	26	61	25.6	—	1.3	1.5	0.5
肉桂	72	40	—	88	1	167	0.6	—	0.4	0.2	0.8

资料来源：杨月欣，中国食物成分表（2004）（第2册）。

二、食用油脂的营养价值

食用油脂有动物脂肪和植物油两大类，由于它们的来源、性状和稳定性等方面有所不同，其营养价值也不同。食用油脂主要成分为甘油三酯，为高能量食品。动物脂肪包括猪脂，牛、羊脂等动物体脂、乳脂，以及海洋鱼类中的脂肪；植物油有豆油、菜籽油、花生油、棉籽油、芝麻油、葵花籽油、亚麻油、核桃油、玉米油、米糠油等。畜禽类脂肪多为16~22个碳原子的饱和脂肪酸，其中，棕榈酸和硬脂酸含量高。鱼油中不饱和脂肪酸的含量高。多数植物油中的脂肪酸不饱和度较高，如大豆油中不饱和脂肪酸含量高于86%，葵花籽油中不饱和脂肪酸含量高达87%。另外，大豆油、玉米胚芽油、米糠油中还含有较多的磷脂。人造黄油中含有反式脂肪酸，与心血管疾病的发生有关。

三、其他食品营养价值

1. 酒

酒是指发酵产生乙醇或以其配制而成的饮料制品。酒中含有乙醇、糖、微量肽类或氨基酸。白酒是将发酵形成的酒醇再经蒸馏而制成的含酒精饮料制品。发酵酒主要有黄酒、葡萄酒、啤酒、果酒等。在黄酒和啤酒等发酵酒中，氨基酸和短肽含量较多，果酒和白酒中，氨基酸和短肽含量较少或几乎不含。酒中的矿物质与其原料、水质和生产工艺有关。葡萄酒、黄酒和啤酒中，矿物质含量较高，其中钾含量为0.3~0.8g/L。啤酒、葡萄酒中B族维生素较丰富。酒中还含有多种醇类、酯类、有机酸、硫化物等风味成分。

2. 茶

茶是世界三大饮料之一，分为发酵茶、半发酵茶和不发酵茶。茶含有丰富的营养成分和活性物质。茶叶中蛋白质含量一般为20%~30%，但一般只有1%~2%能溶解于水而被人体利用。茶叶中含2%~4%的游离氨基酸，易被人体吸收及利用。茶叶中脂肪含量为2%~3%，多为磷脂、糖脂和硫脂。茶叶中含有20%~25%的碳水化合物，仅4%~5%可被利用。茶叶中含有丰富的维生素，如胡萝卜素、维生素B_1、维生素B_2、烟酸、维生素C和维生素E。茶叶中还含有30

多种矿物质,如钾、钙、镁、钠、铁、锌、铜、磷、硒、锰等。另外,茶叶中还含有茶多酚类、茶叶皂苷类、活性多糖、生物碱等多种活性成分,是优良的健康饮品。

3. 咖啡

咖啡是由咖啡豆经焙烤碾磨而成的产品,含有很少量的蛋白质、脂肪和碳水化合物。咖啡中含有咖啡碱、鞣酸和较高含量的钾,有兴奋神经和利尿作用。可乐型饮料中含有咖啡因。

4. 可可及巧克力

可可粉和巧克力均以可可豆为原料。可可豆(生豆)中水分含量为5.58%,脂肪含量为50.29%,含氮物质含量为14.19%,可可碱含量为1.55%,其他非氮物质含量为13.91%,淀粉含量为8.77%,粗纤维含量为4.93%,其灰分中含有磷酸40.4%、钾31.28%、氧化镁16.22%。可可豆中还含有咖啡因和单宁,前者是神经中枢兴奋物质,单宁与巧克力的色、香、味密切相关。可可粉富含碳水化合物、脂肪、蛋白质、维生素B。巧克力是一种高热量食品,但其中的蛋白质含量偏低,脂肪含量偏高,营养成分比例不符合儿童生长发育的需要。

本章知识链接

饮食与健康的关系最为密切。为了增进健康并做好防病治病工作,我们要注重饮食健康。古今一些名医都十分重视饮食疗法。我国唐代的名医孙思邈说:"凡欲治病,先以食疗,即食疗不愈,后仍用药尔。"明代医药学家李时珍说:"善食者养生,不善食者伤身。"西方医药之父希波克拉底在公元前400年也曾说过:"应该以食物为药,饮食是首选的医疗方式。"

合理营养又称平衡膳食,是指供给机体种类齐全、数量充足、比例合适的能量和各种营养素,并使营养素与机体的需要保持平衡,进而达到可给机体提供合理营养、可促进健康、预防疾病的膳食。平衡膳食可提供种类齐全、数量充足、比例合适的营养素。中国营养学会将人类食物分为五大类:第一类是谷类和薯类,谷类包括米、面、杂粮,薯类包括马铃薯、木薯、甘薯等。第二类为动物性食品,包括肉、禽、鱼、乳、蛋等。第三类为豆类和坚果类,包括大豆、其他干豆类及花生、核桃、杏仁等坚果类。第四类为蔬菜、水果和菌藻类。第五类为纯能量物质,包括动植物油、淀粉、食用糖和酒。建议每日膳食应包含以上五大类食物,每类食物选2~4种,一日应至少吃10~20种食物,达到30种以上为最佳。

○ 练习与思考

1. 什么是食品营养价值的相对性?对我们日常的饮食有何指导意义?
2. 什么是食品营养素的生物利用率?影响因素有哪些?
3. 对比豆浆、牛乳中的蛋白质、脂肪、维生素 B_1、钙和铁对中体力活动女性的INQ,并进行简单评价。
4. 简述母乳与牛乳的营养特点。
5. 简述大豆及其制品的营养特点及抗营养因子。
6. 简述谷物类、果蔬类及动物性食品的营养特点?如何进行合理的膳食搭配。
7. 我国谷类为主的膳食结构有哪些优缺点?试依据谷类食品的蛋白质特点,分析如何提高谷类食品营养价值?

参考文献

[1] 周才琼，周玉林.食品营养学（第三版）[M].北京：中国质检出版社，2017.

[2] 张忠，李凤林，余蕾.食品营养学[M].北京：中国纺织出版社，2017.

[3] 尤玉如.乳品与饮料工艺学[M].北京：中国轻工出版社，2014.

[4] 刘彦君，刘哲，孟祥红，等.基于多样度、匹配度和平衡度的常见蔬菜营养价值评价[J].北京：中国农业科学，2019，52（18）：3177-3191.

[5] 赵佳，杨月欣.营养素度量法在食品包装正面营养标签中的应用[J].营养学报，2015，37（2）：131-136.

[6] 邓梦雅，李荣波，彭祖茂，等.以营养素度量法评价食用菌营养价值[J].食品科技，2019，44（7）：349-353.

[7] 梁宝婧，吕筠.几种营养素度量模型的建立和应用研究概况[J].中国预防医学杂志，2015，16（12）：972-977.

[8] 汪青.谷类食品的营养价值[J].粮油食品，2003（2）：42-44.

[9] 韩黎明，童丹."黑美人"马铃薯研究现状及开发利用[J].中国食物与营养，2020，26（2）：13-18.

[10] 王军，张海生，李方舟，等.大豆蛋白质的开发与利用[J].农产品加工，2020（3）：11-13.

[11] 任二芳，牛德宝，刘功德，等.澳洲坚果仁营养成分分析与其加工副产物的综合利用研究[J].食品研究与开发，2020，41（6）：194-199.

[12] 李倩倩，付佳璇，赵玉梅，等.果胶降解与采后果实质地变化研究进展[J].中国食品学报，2019，19（9）：298-307.

[13] 顾浩峰，张富新，梁蕾，等.山羊奶与牛奶和人奶营养成分的比较[J].食品工业科技，2012，33（8）：369-373.

第十章 不同人群的营养需求与膳食

[本章主要内容]

孕妇、乳母、婴幼儿、学龄前、学龄与青少年、老年人的生理特点、营养的需求以及膳食注意事项。

[本章重点]

掌握不同生理状况下人群的营养特点、掌握纠正营养失调的方法。

[本章难点]

孕妇、乳母、婴幼儿、老年人的生理特点及膳食要求。

第一节 孕妇营养

孕妇是指处于妊娠特定生理状态下的人群,在孕期,孕妇不仅要维持自身的营养状况,还要通过胎盘转运供给胎儿生长发育所需营养。经过280d的孕育,将一个肉眼看不见的受精卵变成一个啼哭的新生儿,这对母体营养供应能力是一个很大的考验。妊娠期一般为孕早期(怀孕1~3个月)、孕中期(怀孕4~6个月)和孕晚期(怀孕7~9个月)3个阶段。孕妇的营养不仅与本身健康有关,还直接影响到胎儿、婴儿、青少年直至成人的体力、智力的全面发展,是与整个社会、民族兴衰有着密切关系的重大问题。

一、孕妇生理特点

1. 内分泌改变

内分泌系统是体内重要的信息传递系统，参与人体各种生理过程的调节。妊娠期妇女内分泌系统多种激素水平的改变是导致其身体发生生理变化的主要原因。除母体原有的内分泌腺体及细胞分泌相关激素外，怀孕后形成的胎盘也可以提供维持妊娠所必需的一些激素。

（1）人绒毛膜促性腺激素（human chorionic gonadotrophin，HCG） 人绒毛膜促性腺激素是由胎盘产生的一种糖蛋白，在受精后第 8~10d 就会出现在母体血液中，随后浓度迅速升高，至妊娠 8~9 周达到顶峰，随后又迅速下降，到 20 周左右时可降至较低水平，并一直维持此水平至分娩。其主要的生理作用：一是在妊娠早期刺激母体黄体分泌雌激素和孕激素，以维持妊娠过程的顺利进行；二是 HCG 可被吸附于滋养细胞表面，以免胚胎滋养层细胞被母体淋巴细胞攻击，具有"安胎"作用；三是刺激甲状腺活性。

（2）人绒毛膜生长素（human chronic somatomammotropin，HCS） 人绒毛膜生长素也是胎盘产生的一种糖蛋白。因其化学结构、生理作用、生物活性等均与生长素相似，故被定名为人绒毛膜生长素。HCS 分布水平与胎盘的生长发育相平行，在妊娠末期达到顶峰。HCS 的主要生理作用是调节母体与胎儿的物质代谢过程，包括糖、脂肪和蛋白质的代谢，从而促进胎儿的生长。

（3）雌激素（estrogen） 雌酮、雌二醇、雌三醇合称为雌激素，均属于类固醇类激素。在妊娠期，胎盘和卵巢一样，能够分泌雌激素。在妊娠 8~9 周后，胎盘所分泌的雌激素逐渐增加，可接替黄体的功能以维持妊娠，直到分娩。在胎盘所分泌的雌激素中，主要成分为雌三醇，其主要生理作用是通过前列腺素的产生来增加子宫和胎盘之间的血流量，也可促进母体乳房的发育。

（4）孕激素（progestogen） 孕激素主要是孕酮（又称黄体酮，progesterone，P），为类固醇类激素。黄体与胎盘将孕烯醇酮合成孕酮，在妊娠期间，孕酮的分泌量维持在较高水平。其中，胎盘孕酮的分泌变化规律与雌激素类似。孕酮一方面能够诱导内膜间质细胞的增生和分化，促进内膜蜕膜化，有利于胚胎的发育。同时促进乳腺腺泡和导管的发育；另一方面孕酮能够引起子宫腔中细胞因子的积累，抑制体外淋巴细胞的功能和体内抗体的形成。孕激素是一种免疫调节分子，它主要通过与孕激素受体结合发挥免疫调节作用。孕酮通常要在雌激素作用的基础上才能发挥作用。

（5）甲状腺素 妊娠妇女的甲状腺激素水平完全不同于非妊娠妇女，不同的孕期，甲状腺激素的水平也有差异。妊娠前 3 个月，胎盘分泌 HCG 明显增加，可竞争性结合甲状腺泡上皮细胞的甲状腺激素（thyroid-stimulating hormone，TSH）受体，使血清游离甲状腺素（free thyroxine，FT4）、游离三碘甲状腺原氨酸（free triiodothyronine，FT3）水平升高，高峰出现在 8~12 周，之后水平逐渐降低，而 TSH 水平降低，会在 8~12 周降至最低点，妊娠中期以后逐渐回升。

研究证实，胎儿的大脑从妊娠 5 周开始发育，妊娠 12 周后胎儿才开始合成甲状腺激素，20 周后调节甲状腺分泌的下丘脑-垂体-甲状腺轴才基本发育完善，故妊娠早期（12 周前）胎儿的甲状腺激素完全依赖母体供应，孕妇甲状腺功能状态决定了胎儿的健康。妊娠并发甲状腺功能异常可导致多种不良的妊娠结局，妊娠合并甲亢可导致胎儿发育受限、心动过速、胎儿水肿等的发生，妊娠合并甲减是新生儿呼吸窘迫综合征、早产、死胎的危险因素，严重者可影响胎儿智力发育。

(6) 其他激素　在妊娠期间，母体血浆中皮质醇（cortisol）浓度也增加。皮质醇由肾上腺皮质分泌，可加速氨基酸进入肝脏的速度，使之成为糖异生的原料。另外，妊娠期胰岛素功能旺盛，胰岛素分泌增多，循环血中胰岛素水平增加，可使孕妇空腹血糖值低于非孕妇，但糖耐量试验时血糖增高幅度大且存在恢复延迟，致使出现糖耐量异常及妊娠糖尿病发生率升高。

2. 基础代谢率改变

由于妇女在妊娠期内分泌系统发生变化，使母体的合成代谢增加，基础代谢率发生了变化。在妊娠早期，基础代谢率（BMR）略有下降，妊娠中期 BMR 逐渐升高，妊娠晚期增高 15%~20%。对碳水化合物、脂肪和蛋白质的利用也有所改变。

(1) 血糖代谢　肝脏和肌肉是储存人体糖原的重要脏器，肝糖原是血糖的重要来源，肝葡萄糖生成过程包括肝糖原分解和肝内糖异生。在非孕人群中，平均空腹血糖水平总是维持在 5.0mmol/L，糖的生成和利用保持着平衡，无论是糖的生成过程还是利用过程受损都会引起空腹血糖水平的改变。

正常妊娠时，空腹血糖较非妊娠期空腹血糖水平低；随妊娠的进展，空腹血糖会逐渐下降，其可能的原因之一为血浆葡萄糖被稀释：6~8 周，母体血浆容量开始增加，32~34 周时，母体血浆容量达到高峰，血浆容量的增加使血浆葡萄糖浓度相应下降；原因之二是胰岛素敏感性增加，降低了血糖水平；原因之三是糖的利用率增加：妊娠后期胎儿胎盘对葡萄糖的利用增加以及母体摄食的增加，促进了 B 细胞胰岛素的分泌功能；原因之四是糖的生成不足：虽然妊娠期肝葡萄糖生成是增加的，但是有限的肝葡萄糖生成不能有效提高循环系统中血糖浓度。

(2) 脂肪代谢　正常妊娠期，由于孕妇对脂肪摄入有所增加，肠道脂质吸收能力增强，加上孕期内分泌的变化，体内分泌的多种激素可导致胰岛素抵抗，脂肪动员增加可对脂蛋白的代谢产生明显的影响，造成生理性高脂状态。妊娠期间，一定范围内的血脂升高是有益的，是胎儿正常发育所需的生理变化，血脂的升高为妊娠、分娩及产后哺乳准备能量。正常情况下，血脂水平从妊娠 9~13 周开始升高，31~36 周达到高峰，并维持高水平至分娩，产后 24h 明显下降，4~6 周后恢复正常水平。但当血浆中的血脂超过一定水平，尤其伴有过氧化产物的增高时，可使血液的黏滞度增加，血脂沉积于胎盘的血管壁上，使血管内皮细胞受损，同时还会影响凝血、免疫等其他系统。如果损伤进一步发展，则可能会出现一系列临床症状，表现为各种妊娠并发症。

(3) 蛋白质代谢　从妊娠早期开始，母体氮代谢就开始发生适应性的改变，如尿素的产生和排泄、血浆 α-氨基氮含量的降低、体内支链氨基酸的转氨基作用减缓等，以储留更多的氮。妊娠期蛋白质代谢呈正氮平衡，为子宫、胎儿、乳腺发育提供所需。但与产后相比，妊娠期孕妇血浆中大多数氨基酸浓度较低。动物实验显示，妊娠期空腹时，糖原性氨基酸，如丙氨酸、丝氨酸、谷酰胺酸及谷氨酸的量均减少。

(4) 其他　妊娠期间，母体对其他成分如水、电解质、维生素的代谢均存在不同程度的变化。由于雌激素等作用，至妊娠末期包括胎儿及其附属物在内，至少有 9L 水分潴留。血总钙含量在整个妊娠过程中不断下降，至妊娠末期降到最低点。在妊娠的中、晚期，母体钙经主动转运给胎儿，20 孕周时每日通过胎盘的钙量为 50mg，至 35 孕周时，胎盘钙量增加到 350mg，同时雌激素抑制母体对骨钙的重吸收也导致了妊娠期间血钙的降低。另外，妊娠期妇女血浆维生素 A 水平在充足的情况下，由于雌激素水平的不断增高，使肝脏及脂肪组织中维生素 A 释出，随妊娠进展呈逐渐增高趋势。这种维生素 A 高含量的状态会加速铁的利用，使体内铁储存减少。

3. 消化系统功能的改变

激素的变化可引起肠道平滑肌细胞松弛，胃肠蠕动减慢，胃排空及食物肠道停留时间延长，孕妇易出现胃肠饱胀感以及便秘，一些营养素，如钙、铁、维生素 B_1 及叶酸等的肠道吸收量增加；孕期消化液和消化酶（如胃酸和胃蛋白酶）分泌的减少，易导致消化不良；由于贲门括约肌松弛，胃内容物可逆流入食管下部，引起反胃；以上种种消化道功能的变化导致了孕妇出现以消化道症状为主的早孕反应，如恶心、呕吐、食欲下降等。此外，由于胆囊排空时间延长，胆道平滑肌松弛，胆汁会变黏稠、导致淤积，易诱发胆石症。孕 12 周后，早孕反应减少甚至消失，消化系统功能改变的不良影响减少。

4. 血液容积及血液成分的改变

正常非怀孕妇女的血浆容量约为 2.6L，孕期妇女的血浆容量约增加 50%；红细胞量平均增加 20%，增加量因孕妇是否补充铁而有不同，无铁补充者孕期红细胞量较非孕妇女增加 18%，而有铁补充者较非孕妇女增加 30%。由于血容量的增加幅度较红细胞增加的幅度大，可使血液被相对稀释，血中血红蛋白浓度下降，可使孕期妇女出现生理性贫血。红细胞和血容量的增加均始于孕 10 周以后，其中红细胞量的增加一直持续到足月，而血浆容量的增加则在 30~34 周时达最高量。

孕早期血清总蛋白浓度下降，最初主要为白蛋白的降低，系由于血浆容量增加和蛋白质的合成率改变所致，除血脂及维生素 E 以外，几乎血浆中所有营养素于孕期均降低，包括葡萄糖、氨基酸、铁、维生素 C、维生素 B_6、叶酸、生物素等。这些血浆营养素水平的下降不能完全用孕期血容量的逐渐增加使血浆稀释来解释。很难解释葡萄糖和多数氨基酸突然降低的原因，而血液中各种营养素的降低幅度十分广泛且又各不相同，这只能说明一种可能，即母体在妊娠期血容量增多及组成成分的改变可能是为了更便于将营养素输送给胎儿，并将胎儿排泄物输出体外。

5. 肾功能的改变

孕期，为了清除胎儿和母体代谢所产生的含氮或其他废物，孕妇的肾功能负担增加。肾小球滤过能力增强，可增加约 50%；肾血浆流量也增加了约 75%。尿中蛋白质代谢产物尿酸、尿素、肌酐排出量增多。另外，由于肾小球滤过量超过了肾曲管的再吸收能力，故有时出现孕期糖尿，尿中氨基酸、水溶性维生素的排出量也明显增加。

妊娠期间，体内水分贮留增加，长时间站立或坐位的孕妇，下肢血液循环不畅，可出现凹陷性水肿；仅有下肢凹陷性水肿而血压正常者，属生理现象；出现上肢或面部水肿者，应密切注意，排除妊娠高血压综合征。

6. 体重的变化

孕妇体重在孕早期增重较少，孕中期和孕后期每周稳定增加 350~400g，整个孕期共增重 10~12.5kg，平均约 11kg，其中包括 7kg 水分、3kg 脂肪和 1kg 蛋白质。水分分布于胎儿、胎盘、羊水、母体子宫、乳房、血液及细胞外液中。脂肪的贮藏主要自孕 10 周开始至 30 周以前，即在胎儿快速生长以前，孕期贮藏脂肪并非简单地通过增加膳食摄入量就能达到的，而是由于在黄体酮作用下的代谢调整，贮藏的脂肪主要分布在腹部、背部及大腿上部，以备必要时满足孕后期增高的热能需要以及哺乳期的能量需要。妊娠前 BMI 推荐的单胎孕期体重适宜增长范围如

表 10-1 所示。

表 10-1 妊娠前 BMI 推荐的单胎孕期体重适宜增长范围

孕前体重	BMI	建议增加体重/kg
低体重	<19.8	12.6~18.0
正常体重	19.8~26.0	11.25~15.75
超重	26.0~29.0	6.75~11.25
肥胖	>29.0	≥5.85

资料来源：（美）弗朗西斯·显凯维奇·赛泽，营养学——概念与争论（第13版）。

孕期体重的增长过多或过少均不利，有报道称，若体重增长超过平均增重数的50%以上，则发展为高血压的风险增加，若体重增长过低，早产儿的发生率增高，且与宫内发育迟缓和围生期死亡的危险性增加相关。

二、孕期营养需要

自受孕后，孕妇体内的代谢过程发生了一系列变化，为了胎儿生长发育、孕妇自身新陈代谢、分娩和泌乳等的需要，孕妇需要比平时摄入更多的营养素。

1. 热能

孕期的总热能需要除满足孕妇日常基础代谢、食物特殊动力作用、日常生活和劳动等消耗外，还要满足胎儿新生组织的形成及增长、胎儿代谢的能量需要、妊娠过程基础代谢增高等所需要的热能。

一般在孕早期，由于生成新组织及胎儿生长速度慢（1g/d左右），基础代谢与正常人相似，所需能量基本不变或略有增高；孕中期和孕后期，由于母体基础代谢比孕前增加10%~20%，母体新组织形成及胎儿生长速度较快（10g/d左右），而且脂肪和蛋白质蓄积过程也加速，孕妇基础代谢明显增加，因此，所需能量也要相应增加。孕妇能量参考摄入量如表10-2所示。

表 10-2 孕妇能量参考摄入量

孕期	身体活动水平		
	轻/d	中/d	重/d
孕早期	7.53MJ/1800kcal	8.79MJ/2100kcal	10.04MJ/2400kcal
孕中期	8.79MJ/2100kcal	10.05MJ/2400kcal	11.30MJ/2700kcal
孕后期	9.41MJ/2250kcal	10.67MJ/2550kcal	11.92MJ/2850kcal

资料来源：中国营养学会，中国居民膳食营养素参考摄入量（2013）。

2. 蛋白质

为满足母体、胎盘和胎儿生长的需要，孕妇对蛋白质的需要量较非孕妇有所增加。若孕妇蛋白质摄入不足以满足自身和胎儿需要，不仅对胎儿生长发育不利，还会使母体出现贫血、营养性水肿和妊娠毒血症；但摄入过多，孕妇的肝、肾负担过重，反而不利于母体健康和胎儿发育。

在孕期所增长的体重中，蛋白质占925g，其中胎儿体内蛋白质增长约440g、胎盘100g、羊水 3g、子宫 166g、乳腺 81g、血液 135g。孕期蛋白质的贮藏量随孕周的增长而增加，妊娠第一个月每日贮藏 0.6g，至妊娠后半期每日贮藏 6~8g，特别是最后 10 周，胎儿需要更多的蛋白质以满足组织合成和快速生长的需要。为此，中国营养学会建议孕妇蛋白质参考摄入量为：孕早期 55g/d，孕中期 70g/d，孕晚期 85g/d，其中动物类和豆类食品等优质蛋白质应占三分之一以上。

3. 脂类

妊娠全过程中，母体平均增加脂肪 2~4kg，可供母体储备及胎儿组织的形成（胎儿体内的脂肪占其体重的 5%~15%）。脂质对胎儿脑及神经系统的形成和发育至关重要，因脂质占大脑及神经组织干重的 50%~60%，脂质缺乏，脑细胞的分裂与增殖会推迟，同时脂溶性维生素吸收降低。

在正常生理情况下，脂类是以溶解度较大的脂蛋白复合体的形式在血液中循环运输的。在妊娠期间，由于受雌激素和孕酮水平增高的影响，脂肪组织降解能力增强、肝脏合成甘油三酯能力增强，脂肪组织脂蛋白酶有所降低，内源性脂质代谢减弱，同时孕妇对脂质的摄入量增加，这几种因素可导致孕妇血脂水平升高。血脂水平一定程度的升高是一种生理适应性改变，高血脂状态有利于胎儿从母体血液中吸取足够的游离脂肪酸、脂溶性维生素和类脂物质，作为胎儿发育、胎肺组织及肺表面脂类活动性物质的合成原料。孕妇体内因脂肪降解作用增强会产生过多的酮体，酮体可通过胎盘组织供给胎脑、胎肾等组织利用，妊娠末期的血脂增高有利于脂肪蓄积，可为妊娠晚期、分娩期及产褥期供应必要的能量储备。

一般认为，孕妇脂肪摄入控制在占全日总能量的 20%~30% 比较适宜。中国居民膳食营养素参考摄入量推荐的亚油酸适宜摄入量占总能量的 4.0%，α-亚麻酸适宜摄入量占总能量的 0.60%。EPA+DHA 适宜摄入量为 250mg/d。

4. 矿物质

孕期的生理变化、血浆容量和肾小球滤过率的增加，使得孕妇血浆中矿物质的含量随妊娠的进行而逐渐降低。孕期膳食中可能缺乏的矿物质为钙、铁、锌、碘。

（1）钙 人类的生命始于受精卵细胞，胎儿从几毫米的小胚胎发育成一个身长 50cm、体重 3kg 以上的新生儿。在这个发育过程中，为了保证胎儿的脊柱、四肢及头颅骨的正常骨化，母体不断地通过胎盘逆浓度梯度向胎儿主动转运钙离子，胎盘及胎儿体内产生的甲状旁腺激素样蛋白（PTHrP）是维持胎儿-母体之间的钙梯度的重要物质。无论母体血钙浓度的高低，母体均会通过胎盘向胎儿转运钙离子，以维持胎儿骨骼的正常代谢。

怀孕期间，母体处于低钙状态。有报道称，孕 17 周胎儿脐血钙浓度高于母体血钙浓度，分娩时胎儿脐静脉血钙浓度明显高于最后两个孕月时母体血钙浓度，即使在母体钙稳态被破坏的状态下，仍能维持胎盘逆浓度梯度转运。另外，怀孕初期的食欲不振、呕吐等妊娠反应会不同程度地影响母体对钙的摄取和吸收；孕期母体的血容量上升，会使母体血钙浓度相对下降；肾小球滤过率增加，尿钙排泄增多；孕期雌激素水平的升高又一定程度地抑制了母体对钙的重吸收。故孕期母体处于低钙状态，且随着妊娠的进展血钙持续下降，直至妊娠晚期降至最低点。

怀孕期间孕妇长期缺钙或缺钙程度严重，不仅会导致孕妇自身出现手足抽搐、下肢麻木、腰酸背痛、骨质疏松、牙齿松动等典型症状；而且胎儿出生后可能会出现患先天性佝偻病、方颅、鞍形颅、囟门闭合晚、毛发稀疏、枕秃、夜惊、长牙晚、学步迟、体弱多病等情况；此外，缺钙还常常对孕妇造成妊娠高血压综合征、宫缩乏力与产后出血，也可导致胎儿宫内发育迟缓。

正常成年妇女体内含钙约 1kg，新生儿体内贮藏钙约 30g，从孕早期开始，钙的吸收逐渐增加，至孕 20 周时钙的吸收可增加一倍并保持高吸收率，胎儿 20 个乳牙和第一颗恒牙均在孕 8 个月时发育钙化。因此，孕期需增加钙摄入以保证母体及胎儿的需要，中国营养学会建议钙的推荐摄入量（RNI）为：孕早期 800mg/d，孕中期和孕晚期 1000mg/d，最高耐受量（UL）为 2000mg/d。

（2）铁　人体铁的主要作用是造血，母体血清铁是胎儿获得铁的唯一途径，在与母体竞争摄取血清铁的过程中，特异性运铁蛋白结合受体调节铁-运铁蛋白复合物通过微胞饮作用运向胎儿，而此种运转是单向运输。当母体铁储存耗尽时，胎儿铁储存也随之减少。铁缺乏（iron deficiency，ID）和缺铁性贫血（iron deficiency anemia，IDA）是常见的妊娠合并症，会造成母体抵抗力下降，对分娩和麻醉的耐受能力也差。缺铁和贫血可影响胎儿正常的生长发育，导致低出生体重儿、早产儿等的发生率显著增高，还会影响儿童的心智发育，其中一些影响可以持续到成年后。

铁为一种强促氧化剂，可能会对机体糖代谢造成影响，已有不少研究发现体内铁储备过多，发生糖尿病、代谢综合征及妊娠期糖尿病的风险会增加，血清铁蛋白是体内剩余铁的主要储存方式，当体内铁过多时，血清铁蛋白水平升高，血清铁蛋白升高和糖尿病及妊娠期糖尿病的关系也已被一些研究所证实。

铁的需求在不同的妊娠期有明显的变化，孕早期，由于月经的终止对铁的需求有所下降，但早期的血流动力学改变包括普遍的血管扩张、血浆容量增加、红细胞增加、2,3-二磷酸甘油浓度增加使其对铁的需求量增加；孕中期至孕晚期，由于孕妇和胎儿对氧的需求增加、胎儿组织器官发育及对铁储备的需要，致使铁的需求量持续增加。在 280d 的孕期中，铁消耗量估计为 1000mg，约有 315mg 的铁储备于胎儿和胎盘组织中，500mg 的铁用于孕妇血红蛋白浓度的扩增需要，分娩时失血所丢失的铁约为 250mg。考虑到个体差异和 25% 的铁吸收效率，美国医学研究所（institute of medicine，IOM）推荐孕妇在孕中和孕晚期均口服补充铁剂 30mg/d，中国营养学会推荐孕早期、孕中期和孕晚期铁推荐摄入量为 20mg/d、24mg/d 和 29mg/d。

（3）锌　Zn 分布在人体的肌肉、骨骼、血浆中，成年女性体内含锌约 1.3g，妊娠期间贮留在母体及胎儿组织中的总锌量为 100mg，其中 60mg 在胎儿成熟期间被利用。胎盘中的锌转运到胎儿体内为主动转运过程。胎儿对锌的需要在孕末期最高，此时胎盘锌的转运量为 0.6~0.8mg/d。

锌在人体内的含量受甲状腺激素的抑制，妊娠后随着胎儿生长发育需要，体内代谢加快，妊娠时胚胎的甲状腺和脑发育未成熟，需要母体分泌更多的甲状腺激素，这导致母体内锌含量降低，此情况可持续至足月。孕妇血清锌浓度比非孕妇约低 35%，新生儿脐带血清中锌浓度较母体血清锌浓度高约 50%。

锌对孕早期胎儿器官的形成极为重要。锌为 DNA 复制、修复和转录的相关酶所必需的离子，锌缺乏可损害神经元的 DNA 处理系统，导致核酸及蛋白合成障碍，影响神经细胞的分裂，使神经髓鞘发育不完善，影响神经信息的传递而致记忆力的丧失和学习能力的下降；孕妇缺锌可影响蛋白质、核酸、酶的代谢，生长激素受体信号受损，胰岛素分泌下降，干扰前列腺素合成，可引起习惯性流产、胎儿发育迟缓、畸形、死胎等。

食物是补锌的最好途径，WHO 推荐孕妇每日食物补锌量为 20mg。中国营养学会推荐孕期锌推荐摄入量为 9.5mg/d，最高耐受量为 40mg/d。

(4) 碘　碘是机体合成甲状腺激素所必需的微量元素，甲状腺激素对于维持正常的新陈代谢、生长发育，尤其是对胎儿大脑的生长发育至关重要，在特定的时间窗影响脑组织神经发生、神经元和胶质细胞分化、神经元迁移、突触及髓鞘形成等。整个妊娠过程中，母体对碘和甲状腺激素的需求量增加约 50%，主要原因有以下几方面。

①胎儿和母体甲状腺对碘的需求增加。在妊娠 10 周时，胎儿甲状腺便具有了摄取碘的功能，从妊娠 10~12 周开始母体的储备碘便转移给胎儿供其甲状腺激素的合成，自妊娠 12 周开始，胎儿甲状腺便开始建立合成甲状腺激素的功能，而胎儿合成甲状腺激素所需要的碘必须从母体中转运而来，这就需要母体有充足的碘。

②母亲肾脏对碘的清除率增加。自妊娠早期开始，肾小球滤过率增加，使肾脏碘清除率增加 1.3~1.5 倍，这导致母体血清无机碘水平降低。

③结合型甲状腺激素水平增加。自妊娠 6 周开始，升高的雌激素可导致肝脏合成甲状腺素结合球蛋白（TBG）水平增加以及 TBG 的清除减慢，这使得血清中与 TBG 结合的甲状腺激素水平增加，血清总甲状腺素（TT4）水平是非妊娠状态时的 1.5~2.0 倍，为了保证充足的具有生物学活性的游离甲状腺激素水平，体内要达到新的激素平衡状态，这就需要合成更多的甲状腺激素，特别是四碘甲状腺原氨酸（T4）。

④胎盘脱碘酶活性增强。妊娠期胎盘Ⅱ、Ⅲ型脱碘酶活性均增强，其中Ⅱ型脱碘酶主要分布于中枢神经系统中，其主要保持组织细胞内三碘甲状腺原氨酸（T3）水平的稳定；Ⅲ型脱碘酶的作用是使 T3、T4 及时被灭活，这可能是使胎儿大脑不至于因过量的 T3、T4 而受到损伤的一种保护性机制。由于 T4 在胎盘中脱碘转换成了不具有生物活性的反三碘甲状腺原氨酸（rT3），甲状腺激素需求也可能会因此增加，尤其是在妊娠后半期。

妊娠期碘缺乏会导致甲状腺激素的合成减少，血清促甲状腺激素升高，从而导致甲状腺对有效碘的亲和力增加、T3 与 T4 产生的比例增加以及外周组织 T4 转为 T3 的转换增加，甲状腺可以通过此方式适应碘缺乏的情况。在严重碘缺乏症中，以上代偿性反应可能不充分，并且可能导致甲状腺功能减退。碘缺乏使孕妇发生妊娠期高血压、流产、胎膜早破等不良妊娠结局，使后代生长和神经智力发育落后，甚至患克汀病。碘过量则会引起巨大儿、后代甲状腺功能紊乱等不良后果。

通过妊娠补碘特别是孕早期补碘，纠正母体碘缺乏可有效预防克汀病。碘盐的推广食用，对预防缺碘引起的地方性甲状腺肿和克汀病起到重要作用。中国营养学会推荐了孕期碘摄入量为 230μg/d，最高耐受量为 600μg/d。

5. 维生素

在孕期，由于血浆的稀释，血浆中多数维生素随妊娠进展而缓慢、持续的下降，而由于妊娠期代谢及生理的改变，某些维生素又保持不变或随妊娠进展而升高，因此，孕期维生素的营养状况评价较为困难。大量动物实验表明，母体缺乏维生素可以导致胎儿生长发育迟缓及先天性畸形，人体的维生素干预或观察性研究尽管有些结论，但资料尚不完整，孕期需特别考虑的维生素为维生素 A、维生素 D 及 B 族维生素。

(1) 维生素 A　维生素 A 通过简单扩散的方式经胎盘转运至胎儿，孕期母体血清维生素 A 水平降低不明显，有资料显示孕期血清维生素 A 较孕前的水平高，认为这与孕激素促进肝储存的维生素 A 释放入血中有关。

母体维生素 A 营养状况低下与胎儿早产、胎儿心脏先天性发育异常、宫内发育迟缓及婴儿低出生体重有关;维生素 A 对孕妇的缺铁性贫血的预防具有积极意义,也可抑制细胞炎症因子反应,改善局部氧化应激损伤,保护胎盘血管内皮细胞,从而减轻妊娠期高血压的病情。但妊娠期过量的维生素 A 摄入可能诱导细胞,尤其是神经外胚细胞分化过程中发生的变化,从而导致胎儿畸形,尤其是在孕早期。中国营养学会推荐的孕早期维生素 A 推荐摄入量为每天 700μg 视黄醇当量,孕中期和孕晚期为 770μg 视黄醇当量,最高耐受量为 3000μg 视黄醇当量。目前市面上销售的孕妇乳粉大多数强化了维生素 A,摄入时应注意总量。

(2) 维生素 D　维生素 D 通过简单扩散经胎盘进入胎儿体内,可在胎盘和新生儿体内活化为具有活性的 $1\alpha,25(OH)_2D_3$。$1\alpha,25(OH)_2D_3$ 是一种具有神经活性的类固醇激素,除了传统的调节钙磷代谢平衡、骨组织正常代谢作用之外,对中枢神经系统也发挥着重要作用。$1\alpha,25(OH)_2D_3$ 激活维生素 D 受体(VDR),使其发生磷酸化,然后 $1\alpha,25(OH)_2D_3$-VDR 与维甲酸类受体(retinoic X receptor,RXR)二聚化形成 $1\alpha,25(OH)_2D_3$-VDR-RXR 复合物,该复合物通过 VDR 的 DNA 结合区与靶基因启动子区域的维生素 D 反应元件(vitamin D response element,VDRE)结合,招募多种转录调节因子,调控上百个含有 VDREs 的靶基因转录表达。核 VDR 表达下降或维生素 D 缺乏会引起 $1\alpha,25(OH)_2D_3$-VDR 结合效应降低,导致转录活性和靶基因表达的下降。

为了满足胎儿骨骼生长和额外钙的需求,孕期维生素 D 的需求量可增加 4~5 倍,主要通过增加孕妇肠钙的吸收。在胎儿发育过程中,需要从母体转移 25~30g 钙。

孕期维生素 D 缺乏会导致肠钙吸收不足,为维持血钙水平,会引起继发性甲状旁腺激素水平升高和孕妇骨骼脱钙,导致母体出现骨质软化症;当维生素 D 严重缺乏时,母体钙向胎儿的转移会减少,从而造成胎儿骨骼发育异常,如胎儿骨生长缓慢、膝跟骨的长度和中段上肢的长度缩短。维生素 D 缺乏还与新生儿免疫功能异常、婴儿牙釉质发育不良、哮喘、过敏性疾病、呼吸系统的感染、低血钙性抽搐、艾滋病的传播等有关。

中国营养学会推荐的孕期维生素 D 推荐摄入量为 10μg/d,最高耐受量为 50μg/d。维生素 D 为脂溶性维生素,不宜摄入过量。

(3) 维生素 E　胎儿期维生素 E 储备发生在妊娠中晚期,主要经胎盘主动转运而来。胎盘滋养层细胞中的 α-生育酚转运蛋白(α-TTP)与维生素 E 的主动转运相关。维生素 E 跨胎盘转运量受到一定的限制,转运量只有被动转运葡萄糖的 10% 左右,因此,分娩时脐带血维生素 E 水平会显著低于母体血浆水平。

维生素可防止自由基在细胞膜和血浆脂蛋白中的扩散,保护细胞膜免受氧化应激损伤,通过维持细胞膜成分、结构及功能完整性可提高红细胞抗氧化损伤能力,对神经系统、骨骼肌和视网膜发育也有重要作用。此外,α-生育酚和 γ-生育酚可通过作用于 T 细胞内的转录因子激活蛋白 1(AP-1),或活化核转录因子 κ-B 信号传导系统,调节基因转录过程来抑制感染及调节免疫。

如果孕妇体内维生素 E 含量低下,会导致自由基过量,从而引发胎盘老化、血管内皮损伤,进而增加妊娠期高血压疾病、胎膜早破、流产、早产等其他不良妊娠结局的发生概率。如体内维生素 E 过量,会对其他脂溶性维生素产生拮抗作用,将会影响其他脂溶性维生素的吸收和功能。

中国营养学会推荐的孕期维生素 E 适宜摄入量每天为 14mg α-生育酚当量,最高耐受量为 700mg α-生育酚当量。

(4) 叶酸　叶酸是 DNA 合成中的重要材料，叶酸缺乏会抑制胎儿的核酸合成，使细胞不能产生足够的 DNA 进行有丝分裂，从而导致婴儿先天性心脏病、唇腭裂、尿道畸形，并伴发呼吸、消化、心血管等多器官畸形；其可能作用机制为叶酸缺乏导致一碳单位代谢障碍，引起细胞内甲基供体的不足和基因组甲基化修饰的紊乱，从而导致多种细胞和组织发育状态的变化。通过强化增补叶酸后，神经管畸形、唇腭裂、上肢短缩、脐膨出等多种肉眼可见的先天畸形发生率显著降低。叶酸作为甲基供体，可使甲硫氨酸代谢产物同型半胱氨酸重新甲基化为甲硫氨酸，从而减轻同型半胱氨酸的毒性作用，而体内高浓度同型半胱氨酸是引起妊娠期高血压等妊娠期并发症的危险因素。

妊娠期，孕妇血清叶酸水平降低，这可能与以下几方面有关：其一是体内雌激素水平持续升高，促使嘌呤代谢加快，叶酸的消耗增加，而胃肠蠕动功能减弱，使吸收量明显减少；其二是胚胎的细胞分裂和生长非常旺盛，尤其是胎盘形成时期，叶酸的需要量有所增加；其三是妊娠中晚期母体需要更多的血容量，母体乳房、子宫对叶酸的需求量明显增加；其四是妊娠期母体肾血流量增多，加快了肾脏中叶酸的清除率，叶酸排出量有所增加。虽然因叶酸严重缺乏所导致的巨幼细胞性贫血并不普遍，但叶酸摄入量不足，致使血清叶酸和红细胞叶酸水平随着妊娠进展逐渐降低的现象却很多见。

研究发现，叶酸缺乏是引起胚胎神经管畸形的主要危险因素之一，准备怀孕前 3 个月开始补充叶酸，可预防胎儿神经管畸形。

中国营养学会推荐的孕期叶酸推荐摄入量每天为 600μg 叶酸当量，最高耐受量为 1000μg 叶酸当量（即合成叶酸上限）。叶酸当量＝天然食物来源叶酸（μg）＋1.7×合成叶酸（μg）

(5) 维生素 B_1　妊娠期间，孕妇新陈代谢增高，胎儿代谢也增高。由于维生素 B_1 与新陈代谢成正比，其供应量应增加，且孕妇为了维持食欲、正常的肠道蠕动和促进产后乳汁分泌，体内也应有足够的维生素 B_1。中国营养学会建议孕早期、孕中期、孕晚期维生素 B_1 推荐摄入量为 1.2mg/d、1.4mg/d、1.5mg/d，应多食含维生素 B_1 丰富的食物。

(6) 维生素 B_6　维生素 B_6 可促进 γ-氨基丁酸（GABA）的形成，GABA 对大脑有强烈抑制作用。若脑内 GABA 合成受阻，可引起神经中枢过度兴奋的中毒症状如抽搐等。维生素 B_6 缺乏，色氨酸的转变终止在黄尿酸阶段，黄尿酸与胰岛素相结合，使胰岛素的活力降低。中国营养学会建议孕妇维生素 B_6 的推荐摄入量为 2.2mg/d，可耐受最高摄入量为 60mg/d。

(7) 维生素 C　维生素 C 对胎儿骨骼、牙齿的正常发育、造血系统的健全和机体的抵抗力等都有促进作用，孕妇缺乏维生素 C 时易患贫血、出血，也可引起早产、流产及新生儿的出血倾向。中国营养学会建议孕早期、孕中期、孕晚期的维生素 C 推荐摄入量为 100mg/d、105mg/d、105mg/d。

三、孕期营养不良对胎儿及母体的影响

妊娠期是女性一生中的重要时期，孕期若摄入某些营养素缺乏或过剩均会影响母体、胎儿的健康，某些成人疾病可追溯至生命早期。近年来，更多研究证实减少慢性病的发生率需要从生命开始孕育的时候进行。

当胎儿发育环境缺乏必要的生存因素或暴露于有害因素中时，例如母亲孕期营养不良、内分泌异常等，胎儿会做出适应性反应，机体具有发育可塑性或重编程，优先保证生长的重要器官如脑的发育，延缓其他次要器官的发育。机体为了适应周围环境，遗传程序可发生改变而形

成不同的表型,这种适应性反应可导致机体的结构、生理和代谢发生改变,进而影响个体健康。

1. 孕期营养不良对子代的影响

母体孕期严重营养不良会造成胎儿宫内发育受阻,直接影响胎儿出生时的状况,如低出生体重、婴儿免疫功能降低等;而母体孕期营养过剩,也会造成胎儿宫内发育障碍。

(1) 低出生体重　低出生体重是指新生儿出生体重低于2500g。低出生体重儿各器官功能不够健全,新生儿期发病率及死亡率高,儿童期的呼吸系统疾病的发生率较高,而成年期心血管疾病、哮喘、慢性阻塞性肺疾病的发生和肺功能受损也与低出生体重有关。

(2) 对胎儿智力发育影响　神经系统首先在胎体内发育,大脑皮层发育在妊娠后期和出生后一年。胎龄10周至出生后1年是大脑发育的关键时期,最关键是在妊娠后3个月至出生后半年,胎儿、婴儿体格生长迅速、大脑迅速发育,出生后12~15个月,脑细胞分化增殖基本停止。孕妇严重营养不良时可能影响到神经母细胞的形成,新生儿脑细胞的数目可能降低到正常的80%,这种婴儿到学龄期有30%会出现智力低下的现象,如反应迟钝、记忆力差等。

动物实验发现,孕期蛋白质-能量缺乏,使新生儿除身长、体重比对照组低外,其脑组织重量、脑细胞数目及脑组织中各种酶的含量和活性均比对照组低,而且缺乏出现越早,持续时间越长,后果越严重;碘缺乏大鼠妊娠期间血清游离甲状腺素(FT4)水平下降约30%,仔鼠海马脑源性神经营养因子(BDNF)及早期生长反应因子1(EGR1)的蛋白水平比正常对照组明显降低,空间学习记忆能力有下降趋势;孕期严重缺锌可导致妊娠期间子鼠大脑DNA、RNA、蛋白质合成减少,脑体积减小,脑部超微结构改变。由此可见,妊娠期营养会影响胎儿大脑细胞的数目、体积、结构,也会影响子代智力发育。

(3) 胎儿先天畸形　动物研究发现,某些微量元素、维生素缺乏或过多可引起神经、血管、肾脏等多种器官的出生缺陷,多种微量元素、维生素的作用涉及生化代谢、表观修饰、遗传稳定性等各个层面,所累积的器官发育绝不仅仅局限于神经组织一种。动物实验证明,低核黄素和低胆碱喂食的小鼠胚胎发育延迟及先天性室间隔缺损的情况发生率增多。维生素E可显著降低唐氏综合征模型小鼠体内的氧化应激产物发生水平,在唐氏综合征的病理过程中起到保护作用。孕妇碘缺乏可导致胎儿甲状腺功能低下,影响大脑的正常发育和成熟,出生后易患克汀病。

(4) 流产、早产及围生期死亡　孕前或孕期营养不良影响母体体重,妊娠母亲低体重或孕期低增重将增加宫内胎儿危险。有调查发现,妊娠期体重增加和围生期婴儿死亡率成反比,妊娠期膳食不合理及锌、铁、铜、硒、碘、维生素A、维生素C、维生素E、叶酸等的缺乏可导致流产、早产、胎膜早破、围生期死亡的发生率增高。

(5) 孕期营养对胎儿的远期影响　怀孕中、晚期营养不良会引起胎儿生长发育失调,胎儿宫内不良反应可使其自身代谢和器官的组织结构发生适应性调节,如果营养不良得不到及时纠正,这种适应性调节将导致包括血管、胰腺、肝脏和肺脏等机体组织和器官在代谢结构上发生永久性改变,进而演变为成人期疾病,增加成年后肥胖、高血压、冠心病、2型糖尿病等疾病发生的风险。

动物实验结果表明,孕期长期低蛋白限制饮食喂养大鼠,对子代小鼠胰岛细胞内核转录因子Hnf4a基因组蛋白的化学修饰产生了持续性的影响,导致Hnf4a表达水平降低,在其出生17个月后出现2型糖尿病症状。

人类和动物实验均明显提示肾功能衰竭可能开始于生命早期。已有研究表明孕期的蛋白质限制会导致子代肾单位的减少。在啮齿类动物中，轻微的维生素 A 缺乏会导致肾单位的减少。而母亲孕期的营养补充，例如叶酸的添加会降低 6~8 岁儿童出现微蛋白尿、肾功能紊乱和代谢综合征的风险，可提早预防子代在成年后高血压和肾病的发生。

蛋白质缺乏会降低人类的免疫反应，淋巴组织具有高效率的细胞增殖和蛋白快速转化功能，蛋白质不足会导致淋巴结直径和质量的降低，以及脾和淋巴结内淋巴细胞的丢失，从而导致细胞免疫的降低。胎儿生长受限（FGR）的子代易发生甲状腺萎缩、免疫细胞损伤和低免疫球蛋白血症。

(6) 超重儿、难产　出生体重大于 4000g 的新生儿称为巨大儿。孕期营养过剩可导致巨大儿发生率增高，巨大儿不仅增加胎儿宫内窘迫、肩难产、新生儿窒息甚至死亡的危险性，也增加了母亲产道撕裂、难产和大出血的风险。新生儿出生后出现低血糖、低血钙、红细胞增多症等的发生率增高。巨大儿还可能会增加成人后肥胖的风险性，巨大女婴成年后乳腺癌发生概率也显著增加。

2. 孕期营养不良对母体健康的影响

(1) 孕期营养性贫血　孕期贫血是妊娠期最常见合并症。WHO 认为 Hb<10g/100mL 者可被诊断为贫血（正常成年女>12g%），妊娠贫血具有一定的危害性，轻者可引起自身及婴儿抵抗力下降，严重时则可出现早产并使新生儿死亡率增加。

我国孕妇贫血以缺铁性贫血为主，同时伴有不同程度的维生素 A、维生素 B_2、维生素 B_{12}、叶酸等摄入不足或缺乏，这是因为我国饮食以谷物和蔬菜为主，肉类较少，饮食中的铁以非血红素铁为主，并含大量抑制铁吸收的物质，导致缺铁。

为预防妊娠期贫血，孕妇应增加膳食中的铁，特别是血红素铁的摄入量。血红素铁主要存在于动物性食物中，如瘦肉类、动物内脏（肝脏及动物血）等，且吸收率较高。此外，动物性食物中富含蛋白质和维生素 B_2，也可促进铁的吸收。维生素 C 与铁可形成螯合物，能促进铁溶解和吸收。另有研究显示，铜能影响铁的代谢，缺铜可使肠道对铁的吸收减少，导致肝、肾以及脾内的储存铁减少，还可使组织中储存的铁变得难以被利用。维生素 B_{12} 和叶酸是合成血红蛋白必需的物质，摄入量充足可保证红细胞的正常生长。

(2) 孕期钙营养与骨健康　孕 20 周后胎儿骨骼生长加快，孕 28 周后胎儿骨骼开始钙化，若此时孕妇维生素 D、钙和磷缺乏，则会引起手足抽搐和痉挛等，严重缺乏者可推迟钙、磷在骨骼中的储存，且可导致骨质软化。孕妇骨矿物质缺乏虽不至于致骨畸形，但会引起骨折，特别是承受体重的骨骼，如骨盆和足部骨。有些患者虽不出现骨折，但可出现骨密度降低、腰痛，甚至脊柱变形的情况，造成难产。有研究发现，难产后，产妇的体质虚弱、乳汁不足、妇女更年期时的骨质疏松症都与妊娠期时的钙营养不良密切相关。

(3) 孕期营养与妊娠高血压综合征　妊娠期高血压征（pregnancy induced hypertension，PIH）通常发生在妊娠 20 周后，表现为孕妇血压升高，尿中可查出蛋白质，下肢或全身浮肿，严重时可出现子痫、昏迷、脏器功能衰竭甚至死亡。研究表明，营养不良如缺钙、蛋白质摄入不足、高钠摄入、高碳水化合物摄入等是引起妊高症的重要原因。妊高症对孕妇及胎儿影响很大。对于母体来说，妊高症，尤其是重度妊高症，可能导致胎盘早剥，对孕妇的内脏器官造成伤害，可出现多脏器病变或衰竭、肺水肿、心衰、凝血功能异常、急性肾衰、肝酶升高、血小板减少等。对于胎儿来说，妊高症可能因子宫胎盘的血管发生病变，影响母体对胎儿的血液供应，胎儿缺血缺氧，会出现宫内窘迫、发育迟缓、死胎，甚至新生儿死亡。

除上述妊娠期合并症外，妊娠期营养不良还可能导致孕妇出现其他疾病，如妊娠期糖尿病、妊娠合并肾炎、妊娠合并心衰等。

四、孕期妇女的合理膳食

妊娠期营养作为最重要的环境因素，对母子双方的近期和远期健康都将产生至关重要的影响。孕期胎儿的生长发育、母体乳腺和子宫等生殖器官的发育以及为分娩后乳汁分泌进行必要的营养储备，都需要额外的营养。因此，妊娠各期妇女膳食应在非孕期妇女的基础上，根据胎儿生长速率及母体生理和代谢的变化进行适当的调整。孕期妇女的膳食仍应是由多样化食物组成的营养均衡膳食，除保证孕期的营养需要外，还应引导较大婴儿对辅食的接受并进行后续多样化膳食结构的建立。

孕期妇女的合理膳食原则应在一般人群膳食指南原则的基础上注意以下3方面。

1. 补充叶酸，常吃含铁丰富的食物，选用碘盐

为预防畸胎、早产、流产，满足孕期红细胞成熟和血红蛋白合成增加的需要，胎儿铁储备的需要，孕妇应适量补充叶酸补充剂，常吃含铁和碘丰富的食物，铁缺乏严重者可在医师指导下适量补充铁剂，除选用碘盐外，每周还应摄入1~2次富含碘的海产品。

2. 孕吐严重者，可少食多餐，保证摄入含足量碳水化合物的食物

孕早期胎儿生长相对缓慢，所需要的能量和营养素不多，备孕期的良好营养储备可以维持母体和胎儿在这一时期的营养需要，若不能维持孕前平衡膳食，只要保证基本的能量供应即可，不必过分强调平衡膳食，也无须过早增加能量和各种营养素的摄入。研究表明，孕早期能量摄入过多可导致孕妇孕早期体重增长过多，这是孕期总体重增长过多的重要原因，可明显增加妊娠期糖尿病等妊娠并发症的风险。

为避免孕早期酮症酸中毒对胎儿神经系统发育的不利影响，早孕反应进食困难者，必须保证每天摄入不低于130g的碳水化合物。

3. 孕中晚期适量增加乳、鱼、禽、蛋、瘦肉的摄入

从孕中期开始，胎儿生长速度加快，应在孕前膳食的基础上增加乳类200g/d，孕中期增加动物性食物（鱼、禽、蛋、瘦肉）50g/d，孕晚期需再增加动物性食物75g/d（合计增加125g/d），以满足机体对优质蛋白质、维生素A、钙、铁等营养素和能量增加的需要。建议每周食用2~3次鱼类，以提供对胎儿大脑和视网膜发育有重要作用的 $n-3$ 长链多不饱和脂肪酸。

第二节 乳母营养

哺乳期间，乳母由于要分泌乳汁、哺育婴儿，还需要逐步补偿妊娠、分娩时的营养素损耗并促进各器官、系统功能的恢复，因此，比非哺乳期妇女需要更多的营养。

一、泌乳生理

在正常情况下，产妇在分娩8h后就可以开始对新生儿进行哺乳，哺乳期间，乳母的泌乳受

到多种因素的影响,包括与泌乳相关的基因、内分泌系统中的各种激素以及外界或环境影响因素。

1. 基因

目前已证实有超过 100 个基因调节乳腺生理功能的不同方面,如 aSl-酪蛋白基因、E74 样因子 5、雌激素受体、瘦素、乳腺泌乳功能基因($Pten$,$Dnmt3a$,$Dnmt3b$)、乳成分合成相关信号通路关键基因(Akt,$Srebp1$,$Csn2$,$Glut1$)等。

2. 激素

机体内分泌系统可严格控制乳腺的发育以及泌乳过程。妊娠期间,在黄体和胎盘性激素、胎盘催乳激素、泌乳素、绒毛促性腺激素的作用下,乳腺会出现显著的导管扩张、小叶发育和腺泡发育。在妊娠末期孕激素的下降,可使细胞紧密连接关闭,并使乳腺开始泌乳,分泌乳蛋白和液体等。分娩后,胎盘催乳激素和性激素会迅速降低。伴随胎盘激素的骤然消失,性激素的黄体产物也消失了。产后第 4、5d 到达最低谷,这时,下丘脑分泌的泌乳素会抑制激素进入下丘脑腺垂体系统,泌乳素抑制激素的减少使得垂体小叶跨膜分泌泌乳素。在生长激素、胰岛素和皮质醇激素增长的情况下,泌乳素使乳腺导管上皮细胞从泌乳前状态转换到分泌状态。分娩后第 4、5d,腺泡和导管分泌物不断积累,可导致乳房增大。甲状腺激素和生长激素的水平也会通过各自的直接和间接机制影响哺乳。

泌乳是一种复杂的神经反射活动,受神经—体液调节。婴儿的吮吸反射可引起催产素的分泌,催产素主要作用于乳腺和子宫,催产素与乳腺的肌上皮细胞受体结合,可使乳腺平滑肌收缩,挤压乳腺泡射出乳汁。婴儿的吸吮动作可在乳头上产生神经冲动,冲动传到神经垂体,使其分泌催产素,再经血流至乳腺,引起分泌乳汁的肌上皮细胞收缩,使腺泡囊中的乳汁被挤到乳腺管中,此过程被称为泌乳反射。同时,冲动还可传到分泌催乳素的腺垂体,经血流至乳腺,作用于腺体引起泌乳,此过程被称为催乳素反射。哺乳期妇女精神忧虑、紧张可抑制这些反射。吮吸乳头使泌乳素暂时上升,这对下次哺乳的乳汁产量与成分起重要作用。若吸吮刺激越强,如喂乳次数多、喂乳时间长和婴儿活力大,则乳汁分泌越多,即催乳素的分泌与吸吮刺激成比例。催产素只能使存乳喷射使其排空,乳腺若要继续对已排出的乳汁进行补充,必须有一定量的泌乳激素才能完成。但泌乳素释放激素后,还必须有雌激素和孕激素的准备、皮质醇和胰岛素的协调、胎盘生乳素的加强作用以及催产素的配合才能完成射乳。

3. 外界因素

母亲的饮食干预会影响母乳成分及泌乳量。健康且营养状况良好的哺乳期妇女,其膳食状况并不会明显影响乳汁中所含有的营养素,乳汁中蛋白质含量比较恒定,也不受膳食蛋白质偶尔减少的影响,但是如果乳母在孕期和哺乳期的蛋白质与能量均处于不足或边缘或缺乏的状态,则乳母的营养状况就会影响乳汁中营养素的分泌水平。当母体缺乏脂溶性维生素时,会影响乳汁中脂溶性维生素摄入量的含量。对营养状况良好的哺乳期妇女来说,如果哺乳期采取节制饮食,可使泌乳量迅速减少。

正常情况下,产后 3 个月,每日泌乳量为 750~850mL;当乳母能量摄入很低时,泌乳量可减少到正常的 40%~50%;一般营养较差的乳母产后 6 个月每日泌乳量为 500~700mL,后六个月每日泌乳量为 400~600mL;严重营养不良乳母的泌乳量可降低到每天 100~200mL。

二、哺乳期妇女营养需要

哺乳期妇女营养状况的优劣不仅对婴儿的正常生长发育非常重要,也会影响到哺乳期妇女本身近期的生理调整和远期的健康状况。

1. 能量

哺乳期妇女除要满足自身的能量需要外,还要供给乳汁所含的能量和分泌乳汁过程中需要的能量。产后1个月内,泌乳量不大,哺乳期妇女的膳食能量适当即可,至3个月后泌乳量增加,对能量的需求也增高。人乳中能量含量为67~77kcal/100mL,平均为70kcal/100mL,并依初乳、过渡乳、晚乳的顺序逐渐升高。乳母要合成1L的乳汁需要900kcal的能量,因为每1L乳汁含能量700kcal,机体转化乳的效率约为80%,故约需900kcal的能量。虽然妇女在正常怀孕条件下,其脂肪储备可为泌乳提供约1/3的能量,但是另外的2/3就需要由膳食来提供了。

中国营养学会于2013年提出的哺乳期妇女每日能量推荐摄入量按轻、中、重体力活动水平分别为2300kcal、2600kcal、2900kcal。衡量哺乳期妇女摄入能量是否充足,可根据泌乳量和母体的体重来判断,泌乳量应能使婴儿饱足,母体应能逐步恢复至孕前体重。如果母亲较孕前消瘦或孕期储存的脂肪不减,说明能量摄入不足或过多。

2. 蛋白质

母乳中的蛋白质含量为初乳高于过渡乳,并随泌乳时间的延长逐渐降低,晚乳中的蛋白质含量最低。我国哺乳期妇女分泌的乳汁中蛋白质含量平均为11.6g/L,按泌乳量平均为750mL/d计,从乳汁中排出的蛋白质约为8.7g/d。考虑到膳食蛋白质的转换效率及生理价值等因素,中国营养学会建议哺乳期妇女蛋白质推荐摄入量为80g/d,比原来增加25g,并应保证摄入优质蛋白质,如鱼、禽、蛋、瘦肉等。哺乳期妇女每天应比孕前增加摄入约80~100g的鱼、禽、蛋、瘦肉。如条件限制,可部分采用富含优质蛋白质的大豆及其制品替代。

3. 脂肪

母乳中脂肪含量受婴儿吮吸的影响而变化,每次哺乳过程中后段乳中脂肪含量较前段乳的含量高;婴儿早期胆汁缺乏,胰酶含量少,脂肪的吸收率低,消化功能弱,消化能力随月龄增加而逐渐增强,与之相应的母乳脂肪含量也相应增加。母乳中DHA的含量与产妇多不饱和脂肪酸的摄入呈显著相关性。对瑞典产妇的产后膳食进行调查,并与早产产妇母乳的必需脂肪酸进行对照,结果同样表明瑞典早产妇孕期和哺乳期能量、多不饱和脂肪酸摄入与产妇母乳中脂肪酸含量呈显著正相关。

目前,我国还没有关于脂肪的每日推荐摄入量,但其所供给的能量应低于摄入总量的1/3。乳母摄入脂肪的量应以总能量的27%为宜。中国营养学会建议亚油酸的适宜摄入量应占总能量的4.0%,α-亚麻酸的适宜摄入量占总能量的0.60%,EPA+DHA适宜摄入量为250mg/d。

4. 矿物质

(1) 钙 人乳中钙的含量比较稳定,一般为34mg/mL,乳汁中排出的钙约为300mg/d。哺乳期妇女的钙需要量是指维持母体钙平衡的量和乳汁分泌所需要的钙量之和。哺乳期妇女膳食钙摄入不足,母乳中钙含量会降低,哺乳期妇女也易出现骨质软化症。中国营养学会推荐哺乳期妇女钙的摄入量为1000mg/d,可耐受的最高摄入量为2000mg/d。通常从日常膳食中摄入很难达到上述参考摄入量,因此需要增加乳类及乳制品的摄入量,食用深绿色蔬菜、豆制品、虾皮、小鱼等含钙较丰富的食物,也可在保健医生的指导下,补充适量的钙剂。此外,还要注意体内维生素D(多晒太阳或服用鱼肝油等)的含量,以促进钙的吸收和利用。

(2) 铁 人乳中的铁含量低,增加哺乳期妇女的铁摄入量可以补充母体分娩时所消耗的铁，矫正或预防哺乳期妇女的贫血状态，但此方法对乳汁中铁的增加并不明显。哺乳期妇女每日的铁推荐摄入量为24mg/d。细胞造血时需要铁、铜、锌等矿物质的参与，所以产妇的膳食中应添加含较多铁、铜、锌等矿物元素的食物，以预防产后相关并发症的发生。

（3）碘　乳汁含碘为40~90μg/L，加之哺乳期妇女的基础代谢率和能量消耗的增加，使碘的摄入量也随之增加，哺乳期妇女摄入的碘可很快出现于母乳中，中国营养学会推荐哺乳期妇女的碘摄入量为240μg/d。

（4）锌　锌与婴儿的生长发育和免疫功能有密切关系，有助于哺乳期妇女对蛋白质的吸收和利用。乳汁中的锌含量受哺乳期妇女膳食锌摄入量的影响。中国营养学会推荐哺乳期妇女的锌摄入量为12mg/d，可耐受的最高摄入量为40mg/d。

5. 维生素

（1）维生素A　维生素A可少量通过乳腺，受膳食摄入量影响，尤其产后2周内的初乳富含维生素A，随着泌乳的增加，维生素A含量逐渐下降，平均60μg/100mL。膳食中维生素A超过一定限度后，乳汁中维生素A含量不再按比例增加。我国膳食中维生素A供应一般不足，因此哺乳期妇女应注意合理搭配膳食。中国营养学会维生素A推荐摄入量为1300μg 视黄醇当量/d。[视黄醇当量（RAE，μg）= 膳食或补充剂来源全反式视黄醇（μg）+1/2 补充剂纯品全反式β-胡萝卜素（μg）+1/12 膳食全反式β-胡萝卜素（μg）+1/24 其他膳食维生素A类胡萝卜素（μg）]。

（2）维生素D　维生素D几乎不能通过乳腺，因此母乳中含量很低，哺乳期妇女膳食维生素D的推荐摄入量为10μg/d（400IU），可耐受最高摄入量为50μg/d。我国日常膳食中V_D含量较低，可通过晒太阳进行补充，必要时在医生指导下补充维生素D剂。

（3）水溶性维生素　多数水溶性维生素均可通过乳腺，乳腺可调节各种维生素在乳汁中的含量，达到一定程度后便不再增加。

维生素C受膳食影响很大，全球平均含量为5.2mg/100mL，最高可达8mg/100mL，维生素C的推荐摄入量为150mg/d，可耐受最高摄入量为2000mg/d。只要经常吃新鲜蔬菜和水果，膳食维生素C便可满足机体需要。

哺乳期妇女体内的维生素B_1和B_2平均含量分别为0.02mg和0.03mg。维生素B_1有促进乳汁分泌及预防婴儿脚气病的作用，母乳中叶酸含量为5~6μg。中国营养学会推荐的哺乳期妇女维生素B_1、维生素B_2、烟酸、叶酸推荐摄入量分别1.5mg/d、1.5mg/d、15mg/d、550μg 叶酸当量/d。

三、哺乳期妇女的合理膳食

中国居民膳食指南是指导哺乳期妇女膳食的纲要，哺乳期间，蛋白质、脂肪、碳水化合物的热比分别为13%~15%、20%~27%和58%~60%。适量增加富含优质蛋白质及维生素A的动物性食物和海产品，每天比孕前增加摄入80~100g的鱼、禽、蛋、瘦肉（每天总量为220g），必要时可部分用大豆及其制品替代；每天比孕前增饮200mL牛乳，使饮乳总量达到每日400~500mL；每周吃1~2次动物肝脏（总量达85g猪肝，或总量40g鸡肝）；至少每周摄入1次海鱼、海带、紫菜、贝类等海产品；采用加碘盐烹调食物。

产褥期膳食应是由多样化食物构成的平衡膳食，哺乳期妇女每天应吃肉、禽、鱼、蛋、乳等动物性食品，但不应过量；吃各种各样蔬菜水果，保证每天摄入蔬菜500g；整个哺乳期的营养应充足和均衡。除每日多饮水外，还应摄入一定量的骨头汤、肉汤、菜汤和粥等。忌油、煎、炸等有强烈刺激性的食物。

第三节 婴幼儿营养

婴幼儿时期是指从出生到 3 岁以前。在这一期间，人体的生长发育速度很快，合理的营养将不仅满足机体各组织器官增长和功能成熟的需要，也为人一生的体力和智力发展打下基础，而且对某些成年和老年时期易出现的疾病起到预防作用。婴幼儿时期又可分为婴儿期（0~1 岁）和幼儿期（1~3 岁）。

一、婴儿生理特点与营养

1. 婴儿生长发育特点

婴儿期是人类生命从母体内生活到母体外生活的过渡时期，也是一生中生长发育的第一个高峰期，6 个月前的婴儿体重平均每月增加 0.6kg，6~12 个月的婴儿体重平均每月增加 0.5kg。12 月龄时，体重为出生时的 3 倍，身高为出生时的 1.5 倍。出生时胸围小于头围，至 12 月龄时胸围与头围基本相等并开始超过头围，上臂围由 11cm 增长至 16cm。

婴儿期也是脑细胞的增值高峰期，不仅脑细胞的数目增加，细胞体积也在增大，树突增多并延长，神经髓鞘逐步形成并进一步发育。6 月龄时脑重可比出生时增加 1 倍，至 1 岁时，脑质量达 900~1000g，接近成人脑重的 2/3。

婴儿消化器官幼稚，功能不完善。婴儿口腔狭小，出生时涎腺细胞不发达，唾液分泌很少，每昼夜为 50~80mL（成人平均 1000~1500mL），到三四个月时唾液腺逐渐发育完全，唾液内淀粉酶含量增多。正常乳牙于出生后 6~8 月萌出，最早 4 月时即可萌出。新生儿的胃容量为 25~50mL，且呈水平状，胃贲门括约肌发育迟缓，吃乳后容易出现溢乳现象；出生 6 个月后，胃容量可达 200mL。肝脏分泌胆盐少，脂肪的消化与吸收较差；4 月龄前胰淀粉酶分泌少，不利于消化淀粉；但胰蛋白酶活性良好，消化蛋白的能力较强。婴儿肾脏不成熟，肾小球滤过率仅为成人的 1/4~1/2，肾小管重吸收、分泌及酸碱调节功能也较弱，对肾溶质负荷耐受有限。婴幼儿的肝脏酶系统没有完全发育成熟，会导致一些病理现象，如黄疸、灰婴综合征、酪氨酸血症。另外，婴儿的肠黏膜薄嫩，通透性好，屏障功能差，肠内有些毒素、消化不全的产物以及过敏源等，能经过肠黏膜进入到体内，引起全身感染和变态反应性疾病。

2. 婴儿的营养需要

出生后数年的营养和健康是实现儿童生存和发展目标的基础，婴幼儿时期的营养问题可能会导致儿童不可逆转的生长和认知发育迟缓。

（1）能量　除满足婴儿的维持基础代谢、食物特殊动力作用和活动所需外，还要满足生长需要（1 岁以内占总能量的 25%~30%）及未被消化吸收而排出的能量（约占食物总能量的 10%）。中国营养学会推荐的 6 个月前婴儿热能适宜摄入量为 0.38MJ/(kg·d)（非母乳喂养应增加 20%），6 个月后，婴儿生长速度减缓，对能量需求减少，适宜摄入量为 0.33MJ/(kg·d)。

（2）蛋白质　婴儿体内器官的成长发育需要质优、量足的蛋白质，婴儿除需要成人所需的

8 种必需氨基酸之外，还需组氨酸、半胱氨酸和酪氨酸。一般来说，母乳蛋白质和婴儿配方食品能满足蛋白质需要。蛋白质长期摄入量不足和过量都会影响婴儿的生长发育。中国营养学会推荐的适宜蛋白质摄入量为 6 个月前 9g，6~12 个月的推荐摄入量为 20g。

（3）脂质　脂质除提供婴儿一部分的热能外，还可促进脂溶性维生素的吸收，并可避免发生必需脂肪酸缺乏。中国营养学会推荐婴儿期脂质摄入占热能的 35%~50%，其中 6 个月前婴儿的脂质摄入量较高，占总能量的 45%~50%；6 个月后，随辅食的添加，膳食中脂质比例稍有下降，为 35%~45%。脱脂牛乳和脱脂乳粉不是人工喂养或混合喂养婴儿食物。同时，n-6 多不饱和脂肪酸与 n-3 多不饱和脂肪酸比例以 4∶1 为宜。

（4）碳水化合物　一个健康的婴儿，有 28%~63% 的热能由碳水化合物供给，母乳中乳糖提供 37%~38% 的热量，而牛乳中乳糖仅提供 26%~30% 的热量，若以牛乳代替母乳喂养婴儿，婴儿需添加乳糖来增加其热量，但添加量不宜超过母乳的糖含量。4 个月以后，婴儿消化道中才有淀粉酶产生，为避免消化不良和过敏等症状，多糖类食物要等到婴儿长至 6 个月以后再慢慢添加。

（5）矿物质　母乳中各种矿物质含量是婴儿矿物质需要量的主要依据之一。母乳中铁含量较少，正常新生儿有足够的铁储备，可以满足出生后 4~6 个月的需要，因此，母乳喂养的婴儿 6 个月后应添加含铁辅食。婴儿期，足量的钙、磷、钠、镁、碘、锌、铜等也对生长发育至关重要。中国营养学会推荐的婴儿矿物元素的适宜摄入量，如表 10-3 所示。

表 10-3　　　　　　　　　婴儿矿物元素的适宜摄入量　　　　　　　　　单位：d

月龄	AI												
	钙/mg	磷/mg	钾/mg	钠/mg	镁/mg	碘/μg	铜/mg	氟/mg	铬/μg	锰/mg	铁/mg	锌/mg	硒/μg
0~6	200	100	350	170	20	85	0.3	0.01	0.2	0.01	0.3	2	15
7~12	250	180	550	350	65	115	0.3	0.23	4.0	0.7	10 (RNI)	3.5 (RNI)	20

资料来源：中国营养学会，中国居民膳食营养素参考摄入量（2013 版）。

（6）维生素　正常母乳含有婴儿所需的各种维生素，只有维生素 D 稍低，如果母乳中维生素 D 不足或出现维生素 D 早期缺乏的现象，婴儿可考虑每日补充维生素 D，并注意适量晒太阳。中国营养学会推荐的婴儿维生素的适宜摄入量，如表 10-4 所示。

表 10-4　　　　　　　　　婴儿维生素的适宜摄入量　　　　　　　　　单位：d

月龄	AI											
	维生素 A /(μg RAE)	维生素 D /μg	维生素 E /mg α-TE	维生素 B_1 /mg	维生素 B_2 /mg	维生素 B_6 /mg	维生素 B_{12} /mg	维生素 C /mg	泛酸 /mg	叶酸 /μgDFE	烟酸 /mgNE	胆碱 /mg	生物素 /μg
0~6	300	10	3	0.1	0.4	0.2	0.3	40	1.7	65	2	120	5
7~12	350	10	4	0.3	0.5	0.4	0.6	40	1.9	100	3	150	9

资料来源：中国营养学会，中国居民膳食营养素参考摄入量（2013 版）。

(7) 水　婴儿体表面积大，基础代谢率高，约为成人的 2 倍，足月婴儿出生后几天，每天需水量不足 100mL/kg，6 个月内需水量为 125~150mL/kg，1 岁内需水量为 125mL/kg，早产儿需水量更大。

3. 婴幼儿的合理喂养

(1) 母乳是婴幼儿最好的食物　人乳含 2000 多种成分，其中 300 多种是婴儿生长发育必不可少的营养素。人乳中含有超过 400 种具有不同功能的蛋白质，α-乳白蛋白可以促进胃肠系统的耐受性和接受性；乳铁蛋白有效抑制需铁细菌如大肠埃希氏菌和链球菌等，成熟乳含溶菌酶 0.1g/mL，这些物质能够增强免疫力。IgA 是人乳中占主导地位的免疫球蛋白，主要形式是分泌型 IgA（SIgA），除 SIgA 外，还有 IgG 和 IgM 两种免疫球蛋白。SIgA 存在于母乳喂养的婴儿肠道内，乳中双歧杆菌因子可促进双歧杆菌的生长，并促进 SIgA 的产生，SIgA 与肠道中的细菌毒素和毒素因子等病原微生物特异性结合，可防止肠道被病原菌侵害，降低婴儿肠道疾病的发生率。

人乳中含脂质 4g/100mL（PUFA 为主），超过 200 种脂肪酸，在调节婴儿肠道、脂蛋白代谢、生物膜及信号传导通路等方面发挥重要作用。婴儿体内不能合成的必需脂肪酸，如亚油酸、α-亚麻酸及长链不饱和脂肪酸，如花生四烯酸（ARA）、二十二碳六烯酸（DHA），对婴儿大脑及神经发育、体格生长、视力发育发挥着重要作用。人乳中的 sn-2 棕榈酸（OPO 结构脂）在婴儿小肠中以 Sn2 单苷酯的形式被吸收利用，不会与钙离子等形成不溶性的脂肪酸钙皂，从而可以提高婴儿骨骼强度、增加粪便有益菌数量以及减少哭闹。

人乳中的乳糖（约 7.09%）不仅是主要的供能物质，还含有丰富的低聚糖类，含量约是牛乳的 100 倍，具有调节肠道菌群、促进大脑发育等重要作用。

乳糖是人乳中的主要碳水化合物，是 6 个月以内婴儿的主要能量来源，含量为 65~70g/L。人乳中乳糖主要为 β-乳糖，其可以促进肠道双歧杆菌的生长繁殖。目前已经证明，人乳中有 200 多种低聚糖，基本单体有五种：D-葡萄糖（Glc）、D-半乳糖（Gal）、N-乙酰葡糖胺（GlcNAc）、L-岩藻糖（Fuc）、N-乙酰神经氨酸（NeuAc）或唾液酸。根据化学结构可以分为两种：中性低聚糖和酸性低聚糖。中性低聚糖：不含带电荷的单糖残基包括 Glc、Gal、GlcNAc 以及连接到乳糖（Galβ-1，4Glc）还原端的 Fuc；酸性低聚糖：带负电，包括 NeuAc。中性低聚糖主要具有调节肠道菌群、预防结肠炎症等功效，酸性低聚糖则在大脑发育过程中发挥着重要作用，两类低聚糖均可抑制致病菌的生长。

人乳中低矿物质含量可使母乳喂养的婴儿未成熟肾脏溶质负荷较低，利于婴儿生长发育。除维生素 K 外，婴儿生时已获得足够量的维生素，能满足婴儿生长发育的需要。

人乳中含有多种促生长因子，如 IGF（IGF-Ⅰ和 IGF-Ⅱ）和表皮生长因子（EGF）等可以促进婴儿胃肠道发育；此外，人乳中还含有丰富的吞噬细胞（巨噬细胞、中性粒细胞及淋巴细胞等）具有极强的杀菌活力；人乳中还有许多酶，如淀粉酶、过氧化酶、碱性磷酸酶、酸性磷酸酶、脂肪酶等，易于乳汁的消化。

已有充足证据表明，0~6 月龄婴儿的营养供给以纯母乳为最佳；6~12 月龄婴儿则应在继续母乳喂养的基础上合理添加辅食。当没有条件进行母乳喂养时，应以婴幼儿配方乳粉为食物来满足营养需求。

(2) 适度添加辅食，过渡期科学喂养　随着婴儿消化系统的成熟，乳牙的萌发，味蕾的成熟，食量的增大，婴儿会主动探索母乳外的食物，依身体状况可在 6 个月后逐渐添加辅食，比如水果泥、配方乳粉、米糊、粥、菜泥、蛋黄、肝泥等；初次添加辅食时，宜以单个辅食代替部分母乳，若消化正常，再增大添加量及添加另一个辅食。一般铁丰富的食物为第一个需要添加的食物，6~8月龄以上婴儿可咀嚼食物以促进牙齿萌出，但是1周岁前应食用避免含盐量高、调味品多的食物。应适度参加户外活动，适量补充维生素A、D。

二、幼儿生理特点与营养

1. 幼儿期生长发育特点

幼儿期（young children）指1~3周岁的幼儿，幼儿的生长发育速度比婴儿慢，但仍然比其他时期快，体重每年增加约2kg，2周岁前身高每年增加11~13cm，随后增速变缓，2~3岁增加8~9cm，到3岁时，身高平均可达100cm。同时，幼儿时期骨骼及脑的发育速度很快，头围以1cm/年的速度增长，2岁时脑重约为成人的75%，到3岁时脑重超过出生时的3倍，语言、思维能力发展迅速，能进行日常交流。此外，幼儿的咀嚼及消化能力比婴儿时期有所提高，正常婴儿的20颗乳牙，在两岁半前已全部长出，胃容量持续增大，可达300~500mL，但胃肠道的弹力及消化酶的分泌及蠕动能力还远不如成人。所以，饮食应科学、合理搭配。

2. 幼儿的营养需要特点

1岁后，幼儿消化和活动能力均增强，对热能、营养物质需求较婴儿期大。同时，幼儿期是骨骼、牙齿、大脑发育的重要时期，应注意钙、磷、铁、锌、碘、维生素D等的摄入，以满足幼儿的生长需要。中国营养学会推荐的幼儿能量及宏量营养素参考摄入量，如表10-5所示。

表10-5 幼儿能量及宏量营养素参考摄入量

年龄/岁	能量（EER）				蛋白质/(g/d)		总碳水化合物/(g/d)		脂质			
	MJ/d		kcal/d						总脂肪	亚油酸	α-亚麻酸	DHA
	男	女	男	女	EAR	RNI	EAR	AMDR/%E	AI/%E	AI/%E	AI/%E	/(mg/d)
1~	3.77	3.35	900	800	20	25						
2~	4.60	4.18	1100	1000	20	25	120	50~65	35	4.0	0.60	100
3~	5.23	5.23	1250	1200	25	30						

注：%E为占能量的百分比。
资料来源：中国营养学会，中国居民膳食营养素参考摄入量（2013版）。

矿物质和维生素对幼儿生长发育有很重要的作用。锌缺乏可导致幼儿的食欲不佳及免疫失调，铁缺乏则可引起贫血等情况的发生，钙在骨髓发育快速的儿童阶段作用更为显著，镁对于幼儿的骨代谢及神经肌肉功能维持、机体蛋白质、脂肪及碳水化合物的代谢均有较大的影响作用。中国营养学会推荐的1~3岁幼儿每日钙、磷、铁、锌、碘的推荐摄入量为600mg、300mg、9.0mg、4.0mg和90μg；维生素A、维生素D、维生素B_1、维生素B_2、维生素C、叶酸和胆碱的推荐摄入量为310μg视黄醇当量、10μg、0.6mg、0.6mg、40mg、160μg叶酸当量和200mg。

3. 幼儿的合理膳食

幼儿膳食从婴儿期的以乳类为主过渡到以谷类为主，以乳、蛋、鱼、禽、肉及蔬菜和水果为辅的平衡混合膳食；每日牛乳250~500g；瘦肉类（畜禽鱼兔）25~50g，鸡蛋1个；动物肝或血液1~3次/周；常吃豆腐或豆干；动物蛋白质占总蛋白质量的1/3以上（或动物及豆类蛋白占 1/2 以上);多食黄绿色蔬菜和新鲜水果。

食物应单独制作,质地宜细、软、碎、烂,避免刺激性强、油腻、调味料重的食物;进餐时间应合理,注意饮食卫生。

第四节 学龄前、学龄与青少年营养

一、学龄前儿童生理特点和营养

在我国,学龄前儿童(pre-school children)一般是指 3~6 周岁处于学龄前期的儿童,是婴儿向学龄期儿童的过渡期,该阶段儿童新陈代谢旺盛,神经系统及骨骼的发育迅速,是儿童生长发育最为迅速的阶段,而营养是儿童生长发育的物质基础,合理的膳食营养对幼儿来说至关重要。

1. 学龄前儿童生理特点

学龄前儿童身高、体重稳步增长。与婴幼儿相比,学龄前儿童体格发育速度相对减慢,但仍可保持稳步增长,此期体质量增长约 5.5kg(年增长约为 2kg),身高增长约为 21cm(年增长约为 5cm);脑及神经系统发育持续并逐渐成熟,3 岁时神经系统的发育已基本完成,但脑细胞体积的增长和神经纤维的髓鞘化仍在继续;3~6 岁的孩子胃容量尚小,为 600~700mL,咀嚼能力和消化功能逐渐增强,但是仍有限。

2. 学龄前儿童营养需要特点

学龄前儿童处于生长发育旺盛时期,且活泼好动,能量、营养素摄入不足或过多会对智力发育、机体抵抗力甚至成年后的健康有影响。中国营养学会推荐的学龄前儿童能量及宏量营养素参考摄入量,如表 10-6 所示。

表 10-6 学龄前儿童能量及宏量营养素参考摄入量

年龄/岁	能量(EER)				蛋白质/(g/d)		总碳水化合物/(g/d)		脂质		
	MJ/d		kcal/d						总脂肪	亚油酸	α-亚麻酸
	男	女	男	女	EAR	RNI	EAR	AMDR/%E	AMDR/%E	AI/%E	AI/%E
4~	5.44	5.23	1300	1250	30	25					
5~	5.86	5.44	1400	1300	30	25	120	50~65	20~30	4.0	0.60
6~	6.69	6.07	1600	1450	35	30					

注:%E 为占能量的百分比。AMDR:宏量营养素可接受范围。
资料来源:中国营养学会,中国居民膳食营养素参考摄入量(2013 版)。

学龄前儿童对于矿物质和维生素的需要量相对较高,常缺乏的矿物质有锌、铁、钙及镁等。中国营养学会推荐的 4~6 岁儿童每日钙、磷、铁、锌和镁的摄入量为 800mg、350mg、10.0mg、5.5mg 和 160mg,特别要注意的是,碘的推荐摄入量从婴幼儿期 90μg 降低到 50μg;维生素 A、维生素 D、维生素 B_1、维生素 B_2、维生素 C、叶酸和胆碱的推荐摄入量为 360μg 视黄醇当量、10μg、0.8mg、0.7mg、50mg、190μg 叶酸当量和 250mg。

3. 学龄前儿童的合理膳食

科学合理的膳食营养是学龄前儿童体格、智力充分发育的基本保障，也是预防疾病和提高儿童健康水平的重要条件。饮食逐渐由软到硬、由半流质到接近成人食物，完成从以乳类食物为主到以谷类食物为主的过渡，但仍不能和成人的饮食相同，以免导致消化功能紊乱，造成营养不良。食物的种类也逐渐增多，牛乳仍是 4 岁以上幼儿的首选食品，每日至少 250g，蛋半个到 1 个，瘦肉 50~75g，豆制品 50~75g，蔬菜 250g 左右，每周一次肝或血、海产品，以保证蛋白质的需要。正餐时少用汤类代替炒菜、稀饭代替米饭。尽量避免纯能量食物和油炸、刺激性的酸辣食物，少吃零食、高糖、高脂膳食，宜饮用白开水或清淡饮料；养成定时、定量进食，早睡早起的良好习惯。

二、学龄儿童和青少年生理特点和营养

在我国，学龄儿童（school children）是指从 6 岁进入小学至 12 岁小学毕业的阶段，也称小学生；青少年（adolescence）是指 13 岁到 18 岁阶段，也就是中学生，这个时期也称为青春期。学龄儿童和青少年时期是由儿童发育到成年人的过渡时期，也是形成强健的体魄和健康心理的重要阶段。加强学龄儿童和青少年的营养，养成良好的行为、生活习惯，对他们的一生都有积极影响。

1. 学龄儿童和青少年的生理特点

学龄前儿童身高、体重稳步增长。与婴幼儿相比，学龄前儿童体格发育速度相对减慢，但仍可保持稳步增长，此期体质量增长约 5.5kg（年增长约为 2kg），身高增长约为 21cm（年增长约为 5cm）；脑及神经系统发育持续并逐渐成熟，3 岁时神经系统的发育已基本完成，但脑细胞体积的增长和神经纤维的髓鞘化仍在继续；3~6 岁的孩子胃容量尚小，为 600~700mL，咀嚼能力和消化功能逐渐增强，但是仍有限。

学龄儿童的体格生长速度较为平稳，体重每年增加 2~2.5kg，身高每年增长 4~7.5cm。进入青春期后，体格生长进入第 2 次高峰期，体重每年增长 4~5kg，身高每年可增长 5~7cm。据估计，人体约 50% 的体重和 15% 的身高是在这个时期获得的。

儿童、青少年个体间的发育速度差别较大，性别差异也很突出，女生一般在 10 岁左右开始进入青春期，17 岁左右结束；男生一般在 12 岁进入青春期，22 岁左右结束。青春期是人一生中最有活力的时期，体格生长加速，第二性征出现，生殖器官及内脏功能日益发育成熟，大脑的功能和心理发育也进入高峰，身体各系统逐渐发育成熟。

在整个儿童青少年时期，生长发育是在不断进行的，可以分成不同的阶段，各阶段不是等速进行的，但有承接关系，前面的过程可对以后的发展起到决定性作用；神经系统发育较早，生殖系统发育较晚，年幼时皮下脂肪发育较发达，肌肉组织到学龄期才发育加速；身体四肢先于躯干发育，下肢先于上肢发育，呈现自下而上，自肢体远端向中心躯干的规律性变化。

2. 学龄儿童和青少年的营养需要

（1）能量 学龄儿童和青少年活泼好动，大脑活动量激增，另外，男生肌肉和骨骼的发育较女生显著，应保证能量的供给量充足。热量长期摄入不足可出现疲劳、消瘦和抵抗力下降的情况，影响体力活动和学习能力，甚至影响生长发育；但摄入过多，可造成肥胖，所以应加强体育锻炼。

中国营养学会推荐的学龄儿童和青少年的能量摄入量如表 10-7 所示。生长发育过程中的儿童和青少年的能量应处于正平衡状态，能量来源的合理比例为蛋白质 12%~15%，脂肪 25%~30%，碳水化合物 55%~65%。

表 10-7　　　　　　　　　　学龄儿童和青少年的能量推荐摄入量

年龄/岁		推荐摄入量/(MJ/d)	
		男	女
~7		7.11	6.49
~8		7.74	7.11
~9		8.37	7.53
~10		8.58	7.95
11~13	轻体力活动	8.58	7.53
	中等体力活动	9.83	8.58
	重体力活动	10.88	9.62
14~17	轻体力活动	10.46	8.37
	中等体力活动	11.92	9.62
	重体力活动	13.39	10.67

资料来源：中国营养学会，中国居民膳食营养素参考摄入量（2013）。

（2）蛋白质　儿童、青少年摄入充足且优质的蛋白质，对促进生长发育，提高智力，增强对疾病的抵抗力有利，也有助于提高儿童、青少年的身体素质。最好由蛋白质所供的热能占总热能的 15%，而且从食物供给的蛋白质应有 1/2 为优质蛋白质。中国营养学会推荐的学龄儿童和青少年的蛋白质摄入量如表 10-8 所示。

表 10-8　　　　　　　　　　学龄儿童和青少年的蛋白质推荐摄入量

年龄/岁	推荐摄入量/(g/d)	
	男	女
~7	40	40
~8	40	40
~9	45	45
~10	50	50
11~13	60	55
14~17	75	60

资料来源：中国营养学会，中国居民膳食营养素参考摄入量（2013）。

（3）碳水化合物　根据我国膳食碳水化合物的实际摄入量，学龄儿童和青少年膳食中碳水化合物应提供 55%~65% 的总能量，其中包括单糖、寡糖和多糖等碳水化合物，但应限制精制糖的摄入，提倡摄入营养素与能量密度比值高的食物，以满足机体的营养素和能量需求。一般认为，人类短期进食不含碳水化合物的食物不会引起缺乏症状，但可能会引发代谢紊乱；过多的碳水化合物可转化为脂肪，长期过量摄入可能会导致肥胖。

(4) 脂肪　学龄儿童和青少年时期脂肪适宜摄入量应占总能量的百分之 25%~30%，WHO 推荐的饱和脂肪酸、单不饱和脂肪酸和多不饱和脂肪酸的最佳比例为 1∶1∶1，在我国推荐的儿童和青少年膳食中，$n-6$ 和 $n-3$ 多不饱和脂肪酸的比例为 4~6∶1。摄入过多的脂肪，可使血清胆固醇水平高，也会增加肥胖、心血管疾病的发生风险，摄入量过少会因为必需脂肪酸的缺乏而影响儿童和青少年的生长发育。一般说来，不必过度限制学龄儿童和青少年膳食脂肪的摄入，而且只要注意摄入适量的植物油，通常不会造成必需脂肪酸的缺乏。

(5) 矿物质和维生素　由于骨骼和循环血量的快速增长，学龄儿童和青少年对矿物质，尤其是钙、铁、碘、锌的需要量增大；青春期，女生因月经失血，对铁的需要量增加。中国营养学会推荐的学龄儿童和青少年的矿物质和维生素摄入量如表 10-9 所示。

表 10-9　　　　学龄儿童和青少年的矿物质和维生素推荐摄入量　　　　单位：/d

营养素	年龄/岁		
	7~10	11~13	14~17
钙/mg	1000	1200	1000
磷/mg	470	640	470
镁/mg	220	300	320
碘/ug	90	110	120
铁/mg	13	男 15，女 18	男 16，女 18
锌/mg	7.0	男 10，女 9	男 11.5，女 8.5
维生素 A/mg 视黄醇当量	550	男 670，女 630	男 820，女 630
维生素 D/μg	10	10	10
维生素 B_1/mg	1.0	男 1.3，女 1.1	男 1.6，女 1.3
维生素 B_2/mg	1.0	男 1.3，女 1.1	男 1.5，女 1.2
维生素 B_6/mg	1.0	1.3	1.4
维生素 B_{12}/mg	1.6	2.1	2.4
维生素 C/mg	65	90	100
叶酸/μg 叶酸当量	250	350	400
胆碱/(mg，AI)	300	400	男 500，女 400

3. 学龄儿童、青少年的合理膳食

(1) 合理的膳食构成　在热能供给充分的前提下，注意保证蛋白质的摄入量和利用率的提高。一日主食应包括：谷类 400~600g，瘦肉类 100g，鸡蛋 1~2 个，大豆制品适量，蔬菜 500~700g，烹调用油 30~50g。早、午、晚餐占能量比分别为 30∶(35~40)∶(30~35)。

(2) 注意保证富含 Ca、Fe 及维生素 A、维生素 B_2、维生素 C 食物的摄入　应设法摄食鲜牛、羊乳，并经常供给黄、绿、红色蔬菜，以保证各种维生素及矿物质的供给。

(3) 定期更换食谱，力争膳食多样化　粗细搭配、干稀适度。

(4) 培养良好的饮食习惯　定时定量，不乱吃零食，不偏食，不暴饮暴食、晚上睡觉前不宜加餐。

第五节 老年人营养

按照国际规定，65周岁以上的人被定义为老年人；在中国，60周岁以上的人即为老年人。当人体进入到老年期，其身体的衰老在遗传学上已经是"程序化"，为了安享晚年，老年人应适度地调整饮食结构，防止营养过剩或不足，以维护身体健康、防止疾病的发生、延缓衰老进程。

一、老年人生理特点

人体的衰老过程是客观存在的，其生理的主要特点是基础代谢下降，机体呈现外表形态、组织结构和各种功能均退化的特点。人到60岁以后，人体的分解代谢过程大于合成代谢过程，随着日常活动的逐渐减少，60岁人的代谢相比20岁人下降了16%，而70岁人的代谢则下降了25%，从而导致人体的多种器官及功能出现了衰退现象。

1. 代谢功能降低

老年人基础代谢下降，合成代谢降低，分解代谢增高，可引起细胞功能的下降。由于代谢功能的改变，可使营养素的消化、吸收、利用和排泄均受到不同程度的影响。

2. 体内成分改变

体内脂肪组织随年龄增长而增加，而脂肪以外的组织则随年龄增长而减少。老年人肌肉组织的重量减少会出现肌肉萎缩；细胞内液减少可使体内水分降低；骨组织矿物质减少，特别是钙的减少，会使骨密度降低，因此，老年人易发生不同程度的骨质疏松症及骨折。

3. 器官功能改变

(1) 感觉器官　感觉功能减退，味觉、嗅觉、触觉等感觉器官会变得不灵敏，影响人对食物的喜好，会减少摄入量，口味加重，容易摄入过多调味太重的食品等。

(2) 消化系统　老年人的消化液、消化酶及胃酸分泌量减少，致使食物的消化和吸收受影响，加之胃肠蠕动减慢，易造成便秘；由于胆汁及胰腺的分泌量减少会使老年人对脂肪的消化吸收能力下降，并伴有脂溶性维生素吸收不良；有研究表明，与年轻人相比，老年人的饥饿感会更少，同时对食物的渴望也会较少，这是因为胆囊收缩素、瘦素、生长激素释放肽、胰岛素等激素在食物摄入过程中的释放，一方面，影响关键大脑区域的活动，进而控制食物摄入；另一方面，也会影响老年人的胃肠道。另外，有些老年人牙齿缺损、咀嚼和消化吸收能力会下降。

(3) 心脏及肾脏功能　人的心血管系统、肾脏等随着年龄增长而出现程度不等的形态学改变。老年人心率减慢，心搏输出量减少，血管逐渐硬化；肾功能下降，可导致肾脏排泄即重吸收功能下降，影响血中代谢废物的排泄及电解质的平衡。老年人机体对酸碱平衡代谢的失调，不能迅速反应并加以修正。与成人相比，老年人的促炎细胞因子 TNF-α 和 IL-6 更高，因此，在衰老过程中的免疫改变增加了机体对感染的易感性。

(4) 神经系统　神经系统的老化是指随年龄增加，大脑出现萎缩、退化，脑细胞数减少的现象。一般认为，人出生后脑神经细胞即停止分裂，自20岁开始，每年丧失0.8%脑细胞，且随其种类、存在部位等的不同而选择性减少。有研究表明，25岁时脑重量是1400g，60岁时约减少至840g，80岁时约减少至140g。脑细胞的减少会引起大脑皮层神经活动过程的灵活性减弱，神经调节能力较差，对外界刺激的反应因潜伏期延长而迟钝。

二、老年人营养需要

老年人群是营养不良的敏感者，每个老年人对营养的需求，会因所处生活环境、生活习惯以及身体素质的不同而不同。对于人体来说，基本的营养物质需求为碳水化合物、蛋白质、脂肪；同时维生素、水以及无机盐代谢过程及其调节，对机体的调控也具有重要的作用。因此，老年人的营养补充应当考虑以下几方面。

(1) 能量　与年轻人相比，老年人基础代谢率降低，身体活动量减少，因此，能量的消耗量下降，为了保持能量平衡，摄入的能量也应相应减少。老年人热量摄入过多，容易形成发胖体质，将会增加高血压、心血管疾病以及糖尿病的发病概率。在WHO推荐的能量摄入标准中，60~80岁男性的推荐摄入量为1900kcal/d，女性在60岁为1800kcal/d，70岁后为1700kcal/d。

(2) 碳水化合物　碳水化合物是老年人能量的主要来源，适宜摄入量同青年时期一样，占总热量的55%~65%。但是应注意碳水化合物的种类。老年人胰岛素分泌量减少，并且组织对胰岛素的敏感性下降，机体糖耐量降低，血糖容易升高。有研究发现蔗糖摄入过多与老年动脉粥样硬化等心血管疾病及糖尿病发生率增高有关。同时，在老年人的膳食中应注意增加一定量的纤维素和果胶，这两种不被吸收的碳水化合物能刺激肠道蠕动，起到预防老年性便秘的作用；膳食纤维还能改善肠道菌群，使食物容易被消化吸收；尤其是可溶性纤维对血糖、血脂代谢都能起到改善作用；膳食纤维还有利于对非传染性慢性病如心脑血管疾病、糖尿病、癌症等疾病的预防。

(3) 蛋白质　老年人对蛋白质的合成能力差，摄入的蛋白质利用率也低，因此，蛋白质的摄入应保证量足质优。蛋白质摄入不足易出现负氮平衡，摄入过量，会加重肝脏和肾脏的负担。按体重计，老年人对蛋白质的需要量约为$1.27g/(kg \cdot d)$。中国营养学会推荐蛋白摄入量为男性65g/d，女性55g/d。其提供的能量占膳食总能量的15%，优质蛋白质如鱼、瘦肉、蛋、乳类和大豆制品占1/3~1/2。

(4) 脂类　老年人体内脂肪组织含量随着年龄的增大而逐渐增加，脂肪过多会增加心血管疾病的患病风险，也会影响肝脏以及消化器官的运行。有研究发现摄入多不饱和脂肪酸与老年人骨质疏松性骨折风险增加成正相关，而摄入单不饱和脂肪酸则会降低这种风险。一般认为，摄入饱和脂肪酸、单不饱和脂肪酸和多不饱和脂肪酸的相互比例以1∶1∶1为宜。另外，脂肪摄入太少又会影响脂溶性维生素的吸收。据相关数据显示，老年人的脂肪摄入量应占总热量的20%~25%，每天摄入量应低于$1g/(kg \cdot d)$。

(5) 其他物质　对于老年人来说，维生素在调节和延缓衰老过程中起至关重要的作用。老年人容易缺乏维生素A、维生素D；维生素A有助于提高免疫力、维生素D可调节钙磷代谢并保证骨质健康；维生素C可促进组织胶原蛋白的合成，防止老年人血管硬化，并可降低血浆胆固醇，预防老年人机体内的氧化损伤；B族维生素有助于细胞代谢。对30例长期住院的老年患者做了一项实验，结果证明：补充维生素A、维生素C和维生素E可以改善老年人的细胞免疫功能。

在无机盐中，由于老年人钙的吸收率低，对钙的利用及贮藏能力差，容易出现缺钙现象，老年人应多食用含钙量高且易吸收的食品（钙的摄入量至少为 600mg/d），并多接受阳光照射。老年人还应注意补铁，以防止缺铁性贫血。老年人应适量的摄入钠盐，摄入量最好控制在 5~6g/d。钾主要存在于细胞内液中，老年人机体的分解代谢常大于合成代谢，细胞内液减少，体钾含量减少，应保证膳食中钾的供给量，每日供给 3~5g 即可满足需要。微量元素如锌、铬对维持正常糖代谢有重要作用。

随着年龄的增长，人体的水量在逐渐减少，人体进入老年期后肠道中的黏液分泌量会减少，容易造成便秘，故膳食中需补充足够的水。一般认为每天的摄入水量应控制在 1500mL 左右。

三、老年人膳食原则

老年人合理饮食是身体健康的物理基础，对于改善老年人的营养状况，增强抵抗力延年益寿，提高生活质量具有重要作用。老年膳食原则不仅要遵循《中国居民膳食指南（2016）》提出 6 项倡议：①食物多样，谷类为主；②吃动平衡，健康体重；③多吃蔬果、乳类、大豆；④适量吃鱼、禽、蛋、瘦肉；⑤少盐少油，控糖限酒；⑥杜绝浪费，兴新食尚。此外，还要注意 3 方面。

1. 食物要粗细搭配、松软，易于吸收

主食中应有粗粮细粮搭配，粗粮如燕麦、玉米、根茎类的蔬菜等；食物的烹调宜采用利于食物吸收的方式，如蒸、煮为主。饭菜应色香味美、温度适宜，过黏、过甜、过酸、过咸、过于油腻或油炸的食物不宜食用。

2. 饮食结构合理，重视营养不良和基础病

每天应至少摄入 12 种及其以上的食物，采用多种方法增加食欲和进食量，吃好三餐。早餐宜有 1~2 种以上主食、1 个鸡蛋、1 杯乳、另有蔬菜或水果。中餐、晚餐宜有 2 种以上主食、1~2 个荤菜、1~2 种蔬菜、1 个豆制品。对于高龄老人和身体虚弱以及体重出现明显下降的老人，应特别要注意增加餐次，除三餐外可增加两到三次加餐，保证充足的食物摄入。食量小的老年人，应注意在餐前和餐时少喝汤水，少吃汤泡饭。对于有吞咽障碍和 80 岁以上老人，可选择软食、进食中要细嚼慢咽、预防呛咳和误吸；对于贫血，钙和维生素 D、维生素 A 等营养缺乏的老年人，建议在营养师和医生的指导下，选择适合自己的营养强化食品。

3. 主动足量饮水，积极户外活动

老年人身体对缺水的耐受性下降，要主动饮水，每天的饮水量达到 1500~1700mL，首选温热的白开水。户外活动能够更好地接受紫外光照射，有利于体内维生素 D 的合成和延缓骨质疏松的发展。一般认为老年人应每天户外锻炼 1~2 次，每次 1h 左右，以轻微出汗为宜；或每天至少 6000 步。注意每次运动要量力而行，强度不要过大，运动持续时间不要过长，可以分多次运动。

本章知识链接

特殊人群的生理特点不同，其营养需要也应随之变化。孕妇、乳母的营养要保证母体和子代的健康，未成年人的营养供给要保证其正常的生长发育，老年人的营养要能改善老年人的晚年生活质量并延长寿命，必须保证合理的膳食结构和能量平衡，同时注重特定营养素的供给量。个性化定制是对传统商业方法（不是传统商业本身）的颠覆，消费者不再是被动的，而是要更多地参与食品本身，展示个性。例如在茶食品方面，预测茶的风味、可持续性和低 FODMAP（可发酵的低聚糖、双糖、单糖、多元醇）会成为长期趋势，而个性化营养将成为主导。个性

化可结合大数据,针对想要改善自身健康状况的消费者,最终目的是为搜集客户健康以及饮食方面的数据(如判断消费者胆固醇是否高或得糖尿病等常见疾病的概率),同时为其他同样面临老龄化问题的社会提供参考解决方案。未来的食品研发人员应当重视食品的特色化、个性化,根据不同人群对食品的需要,将未来食品进行细化,这样才能为消费者提供优质的食品。

○ 练习与思考

1. 孕妇、乳母和不同年龄人群能量平衡的意义是什么?
2. 碳水化合物在特殊人群膳食营养中具有哪些意义?
3. 哪些特殊人群易发生铁缺乏?
4. 不同特殊人群中钙的需要量是多少?
5. 碘在婴幼儿、学龄前、学龄和青少年生长发育中有哪些作用?
6. 维生素 A、维生素 B_1、维生素 B_2、叶酸对孕妇和老年人有什么特殊意义?

参考文献

[1] 刘开华,王荣荣. 食品营养学 [M]. 北京:中国科学技术出版社,2013.

[2] 孙远明. 食品营养学(第2版)[M]. 北京:中国农业大学出版社,2010.

[3] 张赟彬. 食品营养学课程教学改革与探索 [J]. 农产品加工(学刊),2012(2):146-148.

[4] 李铎. 食品营养学 [M]. 北京:化学工业出版社,2011.

[5] 王光慈. 食品营养学 [M]. 北京:中国农业出版社,2006.

[6] 王莉. 食品营养学 [M]. 北京:化学工业出版社,2006.

[7] 郑强强. 孕酮对大肠杆菌感染山羊子宫内膜的影响机制 [D]. 扬州:扬州大学硕士学位论文,2017.

[8] 夏伟,张春艳,向腾霄,等. 成都地区妊娠妇女特异性甲状腺激素参考范围的建立及甲状腺功能异常的筛查 [J]. 重庆医学,2019,48(22):3807-3910.

[9] 黄碧云,黄伟刚,石胜,等. 妊娠早期女性甲状腺功能检测的临床意义[J]. 国际检验医学杂志,2016,37(13):1879-1880.

[10] 郑媛媛,翟桂荣. 妊娠早期脂代谢异常对妊娠糖尿病的影响 [J]. 北京医学,2013,35(10):821-822.

[11] 王艳萍,王尧. 妊娠期糖尿病的代谢改变 [J]. 现代医学,2010,38(1):82-85.

[12] 王俊东. 食品营养与健康 [M]. 北京:中国农业科学技术出版社. 2008.

[13] 樊超男,齐可民. n-3多不饱和脂肪酸与脑发育及功能 [J]. 中国儿童保健杂志,2009,06:675-677.

[14] 中国营养学会. 中国居民膳食营养素参考摄入量. 2013版.

[15] 刘绍军, 刘丽娜. 孕妇妊娠期缺钙的原因及对策探讨 [J]. 中国医学科学. 2011, 1 (10): 53-54, 82.

[16] 邵洁. 胎婴儿期合理铁营养与儿童大脑发育 [J]. 中国实用儿科杂志, 2015, 30 (12): 892-896.

[17] 张乐, 白宇, 翟晓丹. 妊娠期碘缺乏及补碘干预对后代神经智力发育的影响 [J]. 中国全科医学, 2019, 22 (24): 2962-2965.

[18] Mioto VCB, Monteiro ACCNG, de Camargo RYA, et al. High prevalence of iodine deficiency in pregnant women living in adequate iodine area [J]. *Endocrine Connections*, 2018, 7 (5): 762-767.

[19] Hovdenak N, Haram K. Influence of mineral and vitamin supplements on pregnancy outcome [J]. Exit J ObstetGynecolReprod Biol, 2012, 164 (2): 127-132.

[20] Zachman R D. Role of vitamin A in lung development. Journal of Nutrition, 1995, 125 (6): Suppl 1634S-1638S.

[21] 李宏志, 白雪, 李钰, 等. 产妇孕晚期血清中维生素A、维生素E及微量元素水平及与胎儿生长发育的关系研究 [J]. 中国地方病防治杂志, 2018, 33 (2): 175-176.

[22] 白瑜, 冯自立. 维生素D受体 (VDR) 对中枢神经系统功能作用的研究进展 [J]. 生命科学, 2018, 30 (7): 716-722.

[23] 陈雪, 于震, 陈远华, 等. 维生素D缺乏对宫内胎鼠发育的影响 [J]. 安徽医科大学学报, 2013, 48 (12): 1470-1472.

[24] 武玮, 张巍. 早产儿维生素E缺乏与贫血 [J]. 中国新生儿科杂志, 2016, 31 (1): 65-69.

[25] 孟晔, 吕萍萍, 黄荷凤. 孕期不良暴露与成年期疾病 [J]. 国际生殖健康/计划生育杂志, 2015, 34 (4): 304-308.

[26] 姚方. 妊娠期妇女营养需求与膳食原则 [J]. 中华妇幼临床医学杂志, 2009, 5 (6): 627-631.

[27] 曾果. 中国营养学会"孕期妇女膳食指南 (2016)"解读 [J]. 实用妇产科杂志, 201834 (4): 265-267.

[28] 刘喜红. 母乳成分与泌乳机制的研究进展 [J]. 发育医学电子杂志, 2019, 7 (2): 86-89.

[29] 刘静. 推拿促进产后泌乳的临床研究 [D]. 广州: 广州中医药大学, 2011. (硕士学位论文)

[30] 张艳秋. 乳母膳食状况与母乳营养素含量及婴儿生长发育水平的前瞻性观察 [D]. 济南: 山东大学, 2016. (硕士学位论文)

[31] 刘翠, 潘健存, 李媛媛, 等. 人乳营养成分及其生理功能 [J]. 食品工业科技, 2019, 40 (1): 286-291.

[32] 林晓影. 老年人的生理特点及营养支持的研究进展 [J]. 食品安全质量检测学报, 2019, 10 (19): 6598-6601.

第十一章 特殊环境人群的营养与膳食

[本章主要内容]

高温、低温、高原缺氧、电离辐射、职业性接触有毒有害物质、高噪声等特殊环境对人体的影响；不同特殊环境下生活或工作人群及运动员和脑力劳动者的机体代谢特点；不同特殊环境下生活或工作人群及运动员和脑力劳动者的营养需求；各特殊环境下生活或工作人群的合理膳食营养原则；提高对各特殊环境耐受性的功效评价；具有缓解特殊环境下生活或工作人群不良反应、提高机体耐受性的典型食物及配料。

[本章重点]

特殊环境生活或工作人群的机体代谢特点及营养需求。

[本章难点]

特殊环境下人群的营养需求与膳食原则。

生活或工作在特殊环境下人群与处于一般生活工作环境的健康人群相比，在生理或营养代谢方面有其各自的特点，他们对营养需要和膳食供给有其特殊的要求。特殊环境人群是指处在特殊的自然环境或者工作环境中的各类人群，包括处于高温、寒冷（低温）、噪声、缺氧、低气压、电离辐射等物理因素和苯、重金属铅、镉、汞等化学因素造成的特殊环境下生活或工作的人群，以及运动员、脑力劳动者等从事特殊职业的人群。由于这些人群长期处于不良因素的刺激下或在高强度体力脑力的应激中，他们的生理代谢会发生一些不利的变化，如果不注意其营养摄入和提高机体的免疫力，他们对这些不利环境的适应能力就会降低，从而导致疾病的发生。因此，研究特殊环境下生活或工作人群的生理特点及营养需要，制定合理的营养策略，以尽量减少或避免这些不利环境对人体健康的影响。

第一节　高温环境条件下人群的营养与膳食

高温环境一般是指32℃以上的工作环境和35℃以上的生活环境。根据其产生原因的不同，高温环境可分为自然高温环境（如阳光热源）和工业高温环境（如生产型热源）。自然高温环境主要是由阳光辐射造成的，一般出现在夏季（7~8月），其炎热程度和持续时间因地区的纬度、海拔等气候特点而异。自然高温作用面广，从工业、农业作业环境到室内作业均可受影响，尤其是对露天作业者影响最大。常见的工业高温环境热源主要由①冶金工业中的炼焦、炼钢；②机械工业的铸造、锻造加工厂家，如陶瓷、搪瓷、玻璃等；③印染、纺织、造纸等蒸煮作业场所；④各种工程的锅炉间产生。

高温环境会使体温与环境温度之间的温差缩小，而高温下机体不能如在常温下一样将过多热量通过体表辐射散发出来，这样身体在代谢和生理状况上都会发生一系列的改变，如体内蓄热、体温增高、中枢神经系统兴奋性降低、肠胃运动减弱、消化功能减退以及机体代谢活动增加尤其是排汗功能增强。由于这些机体适应性的改变，可导致机体对营养具有特殊需求。

一、高温环境下人体的代谢特点

正常情况下，人体代谢活动产生的多余热量主要以辐射方式散去。而当人体在高温环境下生活或作业时，体温调节中枢受高温刺激后反馈给体液调节系统可引起机体大量的排汗，通过汗液蒸发散热可维持体温的相对恒定。因气温和作业强度的不同，排汗量一般在 1.5~4.2L/h，大量地排汗将引起体内水分、无机盐、氮、水溶性维生素丢失增加。

1. 高温下人体的生理变化

（1）对消化系统的影响　高温可诱导人体交感神经兴奋性增强，导致肠胃蠕动减弱，胰腺和胃肠的消化液分泌减少，食物消化所需的消化酶、盐酸、胆汁酸等也相应减少，胃排空速度加快，从而致使胃中食物消化不完全，胃酸酸度下降，消化功能下降，加之机体有大量水分流失，可使食欲下降。因此在高温下生活或作业的人员，其饮食和营养必须加以调整，以提高机体对高温的适应能力。

（2）循环系统　高温条件下体液的大量流失增加了血液浓度和黏稠度，心脏需要做更多功才能维持正常的血液循环，心脏负荷增加，血容量减少，为保持人体各器官血液的供给，心率会加快；为了充分散热，流向皮肤的血液增多，血管扩张，相应的流至消化道的血液减少，消化能力减弱。高温还会增强大脑皮层中枢神经的兴奋性进而负反馈调节影响运动功能，导致机体更易产生疲劳感以及动作的准确性和协调性、反应速度及注意力都会降低，因此，高温下劳作发生工伤事故的概率更大。

（3）免疫系统　免疫系统受神经和内分泌的共同调节，在热应激状态时机体的免疫功能先有一短暂的反应性增强，随后出现免疫抑制。原因如下：①高温刺激交感神经系统释放去甲肾上腺素从而抑制免疫功能，而副交感神经则有加强作用；②高温会引起血糖浓度降低，促进糖皮质激素的分泌，而糖皮质激素是强烈的免疫抑制剂；③血糖降低还会造成淋巴细胞能源不足，造成免疫机能下降的结果。研究表明，机体长时间暴露于热环境中可引起血清中 IgG、IgA、IgM 等免疫球蛋白含量下降。

2. 高温下机体的营养物质代谢

（1）水和无机盐的损失　体液内的水分对调节正常体温十分重要，同时，水分还是机体内多种物质的溶解介质，对促进机体各代谢活动具有重要作用。人体汗液中 99% 以上为水分，约 0.3% 为无机盐，包括钠、钾、钙、镁、铁等多种。其中，钠盐是汗液中最主要的矿物质，浓度约 80mmol/L，占汗液无机盐总量的 54%～68%。一般情况下，通过汗液损失的钠盐（以氯化钠计）可达 15～25g/d。除钠盐外，还有钾、钙、镁、铁等多种矿质元素也会随汗液被大量排出，汗液中这些元素的丢失占机体总排出量的比例分别为：钾 19%～44%、钙 22%～23%、镁 10%～15% 和铁 4%～5%。这些矿质元素对保持稳定的体液渗透压、维持肌肉的正常收缩和酸碱平衡具有重要的作用，若不及时补充，将引起严重的水盐丢失，导致体内出现电解质紊乱、血液浓缩、缺钙、贫血等不良后果。

（2）维生素的损失　高温下机体的代谢增强，这导致营养物质包括维生素的消耗量增大。同时，还有大量的水溶性维生素可随汗液排出体外，其中以维生素 C、维生素 B_1 和维生素 B_2 损失量最大。有研究表明，每升汗液中含有约 3.2mg 维生素 C、0.45mg 维生素 B_1 和 0.32mg 维生素 B_2，按高温作业出汗量 5L/d 计算，则从汗液中损失的维生素 C、维生素 B_1 和维生素 B_2 可高达 16mg、2.25mg 和 1.6mg，甚至高于尿液中维生素排出量。此外，其他水溶性 B 族维生素也有不同程度的损失。因此，建议每日摄入的维生素 C 为 150～200mg、维生素 B_1 为 2.5～3.0mg、维生素 B_2 为 3～5mg，同时还要注意维生素 A 的摄入量（推荐量为 1500μgRAE），以满足机体的代谢需求。

（3）蛋白质的排出量增多　高温环境对于机体中蛋白质的影响主要反映在两方面：①因失水、体温升高引起的代谢活动增加可导致蛋白质分解加速；②出汗加速体内可溶性氮的排出，汗液中的含氮物质包括氨基酸、尿素、肌酸、肌酸酐、氨、尿酸等。有研究表明每升汗液中含氮量为 200～700mg，大量排汗必定会造成氮的加速流失，虽然身体会代偿性地减少尿液中氮的排出，但这种保护性生理反应有时仍不能抵消由于出汗量增加所引起的汗氮丢失增加，即会出现负氮平衡，这种现象在尚未适应高温环境的人群机体中表现得尤为明显。

（4）能量代谢　高温条件下机体出汗增多、心率加快、末梢血流循环增加、汗腺活动增强等均会引起热能消耗增多，体温上升还会导致机体基础代谢率增加、耗氧量增多、热能消耗增大。有人研究对比了 21.2℃、29.4℃ 和 37.8℃ 3 个温度下的人体能耗率，发现 21.2～29.4℃ 时能耗没有显著差别，但在 29.4℃ 以上时机体的能耗就出现了明显增加。

（5）脂肪和碳水化合物　关于高温环境下脂代谢和糖代谢的研究较少。一些动物实验表明，高糖饲料可以促进机体热习惯性并提高机体热耐力。同时，脂肪和碳水化合物对保持机体高温下的耐力和健康有一点的作用。但脂肪含量过高的膳食会影响食欲。

此外，高温还会加重肾脏的负担，减弱对化学毒物等的耐受能力等。

二、高温环境下的营养需要

1. 水和无机盐

高温下，机体损失的无机盐需要被及时补充，以维持人体内环境的稳定和良好的耐力。根据高温作业强度、出汗量、口渴程度及所处环境等建议补水量的范围为：中等劳动强度、中等气象条件时，每日补水量为3~5L。补水方式以少量多次补水为宜。

无机盐的补充以氯化钠（食盐）为主，有研究表明，环境温度超过体温（36.7℃）时，每升高0.1℃，建议每天氯化钠的摄入量增加1g，但摄入上限不要超过30g。所补食盐可以是菜汤、咸菜、矿物质水等多种形式。其中，含盐饮料中氯化钠的浓度以0.1%为宜。由于钾盐损失量仅次于钠盐，因此在膳食中应注意含钾食物的补充，可以口服含钾的膳食补充剂，推荐每日摄入钾约3200mg，以防止钾的缺乏。此外，高温作业条件下，机体由于出汗还会丢失一定的钙、镁、铁、锌等。如37.8℃的高温环境中汗钙的排量可达20.2mg/h，连续在40~50℃的高温机舱内工作4h的人随汗液排出的钙高达143~253mg；而在高温环境下工作的女工人更容易发生缺铁性贫血。因此，在考虑高温情况下的营养问题时，应该注意对矿质元素的补充。因此，除了在日常饮食时需要注意摄入外，还推荐补充一些矿物盐片，效果比单纯补充氯化钠更好。

2. 维生素

高温环境下，除随汗液排出的维生素外，高温导致的机体代谢活动增加也提高了体内维生素的消耗，需求量也会相应增大。

人体汗液中的维生素C量在0~11mg/L，且高温环境会导致人体血浆和血红细胞中的维生素C含量降低。有研究表明，我国钢铁厂的高温作业工人，每日摄入84.5mg的维生素C仍不能满足生理需要，需要增加至180mg/d才够；又如正常环境下每日摄入100mg维生素C即可使血浆维生素C达到正常水平，但在炎热环境下建议补充量为140~150mg/d。高温排汗还会丢失一部分的维生素B_1和维生素B_2，丢失量约为0.26mg/d和0.15mg/d。及时补充以上三种维生素能显著抑制通过出现在高温作业中的体重下降情况，对体力的恢复以及原来伴有的口渴、倦怠、食欲不振、心悸亢进、恶心、眩晕、手指发抖、气喘和头痛等症状都有很好的缓解作用。高温环境作业人群还需要注意补充维生素A。有研究表明，当环境温度由25℃上升至34℃时，大鼠血浆和肝脏中维生素A的浓度分别下降了54%和17%。此现象在人群中也存在，如饮食均衡的船员进入热带地区后血浆维生素A浓度会降低，而离开热带后血浆维生素A浓度又恢复正常。

根据高温环境机体代谢特点，需要增加维生素尤其是水溶性维生素的补充，建议维生素C摄入量为150~200mg/d、维生素B_1为2.5~3mg/d、维生素B_2为2.5~3.5mg/d，同时维生素A的摄入量也应高于常温作业者，建议摄入量为1500μgRE。在日常膳食调配过程中，应选择含这些维生素较多的食物，必要时可口服维生素制剂。

3. 蛋白质

高温环境下体温增高会引起机体蛋白质的分解增加，此时尿液中肌酐排出量增加，加之大量失水还会出现氮丢失现象，可使机体容易出现负氮平衡。适量增加补充蛋白质可以有效缓解出汗导致的氮损失，建议每天摄入100~500g蛋白质，其中动物性及豆类等优质蛋白质比例不低于50%，但需要注意蛋白质的摄入量不宜过高，以免引起肾脏负担的增加；此外，良好的水盐代谢和体温调节，也可降低体内蛋白质代谢强度。

4. 能量

总的来说，高温下人体对热能的需要随温度的升高而增加。建议环境温度在30~40℃下时，每上升1℃相应增加能量供给0.5%，总量以10%为宜，一般为2500~3000kcal/d。

5. 脂肪和碳水化合物

脂肪供给量不宜超过总能量的30%，碳水化合物占总能量的58%为宜。

三、高温环境下人群的膳食原则

高温环境下人群的能量和营养素的供给需要适当增加，但在高温环境下，人体的消化功能及食欲下降，由此形成的矛盾，需要通过合理膳食的精心安排加以解决。

①合理搭配，精心烹制谷类、豆类及动物性食物（鱼、禽、蛋、肉），注意补充优质蛋白质和B族维生素，食物新鲜可口，讲究色、香、味、形俱佳，可增进食欲。

②多补充富含矿物质和维生素的食物尤其是含钾盐和B族维生素的蔬菜、水果和豆类。

③保证水和矿物质的供给，以保持人体内的水代谢平衡。汤是补充水盐的重要方法，菜汤、肉汤、鱼汤等可交替选择，同时还能补充维生素；含盐饮料也能够提供水和适量的矿物质，盐度为0.1~0.15%、温度以15~20℃为宜，且以在两餐之间补充一定量的含盐饮料为佳。

总之，高温作业人群的膳食要做到荤素搭配，平衡饮食，以全面补充营养。

四、抗高温作用功能评价

高温可使机体处于亢奋状态，引起肾上腺皮质储备的耗竭。如果高温下受试材料能提高机体的抗高温能力，就有利于肾上腺从衰竭状态恢复正常。常以高温下小鼠的存活时间为指标进行受试材料的抗高温功能评价。具体如下所述。

选取20±2g雄性小鼠，随机将其分为受试组和空白组，试验组小鼠每日每只腹腔注射或灌胃一定剂量的受试材料，对照组则经相同途径给予等量的生理盐水。在末次给受试物1h后将小鼠置于46℃恒温箱内。每隔15min记录一次小鼠的死亡情况，直至全部死亡为止，比较两组动物的存活时间，进行统计学处理。

五、抗高温食品开发

具有抗高温功效的典型配料如表11-1所示。

表11-1　　　　　　　　　具有抗高温功效的典型配料

典型配料	生理功效
钠、钾	维持体液渗透压和酸碱平衡，增强抗高温能力，预防中暑
钙	维持机体钙平衡，增强高温耐受力
维生素C	保证机体对维生素C的需求，增强高温耐受能力
维生素B_1、维生素B_2	增强体力，提高抗高温能力
维生素A	保证机体对维生素A的需求，增强高温耐受能力
微量元素	保证机体对微量元素的需求，增强高温耐受能力
碳水化合物	稳定情绪，促进热习惯，增强高温耐受能力
金银花提取物	清热解毒，消暑止渴，增强高温耐受能力
菊花提取物	清热明目，消暑止渴，增强高温耐受能力
薄荷提取物	清凉止咳，增强高温耐受能力
酸梅提取物	生津止渴，清暑开胃，增强高温耐受能力

续表

典型配料	生理功效
乌梅提取物	生津止渴，敛肺止咳，调畅气机，且能治气阴两虚的暑热烦渴
甘草提取物	清热解毒，补脾益气，止咳祛痰，增强高温耐受能力
绿豆提取物	消暑止渴，增强高温耐受能力

第二节　低温环境条件下人群的营养与膳食

低温环境多指温度低于10℃的环境，常见于寒带、海拔较高地区的冬季及职业性接触低温，如极地考察、冷库作业等。低温对人体的影响较为复杂，涉及低温的强弱程度、作用时间及方式等；也与机体本身的生理状态和对低温的耐受能力差异有关。

一、低温环境下人体的生理变化特点

1. 低温环境下机体代谢变化

寒冷环境下机体的基础代谢率会升高。因寒冷刺激，甲状腺功能增强导致的甲状腺素分泌量增多可引起机体耗氧量增大。体内物质氧化所释放的能量不以ATP形式贮藏，而以热的形式向体外释放。同时，体内三羧酸循环增强，涉及呼吸链的琥珀酸脱氢酶或细胞色素氧化酶等酶活性的提高，这样必然会增强机体的产生能量。

低温环境下，机体蛋白质和脂肪代谢有所增加，以便机体能产生更多的热以维持体温。而与蛋白质和脂肪代谢不同，低温下机体的糖代谢减弱，对葡萄糖的利用减少，表现为血糖升高，果糖耐受力下降。

低温还会引起机体水和电解质的排出增加。有报道显示初到北极工作3~4个月内，工作人员会出现多尿症状，一昼夜排尿量可达3500mL，其中氯化物可高达18g，引起血液浓度增大、皮肤黏膜干燥，血液中的矿物质如锌、镁、钙和钠下降，但血钾和血铁变化不大，血铜稍高。机体维生素水平也会发生较大变化，水溶性维生素C和维生素B_1浓度下降明显，血液中脂溶性的维生素A、维生素D也在降低。此外，寒冷环境会使机体微量元素缺乏现象变得普遍，应特别注意补充微量元素。

2. 低温环境下机体消化功能变化

低温环境下胃液的分泌量和酸度都会提高，食物在胃内消化更充分，人体食欲也会增加，这可能与低温环境下人体对能量的需求量增加有关。但如果胃在较长时间内处于排空状态，则会导致工作效率下降。

二、低温环境下的营养需要

1. 能量

低温环境下，居民的能量需求量较常温下增加10%~15%。国外曾对外贝加尔州有10年以

上工龄的熟练机械工人（32~45岁）的能量消耗情况进行了研究，该研究认为夏季每人能量消耗不超过13380kJ/d，而冬季每人能量消耗为14630kJ/d，即该人群冬季比夏季总能耗高了约10%。

2. 蛋白质、脂肪和碳水化合物

在低温环境中，机体能量供给源由最初的碳水化合物为主逐步过渡到以蛋白质脂肪为主，这也是机体代谢方面最具特征的改变。动物实验表明，在暴寒干预初期，小鼠肌肉的糖原迅速减少，血糖上升，此时，饲喂高碳水化合物饲料，在短期内可以提高小鼠的耐寒能力，但如果持续暴寒，机体则明显转变为脂肪和蛋白质供能为主，糖原异生作用增强，血清中有关碳水化合物代谢的酶活力下降，而与脂肪代谢相关酶活力提高。一般来说，蛋白质、脂肪和碳水化合物的供能分别占总能量的13%~15%、35%~40%、45%~50%。产能营养素的摄入应该增加，特别是脂肪的摄入。具体能量供给量应参考个人生理状况及劳动强度而定。其中蛋白质的供给量应略有增加，某些必需氨基酸如含硫氨基酸（甲硫氨酸）能增强机体的耐寒能力，因此，饮食中含甲硫氨酸较多的动物性蛋白质应占一半以上。

3. 水和电解质

低温环境下由于代谢需要增多，如钠泵产热、矿物质排出增加、气候适应过等因素很容易造成矿物质和微量元素的缺乏。食盐的摄入量应增加为常温人群摄入的1~1.5倍；低温环境往往伴随着日照时间短，这导致维生素D转化不足而引起钙缺乏，建议钙的摄入量为600~1200mg/d。碘是甲状腺素合成的重要元素，必须保证能满足机体的需要。此外，低温作业人群血清中的锌、镁等比机体中常温中低，所以，在膳食调配时也要注意选择含营养素较多的食物。

4. 维生素

由于低温环境使机体的能量消耗增加，与能量代谢有关的维生素需求量也随之增加。维生素E可增加能量代谢，提高耐寒能力的途径主要有两方面：①改善由于低温而引起的线粒体功能降低，提高线粒体代谢功能；②促进低温环境下机体脂肪等组织中环核苷酸的代谢。维生素B_2能参与机体甲状腺素调节的能量代谢。此外，在低温下具有提高能量代谢、缓解应激反应的维生素还包括维生素B_1、维生素B_3、维生素B_5、维生素A、维生素C等。专家建议各种维生素的每日推荐摄入量分别为：维生素A 1500μg RE、维生素B_1 2~3mg、维生素B_2 2.5~3.5mg、维生素B_3 15~25mg、维生素B_5 10~15mg、维生素B_{12} 2~3μg、维生素C 70~120mg、维生素D 10μg、维生素E 15~20mg、维生素K 200~300μg、叶酸1~2mg、生物素200~300μg、胆碱0.5~1.0mg。

三、低温环境下人群的膳食原则

低温环境下人体散热增加，除采取各种防寒保暖措施外，平衡而合理的膳食搭配上也是必要的。①能量供给量增加10%~15%，主食每人每天供给量达到450~500g；②注意摄入富含维生素、胡萝卜素、钙、钾的新鲜蔬菜和水果；③增加食盐的摄入量，实验的推荐摄入量每人每天为15~20g；④要提供热食，这不仅有利于消化吸收，对食品卫生也是一个很好的保障；⑤为了适应寒冷地区机体能量需求大、食量多、劳动强度大、时间长等特点，每日可安排4餐，即早餐占一日能量的25%，间餐占15%，午餐占35%，晚餐占25%。

四、抗低温作用功能评价

在寒冷环境中，机体可通过增加产热和减少散热等方式维持体温的相对稳定。但如果人体产热、散热平衡被打破，机体不能维持正常体温而引起全身新陈代谢机能的抑制和酶活力的丧失，最终导致死亡。

选取（20±2）g雄性小鼠随机分为受试组和空白组，试验组小鼠每日每只腹腔注射或灌胃一定剂量的受试材料，对照组以相同途径给予等量的生理盐水。在末次给受试物30min后将小鼠置于（-5±1）℃或-15℃或-21~22℃环境中。每隔20min观察一次小鼠的死亡情况，直至全部死亡为止，比较两组动物的存活时间，进行统计学处理。

五、抗低温食品开发

具有抗低温功效的典型配料如表11-2所示。

表11-2　　　　　　　　　具有抗低温功效的典型配料

典型配料	生理功效
维生素B_1	提高抗低温能力
维生素C	提高机体对低温的适应能力，增强低温耐受能力
维生素A	增强低温耐受能力
钙	维持机体钙平衡，预防钙缺乏症，增强低温耐受能力
钠	维持机体基础代谢水平，增强抗低温能力
甲硫氨酸	增强抗低温能力
碳水化合物	提供能量，增强抗低温能力
碘、酪氨酸	促进甲状腺素合成，增加体能
L-肉碱	增加体能，减肥，抗疲劳，增强抗低温能力
丙酮酸盐	增加体能，减肥
吡啶甲酸铬	增加体能，减肥，调节血糖
辣椒素	增加体能，减肥

第三节　高原缺氧环境的人体营养与膳食

我国拥有世界上面积最大的高原地区，海拔3000m以上的高原占我国国土面积的1/4，常住人口超过6000万人，主要包括西藏、青海、四川和新疆一带。其中，青藏高原平均海拔在4000m以上。该地区不仅具有丰富的能源、矿藏、药材、畜牧业资源，也是重要的国防前哨和少数民族聚居地。随着西部大开发战略的实施和青藏铁路的开通，高原旅游业日益兴旺。据西藏自治区统计局公布的数据，2019年全区接待国内外旅游者突破4000万人次，收入达560亿元。高原特殊气候和地理环境对人体健康的影响日趋突出。

一、高原缺氧环境对人体的影响

高原环境具有低压低氧、紫外线强等特点。大气中的氧分压低,可导致机体肺泡氧分压和血氧饱和度降低,组织细胞不能从血液中获得充足的氧进行正常的代谢活动,因此会使人出现头痛、头晕、目眩、心悸、气短、恶心、食欲减退、失眠、疲乏、胸闷、发绀等缺氧症状。低压低氧和强紫外线环境还会诱使机体产生大量的自由基,导致机体氧化还原水平失衡,从而对机体造成损伤,甚至导致疾病的发生。

1. 缺氧与高原病

现代医学对高原病(high altitude disease,HAD)的定义是:发生于高原低氧环境(一般指海拔2500m以上)下的一种特发性疾病,高原低压性缺氧是导致高原病的主要因素。根据发病的急缓不同,高原病可分为急性高原病(acute mountain sickness,AMS)和慢性高原病(chronic mountain sickness,CMS)两大类。

(1) 急性高原病　AMS是指由平原进入高原或由高原进入更高海拔地区时,在数小时至数天内发生的各种临床综合征,包括急性轻型高原病、高原肺水肿和高原脑水肿。头痛是AMS最初的主要症状,通常情况下还会伴随恶心、厌食、头昏、睡眠质量差等症状。AMS发生的风险因子很多,有报道显示,快速的海拔上升(每天的上升高度超过625m)、缺少前期的阶段性习服(2个月内在>3000m高原预适应时间少于5d)和曾有AMS疾病史等都可能引起AMS的发生。同时,性别、年龄(<46岁)及偏头疼史也可能是AMS的风险因子。此外,研究表明,运动可能会加速AMS的发生,且良好的身体素质对预防AMS的发生并无明显优势。

(2) 慢性高原病　CMS是指长期生活在高原地区的世居者或移居者,对高原低氧环境逐渐失去习服而导致出现的临床综合征,包括高原红细胞增多症、高原心脏病、混合型慢性高原病和高原衰退4个亚型。CMS发生的原因主要涉及血红细胞增多、换气障碍、长期的血氧不足、肺动脉高压等。年龄、性别、肥胖、种族、先天的呼吸机能紊乱和血氧饱和度(SpO_2)低(<80%)也可能与CMS的发生有密切关系。CMS是对久居高原的人群最大的威胁。据统计,全世界约有560万高原世居者在一定程度上患有CMS。在我国青藏高原这个数字已经超过25万人。因此,对于高海拔地区人群CMS的预防和治疗,意义大,任务重。

2. 高原缺氧的预防

高原习服是预防AMS最有效的手段之一。高原生理学专家吴天一将高原习服定义为平原人在高原经数周、数月甚至多年而产生的一系列反应过程,是一种可逆的非遗传性的形态和生理变化,这一系列生理变化使机体能生存于一个外异环境。Schneider等研究发现,在3000m高原习服数周的登山者或普通人,其前往4500m以上山峰时发生AMS的概率将大大降低,且经过习服能够有效掩盖个体易感性的差异。Beidleman在后期的研究中也得到了类似的结果。然而,Schommer和Wille等研究发现,短期的低氧预适应和间歇性缺氧训练对于AMS的预防效果并不显著。因此,相关专家建议:一周以上的高原习服(海拔2000~3000m)可以有效地预防和减少人体进入更高海拔时出现AMS。

二、高原缺氧环境下的营养需要

初入高原,人体的消化功能受到影响,容易出现胃张力降低、饥饿收缩减少、饮食后胃蠕动减少、胃排空时间延长、消化液分泌量较少等症状,表现出食欲和口渴感下降的症状。有研究表明,高原环境下人体对能量的摄入会减少42.3%,对碳水化合物、蛋白质、脂肪的摄入量会减少31.5%~54%,对矿物质的摄入会减少9.1%~50.5%,对维生素和水的摄入分别减少了11.9%~70.9%和6.4%。这些营养素和水分的摄入减少,将影响生理代谢需要。

1. 能量

高原缺氧环境下,机体不论是基础代谢、休息还是运动,所消耗的能量都高于平原地区的能量消耗,主要有以下原因。①高海拔地区气温更低。研究显示,海拔每升高100m,气温将下降0.6℃;而气温每降低10℃,能量消耗需要增加3%~5%;②呼吸加快可导致耗能增多,同时失热也会增加,高原(4540m)产热量的约21%是从呼吸中丢失的,高于平原的18.3%;③基础代谢率增高,能量消耗增多;④缺氧会使机体无氧代谢加剧,产能效率降低;⑤衣着笨重,山路崎岖难行,重体力劳动时能量消耗可增加6.9%~25%。根据高原环境下劳动强度的不同,能量摄入分为三个等级:①一般体力劳动者,推荐能量摄入量为13.40~15.5MJ;②重体力劳动者,推荐能量摄入量为15.5~17.6MJ;③极重体力劳动者,推荐能量摄入量为17.6~20.1MJ。

2. 碳水化合物

碳水化合物作为机体主要的能量来源,可通过提高动脉的氧分压、增加肺的扩张能力、增加肺换气量、增大血氧饱和度等,来提高机体抗急性缺氧能力和减轻缺氧反应的程度,以减少高原病的发病率。因此,在高原缺氧环境下,碳水化合物摄入量应该占更大的比例,比例提高到65%~75%。糖和糖原是应急功能的主要来源,保持血糖的稳定对脑功能有重要的作用。碳水化合物提高低氧耐受力的原因包括以下几方面。①糖分子中所含氧原子多于脂肪和蛋白质等其他产能营养素;②消耗等量氧时,碳水化合物产能量高于其他产能营养素。例如,在消耗同样体积氧气(1L)的情况下,碳水化合物可产能21.11kJ,而脂肪和蛋白质产能为20.36kJ和18.73kJ;③产生更多的二氧化碳有利于纠正因过度通气而导致的碱中毒;④有利于肌糖原的合成与能量的储备供给。动物实验也证明了在高原缺氧环境下,高碳水化合物膳食优于高蛋白与高脂肪膳食。从高原人体营养调查结果来看,产能营养素比例蛋白质为10%~13%,脂肪为11.1%~43%,而碳水化合物为44%~77%以及能量12.5~22.3MJ。

3. 蛋白质

高原缺氧情况下因食欲减退、消化功能减弱等原因导致蛋白质摄入量减少,而氮的排出量增加。同时,蛋白质的分解代谢速度加强,蛋白质合成率下降,血清必需氨基酸和非必需氨基酸比值下降。此外,机体为适应缺氧,血液中的血红蛋白、红细胞和红细胞容积增加,以提高血氧运载能力。因此,要求摄入更多的蛋白质,以满足身体的正常生理功能。动物研究发现,模拟海拔2000m、3000m高原耐力训练会导致大鼠骨骼肌蛋白质分解代谢显著加强,肌糖原含量显著提高,并有随高度增加而加强的趋势。

4. 脂肪

高原能耗需求增加,但人体仍具有利用脂肪的能力,因此,脂肪是人体能量的重要来源。但过高脂肪膳食不利于急性缺氧适应。在一项以狗为对象的研究发现,在模拟3600m低压低氧环境下静脉注射脂肪乳化液(1g/kg体重),观察到动脉血氧含量与血氧容量有下降现象。可能原因如下:①脂肪乳化液影响肺的弥散功能;②脂肪因覆盖了红细胞表面进而影响血红蛋白与氧的结合。

5. 维生素

高原缺氧环境和强紫外线均会引起机体自由基的增加，而维生素具有良好的清除自由基功效。例如，维生素 C 是非常有效的自由基清除剂，也是临床上治疗高原反应昏迷的主要用药，同时还有研究发现它还能增加线粒体能量代谢水平，提高线粒体呼吸控制率，增加组织 ATP 含量。此外，维生素 A、维生素 E、维生素 B_1、维生素 B_2 等还具有增强体力、减少尿液中乳酸的排出、改善心脏功能和维持正常激素水平的作用。因此，高原作业者需要注意增加维生素的补充，推荐每日摄入量为：维生素 A 1000μg RE、维生素 B_1 2.0~2.6mg、维生素 B_2 1.8~2.4mg、维生素 B_3 20~25mg、维生素 C 80~150mg、维生素 E 60mg。

6. 水和矿物质

高原气压较低，水的表面张力减小以及肺的通气量增大、呼吸速度加快等，会使机体水分的排出量增加。因此，高原作业人群需要注意水的适当补充，但不能过量，以防肺水肿和脑水肿的发生。根据我国 1960—1961 年珠穆朗玛峰登山者观察得到的数据，在 5800m 海拔时，每日水的出入量比平原多 30%，呼吸失水增加 3~4 倍（1.2~1.7L/d）。为维持尿液排出量 1~1.5L 以使代谢产物排出体外，每日至少应饮用水 3~4L，如维持体液平衡，则需水约 5L。然而，初入高原的人常无口渴感，也不愿饮水，所以初期失水对人体是一种威胁，应引起重视。在剧烈登山运动中，建议每 4h 饮水 1L。当人们久居高原适应以后，饮水量可以与平原相同。

铁是人体红细胞中血红蛋白的重要成分，所以铁的供给量也应当充足，一般建议铁的每日补充量为 10~25mg 即可满足高原环境下人体的需求。钙和锌的每日推荐摄入量分别为 800mg 和 20mg。此外，减少食盐摄入量也有助于预防高原反应。

三、高原缺氧环境下的膳食原则

①注意提高能量的供给。在原来基础上增加 10% 为宜，且以碳水化合物为主要能量来源，应占总能量供给的 65%~75%；②恰当的产能营养素比例。蛋白质、脂肪和碳水化合物的摄入比以 1∶1.1∶5 为宜，注意优质蛋白质的摄取；③充足的维生素和矿物质；④合理补水但不宜过量，可促进食欲、防止代谢紊乱。

四、提高低氧耐受力功能评价

1. 人群试验

人群试验能最真实和直接地反映试样的抗缺氧功效。可通过对比服用试样或安慰剂的受试者在去往某一海拔高度时的主观感受和身体指标变化以评价试样的抗缺氧作用。常用主观感受判断 AMS 的标准有《急性高原反应的诊断和处理原则》和《加拿大路易斯湖评分标准》，与 AMS 有关的身体指标主要有 SpO_2、急性通气反应、肺动脉压、脑血流量等。同时，还可采用低压低氧氧舱模拟高原环境。此外，低氧吸入测试（hypoxia inhalation test，HIT），即让受试者在测试中吸入恒定比例的氮氧混合气体以造成机体缺氧，此法易操作，且稳定性好、科学性强，也是国际上广泛用于评估受试者低氧耐受能力的方法。

2. 动物试验

乏氧性缺氧模型是比较常见的研究模型之一，其主要是通过降低动物生存环境中的氧含量从而使动物出现缺氧症状的，主要包括常压缺氧和低压缺氧。常压缺氧是指在一个半密闭动物舱中，采用充入氮气以排去氧气的方法造成缺氧环境，或者直接用呼吸机给麻醉后的动物吸入含较低比例氧气的氮氧混合气体。低压缺氧则是将氧舱中的气体部分抽出,使得气压和氧分压均下降而造成的缺氧状态,此方法更加真实地模拟了高原的低氧环境,因此被广泛使用。

在我国的《保健食品检验与评价技术规范》中描述了3种关于保健食品抗缺氧功能的检验方法,包括常压耐缺氧实验、亚硝酸钠中毒存活实验和急性脑缺血性缺氧实验。此外,与血红素中亚铁离子结合而抑制其携氧能力的$CoCl_2$缺氧模型,阻断线粒体呼吸链细胞色素C/氧化酶造成机体氧利用障碍的氰化物缺氧模型,加速心肌氧耗速度、降低氧利用能力的异丙肾上腺素-心肌缺氧模型,采用动脉结扎、尾静脉注射空气等手段造成动物缺氧的模型也有研究者报道。

3. 细胞试验

国内外实验室多采用密闭可控装置如三气培养箱或在细胞培养箱中通入恒定比例的二氧化碳、氮和氧的混合气体,氧含量一般为0.1%~2.0%,以造成细胞的缺氧环境;而另一类细胞缺氧模型则是通过向培养基中添加化学成分,如连二亚硫酸钠、$CoCl_2$等,以清除培养基中氧气或诱导细胞产生缺氧应答反应,从而模拟出缺氧效果的。

五、抗缺氧食品开发

p-香豆酸(p-coumaric acid,p-CA)对小鼠急性缺氧性肺水肿具有很好的预防作用。p-CA属于羟基肉桂酸类化合物,具有抗氧化、抗炎、抑菌、抗癌、抗溃疡和预防帕金森疾病等作用。同时,有报道表明p-CA对小鼠的半数致死量(LD_{50})高达2850mg/kg·bw,因此,作为一种广泛存在于植物中的天然活性成分,其服用的安全性很高,将其作为抗缺氧食品或药物原料具有巨大的潜力和应用前景。

西藏芜菁(Brassica rapa L.)是在高寒低氧的恶劣环境下孕育出来的药、食、饲三用植物。动物实验研究表明西藏芜菁块茎的醇提物、水提物和全粉等均具有良好的抗缺氧功效。楚秉泉等通过人体试食试验,发现西藏芜菁微粉能有效提高机体在HIT中的SpO_2,以缓解机体缺氧的不良症状,并显著延后受试者的无氧阈出现时间、提高男性受试者的最大氧脉搏和女性受试者的最大千克体重摄氧量($p<0.05$),对机体的抗氧化能力具有显著改善作用($p<0.05$)。此外,芜菁微粉还能显著增加男性受试者血液中的平均血红蛋白浓度($p<0.05$)。

红景天(Rhodiolarosea L.)是研究较多、应用最为广泛的抗缺氧植物资源之一,其主要有效成分为红景天苷。研究证明,红景天具有抗氧化、抗缺氧、抗炎和延缓衰老等功效,同时对神经细胞的缺氧损伤及心肌细胞的活性氧损伤均有很好的预防作用和保护作用。

马齿苋(Portulaca oleracea L.)也被报道具有良好的抗缺氧功效。第二军医大学李敏团队的研究表明,马齿苋总黄酮和乙醇提取物可以显著提高小鼠在常压耐缺氧试验中的存活时间,且对急性缺氧或氯化钴($CoCl_2$)导致的PC12细胞和大鼠皮层神经细胞损伤具有较好的保护作用,其相关机制可能与提高无氧酵解关键酶活力、促进HIF-1α和EPO的表达有关;该团队的Tan等还发现,马齿苋乙醇提取物可以抑制缺氧导致的小鼠肺血管通透性下降,预防肺水肿的发生。

银杏(Ginkgo biloba L.)提取物也被证明具有良好的抗缺氧功效,这与其具有丰富的活性成分有关,作用机理涉及NO生物利用度增加、血管舒张、自由基清除等。

印度学者在大鼠急性缺氧试验中发现槲皮素可以有效地预防HACE的发生,其机理可能与提升抗氧化能力、降低炎症反应、减少脑皮层的通透性和抑制氧化应激转录因子NF-κB的表达有关；而另一位印度学者 Paul 发现具有良好抗氧化活性的化合物水飞蓟素也能有效防治急性缺氧暴露时 HAD 的发生。

此外，人参、川芎、淫羊藿、大蒜、罗布麻、竹叶等植物的提取物也被报道具有较好的抗缺氧效果。

第四节　暴露于电离辐射人员的营养与膳食

电离辐射是一种以波动或高速粒子态传送的能量。根据其来源可以分为天然辐射和人工辐射。天然辐射的专业术语为"本底辐射"，主要来自于宇宙射线及地壳中的铀、镭、钍，天然辐射约占我们所受辐射总剂量的 80%以上，而不同地区的辐射水平会有差异；人工辐射多来自核试验、核动力生产、医疗照射和职业照射等。

联合国原子辐射效应科学委员会在 2000 年的年报资料中指出，人类生活中的所接受的辐射，天然辐射约占 88.6%，人工辐射占 11.4%，其中用于医疗诊断的辐射占 11.1%。

一、电离辐射对人体的影响

凡能引起物质电离的射线总称为电离辐射，常见的有 X-射线、β 射线、γ 射线、α 粒子、中子、质子等。电离辐射作用引起机体的反应程度取决于电离辐射的种类、剂量、照射条件及机体的敏感性。在接触电离辐射的工作中，如防护措施不当，违反操作规程，人体受照射的剂量会超过一定限度，对人体有害。

电离辐射损伤主要表现在四个方面：①导致 DNA 单链和双链断裂，引起 DNA 损伤（双色体畸变、突变）；②导致机体内的水分子电离产生自由基，引起碱基损伤进一步影响 RNA 的合成和蛋白质的合成；③诱发不饱和脂肪酸的过氧化反应，会产生氢过氧化物；④引起碳水化合物的羟基形成羟自由基。电离辐射引起的放射病常常导致全身性反应，几乎所有器官、系统均发生病理改变，但其中以神经系统、造血器官和消化系统的改变最为明显。

二、电离辐射环境下的营养需要

辐射可引起生物体内物质分子的电离和激发，对于含水分较多的组织，辐射可导致一系列的病理生理变化，最终发展为放射损伤。当人体受到长时间的超过最大允许量的照射，且机体受到辐射损伤得不到及时恢复时，就可能发展为慢性放射病，为了提高机体对辐射的耐受性并减轻辐射造成的损伤和促进恢复，无论是接触辐射的工作人员还是接受放射治疗的患者都需要适宜的营养改善措施。

如果平时很少接触或是在防护措施完善的情况下从事放射性工作，其营养素需要量在理论上与普通人基本相似，但考虑到营养素供给不足或缺乏会提高人体对辐射敏感性以及营养素对放射损伤的防治效果，一般对放射性工作人员的营养素供给量要略高于需要量。

1. 能量

电离辐射会影响线粒体。抑制氧化磷酸化过程，进而影响三羧酸循环，影响能量代谢。而机体代谢率的高低与其辐射敏感性也有一定关系，一般为放射损伤越重，则代谢率越高，反之则越轻。一般情况下，成年男子（体重65kg）与成年女子（体重55kg）每日分别供给能量应为12540kJ与11705kJ，其中碳水化合物占总能量的60%~70%，脂肪占15%~25%。略高于普通工作人员，每日为85~90g。

2. 蛋白质

除高剂量的电离辐射外，蛋白质本身结构一般是不易受到电离辐射影响的。但电离辐射作用会影响机体蛋白质的代谢，主要表现为分解代谢增强，合成代谢障碍。机体受到大剂量照射后，如接受全身照射或受放射性治疗时的局部照射，会导致尿液中肌酸排出量增加，尿肌酸与肌酐的比例升高。辐照后还会使氨基酸的排出量显著增高，其中以牛磺酸和β-氨基丁酸排出量增加最为明显，机体会出现负氮平衡，血浆中的甲硫氨酸和赖氨酸含量也会下降。急性放射损伤还会引起清蛋白减少而球蛋白增加，以致二者比例下降。

由于蛋白质分解代谢增强，如发生缺乏或供给不足易造成严重的后果，因此增加蛋白质的供给量可以减轻辐射损伤，促进机体的恢复。其中，有些肽类、氨基酸及活性蛋白和酶蛋白能有效防护电离辐射造成的损伤。

3. 维生素

电离辐射对维生素代谢有一定影响，可引起组织硫胺素需求量的增加，体内组织与血液中的抗坏血酸也会减少。在照射后初期引起消化能力减弱，食欲不振，会造成维生素A与胡萝卜素的摄入量和吸收量均下降，肝脏中维生素A含量减少。研究表明，单独缺乏一种维生素常使机体对辐射的敏感性增高，多种维生素缺乏更使动物对辐射的耐受性下降。

维生素C和维生素E具有良好的抗氧化活性，它们能有效清除机体内因电离辐射产生的过量自由基，减少体内生物大分子尤其是DNA受自由基侵害的程度，从而防止细胞病变。两者协同作用对自由基清除效果更佳。此外，维生素C还能提高机体的免疫力，增强机体对电离辐射的抵抗能力。

B族维生素主要在防护神经系统受辐射损伤、及时恢复神经系统功能方面起作用。其中以维生素B_1和维生素B_6最为重要。维生素B_1通过调节体内糖类的代谢从而能保证神经系统所需能量的供给，缺乏时容易引起神经炎症；维生素B_6主要是以辅酶的形式参与体内物质的代谢，并参与机体中枢神经系统的活动，在某种程度上5-羟基色胺、γ-氨基丁酸及去甲肾上腺素等多种神经传递物质的合成过程中都需要维生素B_6，缺乏时可引起周边神经病变。

维生素的每日推荐摄入量如下所述。

维生素A：1000μg视黄醇当量，且50%应来自于动物性食物或油脂；维生素D：如不易接触阳光，推荐摄入量为2.5~5.0μg维生素D_3；维生素C：100~120mg；维生素E：5~10mg，其供给量可随必需脂肪酸的增加而增加；维生素K：120~150μg，要求普通膳食中的维生素K含量至少高于供给量的1倍以上；维生素B_1：随能量的增加而增加，能量为11700~12540kJ时供给量为1.6~1.7mg；维生素B_2：供给量变动原则同维生素B_1，推荐量1.8~1.9mg；维生素B_3：20mg；维生素B_6：推荐量1.25~1.50mg（低蛋白膳食），1.75~2.00mg（高蛋白膳食）；维生素B_{12}：3μg；叶酸：400μg；泛酸：4~7mg；生物素：100~300μg。

4. 矿物质

研究表明，机体内存在钙缺乏使机体更易受到电离辐射的影响。例如，钙摄入充足的人群与摄入不足人群相比，前者对锶辐射吸收可以降低50%。镁是人体不可缺少的矿质元素之一。

它能促进钙和钾的吸收，缺乏镁会干扰神经系统，使人情绪暴躁或紧张，或引发肌肉震颤及绞痛、心律不齐、心悸等。电离辐射也会导致血液中镁含量的急速下降。电离辐射还可能引起放射性甲状腺炎，儿童对其尤为敏感。因此，保障正常碘的摄入量能大幅度减少辐射对甲状腺的伤害。

各元素的每日推荐摄入量为钙600~800mg；磷600~800mg；镁300~350mg；铁10~12mg；锌15mg；碘130~140μg。

三、电离辐射环境下的膳食原则

1. 充足的产能营养素供给

长期受到小剂量照射的工作人员或接受急性放射治疗的患者应该注意适当增加能量的摄入。一般来说，摄入碳水化合物占总能量的60%~65%，可以多食用具有防辐射效果且富含果糖和葡萄糖的水果。蛋白质的摄入量的占总能量的12%~18%，且以补充优质蛋白质为主，多选用蛋类、牛乳、动物肝脏、瘦肉、脱脂大豆蛋白及胶原蛋白等。多选择摄入富含必需脂肪酸的油脂，如花生油、葵花籽油、大豆油、玉米油、菜籽油等。

2. 增加具有抗氧化作用的食物摄入

富含维生素C、维生素E、维生素A、胡萝卜素、硒的食物具有很好的抗氧化效果。抗氧化、抗诱变作用的食物有苹果、橘子、杏仁以及十字花科的蔬菜包括油菜、青菜、芥菜、卷心菜、萝卜等，还有海藻、香菇、灵芝、绿茶、银杏等。此外，富含维生素B_1和维生素B_2的食物摄入量也要增加，以提高机体的防辐射能力。

3. 注意矿物质的补充，保持各种矿物质摄入平衡

适量增加微量元素（锌、铁、碘、铜、硒等）和常量元素（钙、磷、镁等）的补充，注意保持各种元素之间的平衡。

四、抗电离辐射功能评价

1. 实验项目

①体重；②外周血白细胞计数；③骨髓细胞DNA含量或骨髓有核细胞数；④小鼠骨髓细胞微核实验；⑤血/组织中超氧化物歧化酶活性实验；⑥血清溶血素含量实验。

2. 实验原则

外周血白细胞计数、骨髓细胞DNA含量或骨髓有核细胞数、小鼠骨髓细胞微核实验、血/组织中超氧化物歧化酶活性实验、血清溶血素含量实验中任选择三项进行实验。

3. 结果判定

在外周血白细胞计数、骨髓细胞DNA含量或骨髓有核细胞数、小鼠骨髓细胞微核、血/组织中超氧化物歧化酶活性、血清溶血素含量五项实验中任何二项实验结果阳性，可判定该受试样品具有对辐射危害有辅助保护的作用。

五、抗电离辐射功能性食品的开发

电离辐射可引起机体产生大量自由基及高活性的物质，进而损伤机体内的大分子化合物如蛋白质、不饱和脂肪酸、DNA、酶及细胞膜等，是造成身体损伤的主要机制之一。因此，抗氧化、清除自由基以及提高机体自身免疫力是目前抗辐射功能性食品开发的重要方向之一。

以黄酮类化合物为例：大豆异黄酮可不同程度地加速受辐射后小鼠外周血红细胞、白细胞

和血小板数量的恢复；银杏黄酮能显著提高辐射小鼠的存活率和平均存活时间，其作用机制与提高机体免疫力有关；竹叶黄酮与银杏黄酮相似，具有极强的清除自由基活性作用并可有效降低辐照损伤。

具有抗辐射功效的典型配料如表 11-3 所示。

表 11-3　　　　　　　　　　具有抗辐射功效的典型配料

典型配料	生理功效
谷胱甘肽	抗衰老、清除自由基、抗辐射、美容、解毒、抑制酒精肝形成
金属硫蛋白	抗辐射、清除自由基、抗衰老、增强免疫力
L-半胱氨酸	抗辐射、解醉酒、解毒
β-胡萝卜素	清除自由基、抗衰老、抗辐射
茶多酚	抗辐射、抗衰老、抗肿瘤
维生素 E	清除自由基、抗衰老、抗辐射
超氧化物歧化酶	抗衰老、抗辐射、美容、清除自由基
螺旋藻	增强免疫力、抗衰老、抗辐射
番茄红素	抗肿瘤、抗衰老、抗氧化、抗辐射
竹叶黄酮	抗氧化、清除自由基、减少 DNA 损伤
原花青素	清除自由基、增强免疫力、减少血象损伤
红景天提取物	增强免疫力、减少外周血象损伤、抗氧化
植物多糖	增强免疫力、保护造血功能、抗氧化、抗肿瘤、抗辐射等

第五节　职业性接触有毒、有害物质人群的营养与膳食

良好舒适的工作环境不仅能使工作效率得到保证，对工作人员自身的健康也极为有利。然而，社会分工的不同使得一部分人不得不从事一些十分特殊的工作，这些工作存在各种不良环境因素，工作人员的健康面临着各种有毒、有害物质的威胁。职业性接触有毒、有害物质种类繁多，如农药、粉尘、铅、汞、三氯甲烷、四氯化碳、苯、苯胺、硝基苯等。职业性接触各种有害化学物一定时期后，由于种种原因，不可避免地会出现各种危害，这些危害会破坏机体的生理机能，干扰营养素在体内的代谢，甚至会引发特定靶器官或靶组织的严重病变，具有急性的、慢性或亚临床的以及远期潜在危害。要完全排除这些危害似乎是不可能的，但可设法采取各种有效的预防措施，将其危害程度控制或降低在可接受的水平以内。

一、铅作业人员的营养与膳食

1. 铅对人体健康的影响

铅（Lead）是地球上最严重的环境污染物之一。铅作业常见于冶金、印刷、玻璃、蓄电池

等工业。铅及其化合物均具有一定的毒性,在接触铅的作业环境下工作,铅及其化合物主要以粉尘、烟或蒸气形式经呼吸道进入体内,其次是经消化道。铅能够作用于全身,尤其会对神经系统和造血系统造成危害,同时对骨骼系统、生殖系统、心血管系统、造血系统、泌尿系统等均有较强的毒性。铅主要随尿液排出,小部分随粪便、乳汁、唾液等排出。人体内 90%~95% 的铅贮藏在骨骼内,比较稳定。铅在体内的代谢与钙相似,当体内的酸碱平衡发生改变时,骨骼中的磷酸铅会转变为溶解度大 100 倍的磷酸氢铅进入血液,而引发铅中毒。铅引起的病变主要有:①阻滞血红蛋白的合成过程,引起贫血;②对植物神经及酶系统的作用,引起平滑肌痉挛;③直接损害肝细胞,引起肝脏病变;④干扰激素调节,改变骨细胞功能;⑤损害生殖细胞,引起生殖内分泌失调;⑥加速高血压、心脏病变,影响心脏功能。

铅作业人员的饮食原则:驱除体内铅,减少铅在肠道的吸收,修补铅对机体的损害,提供合理营养,增强机体免疫力,减少铅对身体的损害。

2. 铅作业人员的营养与膳食

(1) 碳水化合物　碳水化合物如膳食纤维能够减少铅在肠道内的吸收量。特别是低酯果胶,它是天然高分子物质,对铅有强大的亲和力,可以与铅形成不溶解的、不能被吸收的复合物沉淀,且对铅的选择性络合亲和力均大于其他元素,而对人体代谢所必需的元素作用极小,服用果胶可动员脏器中的蓄积铅向血液中转移。魔芋多糖具有巨大的孔径结构也能与铅发生较强的特异性结合,可降低消化道中铅吸收量和体内铅存留量。研究表明,用魔芋精粉(主要成分为葡甘聚糖)喂饲大鼠可使其粪铅排出量增加,血铅、肝铅、脑铅和骨铅含量下降。

(2) 蛋白质　铅进人体后会影响蛋白质代谢并引起贫血及神经细胞变性,蛋白质可与铅结合,从而降低机体对铅的吸收量或促进铅随尿的排出量。因此,若机体蛋白质营养不良则会降低机体的排铅能力,增加铅在体内的蓄积量和机体对铅的敏感性。

增加优质蛋白质尤其是富含巯基氨基酸(甲硫氨酸、胱氨酸)的摄入,有利于增强机体的解毒能力并促进血红蛋白的合成,提高谷胱甘肽-铅复合物排铅作业,降低肾脏和肌肉中铅的浓度。建议蛋白质的每日摄入量占总能量的 15%,其中一半以上为优质蛋白质。饮食中应注意多摄入牛乳、肉类、蛋类、鱼类等。

(3) 矿物质　矿物质如钙、硒、铁、锌等对铅的吸收起拮抗作用,摄入富含这些矿物元素的食物可有效减少铅的吸收。钙、锌、铁等元素与铅同属二价金属元素,在体外代谢过程中可发生竞争性抑制作用,在小肠中竞争与同-运输蛋白的结合;铁、钙的补给能抑制铅的吸收;锌则通过提高体内酶系统的活力,加速铅的排泄,减少铅在体内的蓄积量。

磷和钙的协同作用可影响机体对铅中毒的敏感性。钙和铅在人体内有相似的代谢过程,在机体内能影响钙储存和排出的因素对铅也有同样的作用。钙和磷能降低胃肠道对铅的吸收,且钙的作用大于磷。因此,增加钙磷摄入量有助于拮抗铅中毒。此外,当体液反应成碱性时,铅多以溶解度很小的正磷铅酸形式沉积于骨组织中,这种化合物在骨组织中呈惰性且不表现出毒性症状;当体液反应成酸性时,机体内的铅多以磷酸氢铅的游离形式出现在血液中,加速了铅的排出。建议钙的摄入量为 800~1000mg/d。

硒具有抑制铅吸收和蓄积的作用。硒可提高超氧化物歧化酶和谷胱甘肽还原酶的活力及 GSH 的含量,从而有效降低铅诱发的脂质过氧化水平,研究表明增加硒的摄入可以使染铅大鼠的生长速度、食物消耗及脂质过氧化代谢产物(MDA)含量恢复正常。另一项研究发现,同时给予铅和硒与单纯铅摄入组相比,大鼠大脑和小脑中总 ATP 酶、己糖激酶活性接近正常水平,乙酰胆碱酯酶和单胺氧化酶活性也明显升高。同时，硒与金属有很强亲和力，在机体内可与金属铅、汞、镉等结合形成金属硒蛋白复合物而解毒，并使重金属被排出体外。

铁不足会增加铅在肠道中的吸收量。研究表明，血铅浓度与膳食铁摄入量呈负相关，即增加膳食中铁的摄入量可以有效降低血铅浓度。而在缺铁且铅中毒的情况下，铁结合蛋白对铅毒性更为敏感，从而抑制了造血功能，造成比单纯铅中毒引起贫血更严重的后果。

增加膳食中的锌的摄入可有效减少铅吸收量、降低铅对机体的毒性。而缺锌会增加组织中铅蓄积和毒性。研究发现，经口染铅后再补充锌，可使血中血红蛋白升高，网织红细胞下降，血和肝中 δ-ALAD、尿卟啉原合成酶（UPS）活性升高。也有研究表明，单独给铅组的小鼠学习记忆能力下降，染铅同时给锌组的小鼠在水迷宫试验中的无误率升高，到达安全台的时间缩短。锌在维持细胞膜结构和功能的稳定性方面起重要作用，可以提高铅中毒大鼠心肌细胞膜的 Na^+、K^+-ATP 酶和心肌微粒体膜的 SOD 活力，可有效缓解因铅中毒而导致的心肌微粒体膜的损伤。锌在一定程度上也可降低铅对肾小管上皮细胞膜的损伤作用。在螯合剂治疗铅中毒的同时口服补充锌增加了血液和软组织中铅的排放，可增强螯合剂的治疗效果。锌还能诱导金属硫蛋白的合成，而金属硫蛋白能与铅结合而使铅能被排出体外，降低了铅的危害性。此外，补锌还可增强机体免疫系统的功能。

机体缺铜会导致肠道对铅吸收的增加，产生严重的贫血并使金属酶活力降低。在螯合治疗时，同时补充铜和锌，可增强 CaNa-EDTA 和二巯基琥珀酸的驱铅能力，进而一定程度上维持人体生化指标正常。

（4）维生素　维生素 B_1 可以干扰胃肠道内铅的吸收并加速此阶段铅的排出，从而有效预防铅在体内的蓄积。维生素 B_1 能促进急性或慢性铅暴露的鱼类排出铅，可以作为驱铅的天然螯合剂。也有研究显示大鼠先给予维生素 B_1 干预 5 周后，再通过灌胃给铅后 24h，机体组织中的铅浓度升至原先的 2 倍，再过 24h 后则又降至原来水平，这说明维生素 B_1 初始可促进组织吸收铅而后又迅速促进组织排出铅。

维生素 B_6 作为几种转硫酶的辅酶参与半胱氨酸的合成代谢。因此，维生素 B_6 可以通过诱导谷胱甘肽的合成间接增强机体的抗氧化能力。研究发现维生素 B_6 还可使铅中毒大鼠血的 δ-氨基-γ-酮戊酸脱氢酶（ALAD）活力升高，而血、肾和肝等脏器中的铅水平会下降，但脑铅含量无变化。这可能与维生素 B_6 的环氮原子与铅螯合或者维生素 B_6 与铅在吸收水平上的相互作用有关。

维生素 C 是水溶性的高效自由基清除剂，具有保护巯基酶中巯基（—SH）的作用，有助于减轻铅中毒的各项指标，并可加速铅的排泄。动物实验表明维生素 C 可以通过螯合和抗氧化作用来促进铅的排出和解毒。流行病学研究表明膳食维生素 C 摄入量与血铅浓度呈负相关。另一项大规模流行病学调查结果也表明血铅浓度与血中维生素 C 含量及膳食中维生素 C 摄入量有一定关系。维生素 C 能减轻体内铅的蓄积量。Flora 等认为，这与其结构中的一烯二醇基团与铅形成络合环，从而使铅不易在大脑、肾脏等组织器官中沉着有关，同时络合后的铅在体液中的溶解能力大大增加，便于随尿排出体外。

维生素 E 是油溶性的高效自由基清除剂，它可以显著改善铅所引起的红细胞变形能力下降，减少红细胞受自由基损伤，也可以和维生素 C 联合，有效抑制铅中毒过程中产生的活性氧，减少生殖系统的损伤，如减少精子死亡、促进精子活性等。维生素 B_{12} 和叶酸可以促进血红蛋白的合成，减轻贫血症状。此外，高脂膳食会促进铅在小肠的吸收，因此建议铅作业人员脂肪的供热比不宜超过总热量的 25%。

3. 具有促进排铅功效的典型配料

具有促进排铅功效的典型配料如表 11-4 所示。

表 11-4　　　　　　　　　具有促进排铅功效的典型配料

典型配料	生理功效
金属硫蛋白	与铅形成无毒或低毒络合物，保护细胞，促进排铅
果胶	与铅形成复合物沉淀，促进排铅
EDTA	络合铅，促进排铅，有一定副作用
茶多酚	清除自由基、提高体内 SOD 酶活力
鞣酸	与铅形成可溶性复合物随尿排出
硫化物	化解铅毒性
碘化钾	促进排铅，降低铅毒性
大蒜提取物	促进排铅，清除自由基，络合铅
菊花提取物	化解铅毒性，降低铅毒性，促进排铅，清除自由基
植酸	与铅螯合，促进排铅
磷脂	与铅螯合，促进排铅
铁、锌、铜、镁、硒、锗	与铅相互作用，减弱铅毒性
柠檬酸	与铅螯合，促进排铅
海藻酸	与铅络合，形成难以被吸收的凝胶，减弱铅毒性

4. 促进排铅功效的功能评价

（1）试验项目

动物试验：血液、骨骼、肝等组织中铅的测定。

人体试食试验：选择职业接触铅人群，测定血铅、尿铅。试验过程中多次测定血铅和尿铅，以便测定血铅和尿铅的动态变化过程。

（2）结果判定

动物试验：动物组织中铅明显降低可判定为阳性。

人体试食试验：尿铅排出量明显增加可判定为阳性，人体试验为必做项目。

二、苯作业人员的营养与膳食

1. 苯对人体健康的影响

苯（Benzene）是一种有机溶剂。在常温下，苯是无色透明的油状液体，具有特殊的、不刺鼻的气味，且挥发性较强，微溶于水但易溶于血清。苯具有较强的神经细胞毒性，可损害骨髓、破坏造血功能，毒性很大。苯可经呼吸道、皮肤、消化道吸收进入机体，引起人体急、慢性中毒。轻度慢性苯中毒者可出现头晕、头痛、兴奋、恶心、呕吐、乏力、轻度意识模糊等症状；重度慢性苯中毒引起多发性神经病、失眠或多梦、脊髓炎、球后视神经炎、癫痫及记忆力减退，对血液系统和神经系统造成无法逆转的危害，甚至因呼吸循环衰竭而死亡。

研究表明，长期接触低浓度苯作业的人员中，女性较男性更为敏感；小儿白血病与其母亲妊娠前接触苯呈显著相关性，这是因为苯可引起人类生殖系统受损，导致出现胎儿畸形、不孕等，也可导致下一代出现先天性缺陷，如先天性心脏病、白血病、智力低下等，并显著增加胎儿死亡率。高浓度（50.85μmol/L）的苯可致人淋巴细胞 DNA 断裂，具有明显的遗传毒性作用。苯作业人员的外周血淋巴细胞染色体畸变率增加，可能的机制是苯可通过其代谢产物产生具有强氧化性自由基直接或间接地氧化损伤 DNA 或染色体，继而导致 DNA 断裂、DNA 损伤率和白细胞微核率明显高于非接触者。苯会引起机体免疫水平下降、淋巴细胞凋亡、调节紊乱，进而导致白血病干细胞形成及增生。因此，苯作业人员较非接触者更易出现外周血细胞减少，引发再生障碍性贫血甚至各种类型的白血病、肺癌等多种肿瘤。动物实验也发现，苯能够使小鼠睾丸组织发生明显的病理改变，睾丸组织细胞的分裂能力会随着染毒浓度的增加而降低，同时细胞受损程度也随之加重，而且这种损伤在停止染毒后一定时间内难以恢复。

2. 苯作业人员的营养与膳食

苯作业人群的饮食营养原则：应在平衡膳食的基础上，根据苯对机体造成的损伤和营养紊乱情况，有针对性地进行营养和膳食调配。

（1）蛋白质　当膳食中蛋白质数量较少或质量较差时会影响机体中可代谢或降低苯毒性的酶生产，导致酶蛋白合成量下降、活力降低。此外，修补苯对造血系统或免疫系统造成的损伤也需要一定数量的蛋白质。因此，苯作业人员需要增加蛋白质，特别是优质蛋白质的摄入量。建议苯作业人员每日至少应摄入 90g 蛋白质，其中优质蛋白质应占 50% 以上。

（2）脂肪　由于苯是脂溶性物质，膳食中的脂肪会增加苯在肠道中的吸收和在体内的蓄积，从而增加苯对机体毒性作用，甚至可导致体内苯排出速度减慢。因此，需要适当限制苯作业人员的膳食脂肪摄入。建议膳食脂肪的供热比不超 25%（一般为 15%~20%），且苯作业人员应多食用植物油，少食动物油脂。

（3）碳水化合物　碳水化合物经机体代谢可以提供重要的苯解毒剂葡萄糖醛酸和解毒所需的能量，保障一些具有解毒功能的混合功能氧化酶活性及细胞色素 P450 的水平，从而提高机体对苯的耐受性。因此，苯作业人员可以适当增加碳水化合物的摄入。

（4）维生素　维生素 A 能降低苯的致癌性。而苯会影响维生素 A 的代谢，降低其在机体内的含量，造成机体内缺乏维生素 A。缺乏维生素 A 会影响内质网功能，导致混合功能氧化酶作用降低。因此，苯作业人员需要适量补充维生素 A。

维生素 C 对苯具有一定的解毒作用，与机体自身的抗氧化能力及提高其他混合功能抗氧化酶如谷胱甘肽、巯基酶等活力有关。维生素 C 还能稳定血管舒缩，维持血管壁的通透性，对防止出血与缩短凝血时间有一定效果。考虑到苯易造成人体维生素 C 的缺乏，因此建议苯作业人员的维生素 C 摄入量应在原推荐摄入量基础上补充 150mg/d。

长期的苯接触会导致神经炎症状，而 B 族维生素和维生素 E 可联合应用于治疗中枢神经系统损害和神经炎，也可促进脑细胞和神经组织的代谢病恢复其功能。此外，维生素 B_{12} 与叶酸能改善造血功能，维生素 B_2 是各种黄素酶的重要组成成分，维生素 B_3 以烟酸胺形式在体内构成辅酶Ⅰ和辅酶Ⅱ，是降低苯生物转化极为重要的递氢体。维生素 E 可以增加机体混合功能氧化酶的活力，减轻苯对机体的损伤。此外，维生素 K 能够参加机体内的氧化过程，使谷胱甘肽量明显增加，有利于解毒，因此，苯作业人员应注意补充富含维生素 K 的食物并通过各种途径补充维生素 K。

（5）矿物质　苯会干扰铁的吸收和利用，直接或间接地影响造血功能，导致缺铁性贫血的发生，因此需要注意选择铁含量丰富的食物，以满足造血系统的需要。铁还与机体能量代谢和防毒能力有直接或间接的关系，铁在生物体内可通过结合蛋白质形成含铁蛋白，参与体内的氧化还原过程，而在线粒体中进行的生物氧化可为解毒反应提供能量 ATP。锌是机体内许多具有解毒功能的金属酶的组成成分或激活因子，目前比较清楚的有 30 多种，如超氧化物歧化酶、碳酸酐酶、RNA 聚合酶、醇脱氢酶和 DNA 聚合酶等。锌能诱导肝脏合成金属硫蛋白，减少苯对机体的损伤。硒与机体抗氧化酶活力有关，可以缓解苯引起的机体氧化应激反应，减少损伤。此外，还需注意钙的补充。

（6）饮茶　研究表明，经常饮茶能增强人体肝脏的解毒功能，而苯的解毒过程主要在肝脏中进行，另外，茶叶中维生素 B_6、泛酸、半胱氨酸、6,8-二硫辛酸都有参与并加强脂肪代谢的功能，这一定程度上能减少苯被脂肪的吸收量。茶叶中的维生素 C 对苯作业人员有非常重要的作用，人体负荷试验表明苯作业人员体内维生素 C 贮留量较普通人低。在这种特殊环境下，经常饮茶可防止体内维生素 C 缺乏。茶叶中的矿质元素可预防苯中毒所引起的贫血和过强的氧化应激反应；另外，茶叶中维生素 B_6、维生素 B_{12} 及叶酸对苯作业人员所致的苯中毒也可起到不可估量的作用。

3. 具有促进苯排出或毒性降低功效的典型配料

具有促进苯排出或毒性降低功效的典型配料如表 11-5 所示。

表 11-5　　　　　　　具有促进苯排出或毒性降低功效的典型配料

典型配料	生理功效
大蒜油	稳定白细胞数、抑制苯中毒引起的骨髓微核数目增加
维生素 B_{12}	参与甲硫胺合成、稳定胆碱作用，调节蛋白质代谢，减少骨髓造血机能损伤
昆布多糖	防止苯引起的骨髓有核细胞数量和 DNA 含量降低、减少苯对外周血的抑制作用，有助于降低细胞微核形成
叶酸	维持白细胞正常，提升血色素含量
碳水化合物	提高机体对苯抵抗力
维生素 C	还原体内巯基酶和谷胱甘肽，提高其解毒能力
维生素 A	降低苯的致癌性
B 族维生素	增强解毒酶的活力
铁	与机体能量代谢和防毒能力有关
硒	减轻苯的毒性、降低苯对机体损伤
谷胱甘肽	减轻苯的毒性、降低苯对机体损伤

三、噪声作业人员的营养与膳食

噪声是环境污染的七大典型公害之一，噪声有来源于交通运输的噪声、工业噪声、公共活动噪声。噪声除了对听觉系统产生特异性损伤，如听力损伤或耳聋外，还影响人们的情绪、睡眠和工作效率，诱发高血压和冠心病，并对神经、消化和生殖等系统产生不良的影响。人们在噪声的刺激下，心情烦躁、注意力分散、易疲劳、反应迟钝，从而可导致工作效率降低，特别是那些要求注意力高度集中的工作（如司机、文字校对等）者来说，噪声不仅会影响工作进度，而且降低工作质量，容易出现差错和引起事故。

1. 噪声环境对人体健康的影响

环境和职业噪声接触均可对人体健康产生多方面的不良影响。长时间接触噪声，对机体可以产生不良作用，这种作用包括听觉器官引起的"特异性"病变以及噪声作用下引起的非特异性病变。噪声对人体健康的危害主要有以下几方面

（1）噪声对听觉系统的影响　强噪声会导致人体听觉皮质层器官的毛细胞受到暂时性的伤害，而引起听阈的暂时性迁移（听觉疲劳）。长期暴露在高噪声环境中，听觉器官不断受到噪声刺激，而发生器质性病变，失去恢复正常听阈的能力，成为永久性的听阈迁移（听力损失）。

（2）噪声对神经系统的影响　持续性强噪声能引起大脑皮层功能紊乱，使抑制和兴奋过程平衡失调，导致条件反射异常，可出现头疼、头昏、失眠、多梦、乏力、心悸、记忆力减退等神经衰弱症状。研究表明，长期的噪声接触可产生抑郁和悲观等精神症状，增加自杀的倾向。神经衰弱综合征是职业人群中的一种常见疾病，长期接触强噪声者，其患病率高于其他职业人群，甚至也高于脑力劳动者，可引起神经系统的一系列反应，如头痛、头昏、耳鸣、心悸和睡眠障碍等神经衰弱症状。噪声还会使人的交感神经不正常，导致代谢或微循环失调，引起心室组织缺氧，血中胆固醇增高，并使交感神经紧张，从而使心跳加快，心律不齐，出现缺血型改变、传导阻滞、血管痉挛、血压变化等现象。

（3）噪声对消化系统的影响　暴露在噪声环境中的人，易患胃功能紊乱症，表现为消化不良、食欲不振、恶心、泛酸、胃部疼痛等症状。因此，噪声作业人员的胃病及胃溃疡发病率较普通环境的工作者要高。

（4）噪声对生殖系统的影响　作为一种职业性危险因素，噪声对女性生殖健康的影响较大。研究表明，噪声暴露可以导致女性工作者月经周期紊乱、经期异常和经量异常等。日本和加拿大的流行病学调查结果表明，接触噪声强度>85dB 会显著增加低体重儿出生的风险。此外，接触噪声还可影响妊娠过程，可导致自然流产率、先兆流产发生率和早产儿出生率增加。噪声还会导致男性工人遗精的发生率升高，但噪声对男性工人其他性功能指标（如性欲下降、早泄和精子数量减少等）未见明显影响。

（5）噪声对血压和血脂的影响　噪声可增加血管平滑肌对缩血管物质刺激的敏感性，使血管的收缩反应增强，从而导致血压升高。噪声接触还可导致自主神经兴奋，儿茶酚胺和糖皮质激素分泌增加，内分泌系统功能亢进，随之舒张压和收缩压升高。长期接触噪声还可使总胆固醇（TC）、甘油三酯（TG）水平升高，导致高 TC 血症或高 TG 血症。此外，高脂血症会加速噪声作业人员的听力损伤，低胆固醇饮食和抗高血脂药物可降低噪声引起的高脂血症，进而对噪声所致的听力损伤产生一定的保护作用。

2. 噪声环境下的营养与膳食

（1）蛋白质与氨基酸　噪声会使体内蛋白质代谢和色氨酸、赖氨酸等氨基酸的消耗量加大，谷氨酸含量显著减少。有研究表明，在噪声刺激下进食后，血液中谷氨酸、色氨酸、赖氨酸和组氨酸的浓度较对照组低，其中，谷氨酸下降最为明显。这可能是由于在外界因素刺激下，中枢神经兴奋可引起机体分解代谢加强，从而促进了蛋白质、氨基酸及其他含氮物质的分解，氨产生量也增加。脑组织中氨基酸代谢非常活跃，尤以谷氨酸为主。噪声刺激会引起机体神经

系统兴奋，使脑中氨的产量增加，因此需要有更多的谷氨酸在谷氨酰胺合成酶的催化下与氨形成谷氨酰胺，从而实现氨的解毒与转运。

谷氨酸还与神经系统的兴奋或抑制有关。谷氨酸在谷氨酸脱羧酶（以维生素 B_6 为辅酶）作用下脱去羧基可转化为 γ-氨基丁酸，后者为神经系统的主要抑制性递质，调节着神经系统的兴奋与抑制过程。此外，谷氨酸还参与谷胱甘肽的合成。谷胱甘肽是一种重要的含巯基（—SH）物质，可保护细胞膜及巯基酶的活力。因此，接触噪声的工作人员，通过适量补充些氨基酸特别是谷氨酸可起到明显的保护神经作用。

（2）维生素 噪声对维生素代谢有明显的影响。噪声会增加机体多种水溶性维生素（维生素 B_1、维生素 B_2、维生素 B_3 和维生素 C）的消耗，使其在组织中的含量减少，尿中的排出量增加，进而导致有关维生素的缺乏。人体在生产噪声的刺激下，尿中维生素 B_1、维生素 B_2、维生素 B_3、维生素 B_6 和维生素 C 的排出量也都呈降低趋势。

3. 噪声作业人员的膳食原则

噪声作业人员应摄取足够的能量、优质丰富的蛋白质、适当补充谷氨酸、赖氨酸，并提高 B 族维生素和维生素 C 的供给量。

日常生活中，维生素 B_1、维生素 B_2、维生素 B_6 主要来源于各种粗粮、花生、大豆及其制品、蛋黄以及动物内脏肝、心、肾等；维生素 C 主要来源于水果如山楂、鲜枣、橙、柠檬、番茄以及各种新鲜的绿叶菜中；蛋白质存在于动物性食物中，如肉、鱼、蛋、乳等中，其中所含的必需氨基酸数量充足，相互间的比例也很适当，为优质蛋白质。植物性蛋白质以黄豆较佳，其次是花生、芝麻等。

4. 具有耐噪声功效的典型配料

具有耐噪声功效的典型配料如表 11-6 所示。

表 11-6　　具有耐噪声功效的典型配料

典型配料	生理功效
维生素 C	保证机体对维生素 C 的需求，增强耐噪声能力
维生素 B_1	保证机体对维生素 B_1 的需求，增强耐噪声能力
维生素 B_2	保证机体对维生素 B_2 的需求，增强耐噪声能力
天麻素	保持琥珀酸脱氢酶活力，保护纹血管内皮细胞系统功能
优质蛋白质	防止负氮平衡，增强耐噪声能力
咖啡因	降低噪声对听觉系统的损伤
葛根素	增强抗氧化能力，改善微循环增强耐噪声能力
谷氨酸	保护细胞膜，减轻噪声对机体的损伤

5. 耐噪声功能评价

由于噪声对机体健康的影响是全方位的。试验时，选取 20±2g 雄性小鼠随机分组，试验组每鼠每日腹腔注射或灌胃一定剂量的受试物，对照组以相同途径给予等量的生理盐水，在末次给受试物 30min 后将小鼠装入鼠笼中，放入不同强度的噪声环境中，每隔 20min 观察一次小鼠的死亡情况，直至全部死亡为止，记录存活时间，比较各组间的差异，数据进行统计学处理。

四、运动员人群的营养与膳食

人体在运动时,机体的能量代谢加强,热能和各种营养素的消耗增加,体内的激素效应与酶反应过程会随之活跃,加之酸性代谢产物堆积、失水、电解质紊乱等因素,可使机体的内环境发生剧烈的变化,这一切变化还需在运动后得到迅速的恢复,这就需要靠营养物质来调节和补偿了。因此,运动员在营养上有着特殊的要求。

1. 运动员的营养与膳食

(1) 能量 能量的需要量因个体不同而差异较大,即使同一个人因活动量的不同也有变化。因此,每个运动员需要认识自己的活动形式。非运动员或不参加训练的运动员须加基础能量的20%~30%作为每日轻活动或轻工作的消耗。参加训练或竞赛的运动员,可用专项运动时间的分钟数乘以该活动每分钟消耗的能量来计算需要增加的能量。训练的水平会影响能量的需要。训练有素的运动员,其肌肉运动的效率高,能量消耗少,但是他们肌肉运动的速度较快,又会增加能量消耗。因此,科学评估运动员不同状态下的能量消耗,有助于防止能量过量或不足引起的身体状态失衡。

运动消耗的主要能源是碳水化合物和脂肪,二者的供能比例取决于运动强度、持续时间和饮食情况。研究发现,当运动强度达到最大需氧量的75%或以上时,碳水化合物氧化供能的比例增大,当运动强度降为最大需氧量65%或以下时,脂肪的供能比例增加。同时发现在运动开始阶段,碳水化合物供能的比例大,随着运动时间的延长,脂肪供能的比例逐渐增加。

食品中能量充足是合理营养的首要条件,运动员营养标准的规定会根据运动项目、身高体重、气候条件、运动量和运动强度的不同而有所差异。大多数运动员的所需的能量集中在3500~4000kcal/d。

(2) 碳水化合物 糖容易被氧化且氧化完全,代谢终产物二氧化碳和水不会增加体液的酸度。糖被氧化时耗氧量少,在消耗等量氧的条件下,糖的产能效率比脂肪高4.5%,这一优点在氧不足的情况下尤为重要,有时可成为比赛时决定胜负的主要因素。糖原耗竭可影响运动的能力,特别是耐久力。运动前补糖可增加体内肌糖原、肝糖原储备和血糖的来源。运动中补糖可提高血糖水平、节约肌糖原、减少肌糖原耗损以延长运动耐力时间,延缓疲劳的发生。运动后补糖是为了加速肌糖原和能量的恢复。

一般认为,在平时训练中,运动员不需要过多补充糖分。耐力性项目运动员由于能量消耗较大,为了加速机体疲劳的消除和体内糖原储备的恢复,训练前后补充一定量的糖还是必要的。在运动员的平衡膳食中,碳水化合物的供给量应占总能量的50%~55%,对于大强度耐力训练者碳水化合物供给量可为总能量60%~70%,短时间的极限运动比赛前一般不需要额外补充糖分。

(3) 脂肪 运动员摄入的脂肪量应当适宜,应为总能量的30%左右。缺氧及耐力运动如登山、马拉松长跑等项目运动员的脂肪供应量应减为20%~25%,冰上运动及游泳运动项目运动员的脂肪供应则应占总能量35%。

(4) 蛋白质 蛋白质是维持和修补身体中细胞和组织所必需的营养,也是调节身体功能的酶和激素的主要组成。每克蛋白质大概能提供4cal热量,并不是能量的主要来源。运动员饮食中的蛋白质摄入量应当适宜。因为蛋白质的食物特殊动力作用较高,所以氧化时耗氧较多而对运动不利;同时,摄取大量蛋白质在代谢过程中还会增加肝脏、肾脏的负担。另有研究发现,膳食中摄入的含硫氨基酸过多，会加速骨质中钙的丢失，导致骨质疏松症。

(5) 维生素　运动时体内物质代谢过程加强，使其维生素的需要量增加。运动员对于维生素的缺乏比一般人耐受性差。许多运动要求视力集中如击剑、射击、乒乓球等项目，其运动员的维生素 A 供给量应比参加其他项目要高，而且摄入维生素 A 量的 2/3 最好由动物食品供给，也相应地需补充丰富的水溶性维生素。体内若缺乏维生素 B_1、维生素 B_2、维生素 C 及烟酸时，运动员肌肉无力，耐久力受损害，容易疲劳，免疫力下降。一般来说，运动员的维生素摄入量大致为正常成人的 1~1.5 倍。但运动员在不缺乏维生素时，过多补充维生素对运动能力无益。相反，脂溶性维生素在体内蓄积过多还会造成一定的毒害作用。

(6) 矿物质　运动员在常温下训练时，矿物质的需要量会略高于正常人。但在高温下运动或长时间运动时，矿物质的需要量则有所增加。Fe 的日摄入量应比正常人多，一般为 20~25mg。

(7) 补液　运动员因大运动量的训练和比赛，与普通人在水代谢方面具有显著不同，主要表现为大量出汗，同时因通气增加从呼吸道也会丢失大量水分，尿量减少和代谢水产生增多。由于出汗量大可导致电解质丢失增加，这是运动员电解质代谢的主要特点。运动员如处于脱水状态下，不仅会增加患热病的危险，也会影响其高强度运动能力或有氧运动耐力。有效恢复运动训练中丢失的体液，及时补液或提高对脱水的耐受性，是预防运动性脱水的主要手段。根据运动员的个人身体情况和运动特点，可在运动前、中、后补充液体，以保证机体内水分和电解质的平衡。

运动前补液：补充的液体中可含有一定量的电解质和糖。补充的量应根据具体情况而定。可在运动前 2h 饮用 400~600mL 的含电解质和糖的运动饮料，每次 100~200mL，分 2~4 次喝完。短时间内大量饮水，容易引起身体不适，造成恶心和排尿增多，对运动训练或比赛均不利。

运动中补液：补液的量根据出汗量而定。补液量的简单估算方法是通过称体重了解失水量。口渴不能作为补液的指征。运动中会大量出汗，宜选用低渗透压或等渗透压的饮料。在一般情况下，补液的总量不超过 800mL/h，且注意少量多次补液，可以每隔 15~20min 补液 150~300mL，或每跑 2~3km 补液 100~200mL。一般情况下，如果运动时间不超过 60min，健身者补充白水即可，运动员则补充含糖的饮料较好。如果运动长于 60min，则应补含电解质和糖的运动饮料。

运动后补液：补液量应大于出汗量，当达到出汗量的 150% 时，体液才能较快地达到平衡。运动后补水和饮料的电解质浓度应高于运动中使用的饮料。因此，运动后补液以摄取含糖-电解质运动饮料为佳。

2. 运动员的特殊营养问题

(1) 钙缺乏与女运动员三重综合征　营养调查常见到运动员钙缺乏的现象，尤其是女运动员。其原因主要有以下两点。①钙摄入量不足，只有 800mg/d 左右。控体重和闭经的女运动员有 1/3 存在钙摄入量不足问题。除了某些运动员限制能量摄入，选择食物不当外，还有些运动员对脂肪和能量有消极认识，不吃乳制品。②钙丢失量大。运动可增加钙的丢失。运动员在运动训练和比赛中要从汗液中丢失大量的钙，为 300~500mg/d。

长期钙摄入不足可导致发生骨密度下降、骨质疏松和应激性骨折。闭经的女运动员更容易发生应激性骨折。目前，运动员闭经的机理虽不完全清楚，但骨密度低或骨质疏松与钙营养、运动和雌激素水平三个因素有关。据国外资料报道，女运动员三重综合征即饮食紊乱、闭经和骨丢失，不仅会影响运动能力，而且会对运动员近期和远期健康都可造成严重影响。大运动量训练所引起雌激素水平下降和骨丢失,仅靠补钙是不能完全补充的。但研究显示,并不是所有竞技运动员都有发生骨质丢失/骨量减少的危险。高强度运动也可以增加骨密度,即使是闭经的运动员。

(2) 铁缺乏与运动性贫血　对于运动员来说,铁缺乏一直是一个备受关注的、与全身健康和运动能力有关的问题。运动训练可使铁的需要量和丢失增加(包括汗铁丢失、铁吸收减少等)。运动员中的青少年、耐力性项目、女运动员和控制体重的运动员均为缺铁性贫血的易感人群。研究表明,运动可加快铁在机体内的代谢。长期运动训练会使组织内储存铁的含量明显下降。运动可使红细胞的代谢周转率也加快,运动对红细胞有破坏作用。红细胞的代谢加快说明运动机体对铁的需要量增加。运动可使肌肉增大,肌肉中含铁酶的含量增加,这也表明运动可使铁的需要量增加。汗液中含有一定量的铁,如果运动员在高温环境下训练,从汗液丢失的铁可达 1.54~3.70mg。另外,由于运动员膳食中的脂肪较多和维生素 C 较少,这可导致机体对膳食中的铁的吸收率低。运动对铁的吸收也有影响。动物实验表明,游泳可导致铁的吸收率下降。人体研究也发现,运动员在训练期间,膳食铁的吸收率显著低于停训期。

研究发现,女子运动员的铁储备状况差于男子运动员。女子耐力运动员常常处于低水平的铁储备状态。此外,还有些需要控体重和保持体形的运动项目如体操、花样滑冰等,女运动员在减体重期间膳食总摄入较少,也容易造成体内的铁缺乏。

3. 运动员的合理膳食营养原则

目前国内外对运动员的合理膳食营养强调的是能量适宜以获得最佳的体重和体脂水平,以及摄取多样化的膳食。基本原则如下所述。

(1) 食物的数量和质量应满足需要。
(2) 食物应当多样化,以保证营养平衡。
(3) 食物应当浓缩、体积小、质量小。
(4) 一日三餐食物能量的分配应符合运动训练或比赛任务的需要。
(5) 运动员的进食时间应考虑消化机能和运动员的饮食习惯。
(6) 合理使用营养补充剂。

4. 不同项群运动员的营养重点

不同项群运动员的营养重点如表 11-7 所示。

表 11-7　　　　　　　　　　不同项群运动员的营养重点

项目	运动特点	营养重点
耐力 (马拉松、长跑、长距离自行车、长距离游泳和滑雪等)	①运动时间长,运动中无间歇,运动强度小和有氧代谢供能 ②能量消耗大,出汗量多	①提供充足的能量,保持适宜的血糖水平。碳水化合物中占总能量的 60%~70% ②及时补液,预防脱水 ③注意钙、铁营养,尤其是对女运动员 ④膳食脂肪可略高于其他项目,可占总能量的 30%~35%

续表

项目	运动特点	营养重点
力量 (举重、投掷、摔跤、短跑、有阻力的骑车、短距离游泳、划船、冰球、足球、橄榄球等)	①运动有间歇，运动强度大，缺氧、无氧供能 ②氧耗量大	①提供丰富的蛋白质 ②多摄取水果、蔬菜和含糖、电解质的运动饮料，增加体内碱储备 ③预防蛋白质摄取过量 ④合理减体重和增体重
灵敏技巧 (体操、花样滑冰、击剑、跳水和跳高等)	①神经活动紧张，动作多变 ②要求协调、速率和技巧并举	①注意选择营养密度高的食物 ②保证丰富的蛋白质、B族维生素、钙、铁、磷的供应 ③避免快速减体重
团体 (篮球、橄榄球、足球、曲棍球、冰球、排球、手球等)	①运动强度大且多变、间歇性、运动持续的总时长 ②能量转换率高	①以高碳水化合物为中心 ②注意选择高血糖指数食物 ③运动前、中、后及时补液、补糖

5. 中国运动员每日营养素适宜摄入量

推荐中国运动员每日营养素适宜摄入量如表11-8所示。

表11-8　　　　　　　推荐中国运动员每日营养素适宜摄入量

运动项目	能量的日摄入量	
	mJ/d（kcal/d）	kJ/d（kcal/kg）
棋牌类（男、女）	8.4~11.76（2000~2800） 10.08（2400）	188±21（45±5）
跳水（男、女）、体操（女）、射击（女）、射箭（女）、跳高、跳远	9.20~13.44（2200~3200） 11.34（2700）	209±21（50±5）
体操（男）、武术、乒乓球（男、女）、短跑（女）、羽毛球（男、女）、网球、部分举重（<75kg）、花样游泳、击剑、垒球	11.34~17.6（2700~4200） 14.70（3500）	230±21（55±5）
长跑、花样滑冰、中跑（男、女）、短跑（男）、篮球、排球、竞走、登山、射箭（男）、射击（男）、足球（男、女）、冰球、水球、棒球、曲棍球、滑冰、高山滑雪、赛艇、皮划艇、自行车（场地）、摩托车、柔道、拳击、投掷（女）、游泳（短距离，男、女）、沙滩排球（女）、现代五项	15.54~19.74（3700~4700） 17.64（4200）	251±21（60±5）
游泳（长距离，男、女）、举重（>75kg）、投掷（男）、马拉松、摔跤、公路自行车、橄榄球、越野滑雪、沙滩排球（男）、铁人三项	≥17.64（≥4700）	272（≥65）

推荐中国运动员每日矿物质适宜摄入量如表 11-9 所示。

表 11-9　　　　　　　　　推荐中国运动员每日矿物质适宜摄入量

训练情况	钾/g	钠/g	钙/mg	镁/mg	铁/mg	锌/mg	硒/μg	碘/μg
常温	3~4	<5	1000~1500	400~500	20	20	50~150	150
高温和大量	3~4	<8	1000~1500	400~500	25	25	50~150	150

推荐中国运动员每日膳食维生素适宜摄入量如表 11-10 所示。

表 11-10　　　　　　　　推荐中国运动员每日膳食维生素适宜摄入量

训练情况	维生素 A/μgRE	维生素 D/μg	维生素 E/mg	维生素 B_1/mg	维生素 B_2/mg	维生素 B_6/mg	维生素 B_{12}/μg	叶酸/μg	烟酸/mg	维生素 C/mg
日常	1500	10~12.5	30	3~5	2~2.5	2.5~3.0	2	400	20~30	140
特殊	1800	10~12.5	30	3~5	2~2.5	2.5~3.0	2	400	20~30	200

五、脑力劳动者的营养与膳食

随着社会向信息化的迈进，人们在工作中要处理的信息量和信息的复杂性越来越大，脑力劳动逐渐成为多数劳动者的主要劳动形式。脑力劳动是指从外界接收信息，并对信息进行编译、整理、分析，最后做出反应的过程。工作对脑力劳动需求的提高必然会导致脑力负荷的增加，脑细胞对其能量物质的供应失调非常敏感，中枢神经系统对缺氧耐受力很差，尤其是大脑的高级中枢部位。因此，适度的脑力负荷是完成工作任务甚至是人体健康所必需的。

1. 脑力劳动者的营养需要

（1）能量　在脑力劳动过程中，日常饮食所提供的能量完全可满足机体需要，但要注意与其他能量消耗保持平衡。

（2）蛋白质　蛋白质约占大脑构成比的 35%。脑组织在代谢过程中需要大量蛋白质来更新自己，食物中的优质、充足的蛋白质供给可以保障大脑皮层处于最好的生理状态，进而发挥更好的智力水平。

（3）脂肪　脑细胞中约 60% 由不饱和脂肪酸组成，还包括脑磷脂、卵磷脂等。脑力劳动者应注意补充富含不饱和脂肪酸尤其是多不饱和脂肪酸的食物。它们有补脑作用，能使人精力充沛，使工作和学习效率提高。$n-3$ 系列脂肪酸对神经系统更为重要，如 EPA、DHA 的缺乏对脑功能影响较大。

（4）碳水化合物　碳水化合物能分解成葡萄糖，是脑组织活动的唯一能源。三大产热营养素（蛋白质、脂肪、碳水化合物）中唯有葡萄糖可以通过血脑屏障氧化供能。脑力劳动者的脑组织能量消耗大且大脑对能量供应失调极为敏感。如果大脑能量供应不足，轻者，人会感到疲倦；重者，人可能会昏倒，常见于低血糖反应，血糖浓度低会对人的认知行为产生影响和损害；当大脑氧供应不足时，糖酵解也是维持神经递质代谢激活 Na^+-K^+ 原所必需的。

（5）维生素　B 族维生素可以营养大脑神经系统，还可促进大脑中的葡萄糖转化为能源。维生素 E 可以抑制脑细胞中的紫褐质堆积，防止大脑衰退老化。研究表明，水溶性维生素摄入不足还会损害记忆力,而补充维生素后,记忆力又可恢复至正常水平;同时,多种神经生物学的不良变化可以通过改善维生素缺乏状况而恢复正常。此外,紧张的思维和用眼活动也会增加机体对 B 族维生素、维生素 C 以及维生素 A 的需要量。

(6) 矿物质　矿物质元素磷和钙共同参与了神经传导并可维持细胞膜的生理活性,是细胞内能量代谢必不可少的矿物质。磷是脑磷脂、卵磷脂的重要成分;钙与大脑神经递质的释放、神经元细胞膜兴奋性调节有关,均有利于大脑记忆力的改善和注意力的集中。锌、铁是人体必需的微量元素,也与脑发育密切相关。缺铁和缺锌会使大脑注意力分散,影响脑功能,导致工作效率降低。

2. 脑力劳动者容易出现的营养问题

脑力劳动者多在室内伏案工作,脑力活动强度大,精神紧张,用眼机会多,视力下降快,颈部和腰部肌肉容易疲劳,血流缓慢。脑组织中氧和葡萄糖等营养物质的供应不足容易引起脑细胞疲劳,使工作效率降低,久而久之会产生头晕、失眠、记忆力下降等神经衰弱症状。长时间静坐工作的脑力劳动者还容易出现脂肪代谢障碍,引起高脂血症、动脉硬化、糖尿病、肥胖症、高血压、高尿酸血症、骨关节炎等慢性疾病。此外,脑力劳动者接触电脑、手机等电器的概率较大,通过合理膳食提高免疫力、增强抗辐射能力也十分重要。

3. 脑力劳动者的合理膳食

(1) 提供充足的碳水化合物食物　充足的能量供给是保障大脑正常活动的基础。人脑几乎完全依赖血中葡萄糖氧化来供应能量,每日需 116~145g 的葡萄糖。日常膳食中,碳水化合物的供应主要依靠通常所说的"主食",即面条、米饭、粥、面包等,因此不可忽视"主食"的摄入,尤其是早餐不可少主食。

(2) 提高蛋白质比例　膳食摄入是人体获得优质蛋白最经济实用的途径。脑细胞的代谢需要大量蛋白质来更新,增加食物中蛋白质的含量,能够增加大脑皮层的调节功能。对于体力劳动者来说,蛋白质比例占食物营养成分的 12%~15% 即可;而对脑力劳动者来说,最好使其占到 15% 或以上比例为好。蛋白质的补充以大豆、鸡蛋、鱼、虾、乳、羊肉、瘦牛肉等为主。建议每日搭配摄取 3 种以上这些食物。

(3) 增加磷脂食物的供应　卵磷脂是脑内含量最多的脂类,扮演着构成并维护脑细胞膜及细胞器完整的角色。经常摄入含磷脂类丰富的食物可以使人感到精力充沛,可提高工作、学习的效率和坚持力。含磷脂丰富的食物品种有很多,包括大豆、蛋黄、花生、核桃仁、松子、葵花籽、芝麻等。同时,这些食物富含蛋白质、不饱和脂肪酸、无机盐和维生素等,对脑力劳动者很有好处。

(4) 保证维生素的供应量　B 族维生素和维生素 C 对大脑影响最大。它们能够影响大脑中碳水化合物的代谢、构成辅酶Ⅰ和辅酶Ⅱ成分。因此,在脑力劳动者膳食中需要注意增加富含维生素的食物量。多食用富含水溶性维生素的新鲜水果和蔬菜,以及富含脂溶性维生素的鸡蛋、鱼和虾等,对保证大脑能量代谢、保护视力等必不可少。

(5) 控制总热量和脂肪　由于脑力劳动者的活动量相对较少,对碳水化合物的耗用量不大,因此可限制碳水化合物的摄入量,每日摄入主食 3600~4000cal 为宜。此外,要特别注意控制饱和脂肪的摄入量,长期的高饱和脂肪饮食会造成体脂过多、身体肥胖,进而容易引发心血管病。饱和脂肪在肉类食物中含量高。故脑力劳动者尤其中老年人应少食或不食肥肉,宜食用一些蛋白质、卵磷脂、维生素、矿物质丰富的食物。如果缺少蛋、乳的摄入量,则可用瘦肉来补偿机体所需。

本章知识链接

人们所接触的特殊环境，有的是因各种物理因素造成的，如高温、寒冷、高气压、低气压、加速度、失重、噪声、振动、磁场、微波、电离辐射等；有的是各种化学因素造成的，如农药粉尘、苯、二硫化碳、四氯化碳以及含有铅、汞、镉等各种化学物质的污染等。特殊作业常与特殊环境分不开，如航空作业是在气压变动、噪声、振动、加速度等多种特殊环境因素中进行的；潜水作业是在高气压、寒冷环境中进行的；有些采矿作业则是在高温、高湿、噪声、振动和某种特有的粉尘和气体环境中进行的；其他特殊环境诸如登山运动面对的高海拔、寒冷和缺氧环境等。这些特殊环境和特殊作业都可影响人体营养代谢，使人体对某些营养素具有特殊的需要、对饮食安排有特殊的要求，这就提出了特殊营养的问题。

练习与思考

1. 列举 5~10 种高温、低温、高原缺氧、电离辐射、职业性接触有毒有害物质、高噪声等特殊环境下的工种。
2. 高温、低温、高原缺氧、电离辐射、职业性接触有毒有害物质、高噪声等对人体的不良影响有哪些？
3. 简述高温、低温、高原缺氧、电离辐射、职业性接触有毒有害物质、高噪声等不良环境下生活或工作人群的营养膳食原则。
4. 分别列举 5 种以上具有改善高温、低温、高原缺氧、电离辐射、职业性接触有毒有害物质、高噪声等不良环境耐受性的典型配料。
5. 运动人员存在的特殊营养问题主要有哪些？如何改善？
6. 脑力劳动者易出现的营养问题有哪些？如何改善？

参考文献

[1] 邓泽元. 食品营养学（第四版）[M]. 北京：中国农业出版社，2016.
[2] 张忠，李风林，余蕾. 食品营养学（第1版）[M]. 北京：中国纺织出版社，2017.
[3] 孙远明. 食品营养学（第2版）[M]. 北京：中国农业大学出版社，2010.
[4] 郑建仙. 功能性食品学（第二版）[M]. 北京：中国轻工业出版社，2009.
[5] Milledge J S. Stanhope Speer, Physician and Alpinist: In 1853, First to Describe Mountain Sickness? [J]. High Altitude Medicine & Biology, 16 (4): 358-362.
[6] 陈吉棣，杨则宜，李可基，等. 推荐的中国运动员膳食营养素和食物适宜摄入量 [J]. 中国运动医学杂志，2001，20 (4)：340-347.
[7] 陈井旺. 抗辐射食物研究进展 [J]. 粮食与油脂，2006，3：44-46.

[8] 楚秉泉. 西藏芜菁的抗缺氧功能成分分离及其作用机制研究 [D]. 杭州: 浙江大学, 2017.

[9] 吴天一. 高原低氧环境对人类的挑战 [J]. 医学研究杂志, 2006, 35 (10): 1-3.

[10] 李锋平. 维生素B_1对低水平铅暴露大鼠的驱铅作用及对钙、锌水平影响的研究 [D]. 福州: 福建医科大学, 2005.

[11] 刘河. 低剂量电离辐射对人体的影响研究现状 (综述) [J]. 中国城乡企业卫生, 2012, 27 (2): 107-108.

[12] 罗勇军, 周其全, 刘福玉. 迎接新形势的挑战, 培养高水平的高原医学专业师资队伍 [J]. 西南军医, 2011, 13 (2): 372-373.

[13] 邱平学. 高温不同湿度环境对人体能量代谢的影响 [D]. 北京: 北京体育大学, 2017.

[14] 邱仞之, 伍超英, 胡德泉, 等. 高湿热环境习服锻炼对全身汗液中营养成分含量的影响 [J]. 航天医学与医学工程, 1992, 5 (3): 193-199.

[15] 石磊, 张星. 噪声对人体健康影响研究进展 [J]. 中国职业医学, 2015, 42 (2): 225-228.

[16] 吴聪俊. 竹叶黄酮特征性成分的分离制备及其酰化产物的抗辐射作用研究 [D]. 杭州: 浙江大学, 2015.

[17] 肖元梅. 脑力劳动者脑力负荷评价及其应用研究 [D]. 成都: 四川大学, 2005.

[18] 俞发荣, 李登楼, 谢明仁. 苯污染对人类健康影响研究进展 [J]. 生态科学, 2016, 35 (2): 195-199.

[19] 张红. 促进排铅保健食品研究进展 [J]. 粮食与油脂, 2005, 6: 43-46.

[20] 周玖萍, 王家荣, 孙丽. 高温作业工人维生素及无机盐营养状况的调查 [J]. 职业与健康, 2006, 22 (10): 736-737.

第十二章 社区居民营养与我国膳食指南

[本章主要内容]

社区营养概念、特点及作用;膳食营养素参考摄入量、制定膳食营养素参考摄入量的方法;我国膳食结构和膳食指南;营养调查包括膳食调查、体重检查、生化检验营养监测的概念及作用。要求学生理解社区营养的概念、特点及作用,主要掌握我国膳食指南。

[本章重点]

我国膳食结构和膳食指南。

[本章难点]

膳食营养素参考摄入量及制定膳食营养素参考摄入量的方法。

第一节 社区营养

社区营养概念、特点及作用

社区营养是从社会的角度研究人类营养问题的理论、实践和方法,是从宏观上研究合理营养与膳食的理论、方法以及相关制约因素的。目的在于利用一切有利条件,使特定社区内的人群膳食营养合理化,提高社区内人群的营养水平和健康水平。

社区营养的特点：①以共同的政治、经济、文化及膳食习俗等划分人群范围，如以同一个居民点、乡镇、县区、省市甚至国家划分社区人群；②强调特定社区人群的综合性和整体性；③主要研究解决的膳食营养问题具有宏观性、实践性和社会性，既包括人群膳食营养需要与供给、营养调查与评价、食物结构调整、膳食指导、营养监测等直接因素，也与食物经济、营养教育、饮食文化、营养保健政策与法规等间接因素有关。

社区营养的作用：运用一切有益条件、因素和方法，使特定区域内各类人群营养合理化，提高其营养水平和健康水平，改善人群的体力和智力素质。

第二节　膳食营养参考摄入量

一、营养需要量

营养需要量（nutritional requirements）是指维持人体正常生理功能所需要的营养素数量，摄入量低于该数量会对机体产生不良影响。营养需要量是维持生命、发育、生长、妊娠及哺乳所需营养素的最低量，无安全缓冲线，为满足这一数量，人体必须摄入足够的食物以提供能量、蛋白质、矿物质及维生素。然而，每个健康人体对于营养素的需要量因膳食的种类、自身的体重、身高、年龄、性别、生理状态和体力活动而有所不同，必须考虑个体差异。

每日膳食营养素供给量（recommended dietary allowances，RDA）是以正常营养需要量为参考的，同时考虑人群间个体差异、饮食习惯、应激状态、食物生产、社会发展等多方面因素而制定的膳食中必须含有的各种营养素的数量。

二、制定膳食营养素参考摄入量的方法

膳食营养素参考摄入量（DRIs）是在推荐的膳食营养素供给量（RDA）的基础建立起来的，为保证身体合理摄入营养素而设定的每日平均膳食营养素摄入量的参考值，包括以下7项内容：①平均需要量；②推荐摄入量；③适宜摄入量；④可耐受最高摄入量；⑤宏观营养素可接受范围；⑥预防非传染性慢性病的建议摄入量；⑦特定建议值。

三、膳食营养参考摄入量

由于食物生产、经济收入、气候环境、民族、生活习惯等的不同，不同国家和地区之间的膳食营养素参考摄入量也有区别。表12-1是我国居民膳食营养素参考摄入量（DRIs）。主要包括以下内容。

（1）平均需要量　平均需要量（estimated average requirement，EAR）是指某一特定性别、年龄及生理状况群体中对某种营养素需要量的平均值。摄入量达到此水平可满足人群中半数个体的营养需要，但不能满足另外半数个体对该营养素的需要。平均需要量主要用于计划和评价人群的膳食需要量。

（2）营养素推荐摄入量　营养素推荐摄入量（recommended nutrient intake，RNI）相当于过去使用的每日膳食的营养素供给量，是可以满足某一特定性别、年龄及生理状况人群中绝大多

数个体（97%～98%）需要量的摄入水平。该值可作为健康个体每日摄入营养素的目标，是个体适宜营养摄入水平的参考值。营养素推荐摄入量在评价个体营养素摄入量方面的作用有限。如某个体的摄入量低于营养素推荐摄入量，可以认为摄入不足；如果某个体的平均摄入量达到或超过营养素推荐摄入量，可以认为该个体没有摄入不足的风险。

（3）适宜摄入量　适宜摄入量（adequate intake，AI）是通过观察或实验获得的健康人群中某种营养素的摄入量。适宜摄入量是指某一人群或亚人群能够维持一定营养状态的平均营养素摄入量。适宜摄入量可作为个体营养素摄入量的目标，也可用于限制过多的营养素摄入。适宜摄入量与营养素推荐摄入量相似之处是两者都能满足目标人群中几乎所有个体的需要，区别在于适宜摄入量的准确性远不如营养素推荐摄入量，可能高于营养素推荐摄入量。当健康个体摄入量达到适宜摄入量时，出现营养缺乏的风险很小，如摄入量长期超过适宜摄入量值，则某些营养素可能产生毒性副作用。

（4）可耐受最高摄入量　可耐受最高摄入量（tolerable upper intake level，UL）是平均每日人体可以摄入某种营养素的最高量。这个量对一般人群中几乎所有个体都不至于引起健康损害。可耐受最高摄入量是营养素或食品成分的每日摄入量的安全上限，是一个健康人群中几乎所有个体都不会产生毒性副作用的某种营养素的最高摄入水平。可耐受最高摄入量主要用于检查个体摄入量是否过高，以避免出现中毒情况。

（5）宏观营养素可接受范围　宏观营养素可接受范围（acceptable macronutrient distribution ranges，AMDR）是指脂肪、蛋白质和碳水化合物理想的摄入范围，该范围可以提供人体对这些必需营养素的需要，并且有利于降低慢性病的发生风险，常用占能量摄入量的百分比表示。宏观营养素可接受范围主要用于预防营养素缺乏，同时可减少因摄入过量而导致的患慢性病的风险。宏观营养素可接受范围的显著特点是具有上限和下限。如一个个体的摄入量高于或低于推荐的范围，可能引起慢性病的风险将增加，或导致必需营养素缺乏的可能性将增加。

（6）预防非传染性慢性病的建议摄入量　预防非传染性慢性病的建议摄入量（proposed intakes for preventing non-communicable chronic diseases，PI-NCD）是以非传染性慢性病的一级预防为目标提出的必须营养素的每日摄入量。当非传染性慢性病易感人群的某些营养素的摄入量接近或达到预防非传染性慢性病的建议摄入量时，可降低疾病发生的风险。

（7）特定建议值　特定建议值（specific proposed levels，SPL）是指某些疾病易感人群膳食中某些成分的摄入量达到或接近这个建议水平时，有利于维护人体健康。特定建议值主要包括除了营养素以外的某些膳食成分，多属于植物化合物，具有改善人体生理功能、预防慢性疾病的生物学作用。

表 12-1　　　　　　　中国居民膳食营养素参考摄入量表（DRIs2013）

中国居民膳食能量需要量（EER）、宏观营养素可接受范围（AMDR）、蛋白质参考摄入量（RNI）

人群	EER/（kcal/d）		AMDR				RNI 蛋白质/（g/d）	
	男	女	总碳水化合物	添加糖/%E	总脂肪/%E	饱和脂肪酸 U-AMDR/%E	男	女
0~6个月	90kcal/(kg·d)	90kcal/(kg·d)	—	—	48 (AI)	—	9 (AI)	9 (AI)

续表

人群	EER/（kcal/d）		AMDR				RNI 蛋白质/（g/d）	
	男	女	总碳水化合物	添加糖/%E	总脂肪/%E	饱和脂肪酸 U-AMDR/%E	男	女
7~12个月	80kcal/(kg·d)	80kcal/(kg·d)	—	—	40（AI）	—	20	20
1岁	900	800	50~65	—	35（AI）	—	25	25
2岁	1100	1000	50~65	—	35（AI）	—	25	25
3岁	1250	1200	50~65	—	35（AI）	—	30	30
4岁	1300	1250	50~65	<10	20~30	<8	30	30
5岁	1400	1300	50~65	<10	20~30	<8	30	30
6岁	1400	1250	50~65	<10	20~30	<8	35	35
7岁	1500	1350	50~65	<10	20~30	<8	40	40
8岁	1650	1450	50~-65	<10	20~30	<8	40	40
9岁	1750	1550	50~65	<10	20~30	<8	45	45
10岁	1800	1650	50~65	<10	20~30	<8	50	50
11岁	2050	1800	50~65	<10	20~30	<8	60	55
14~17岁	2500	2000	50~65	<10	20~30	<8	75	60
18~49岁	2250	1800	50~65	<10	20~30	<8	65	55
50~64岁	2100	1750	50~65	<10	20~30	<8	65	55
65~79岁	2050	1700	50~65	<10	20~30	<8	65	55
80岁~	1900	1500	50~65	<10	20~30	<8	65	55
孕妇（早）	—	1800	50-65	<10	20~30	<8	—	55
孕妇（中）	—	2100	50~65	<10	20~30	<8	—	70
孕妇（晚）	—	2250	50~65	<10	20~30	<8	—	85
乳母	—	2300	50~65	<10	20~30	<8	—	80

注：6岁以上是轻体力活动水平；

未制定参考值者用"—"表示；

%E 为占能量的百分比。

第三节 膳食结构与膳食指南

一、膳食结构

膳食结构（dietary pattern）指一定时期内特定人群膳食中动植物等食品的消费种类、数量及比例关系。它与国家的食物生产加工、人群经济收入、饮食习俗、身体素质等有关。膳食结构反映了人群营养水平，是衡量人群生活水平和经济发达程度的标志之一。

目前，世界各国的膳食结构大体上可划分为以下4种基本类型。

(1) 动植物食物平衡的膳食结构　植物性和动物性食品的消费量比较均衡，热能、蛋白质、脂肪摄入量基本上符合营养标准，膳食结构均较为合理，以日本为代表。动物性蛋白质占总蛋白质总量的一半，而水产品蛋白质又占动物蛋白质的一半，这是日本膳食结构的一大优势，在发达国家中是特有的。该类型的膳食能量能满足人体需要，又不至于过剩。

(2) 以动物性食物为主的膳食结构　高热量、高脂肪、高蛋白质的膳食结构，以欧美国家为代表。特点是谷物消费量少，按人平均每年仅60~70kg，动物性食品占很大比例，肉类人均年消费量为100kg左右，乳及乳制品达100~150kg，食糖和水果吃得多，人均年消费量分别达到40~60kg和70~80kg，营养量过量。这种"三高"的膳食结构，虽具有营养质量好、营养丰富的优点，但也带来肥胖症、心血管病等不良后果。

(3) 以植物性食物为主的膳食结构　热量基本上能满足人体需要，但食物质量不高，蛋白质和脂肪较少，尤其是动物性食品提供的营养素不足，普遍以素食为主，以印度、非洲等为代表。至于目前仍受饥饿和营养不良威胁的非洲等地区的一些国家，首先要解决的是温饱问题，进而全面提高营养水平。

(4) 地中海膳食结构　该膳食结构以地中海命名，是因为该膳食结构的特点是居住在地中海地区的居民所特有的，意大利、希腊可作为该种膳食结构的代表。此膳食结构的特点是：①膳食富含植物性食物，包括水果、蔬菜、土豆、谷类、豆类、果仁等；②食物的加工程度低，新鲜度较高，该地区居民以食用当季、当地产的食物为主；③橄榄油是主要的食用油；④脂肪提供能量占膳食总能量的比值在25%~35%，饱和脂肪所占比例较低，在7%~8%；⑤每天食用少量适量乳酪和酸乳；⑥每周食用少量或适量鱼、禽，少量蛋；⑦以新鲜水果作为典型的每日餐后食品，甜食每周只食用几次；⑧每月食用几次红肉（猪、牛和羊肉及其产品）；⑨大部分成年人有饮用葡萄酒的习惯。这膳食结构的突出特点是饱和脂肪摄入量低，膳食含大量复合碳水化合物，蔬菜、水果摄入量较高。

二、我国膳食结构

我国居民传统膳食以植物性食物为主，谷类、薯类和蔬菜的摄入量较高，肉类的摄入量比较低，豆制品总量不高且会随地区而不同，乳类消费在大多数地区不多。此种膳食结构的特点有以下几点。①高碳水化合物：我国南方居民多以大米为主食，北方以小麦粉为主，谷类食物的供能比例占70%以上。②高膳食纤维：谷类食物和蔬菜中所含的膳食纤维丰富，因此，我国居民膳食纤维的摄入量也很高。③低动物脂肪：我国传统的膳食中，动物性食物的摄入量很少，动物脂肪的供能比例一般在10%以下。

三、我国膳食指南

膳食指南（dietary guideline）是依据营养学理论，结合社区人群实际情况制定的教育社区人群采用平衡膳食和摄取合理营养，从而促进健康的指导性意见。随着时代的发展，我国居民膳食消费和营养情况发生了变化，为了更加契合中国居民的健康需要，2014年中国营养学会组织了《中国居民膳食指南》修订专家委员会，制定了《中国居民膳食指南（2016）》系列指导

图 12-1 中国居民平衡膳食宝塔（2016）

性文件。

《中国居民膳食指南（2016）》的核心内容有以下几方面。

（1）食物多样化，以谷类为主　平衡膳食模式在最大限度上保障人体营养需要和健康的基础，食物多样是平衡膳食模式的基本原则。每天的膳食应包括谷薯类、蔬菜水果类、畜禽鱼蛋乳类、大豆坚果等食物。建议平均每天至少摄入 12 种以上食物种类，每周 25 种以上。谷类为主食平衡膳食模式的重要特征，每天应摄入谷薯类食物 250~400g，其中全谷物和杂豆类 50~150g，薯类 50~100g；膳食中碳水化合物提供的能量应占总能量的 50%以上（图 12-1）。

（2）保持吃动平衡，维持健康体重　体重是评价人体营养和健康状况的重要指标，吃和动是保持健康体重的关键。各个年龄段的人群都应该坚持天天运动、维持能量平衡、保持健康体重。体重过低或过高均易增加疾病的发生风险。推荐每周应至少进行 5d 中等强度身体活动，累计 150min 以上；坚持日常身体活动，平均每天主动身体活动 6000 步；尽量减少久坐时间，每小时起来动一动，动则有益。

（3）多吃水果、乳类、大豆　蔬菜、水果、乳类和大豆及其制品是平衡膳食的重要组成部分，坚果是膳食的有益补充。蔬菜和水果是维生素、矿物质、膳食纤维和植物化学物的重要来源，乳类和大豆类富含钙、优质蛋白质和 B 族维生素，对降低慢性病的发病风险具有重要作用。提倡餐餐有蔬菜、推荐每天摄入 300~500g，深色蔬菜应占 1/2；天天吃水果，推荐每天摄入 200~300g 新鲜水果，果汁不能代替鲜果；吃各种乳制品，乳制品摄入量相当于每天摄入液态乳 300g；经常吃豆制品，相当于每天吃大豆 25g 以上，适量吃坚果。

（4）适量吃鱼、禽、蛋、瘦肉　鱼、禽、蛋和瘦肉可提供人体所需要的优质蛋白质、维生素 A、B 族维生素等，有些也含有较高的脂肪和胆固醇。动物性食物优选鱼和禽类，鱼和禽类脂肪含量相对较低，鱼类含有较多的不饱和脂肪酸；蛋类各种营养成分齐全；吃畜肉应选择瘦肉，瘦肉脂肪含量较低。过多食用烟熏和腌制肉类可增加肿瘤的发生风险，应当少吃。推荐每周摄入水产类 280~525g，畜禽肉 280~525g，蛋类 280~350g，平均每天摄入鱼、禽、蛋和瘦肉总量为 120~200g。

（5）少盐少油，控糖限酒　我国多数居民目前食盐、烹调油和脂肪摄入量过多，这是高血压、肥胖和心脑血管疾病等慢性病发病率居高不下的重要因素，因此应当培养人们清淡饮食的习惯。成人每天摄取食盐不超过 6g，每天摄取烹调油 25~30g。过多摄入添加糖可增加龋齿和超重发生的风险，推荐每天摄入糖不超过 50g，最好控制在 25g 以下。水在生命活动中发挥着重要作用，应当足量饮水。建议成年人每天 7~8 杯（1500~1700mL），提倡饮用白开水或茶水，不喝或少喝含糖饮料。儿童少年、孕妇、乳母不应饮酒，成人如饮酒，一天饮酒的酒精量男性不超过 25g，女性不超过 15g。

（6）杜绝浪费，兴新食尚　勤俭节约，珍惜食物，杜绝浪费是中华民族的美德。按需选购食物，按需备餐，提倡分餐不浪费。选择新鲜卫生的食物和适宜的烹调方式，保障饮食卫生。学会阅读食品标签，合理选择食品。应该从每个人做起，回家吃饭，享受食物和亲情，创造和支持文明饮食新风尚，传承优良饮食文化，树立健康饮食新风。

四、食物多样，以谷物为主

建议我国居民的平衡膳食应能做到食物多样化，平均每天摄入 12 种以上食物，每周 25 种以上食物。食物可分为五大类，包括谷薯类、蔬菜水果类、畜禽鱼蛋乳类、大豆坚果类和油脂类。

谷类为主是指谷薯类食物所提供的能量占膳食总能量的一半以上，也是中国人平衡膳食模式的重要特征。谷类食物含有丰富的碳水化合物，是提供人体所需能量的主要食物来源，也是提供 B 族维生素、矿物质、膳食纤维和蛋白质的主要食物来源。针对各年龄段人群所建议的每天或每周谷薯类摄入量，如表 12-2 所示。

表 12-2　　不同人群谷薯类食物建议摄入量

食物类别	单位	幼儿/岁 2~	幼儿/岁 4~	儿童少年/岁 7~	儿童少年/岁 11~	儿童少年/岁 14~	成人/岁 18~	成人/岁 65~
谷类	(g/d)	85~100	100~150	150~200	225~250	250~300	200~300	200~250
	(份/天)	1.5~2	2~3	3~4	4.5~5	5~6	4~6	4~5
全谷物和杂豆类	(g/d)	适量	适量	30~70	50~100	50~150	50~150	
薯类	(g/d)	适量	适量	25~50	50~100	50~100	50~75	
	(份/周)	适量	适量	2~4	4~8	4~8	4~6	

注：能量需要量水平计算按照 2 岁~（1000~1200kcal/d），4 岁~（1200~1400kcal/d），7 岁~（1400~1600kcal/d），11 岁~（1800~2000kcal/d），14 岁~（2000~2400kcal/d），18 岁~（1600~2400kcal/d），65 岁~（1600~2000kcal/d）。

五、吃动平衡，健康体重

目前，我国大多数的居民身体活动不足或缺乏运动锻炼，能量摄入相对过多，这导致了超重和肥胖的发生率逐年增加。食物摄入量和身体活动量是保持能量平衡、维持健康体重的两个主要因素。体重过高和过低都是不健康的表现，易患多种疾病，使寿命缩短。成人健康体重的体质指数（BMI）应在 18.5~23.9。成年人应该天天运动、保持能量平衡和健康体重。能量是人体维持新陈代谢、生长发育、从事体力活动等生命活动的基础，不同人群所需要的能量不同。根据《中国居民膳食营养素参考摄入量（DRIs）2013 版》，我国成年人（18~49岁）轻身体活动者能量需要量男性为 2250kcal，女性为 1800kcal。推荐成人每周至少进行 5d 中等强度身体运动，累计 150min 以上，平均每天主动身体活动 6000 步。推荐的成人身体活动量如表 12-3 所示。

表 12-3　　　　　　　　推荐的成人身体活动量

	推荐活动量	时间
每天	主动性运动，相当于快步走 6000 步	30~60min
每周	每周至少进行 5d 中等强度身体活动	150min
提醒	减少久坐时间，每小时动一动	

注：快步走 6000 步所需时间，因年龄和体格不同而不同。

六、多吃蔬果、乳类、大豆

新鲜蔬菜水果、乳类、大豆及豆制品是平衡膳食的重要组成部分，坚果是膳食的有益补充。

新鲜蔬菜一般含水量为 65%~95%，富含维生素、矿物质、膳食纤维（纤维素、半纤维素、果胶等）和植物化合物（多酚类、萜类等），且能量低。蔬菜是 β-胡萝卜素、维生素 C、叶酸、钙、镁、钾的良好来源。嫩茎、叶、花菜类蔬菜（如油菜、菠菜、西蓝花）富含 β-胡萝卜素、维生素 C、维生素 B_2、矿物质；在蔬菜代谢旺盛的叶、花、茎内，维生素 C 含量丰富；一般深色蔬菜的 β-胡萝卜素、维生素 B_2、维生素 C 含量较高。蔬菜中的膳食纤维含量一般在 2% 左右。

多数新鲜水果含水量为 85%~90%，富含维生素 C、钾、镁和膳食纤维。红色和黄色水果（如芒果、柑橘、木瓜、山楂、杏）中的 β-胡萝卜素含量较高；枣类（鲜枣、酸枣）、柑橘类（橘、柑、橙、柚）和浆果类（猕猴桃、黑加仑、草莓）中的维生素 C 含量较高；鳄梨、香蕉、枣、红果、龙眼等的钾含量较高。

乳类富含钙，是优质蛋白质和 B 族维生素的良好来源，市场上常见的主要有液态乳、酸乳、干酪、乳粉等。牛乳中蛋白质含量平均为 3%，其必需氨基酸比例符合人体需要，属于优质蛋白质。脂肪含量为 3%~4%，以微脂肪球的形式存在。

大豆包括黄豆、黑豆和青豆。大豆制品通常分为非发酵豆制品和发酵豆制品两类：非发酵豆制品有豆浆、豆腐、豆腐干、腐竹等，发酵豆制品有豆豉、豆瓣酱、腐乳等。大豆富含优质蛋白质、必需脂肪酸、维生素 E，并含有大豆异黄酮、植物固醇等多种植物化学物。大豆中蛋白质含量为 22%~37%，必需氨基酸的组成和比例与动物蛋白相似，富含谷类蛋白缺乏的赖氨酸。大豆中脂肪含量为 15%~20%，其中不饱和脂肪酸约占 85%，亚油酸高达 50%。大豆中碳水化合物含量为30%~37%，近一半是膳食纤维。大豆含有丰富的钾，每100g含1200~1500mg。大豆还含有多种有益健康的成分，如大豆异黄酮、植物固醇、大豆皂苷等。

坚果富含脂类和多不饱和脂肪酸、蛋白质、维生素E和B族维生素等营养物质。大部分坚果中脂肪酸以单不饱和脂肪酸为主，核桃和松子中多不饱和脂肪酸含量较高。葵花籽、西瓜籽和南瓜籽的亚油酸含量较高，核桃中α-亚麻酸含量较高。花生中烟酸含量较高，杏仁中维生素B_2含量较高。

近年来，我国居民蔬菜摄入量逐渐下降，水果、大豆、乳类摄入量仍处于较低水平。基于其营养价值和对健康的意义，建议增加蔬菜水果、乳和大豆及其制品的摄入。推荐每天摄入蔬菜300~500g，其中深色蔬菜占1/2；水果200~350g；每天饮乳300g或相当量的乳制品；平均每天摄入大豆和坚果25~35g。坚持餐餐有蔬菜，天天有水果，把牛乳、大豆作为膳食的重要组成部分。不同年龄人群推荐的蔬果乳豆类食物推荐摄入量如表12-4所示。

表12-4　　　　　　　　不同年龄人群蔬果乳豆类食物推荐摄入量

食物类别	单位	幼儿/岁		儿童少年/岁			成人/岁	
		2~	4~	7~	11~	14~	18~	65~
蔬菜	（g/d）	200~250	250~300	300	400~450	450~500	300~500	300~450
	（份/日）	2~2.5	2.5~3	3	4~4.5	4.5~5	3~5	3~4.5
水果	（g/d）	100~150	150	150~200	200~300	300~350	200~350	200~300
	（份/日）	1~1.5	1.5	1.5~2	2~3	3~3.5	2~3.5	2~3
乳类	（g/d）	500	350~500	300	300	300	300	300
	（份/日）	2.5	2~2.5	1.5	1.5	1.5	1.5	1.5
大豆	（g/周）	35~105	105	105	105	105~175	105~175	105
	（份/周）	1.5~4	4	4	4	4~7	4~7	4
坚果	（g/周）	—	—	—	—	50~70 (5~7份)		

注：能量需要量水平计算按照2岁~（1000~1200kcal/d），4岁~（1200~1400kcal/d），7岁~（1400~1600kcal/d），11岁~（1800~2000kcal/d），14岁~（2000~2400kcal/d），18岁~（1600~2400kcal/d），65岁~（1600~2000kcal/d）。

七、适量吃鱼、禽、蛋、瘦肉

鱼、禽、蛋和瘦肉均属于动物性食物，富含优质蛋白质、脂类、脂溶性维生素、B族维生素和矿物质等，是平衡膳食的重要组成部分。目前，我国多数摄入畜肉较多，禽和鱼类较少，对居民营养健康不利，需要调整比例。建议成人每天平均摄入水产类40~75g，畜禽肉类40~75g，蛋类40~50g，平均每天摄入总量为120~200g。

畜肉类包括猪、牛、羊等肌肉和内脏。蛋白质含量一般为10%~20%，牛羊肉的蛋白质含量较高，可达20%；猪肉较低，一般为13.2%左右。畜肉类脂肪含量较高，平均为15%，猪肉较高，羊肉次之，牛肉较低。碳水化合物含量为0~9%，多数在1.5%左右。维生素主要以B族维生素和维生素A为主，内脏含量比肌肉中多，在肝脏中，维生素A的含量尤为丰富。矿物质含量一般为0.8%~1.2%。畜肉蛋白质氨基酸组成与人体需要比较接近，利用率高，含有较多的赖氨酸。

禽类主要有鸡、鸭、鹅等。禽类蛋白质含量为16%~20%，其中鸡肉中的蛋白质含量较高，鹅肉次之，鸭肉相对较低。脂肪含量在9%~14%。维生素主要以维生素A和B族维生素为主，内脏中的维生素含量比肌肉中多，肝脏中含量最多。矿物质含量在内脏中含量较高，在肝脏和血液中铁的含量十分丰富，可高达10~30mg/100g。禽类脂肪酸构成以单不饱和脂肪酸油酸为主，其次为亚油酸、棕榈酸。内脏饱和脂肪酸和胆固醇含量较高，禽肝中胆固醇含量一般达350mg/100g左右，约是肌肉中含量的3倍。

水产动物主要有鱼、虾、蟹和贝类。水产动物富含优质蛋白质、脂类、维生素和矿物质。蛋白质含量为15%~22%；碳水化合物的含量较低，约1.5%；脂肪含量为1%~10%；含有一定数量的维生素A、维生素D、维生素E、维生素B_1、维生素B_2和烟酸，肝脏中维生素A和维生素D的含量丰富；矿物质中以硒、锌和碘的含量较高，其次为钙、钠、钾、氯、镁等。鱼类脂肪多由不饱和脂肪酸组成，单不饱和脂肪酸主要是棕榈油酸和油酸，多不饱和脂肪酸主要为亚油酸、亚麻酸、二十碳五烯酸（EPA）和二十二碳六烯酸（DHA）。

蛋类有鸡蛋、鸭蛋、鹅蛋、鹌鹑蛋、鸽子蛋等。鸡蛋是优质蛋白质的来源，其蛋白质含量为13%左右，脂肪含量为10%~15%，碳水化合物含量较低，约1.5%。维生素含量丰富，种类较为齐全，包括所有的B族维生素、维生素A、维生素D、维生素E、维生素K、微量的维生素C。矿物质含量为1.0%~1.5%，其中，以磷、钙、铁、锌、硒含量较高。鸡蛋所含的脂肪、维生素和矿物质主要集中在蛋黄中。各年龄段人群动物性食物适宜摄入量如表12-5所示。

表12-5　　　　　　　各年龄段人群动物性食物适宜摄入量

食物类别	单位	幼儿/岁		儿童少年/岁				成人/岁	
		2~	4~	7~	11~	14~	18~	65~	
畜禽肉	(g/d)	15~25	25~40	40	50	50~75	40~75	40~50	
	(份/周)	2~3.5	3.5~5.5	5.5	7	7~10.5	7~10.5	5.5~7	
蛋类	(g/d)	20~25	25	25~40	40~50	50	40~50	40~50	
	(份/周)	2~3.5	3.5~5.5	3.5~5.5	5.5~7	7	5.5~7	5.5~7	
蛋类水产品	(g/d)	15~20	20~40	40	50	50~75	40~75	40~50	
	(份/周)	2~3	3~5.5	5.5	7	7~10.5	7~10.5	5.5~7	

注：能量需要量水平计算按照2岁~（1000~1200kcal/d），4岁~（1200~1400kcal/d），7岁~（1400~1600kcal/d），11岁~（1800~2000kcal/d），14岁~（2000~2400kcal/d），18岁~（1600~2400kcal/d），65岁~（1600~2000kcal/d）。

八、少盐少油，控糖限酒

食盐和烹调油是食物烹饪或加工食品的主要调味品。我国居民的饮食习惯中食盐摄入量过高，而过多的盐摄入与高血压、胃癌等的发病率有关，因此，要降低食盐的摄入量，摄食宜清淡。推荐每天食盐摄入量不超过6g。烹饪油包括植物油和动物油，是人体必需脂肪酸和维生素E的重要来源。但是，过多脂肪和动物脂肪摄入会导致肥胖，反式脂肪酸含量过多会增加心血管疾病的发生风险。推荐每天的烹调油摄入量为25~30g。我国居民糖的摄入主要来自于加工食品、含糖饮料。摄入过多糖不但有增加体重、导致肥胖风险，也会引发多种慢性疾病。因此，建议每天添加糖摄入所提供的能量不超过总能量的10%,最好不超过总能量的5%。同时,建议不喝或少喝含糖饮料,烹调用糖应尽量控制到最小量。过量饮酒可引起肝损伤,也是痛风、癌症和心血管疾病等发生的重要危险因素,因此,应避免过量饮酒。若饮酒,成年男性一天饮用的酒精量不超过25g,成年女性一天不超过15g,儿童少年、孕妇等特殊人群不应饮酒。水是构成人体组织和细胞的重要成分,也参与人体摄入膳食后物质的代谢过程。推荐饮用白开水或茶水,成年人每天饮用量1500~1700mL(7~8杯)。水是人体重要的组成成分,水在体内不仅构成身体成分,而且还具有重要的生理功能:①在细胞内构成介质,人体内所有的生化反应都依赖水的存在;②将营养成分运输到组织中,将代谢产物转移到血液中并进行再分配,将代谢废物通过尿液排出体外;③水是体温调节系统的主要组成部分,体内能量代谢产生的热,通过体液传到皮肤,机体再通过蒸发或出汗来调节体温,以保持体温的恒定;④润滑组织和关节。推荐各年龄段油盐和水的摄入量应控制在适当的范围内(表12-6)。

表12-6　　　　　推荐不同人群的食盐、烹调油和饮水摄入量

项目	幼儿/岁		儿童少年/岁			成人/岁	
	2~	4~	7~	11~	14~	18~	65~
食盐(g/d)	<2	<3	<4	<6	<6	<6	<5
烹调油(g/d)	15~20	20~25	20~25			25~30	
水(mL/d)	总1300	总1600	1000~1300	1200~1400		1500~1700	
(杯/日)			5~6杯	6~7杯		7~8杯	

注:2~6岁儿童的总水摄入量包括了来自粥、乳、汤中的水和饮用水。一杯水为200~250mL。

九、杜绝浪费,兴新食尚

食品在生产、加工、运输、储存等过程中如果遭受到致病性微生物、寄生虫和有毒有害物质的污染,可引发食源性疾病,威胁人体健康。因此,应选择新鲜卫生的食物、当地当季的食物;学会阅读食品标签、合理储存食物、采用适宜的烹调方法,提高饮食卫生水平。

由于我国人口众多,且食物浪费问题比较突出,而食物资源宝贵、来之不易;应尊重劳动、珍惜食物,杜绝浪费。减少食物浪费、注重饮食卫生、兴饮食文明新风,对我国社会推进可持续发展、保障公共健康具有重要意义。

第四节　营养调查

营养调查(nutritional survey)是指调研特定人群或个人的膳食摄入量、膳食组成、营养状态、体重与健康、生活消费以及经济水平,为改善人群营养和健康状况和进行营养监测以及制定营养政策提供基础资料,为食物的生产消费、营养缺乏病或过剩的防治提供科学依据的过程。一般营养调查包括膳食调查、人体营养状况的生化检验和体格检查。

一、膳食调查

膳食调查是通过对特定人群或个体的每人每日各种食物摄入量的调查，计算出每人每日各种营养素摄入量和各种营养素之间的相互比例关系，根据被调查者的工作消耗、生活环境以及维持机体正常生理活动的特殊需要，与 DRIs 进行比较，从而了解摄入营养素的种类、数量以及配比是否合理的一种方法。

膳食调查通常用三种方法，即称重法、记账法和 24h 个人膳食询问法。

(1) 称重法 称重法是将被调查者每日每餐各种食物的消耗量都逐项称量记录，统计每餐的就餐人数，一日各餐的食物消耗量结果之和，即为每人每日总摄食量，再按《食物成分表》中每 100g 食物可食部所含各种营养素折算后加在一起即为每人每日营养素摄入量。称重法的调查步骤如下：①称取每餐食物的生重、熟重和剩余熟重；②计算生熟折合率；③记录每餐就餐人数；④计算每人每日摄入的各种熟食重量和生食物重量；⑤统计每人每日各项食物消耗量以及所摄入的各种营养素数量。此方法比较准确地反映了被调查者的膳食摄入状况，但费时费人力，一般不宜用于大规模的调查。

(2) 记账法 对建有膳食账目的团体人群通过查阅一定时期的食物消耗总量，统计该时期的进餐人数，计算出每人每日各种食物的摄入量，再按《食物成分表》计算出各种营养素的摄入量。记账法的调查步骤为：①逐日查对购买食物的发票和账目，把每日的同类食物量累加到一起，得到一定时期内各种食物的消耗量；②查出该时期内用餐总人数；③计算每人每日食物消耗量，并计算出各种营养素的摄入量。此方法所需人力少，可进行全年四级的调查。一般每个季度调查一个月就能较好地反映出全年的营养状况。

(3) 24h 个人膳食询问法 24h 个人膳食询问法是获得个人食物摄入量资料的一个非常有用的方法。由于调查目的、条件、环境不同，24h 个人膳食询问法的内容也有所不同。此方法简便易行，是通过被调查者的回忆得到的资料，多为估计数据，因此不太准确。此方法的一般调查步骤为：①比较详细地了解被调查者的食物构成种类、每日进餐次数和时间、粗细搭配等情况，了解食物的加工烹调方法、储存条件和时间等；②要求被调查者回顾和描述 24h 内摄入的全部食物的种类和数量；③一年内对同一个人调查 6 次，对每 2 个月中一日的食物消费进行回顾，调查表可通过谈话、询问方式填写；④营养素摄入量的计算方法和称重法相同。

二、膳食营养评价

(1) 资料整理 无论使用何种调查方法获得的资料都要进行计算，如每人每日各类食物的摄入量、每人每日各种营养素的摄入量、每人每日营养素推荐摄入量、每人每日营养素摄入量占营养素推荐摄入量的百分数、食物热能，蛋白质，脂肪的来源及分布。

(2) 膳食营养评价 将调查资料整理的结果与我国营养素推荐摄入量进行比较，对膳食营养做出评价。

①食物构成。我国目前以谷类食物为主食，蔬菜为副食，搭配有少量豆制品和动物性食品。这种膳食含有人体所需要的各种营养素，在一般情况下可满足人体的需要。但在特殊生理条件下需要进一步提高营养，如儿童在生长发育时期应当为其提供充足的蛋白质、维生素和矿物质，并提供多样化的膳食。

②营养素摄入量占营养素推荐摄入量或适宜摄入量的百分数。在各种营养素中，热量摄入

量与需要量的差别不大,其他营养素的供给量为需要量的1.5~2倍。热能虽然不是营养素,但它是几种生热营养素的综合表现,对人体影响较大,应当被首先考虑。成年人热量的摄入量占营养素推荐摄入量的80%以上为正常,低于80%为摄入不足,摄入量长期超过营养素推荐摄入量的30%或更高是无益而有害的。儿童的热能摄入量占营养素推荐摄入量的90%以上为正常,低于80%为不足。

③膳食热能的一般构成。蛋白质供给的热能占10%~15%,脂肪占20%~30%(其中饱和脂肪酸的热能应不超过总热能的10%),其余的热能由碳水化合物提供。这样的配比较为合适。在生活消费水平低且动物性食物和豆类摄入少时,谷类、薯类摄入量相对较多,此类食物的热能占总热能的比例高(>70%),机体很容易出现蛋白质不足和某些维生素、矿物质缺乏的现象。

④蛋白质的营养状况评价,首先要看营养素推荐摄入量是否能够被满足,然后分析营养素的品质状况。一般来说,动物性蛋白质和豆类蛋白质等优质蛋白质应占全部蛋白质摄入的30%以上,若低于10%则认为蛋白质摄入构成不佳。我国膳食中蛋白质的主要来源是谷类,其中赖氨酸、苏氨酸等为限制性氨基酸,应通过摄入动物性食物和豆类,互补搭配以提高膳食蛋白质的生物价。当热量供应充足,蛋白质摄入量在供给量的80%以上时,多数成年人不致出现蛋白质缺乏症,若长期低于这一水平可能会导致部分儿童出现蛋白质缺乏症状。

三、体格检查

营养状况的体格检查,就是观察被检查者因为机体内长期缺乏某种或数种营养素以及摄入不足而引起的生长发育不良等一系列临床症状和体征。

(1) 体重 我国常用的标准体质量计算公式,如式(12-1)、式(12-2)所示

$$\text{Broca 改良式标准体重 (kg)} = \text{身高 (cm)} - 105 \quad (12\text{-}1)$$

$$\text{平田公式标准体重 (kg)} = [\text{身高 (cm)} - 100] \times 0.9 \quad (12\text{-}2)$$

(2) 身高、胸围及体格营养指数 此指数用于学龄以后各年龄的评价标准。其正常范围18.5~2,轻度消瘦17~18,中度消瘦16~16.9,重度消瘦<16,超重23~24.9,肥胖25~29.9,如式(12-3)所示。

$$\text{比胸围} = \text{胸围 (cm)} / \text{身高 (cm)} \times 100 \quad (12\text{-}3)$$

比胸围的标准值:50~55。

(3) 皮脂厚度 测量一定部位的皮褶厚度可以表示或计算体内的脂肪量,用皮褶计测量。如三头肌皮脂厚度标准值为男12.5mm、女16.5mm;测量值为标准值的90%以上为正常,80%~90%为轻度营养不良,60%~80%为中度营养不良,<60%为重度营养不良。

上述指标中身高和体重较为全面地反映了蛋白质、热量及矿物质的摄取、利用和储备情况,反映了机体、肌肉、内脏的发育和潜在能力。

(4) 症状和体征 营养缺乏症的发生是一个渐进的过程,最先是摄入量的不足或者机体处于某种应激状态时需要量明显增加,这可造成体内营养水平的下降。如果营养素的供应持续得不到满足则会进一步引起组织的营养缺乏,使一些生化代谢发生紊乱、生理功能受到影响,最后导致组织在病理形态上出现异常改变和损伤,此时就表现出临床缺乏的体征。但营养缺乏病的症状及体征往往比较复杂,轻度的营养缺乏病不太典型,检查时应注意观察不要遗漏。还有些症状及体征是非特异性的,其他因素也可以引起,应仔细鉴别诊断。检查者对受检者体格情况一般营养素缺乏病的症状和体征应逐项检查,并对照参考表12-7。检查完毕后,检查者应对

受检者的营养状况做出准确诊断,以确定其机体是否正常或存在何种营养缺乏病。

表 12-7　　　　　　　　　　营养调查有价值的体征

部位	体征	有关的障碍或营养素缺乏
头发	失去光泽,稀少	维生素 A 或蛋白质
面部	鼻唇窝溢脂皮炎	核黄素
眼	结膜苍白	贫血
	毕托氏斑,结膜干燥	维生素 A
	角膜干燥,角膜软化	
	睑缘炎	核黄素
唇	口角炎,抠脚结痂,唇炎	核黄素
舌	舌色猩红及牛肉红	烟酸
	舌色紫红	核黄素
齿	斑釉齿	氟过多
	松肿	抗坏血酸
	甲状腺肿大	碘
	腮腺肿大	饥饿
皮肤	干燥,毛囊角化	维生素 A
	出血点	抗坏血酸
	癞皮病皮炎	烟酸
	阴囊与会阴皮炎	核黄素
指甲	反甲(舟状甲)	铁
皮下组织	水肿	蛋白质
	脂肪减少	饥饿
	脂肪增多	肥胖
肌肉和骨骼	肌肉消耗	饥饿,营养不良
	颅骨软化,方头,骨骺肿大	维生素 D
	前卤未闭,下腿弯曲,膝盖靠近	
	串珠肋	维生素 D,抗坏血酸
	肌肉、骨骼出血	抗坏血酸
消化系统	肝肿大	蛋白质-热量
	精神性运动的改变	蛋白质-热量
	精神错乱	硫胺素,烟酸
神经系统	损失感觉,肌肉无力	
	位置感丧失,振动感丧失,膝腱与	
	跟腱反射消失,腓肠肌触痛	
心脏	心脏扩大,心动过速	硫胺素

四、生化检验

生化检验在评价人体营养状况过程中具有重要地位，特别是在出现营养失调症状之前，即所谓处于亚临床状态时，生化检查就可及时反映出机体营养缺乏或过量的程度。评价营养状况的生化测定方法较多，基本上可分为测定血液及尿液中营养素的含量、排出速率、相应的代谢产物以及测定与某些营养素有关的酶活力等。

我国人体营养水平生化检验常用的诊断参考指标及临界值列于表12-8中，供参考应用。由于受民族、体质、环境因素等多方面影响，这些方法和数据是相对的。在进行生化测定时，取样的种类、方式、时间及保存运输均是十分重要的。所取的样品应该反映受检查者的营养素摄入水平，而且还要考虑到样品是否容易取得。目前，最常取用的样品是血液及尿液，但毛发、指甲及某些体液也可用于测定某些特定营养素的营养状态。

表12-8　　　　　　　　　　　人体营养水平生化检验临床参考数值

营养水平	生化检验诊断参考指标及临界值
蛋白质	①血清总蛋白>60g/L ②血清蛋白>3.6g/L ③血清球蛋白>1.3g/L ④白/球（A/G）（1.5~2.5）：1 ⑤空腹血中氨基酸总量/必需氨基酸量>2 ⑥血液比重>1.015 ⑦尿羟脯氨酸系数（mmol/L尿肌酐系数）>2.0~2.5 ⑧游离氨基酸：4~6mg/L（血浆），6.5~9.0mg/L（RBC） ⑨每日必然损失N（ONL）男54mg/kg，女55mg/kg
血脂	①总脂 4500~7000mg/L ②甘油三酯 200~1100mg/L ③α-脂蛋白 30%~40% ④β-脂蛋白 60%~70% ⑤胆固醇 1000~2000mg/L（其中胆固醇酯 70%~75%） ⑥游离脂酸 0.2~0.6mmol/L ⑦血酮<2mg/dL
钙、磷、维生素D	①血溶钙 90~110mg/L（其中游离钙 45~55mg/L） ②血清无机磷：儿童 40~60mg/L，成人 30~50mg/L ③血清 Ca×P >30~40 ④血清碱性磷酸酶：成人 1.5~4.0，儿童 5~15 菩氏单位 ⑤血浆：25-OH-D_3，10~30μg/L；1，25($OH)_2$-D_3，30~60ng/L
铁	①全血血红蛋白浓度（g/L）：成人男>130，成人女>120，6岁以下小儿及孕妇>110 ②血清运铁蛋白饱和度：成人>16%，儿童>7%~10% ③血清铁蛋白>10~12mg/L

续表

营养水平	生化检验诊断参考指标及临界值			
铁	④血液红细胞压积（HCT 或 PCV）：男 40%~50%，女 37%~48% ⑤红细胞游离原卟啉<70mg/L ⑥平均红细胞体积（MCV）80~90μm³ ⑦平均红细胞血红蛋白量（MCH）26~32μg			
锌	①发锌 125~250μg/g（各地暂用：临界缺乏<110mg/g，绝对缺乏<70μg/g） ②血浆锌 800~1100μg/L ③血红胞锌 12~14mg/L ④血清碱性磷酸酶活性，见上			
维生素 A	①血清视黄醇：儿童>300μg/L，成人>400μg/L ②血清胡萝卜素>800μg/L			
	24h 尿	4h 负荷尿	任意一次尿/g 肌酐	血
维生素 B_1	>100μg	>80μg	>66μg	RBC 转羟乙醛酶活力焦磷酸硫胺素效应<16%
维生素 B_2	>120μg	>800μg	>80μg	>140μg/L RBC
烟酸	>1.5mg	>2.5mg	>1.6mg	
维生素 C	>10mg	>3mg	>10mg	>3mg/L 血浆
叶酸				>3μg/L 血浆 >0.16μg/mL RBC

第五节 营养监测

一、营养监测的概念

营养监测源于疾病监测，主要是由于世界范围内仍存在营养不良的情况，如发展中国家由于蛋白质-热量缺乏而引起的营养不良、家庭中可用食物不足、缺乏必要的生活条件和保健服务等。FAO、WHO、UNICEF（联合国儿童基金会）等国际组织给出的营养监测的概念是：社会营养监测是指对人群（尤其是按社会经济状况划分的亚人群）的营养状况进行连续动态的观察，针对营养问题制定计划，分析已制定的政策和计划所产生的影响，并预测其发展趋势的工作。

营养监测活动因不同目的和工作内容而有所不同，可划分为三类。

(1) 长期营养监测 对人群营养现状进行调查分析，以便制定计划，并分析这些计划对营养问题的影响，以预测将来的趋势。这种监测对信息的反应较慢，通常是通过专门针对改善营养和卫生的大规模国家规划，或通过全面的发展政策，以及两者兼存的方式来实现的。

(2) 计划效果评价性监测 在实施了以改善营养或满足营养需要为目标的计划后，监测营养指标的变化情况。其主要目的是对制定的目标进行改进，或评价是否需要修改措施，以便能在实施阶段完善和完成计划。这种监测活动的反应比长期营养监测要快些。

(3) 及时报警和干预系统监测 为了预防或减轻正在发生的食物消费不足或营养摄入过量所采用的监测系统。这种监测不直接针对慢性食物消费不足、营养不良、过剩和失调，而是预防和减轻易染人群的短期营养恶化情况。其监测系统需要一个能对预测中发生的问题做出反应的机构，以便在食物减少或营养摄入过剩之前采取行动并进行干预，具有能迅速行动、短期干预处理目前问题的特点。

与营养调查相比，社会营养监测包括与营养有关的社会经济和农业资料方面的分析指标。且在材料取得方法上，为保证广度，提倡尽可能多的搜集现成材料，而不强求来自第一手直接测定数据。

二、营养监测的作用

(1) 调查营养不良或过剩的原因 一是食物与非食物因素，前者很大程度上取决于膳食的摄取，后者常见于患病的个人，两者均有一个共同的前提，就是经济收入状况；二是外界对家庭的影响因素和家庭内部的影响因素。

(2) 营养水平是政府发展计划的目标和社会经济的指标 营养水平和健康是生活质量的一个间接指标。发展计划部门及经济工作者要寻求如健康状况、营养水平等社会指标作为决定经济发展策略的指导，评价对人民生活质量的影响。依据营养监测数据信息，来制定经济计划、营养和公共卫生计划计划。

(3) 制定保健或战略的依据 健康的和良好的营养状况是互相依存的，身体健康需要充足的食物。我国及许多国家都制定了国民健康状况的卫生指标，如出生时或其他特定人群的预期寿命，婴儿或儿童死亡率，出生体重，学龄前儿童营养状况，儿童身高等。这些指标可分为卫生政策指标、卫生保健指标、健康状况指标等几大类。

(4) 建立食物安全保障系统的依据 通过早期预警，密切关注国内外市场变化、重大自然灾害等由食物供给不足带来的影响，提前做好应对准备。

本章知识链接

社区居民营养与我国膳食指南倡导全民营养个性化指导，针对青少年、成人、孕妇以及老年群体，开展学术讲座和研讨，充分发挥注册营养师的力量，开展不同群体的个性化"吃动平衡、健康体重"指导，为不同群体的健康自我管理提供科学方法和手段，实现人人营养、全民健康的社会氛围。鼓励食用"全谷物"、多吃"深色蔬菜"、保持"平衡膳食"和"吃动平衡"的健康理念，结合社区实际，带头开展贴近居民实际的膳食营养与健康生活方式等方面的科普知识宣传和实际操练，增强社区居民健康意识和能力。

练习与思考

1. 社区营养的概念及特点是什么？
2. 我国膳食指南的主要内容是什么？
3. 营养调查的基本方法是什么？
4. 营养监测的概念及作用是什么？

参考文献

[1] 中国营养学会. 中国居民膳食指南2016 [M]. 北京：人民卫生出版社，2016.
[2] 孙远明. 食品营养学（第2版）[M]. 北京：中国农业大学出版社，2010.
[3] 张忠，李风林，余蕾. 食品营养学（第1版）[M]. 北京：中国纺织出版社，2017.
[4] 王光慈. 食品营养学 [M]. 北京：中国农业出版社，2006.

CHAPTER 13

第十三章
膳食营养与健康

[本章主要内容]

本章主要介绍恶性肿瘤、肥胖、糖尿病、心血管疾病和免疫等具体疾病与营养的关系，食物与癌症、营养与免疫、食物中的营养要素、诱发疾病物质及防治疾病要素等在现代营养中的意义与相关疾病的预防等。了解有关营养知识，自觉地养成良好的饮食习惯，根据自身的实际情况，注意不同营养素之间的搭配与平衡；即使疾病发生以后，在药物治疗的同时，相关营养的配合与调节对机体的康复也起着不可低估的作用。同时注意其他生活方式的积极配合，将对自身的健康有积极意义。

[本章重点]

认识营养与恶性肿瘤、肥胖、糖尿病、心血管疾病和免疫等具体疾病的关系；掌握预防上述慢性病的饮食原则。

[本章难点]

恶性肿瘤、肥胖、糖尿病、心血管疾病和免疫等具体疾病发生的原因及危害。

第一节　膳食营养与恶性肿瘤

肿瘤是指机体在各种致癌因子作用下，局部组织细胞增生所形成的新生物，因为这种新生物多呈占位性块状突起，也称赘生物。根据肿瘤的细胞特性及对机体的危害性程度，又将肿瘤分为良性肿瘤和恶性肿瘤两大类。恶性肿瘤可分为癌和肉瘤，癌是指来源于上皮组织的恶性肿瘤。肉瘤是指间叶组织，包括纤维结缔组织、脂肪、肌肉、脉管、骨和软骨组织等，发生的恶性肿瘤。在大肠黏膜上皮形成的恶性肿瘤称为大肠黏膜上皮癌，简称大肠癌；在皮肤上皮形成的称皮肤上皮癌，简称皮肤癌等。我们通常所说的癌症泛指恶性肿瘤；若说某某人患的是胃癌，意思是患者的胃黏膜上皮发生的癌症。起源于间叶组织的恶性肿瘤统称为肉瘤，如患者得的是胃肉瘤，则表明这种恶性肿瘤不是由黏膜上皮细胞所形成的，可能由平滑肌细胞恶变引起的，或是属于胃的恶性淋巴瘤等。但也可笼统地说他罹患了癌症。也有少数恶性肿瘤不按上述原则命名，如肾母细胞瘤、恶性畸胎瘤等。癌症具有细胞分化和增殖异常、生长失去控制、浸润性和转移性等生物学特征，其发生是一个由多因子组成、多步骤的复杂过程，分为致癌、促癌、演进三个过程，与吸烟、感染、职业暴露、环境污染、不合理膳食、遗传因素密切相关。

近年来，癌症在我国的发病率持续攀升。据统计，大约三分之一的癌症发病与膳食有关。不良的饮食习惯和不合理的膳食结构都可能引发癌症。合理的膳食可以起到一定的预防癌症发生的作用。我们在日常生活中增加可降低患癌风险的食物，尽量避免食用可增加患癌风险的食物，是可以降低我们罹患癌症可能性的，对我们的健康有好处。

一、 膳食对癌症发生的影响

流行病学研究发现癌症的发生存在着明显的地域性差异，地理位置本身不能成为癌症发病的直接原因，地域背后隐藏的生活环境差异，才是导致癌症发病的真正原因。这里所说的环境，并不仅仅是实际的地理环境，而是人体所能接触到的一切外界因素，如饮食、生活习惯、工作场所、环境污染物等因素，都可能是某一地区某种癌症发生的原因。居住在同一个地区的人们常会有相似的饮食偏好和生活方式，而这些因素就可能会增加某些癌症的发病风险。在美国结肠癌的发病率较高，而在印度却较低；在美国夏威夷乳腺癌的发病率是以色列乳腺癌发病率的7倍；移民至夏威夷的日本妇女，第一代胃癌的发病率几乎下降了一半，而乳腺癌的发病率增加约3倍，结肠癌、直肠癌增加4倍；日本人的结肠癌发病率远低于美国人，但是在美国出生的日本裔人群中，结肠癌的发病率却又显著高于日本国内的同胞（男性高出两倍，而女性则高了40%）。在我国，甘肃、青海、上海、江苏等地胃癌高发；食管癌高死亡率主要发生在河南、河北等中原地区；肝癌高发区集中在东南沿海和东北吉林等地；肺癌高发区主要在东北煤矿区和云南个旧锡矿区。科学家继续深入研究，发现导致这一结果的原因很可能是饮食结构的差异。膳食是人类接触环境最直接、最大量的物质，食物中不仅存在对人体有利的营养素，同时也存在许多致突变/致癌成分及抗癌成分。Doll 和 Peto 的研究表明，32%~35%的肿瘤可通过膳食来预防，而不良的饮食、生活方式占全部恶性肿瘤病因的 10%~80%。由此可见，膳食作为一种环境因素在癌症预防和治疗中是不可被忽视的。

癌症的发生是一个多阶段逐步演变的过程，肿瘤细胞是通过一系列进行性的改变而逐渐变成恶性的。在这种克隆性演化过程中，通常积累一系列的基因突变，而这些基因可能分布在多个不同染色体上，包括癌基因、抑癌基因、细胞周期调节基因、细胞凋亡基因及维持细胞基因组稳定性的基因等。这些基因的变化，有的是从种系细胞遗传得来的，有的则是从体细胞由环境因素引起而后天获得的。当机体接触致癌物后，正常细胞内 DNA 容易损伤并引发突变，如果这种损伤在细胞分裂前没有被及时修复，突变可能会被稳定遗传，传至子代细胞，这一过程被称为启动。启动阶段很短，且不可逆，膳食因素、避免接触致癌物在预防这一阶段的形成有重要作用。这些被启动的细胞暴露于适宜其生长的环境中，使决定细胞分裂的基因发生突变而导致前癌细胞的形成。促进阶段大约需要几十年，同时也受环境因素的影响而加快或减慢。在这一阶段，膳食的防癌作用十分重要。接着就是发展阶段，前癌细胞转变成癌细胞时会表现出无限增殖特性，发展至这一阶段要几个月或几年。膳食因素在发展阶段无明显作用，有效的治疗方法通常是手术、放疗、化疗的联合应用。

二、食物中的致癌物质

膳食中摄入致癌物质是导致癌症发生的重要原因之一，食物中的致癌物质主要有下列五大类。

(一) 食物中的自然致癌物

1. N-亚硝基化合物

凡是具有=N—N=O 这种基本结构的化合物被统称为 N-亚硝基化合物。迄今已研究了 300 多种，90% 以上有不同程度致癌性。食品中的 N-亚硝基化合物系由亚硝酸盐和胺类在一定的条件下合成的，其前体物硝酸盐、亚硝酸盐和胺类广泛存在于环境中。这些前体物质可在多种食物中出现，腌制、烘烤、油煎、油炸等烹调过程可产生较多的胺类化合物，乳制品中含有微量的挥发性亚硝胺，质量较差的不新鲜食品，如剩菜、腐烂的蔬菜等常含有亚硝胺类物质。人体能合成一定量的 N-亚硝基化合物，在 pH<3 的酸性环境中合成亚硝胺的反应最强，胃可能是人体合成亚硝胺的主要场所，另外，唾液和膀胱内也能合成一定量亚硝胺。

2. 高脂饮食

目前，人们较一致的看法是高脂肪膳食能促进结肠癌、子宫癌和乳腺癌的发生，这在一些发达国家尤其明显。随着人们生活水平的提高，毫无节制的高热量饮食，就可能为癌症的到来敞开了大门。最早研究发现高脂膳食与乳腺癌的发生有高度相关性，高脂肪食物可能使人体内的催乳素增加，长期下去，乳腺癌便不请自到。近年来的病例对照研究发现，长期食用高脂肪食物的人，大便中的胆酸代谢物、胆固醇代谢物等成分偏高，人们认为膳食总脂肪、饱和脂肪酸的摄入量能增加结肠癌和直肠癌的相对风险性，可能的机制是大量脂肪的摄入可促进胆汁酸分泌至肠道，从而影响肠道微生物菌群的组成，刺激次级胆汁酸的产生并促进结肠癌的发生。最新研究发现，高总饱和脂肪摄入量可增加 7%~14% 的肺癌发病风险，相比曾经从不吸烟的人群，高总饱和脂肪摄入量能更显著地影响当前正在吸烟的人群，高总饱和脂肪摄入量者罹患鳞状细胞癌和小细胞癌的风险分别增加了 61% 和 40%，显著高于其他组织学类型。与此相反的是，多不饱和脂肪摄入量较多，则肺癌的发病风险降低，如果用不饱和脂肪替代饱和脂肪中 5% 的卡路里，小细胞肺癌和鳞状细胞癌的风险分别降低 16% 和 17%。因此，我们可以看出高脂饮食对身体健康存在极大危害。

3. 高浓度酒精

烟草致癌已被世界卫生组织认定，也被全世界所公认了。但酒精致癌，直到前几年才被认定，而且，没有引起公众广泛的重视，特别是中国这样一个有几千年饮酒史的国家，很多人不愿意接受这样一个事实。酒精可直接破坏肝脏细胞，导致脂肪肝、肝炎和肝硬化，大大增加了患肝癌的风险。酒精进入人体器官组织之后，可激活某些没有活性的致癌原物，成了有致癌活性的物质，有了致癌能力。例如，酒精令小肠黏膜和肝脏的微粒体产生的苯并芘羟化酶就是这种酶。酒精是运送致癌物质的"工具"和"帮凶",可以明显增强致癌物质的致癌作用。酒精是一种很好的溶剂,可使致癌物质溶于其中,而致癌物可随酒精进入血液,随血液循环"周游"全身,并容易和人的器官组织接触而起到致癌作用。高浓度酒精也可以使消化道黏膜表面的蛋白质变性,长期大量饮用烈性酒,易造成食管黏膜的反复损伤和修复,进而导致黏膜上皮过度的增生,从而增加了肿瘤的发病率。

4. 藻类毒素

水污染的罪魁祸首是藻类植物中含有致癌的毒素,研究发现肝癌发病率与饮水的藻毒素污染有关。近年来由于生活污染和工业污染加剧,人类向水体中排放了大量含 N、P 的有机物,使水体富营养化程度加剧,造成了藻类的大量繁殖,出现水华污染。藻类在代谢过程中或藻体破裂后向水体中排出藻毒素,主要的有毒成分为环肽肝毒素——微囊藻毒素,微囊藻毒素由 7 个氨基酸组成的,是淡水环境中常见的蓝藻毒素,具有稳定的化学结构,不但难以自然降解,还可以在水生生物中蓄积和富集。国内外动物试验、人群流行病学调查表明微囊藻毒素具有机体肝毒性、促癌、胚胎毒性、遗传毒性、免疫损害等作用。流行病学研究显示:我国肝癌死亡率波动在每十万人有 20~24,占全世界肝癌第二位。死亡病例数占世界 43.7%。研究表明蓝藻毒素对肝脏有损伤作用,与乙型肝炎及黄曲霉毒素 B,有协同致癌作用。常规饮用水处理技术或煮沸均不能有效地去除蓝藻毒素,其直接威胁着城乡居民的饮水安全。

(二) 食品污染中的致癌物

1. 多环芳烃化合物

多环芳烃化合物是一类具有较强致癌作用的食品化学污染物,许多食品可被大气中的多环芳烃污染。目前已鉴定出数百种,其中有代表性的致癌物质是 3,4-苯并芘。1775 年,英国 P. 波特发现烟囱清扫工人多患阴囊癌;1892 年,有人发现从事煤焦油和沥青作业的工人多患皮肤癌;1915 年,日本的山极胜三郎和市川厚一用动物实验证明煤焦油可以诱发皮肤癌;其他各国也有类似的报道。中国曾发现一位被热煤焦油喷溅烧伤的工人在受伤后不到两个月就发生皮肤癌的病例,可见煤焦油和烧伤联合作用能加速致癌效果。多环芳烃类的致癌物质来源于各种烟尘,食物在加工过程中的污染或烘、烤、炸、熏等工序可使食物中 3,4-苯并芘的含量增加,如红烧肉中 3,4-苯并芘含量仅为 0~0.04μg/kg,而熏肉中含量可达 1~10μg/kg,烧焦的肉可高达 35~99μg/kg。我们应尽可能少吃用明火熏烤食品:熏鱼、熏肉、熏肠、烤羊肉串等。

2. 农药残留物

许多食品如谷物、瓜果、蔬菜可被农药所污染,与食品所含的其他可能的毒素相比,农药可致所有人群受害。经美国环保局证实,92 种以上的农药有致癌作用,普通罐装婴儿食品含有 16 种以上的农药,生活当中常见的杀虫剂中都可能含有致癌性化合物。使用的农药,有些在短时间内可以通过生物降解生成无害物质,而包括 DDT 在内的有机氯类农药难以被降解,则是残留性强的农药。农药进入粮食、蔬菜、水果、鱼、虾、肉、蛋、乳中,可造成食物污染,危害人的健康。一般有机氯农药在人体内代谢速度很慢,累积时间长。有机氯在人体内的残留主要集中在脂肪中。如 DDT 在人的血液、大脑、肝和脂肪组织中的含量比例为 1:4:30:300;狄氏剂在人的血液、大脑、肝和脂肪组织中的含量比例为 1:5:30:150。由于农药残留对人和生物危害很大,各国对农药的施用都进行了严格的管理,并对食品中农药残留容许量做了规定,如日本对农药实行了登记制度,一旦确认某种农药对人畜有害,政府便限制或禁止销售和使用。

3. 激素类物质

一些激素类制剂,可通过兽医治疗或被添加入饲料中而进入动物体内,当人们食用动物时可摄入残留的激素。欧共体的欧洲委员会很早就完成了关于美国生产的牛肉中使用的6种促进生长的激素剂中雌二醇/7β为致癌物质的报告,该报告指出该激素制剂除有致癌和促进癌的生长作用外,如乱用还会造成整体危险。美国联邦政府在2002年12月公布了两年一度的致癌物新报告,将雌激素替代治疗和口服避孕药中应用的甾体雌激素列入了美国政府批准的"已知"人类致癌物名单。

4. 食品包装材料中有毒有害化学物质

食品包装材料中有毒有害化学物质的迁移是引起食品污染的重要途径之一。目前,世界各国政府和消费者越来越重视食品接触材料,包括食品容器、器具和包装材料的卫生安全问题,也制定了越来越严格的卫生限量标准。一些食品包装材料如塑料袋、印有文字图案的纸张、包装箱上的石蜡都可能含有毒有害物质,甚至是潜在的致癌物。塑料是以合成树脂的单体为原料,加入适量的稳定剂、增塑剂、抗氧化剂、着色剂、杀虫剂和防腐剂等助剂制成的一种高分子材料。在众多的食品包装材料中,塑料制品及复合包装材料占有举足轻重的地位。苯乙烯是树脂和塑料中的一种被广泛使用的化合物,但最著名的是一种聚合物——聚苯乙烯,它被广泛应用于塑料泡沫制品中。近年来,研究发现,苯乙烯是一种内分泌干扰物,可能会模仿雌激素,推动肿瘤生长。在用于包装食品的纸质材料中,常见的有机污染物主要包括荧光增白剂、染料、有机氯化物(二噁英)、有机挥发性物质,这些物质较容易被迁移到食品中,造成食品的污染。另外,包装箱上的石蜡等都可能含有多环芳烃类物质,均有潜在的致癌性。

5. 真菌毒素

霉变食品中常含有真菌毒素。真菌毒素是真菌产生的次级代谢产物,目前已知有300多种化学结构不同的真菌毒素,其中有30多种真菌菌株产生的代谢产物对动物和人类有致病性。据统计,每年全世界约有25%的粮食作物受到真菌毒素的污染,造成的经济损失每年达数千亿美元。因此,在人类密切关注食物和食品卫生质量和安全的今天,真菌毒素对食物的污染已成为不可忽视的问题。在污染人类食物的致癌物中,黄曲霉毒素是破坏力最强大的致癌物。霉菌毒素中以黄曲霉毒素B的毒性最强。在英国发生过一次数十万只火鸡鸡雏在短期内发生急性肝脏坏死而死亡的事件,就是饲料霉变后的黄曲霉毒素B所致。黄曲霉毒素B小剂量进入机体便可引发肝癌。进一步对肝癌的研究发现,肝癌的病因与乙型肝炎、黄曲霉毒素B及蓝藻毒素三个因素有关,三者同时作用发病率最高。

(三)**食品添加剂中的致癌物**

所谓添加剂,就是指将一些人工合成物质和天然物质添加到食品和饮料中以防止其变质,改变食品的质量并使其利于保存,可改善色、香、味以及提高食品的黏稠度等。这些添加剂大部分是安全的,但是也存在很大的危害,甚至一些食品添加剂具有致癌作用。食品添加剂包括防腐剂、食用色素、香料、调味剂及其他添加剂。目前市场上许多袋装食品中含有防腐剂,而防腐剂内含有大量亚硝胺类物质,这类物质有明显的促癌作用。亚硝酸盐是最常用的一种食品添加剂,能抑制肉毒杆菌的生长,同时可保持肉色鲜嫩。亚硝酸盐本身并不致癌,但它与蛋白质代谢后产生的丰富胺类物质结合,将形成亚硝胺,具有很强的致癌性。目前,人类正在使用的添加剂如肉制品、饮料和糕点中的稳定剂、抗氧化剂、加味剂、保鲜剂、防腐剂,均会引发多部位、多类型的肿瘤。许多食品色素有毒,还具有致癌性,常见的发生癌变的部位有肝脏和乳腺组织。色素有人工合成的，也有天然的。人工合成的色素大多来自煤焦油，最有可能致癌。目前使用的甜味剂种类很多，其中使用最早、最广的是糖精。世界卫生组织已规定其使用限量为每天每公斤体重0.5mg，最近则有发现指出，糖精可能引起尿道癌和膀胱癌。味精是我国广泛使用的调味剂，若正确使用，每天不超过6g，对人体无害。如果将味精与食物同煮，温度达到100℃，时间超过10min，可能对神经有毒性和有致癌作用。其他添加剂，如在罐头食品中普遍使用的山梨酸防腐剂，用作食品防腐的抗生素，用作肉类、鱼制品防腐的亚硝酸钠等，都可能致癌。

（四）食品加工、贮运时导致的致癌物

在食物加工过程中，由于没有按照规程操作，食物中的某些成分能转变成致癌物质，或食物中混有致癌物质，经常摄入这类食物则易诱发癌症。高温熏烤食品，能使食物表面分解成碳、氢、氧等，也容易转变成多环芳香烃类化合物，其中混有3,4-苯并芘等强致癌物质。熏烤食品的烟气中除碳粒外，还混有氮氧化物、硫化物、砷及亚硝酸盐等有害物质。这些物质在体内积累一定量后能导致癌症的发生。研究人员发现，炸薯条等油炸淀粉类食品中含有大量的丙烯胺成分，这些成分可能会导致DNA附加物的形成，进而引发基因突变，甚至可能致癌。高温烹调食物，烹调温度一旦超过100℃，很容易产生致癌物质。许多人认为，烧烤食物比油炸食物更容易产生致癌物，事实上，油质在高温条件下，更容易产生致癌物质。加上回锅油中已存在各种致癌物，使得油炸食物更加可怕。

食物贮运不当可能会发生霉变，霉变的大米、玉米、花生中所含有的黄曲霉毒素对人和动物有很强的致癌作用。一级致癌物有四种：黄曲毒霉素、亚硝胺、二噁英、尼古丁。有时亚硝酸钠等亚硝酸盐、含"偶氮基"的有机物等也被认为是一级致癌物。这些物质都有可能在储运过程中污染相应的食物。另外，我国食品工业整体发展水平参差不齐，尤其是生产规模小的企业，集约化程度低，经营管理方式落后，生产技术和装备落后，甚至不具备生产合格食品的必备条件。这些企业生产的食品在流通储运过程中，很容易发生病原微生物的大量滋生，产生有毒有害物质。

（五）营养素缺乏也可能致癌

人体需要多种的营养素的支持才能有一个健康的体魄，所以健康是和饮食分不开的。人体所需的营养元素有很多，一旦出现营养不良的情况，也会导致机体出现一些疾病。国外的医学研究发现，饮用牛乳的人群的胃癌发病率较低，这有可能与牛乳中含有多量酪氨酸有关。流行病学调查得出了一个结论，胃癌高发区多为新鲜蔬菜和水果进食不足的地区。进一步研究发现，这是由于维生素C吸收不足的缘故。

随着人们生活水平的提高，人们开始讲究饮食的精细化，这导致纤维素摄入过少，纤维素虽是不能利用的碳水化合物，但膳食中纤维素偏低，会促进大肠癌的发生。大肠癌的发生是由于某些刺激物（或毒物）在肠道停留时间过长所致，多食含纤维素的食物有通畅大便的作用，会缩短食物通过肠道的时间，促进致癌物质及早被排出，对减灭肠道肿瘤也有不可忽视的作用。纤维素如果缺乏的话会导致体内留有宿便或者有便秘的问题出现，对身体健康是有害的。粗纤维中的木质素可以将巨噬细胞的活力提高2~3倍，大大增强了人体吞噬癌细胞的能力。调查发现，食物中长期缺乏纤维素，肠道癌的发病率就会增高。

人体对矿物质的需求量虽然不大，但某些矿物质却有抗癌的奇效。如果体内缺乏微量元素会导致机体的抵抗力下降，发生癌变的风险也会增大，所以微量元素一定要均衡补充。碘、锌、

铜缺乏可引起地方性甲状腺肿疾病的流行，使甲状腺癌的发生率较高。低碘饮食还会促进与雌激素有关的乳腺癌、子宫内膜癌和卵巢癌的发生。锌缺乏可能与食管癌发生有关，据调查，食管癌患者血中锌的含量较低，头发中锌的含量也低。钼元素是植物硝酸还原酶的组成成分，食物一旦缺钼，就可能导致其中的亚硝酸盐和硝酸盐含量增加，严重者就可能发生癌变。

三、食物中存在的抗突变/抗癌物质

（一）维生素

维生素与癌症防治有关的维生素有维生素 A、维生素 C、维生素 E 等。维生素 A 对癌症的抑制作用主要是防止上皮组织癌变。通常认为维生素 A 的抗癌活性与其抗氧化作用及提高免疫系统的功能有关，防止对 DNA 的内源性氧化损伤，抑制 DNA 的过度合成与基底细胞的增生，使细胞维持良好的分化状态。此外维生素 A 也可抑制化学致癌物诱发肿瘤的过程。维生素 A 的前体 β-胡萝卜素也具有抑制肿瘤发生的作用，富含胡萝卜素的膳食能明显抑制二甲基苯蒽对小鼠的诱癌作用；给予小鼠腹腔注射 β-胡萝卜素可以抑制紫外线诱导的皮肤癌的发生。维生素 C 具有抗氧化活性，可通过影响细胞色素 P450 的活性而抑制癌症的发生，维生素 C 能与亚硝酸形成中间产物，减少体内亚硝酸盐的含量，从而抑制强致癌物亚硝酸胺的合成或促使已形成的亚硝酸胺分解。低维生素 C 水平与胃癌、食管癌发病率之间具有强相关性。维生素 C 还具有降低苯并芘和黄曲霉毒素 B_1 的致癌作用。维生素 E 可因具有抗氧化作用而预防癌症的发生。

（二）微量元素

人体内含量占总重量 0.01% 以下的元素，为微量元素，微量元素虽然含量很少，但对人体健康却起着重要的作用，它们作为酶、激素、维生素、核酸的成分参与生命的代谢过程。微量元素在人体内一旦缺乏或比例失衡，就会引起各种生理、生化的改变，出现各种症状或使个体患病。例如，锌可维持机体的正常发育和免疫功能，并可保护皮肤，促进伤口愈合，养护周围血管；铁可参与血红蛋白、细胞色素、肌肉和酶系统的构成；铜在造血系统、骨骼、神经系统和循环系统中发挥着重要作用；锰是多种酶的激活剂，与人体生长发育关系密切。越来越多的研究发现微量元素和肿瘤的发生可能有关，硒、钼、锌、碘等不可缺少，而镍、镉、铅的摄入过多又可能致癌。

（三）多糖

1. 膳食纤维

20 世纪 70 年代初期，曾在非洲行医 20 年的英国医生丹尼斯·伯基特发现了一种有趣的现象：在非洲大陆，结肠癌、直肠癌发病率非常低，那里的人也很少发生阑尾炎、肠憩室和肠息肉，而在美国和欧洲其他国家，直肠癌却相当普遍。比较了饮食情况之后，他发现当地非洲居民每天要吃 50g 以上的纤维，而欧美人连其的一半都摄取不到，根据这些发现，他大胆地向世人宣称：纤维可以抑制结肠癌的发生。膳食纤维中的大多数纤维素具有促进肠道蠕动和吸水膨胀的特性，有利于粪便的排出，从而可降低结肠癌的发病率。水溶性膳食纤维主要在结肠内经细菌酵解产生短链脂肪酸，从而发挥其抗癌和抑癌功能。此外，非水溶性膳食纤维的膨胀作用有助于稀释肠内的有毒物质，减少它们对肠道的毒害作用，有助于预防结直肠癌等肿瘤的发生。

2. 活性多糖

近年来，多糖在抗肿瘤方面发挥着越来越重要的作用，具有效果显著、毒副作用低的特点。目前已发现的活性多糖有几百种，按其来源不同，可分为细菌多糖、真菌多糖、藻类地衣多糖、植物多糖和动物多糖等。多糖能够从多个方面发挥抗肿瘤作用，不仅可以活化免疫细胞，而且还能直接杀伤肿瘤细胞，从基因分子水平、细胞凋亡途径、信号传导途径等多个方面抑制肿瘤细胞的生长和转移。

（四）ω-3 多不饱和脂肪酸

近年来的研究已发现多不饱和脂肪酸（polyunsaturatedfattyacids，PuFAs）具有多重生物活性功能，它可以降低血液中胆固醇和甘油三酯的含量、降低血液黏稠度、调节心脑血管、改善血液微循环、增强记忆力和思维能力、提高脑细胞的活性、增强人体防御系统的功能等。特别是 ω-3 和 ω-6 型 PuFAs 通过深入的实验研究及临床应用而被人们所熟知，引起了社会各界的广泛关注，PUFAs 的抗癌和预防癌症作用已被多项研究报道。增加膳食中 ω-3 多不饱和脂肪酸可降低结肠癌的发病率，其可能的机制是 ω-3 可下调 NO 合酶的水平，减少 NO 的合成。

（五）非营养素类抗突变/抗癌物

人们在对 200 多项流行病学调查结果进行分析时发现：大量食用蔬菜和水果可以预防多种癌症，后经实验证实蔬菜和水果中发挥抗癌作用的物质主要是植物化学物（Phytochemicals）。迄今为止，天然化合物的总数量还不清楚，但估计数值为 60000~100000 种。天然化合物的不断开发和创新利用，使其在抗癌药物中占据着越来越重要的地位。从抗癌综合疗效上来说，抗癌药物的开发与应用逐渐从靶点单一、毒副作用强的传统药物，转向了多靶点、多层次、多方位调节的毒性较小的天然化合物。天然化合物可以通过抑制某些致癌物前体的激活来抑制其向致癌物的转变过程，或者诱导机体的解毒功能来发挥抗癌作用。一些天然化合物如萜烯、酚类、黄烷酮、芳香异硫氰酸盐、吲哚等可与活化的致癌剂发生共价结合，并能掩盖致癌剂与 DNA 的结合位点，从而抑制了由 DNA 损伤所造成的致癌作用。

第二节　膳食营养与肥胖

肥胖是指一定程度的明显超重与脂肪层过厚，是体内脂肪，尤其是甘油三酯积聚过多而导致的一种状态。食物摄入过多或机体代谢的改变可导致体内脂肪积聚过多，造成机体体重过度增长并引起人体病理、生理改变或潜伏。按照 WHO 的定义，肥胖是一种疾病，它包括了肥胖本身对健康的损害以及肥胖相关疾病如高血压、糖尿病、高血脂、心脑血管疾病和某些癌症等对健康的损害。

一、肥胖的评定方式和标准

国际上对一个人是否出现肥胖症状通过综合测定标准体重、体重指数（BMI）、腰围（WC）及腰臀比（WHR）、体内脂肪含量测定、皮褶厚度等方式进行评定。国际上标准体重的常用计算方式有以下两种。

(1) 成年人的测量方式为：标准体重（kg）=［身高（cm）-100］×0.9。

(2) 分性别进行测试　男性：标准体重（kg）= 身高（cm）-105；女性：标准体重

（kg）=身高（cm）-100。

身高与体重的关系最常用的是身体 BMI，以 kg/m^2 表示。用体重公斤数除以身高米数的平方得出的数字即 BMI 值：BMI=体重（kg）÷［身高（m）］^{2}。即在国际上规定，男性正常体重的 BMI 标准值介于 20~25，女性正常体重的 BMI 标准值介于 19~24，当男性与女性的 BMI 值分别低于 20 与 19 时，人的体重过轻，BMI 值男性在 25~30，女性在 24~29 时人体的体重过重，如果 BMI 值男性超过 30，女性超过 29 这些人面临着肥胖的危险。在中国，人体的 BMI 标准又与国际标准有一定的差异性，体重过轻的 BIM 值被界定为 18.5 以下，此时由于肥胖引起的相关疾病的发病率比较低，但是其余疾病的发病率呈上升趋势。健康的人 BIM 值为 18.5~24，此时人们身体基本处于健康水平，患各种疾病的患病率比较低。当 BMI 的值达到 24~28 时，各种疾病的患病率开始增加，身体也属于超重范畴。当中国人的 BMI 大于 28 时，中国人正处于肥胖界限内，各种疾病的患病率加速上升。中国把 BMI 值 22 定为全民最理想的健康标准。BMI 反映了整体脂肪的增加情况，不能反映区域脂肪积累的情况。胸、腰、臀围三者中，特别是腰围最能反映区域性脂肪积累情况。

皮肤皱褶主要反映皮下脂肪积累情况，且准确度较低。测量仪器为皮皱褶厚度测量仪或皮褶计。测量部位有肩胛下角部、上臂肱三头肌、腹部脐旁 1cm 处、髂骨上峪等。其中，前 3 个部位分别代表个体肢体、躯干和腰腹等部分的皮下脂肪堆积情况。皮皱褶厚度一般需要与身高标准体重结合起来判定。判定方法如下：凡肥胖度≥20%，两处的皮皱褶厚度≥80%，或其中一处皮皱褶厚度≥95%者为肥胖；凡肥胖度<10%，无论两处的皮皱褶厚度如何，均为正常体重。

此外，估计体脂及其分布的方法还有 CT、核磁共振等，虽能准确测量脂肪的分布情况，但价格昂贵，实施困难，难以普及。

二、肥胖分类

按照不同的根据可以把肥胖分为很多种，但主要可以总结为以下几类。

1. 脂质型肥胖

脂质型肥胖是一种由于基因引起的肥胖，通常体现为对体内电解质的调节能力失衡。也就是说，这种类型的人，即便与正常人吃一样的食物，也很容易会胖起来。这种类型的肥胖人士主要体现在虚胖和水肿，如果日常饮食吃得味道比较重就很容易出现水肿的状况。脂质型肥胖常常会伴随着血脂异常，进而容易导致心脑血管疾病的发生。因此，脂质型肥胖的朋友们如果想要成功减肥，必须要避免高盐饮食，减少动物性油脂的摄入。

2. 代谢型肥胖

代谢性肥胖主要是指体内的油脂比例在体重中的比例突然迅速增加，导致人体的一部分部位的脂肪沉积过多。单纯性肥胖患者体内脂肪分布相对均匀，无内分泌紊乱和代谢紊乱，会有家族肥胖史，这是肥胖基因群表现出"脂肪燃烧"代谢异常造成的肥胖类型。这种类型的肥胖即通常所指的中心型肥胖。代谢型肥胖的人按其身高及体重标准虽未达到肥胖，但其体内脂肪代谢异常，常常使新陈代谢减缓，血脂升高，其腰腹部的脂肪堆积明显。有易患 2 型糖尿病、冠心病、高血压的倾向，常并发高胰岛素血症、胰岛素抵抗及高脂血症等。

3. 淀粉性肥胖

这是肥胖基因群表现出"淀粉"代谢异常造成的肥胖类型。这种类型的肥胖容易在男性腹部、女性下腹部、臀部及大腿处有脂肪堆积，形成中广型下半身肥胖症。只要摄入一点淀粉类的食物都会直接被转化成脂肪储存起来，所以如果属于这类型肥胖人群就要控制碳水化合物、淀粉的摄入了，而且整体要少吃、多摄入蛋白质才能瘦下来。淀粉性肥胖者由于摄入淀粉食物比例较高，所以最容易患上糖尿病等慢性疾病。

4. 脏器型肥胖

脏器型肥胖是肥胖基因群表现出"内脏脂质"代谢异常造成的肥胖类型。这种肥胖类型容易在腰部、腹部囤积脂肪，又称苹果型肥胖、腹部型肥胖、向心性肥胖、男性型肥胖、内脏型肥胖。需要强调的是脏器型肥胖囤积的脂肪不一定直接表现在体外，从外形上有可能只是看上去有点突出，但内脏脂肪的囤积情况较严重。这类人脂肪主要沉积在腹部的皮下及腹腔内。聚集在内脏的过多的脂肪是导致内脏中毒并降低其机能的罪魁祸首。脏器性肥胖还容易引发代谢综合征，导致高血压、中风、糖尿病、血脂异常等。尤其冲击肝脏和肠道，此类肥胖尤其要对油脂进行控制，定期进行肝肠排毒很有必要。

5. 单纯性肥胖

单纯性肥胖患者全身脂肪分布比较均匀，没有内分泌紊乱现象，也无代谢障碍性疾病，其家族往往有肥胖病史。单纯性肥胖是各种肥胖中常见的一种，约占肥胖人群的95%左右，简而言之就是非疾病引起的肥胖。单纯性肥胖又分为体质性肥胖和过食性肥胖两种。体质性肥胖是由于遗传性机体脂肪细胞数目较多造成的。过食性肥胖也称获得性肥胖，是有意识或者无意识的过度饮食造成的，单纯性肥胖会导致肥胖患者有沉重的精神压力、心理冲突和对自信心的打击，对他们的个性、气质、潜能发育以及日后各种能力的发展、人际交往等都会有永久性的影响。单纯性肥胖是一种找不到原因的肥胖，医学上也可把它称为原发性肥胖，可能与遗传、饮食和运动习惯有关。

6. 顽固性肥胖

顽固性肥胖又称西洋梨型肥胖，是通过食物及药物治疗，体重仍无明显下降者。此类肥胖患者由于有腹部、腰、大腿、臀部的皮下脂肪的积蓄造成了上半身不胖下半身胖的体形，状似梨形。有人主张以127kg为界线，超过此者均为顽固性肥胖。造成顽固性肥胖的主要原因有：精神受刺激；生活不愉快；某些人为因素促进的多食；某些严重的内分泌疾病，如柯兴氏综合征、垂体瘤等；合并其他严重的疾病。顽固性肥胖会降低患者的生活质量，影响劳动力，并容易遭受外伤，易患皮炎，易患静脉曲张等，严重者会导致行走困难，使劳动力丧失；还会导致身体器官负荷加重，从而导致身体器官衰竭。

三、肥胖发生的原因

人体肥胖是由脂肪体积的大小和脂肪数量来决定的，而人体成年后脂肪数量恒定，一般性减肥只能减小脂肪体积，而不能减少脂肪细胞，因此容易反弹。肥胖已经成为热门话题，目前科学家已克隆出了5个与人的食欲及体重调节有关的基因，即OB基因、LEPR基因、PC1基因、POMC基因和MC4R基因，并且认为犬科动物携带的腺病毒-36会诱发这类基因。

（一）遗传因素

肥胖具有遗传倾向。目前已发现近300余种与肥胖有关的基因，分布在除Y染色体以外的所有染色体上。据国外报告，父亲或母亲双方有一方为肥胖者，子女肥胖的可能性为40%~50%；父母双方均肥胖，其子女的肥胖可能性为70%~80%，尤其是母亲肥胖，子女肥胖概率更大。遗传肥胖者不少为自幼肥胖，常伴有高脂蛋白血症（m、V型）。遗传因素对于肥胖发生的影响主要有3方面：基础代谢低，使机体总能量的消耗较低；胃口通常较好，造成能量摄入较高；脂肪细胞富有弹性，能扩充得很大，或是脂肪细胞的增生较快，使脂肪细胞的数量较多。

（二）饮食因素

发达国家的肥胖症患病率远远高于不发达国家，其原因之一是发达国家人群的能量和脂肪摄入量特别是饱和脂肪酸摄入量大大高于不发达国家。正常人的能量消耗与摄入能量相当时，机体不会肥胖。热量摄入过多，尤其是高脂肪饮食是造成肥胖的主要原因。脂肪进入血液后，一部分可通过氧化而供给身体活动所需要的热量，一部分作为细胞的组成部分，还有一部分转化为其他物质，多余的变成了体脂被储存起来。如果吃得太多，机体所摄取的热量超过了正常的消耗，食物中的脂肪进入脂肪库储存的数量就会增多，从而引发肥胖；不吃早餐常常导致其午餐和晚餐时摄入的食物较多，而且一日的食物总量有所增加。晚上吃得过多运动相对较少，会使多余的能量在体内转化为脂肪被储存起来；一些儿童不正当的喂养方式，如偏食、食量大、吃零食等都可能是造成肥胖的原因；快餐特别是西式快餐的消费增加也是能量摄入增加的原因。值得关注的是，畜牧业主为追求利润，不惜在饲料中添加激素如雌激素、类固醇激素等可促进畜禽生长的物质，这些物质在食品中的残留，对肥胖症的发生起推波助澜的作用。要合理控制膳食三大营养素糖、蛋白质、脂肪的比例为6∶1∶0.7。成年人每日需要脂肪量达50g即足够。

（三）运动因素

研究表明，散步每分钟能消耗12.2kJ（2.9kcal）能量，跑步每分钟消耗37.8kJ（9kcal）能量，而坐时每分钟仅消耗7.98kJ（1.9kcal）能量，因此长期不活动与运动少是造成肥胖的另一个原因。据北京市2331例肥胖者调查结果显示，缺少运动者竟达1328例，占57%。研究者为评价运动对脂肪组织细胞结构的影响，进行了一些实验。强制任意喂养的青年大鼠在塑料桶中游泳，每周进行6d，共进行14~16周。随后总结了这些研究的结果，训练时间逐渐增加，直到大鼠能持续游360min。有两组成年大鼠会保持不运动状态：一组进行任意食物和水喂养；另一组控制饮食以保持与运动组相同的体重水平。结果给予无限制喂养而强迫进行15周运动的大鼠的最终体重低于不运动组和任意喂养组。因为两组每天摄取相同的热量，训练组的体重低增长率可归因于运动对热量的消耗。还显示出非训练组的总脂肪含量大约是任意喂养训练组的4倍。

（四）性别与职业因素

肥胖者中女性多于男性，北京市调查3560例肥胖患者中女性有2345人，占总数的67.3%。肥胖的发生与职业有一定的关系，炊事员肥胖者高达60%，食品厂、啤酒厂工人肥胖者高达44%，而一般工人肥胖者仅为15%，脑力劳动者肥胖的发生率高于体力劳动者，城市居民中肥胖者多于农民。

（五）年龄因素

医学调查发现，年龄与肥胖紧密相关。15岁以前开始发胖的占11.5%；15~19岁开始发胖的占14%；20~29岁开始发胖的占18%；30~39岁开始发胖的占33.8%；40~49岁开始发胖的占28.1%；50~59岁开始发胖的占5.6%；60岁以上开始发胖的占0.1%。由此可见，30~39岁开始发胖的人最多，其次是40~49岁及20~29岁，这可能与30岁以上的人，活动减少、生活趋于安定有一定关系。

(六) 精神因素

人的精神状态的好坏会直接影响一个人肥胖与否。俗话说心宽体胖。当一个人心境良好的时候，精神必然十分放松，食欲也会大开，这样必然会引起摄入过多，消耗过少，容易导致肥胖。反之，人的情绪处于极度悲伤的时候，人的食欲往往就会很差，甚至滴水不进，茶饭不思。原来，在人的大脑感知中，有两个部位在负责调节着进食行为。一个是腹内侧核，称为饱食中枢或厌食中枢，另一个叫腹外侧核，称为饥饿中枢或者进食中枢。各种精神因素刺激厌食中枢兴奋的时候，精神高度紧张，交感神经兴奋，产生饱腹的感觉，并且拒绝进食。反之，当进食中枢因刺激而兴奋的时候，迷走神经兴奋而胰岛分泌增多，食欲异常亢进，就会使人的食欲大为增加。平时，两个中枢维持着平衡，也使人保持着正常的体重，当这种平衡因人的精神因素被打破时，就会使人出现胖、瘦的两极分化。

(七) 代谢因素

肥胖的人合成代谢亢进，在休息及活动时能量消耗均较一般人少。肥胖人在不活动时对冷的反应差，不像一般人那样增加代谢率消耗脂肪。肥胖的人也常伴有脂质代谢紊乱，在饥饿时不易出现酮症。有时候，肥胖都是由于"代谢缓慢"导致的。身体燃烧热量的速度比别人慢，只要能加快代谢速度，体重问题就能随之解决。另外，肥胖与高血压、血脂异常及胰岛素抵抗（IR）存在相关性，且肥胖越严重，相关代谢异常越明显；腹部脂肪分布与高胰岛素血症、IR 的关系较总脂肪量更为密切。

(八) 内分泌因素

除下丘脑因素外，体内其他内分泌激素紊乱也可引起肥胖。其中胰岛素变化被公认为肥胖发病机制中最关键的一环，其次为肾上腺皮质激素的变化。肥胖的人胰岛素分泌过多，可促进脂肪合成。随着年龄增加，甲状腺功能和性腺功能低下时，脂肪代谢紊乱，体内脂肪分解减慢而合成增多，可导致脂肪堆积，这是随年龄增加而肥胖者增多的原因之一。肾上腺糖皮质激素是肾上腺皮质束状带分泌的一种激素，在人体中主要为皮质醇。单纯性肥胖者可有一定程度的肾上腺皮质功能亢进，血浆皮质醇正常或升高；而在继发性肥胖的人群中，柯兴综合征患者血浆皮质醇明显增高。由于血浆皮质醇增高，血糖升高，可引起胰岛素升高，后者会导致脂肪合成过多，形成肥胖。由于躯干及四肢脂肪组织对胰岛素和皮质醇反应性不同，故呈向心性肥胖。生长激素是腺垂体叶分泌的一种蛋白质激素，具有促进蛋白质合成、动员储存脂肪及抗胰岛素的作用，但在作用的初期，还表现为胰岛素样的作用。生长激素与胰岛素在糖代谢的调节过程中存在着相互拮抗作用。如果生长激素降低，胰岛素作用相对占优势，可使脂肪合成增多，造成肥胖。性激素本身并不直接参与脂肪代谢。女性机体脂肪量多于男性，女性机体脂肪所占百分率明显高于男性，皮下脂肪除个别部位外，一般比男性相应部位厚度增加一倍。在妇女妊娠期、绝经期、男性或雄性家畜去势后均可出现肥胖。胰高血糖素由胰岛 α 细胞分泌，其作用和胰岛素相反，可抑制脂肪的合成。儿茶酚胺是由脑、交感神经末梢、嗜铬组织主要是肾上腺髓质生成的，能促进脂肪分解，大脑皮层通过儿茶酚胺及 5 羟色胺调节下丘脑功能，交感神经通过儿茶酚胺调节胰岛素分泌。肥胖者的脂肪组织对儿茶酚胺类激素作用不敏感，但在体重减轻后可恢复正常。

(九) 微量元素

微量元素只占人体重量的十万分之几到百亿分之几，但作用很大。因为微量元素有高度的生物活性,可参与许许多多的酶活化反应,维持蛋白质、脂肪、碳水化合物的正常代谢过程。微量元素铬和脂肪代谢有明显关系,铬缺乏,脂代谢发生障碍,可导致血脂增高、动脉硬化、体型肥胖。碘缺乏时,甲状腺功能减退,基础代谢降低,从而可引发肥胖或导致黏液性水肿。另外,硒、钒、锌等与身体肥胖均有直接或间接关系。

(十) 睡眠

不仅肥胖会导致睡眠问题,睡眠问题也会导致肥胖。研究发现,如果缺少睡眠的话,人体的整体胰岛素反应能力就会下降16%,胃部脂肪细胞对胰岛素的灵敏性会下降30%,这一水平通常只会出现在患肥胖症和糖尿病患者身上。所以长期睡眠不足,也会导致发胖,甚至可使人患上糖尿病。这项研究的领导者还表示"要想身体正常运转,脂肪细胞也需要睡眠"。但根据美国杨百翰大学的研究发现,抑制肥胖增长的最佳睡眠时间是8~8.5h。为了提高睡眠质量,可以在睡觉前做适当的锻炼。不规律的作息时间会导致人体生物钟紊乱。

四、肥胖的危害

肥胖已成为世界范围内导致人类死亡的第五大因素,至少280万成年人由于肥胖引发的相关疾病而死亡。据统计,44%的糖尿病,23%的缺血性心脏病,以及7%~41%的特定癌症均是由肥胖引起的。儿童期肥胖会使成年期肥胖、早逝和残疾出现的概率增大。同时,肥胖者还会存在呼吸困难、骨折风险高、高血压、心血管疾病的早期征兆、胰岛素抵抗、2型糖尿病、脂肪肝、动脉粥样硬化及退行性疾病等。

(一) 高血压

肥胖者容易患高血压,有的肥胖人群会出现血压波动,20~30岁的肥胖者,高血压的发生率要比同年龄而正常体重者高1倍;40~50岁的肥胖者,高血压的发生率要比非肥胖者高50%。一个中度肥胖(BMI>30)的人,发生高血压的概率是体重正常者的5倍多,是轻度肥胖者的2倍多。肥胖者的高血压患病率高。肥胖持续时间越长,发生高血压的危险性越大(特别是女性)。

(二) 糖尿病

肥胖是发生糖尿病的重要危险因素之一。在2型糖尿病患者中,80%都是肥胖者。而且,发生肥胖的时间越长,患糖尿病的概率就越大。根据研究显示,体重指数为22~23时,糖尿病的发病风险很低;而体重指数在23~31的时候发病风险就变成40%,增加了10倍;体重指数是35时,女性发生糖尿病的风险是93.2%,所以糖尿病跟肥胖关系非常密切。由于肥胖患者的胰岛素受体数减少和受体缺陷,因此可出现胰岛素抵抗和空腹胰岛素水平较高的现象,并对葡萄糖的转运、利用和蛋白质合成产生影响。

(三) 心脑血管疾病

在中国,脑血管发病率是非常高的,由于存在动脉硬化和血栓的形成及肥胖、血脂异常等,缺血性脑梗死的发病率非常高。首先,肥胖人群容易发生大动脉粥样硬化,他们的脑血管又硬又脆,容易在高血压的作用下发生破裂,引起脑出血,甚至会危及生命。其次,肥胖者血液中的组织纤溶激活抑制因子也比普通人高,这种因子使血栓一旦生成就难以被溶解,所以肥胖者容易发生脑梗死。而过多的脂质沉积在冠状动脉壁内,可使管腔狭窄、硬化,易发生冠心病、心绞痛。研究发现,肥胖者的心绞痛和猝死发生率提高了4倍。这说明肥胖肯定会增加心脏的负担，造成心脏损害。正常人体的心脏就像一个水泵，不停地收缩和舒张，维持着血液的循环流动。肥胖者因血液中储存了过多的脂肪，所以血液总量也相应地增加了很多，心脏就会相应地增加收缩的力量。当心脏不堪重负时，它就无法再有效地泵血，这就使血液积聚在心血管系统中，重者甚至出现明显的心功能衰竭。

（四）脂肪肝和血脂异常

肥胖者往往有多食、喜食高脂肪食物和缺少运动等不良生活习惯。由于体内脂肪过多，身体处理脂肪的能力不足，使得机体组织对游离脂肪酸的调动和利用减少，导致血液中的脂肪含量异常。大量的流行病学数据表明，人体的肥胖程度与血液中的甘油三酯、总胆固醇和低密度脂蛋白胆固醇升高的水平成正比，与高密度脂蛋白胆固醇的水平成反比。肥胖者容易患高脂血症的原因目前还不十分清楚，可能的原因有如下几点：一是进食脂肪多，二是体内脂肪储存多，三是高胰岛素血症可增高血脂水平，四是血脂的清除有问题。脂肪肝和血脂异常在中国发病率非常高，大概有10%的脂肪肝患者会发展为脂肪性肝炎，导致肝硬化或肝癌的发生。肝脏是合成甘油三酯的场所，然而肝内并没有多少多余空间来储存它。在肥胖者体内甘油三酯合成与转运之间的平衡出现了失调的情况，肥胖者的脂肪酸摄入多，所以肝脏合成的甘油三酯也多。大量的甘油三酯堆积在肝脏内，结果形成了脂肪肝。肥胖者若能调整饮食，减少能量的摄入，同时增加适当的运动可以消耗更多的能量，使体重逐渐减少，其血脂异常的情况会得到明显的改善。

（五）癌症

肥胖跟一些肿瘤密切相关，据英国著名医学杂志《柳叶刀》发表的大型流行病调查显示，在英国524万人中，有17种癌症的患病风险与肥胖明显相关，包括子宫癌、胆囊癌、肾癌、宫颈癌、甲状腺癌、胰腺癌、白血病、肝癌、结肠癌、卵巢癌、乳腺癌等。对于女性来说卵巢癌、子宫内膜癌、膀胱癌和乳腺癌与肥胖明显相关；在男性中，前列腺癌与肥胖明显相关。肥胖会导致这些疾病的发病率明显上升，而且只要是肥胖者，无论男女都更容易患结肠癌及直肠癌。这些癌中，有一些癌的治疗已经取得比较好的效果，如前列腺癌、乳腺癌和直肠癌。但是，患卵巢癌、膀胱癌、子宫内膜癌的患者，生存5年以上的概率还是比较低的。

（六）骨关节疾病

肥胖可能引起的骨关节疾病主要有三种：骨性关节炎、糖尿病性骨关节病和痛风性骨关节病。其中，发生最多、危害最多的是骨性关节炎。肥胖引起的骨性关节炎主要影响膝关节，其次可影响髋关节及手指关节等。随着年龄增长，关节逐渐老化，重压无疑会促进关节发生疾病，再加上糖代谢和嘌呤代谢障碍，使这些疾病发病率大幅度上升。

（七）呼吸系统疾病

肥胖可造成胸壁与腹腔脂肪增厚，使肺容量下降、肺活量减少，进而影响肺部的正常换气功能。且因为换气不足，则可能引起红细胞增多症，造成血管栓塞。严重者可出现肺性高血压、心脏扩大及梗塞性心衰竭。脂肪的堆积也可能影响气管内纤毛的活动，使其无法发挥正常功能。最常见的是打呼噜，我们称之为阻塞性睡眠呼吸暂停综合征，这个病在肥胖人群中很常见，危害性也很大。肥胖人群中这个病的发生率高达50%~70%，而在普通人群中的发生率才2%~4%。一些肥胖人士白天打瞌睡或晚上睡觉的时候会有呼吸暂停的情况，会出现缺氧和一定的脑损伤，这部分患者发生心源性猝死的情况很多见。

(八) 其他疾病

肥胖还与其他多种疾病有关,如内分泌及代谢紊乱、胆囊疾病、痛风、心理疾病及对后代影响等都可能与肥胖有关系。

五、肥胖的防治

肥胖症以控制饮食及增加体力活动为主,这使得体内热量的摄入量少于消耗量,从而达到使肥胖者体内蓄积过剩的脂肪组织能够逐渐被转化成能量供机体使用,达到使体内脂肪组织减少、减轻体重的目的。

(一) 合理控制饮食

要保持合理的膳食,多食用高蛋白质、低脂肪的食物,饮食一定要清淡,多补充蔬菜水果,少吃自助餐、零食和甜点。减少含脂肪多的如肥肉、油炸食品、奶油、全脂牛乳等食物的摄入。肥胖者在利用饮食进行减肥期间,要迫使机体尽可能多地消耗脂肪,与此同时,机体的功能性组织和储备蛋白质也会被消耗掉。如果在膳食中不注意供给充足的蛋白质,则机体抵抗力会下降,容易患病。日常食用的优质蛋白多为动物性食品,其脂肪含量也高,故应选择脂肪含量低的肉类,如兔肉、鱼肉、家禽肉和适量的瘦猪肉、牛肉、羊肉及动物内脏,并多吃豆制品。蔬菜和水果含热量低,是肥胖者较为理想的食物。尤其是新鲜的蔬菜和水果,不仅热量低,而且富含维生素和纤维素,对肥胖者非常有益。纤维素的适量摄入可避免因热量减少而发生便秘的情况。肥胖的人往往食欲亢进,要防止饮食过量,一日三餐定时定量,自我控制是防止饮食过量的有效办法。坚持"早餐要饱,午餐要好,晚餐要少"的原则,少吃零食。饮食要清淡,限制食盐的用量。进食速度过快往往也是发胖的一个原因。如果放慢进食速度,可争取时间,使血糖上升,并通过神经反射尽快出现饱感,从而达到控制食欲的目的。适量饮水,不仅可以补充身体水分,还能帮助身体排除毒素、加速新陈代谢等,有助于更有效的健康减肥。

(二) 加强运动

要养成每天运动的习惯,增加热量的消耗,促进身体的代谢,从而减少发胖的机会,养成良好的生活习惯,合理安排自己的生活。对减肥最有效的运动就是有氧运动,它能够帮助机体燃烧脂肪,提高人体的新陈代谢。应多做些户外健身运动,尤其是消耗能量较多的运动,例如慢跑、爬山、快步走、球类运动、游泳等。每次运动最好一次性持续40min,中间不要停。此类强度的运动如果不能每天做,那么一个礼拜也要安排做3次以上。对于极度肥胖的人,要量力而为,可选择逐渐加大运动量的运动计划,以免心肺负荷过大,或是肌肉关节受伤。平时每天还可以适当选择步行、骑车、爬楼梯和负重走等运动方式。也可以做一些简单的减肥操。减肥操不仅强度小,简单易学,也没有场地限制,对减肥部位也有针对性。

(三) 药物治疗

当饮食及运动疗法未能奏效时,可采用药物治疗方法。药物主要分为六类。

1. 食欲抑制剂

中枢性食欲抑制剂、肽类激素、短链有机酸。

2. 消化吸收阻滞剂

糖类吸收阻滞剂、脂类吸收阻滞剂。

3. 脂肪合成阻滞剂
4. 胰岛素分泌抑制剂
5. 代谢刺激剂
6. 脂肪细胞增殖抑制剂

第三节　膳食营养与糖尿病

糖尿病是一组以高血糖为特征的代谢性疾病。高血糖则是由于胰岛素分泌缺陷或其生物作用受损，或两者兼有引起的血糖升高情况。根据数据，2019 年全球约有 4.63 亿 20~79 岁成人患糖尿病（11 个人中有 1 个为糖尿病患者）；预计到 2030 年，糖尿病患者会达到 5.784 亿人；预计到 2045 年，糖尿病患者会达到 7.002 亿人。2019 年，我国糖尿病患者（20~79 岁）数量为 1.164 亿人，位居世界第一。临床上，糖尿病主要分为 1 型糖尿病和 2 型糖尿病。1 型糖尿病患者存在免疫功能异常，在某些病毒如柯萨奇病毒、风疹病毒、腮腺病毒等感染后可导致自身免疫反应，破坏胰岛素 β 细胞。进食过多、体力活动减少导致的肥胖是 2 型糖尿病最主要的因素，使具有 2 型糖尿病遗传易感性的个体容易发病。目前 2 型糖尿病的发病率较高，大约占全部患者的 90%以上。无论是哪一类型的糖尿病，究其根本原因就是胰岛功能受损，如胰岛素分泌不足、胰岛素抵抗等，最终才引发了糖尿病。

糖尿病患者吃什么好，一直是糖尿病患者及其家属比较关心的问题，一个基本的原则就是：可能快速提升血糖的，以及糖分含量高的或者淀粉、脂肪含量高的食品是要少吃，他们都很容易转化为葡萄糖。是不是促进血糖降低的就好呢？也不全是，需要合理搭配膳食，以缓解和平衡胰岛的压力。营养预防或营养治疗糖尿病的目的是指导和帮助健康人或糖尿病患者，学会如何摄入营养素，以保持良好的代谢，预防糖尿病的发生或辅助糖尿病患者更快地恢复健康。对于糖尿病患者来说，限制营养素的摄入量，设计最佳的糖尿病膳食，配合药物治疗，就能收到意想不到的效果。饮食治疗是各种类型糖尿病治疗的基础，一部分轻型糖尿病患者单通过饮食治疗就可控制病情。

一、糖类与糖尿病

富含糖类、脂肪、动物蛋白和少量植物纤维的饮食易导致血糖异常。研究证明，糖类是糖尿病和反应性低血糖（还有肥胖）发病最主要的促成因素。糖类入血后能很快引起血糖的急剧升高。机体对此所做的反应是迅速分泌胰岛素。而胰岛素的过多分泌又可促使血糖降低并常引起低血糖的症状。机体对血糖水平迅速降低做出的反应是分泌。肾上腺素是一种可使血糖迅速升高的激素，反复的低糖刺激，逐渐会使肾上腺变得"精疲力竭"而无法做出适度的反应，这一反应的缺乏会导致反应性低血糖的发生。如果血糖调整机制进一步恶化，最终，机体将变得对胰岛素不敏感或胰腺功能走向衰竭，并且反应性低血糖也将衍变成糖尿病。显然，糖尿病和低血糖治疗或预防的关键点在于远离糖类。根据我国人民生活习惯，可进主食（米或面）250~400g。可作如下初步估计：休息者每天进主食 200~250g，轻度体力劳动者每天进主食 250~

300g，中度体力劳动者每天进主食 300~400g，重体力劳动者每天进主食 400g 以上。

二、蛋白质与糖尿病

糖尿病患者往往并发患有肾功能疾病，对糖尿病患者的尿成分进行分析后发现，尿中含有过多的含氮化合物。这一结果说明糖尿病患者需适当增加蛋白质的摄入量，但是也不能过多，过多会增加肾的负担，并且过量摄入蛋白质会刺激胰高血糖素和生长激素的过度分泌，两者均可抵消胰岛素的作用。如果蛋白质摄入过少，会出现负氮平衡。蛋白质的需要量为成人每千克体重约需 1g。儿童、孕妇、哺乳期妇女，营养不良、消瘦、有消耗性疾病者宜增加至每千克体重 1.5~2.0g。糖尿病肾病者应减少蛋白质摄入量，每千克体重蛋白质需要量为 0.8g，若已出现肾功能不全，应摄入高质量蛋白质，摄入量应进一步减至每千克体重 0.6g 蛋白质。

三、脂肪与糖尿病

之前我们都认为引起糖尿病的元凶是肝脏和胰脏。最近的研究发现，原来并不是这两个器官引起的糖尿病，糖尿病真正的元凶，其实是脂肪，研究也发现越胖的人患糖尿病的概率也越高。所以治疗的重点应该是降低脂肪。据报道，饲喂高脂肪膳食的大鼠易出现胰岛素抵抗，人类摄入高脂肪膳食也会发生类似情况。摄入高脂肪膳食的人群，容易发胖，因此代谢过程中脂肪酸的生成量也会增多，机体便容易进行脂肪酸分解氧化供能，葡萄糖的利用会减少，出现胰岛素抵抗，增加糖尿病的患病风险。脂肪的能量较高，每克产热量 9kcal。约占总热量 25%，一般不超过 30%，每日每千克体重 0.8~1g。动物脂肪主要含饱和脂肪酸，植物油中含不饱和脂肪酸多。糖尿病患者易患动脉粥样硬化，应以植物油摄入为主，才更有利于控制血总胆固醇及低密度脂蛋白胆固醇水平。

四、矿物质与糖尿病

糖尿病患者不同水平地存在铬、铜、锌、锰、镁、硒及钙元素低的情况，需适度补充这些营养元素。三价铬参与构成葡萄糖耐量因子，能改善糖耐量，这是一种由铬、烟酸、谷氨酸、甘氨酸、含硫氨基酸等构成的化合物，有促进胰岛素分泌的作用。其作用方式可能是含铬的葡萄糖耐量因子在细胞膜的硫氢基和胰岛素分子 A 链的两个二硫键之间形成一个稳定的桥，使胰岛素充分发挥作用，以维持血糖浓度。目前普遍认为，补充三价铬对糖尿病预防有积极作用。胰岛素分子含锌高，锌分布在胰岛 β 细胞颗粒中，能促进胰岛素的结晶化，每分子胰岛素中含两个锌原子，能直接影响胰岛素的合成、储存、分泌和结构的完整性及胰岛素本身的活性。锌还是多种酶的输因子，直接参与糖的氧化供能。同时，锌也能协助葡萄糖在细胞膜上的转运。有研究报道，糖尿病患者普遍缺锌，血糖稳定的 2 型糖尿病患者的血清锌浓度降低，容易发生低血糖的糖尿病患者会出现尿锌流失增加，因此糖尿病患者应得到及时的锌补充。因此，糖尿病患者应重视适度从食材中摄入铬、铜、锌、锰、镁、硒及钙元素。

总之，营养治疗对糖尿病非常重要。糖尿病患者的营养治疗是在充分保证患者正常生长发育和保持机体功能的同时，尽可能地使其的血糖、血脂达到正常水平，预防和治疗糖尿病的急性和慢性并发症，改善健康状况。

第四节　膳食营养与心脑血管疾病

心脑血管疾病是心脏血管和脑血管疾病的统称，泛指由于高脂血症、血液黏稠、动脉粥样硬化、高血压等所导致的心脏、大脑及全身组织发生的缺血性或出血性疾病。心脑血管疾病是一种严重威胁人类，特别是 50 岁以上中老年人健康的常见病，具有高患病率、高致残率和高死亡率的特点，即使应用目前最先进、完善的治疗手段，仍可有 50% 以上的脑血管意外幸存者生活不能完全自理，全世界每年死于心脑血管疾病的人数高达 3000 万人，心脑血管死亡率居各种死因首位。心脑血管疾病是全身性血管病变或系统性血管病变在心脏和脑部的表现。其病因主要有 4 个方面：①动脉粥样硬化、高血压性小动脉硬化、动脉炎等血管性因素；②高血压等血流动力学因素；③高脂血症、糖尿病等血液流变学异常；④白血病、贫血、血小板增多等血液成分因素。

一、动脉粥样硬化

动脉粥样硬化（atherosclerosis，AS）是冠心病、脑梗死、外周血管病的主要原因。脂质代谢障碍为动脉粥样硬化的病变基础，其特点是受累动脉病变从内膜开始，一般先有脂质和复合糖类积聚、出血及血栓的形成，进而出现纤维组织增生及钙质沉着，并有动脉中层的逐渐蜕变和钙化，从而导致动脉壁增厚变硬、血管腔狭窄。病变常累及大中肌性动脉，一旦发展到足以阻塞动脉腔，则该动脉所供应的组织或器官将缺血或坏死。由于在动脉内膜积聚的脂质外观呈黄色粥样，因此称为动脉粥样硬化。

（一）动脉粥样硬化发生的原因

动脉粥样硬化是发生在动脉血管里的病变，早期没有明显症状，所以很容易被忽视。但它的危害很大，人们应在日常生活中积极预防该病。动脉粥样硬化可能与吸烟、饮酒、高血压、高血脂、肥胖、高盐饮食、缺乏锻炼和作息不规律等几个危险因素有关。

（二）动脉粥样硬化的危害

当主动脉及其分支发生粥样硬化时，可导致血管壁弹性降低，可影响全身血流，导致收缩压增高，脉压增宽，心脏负担增加。当内脏及四肢动脉管腔因粥样硬化而发生狭窄或者闭塞时，可使供应器官与组织的血液减少，引起相应的器官与组织的缺血和坏死。动脉粥样硬化可导致动脉壁的弹力与肌层被破坏，使血管壁变得薄弱，如合并有高血压的患者极易因血管壁薄而出现血管破裂出血。动脉粥样硬化对各个组织器官的危害如下所述。①冠状动脉粥样硬化产生管腔狭窄或闭塞进而导致心肌供血不足，引发心肌缺血、缺氧，而出现心绞痛、心肌梗死等心脏疾病。②脑动脉粥样硬化可导致大脑供血不足，严重者可导致脑梗死、脑出血或者脑萎缩等。③肾动脉粥样硬化可引发不稳定性高血压。④肠系膜动脉粥样硬化可以引起消化不良，出现便秘或者腹痛等。⑤下肢动脉粥样硬化可以引起下肢发凉、麻木和间歇性跌倒，严重时还可以出现坏疽等。

(三) 膳食营养与动脉粥样硬化

动脉粥样硬化患者总的膳食原则应在平衡饮食的基础上控制总能量和总脂肪的摄入，限制饮食中饱和脂肪酸和胆固醇的含量，保证充足的食物纤维和多种维生素，补充适量的矿物质和抗氧化营养素。具体措施包括以下几点。

1. 限制总能量摄入

能量摄入过多是肥胖的重要原因，而肥胖又是动脉粥样硬化的重要危险因素，故应该控制总能量摄入，保持能量摄入与消耗的平衡，应适当增加运动量，保持理想体重。宜吃低热能食物，每天摄入主食 150~250g。

2. 限制脂肪和胆固醇摄入

脂肪摄入以占总能量 20%~25% 为宜，饱和脂肪酸摄入量应少于总能量的 10%，避免经常食用含胆固醇高的食物及过多的动物脂肪，如患者血脂继续增高，应摄入低胆固醇、低动物脂肪膳食。

3. 增加植物性蛋白质的摄入

蛋白质摄入量占总能量 15% 左右，提高植物蛋白质的摄入，如大豆及其制品等。大豆蛋白富含异黄酮，有利于调节血脂，从而达到防治动脉粥样硬化的目的。另外，应少吃甜食，控制含糖饮料的摄入。

4. 摄入充足的膳食纤维

膳食纤维在肠道与胆汁酸结合，可降低血胆固醇水平，提高人体胰岛素敏感性。因此，应多摄入含膳食纤维丰富的食品。

5. 保证充足的维生素与微量元素

维生素 E 和很多水溶性维生素及微量元素具有改善心血管功能的作用，特别是维生素 E 和维生素 C 具有抗氧化作用，应多食用新鲜蔬菜和水果。研究发现，心脑血管病患者的血浆铁低于正常人，因此应常吃豌豆、木耳、菠菜等富含铁的食物。富含钾的食物进入人体可以对抗钠所引起的升压作用并可减少血管损伤，可以在食谱中经常出现。

6. 饮食清淡

每人每天吃盐量应严格控制在 2~6g，食盐量还应减去烹调用酱油中所含的钠（3mL 酱油相当于 1g 盐）。尤其合并有高血压或心力衰竭者，应限制食盐摄入量。避免大鱼大肉、油腻肥厚及辛辣食品的摄入。

7. 多吃保护性食品

很多植物中含有植物化学物，摄入这些植物化学物有利于心血管的健康，应鼓励患者多吃富含植物化学物的食物。

二、高脂血症

高脂血症是指血脂水平过高，可直接引起一些严重危害人体健康的疾病，高脂血症可分为原发性和继发性两类。原发性高脂血症与先天性高脂血症和遗传有关，是由于单基因缺陷或多基因缺陷，可使参与脂蛋白转运和代谢的受体、酶或载脂蛋白异常所致，或由于环境因素和通过未知的机制而致。继发性高脂血症多发生于代谢性紊乱疾病，或与其他因素如年龄、性别、季节、饮酒、吸烟、饮食、体力活动、精神紧张、情绪活动等有关。高脂血症的临床表现主要是脂质在真皮内沉积所引起的黄色瘤和脂质在血管内皮沉积所引起的动脉粥样硬化。尽管高脂血症可引起黄色瘤，但其发生率并不是很高；而动脉粥样硬化的发生和发展又是一种缓慢渐进的过程。因此，在通常情况下，多数患者并无明显症状和异常体征。不少人是由于其他原因进行血液生化检验时才发现血浆脂蛋白水平升高的。

（一）血脂及脂蛋白

血脂是血浆中的中性脂肪（甘油三酯）和类脂（磷脂、糖脂、固醇、类固醇）的总称，广泛存在于人体中。它们是生命细胞的基础代谢必需物质。一般来说，血脂中的主要成分是甘油三酯和胆固醇，其中甘油三酯参与人体内能量代谢，而胆固醇则主要用于合成细胞浆膜、类固醇激素和胆汁酸。血脂有外源性脂质和内源性脂质两种来源。因为脂质不溶于水，所以在血浆中会以甘油三酯（TAG）和胆固醇酯（CE）为内核，载脂蛋白、磷脂及游离胆固醇单分子层覆盖于表面形成能溶于水的球状复合体——脂蛋白，保证脂质能在血浆中正常运输、总胆固醇、甘油三酯、低密度脂蛋白（特别是氧化的低密度脂蛋白）或极低密度脂蛋白增高，高密度脂蛋白尤其是它的亚组分Ⅱ减低，载脂蛋白A降低和载脂蛋白B升高都被认为是危险因素。原因在于人体在进食脂类食物以后，首先是经过胃、小肠等消化器官进行消化吸收进入血液系统的，随之转运至肝脏，进行进一步的代谢。代谢以后的物质有两条出路，一是被携带进入血液系统，然后转运到其他器官，如心脏等；另一种就是进入肠道然后被排出体外。而我们所说的低密度脂蛋白和极低密度脂蛋白是将肝脏的脂质携带到周围器官的，如心脏；而高密度脂蛋白则是将周围的脂类物质转运到肝脏进行代谢，然后经过各种途径被排出体外的。所以，当低密度脂蛋白和极低密度脂蛋白升高时，周围器官的脂质沉积就会增多，像是心脏、大脑的脂质增多，就表现为动脉粥样硬化；而如果是高密度脂蛋白增高的话，周围器官的脂质沉积就会减少。

（二）高脂血症的病因

原发性高脂血症就是原来无任何其他疾病而发生的高脂血症，一般是因为遗传因素。继发性高脂血症，就是由于各种原因引起的高脂血症，例如，糖尿病、甲状腺功能减退、肾病综合征、肾移植、胆道阻塞等。不良饮食习惯、长期服用某种药物，如暴饮暴食、嗜酒、偏食、饮食不规律、避孕药、激素类药物等都可引发高脂血症。长期精神紧张可导致内分泌代谢紊乱，日久便会形成高脂血症。

（三）高脂血症的危害

高脂血症容易诱发多种疾病，存在很多并发症。高脂血症对身体的损害具有隐匿性、逐渐性、进行性以及全身性。对人体造成的危害如下所述。

1. 引起动脉粥样硬化

高脂血症是人体脂肪代谢紊乱的表现，它是一种慢性疾病，大多会伴随人的终生，有不可逆转性，当患上了高脂血症以后，血脂的沉积速度是很快的，当达到一定的量时，会发生质的变化，最常见的是发生冠心病、阻塞动脉及其引发脑血管病，高脂血症与动脉粥样硬化关系密切，会引发动脉粥样硬化，危害人体健康。

2. 引起冠心病

高脂血症是引起冠心病的一个原因，但冠心病不仅仅只有高脂血能引起，冠心病的病因是多种多样的，高血压、糖尿病都是引发冠心病的因素。大多数人认为高脂血和高血压病、脑血管破裂以及栓塞有关，不太注意高脂血也是冠心病的一个病因，这是因为冠心病是冠状动脉粥样硬化性心脏病,冠状动脉是供给心脏营养物质的血管,如果受堵塞会形成心肌缺血缺氧或者梗死。当人体由于长期高脂血症形成动脉粥样硬化,则冠状动脉内血流量变小、血管腔内会变窄、心肌注血量会大大减少,使心肌缺血,从而导致出现心绞痛,形成冠心病。

3. 对肾的危害

血脂异常会加速动脉硬化,这是人们所知的一个方面,另一个方面是血脂异常会伤及肾脏,患上了高脂血症的患者在生活中应对肾脏要积极保护。它通常可引起肾小球硬化,高脂血能引发血管内皮细胞损伤,会让血管壁的通透性增高,如此,就会导致肾小球硬化,危害人体肾功能的正常工作。

4. 高脂血症能加重糖尿病的病情

高脂血是威胁糖尿病患者健康和生命的危险因素,它能加重糖尿病,因此,人在患上糖尿病以后,不仅要对糖尿病进行有效的治疗,对血脂也应该积极调控,患了糖尿病以后,降脂是降低死亡的一个重要手段,这对防止并发症有着积极的作用。

5. 高脂血症能诱发胰腺疾病

高甘油三酯血症可引起胰腺炎,当甘油三酯水平过高的时候会在血管内、肝脏、胰腺等处堆积,一旦发生胰酶连锁反应,就会激活胰酶将甘油三酯分解为大量的游离脂肪酸。这时就会损伤胰腺,有一些高脂血蛋白血症患者经常会反复地出现上腹痛,这极有可能是胰腺炎的早期表现,应及时就诊。

6. 高脂血症引起脑梗

到现在为止,患脑梗的人数在不断增加。高脂血症患者能引起脑梗,这也为大多数人所知晓,当血液中的胆固醇增高时,很容易形成动脉硬化,这些硬化的斑块在动脉壁内堆积,会让动脉管变得很窄,当堆积发生在脑血管的时候,就形成脑梗,因此,患了高脂血病的患者一定要注意对血管的清理。防止堵塞。

7. 高脂血症并发脂肪肝

高脂血症与脂肪肝有相似的病因,大多时候同时存在于某个个体之中,或患高脂血在先,或患脂肪肝在先,这也就是我们常认为的:一个人很胖,我们都会提醒他小心脂肪肝,但同时我们也会想到血脂稠,实际情况也正是如此。患脂肪肝时,并没有太明显的症状表现,只是人犯困,食量减,肝区闷痛等,高脂肪的饮食习惯可让身体储存过多的脂肪,脂肪囤积太多会引发高脂血症,长期性的高脂血会导致脂肪肝,之后可引发肝动脉粥样硬化,肝小叶也会受到损害,也将引发肝硬化,从而损害肝功能。

8. 高脂血症可引发高血压

在人体内形成动脉粥样硬化以后,高脂血症可导致人体心肌功能紊乱,血管紧张转换酶会大量被激活,促使血管动脉痉挛,诱发肾上腺分泌升压素,从而导致高血压。人体一旦形成高血压,就会使血管经常处于痉挛状态之下,而血管在硬化后会出现内皮损伤,甚至会出现血管破裂现象,形成脑出血。脑血管在血栓形成状态下出现瘀滞,容易导致脑血栓和脑梗死的发生。

(四)膳食营养与高脂血症

1. 胆固醇和脂肪

摄入胆固醇量会影响血浆胆固醇含量、血胆固醇浓度过高,增加心血管疾病发生的危险,但影响程度不如饱和脂肪酸的影响大。在植物性食物中存在种类繁多的植物固醇,其结构都含有环戊烷多氢菲母核,是胆固醇的结构类似物,随食物进入肠道后能竞争性抑制胆固醇的吸收,可降低血胆固醇，因此，适当限制动物性食物摄入并相应提高植物性食物的摄入可有效防治高胆固醇血症，保护心脑血管健康。但是又不能过分限制胆固醇的摄入，胆固醇水平过低会导致血管壁脆弱，容易出现血管破解等疾病。

相较于胆固醇，食物中脂肪的分布更广，含量也更高，因此，脂肪对血浆胆固醇的影响也更加重要。通常饱和脂肪酸可使血胆固醇含量升高，但并不是所有饱和脂肪酸都如此。6~10个碳原子的短链脂肪酸和18个碳原子的硬脂酸对血胆固酪的浓度影响很小。12~16个碳原子的饱和脂肪酸豆蔻酸（12C）、月桂酸（14C）和棕榈酸（16C）具有升血脂的作用。单不饱和脂肪酸如油酸等不会造成血胆固酪浓度的升高。多不饱和脂肪酸可使血胆固醇含量降低，亚油酸、二十碳五烯酸（EPA）和二十二碳六烯酸（DHA），除具有降低血胆固醇浓度的作用外，还可降低血小板凝聚率和血压。EPA和DHA还在视网膜和大脑的结构膜中起重要作用。将植物油氢化可转化成人造黄油，过程中会产生反式脂肪酸结构，但过多的多不饱和脂肪酸摄入同样会大大增加总热量的摄入。反式脂肪酸主要是指油酸，进食反式油酸，会使血胆固醇浓度上升。因此，无论饱和脂肪酸、多不饱和脂肪酸还是反式脂肪酸都不宜摄入过多。

2. 糖和总热量

研究表明，糖对血脂也具有一定的影响，糖对血脂的影响与其种类有关。摄入过多甜食，超过人体所需的量，过多的糖不能被消耗，会在体内被转化为脂肪，使血脂水平升高，促进动脉粥样硬化的发生和发展，尤其对冠心病患者不利。而且，摄入糖过多可使血液中的甘油三酯急剧上升，造成高血脂，进而影响凝血机制和血小板功能，在冠心病患者中由糖引起的高脂血症最为多见。当蛋白质缺乏时，过量摄入的糖极易在肝脏中被转化为甘油三酯并堆积起来，从而形成脂肪肝。

总热量也是一个重要因素。不少冠心病患者都存在肥胖或超重的情况。这些人的胆固醇含量有时不一定增高，但甘油三酯增高者则非常多见，这说明这类患者摄入的热量相对过多。其机制可能是由于肥胖导致胰岛素抵抗，从而代偿性地形成高胰岛素血症，后者将促使肝脏更快地合成内源性甘油三酯，导致形成高甘油三酯血症。热量摄入过多引起的肥胖，可使血中的高密度脂蛋白（HDL）胆固醇含量显著降低。通过限制热量摄入或增加消耗而使体重降低时，血脂异常的情况也会得到改善。

3. 蛋白质

高脂血是指血浆中脂质含量过高，即胆固醇和甘油三酯增高。胆固醇和甘油三酯都是和蛋白质相结合，以脂蛋白的形式存在的，故高脂血症又称为高脂蛋白血症。但是优质蛋白质对许多心血管疾病有预防作用，不同来源的蛋白质对血脂的影响不尽相同。研究表明，用植物蛋白代替动物蛋白可使血胆固醇含量显著降低。另外，优质蛋白质可促进肠道内胆固醇的排泄、减少肠道内胆固醇和胆汁酸的重吸收，从而使血清胆固醇降低。

4. 膳食纤维

膳食纤维对高脂膳食引起的血清总脂（TL）、总胆固醇（TC）、总甘油三酯（TG）、低密度脂蛋白胆固醇（LDL-C）和动脉硬化指数（AI值）上升具有明显抑制作用，对作为抗动脉粥样硬化因子的高密度脂蛋白胆固醇（HDL-C）具有明显升高作用。黏性可溶性膳食纤维可在肠道内形成胶基层，使肠道非搅动层增厚，直接阻碍了膳食胆固醇的扩散以及胆汁与胆固醇的乳化作用，降低了胆固醇的吸收率。一些富含可溶性膳食纤维的食物可降低人的血浆胆固醇，且几乎都是降低低密度脂蛋白胆固醇，而高密度脂蛋白胆固醇降得很少或不降低。这些膳食中的膳食纤维能促进体内脂质和脂蛋白的代谢，增加体内胆固醇的排泄，降低血清胆固醇浓度。

5. 维生素和微量元素

维生素与脂质代谢有一定的关系，维生素 B_2 能显著降低血脂中的脂肪酸，促进脂肪代谢。与维生素 C、维生素 E 联合使用的话，降脂效果更佳。维生素 B_6 能促进亚油酸转变为花生四烯酸，从而降低胆固醇，促进脂肪代谢。维生素 C 能降低血浆 TC，升高 HDL-C，清除自由基，保护血脂不被氧化，并在维持血管壁的完整性及脂代谢中起着重要作用。维生素 E 是微循环活化剂，既能强化低密度脂蛋白（LDL）的抗氧化能力，还能补充 LDL 在氧化修饰过程中体内维生素 E 的丢失，从而预防动脉斑块的形成。

微量元素通过激活或抑制生物酶的活性而对机体许多生物学过程产生重要影响。碘元素具有防治脂类在动脉壁沉着的作用，钠和镉与高血压的发病有关，可间接地影响动脉粥样硬化，而锌具有对抗镉的作用。一般说来，食物中的锌/镉比值越高越好。

各种营养成分的作用并不是孤立存在的，而是相互联系、相互作用的，因此，在现实生活中不能单纯强调某单一营养素或某一种食物的作用，应该在平衡膳食基础上综合把握。

三、高血压

高血压（hypertension）是指以体循环动脉血压（收缩压和/或舒张压）增高为主要特征（收缩压≥140mmHg，舒张压≥90mmHg），可伴有心、脑、肾等器官的功能或器质性损害的临床综合征。高血压是最常见的慢性病，也是心脑血管病最主要的危险因素。正常人的血压随内外环境变化在一定范围内波动。在整体人群，血压水平可随年龄逐渐升高，以收缩压升高更为明显，但 50 岁后舒张压呈现下降趋势，脉压也随之加大。近年来，人们对心血管病多重危险因素的作用以及对心、脑、肾靶器官保护的认识不断深入，高血压的诊断标准也在不断调整，目前认为，同一血压水平的患者发生心血管病的危险不同，因此，有了血压分层的概念，即发生心血管病危险度不同的患者，适宜血压水平应不同。血压值和危险因素评估是诊断和制定高血压治疗方案的主要依据，不同患者高血压管理的目标不同，医生面对患者时在参考标准的基础上，根据其具体情况判断该患者最合适的血压范围，并采用针对性的治疗措施。在改善生活方式的基础上，推荐使用 24h 长效降压药物控制血压。除评估真实血压外，患者还应注意在家庭中的清晨血压的监测和管理，以控制血压，降低心脑血管事件的发生率。

（一）高血压的病因

高血压的病因很多，与遗传因素有关。约 60% 的高血压患者有家族史。目前，它被认为是由多基因遗传引起的。30%~50% 的高血压患者由遗传背景、心理和环境因素造成，长期的心理压力、兴奋、焦虑、噪声或视觉刺激不良等因素也可引发高血压。发病率也有随年龄增长的趋势。饮食结构的不合理、食盐过多、大量饮酒、过量摄入脂肪和饱和脂肪酸均能提高血压。一些药物和其他疾病的影响也会增加血压。

1. 遗传因素

遗传性高血压一般称为原发性高血压。原发性的高血压常常有家族聚集性，父母亲均有高血压，子女发病的概率可以达到 46%。高血压的遗传可能存在主要基因显性遗传和多基因关联遗传两种方式。在遗传表型上，不仅高血压发生率体现出遗传性，而且在血压的升高水平、并发症的发生以及其他相关因素方面也具有遗传性。

2. 精神和环境因素

长期的精神紧张、激动、焦虑，受噪声或不良视觉刺激等因素也会引起高血压的发生。

3. 年龄因素

发病率随着年龄增长而增高，但是目前高血压有年轻化趋势，一般超过45岁以后，高血压的发病率在逐年上升，目前高血压主要的发病年龄在50岁以后。随着年龄的增大，高血压的发病率在逐渐增高。一般需要定期地进行体检，一旦出现高血压，应早期进行生活干预和药物的干预。

4. 生活习惯因素

保持良好的生活习惯，如减轻体重、合理膳食（低盐低脂高纤维饮食）、增加体力活动、减轻精神压力、戒烟等，可以减少高血压的发生。膳食结构不合理，如过多的钠盐、低钾饮食、大量饮酒、摄入过多的饱和脂肪酸均可使血压升高。吸烟可加速动脉粥样硬化的进展，是高血压病的危险因素。

5. 药物的影响

会引起高血压的药物首先是可以导致水钠潴留的药物，包括非甾体类抗炎药和肾上腺皮质激素如强的松等。其次，一些导致交感神经活动亢进的药物，如一些抗抑郁药物也可以导致血压升高。再次，导致动脉弹性功能和结构改变的药物，如抗肿瘤的药物等也可以导致血压上升。不仅如此，一些抗感染药、消炎止痛药、减肥药和避孕药都可能会导致血压升高。

6. 其他疾病的影响

肥胖、甲状腺疾病、糖尿病、睡眠呼吸暂停低通气综合征、肾上腺占位性病变、嗜铬细胞瘤、肾动脉狭窄、肾脏实质损害、其他神经内分泌肿瘤等疾病都会引起高血压。

(二) 高血压的危害

高血压是一种常见的慢性疾病，如不加以重视，慢慢地会发展成为危害人类健康的头号杀手，高血压以及糖尿病还有高血脂经常被人称为富贵病，是和我们的生活习惯有很大关系的，很多人对这种疾病不够了解、也不够重视，并不知道高血压的潜伏危害是什么。高血压真正的危害性在于损害心、脑、肾等重要器官，造成脑卒中（中风）、心肌梗死、肾功能衰竭（严重的会导致尿毒症）等严重后果。

1. 引发脑血管疾病

高血压对脑的危害主要是影响动脉血管，长期的高血压会使脑血管发生缺血与变性，容易形成脑动脉瘤，从而发生脑出血。高血压还能促使脑动脉粥样硬化，并发脑血栓，而脑小动脉闭塞性病还会引起腔隙性脑梗死。当脑动脉硬化到一定程度时，再加上一时激动或过度兴奋，如愤怒、突然事故的发生、剧烈运动等，可使血压急骤升高，脑血管破裂出血，血液便溢入血管周围的脑组织，此时，患者立即昏迷，倾跌于地，俗称中风。脑出血是晚期高血压病最常见的并发症。脑出血的病变部位、出血量多少和紧急处理情况对患者的预后影响大，一般病死率较高，即使是幸存者也遗留偏瘫或失语等后遗症。所以防治脑出血的关键是平时有效地控制血压。

2. 肾动脉硬化和尿毒症

肾脏参与高血压的形成与维持，肾脏又因血压升高而受到损害，高血压与肾脏损害可相互影响，形成恶性循环。高血压合并肾功能衰竭约占10%。急骤发展的高血压可引起广泛的肾小动脉弥漫性病变，导致恶性肾小动脉硬化，最初是尿浓缩功能减退，表现为夜尿多，尿中含蛋白。继续发展下去，尿中将会出现大量蛋白质，体内代谢废物不能被顺利排泄，尿素氮、肌酐大大上升，加速了肾实质坏死，最终导致出现尿毒症或肾功能衰竭等肾脏疾病。

3. 高血压性心脏病

动脉压持续性升高，可增加心脏负担，左心室因代偿而逐渐肥厚、扩张，易患心律失常、冠心病，是猝死的高危因素。高血压患者有20%~30%可出现左心室肥厚，轻度高血压患者发生左心室肥厚的概率要比正常人高出2~3倍，而重度高血压患者可达10倍，左心室肥厚是心梗的一个潜在危险因素，并影响左心室收缩功能，因此，高血压左心室肥厚是一个与心血管疾病发病率和死亡率密切相关的重要危险因素。高血压患者并发左心室肥厚时，可形成高血压性心脏病，最终会导致心力衰竭。

4. 冠心病

血压变化可引起心肌供氧量和需氧量之间的平衡失调。高血压对心脏血管的损害主要在于冠状动脉血管，当血压持续升高，左心室后负荷增强，心力增加，心肌耗氧随之增加，合并冠状动脉粥样硬化时，冠状动脉狭窄，冠状动脉血流储备功能将降低，使供应心肌的血液减少，心肌供氧量减少，因此会出现心绞痛、心肌梗死、心力衰竭等。冠心病由于其发作率高，死亡率高，严重危害着人类的身体健康，被称作"人类的杀手"，冠心病猝死约占全部心血管病猝死的90%。

5. 视力损伤

如果血压持续非常高，易导致高血压性的眼底改变。容易出现视网膜小动脉早期痉挛、视网膜分支静脉阻塞或者急性视网膜中央动脉阻塞，中心反射变窄，动脉管径狭窄，影响视网膜的血液流动；如血压持续长时间增高，视网膜动脉出现硬化改变，动脉发生银线反应，则表示动静脉出现交叉；随着病情的发展，视网膜可出现出血、渗出、水肿，严重时可出现视神经乳头水肿。时间一长，这些渗出物质就沉积于视网膜上，眼底会出现放射状蜡样小黄点，可引起患者的视觉障碍，如视物不清、视物变形或变小等，甚至可导致失明。

(三) 膳食营养与高血压

为降低原发性高血压的危险因素，合理调整日常膳食结构是必要的。具体方法包括减少钠盐；减少膳食脂肪，补充适量优质蛋白质；注意补充钾和钙；多吃蔬菜和水果；补充维生素；限制饮酒等。

1. 减少钠盐

细胞外液钠浓度的细小而持续的变化对血压有很大影响，食物如果过咸会导致出现水钠潴留，使血管内的血液更多，血管平滑肌肿胀，管腔变细，血管阻力增加，血压更高，并且会激活交感神经，也会升高血压。我国南北方高血压患病率显著不同，可能与食盐摄入量有关，沿海产盐区与湖南常饮盐茶的地区人群患高血压的较多，而一生摄取低盐膳食的人群，几乎很少发生高血压，例如四川省凉山彝族高血压患病率仅0.34%，远远低于我国成人高血压总患病率约9%的水平。WHO建议每人每日食盐用量以不超过6g为宜。我国居民食盐摄入量过高，平均值是WHO建议量的2倍。我国膳食中钠80%来自于烹饪时的调味品和含盐高的腌制品。因此，限盐首先应减少烹调用调料，并少食各种腌制品。

2. 减少膳食脂肪，补充适量优质蛋白质

减少脂肪主要是减少膳食中饱和脂肪酸的摄入量，膳食中饱和脂肪酸的含量越高、P/S比值越低，则易发生高血压，膳食中多不饱和脂肪酸含量越高、P/S比值越高，则不易发生高血压。同时应补充适量的动物性蛋白质和大豆蛋白，优质动物蛋白质预防高血压的机制，可能是通过促进钠的排泄，保护血管壁，或通过氨基酸参与血压的调节而发挥作用的。其摄入量应占总能量的 15%以上。

3. 注意补充钾和钙

钾降低血压的作用在不同研究中得到证实。钾对血管有保护作用，可防止动脉壁不受血压的机械性损伤，从而降低了高血压病和中风的发病率。临床调查发现，钙元素在一定程度上能够使得血管扩张，帮助舒张血管的压力。无论是遗传性的还是肾性或是神经性等因素造成的高血压，都可以使得钙元素细胞内流增加，从而导致血管阻力增加，使得血压升高，而适当的补充钙元素能够有效地恢复血管的正常运作，起到降低血压的作用。饮食中应该增加低钾、低钙、富含钾钙的高食物，如绿叶菜、鲜奶、豆类制品等。

4. 多吃蔬菜和水果

高血压患者宜食的蔬菜，不仅要高钾、高钙和低钠，而且应含丰富的维生素类和微量元素，以保护血管，降低血压。有降压作用的蔬菜大多为日常食用的蔬菜，只要常年坚持食用，就有一定的降压效果。水果和蔬菜是钾的最好来源，同时其膳食纤维含量丰富，有降低血压的优点。

5. 补充维生素

虽然无论哪一种维生素对于降血压都不具备特别的功效，但其中的某些维生素却是高血压的人绝对不可欠缺的，那就是维生素 A、维生素 C、维生素 E。这 3 种维生素对于预防或改善高血压造成的动脉硬化，具有很大的功用。大量的维生素可使胆固醇被氧化为胆酸排出体外，从而改善心脏功能和血压循环。

6. 限制饮酒

当酒精刚刚进入身体之后，乙醇会直接作用于血管平滑肌，这时就会导致血压出现降低的情况；除此之外，乙醇物质进入身体之后，肝脏中的乙醇脱氢酶会将乙醇代谢为乙醛，乙醛具有扩张毛细血管的作用，当皮下毛细血管出现扩张之后，血液就会淤积在外周，从而就会导致血压降低。当然，这个降压的过程非常短暂，一般也就是在刚刚饮酒的 3~5h 内，血压会出现不同程度的降低；但这样的情况并不会持续很长时间，一般到 4~5h 后，血管会重新开始收缩，血管阻力逐渐增加，这时血压将出现很严重的反弹性增高，此时更容易诱发高血压急症的发生。而且如果高血压患者长期大量饮酒，还容易导致夜间血压升高，对于大脑、心脏、肾脏都会造成严重的损害。

第五节　膳食营养与免疫

免疫是人体的一种生理功能，人体依靠这种功能识别"自己"和"非己"成分，从而破坏和排斥进入人体的抗原物质（如细菌、病菌等），或人体本身所产生的损伤细胞和肿瘤细胞等，以维持人体的健康。免疫是抵抗或防止微生物或寄生物的感染或其他所不希望的生物侵入的状态。免疫包括特异性成分和非特异性成分。非特异性成分不需要事先暴露，可以立刻响应，可以有效地防止各种病原体的入侵。特异性免疫是在主体的寿命期内发展起来的，是专门针对某个病原体的免疫。

一、 免疫防线

人体共有三道防线。

免疫第一道防线是由皮肤和黏膜构成的，它们不仅能够阻挡病原体侵入人体，而且它们的分泌物（如乳酸、脂肪酸、胃酸和酶等）还有杀菌的作用。呼吸道黏膜上有纤毛，可以清除异物。

免疫第二道防线是体液中的杀菌物质和吞噬细胞，这两道防线是人类在进化过程中逐渐建立起来的天然防御功能，特点是人人生来就有，不针对某一种特定的病原体，对多种病原体都有防御作用，因此称为非特异性免疫（又称先天性免疫）。多数情况下，前两道防线可以防止病原体对机体的侵袭。

免疫第三道防线主要由免疫器官（胸腺、淋巴结和脾脏等）和免疫细胞（淋巴细胞）组成，其中，淋巴 B 细胞"负责"体液免疫；淋巴 T 细胞"负责"细胞免疫。第三道防线是人体在出生以后逐渐建立起来的防御功能，特点是在出生后才产生，只针对某一特定的病原体或异物起作用，因此叫作特异性免疫。

二、 膳食营养与免疫

2020 年初，全球范围出现新冠肺炎感染的大范围流行性疾病，影响之大，范围之广，实属罕见，对于新冠肺炎的预防重点是戴口罩、勤洗手、避免人群聚集和流动。除此之外，还需要通过合理膳食，提高自身免疫力，避免病毒的侵袭。人类在和疾病斗争的过程中，免疫力发挥着至关重要的作用。人体免疫力的高低受多种因素的影响，其中膳食营养起着十分重要的作用，它是维持人体正常免疫功能和健康的物质基础。充足的营养会提高机体的免疫力，从而减少甚至避免疾病的发生。营养不良会导致机体免疫系统功能受损，对病原体的抵抗力下降，从而促进感染的发生和发展。因此，通过合理搭配膳食营养可以改善人体的免疫状况，增强对疾病的抵抗能力，对预防疾病的发生有重要的意义。与机体免疫功能关系密切的营养素有蛋白质、脂肪、维生素和微量元素等。

（一）蛋白质

蛋白质能够参与人体组织的新陈代谢，进行更新和修复，时刻维持健康活力和生命的活动，这都是机体免疫功能的物质基础，胸腺、肝脏、脾脏、白细胞等免疫组织器官等，都需要有蛋白质的参与。蛋白质是构成抗体和补体主要成分，是构成白细胞、淋巴细胞和吞噬细胞等主要成分。因此，当蛋白质营养不良时，这些组织器官的结构和功能均受到不同程度的影响，从而使免疫功能受损。蛋白质缺乏可影响儿童、青少年免疫器官的发育，阻碍免疫系统的建立。成人严重的蛋白质缺乏会引起免疫器官的萎缩。蛋白质营养不良可影响 T 淋巴细胞的数量和功能，外周血中 T 淋巴细胞总数显著减少，其分泌的免疫因子的数量也会减少。儿童蛋白质营养不良可造成机体产生免疫球蛋白的能力下降，使体液免疫水平低下。除蛋白质的数量外，蛋白质的种类及营养价值也可影响免疫系统的功能。蛋白质的营养价值对免疫反应有明显影响。研究发现，蛋白质营养价值越高，免疫作用越强。必需氨基酸的缺乏可引起机体体液免疫力的下降，但非必需氨基酸的缺乏未必对免疫力的影响。随着生活条件的改善，蛋白质缺乏已经不常见，但节食、偏食的人中容易出现免疫代谢疾病。动物性食物中所含的蛋白质进入机体后，比植物性蛋白质更容易被人体所利用。因此，每天要适量吃一些动物性食物。

(二) 脂肪

认知中脂肪常和肥胖以及相关疾病联系在一起。但一项研究结果显示，脂肪并非总是不好的，有时候也会帮助人体提高免疫力。美国国家卫生研究院研究发现，一种名为"记忆 T 细胞"的免疫细胞会储存在脂肪组织中。与储存在其他器官中的"记忆T细胞"相比，脂肪组织中的这种细胞在面对病原体时反应更快、抵抗力更强。研究人员认为，这可能是因为脂肪组织提供了更好的营养环境，让这些免疫细胞"生活得更好"。高胆固醇会使得 T 细胞更容易被抑制，而失去抗肿瘤功能。对肿瘤小鼠进行检测发现，肿瘤组织中胆固醇含量要高于其他免疫器官。并且，免疫细胞的胆固醇含量越高，PD-1、LAG-3、TIM-3、2B4 等免疫检查点的表达量就越高，细胞更容易凋亡，而细胞杀伤毒性和增殖能力则越低。这些证据表明，胆固醇可能具有免疫抑制的能力。膳食中的脂肪酸可以影响免疫系统的功能，具有调整吞噬作用、促进细胞因子的产生和白细胞迁移的作用，也干预巨噬细胞的抗体表达。富含 $n-3$ 多不饱和脂肪酸的膳食具有抗炎和免疫抑制作用，减弱淋巴细胞增殖、抗体和细胞因子的产生、分子黏附作用的表达以及 NK 细胞活性和 trigger 细胞的死亡，可以抑制细胞介导的免疫反应、单核细胞的抗体表达。$n-6$ 多不饱和脂肪酸同时具有抑制和刺激作用，它能提高炎症前体——细胞因子、TNF-α 及 IL-6 的分泌，也可以抑制细胞免疫反应。

(三) 维生素

维生素的人体需要量很少，但维生素却是维持生命活动所必需的，多数在体内不能合成，必须由食物供给，多种维生素都与免疫力相关。缺乏任何一种，都会直接或间接地导致人体免疫力下降。维生素 A 能维持上皮细胞的健康。缺乏维生素 A 时，消化道、呼吸道等黏膜的上皮细胞会发生变性甚至角化脱落，影响黏膜的完整性及分泌黏液的功能，使其免疫屏障作用减弱。同时，细胞的变性还影响其分泌溶菌酶、免疫球蛋白等功能，使局部免疫作用降低。促进细胞免疫维生素 A 可增加外周血液中 T 细胞的数量，增强 T 细胞的功能，促进 NK 细胞（自然杀伤细胞）的杀伤活力，从而促进细胞免疫的功能。维生素 A 通过维持细胞膜的健康，可促进 B 细胞分泌抗体。维生素 E 可以提高机体免疫功能，提高对感染的抵抗力。维生素 C 是胶原合成必不可少的辅助物质，可以提高机体组织对外来病原菌的阻挡作用。维生素 C 也可以促进淋巴母细胞的生成和免疫因子的产生。维生素 C 能促进干扰素的产生，抑制新病毒的合成，有抗病毒的作用。

(四) 微量元素

微量元素是与免疫机能有关的酶素中的核心元素。可提高免疫力的微量元素主要有锌、锰、镁、铁、钙和磷等。铁是维持免疫器官功能和结构完整所必需的营养素。轻度缺铁即可引起免疫功能降低，主要是细胞免疫水平的降低。缺铁可引起胸腺和淋巴组织萎缩，胸腺中淋巴细胞数量明显减少，且铁缺乏时吞噬细胞的杀菌活性也降低，从而导致细胞免疫力低下。缺铁对体液免疫影响不大，缺铁时抗体反应和补体系统基本正常，但是铁摄入过量也会促使感染的发生。锌和体内多种酶的活性有关，缺锌可影响人体核酸和蛋白质的合成，影响免疫器官的健康，免疫细胞的功能和抗体的合成与分泌也会受到影响，故缺锌对免疫器官、细胞免疫和体液免疫都有影响。钙和镁参与补体系统的激活，对免疫的影响主要是通过对补体系统的作用引起免疫反应的。硒几乎存在于所有免疫细胞中，补硒可明显提高机体的免疫力。近年来的研究发现低于最适量的硒摄入可损害免疫系统的发育和功能，使机体抗感染能力下降。维生素 E 和硒对免疫系统的作用是彼此独立的，但同时给予维生素 E 和硒可对加强免疫反应起协同作用，反之，同时缺乏可导致免疫反应的明显下降。

本章知识链接 1

随着生活水平的提高，人们对于膳食营养与健康越来越重视，已经从满足温饱向追求生活质量的方向过渡了。同时也遇到更多的疾病和健康问题，要解决这些问题，就必须要了解膳食营养与健康地联系，保持一个良好的饮食习惯。人体所需的各种营养素均由食物供给，食品是维持生命体生长发育的物质基础。没有一种单一食物能满足人体各种营养素的需求，这就要求人们进食多种食物组成的合理膳食。进入体内的营养素还涉及消化、吸收、利用等种种因素，在代谢过程中各种营养素又必须比例适宜才能协同作用，相互制约，发挥最大的营养效能。人体健康在很大程度上取决于合理营养。营养失调是由于膳食中长期一种或多种必需营养素摄入过多或不足而造成的不健康状态，营养缺乏和营养过度都属于营养失调。如果膳食不能适应人体的营养需要，就会产生不利于健康的影响，甚至导致某些营养性疾病的发生，同时，对人群流行病学的研究也阐明了膳食营养在预防和控制慢性疾病发病过程的作用，并证实了饮食中的某些特有成分能够增加个体产生某些疾病的可能性，适当控制则能够降低发病风险。因此，保证膳食组成的平衡与合理非常重要。在一般情况下，人类完全可依靠平衡膳食来满足机体对营养的需要。目前在我国，营养问题总体上是营养过剩和营养缺乏并存的，膳食模式不合理。营养缺乏问题主要表现在蛋白质-能量营养不良、某些矿物质（如铁、钙）缺乏和某些维生素（如维生素 A、维生素 D）的缺乏上；而营养过剩主要表现在能量过剩和三大产能营养素过剩，特别是脂肪摄入过多；膳食模式不合理主要体现在饮食过于精细、食盐过多、三大产能物质摄入过多，同时新鲜蔬菜水果、乳类、豆类及其制品摄入不足上。虽然我国各群体的营养改善工作已经获得了长足的进步，群体水平的营养状况已获得较大的改善，但依然存在很广泛的营养不良现象。特别是现在正在推进精准扶贫的地区，营养不良的问题还是比较严重。

由于身体脂肪过多会促进现有癌细胞的生长，因此，保持适当的饮食可以帮助防止疾病进一步恶化。研究证实，降低酒精饮料消费并增加橄榄油和大豆等植物性产品消费量能起到预防癌症的作用。全谷物、豆类蔬菜是良好的纤维来源。已证实增加纤维摄入量能降低结肠癌、乳腺癌和胃癌的发病风险。此外，膳食纤维还有助于调节雌激素水平。而雌激素水平过高也与乳腺癌发病风险增加有关。维生素 C 在降低喉癌和胃癌风险方面扮演着重要角色。它的抗氧化活性能减少体内化学品对机体的危害，并可降低红肉等食品中致癌物的不良影响。此外，胡萝卜和深色绿叶蔬菜包含的 β-胡萝卜素还有预防膀胱癌、喉癌和口腔癌的功效。脂肪积聚也被发现是营养和癌症之间存在的关系之一。高脂肪水平容易导致体重增加，并积聚太多脂肪组织。当癌细胞在体内形成后，过量的脂肪细胞还会促进它们的生长。因此，通过降低饮食中的脂肪数量也能起到预防癌症的作用。过量喝酒是另一个与癌症有关的饮食习惯。摄入太多酒精饮料不仅会导致肝脏损坏，还会促进乳腺癌、胃癌、肠癌、肝癌、喉癌和结肠癌发展。适量喝酒对健康有好处，甚至还有抵御某些疾病的作用，但确保不要喝得太多。

本章知识链接 2

强身健体的滋补饮食是通过补充食物中的营养来达到强身健体、抵御疾病的目的的。这种

"食疗"能不能起到作用，关键就在于是否长期坚持。"三天打鱼，两天晒网"不仅于事无补，很多时候，还会危害健康。饮食调控与药物治疗的一个重要不同，就是后者往往"立竿见影"，短则几秒、几分钟、几小时就能见到效果；而前者则需要打"持久战"，其作用少则几周、几个月，多则几年、甚至十几年才能看得出来。媒体上宣传的，大部分是科研机构的研究成果，往往忽视了研究过程。如国际上有一个研究显示，通过膳食补钙，可以降低结肠癌的发病率。这个实验要两个人群对比，一个人群吃高钙膳食（每日膳食中钙的剂量超过1000mg），一个人群吃低钙膳食（每日膳食中钙的剂量不足400mg），一共坚持15年，最后才得出结论：高钙膳食将结肠癌的患病危险降低了75%。

饮食调控如果不能长期坚持，不仅达不到抵抗疾病的目的，还可能对健康造成一定的危害，这是很多人始料不及却又实际存在的一个风险。如很多人都重视在饮食中补充维生素，平时多吃蔬菜、水果，甚至吃点维生素补充剂，如果长期坚持，确实会起到提高免疫力、抵御疾病的功效。可如果坚持不下来，想起来就吃，或者吃了一段又中断，很可能比那些没有补充过维生素的人，更容易出现维生素缺乏现象。这是因为高维生素的摄入让你的身体做出相应改变，对维生素的吸收率有所降低，一旦停下来，维生素的水平就难以满足身体的需要。即使由于某种原因必须中断，也要采取渐进的方式，千万不能突然中断。人们越来越关注食物的营养，并希望通过饮食调控来促进健康，这本来是件好事。但有了科学的认识，还要掌握科学的方法。世界上任何事情都未必像表面看起来那么简单，"食疗"也是如此。

练习与思考

1. 食物中有哪些主要致癌物质？
2. 食物中存在哪些抗突变/抗癌物质？
3. 简述高血压的病因和危害。
4. 简述高脂血症的病因和危害。
5. 简述动脉粥样硬化的发生的原因和危害。
6. 简述膳食营养与糖尿病的关系。
7. 简述肥胖的防治原则。
8. 简述肥胖的发生的原因和危害。
9. 简述肥胖的评定方式和标准。
10. 膳食营养与免疫的关系。

参考文献

[1] 卫生部高血压防治中心，中国高血压联盟，中国离血压防治指南[M]. 北京：2005.

[2] 中国成人血脂异常防治指南联合委员会，中国成人血脂异常防治指南[J]. 中华心血管杂志，2007，35（5）：390-409.

[3] 李勇. 营养与食品卫生学 [M]. 北京：北京大学医学出版社. 2005.

[4] 跑曼 BA, 拉塞尔 RM, 著. 荫士安, 汪之项, 译. 现代营养学（第8版）[M]. 北京：化学工业出版社. 2004.

[5] 刘开华, 王荣荣. 食品营养学 [M]. 北京：中国科学技术出版社, 2013.

[6] 孙远明. 食品营养学（第2版）[M]. 北京：中国农业大学出版社, 2010.

[7] 李铎. 食品营养学 [M]. 北京：化学工业出版社, 2011.

[8] 王莉. 食品营养学（第三版）[M]. 北京：化学工业出版社, 2018.

[9] 邓泽元. 食品营养学（第四版）[M]. 北京：中国农业出版社, 2018.

第十四章
食品营养的强化与补充

CHAPTER 14

[本章主要内容]

本章介绍了食品营养强化的概念及其意义与作用，明确了食品营养强化的基本原则，重点阐述了营养强化技术，如强化方法、强化过程中存在的问题以及如何保护营养强化剂等，同时介绍了一些常见的营养强化剂，如氨基酸及含氮化合物、维生素、矿物质、某些脂肪酸及其脂类、膳食纤维等。最后以谷物、婴幼儿食品及副食品等为例，介绍了不同种类的强化食品及其应用。

[本章重点]

食品营养强化的基本原则。

[本章难点]

食品营养强化技术。

食品是人类生存以及繁衍后代所需营养素的主要来源，但是几乎没有任何一种天然食品能满足人体所需的全部营养素，而且食品在烹调、加工、贮藏等过程中往往有部分营养素损失，加之经济条件、文化水平、饮食习惯等诸多因素的影响，常常使人体缺乏如蛋白质、矿物质、维生素等营养素而影响身体健康。因此，为了满足人类的营养需要，提高人们的健康水平，对食品进行营养强化与补充是一种必然的选择。许多国家的政府和营养学家都提倡在国民膳食食物种类多样化的基础上，通过在部分食品中强化或补充所缺乏的营养素，开发和生产国民所需要的各种营养强化食品。目前，食品营养强化与补充已成为世界各国营养学和食品科学的主要研究内容，今后也必将成为食品工业发展的重要方向。

第一节　食品营养强化概述

一、食品营养强化的概念

根据不同人群的营养需要，或为了弥补某类食物的先天不足，向食物中添加一种或多种营养素或某些天然食品成分的食品添加剂，提高食品营养价值的过程称为食品营养强化。这种经过强化处理的食品被称为营养强化食品。所添加的营养素或富含这些营养素的原料被称为营养强化剂。

我国 GB 14880—2012《食品安全国家标准　食品营养强化剂使用标准》中说明了食品营养强化的主要目的、使用营养强化剂的要求、可强化食品类别的选择要求以及营养强化剂的使用规定等。明确了可作为营养强化的营养素的品种，包括维生素类、矿物元素类，另外还包括 L-赖氨酸、牛磺酸、左旋肉碱、γ-亚麻酸、叶黄素、低聚果糖、1,3-二油酸 2-棕榈酸甘油三酯、花生四烯酸、二十二碳六烯酸（DHA）、乳铁蛋白、酪蛋白钙肽、酪蛋白磷酸肽等含氮类化合物和脂肪酸。

二、食品营养强化的意义与作用

1. 弥补天然食物的营养缺陷

天然食品中几乎没有一种能满足人体的全部营养需要。例如，以米、面为主食的地区，除了可能有多种维生素缺乏外，蛋白质的质和量均不足，特别是赖氨酸等必需氨基酸尤为不足，严重影响当地居民的营养价值。新鲜果蔬含有丰富的维生素 C，但蛋白质和能源物质缺乏。因此，如果能有针对性地进行食品营养强化和补充，便可提高食品的营养价值，改善人们的健康水平。

2. 补充食品在加工、储存及运输过程中营养素的损失

食品在加储存及运输过程中，由于物理的、化学的、生物的因素均会引起部分营养素的损失，有时甚至会造成某种或某些营养素的大量损失。例如，在果蔬加工过程中，很多水溶性和热敏性维生素均有损失；在碾米和小麦磨粉时，有多种维生素损失，且加工精度越高，损失越大；果汁饮料若存放在冰箱中，7d 后维生素 C 可减少 10%~20%，若在能渗透氧的容器中储存，降解速度更快。因此，为了弥补营养素在食品加工、储存等过程中的损失，满足人体的营养需求，在食品中进行适当的营养强化是十分必要的。

3. 简化膳食处理，方便摄食

天然的单一食品仅含有人体所需的部分营养素，不能全面满足人体的营养需求，因此，人们为了获得全面的营养就必须同时进食多种食物。例如，我国饮食以谷类为主，能满足机体能量需要，但蛋白质含量低且质量差，维生素和矿物质也不足，必须混食肉类、水果、蔬菜等。这在膳食处理上是比较烦琐的。为了适应现代化生活的变化，满足人们对营养和嗜好要求，现

已涌现出多种方便食品和快餐食品,其中,有的盒饭从营养需要出发,将不同的食物予以搭配,供人们进食,非常方便。

4. 适应不同人群生理及职业的需求

不同年龄、性别、工作性质,以及处于不同生理、病理状况的人,所需营养的情况是不同的,对食品进行不同的营养强化可满足他们对营养的需要。婴儿大多数以母乳喂养,但对于特殊情况无法进行母乳喂养的孩子来说,需要有一种代替母乳的食品,这就要求对普通乳粉进行某些营养素的强化和调整。此外,随着孩子的长大,不论是人乳或牛乳喂养都不能完全满足孩子生长发育的需要了,就有必要对其食品进行营养强化。此外,不同职业的人群对营养素的需求有所不同,例如对于接触苯的作业人员,应供给维生素 C 和铁强化的食品,以减轻苯中毒症状并防止贫血;对钢铁厂高温作业人员,在增补维生素 A、维生素 B_2 和维生素 C 后,其血清中的维生素 A、维生素 B_2 和维生素 C 含量增加,营养状况大为改善,可减轻疲劳,增加工作能力。

5. 防病、保健及其他

食品营养强化对预防和减少营养缺乏病,尤其是某些地方性营养缺乏具有重要意义,例如,对缺碘地区的人采取食盐加碘可大大降低当地甲状腺肿的发病率,此外,维生素 B_1 可防治脚气,维生素 C 可防治坏血病等,这充分说明食品强化是大规模改善群体身体素质的有效的营养干预措施。

三、 食品营养强化的基本原则

营养强化食品的功能和优点是多方面的,但其强化过程必须从营养、卫生及经济效益等方面全面考虑,并需适合各国当地的具体情况。进行食品营养强化补充时应遵循的基本原则如下所示。

1. 有明确的目的性

进行食品营养强化前必须对本国或本地区的食物种类及人们的营养状况做全面细致的调查研究,从中分析出缺少哪种营养成分,然后根据本国、本地区人民摄食的食物种类和数量选择需要进行强化的食品(载体)以及强化剂的种类和数量。例如,日本居民多以大米为主食,其膳食中缺少维生素 B_1,他们根据其所缺少维生素 B_1 的数量在大米中进行补充。我国南方也多以大米为主食,而且由于生活水平的提高,人们多食用精白米,这导致有些地区流行脚气病。对于地区性营养缺乏症和职业病等患者的强化食品更应经过仔细调查,针对所需的营养素选择好适当的载体进行强化。

2. 符合营养学原理

人体所需各种营养素在数量之间有一定的比例关系,因此所强化的营养素除了考虑其生物利用率之外,还应注意保持各种营养素之间的平衡。食品营养强化的主要目的是改善天然食物存在的营养素不平衡关系,强化的剂量应适当,避免造成某些新的不平衡。这些平衡关系主要有:必需氨基酸之间的平衡,脂肪酸之间的平衡,产能营养素之间的平衡,维生素 B_1、维生素 B_2、烟酸与能量之间的平衡,以及钙、磷平衡等。

3. 符合国家标准

食品营养强化剂的卫生和质量应符合国家标准,如 GB 14880—2012《食品安全国家标准 食品营养强化剂使用标准》;同时还应严格进行卫生管理,切忌滥用。特别是对于那些人工合成的营养素衍生物更应通过一定的卫生评价方可使用。营养素的强化剂量,各国多根据本国人民摄食情况以及每日膳食中营养素推荐摄入量确定。由于营养素为人体所必需,往往易于注意其缺乏的危害，而忽视营养素过量时对机体产生的不良影响。如脂溶性维生素可在体内积累，若用量过大则可使机体发生中毒反应。每个营养素的适宜剂量和过量的限度都不相同。因此，对强化剂使用剂量的制定应参照营养素参考摄入量和最高摄入量。

4. 易被机体吸收利用

食品强化用的营养素应尽量选取那些易于被吸收利用的强化剂。例如可作为钙强化用的强化剂很多，有氯化钙、碳酸钙、硫酸钙、磷酸钙、磷酸二氢钙、柠檬酸钙、葡萄糖酸钙和乳酸钙等，其中，人体对乳酸钙的吸收最好。在强化时，尽量避免使用那些难溶、难吸收的物质，如植酸钙、草酸钙等，另外，在强化某些矿物质和维生素的同时，注意相互间的协同或拮抗作用，可提高营养素的利用率。

5. 尽量减少营养强化剂的损失

许多食品营养强化剂遇光、热和氧等会发生分解、转化而被破坏，因此，在食品的加工及储存等过程中会发生部分损失。为减少这类损失，可通过改善强化工艺条件和贮藏方法，也可以通过添加稳定剂、保护剂等来实现。同时，考虑到营养强化食品在加工、贮藏等过程中的损失，进行营养强化食品生产时，需适当提高营养强化剂的使用剂量。

6. 保持食品原有的色、香、味等感官性状

食品大多有其美好的颜色、气味和口味等感官性状。而食品营养强化剂也多具有本身特有的色、香、味。食品强化的过程不应损害食品的原有感官性状而影响消费者的接受性。例如，用甲硫氨酸强化食品时很容易产生异味，各国实际应用甚少。当用大豆粉强化食品时易产生豆腥味，故多采用大豆浓缩白或分离蛋白。至于鱼肝油则更有一股令人难以耐受的腥臭味，上述这些物质如果强化不当则可引起人们的感官不悦。

然而，根据不同强化剂的特点，选择好强化对象（载体食品）与之配合，则不但不会产生不良影响，而且还可提高食品的感官质量和商品价值。例如，可用 β-胡萝卜素对奶油、干酪、冰淇淋、糖果、饮料等进行着色，既有营养强化作用，又可改善食品的色泽，提高感官质量。维生素 C 用于强化果汁饮料无不良影响，而将其用于肉制品的生产时，还可起到发色助剂的作用，即帮助肉制品发色的作用。

7. 经济合理、有利推广

食品营养强化的目的主要是提高人们的营养和健康水平。通常，食品的营养强化需要增加一定的成本，但应注意营养强化食品的销售价格不能过高，否则不易向公众推广普及。要使营养强化食品在经济上合理且便于推广，科学地选择载体食品是关键。食品营养强化时，应当考虑采用低成本和技术简便的食品作为载体，否则不易推广。

第二节 食品营养强化技术

一、食品营养强化的方法

食品营养强化技术随着科学技术的发展而日臻完善。食品强化剂的添加方式有四种：添加

纯化合物；直接添加片剂、微胶囊、薄膜或块剂；添加配制成的溶液、乳浊液或分散悬浊液；添加经预先干式混合的强化剂。采取何种添加方式应以能使营养素在制品中均匀分布并保持最大限度的稳定为准。此外，还应考虑营养素及食品的化学和物理性能，以及添加后对食品如何处理等因素。应掌握好添加时机，尽量避免营养强化剂长时间受热，在空气中暴露的时间越短越好。

食品营养强化因目的、内容及食品本身性质等的不同，其强化方法也不同。国家法令规定的强化项目大多是人们普遍缺少的必需营养成分，对这类食品一般会在日常必需食物或原料中预先加入。对于国家法令未做规定的营养强化食品，可根据商品性质，在食品加工过程中添加。总之，食品强化的方法有多种，综合起来有以下几类。

1. 在加工过程中添加

在食品加工过程中添加营养强化剂是强化食品采用的最普遍的方法，适用于罐装食品，如罐头、罐装婴儿食品、罐装果汁等，也适用于人造奶油、各类糖果糕点等。强化剂加入后，经过若干道加工工序，应使强化剂与食品的其他成分充分混合均匀，而且强化剂的加入应对食品色、香、味等感官性能造成的影响尽可能小。当然，在罐头食品加工过程中往往有巴氏杀菌、抽真空等处理，不可避免地使食品受热、光、金属等的影响，从而导致强化剂及其他有效成分出现损失，如面包焙烤时，赖氨酸可损失 9%~24%。因此，在采取这种强化方法时，应注意对工艺条件和强化条件的控制，在最适宜的时间用适宜的工序添加强化剂，可尽可能减少食品有效成分的损失。

2. 在原料或必需食物中添加

此法适用于由国家法令强制规定添加的强化食品，对具有公共卫生意义的物质也适用。例如，有些地方为了预防甲状腺肿大，食盐中添加碘；有些国家为了防止脚气病，规定粮食中添加维生素 B_1；在面粉、大米中添加维生素 A、维生素 D 及铁质、钙等。

这种强化方法简单，易操作，但存在的问题是添加后，由于面粉、大米、食盐等在供给居民食用前必然要经过贮藏和运输，在储运这段时间内易发生强化成分损失。因此，在储运过程中，其保存条件及包装状况将对营养强化剂的损失有很大影响。

3. 在成品中混入

在食品加工过程结束后、包装前将强化剂混入到食品中的强化方法，这种一般只适用于含水分很低的固态食品，如调制乳粉、母乳化乳粉和军粮中的压缩食品。

4. 物理化学方法

物理化学方法是利用物理或化学手段使食物中原有的前体成分转化为营养成分，从而提高食物营养价值的方法，如存在于牛乳和酵母中的麦角固醇经紫外线照射可转化为维生素 D_2，用酸水解法使不易被消化的蛋白质被转化为肽和氨基酸。

5. 生物强化法

生物强化法是利用生物技术提高食物某类营养成分的含量或改善其消化吸收性能的强化方法。这种强化方法既是强化食品的发展趋势，也能为食品工业提供廉价的强化剂，如利用基因工程技术提高谷物中的赖氨酸含量。

二、 食品营养强化剂使用中的问题

1. 营养强化剂在食品加工和贮藏过程中的稳定性

大多数维生素在高温下都是不稳定的，最佳热处理方法是提高受热温度、缩短受热时间，因此，超高温瞬时杀菌是乳品常用的技术。货架寿命长的产品通常维生素损失较大，因此需要在加工过程中给予大量强化，以保证到货架寿命时该营养素仍能达到标签中所宣称的水平。

2. 对食品风味、色泽和质构的影响

消费者不认同"为追求营养而牺牲食品风味"的选择，调查显示，风味仍是消费者选购食品的最重要因素（90%），第二因素才是产品的营养（74%）。因此，食品技术人员必须设法解决因添加各种不同营养素所导致不良风味、色泽、颗粒口感、沉淀、黏度变化等问题。

强化可能会使食品感官性状发生严重变化。很多维生素也会影响食品的色泽和风味；铁、铜等矿物质会导致食品的色泽和风味发生不良改变；时间过长，维生素 C 会产生褐变，β-胡萝卜素和核黄素也会使食品颜色发生变化。

3. 多种营养素的复合强化与产品质量控制

随着对营养强化剂研究的深入和对相关产品市场的拓展，越来越多不同性质、结构的营养素在强化食品中得到应用，其中不乏多种营养素同时在一种食品中的复合使用情况。采取何种手段和方法使得多种营养素准确、安全、高效地被添加到食品中而发挥各自的作用是一个重要的技术问题。当前，最佳的工艺方法是制备营养素预混合物。这样既有利于稳定和控制需要添加的多种营养强化剂的种类和数量，又便于产品的质量控制和检测。

4. 营养强化剂的生物利用率和生物活性的维持

食品在加工、包装、贮藏过程中必须维持强化营养素的生物活性。一些维生素的稳定性较差，而很多植物性药材维持其生物活性非常困难。营养素之间的相互作用以及营养素与其他食品成分的相互作用是营养强化过程中需要考虑的关键点。例如，维生素 C 会改善人体对铁的吸收，而食品中含有的铁离子会加速食物中维生素的降解，这种降解作用往往会导致食品感官品质的降低。另外，食品中含有的铜离子也会催化降解维生素 C。

5. 营养强化剂的包装改良

包装的选择主要取决于使用目的和所设计产品的货架寿命。当然还必须综合考虑到产品及所添加营养素所固有的化学敏感性。例如，维生素 C 和 β-胡萝卜素必须避免与氧接触。对于饮料来说，氧气会迅速降解维生素 C 和 β-胡萝卜素，若仅仅基于这一考虑，玻璃应该是一种很好的包装材料，但玻璃既重又易碎，常常被塑料包装物替代，但氧气很容易通过塑料。这个问题可以通过添加足够量甚至过量的营养素来解决。目前食品领域流行的无菌纸盒包装对减少食品暴露于氧气和光来说是最佳的，可作为玻璃和塑料的替代品。

6. 专用化营养强化剂的开发

不同人群有不同的营养需求。国际营养强化食品市场早已按照各种特定人群的需求进行分类了，开发了专用化的产品。我国在专用化营养强化剂的产品开发方面仍然不尽如人意，需要进一步投入。

7. 食品营养强化剂的成本和费用

强化食品成本有所增加，首先因为添加了高价格的营养素，并且与之相配套的一系列工艺调整和设备改造、包装材料等都带来了成本的增加。为降低成本，首先需要开发出低成本的强化剂或功能性食品基料，其次是选择食品与质量比最合理的工艺强化方法。

三、营养强化剂的保护

在上述食品营养强化剂使用中存在的一系列主要技术难题中，营养强化剂的稳定和保护是关键，这已经成为一个突出性的问题。目前，国内外在营养强化剂的保护方面，主要采取以下手段和措施。

1. 添加稳定剂

某些维生素对氧化非常敏感，如维生素 A 和维生素 C 极易被氧化。目前对此类维生素强化剂可通过适量添加抗氧化剂和螯合剂等方法来增加其稳定性。常用的抗氧化剂和螯合剂有丁基羟基茴香醚、没食子酸丙酯、卵磷脂和乙二胺四乙酸等。

2. 改变营养强化剂的结构

维生素类强化剂最易被破坏。在提高其稳定性的过程中，很重要的一个方法就是，在不影响其生理活性的情况下，改变其化学结构。例如，维生素 B_1 可用其盐进行强化。人们现已合成十多种具有一定生理活性而又各具特点的维生素 B_1 的衍生物。维生素 C 是热敏性最强最易被氧化破坏的维生素。近年来研制成功的维生素 C 磷酸酯镁或维生素 C 磷酸酯钙具有与维生素 C 同样的生理功能，并且比较稳定，即使在金属离子的存在下，煮沸 30min 也基本无变化，而普通维生素 C 在同等条件下可损失 70%~80%。

3. 改进加工工艺

改变强化剂本身的结构，可以部分改变营养强化剂的性质，提高其稳定性，但这种处理除了要考虑其生物活性的改变外，尚需考虑的一个很重要的问题就是安全性。相比之下，改进食品加工工艺要具有更高的安全性和更好的效果。一旦人们充分认识了强化剂的特性以后，便可在食品加工过程中避免那些不利的因素，从而达到提高其稳定性的目的。

4. 改善包装和贮藏条件

食品强化剂的作用可随食品贮藏时间的延长而逐渐降低，其损失程度往往依食品的包装和贮藏条件而异。通常密封、充氮包装和低温贮藏，更有利于营养素的保存。

降低氧的含量对营养素的保存更为有利。充氮包装的强化乳粉与普通密封包装的强化乳粉做对比，在相同的实验条件下，贮藏 10d 后，前者维生素 A、维生素 B 和维生素 C 的损失都比后者少 10%以上。

降低贮藏温度有利于维生素等营养素的保存，通常情况下，贮藏温度越高，维生素等的分解作用越快，如维生素 C 在 20℃时的分解速度比在 6~8℃条件下快两倍。

第三节　常见的营养强化剂

营养强化剂主要是氨基酸及含氮化合物、维生素、矿物质、某些脂肪酸及其脂类、膳食纤维等。

一、氨基酸及含氮化合物

氨基酸是蛋白质的基本组成单位。尤其是必需氨基酸，则更应是食品营养强化剂的重要组成部分。含氮化合物主要指有活性作用的蛋白质或酶、牛磺酸、核苷酸和左旋肉碱等。

1. 氨基酸

用以食品营养强化的氨基酸，实际应用最多的主要是人们食物中最易缺乏的一些限制性氨基酸，如赖氨酸、甲硫氨酸、苏氨酸、色氨酸等。由于食品营养强化剂中有不少是人工化学合成品，这些人工化学合成的氨基酸制剂，则多为 DL-型氨基酸。

赖氨酸是被应用最多的氨基酸强化剂，这不仅因为它是人体必需氨基酸，还因为它是谷物食品如大米、小麦、玉米等的第一限制氨基酸，其含量仅为肉、鱼等动物蛋白质含量的 1/3。这对广大以谷物为主食且动物性蛋白质食品摄入不足的人们来说，确有进行营养强化的必要。但是，赖氨酸很不稳定，因此，作为食品营养强化用的多是赖氨酸的衍生物，如 L-赖氨酸盐酸盐、L-赖氨酸 L-天冬氨酸盐和 L-赖氨酸-L-谷氨酸盐等，它们主要是用于谷物食品的营养强化。

甲硫氨酸是花生、大豆等的第一限制氨基酸，它多用于这类食品加工时的营养强化，组氨酸则多用于婴幼儿食品的营养强化。至于某些非必需氨基酸也可用于食品的营养强化，例如，L-丙氨酸，L-丙氨酸除可用作食品强化之外，还可以作为增味剂应用。

2. 有活性作用的蛋白质或酶

（1）超氧化物歧化酶　超氧化物歧化酶具有抗氧化、抗衰老和提高机体对疾病产生抵抗力的作用。现在多在中老年食品中添加。

（2）金属硫蛋白　金属硫蛋白具有参与贮藏、运输和代谢微量金属元素、重金属解毒、抗辐射和清除自由基、抗衰老等多种重要的生物学功能。

（3）谷胱甘肽　谷胱甘肽具有抗氧化、清除自由基、抗衰老、重金属解毒、抗癌等功能。

3. 牛磺酸

牛磺酸又称牛胆酸，因从牛胆中提取而得名。它既可从外界摄取，也可在体内由甲硫氨酸或半胱氨酸的中间代谢产物磺基丙氨酸脱酸形成，并在体内游离存在。其作用主要是促进大脑生长发育，维护视觉功能，有利于脂肪的消化吸收等。尤其对婴幼儿的正常生长发育，特别是智力发育有益。

人乳可保证婴儿对牛磺酸的需要，但它在人乳中的含量随婴儿出生天数的增多而下降。此外，尽管它可在人体内合成，但婴儿体内磺基丙氨酸脱羧酶的活性低，合成速度会受限，而牛乳中的牛磺酸含量又很低，故很有必要进行强化。作为食品营养强化剂的牛磺酸由人工合成，主要用于婴幼儿食品，特别是乳制品中。

4. 核苷酸

我国允许 5′-单磷酸胞苷（5′-CMP）、5′-单磷酸尿苷（5′-UMP）、5′-单磷酸腺苷（5′-AMP）和 5′-肌苷酸二钠、5′-尿苷酸二钠、5′-尿苷酸二钠、5′-胞苷酸二钠等作为营养强化剂用于婴幼儿配方乳粉。

5. 左旋肉碱

左旋肉碱又称肉毒素或维生素 BT，结构类似于氨基酸，作用类似于维生素。主要的功能是作为载体以脂酰肉碱的形式，将长链脂肪酸从线粒体膜外转运到膜内。在线粒体内进行 β-氧化，以促进三羧酸循环的正常进行，从而产生三磷酸腺苷功能。此外，左旋肉碱可将线粒体内的短链酰基运送至膜外，起到调节线粒体内酰基 CoA 与 CoA 比例的作用，协助细胞完成正常的生理功能和能量代谢。在长时间大强度运动中，左旋肉碱可提高脂肪的氧化速率，减少糖原的消耗，从而可起到延缓疲劳的作用，可作为营养强化剂用于饮料、固体饮料和运动饮料中。

二、维生素

作为食品营养强化用的维生素种类繁多。不仅每一种维生素均有可用于食品营养强化的品种，而且每一种营养素也可有不同的制剂。对于所使用的维生素衍生物尚应按照食品营养强化剂标准进行一定的折算，现对常用品种做如下介绍。

1. 水溶性维生素

（1）维生素 C 即抗坏血酸，是最不稳定的维生素之一，在食品加工过程中极易被破坏而失去活性。在实际应用时多使用其衍生物，如抗坏血酸钠、抗坏血酸钾、抗坏血酸钙等，而所使用的抗坏血酸磷酸酯镁、抗坏血酸棕榈酸酯和抗坏血酸硬脂酸酯等的稳定性更高，有的甚至可作为高温加工食品的营养强化剂。例如，抗坏血酸磷酸酯镁经200℃15min处理后的存留率为90%，生物效应基本不变，而普通维生素 C 则可完全丧失活性。

（2）硫胺素 硫胺素不稳定，用于食品营养强化的品种也多是其衍生物，如硫酸硫胺素和硝酸硫胺素等，日本尚许可使用硫胺素鲸蜡硫酸盐、硫胺素硫氰酸盐、硫胺素萘-1,5-二磺酸盐、硫胺素月桂基磺酸盐等。上述硫胺素衍生物的水溶性小，不易流失且更稳定。它们主要用于谷类食品，尤其可用于婴幼儿食品的营养强化。

（3）核黄素 用于食品营养强化的核黄素品种，既可由发酵法生产，也可由化学合成，并可进一步用于生产 5′-磷酸核黄素。FAO/WHO 食品添加剂专家委员会对来自遗传上改性枯草芽孢杆菌生产的核黄素进行评价后认为，其可应用于食品营养强化。其每日最大容许摄入量与核黄素和 5′-磷酸核黄素同为 0~5mg/kg。该品同样主要应用于谷类食品和婴幼儿食品，此外也可以作为着色剂应用。

（4）烟酸 烟酸稳定性好，通常用于食品营养强化的品种为人工合成的烟酸和烟酰胺，美国还允许使用烟酰抗坏血酸酯。他们主要用于谷类食品和婴幼儿食品的营养强化。此外，因其具有促进亚硝酸盐对肉制品的发色作用，所以也可以作为发色助剂使用。

（5）维生素 B_6 和维生素 B_{12} 用于维生素 B_6 营养强化的品种主要是人工合成的盐酸吡哆醇或磷酸吡哆醇。而作为维生素 B_{12} 营养强化用的则通常是氰钴胺或羟钴胺。它们主要用于婴幼儿食品的营养强化。

（6）叶酸 在食物中含量甚微，且生物利用率低，易缺乏，孕妇、乳母和婴幼儿更易缺乏，故对乳母、孕妇专用食品和婴幼儿食品等有必要进行一定的营养强化。

此外，泛酸、生物素、胆碱、肌醇及左旋肉碱等也经常用于婴幼儿食品等的营养强化。

2. 脂溶性维生素

（1）维生素 A 用于营养强化的维生素 A，既可以由天然物中高单位维生素 A 油皂化后，经分子蒸馏、浓缩、精制而成，也可以用化学法合成。常用的品种多为维生素 A 油，这多是将鱼肝油经真空蒸馏等方法精制而成的，也可将视黄醇与乙酸或棕榈酸制成维生素 A 乙酸酯或维生素 A 棕榈酸酯后，再添加精制植物油后应用。它们主要用于油脂，如色拉油、人造奶油、乳和乳制品等的营养强化。

（2）维生素 D 利用维生素 D 来防治儿童佝偻病的发生具有很好的效果。作为维生素 D 强化剂应用的主要是维生素 D_2 和维生素 D_3。前者由麦角固醇经紫外线照射转化而成，后者则由 7-脱氢胆固醇经紫外线照射制得，后者的活性比前者稍大。

(3) 维生素 E　用于维生素 E 的强化剂品种有很多，它既可有人工合成的 DL-α-生育酚，也可有食用植物油制品经真空蒸馏所得的 D-α-生育酚浓缩物以及由上述制品进一步乙酸化制得的 DL-α-乙酸生育酚和 D-α-乙酸生育酚等。维生素 E 具有很好的抗氧化作用。所以本品也可作为抗氧化剂应用。

(4) 维生素 K　维生素 K 在人体中通常很少缺乏，但人乳中维生素 K 含量偏低，且哺乳婴儿胃肠功能发育不全，故可应用植物甲萘醌对婴幼儿食品进行适当的营养强化。

三、矿物质

矿物质强化剂的品种很多，这既包括含不同矿物元素强化剂的品种，也包括含相同矿物元素的不同矿物质强化品种，尤其是后者的品种数量更多。例如，仅我国批准许可使用的钙和铁强化剂品种就有 30 多种。

对于不同矿物质强化剂。一方面应根据实际需要来应用，另一方面则应根据所需强化的矿物元素选取一定的强化剂品种应用，既要考虑到所用强化剂品种有较高的矿物元素含量，还应考虑到其生物有效性，即可被机体吸收、利用的比率要较高，例如血红素铁比非血红素铁的吸收率高两到三倍。此外，作为食品添加剂来说应注意选择好载体食品，且不能影响食品的色、香、味，并应经济合理。

1. 钙

钙强化剂品种有无机钙盐和有机钙化合物。我国许可使用的一些钙强化剂品种及其元素钙含量如表 14-1 所示。此外，尚可使用骨粉、蛋壳粉等制品对食品进行一定的钙强化。

表 14-1　　　　　　　　钙强化剂品种、含钙量及吸收率

名称	元素钙含量/%	名称	元素钙含量/%
碳酸钙	40	柠檬酸钙	21.08 (30)①
氯化钙	36	葡萄糖酸钙	8.9 (27)①
磷酸氢钙	23.2 (39)①	L-苏糖酸钙	13
乙酸钙	22.7	甘氨酸钙	21
乳酸钙	13 (32)①	天冬氨酸钙	23
活性钙	48	柠檬酸、苹果酸钙	19~26
生物碳酸钙	38~39	醋酸钙	22.7 (23)①

① 括号中的值为钙的参考吸收率。

活性钙是由牡蛎壳经高温煅烧后制成的，主要成分为氢氧化钙和氧化钙，碱性太强，有刺激性，且不一定有特别的活性。生物碳酸钙也由牡蛎壳制成，其主要成分为碳酸钙。通常认为无机钙含量较高，而有机钙如氨基酸钙等的钙吸收利用率较高。近年用同位素钙标记的研究表明，不同离子化程度的钙盐的吸收率差异不大，例如，有人用乙酸钙、乳酸钙、葡萄糖酸钙、柠檬酸钙、碳酸钙等按元素钙 500mg/d 分别给健康男性成人服用，结果表明吸收程度相似。然而，同时添加维生素 D 等可提高钙的吸收利用率，酪蛋白磷酸肽等也可促进机体对钙的吸收。钙强化剂主要应用于谷类食品及婴幼儿食品。

在强化钙的过程中时，应注意强化剂中重金属元素的含量，要将其严格控制在安全范围

内。生物钙、活性钙是用牡蛎壳加工制成的钙盐，由于近海污染日益严重，容易被重金属污染，应注意检测原料的重金属含量。骨钙是用动物骨头加工而成的，由于动物体内很大部分重金属沉积于骨骼中，所以，容易引起重金属超标，另外，骨头的来源及成分复杂，使骨钙质量难以被控制。

2. 铁

铁强化剂的品种多样。除了通常应用的硫酸亚铁和乳酸亚铁等无机和有机铁强化剂外，还可使用还原铁和电解铁等元素铁（表14-2）。

表 14-2　　　　　各种铁强化剂的相对生物效价

铁强化剂	含铁量/%	相对生物效价	铁强化剂	含铁量/%	相对生物效价
硫酸亚铁	20	100	乳酸亚铁	19.39	
碳酸亚铁	35	2	琥珀酸亚铁	35	92
富马酸亚铁	32.9	95	氯化高铁血红素		
葡萄糖酸亚铁	12.5	97	铁卟啉		460
焦磷酸铁钠	16	14	乙二胺四乙酸铁钠	13.5	240
柠檬酸铁	16.9	73	还原铁	96	37
柠檬酸亚铁	22.3		电解铁	97	
柠檬酸铁铵	14.5	107	酒石酸亚铁	25.2	77
			甘氨酸亚铁	28.2	217

通常，二价铁比三价铁易于被吸收，故铁强化剂多使用亚铁盐。又由于机体对血红素铁的吸收（40%）远比非血红素铁（5%~10%）好。故我国近年来已研制并批准许可使用氯化高铁血红素和铁卟啉等品种以供食品的铁营养强化。许多研究表明乙二胺四乙酸铁钠的吸收明显高于其他非血红素（平均吸收率为硫酸亚铁的2倍），受膳食因素影响也较小。

铁盐用于食品营养强化时有几个问题应该注意。

①稳定性。硫酸亚铁属于离子型化合物，溶解于水后解离出的亚铁离子极不稳定，在食品加工过程中大部分被氧化为三价离子，其吸收率降低，已失去营养强化作用。因此，硫酸亚铁已逐渐被淘汰，葡萄糖酸亚铁、乳酸亚铁、柠檬酸亚铁等小分子化合物的稳定性也较差，卟啉铁和血红素铁稳定性好、吸收好，但价格很高，一般食品企业无法接受。

②气味。大多数铁盐都有一种特殊的"铁锈味"，对食品的口感影响较大，有的铁盐本身就有"铁锈味"，如乳酸亚铁，有的铁盐经加工后可产生"铁锈味"，如硫酸亚铁、葡萄糖酸亚铁等，这种"铁锈味"会严重影响强化食品的口感，特别是生产供婴幼儿食用的食品时，一定要避免使用这种铁盐。

③色泽。一些铁盐的颜色较深，如柠檬酸铁铵、柠檬酸铁、富马酸亚铁、葡萄糖酸亚铁、血红素铁等，其颜色多为棕色、红褐色等，在使用时应考虑对食品色泽的影响，特别是应用干混工艺添加时，其深颜色颗粒物常常会引起消费者的误解，认为食品中含有异物而投诉。另外，由于亚铁离子经加工后很容易被氧化为三价离子，颜色呈微棕色，对食品的色泽也会产生一定的影响。

在实际应用时，应注意对铁强化剂的选择，除了制剂应铁含量高、吸收利用率好以外，还应注意其对食品感官质量有无影响。这通常应选择一定的载体食品与之配合。

3. 锌

锌强化剂的品种也很多，我国现已批准许可使用的品种有硫酸锌、氯化锌、氧化锌、乙酸锌、乳酸锌、碳酸锌、柠檬酸锌、葡萄糖酸锌和甘氨酸锌9种。其中葡萄糖酸锌和甘氨酸锌生物利用率最高，为硫酸锌的1.6~2倍。它们主要用于婴幼儿食品及乳制品等。

4. 碘和硒利用

食盐加碘防治我国乃至全球缺碘性地方性甲状腺肿确已收到显著成效，碘强化剂的品种主要是用人工化学合成的碘化钾与碘酸钾。此外，我国尚许可使用由海带等海藻提取的海藻碘。碘强化剂除广泛应用于食盐外，尚可用于婴幼儿食品等。

硒强化剂：除化学合成的亚硒酸钠和硒酸钠外，我国尚许可使用富硒酵母、硒化卡拉胶、富硒食用菌粉、L-硒-甲基硒代半胱氨酸和硒蛋白。硒强化剂主要是通过一定的方法将无机硒化物与有机物结合，以获取的有机硒化物。例如，富硒酵母即是以添加亚硒酸钠的糖蜜等为原料，经啤酒酵母发酵后制成的。通常，有机硒化物的毒性比无机硒化物低，且有更好的生物有效性和生理增益作用。硒强化剂主要在缺硒地区使用，且多用于谷类及其制品、乳制品等。富硒酵母、L-硒-甲基硒代半胱氨酸等有机硒尚可做成片、粒或胶囊等应用。

5. 其他

我国尚许可使用硫酸铜、硫酸镁、硫酸锰以及葡萄糖酸钾、氟化钠等营养强化剂，前者多用于婴幼儿配方食品，而氟化钠则仅在缺氟地区的食盐中使用。

四、脂肪酸及脂类

用于食品营养强化的脂肪酸为多不饱和脂肪酸，一般以甘油三酯的形式存在。不饱和脂肪酸主要包括亚油酸、α-亚麻酸和花生四烯酸等。亚油酸和α-亚麻酸是机体必需脂肪酸，而花生四烯酸等多不饱和脂肪酸并非机体必需脂肪酸，它们可由亚油酸和α-亚麻酸在体内转化而成。但是，用其对食品进行营养强化时可减少机体对亚油酸和α-亚麻酸的需要量，尤其是对婴幼儿来说，其生理功能不全转化不足，故有必要进行一定的营养强化。但该类脂肪酸多为多不饱和脂肪酸，易被空气、紫外线和高温因素氧化或分解，在加工和贮藏过程中应注意保护。

1. 亚油酸

亚油酸是许多植物油的组成成分，作为食品营养强化剂用的亚油酸可由天然物分离所得，也可通过微生物发酵制成。亚油酸多应用于婴幼儿食品，尤其是婴幼儿配方乳粉中。

2. α-亚麻酸

α-亚麻酸在体内可转化为其他的n-3多不饱和脂肪酸。在某些含油的植物种子如月见草和黑加仑种子中可有一定量存在，亚麻籽中含量最高。我国已批准许可使用α-亚麻酸作为食品营养强化剂用于调和油、乳及乳制品以及强化α-亚麻酸的饮料中。

3. 花生四烯酸

花生四烯酸在体内可从γ-亚麻酸在羧基端延长，并进一步经去饱和转化而来。在有些植物种子，如核桃和十字花科植物中多有存在。作为食品营养强化用的花生四烯酸也可由微生物发酵制成。花生四烯酸对婴儿的神经系统，尤其是大脑发育至关重要，同时还具有促进生物体内脂肪代谢、降低血脂、血糖、胆固醇的作用，对预防心血脑管疾病具有重要意义。我国现已许可将花生四烯酸作为婴幼儿配方乳粉的营养强化剂。

4. DHA 和 EPA

DHA 和 EPA 可由机体的另一种必需脂肪酸亚麻酸转化而来，DHA 和 EPA 富含于海产动物脂肪中。目前市场上销售的都是 DHA 和 EPA 的混合物。研究证明，DHA 与婴儿的视觉和神经发育有关，EPA 对于降低血甘油三酯的作用比较明显。对于婴幼儿食用的食品，应选择 DHA 含量较高的产品，而 EPA 含量较高的产品更适用于中老年人食用的食品。DHA 和 EPA 产自深海鱼油，有明显的"腥味"，而海藻油也富含 DHA 和 EPA，且无"腥味"，可根据需要选用。

5. 共轭亚油酸（CLA）

研究表明，共轭亚油酸具有抗癌、减肥、调节免疫功能、防止动脉硬化等功能。天然共轭亚油酸主要是 9c，11c-CLA，存在于反刍动物牛、羊等的肉和乳中，在一般食品中含量甚少，因此，可通过强化来满足人体的需要。共轭亚油酸可作为食品营养强化剂，用于婴幼儿配方乳粉、中老年乳粉和油脂产品中。

6. 1,3-二油酸-2-棕榈酸甘油三酯（OPO）

母乳脂肪的结构具有特殊性，棕榈酸主要位于 2 位上，肠道消化时形成 2-棕榈酸单酰甘油，有利于婴儿对脂肪的吸收，可使粪便变得柔软，使婴儿不易得便秘。而天然的油脂 2 位上主要是不饱和脂肪酸，1、3 位含较高的饱和脂肪酸，消化时易形成皂化盐，可降低婴儿对脂肪的吸收利用，使粪便发硬，因此，给婴儿配方乳粉强化 OPO 是很有必要的。OPO 可通过酶法或化学法合成。

五、膳食纤维

现已公认，膳食纤维具有益于人体健康的多种作用，如防止肥胖、预防便秘、防治心血管病和降低结肠癌的发病率等，并被认为是第七类营养素。因此，有必要对食品进行一定的营养强化。

用于食品营养强化的膳食纤维可由多种不同的植物原料制成。例如，人们可用米糠、麸皮、燕麦皮等制成含有一定量膳食纤维的米糠粉、麸皮粉和燕麦片粉，也可用某些蔬菜、水果制成不同的膳食纤维。1997 年美国就已正式批准将糖用甜菜在水提取糖后制成甜菜纤维作为食品添加剂应用。它既可作为食品营养强化用，也可作为抗结、分散、增稠、稳定和填充剂等应用。其总纤维含量不低于 70%，可溶性纤维不低于 20%，主要应用于焙烤制品和乳制品等。

六、益生菌

益生菌是一类对人体有益的细菌，能通过定植改善宿主某一部位菌群组成，以维持肠道菌群平衡，从而产生有利于宿主健康作用的微生物。其生理作用为改善肠道菌群结构、抑制病原菌的生长繁殖；促进营养物质的产生、代谢和利用；提高免疫功能；抗肿瘤功能；降胆固醇功能；减缓乳糖不耐症和减少食品过敏反应。常见的益生菌见表 14-3。主要应用于人体的益生菌有双歧杆菌、乳酸杆菌、肠球菌、枯草芽孢杆菌、蜡样芽孢杆菌、地衣芽孢杆菌、酵母等。现主要用于发酵乳制品、发酵豆制品、婴儿和老年乳制品等。

表 14-3　　　　　　　　　　　　　常见的益生菌

益生菌种类	常见的益生菌
乳杆菌类	嗜酸乳杆菌、保加利亚乳杆菌、干酪乳杆菌、发酵乳杆菌、胚芽乳杆菌、短乳杆菌、纤维二糖乳杆菌
双歧杆菌类	青春双歧杆菌、长双歧杆菌、短双歧杆菌、卵形双歧杆菌、嗜热双歧杆菌
链球菌类	嗜热链球菌、乳酸链球菌、乙酸乳酸链球菌
芽孢杆菌类	枯草芽孢杆菌、蜡样芽孢杆菌、地衣芽孢杆菌
其他	明串球菌属、足球菌属、丙酸杆菌属、酵母、乳酸片球菌

七、功能性成分

不同的功能性成分，有不同的生理功能。添加功能性成分或含有该功能成分的食品可具备相应功能。主要的功能性成分有功能性低聚糖、功能性脂类、功能性蛋白质、活性肽、酚类化合物、有机硫化合物、萜类化合物、生物碱等；也包括许多获得批准使用的具有功能作用的药食同源食品或新资源食品。目前主要的功能性成分添加剂，如表 14-4 所示。

表 14-4　　　　　　　　　目前主要的功能性成分添加剂

调节目标	主要的功能性成分添加剂
肠道功能	低聚糖（低聚异麦芽糖、低聚果糖、低聚半乳糖等），膳食纤维，益生菌
胆固醇	大豆蛋白，植物固醇类
血脂和体脂	中链脂肪酸，绿茶儿茶素和绿茶提取物，多不饱和脂肪酸，多酚类，植物固醇类
血压	肽，氨基酸
血糖	膳食纤维，多酚类，小麦清蛋白，L-阿拉伯糖
骨健康	钙，镁，大豆异黄酮，乳基肽，维生素 K_2
牙齿健康	糖醇（木糖醇、麦芽糖醇、山梨醇等）
氧化代谢	类胡萝卜素（叶黄素、番茄红素等），花青素，黄酮类化合物

第四节　强化食品的种类

强化食品的种类繁多，而且根据不同情况可有不同的划分。日本按其营养改善法的规定，将强化食品分为两大类：一类是以普通人为对象的强化食品，另一类是特殊人群及患者用的食品，但也可进一步按食用对象、食用情况、强化剂种类以及富含营养素的天然食物的不同等来分类。

按食用对象分为普通食品，儿童食品，孕妇、哺乳期妇女食品，老人食品，以及其他各种特殊需要的食品等。按食用情况分为主食品和副食品等。按强化剂种类分为维生素强化食品、矿物质强化食品、蛋白质和氨基酸强化食品等。按富含营养素的天然食物分为酵母（富含B族维生素）、脱脂乳粉和大豆粉（富含蛋白质）等。通常应用较多的是作为强化主食的强化谷物食品和强化乳粉。

一、强化谷物

谷物是我国及其他许多国家人民的主要食物来源，它包括的种类很多，但人们主要食用的是小麦和大米。谷物籽粒中营养素分布很不均匀，在碾磨过程中，维生素和矿物质大多进入麸皮和米糠中，在精制时，B族维生素和矿物质损失更多，而人们多喜爱食用精制米、面，这就容易导致某些营养素摄食不足，特别是大米，经过淘洗、烹饪做成米饭以后，其水溶性维生素有一定的损失。因此，对谷物类食品进行适当的营养强化是非常必要的。

1. 大米的营养强化

大米是我国人民及东南亚、非洲等地区人们的主食，鉴于其加工后的营养损失以及蛋白质中缺乏赖氨酸与甲硫氨酸等情况，进行营养强化十分必要。大米的强化首先由菲律宾于1944年实际应用，并在当地防治维生素缺乏症等方面很有成效。此后，日本等亚洲国家及拉丁美洲等一些国家的民众也陆续食用了强化米。我国目前尚无营养强化米的标准，但对谷物类粉的强化已有规定。此外，规定玉米粉可强化烟酸40~50mg/kg。

大米营养强化的标准应参照每日膳食中营养素供给量的标准加以制定。氨基酸强化标准应根据FAO和WHO的氨基酸构成比例模式，强化后的大米中第一限制性氨基酸（赖氨酸）和第二限制性氨基酸（苏氨酸）应达到或接近FAO/WHO模式规定的数值。我国则应以谷物为主体、蔬菜进食较多的膳食结构特点为基础，同时要考虑强化成本及保持大米传统色泽和口味等多种因素，还需考虑大米这种高黏度物料营养强化工艺的难度。

2. 面粉的营养强化

面粉强化工艺简单，大致可分为：小麦提取物强化小麦粉；用营养素和氨基酸类、维生素类和矿质元素类营养素强化小麦粉；用异种粮粒的谷胚和胚乳强化小麦粉。营养强化后的面粉具有较高的营养价值，可产生良好的食用效果。

二、强化婴幼儿食品和儿童食品

婴儿每单位体重所需要的热量、蛋白质及各种维生素、矿物质的数量比成年人高出2~3倍。由于婴儿牙齿尚未长成，只能靠食用流质及半流质食品获取营养。过去，婴儿的喂养除了食用母乳或牛乳外，还需补充一些其他辅助食品，如鱼肝油、果蔬汁、蛋黄等，以满足婴儿机体正常生长的需要。近年来，市场中出现了强化婴儿食品，简化了繁杂的喂养方式，并确保了婴儿的营养需求。目前，常用的方法是将婴儿时期需要的营养素经过详细计算后，全部添加于一种主食品中制成婴儿食品。

牛乳代替人乳喂养婴儿的历史由来已久，随着工业化的发展，妇女走向社会进入生产岗位的数量与日俱增，以母乳喂养婴儿的比例越来越低。但牛乳与人乳在质量上存在不少差异，仅仅靠普通的牛乳喂养婴儿并非理想的选择。为此，我国极力提倡母乳喂养婴儿，如用牛乳为主料加工母乳化乳粉，则需对牛乳进行适当的强化处理，使之更加适合婴儿生长发育的需要。

以乳类及乳蛋白制品为主要蛋白来源，加入适量的维生素、矿物质和（或）其他原料，仅用物理方法生产加工制成的产品,在我国称为乳基婴儿配方食品(GB 10765—2021《食品安全国家标准 婴儿配方食品》)或乳基较大婴儿配方食品(GB 10766—2021《食品安全国家标准 较大婴儿配方食品》),其中乳基婴儿配方食品适用于0~6月龄婴儿母乳代用品,乳基较大婴儿配方食品适用于6~12月龄较大婴儿母乳代用品。乳基婴儿配方乳粉及其他种类的婴儿配方食品,国际上统称为"infant formula"。

母乳化乳粉最早是由德国Lemke博士在1949年提出来的,当时只是将脱盐乳清粉加入到牛乳中,调整乳中酪蛋白和乳清蛋白的比例为40∶60。增加乳糖含量至7%左右,添加植物油以增加不饱和脂肪酸的含量,由此制成了与人乳成分颇为相近的模拟人乳,用以解决婴儿喂养中的消化、吸收、通便等问题。后来,人们在这一基础上在乳中加入了维生素和矿物质,生产出了育婴更加理想的模拟人乳的母乳化乳粉。母乳化乳粉的强化原理是改变牛乳中乳清蛋白与酪蛋白比例,使之近似于母乳,添加亚油酸及其他必需脂肪酸,添加微量营养成分,减少无机盐的含量,添加乳糖或可溶性多糖。母乳化乳粉的加工包括以下三方面内容。

(1)蛋白质的母乳化 牛乳中,酪蛋白与乳清蛋白比例跟母乳相比相差甚远,在工艺上常采用物理方法(高温瞬时,140℃,3s)处理,使其软凝块化,使之有利于婴儿消化吸收;添加脱盐乳清蛋白,以增加乳清蛋白的含量,使酪蛋白与乳清蛋白比例与母乳相似。

(2)脂肪的母乳化 由于牛乳中构成脂肪成分的脂肪酸含量与母乳不同,使得它的消化吸收率较母乳差。据研究表明,婴儿只能消化吸收牛乳中脂肪的66%,另外34%的脂肪及其中所含脂溶性维生素、矿物质则不能被吸收利用而被排出体外。

脂肪的消化吸收及营养价值的高低与构成脂肪的脂肪酸有密切的关系。低级脂肪酸比高级脂肪酸更易被消化吸收,不饱和脂肪酸比饱和脂肪酸更易被消化吸收,必需不饱和脂肪酸含量高,则脂肪营养价值高。母乳中不饱和脂肪酸含量多,婴儿对母乳脂肪酸的消化率比牛乳高20%以上。

在牛乳母乳化处理过程中,一般添加活性顺式亚油酸(与母乳中亚油酸同型)使其含量达到脂肪酸总量的13%,以增加牛乳的消化吸收率,并加强婴儿对皮肤发炎及其他感染的抵抗力。活性顺式亚油酸一般来自椰子油、向日葵油、玉米胚芽油等。

牛乳脂肪中,甘油三饱和酸酯的含量较母乳高得多,而这种酯不易被消化吸收,因此,母乳化乳粉工艺还包括减少甘油三饱和酸酯含量的技术。除了减少甘油三饱和酸酯的含量以提高脂肪酸消化吸收外,还可通过增加牛乳中甘油三棕榈酸酯在甘油三酸酯分子β位置上的结合量,使之更接近母乳。

(3)糖类及矿物质的母乳化 在母乳和牛乳中的碳水化合物主要是乳糖,在母乳中,乳糖含量为7.4%左右,而牛乳中的乳糖含量仅为4.5%左右,显然牛乳中的乳糖不能满足婴幼儿机体需要。由于乳糖在肠道中停留的时间较长,因此容易发生酸性发酵,形成的乳酸有利于钙、磷的吸收,可促进骨骼和牙齿的生长。同时,乳糖所产生的有机酸对牙齿无腐蚀作用。特别是由于乳酸的发酵,乳酸菌的生长能抑制腐败菌的发育,有助于肠道保持健康。为了保证产品中的碳水化合物含量,而又限制蔗糖的含量,可增加有利于婴幼儿吸收利用的乳糖和饴糖,并确保乳糖占总糖量的73%以上。

牛乳中矿物质含量比母乳中高得多,如无机盐比母乳高3倍,但是由于婴儿的肾脏机能尚未发育完全,过量的矿物质的摄入可造成肾脏负担过重,易引起发烧、浮肿等病症。牛乳中矿物质的母乳化处理是除去一部分的钠、钾、钙等无机盐,使K/Na值为2.88,Ca/P值为1.22的过程。至于铜、镁、铁、锌等微量元素,也应使其有适当的含量和比例。

此外，牛乳母乳化时应添加一些维生素，以保证婴儿维生素的充分供应，一般需添加维生素 A、维生素 D、维生素 B_1、维生素 B_6、叶酸、维生素 C。

本章知识链接

营养强化对各阶段人群都有益，以乳粉食品为例，婴幼儿配方乳粉营养强化已经研究得十分系统化了，而当今，随着老龄化社会问题的出现，人们开始关注中青年的营养强化了。阿尔茨海默症的病因迄今未明，发病机制也尚不完全清楚，也无有效治疗方法，所以早期预防、干预至关重要。已有的研究表明，一些特定辅助记忆的营养元素，如磷脂酰丝氨酸、二十二碳六烯酸（DHA）、花生四烯酸（AA）等对中枢神经系统的生长发育至关重要，预防及延缓阿尔茨海默症效果明显。磷脂酰丝氨酸，英文名为 phosphatidylserine，简称 PS，是细胞膜的活性物质，尤其存在于大脑细胞中，其含量占磷脂总量的 15%，其功能主要是改善神经细胞功能、调节神经脉冲的传导、增进大脑记忆功能。大量的临床实验表明，在提高和恢复认知能力和记忆力方面，PS 是一种最基本、最有效和最安全的大脑功能营养补充剂。PS 能够提高脑部的葡萄糖代谢水平，从而提高大脑活力。不饱和脂肪酸二十二碳六烯酸（DHA）和花生四烯酸（AA）是人体必需脂肪酸，分别为 ω-6 脂肪酸和 ω-3 脂肪酸，是公认的脑部营养物质，对中枢神经系统的发育特别重要，这两种不饱和脂肪酸在体内不能合成或合成量满足不了机体的需要。目前有研究表明，ω-3 脂肪酸和 ω-6 脂肪酸的比例协调有益于大脑记忆功能的发挥。

练习与思考

1. 简述营养强化及营养强化食品的基本概念。
2. 食品营养强化的基本要求和原则有哪些？
3. 简述食品营养强化的几种方法。
4. 如何对营养强化剂进行保护？

参考文献

[1] 邓泽元. 食品营养学（第四版）[M]. 北京：中国农业出版社，2016.
[2] 李铎. 食品营养学 [M]. 北京：化学工业出版社，2011.
[3] 刘开华，王荣荣. 食品营养学 [M]. 北京：中国科学技术出版社，2013.
[4] 孙远明. 食品营养学（第2版）[M]. 北京：中国农业大学出版社，2010.
[5] 王光慈. 食品营养学 [M]. 北京：中国农业出版社，2006.
[6] 王莉. 食品营养学 [M]. 北京：化学工业出版社，2006.
[7] 张赟彬. 食品营养学课程教学改革与探索 [J]. 农产品加工（学刊），2012（2）：146-148.
[8] 张忠，李风林，余蕾. 食品营养学 [M]. 北京：中国纺织出版社，2017.

CHAPTER 15

第十五章
保健食品

[本章主要内容]

本章主要讲述了保健食品的概念、分类和发展历程,阐述了保健食品的功能原理及功效成分,介绍了保健食品的安全和危害因子及检测方法。

[本章重点]

保健食品的功能原理及其功效成分;保健食品的安全、危害因子及其检测方法。

[本章难点]

保健食品的功能原理及其功效成分。

近年来,保健食品的研究与开发成了食品领域的前沿热点。随着社会的进步、经济的发展和生活水平的提高,消费者对食品的追求已由保证温饱向追求高质量的生活转变。随着对膳食营养的研究逐渐深入,人们发现某些膳食有特殊的功效。保健食品就是在这样的背景下诞生并迅速发展起来的,它除了具有一般食品皆具备的营养价值和感官功能以外,还具有调节人体生理活动、促进健康的效果,如延缓衰老、改善记忆、抗疲劳、减肥、美容、调节血脂血糖血压等。

第一节　保健食品的概念与分类

一、保健食品的概念

保健食品是食品的一个种类，既有一般食品的性状，又有特定的保健功能，介于一般食品与药品之间，兼具两者的特性，但是不能代替药品。保健食品也称功能性食品，以一种或多种可食性天然产物及其功效成分为主要原料，按照相关标准和规定的要求进行设计，经一系列食品工程技术手段和工艺处理加工而成的，既具有一般食品的营养和感官特性，又对人体具有特定生理调节和保健功能的食品。

保健食品的定义在世界上并不能统一，各国对其称谓也各不相同。在中国被称为"保健食品"或"保健（功能）食品"；在日本称其为"特定保健用途食品"或"功能食品"；在美国和欧洲等许多国家和地区也称其为"健康食品"或"功能食品"。我国卫生部制定的《保健食品管理办法》对保健食品的定义是"保健食品系指表明具有特定保健功能的食品。即适宜于特定人群食用，具有调节机体机能，不以治疗疾病为目的的食品。"

二、保健食品的分类

保健食品的分类五花八门，产品琳琅满目，各不相同。保健食品的原料和功能因子具有多样性，对人体生理机能的调节作用以及产品的生产工艺和产品形态等方面也各不相同。

1. 按所选原料的不同分类

保健食品可分为植物类、动物类和微生物（益生菌）类。目前可选用的原料种类主要在卫生部先后公布的"既是食品又是药品"的物质目录和"允许在保健食品中添加的物品"以及"益生菌保健食品用菌名单"中选择。

2. 按功能性因子的不同分类

保健食品可分为多糖类、功能性甜味料类、功能性油脂、自由基清除剂类、维生素类、肽与蛋白质类、益生菌类、微量元素类及其他类功能性食品。

3. 按调节人体机能作用的不同分类

保健食品可分为增强免疫力食品、辅助降血脂食品、辅助降血糖食品、抗氧化食品、抗氧化与延缓衰老食品、辅助改善记忆力食品、缓解视疲劳食品、缓解体力疲劳食品、辅助减肥食品、对化学性肝损伤有辅助保护功能食品、调节胃肠通畅促进消化及通便功能食品等。

4. 按产品的形态不同分类

保健食品可分为饮料类、口服液类、酒类、颗粒剂类、片剂类、胶囊类和微胶囊类功能性食品等。

5. 按消费对象的不同分类

保健食品可分为日常保健食品和特种保健食品。

第二节 保健食品的发展历史与功能范围

一、国内外保健食品的发展历史

保健食品的生产和发展是人类社会文明进步的重要标志之一,是当前国内外发展速度最快和最有发展前途的一类食品,它在维持人体营养平衡、增强体质、增进健康、防治疾病等方面起到了积极的作用。

欧美各国经济发达,生活水平高,所以德国和美国是世界上保健食品发展较早的国家之一。德国的保健食品生产与其国家的饮食改善运动及饮食改善学院的发展是分不开的,保健食品生产厂由"改善食品"专业生产厂和传统食品生产厂构成,目前保健食品的生产企业近千家。美国保健食品工业的发展历史可追溯到20世纪20年代初期。1936年,美国就成立了全国健康食品协会(NHFA)。日本的保健食品又称"功能食品",与欧美等国相比,起步较晚,其历史不过30余年,但发展的速度很快,大有后来居上的趋势,而且也是世界上第一个将保健品生产纳入法制行政管理的国家。

中国的保健食品有着悠久的历史。我国自古就有"药食同源"的说法,中医单纯使用食物或者药物和食物相结合的方法,来进行营养保健、调理机体。历代本草及方剂典籍中都有大量保健食品的记载,严格来说,中国的保健食品始于20世纪80年代。1984年,中国成立了保健品协会。在经历了起步、发展、规范阶段,中国的保健食品产业才走上了健康发展的道路。首先是20世纪80年代的"无知阶段"(以三株、中华鳖精等产品为代表),接着在20世纪90年代经历了"过热阶段"(以脑黄金等产品为代表),随着对脑黄金等违法违禁品的打击查处,保健食品产业一度处于"低谷阶段"。1996年6月,卫生部正式颁布了《保健食品通用卫生要求》《保健食品标识规定》《保健食品评审技术规程》和《保健食品功能学评价程序和检验方法》4个规范性文件。1997年国家技术监督局发布了GB 16740—1997《保健(功能)食品通用标准》,这标志着我国保健食品的生产、销售、管理等被纳入了法制监督,走上正轨。如今中国的保健食品产业经过多年的快速发展,已经逐渐壮大,虽然还面临较多挑战,但中国的保健食品产业的发展前景一片光明。在市场需求、技术改善和管理优化的推动下,中国的保健品产业发展空间巨大。

现如今全世界对保健食品的兴起给予了极大的关注,从而对保健食品的含义、功能原理、功效成分以及科技含量高的保健食品生产工艺、设备和检测方法等进行了较为广泛和深入的讨论,这推动了全球保健食品的高速发展。

二、保健食品的功能范围

国家市场监督管理总局规定保健食品的功能范围有以下27种:增强免疫力、辅助降血脂、辅助降血糖、抗氧化、辅助改善记忆、缓解视疲劳、促进排铅、清咽、辅助降血压、改善睡眠、促进泌乳、缓解体力疲劳、提高缺氧耐受力、对辐射危害有辅助保护功能、减肥、改善生长发育、增加骨密度、改善营养性贫血、对化学性肝损伤有辅助保护作用、祛痤疮、祛黄褐斑、改善皮肤水分、改善皮肤油分、调节肠道菌群、促进消化、通便、对胃黏膜损伤有辅助保护功能。

第三节　保健食品的功能原理和功效成分

保健食品除应具有营养功能和感官享受功能外，其最显著的特点是具有特定的人体功能调节作用。通过机体调节，充分调动人体自身的免疫功能，增强机体活力，以达到强身健体、预防疾病的目的。其功能性与药品的治疗功能不同，绝不能将其当成药物。《保健食品管理办法》明确规定了保健食品不得宣传疗效，也不得扩大宣传除经过审查批准的功能以外的其他功能。

一、保健食品的功能原理

1. 保健食品增强免疫功能的原理

与免疫功能有关的保健食品是指那些具有增强机体对疾病的抵抗力、抗感染以及维持自身生理平衡的食品。研究表明，蛋白质、氨基酸、脂类、维生素、微量元素等多种营养素，以及核酸、类黄酮物质等食物成分具有免疫调节作用。保健食品能够增强机体的免疫功能，这主要与含有以上营养素或食物成分有关。其作用原理大致包括以下几个方面。

（1）参与免疫系统的构成　蛋白质可参与人体免疫器官及抗体、补体等重要活性物质的构成。

（2）促进免疫器官的发育和免疫细胞的分化　体内外研究表明，维生素A、维生素E、锌、铁等微量营养素通常可通过维持重要免疫细胞的正常发育、功能和结构完整性而不同程度地提高免疫力。

（3）增强机体的细胞免疫和体液免疫功能　例如，维生素E作为一种强抗氧化剂和免疫刺激剂，适量补充可提高人群和试验动物的体液和细胞的介导免疫功能，增加吞噬细胞的吞噬效率。许多营养因子还能提高血清中免疫球蛋白的浓度，并能促进免疫机能低下的老年动物体内有抗体形成。

2. 保健食品改善生长发育的原理

生长是指特定类型细胞的数目和大小增加的过程，而发育是指组织和器官存在进行性分化的现象，所以生长发育并不仅是身体由小增大的过程，而是涉及个体细胞的增加分化、器官结构及功能不断完善的过程。骨骼系统是整个机体的支柱，头、脊柱和下肢骨骼长度的总和构成了身长。少儿的营养和健康状况以及体育锻炼强度，都可能影响骨长。目前用于改善儿童生长发育的保健食品主要包括高蛋白食品、维生素强化食品、赖氢酸食品、补钙食品、补锌食品、补铁食品和磷脂食品、DHA食品等。其作用原理大致包括以下几个方面。

（1）促进骨骼生长　研究表明，补钙有益于骨骼的生长和健康。有研究发现，在2~5岁时用高钙配方食品喂养儿童，儿童的骨骼矿物质含量更高。给儿童、青少年补钙可使骨量峰值增加。此外，镁、锌、氟、维生素D、维生素K等也是骨骼矿物化过程中的重要营养素。

（2）影响细胞分化　胎儿、新生儿期的特点之一是多个器官的分化。大量研究表明，视黄酸可影响胎儿发育。因此,维生素 A 或 β-胡萝卜素缺乏或过多,很可能对组织分化和胎儿发育有很大影响。此外,脂肪酸不仅能改变已分化的脂肪细胞的某些特定基因的转录速率,还可通过一种转录因子的作用诱导前脂肪细胞分化为新的脂肪细胞。

(3) 促进细胞生长和器官发育　细胞的生长和器官的发育均需要多种营养素的维护。蛋白质、脂类、维生素 A、参与能量代谢的 B 族维生素以及锌、碘等元素,都是人体发育不可缺少的重要营养素。如某营养素供应不足,则可能影响到组织的生长和功能。

3. 保健食品抗氧化和延缓衰老的原理

需氧生物在正常发育和功能活动中均会产生活性氧(ROS)。最常见的 ROS 有过氧基自由基(ROO^-)、氮氧自由基(NO^-)、超氧阴离子自由基(O_2^-)、羟自由基(OH^-)、单线态氧($^1O_2$)、过氧亚硝基($ONOO^-$)和过氧化氢(H_2O_2)。ROS 会引起 DNA、脂质和蛋白质等生物大分子的氧化性损伤,并有可能会增加肿瘤、心血管疾病、类风湿性关节炎、帕金森病等疾病的发生率。人体抗氧化防御系统包括酶性抗氧化系统和非酶性抗氧化系统两大类,其中,超氧化物歧化酶、过氧化氢酶、谷胱甘肽过氧化物酶等属于酶性抗氧化系统;维生素 C、维生素 E、类胡萝卜素等属于非酶性抗氧化系统。此外,谷胱甘肽(GSH)、泛醌-10、尿酸盐或胆红素等多种内源性低分子质量的化合物也参与抗氧化防御过程。

人类的膳食中含有一系列具备抗氧化活性和能明显清除 ROS 能力的化合物。维生素 E、维生素 C 和 β-胡萝卜素是主要的抗氧化营养素,对维持健康和减少慢性疾病有有益作用。延缓衰老的保健食品是指具有延缓组织器官功能随年龄增长而减退或延缓细胞组织形态结构随年龄增长而老化的食品。研究证明,维生素 E、类胡萝卜素、维生素 C、锌、硒、脂肪酸等多种营养素,以及茶多酚、多糖、葡萄籽原花青素、大豆异黄酮等食物成分均具有明显的抗氧化与延缓衰老功效。其作用原理大致包括以下几个方面。

(1) 保持 DNA 结构和功能活性　DNA 是生物细胞内的脱氧核糖核酸。DNA 携带有合成 RNA 和蛋白质所必需的遗传信息,是生物体发育和正常运作必不可少的生物大分子。DNA 的氧化损伤会引起 DNA 链断裂和/或对碱基的修饰,从而可能导致基因突变、缺失或扩增。研究表明,维生素 C、维生素 E、类胡萝卜素和黄酮类等物质具有明显的抗 DNA 氧化损伤的生物学作用。

(2) 保持多不绝和脂肪酸的结构和功能活性　动脉脂肪条纹形成的发病机制与动脉壁中低密度脂蛋白的氧化有很强的相关性,而脂肪条纹的形成会引起动脉粥样硬化。脂蛋白的脂类和蛋白质部分都受到氧化修饰,氧化型低密度脂蛋白的特点是可促使动脉粥样硬化的形成。此外,氧化应激在神经元退行性变化过程中扮演着重要角色,因为 ROS 能导致所有细胞膜的多不饱和脂肪酸发生过氧化反应。所以,上述抗氧化营养素具有抗动脉粥样硬化和神经保护作用。

(3) 参与构成机体的抗氧化防御体系,提高抗氧化酶活性　GSH-Px、SOD 等抗氧化酶的活性必须要有硒、锌、铜、锰等微量元素,此外,姜黄素也能使动物肝组织匀浆中 SOD、GSH-Px 和过氧化氢酶的活性提高,对动物心、肾、脾等组织都有明显的抗氧化作用。

4. 保健食品改善学习记忆的原理

学习和记忆是脑的高级机能之一。学习是指人或动物通过神经系统接受外界环境信息而影响自身行为的过程。记忆是指获得的信息或经验在脑内贮藏、提取和再现的神经活动过程。

科学研究证实,多种营养素或食物成分在中枢神经系统的结构和功能中发挥着重要作用。有的参与神经细胞或髓鞘的构成;有的直接作为神经递质及其合成的前体物质;还有的与认知过程中新突触的产生或新蛋白的合成密切相关。这些营养素或食物成分包括蛋白质、氨基酸、碳水化合物、脂肪酸、锌、铁、碘、维生素 C、维生素 E、B 族维生素，以及咖啡因、银杏叶提取物、某些蔬菜、水果中的植物化学物等。其作用原理大致包括以下几个方面。

（1）参与重要中枢神经递质的构成、合成与释放　例如，色氨酸是合成神经递质 5-羟色胺（5-HT）的前体，酪氨酸是合成去甲肾上腺素（NE）和多巴胺的前体，胆碱是合成乙酰胆碱（Ach）的前体物质，这些神经递质在学习记忆过程中发挥着重要作用。此外，维生素 B_1 和维生素 B_{12} 参与脑中 Ach 的合成，维生素 B_6 与叶酸可影响脑中 5-HT 的合成效率，维生素 B_6 还参与谷氨酸及其受体激活的调节。谷氨酸属于兴奋性神经递质之一，但是含量过高会损伤神经元。维生素 C 可影响 NE 等重要神经递质的合成，并可影响多巴胺受体和肾上腺素受体的结合。

（2）影响脑中核酸的合成及基因的转录　锌可作为 100 多种酶的活性中心组分参与基因表达，如 RNA 聚合酶Ⅰ、聚合酶Ⅱ、聚合酶Ⅲ为含锌金属酶，分别为合成 rRNA、tRNA 和 mRNA 所必需。实验表明，缺锌使大鼠脑中 DNA 和 RNA 合成减少。锌还可作为锌指蛋白的组分调节基因表达。因此，锌营养状况与学习记忆功能密切相关。

（3）减轻氧化应激损伤　氧化应激和炎症过程均与痴呆时信号系统及行为学缺失有关。已进行的研究结果表明，洋葱、姜以及茶叶、银杏等草本植物等对衰老以及阿尔茨海默病（AD）发病时的行为功能具有改善作用。由于 AD 病与 ROS 所致过氧化损伤有关，而银杏叶提取物改善动物认知功能的作用与其抗氧化活性有关，这提示其可能具有防治衰老和 AD 病时认知功能紊乱的应用价值。

（4）对心脑血管病的影响　心脑血管疾病与血管性痴呆认知损伤，甚至与 AD 的发生有关。膳食中高饱和脂肪酸及胆固醇的摄入可增加心脑血管疾病和动脉粥样硬化发生的危险性。体内 n-6 多不饱和脂肪酸的水平与心血管疾病的发病呈负相关，由于它可广泛影响脂类代谢，因此可降低发生的风险。而亚油酸可增加氧化性低密度脂蛋白胆固醇的含量，进而增加动脉粥样硬化和阿尔茨海默症发生的风险。鱼类中的二十碳五烯酸（EPA）和二十二碳六烯酸（DHA）可降低心脑血管疾病的发病风险，因此可能与阿尔茨海默症的发生呈负相关。

5. 保健食品改善胃肠功能的原理

肠道菌群的失调，会引起便秘、腹泻等。目前，改善胃肠功能的保健食品主要包括调节胃肠道菌群的保健食品、润肠通便的保健食品、保护胃黏膜以及促进消化吸收的保健食品等。其作用原理大致包括以下几个方面。

（1）对肠道功能与粪便组成的调节　整个结肠功能的可靠标志主要有粪便的稠度、重量、排便频率和粪便在肠道的总通过时间等。润肠通便的功能成分主要有膳食纤维、生物碱等。膳食纤维吸水膨胀，可增加内容物体积，促进肠道蠕动，加速粪便排出，同时可促进肠道有益菌的增殖。因此，富含膳食纤维的食品是主要的具有润肠通便功效的保健食品，如美国食品与药物管理局（FDA）认可燕麦食品为保健食品。

（2）结肠菌群组成的调节　结肠菌群是一个复杂的、相互作用的微生物群体，其功能是各种微生物相互作用的结果。双歧杆菌和乳酸杆菌被认为是有利于促进健康的细菌。由于胃肠道菌群组成的变化而导致的主要疾病包括肠道感染、便秘、过敏性肠综合征、炎性肠道疾病和结肠直肠癌等。

益生元被认为是"不被消化的食物成分"，其作用是通过选择性刺激结肠内的一种或有限的几种具有改善宿主健康潜力的细菌的生长和（或）活性，从而给宿主带来好处。益生元有助于结肠菌群达到（或保持）双歧杆菌和（或）乳酸杆菌占优势的状态。这种情况被认为最有利于促进人体健康。

（3）对肠道相关淋巴组织功能的调节　人类的肠道为机体内最大的淋巴组织。机体每天产生的免疫球蛋白中大约有60%分泌到了胃肠道。结肠菌群是某些特殊免疫反应的主要抗原性刺激物。外来抗原引起的异常肠道反应以及局部的免疫炎性反应，可破坏肠道屏障，造成继发性肠道功能损害。研究已表明益生菌会刺激一些淋巴样组织（GALT）的活性，如IgA抗体应答、产生细胞激素及降低轮状病毒感染的风险。

（4）对发酵产物的控制　以丁酸、乙酸和丙酸等短链脂肪酸形式存在的发酵产物对结肠健康的重要性已越来越受到关注。丁酸是最有意义的短链脂肪酸，因为丁酸除了对黏膜有营养作用外，还是结肠上皮的重要能量来源。

6. 保健食品降低血糖的原理

控制血糖水平是避免和控制糖尿病并发症的最好办法。目前临床上常用的口服降糖药都有副作用，可引起消化系统的不良反应，还有些可引起麻疹、贫血、白细胞和血小板减少症等。因此，寻找开发能降低血糖的保健食品越来越受到人们的重视。其作用原理大致包括以下几个方面。

（1）改善对胰岛素的敏感性　降低膳食的血糖生成指数（GI）可能改善受体对胰岛素的敏感性。许多研究都观察到，给非胰岛素依赖型糖尿病患者低GI膳食时，可改善其对血糖的控制，这间接证明了低GI膳食可以改善机体对胰岛素的敏感性，后来在冠心病患者中直接证明有这种作用。

（2）延缓肠道对糖和脂类的吸收　许多植物的果胶可延缓肠道对糖和脂类的吸收，从而起到调节血糖的作用。另外，糖醇类在人体代谢过程中不会引起血糖值和血中胰岛素水平的波动，可用作糖尿病和肥胖患者的特定食品。

（3）参与葡萄糖耐量因子的组成　铬是葡萄糖耐量因子的组成部分，可协助胰岛素发挥作用。铬缺乏后可导致葡萄糖耐量降低，使葡萄糖不能被充分利用，从而导致血糖升高，并可能导致2型糖尿病的发生。研究证明，含低GI膳食可以改善糖尿病患者的葡萄糖耐量。

7. 保健食品调节血脂的原理

在正常情况下，人体脂质的合成和分解保持着一个动态平衡。血脂高于正常上限被称为高脂血症。高脂血症及脂质代谢障碍是动脉粥样硬化形成的主要危险因素。因为脂质过多沉积在血管壁上并由此形成血栓，可导致血管狭窄、闭塞，血栓表面的栓子也可脱落而阻塞远端动脉。大量流行病学资料显示，血浆低密度脂蛋白水平的持续升高和高密度脂蛋白水平的降低与动脉粥样硬化的发病率呈正相关。血浆甘油三酯的升高是一种与胰岛素抵抗有关的典型血脂异常，同时也是冠心病发病的危险性标志物。此外，高血脂也可加重高血压，在高血压动脉硬化的基础上，使血管壁变薄而容易破裂。因此，高脂血症也是出血性脑卒中的危险因素。保健食品调节血脂的作用主要体现在降低血清胆固醇和降低血浆甘油三酯等方面。其作用原理大致包括以下几个方面。

（1）降低血清胆固醇　膳食纤维能明显降低血胆固醇，因此，燕麦、玉米、蔬菜等含膳食纤维高的食物具有辅助降血脂作用。西方国家人群每日摄入植物胆固醇在160~360mg，其中，最常见的形式为菜油固醇、谷固醇和豆固醇。这些化合物在结构上与胆固醇有一定关系，可以降低胆固醇的吸收，长期以来被认为是降低LDL-胆固醇因子。

（2）降低血浆甘油三酯　膳食成分通过改变肝脏分泌极低密度脂蛋白（甘油三酯）的速度来影响空腹甘油三酯浓度。空腹甘油三酯浓度是餐后血脂情况的一个决定因素。极低密度脂蛋白颗粒（含内源性甘油三酯）与乳糜微粒（含外源性甘油三酯）在竞争过程中，会被脂蛋白脂酶清除，因此，在降低空腹甘油三酯浓度的同时往往餐后脂血水平也会降低。研究证实，食用富含 n-3 多不饱和脂肪酸的膳食，可降低空腹血浆甘油三酯浓度，并可降低餐后血脂水平。

8. 保健食品辅助降血压的原理

高血压的病因可能与年龄、遗传、环境、体重、食盐摄入量、胰岛素抵抗等有关。其发病机理主要有交感肾上腺素能系统功能亢进学说、肾原学说、心钠素学说、离子学说等。冠心病与收缩压和舒张压呈强相关性，血压越高，冠心病的发病率及严重程度越高，治疗高血压可以降低与冠状动脉有关疾病的发病风险。据统计，通过低盐、低酒精摄入、避免肥胖以及增加膳食中 K^+、Na^+ 比值等非药物途径可使收缩压下降 8mmHg 左右。辅助降血压的保健食品可能的功能原理大致包括以下几个方面。

（1）不饱和脂肪酸的作用　一些流行病学研究观察到膳食中多不饱和脂肪酸可能具有降血压作用。膳食补充 ω-3 多不饱和脂肪酸可降低高血压患者的血压。机制可能是多不饱和脂肪酸可降低血管收缩素（TxA2）的生成。通常认为，亚油酸和 ω-3 长链多不饱和脂肪酸影响血压的原因在于这两种物质可改变细胞膜脂肪酸的构成和（或）膜流动性，进而影响离子通道活性和前列腺素合成。ω-3 长链多不饱和脂肪酸可显著降低磷脂中的花生四烯酸水平，从 TxA2 转向 TxA3 后，其血管收缩特性不再很强。

（2）控制钠、钾的摄入量　在引发高血压的过程中，环境因素也起到一定的作用。摄入钠会使血压升高，尽管有些人比其他人对盐更敏感，但将人群仅仅划分为对盐敏感或不敏感有点过于简单了。另一方面，钾的摄入量与血压呈负相关关系。食用蔬菜和水果有助于预防高血压可能就是基于这种机制。

9. 保健食品减肥的原理

肥胖是一个众多因素引起的慢性代谢性疾病，肥胖发生的原因与遗传、生活方式、高脂膳食以及能量平衡失调等因素有关，同时也与高血压、胰岛素抵抗、糖尿病以及心血管疾病的发病风险增加有关。在减肥食品中，各种膳食纤维、低聚糖、多糖都可作为减肥食品的原料。燕麦、螺旋藻食用菌、魔芋粉、苦丁茶等都具有较好的减肥功效。其作用原理大致包括以下几个方面。

（1）调节脂类代谢　脂肪代谢调节肽具有调节血清甘油三酯的作用，脂肪代谢调节肽能够促进脂肪代谢，从而抑制体重的增加，有效防止肥胖的发生。有的物质能水解单宁类物质，在儿茶酚氧化酶的催化下形成邻醌类发酵聚合物和缩聚物，对甘油三酯和胆固醇有一定的结合能力，结合后的结合物会随粪便排出，而当肠内甘油三酯不足时，就会动用体内脂肪和血脂经一系列变化而与之结合，从而达到减脂的目的。

（2）减少能量摄入　L-肉碱作为机体内有关能量代谢的重要物质，在细胞线粒体内可使脂肪进行氧化并转变为能量，以减少体内的脂肪积累，并使之转变成能量。膳食纤维由于不易被消化吸收，故可延缓胃排空时间，增加饱腹感，从而减少食物和能量的摄入量。人们还研制出了很多宏量营养素的代用品，减少能量摄入以降低体重或维持正常体重。

（3）促进能量消耗　咖啡因、茶碱、可可碱等甲基黄嘌呤类物质，以及生姜和香料中的辛辣组分均有生热作用。食用含有这些天然食物组分的食品，可能是促进能量消耗、维持能量平衡、从而维持体重保持在可接受范围之内的有效途径。

10. 保健食品美容的原理

皮肤特别是面部皮肤的状态直接体现了一个人的健康状态，皮肤的健与美受到遗传、健康状况、营养水平、生活与工作环境等很多因素的干扰，遗传因素属先天因素，但是健康和营养等因素可通过保健食品中的功能成分来进行改善调节。其作用原理大致包括以下几个方面。

（1）维持皮肤的正常结构　皮肤从内至外由真皮层、基底层、表质层和角质层组成。神经酰胺基本上蓄积在角质层，为角质细胞间脂质的主要成分，在发挥角质层屏障功能过程中起着重要作用。随着年龄增长和皮肤的老化，角质细胞间的脂质量会明显减少，其中的主要成分神经酰胺也随之下降，使皮肤容易出现干燥、皱纹、粗糙等现象。因此，经常补充神经酰胺可恢复皮肤的正常结构，从而使皮肤恢复原有的屏障功能，提高皮肤的耐应变性。口服神经酰胺能改善全身皮肤的含水性，提高皮肤弹性，减少皱纹。

（2）促进新陈代谢，抑制黑色素生成　多种天然物质可通过活血化瘀、加速血液循环、促进新陈代谢，来帮助机体排除黑素细胞所产生的黑色素，促进滞留于体内的黑色素分解，使之不能沉淀形成色斑，或使已沉淀的色素分解后排出体外；也可通过抗氧化作用抑制酪氨酸酶的活性来降低黑色素的形成。

（3）抑制过氧化脂质的形成　维生素C、维生素E、类黄酮等多种天然物质可通过抑制过氧化脂质的形成以消除黄褐斑，以达到增白美容的效果。

二、保健食品的功效成分

保健食品的功效成分是指这类食品中真正起生理作用的成分，也称生理活性成分，它们是保健功能的物质基础。天然食物中含有的蛋白质、碳水化合物、脂肪、维生素和某些矿物质等，是人体生命中必不可少的物质，这些必需物质对人体的健康有益。

已知保健食品的功效成分主要有功能性糖类（功能性低聚糖、活性多糖、膳食纤维等），功能性脂类（多有不饱和脂肪酸、大豆磷脂、复合脂质、胆碱等），氨基酸、活性多肽和活性蛋白，维生素和维生素类似物，益生菌类，功能性植物化学物（酚类化合物、有机硫化合物、萜类化合物、植物固醇等），以及其他微量元素类等。

1. 功能性糖类

（1）功能性低聚糖　低聚糖是由2~10个单糖通过糖苷键连接形成的直链或分支链的一类低度聚合糖，又称寡糖。人类胃肠道内缺乏水解低聚糖的酶系，因此，低聚糖在体内一般不被消化吸收，但在大肠内可被双歧杆菌所利用。

目前研究较多的功能性低聚糖有乳酮糖、棉籽糖、水苏糖、低聚木糖、低聚果糖、低聚半乳糖、低聚异麦芽糖、低聚乳果糖等。不同类型的低聚糖在自然界中的存在形式各异，一般可采用酶法或直接提取法从天然原料中获得。例如，低聚果糖普遍存在于高等植物中，特别在芦笋、洋葱、香蕉等中含量较多，可采用提取法获得；异麦芽糖极少以游离状态存在，目前主要以淀粉为原料、采用发酵法进行制备；大豆低聚糖是以生产大豆蛋白时排放的大豆乳清为原料，经提取得到；甲壳低聚糖是甲壳素或壳聚糖经水解生成的一类低聚物。

低聚糖虽然不能被人体消化吸收，但对人体具有多种生理调节功能。其主要生物学作用总结如下所述。

①低聚糖是体内有益肠道菌-双歧杆菌的增殖因子，能活化肠道内双歧杆菌并促进其繁殖，

改善肠道微生态环境,加强胃肠道的消化吸收能力,能有效排除体内毒素,增强机体的抗病能力。

②低聚糖的甜度比蔗糖低,口感柔和,不能被口腔病原菌分解而生成导致牙齿龋齿的酸性物质,因此,对预防龋齿具有积极作用。

③低聚糖可通过增加免疫作用而抑制肿瘤的生长。此外,某些低聚糖对大肠杆菌有较强的抑菌作用,可阻碍病原菌的生长繁殖。

④低聚糖具有难以消化的特性,很难或不被人体消化吸收,提供的能量值较低或根本没有,能够防止出现肥胖症。此外,有些低聚糖还可作为一种新型的甜味剂,可提供给糖尿病患者、低血糖病患者食用。

(2) 活性多糖　多糖一般都是天然高分子化合物,是指由10个以上单糖通过糖苷键连接而成的多聚化合物,也称多聚糖。多糖包括活性多糖和膳食纤维两大类。活性多糖专指具有某种特殊生物活性的多糖化合物,按其来源可分为植物多糖、动物多糖、海藻多糖和微生物多糖四大类。活性多糖具有多种生理活性,常见的有免疫调节、抗肿瘤、抗凝血、抗病毒、抗氧化、抗疲劳等作用,其主要生物学作用总结如下。

①免疫调节功能。多糖类物质具有广谱的免疫调节活性,其作用机理主要是通过促进淋巴细胞和巨噬细胞的增殖,提高巨噬细胞的吞噬能力,活化补体,促进细胞因子分泌以及加强机体的体液免疫功能等途径达到免疫调节的目的。例如,大枣多糖具有明显的抗补体活性和促进淋巴细胞增殖的功能,对提高机体免疫力具有重要作用。

②抗肿瘤作用。一些多糖对癌细胞具有很强的抑制作用,具有抗肿瘤活性。其抗肿瘤机理一般被认为不是直接作用于肿瘤细胞,而主要是通过提高生物体对肿瘤细胞的防御能力和增强宿主免疫系统的功能来实现的。例如,香菇多糖已作为治疗原发性肝癌等恶性肿瘤的辅助治疗药物,海藻多糖、金针菇多糖、灵芝多糖、香菇多糖等也都具有不同程度的抗癌活性。

③抗凝血作用。抗凝血作用是硫酸多糖类化合物的重要生理活性之一,具有抗凝血作用的多糖主要有肝素、硫酸软骨素、海藻硫酸多糖等,其中,肝素是最早应用于临床的天然抗凝剂,无论在体内还是体外都具有很强的抗凝血活性,其抗凝血机制主要是通过提高抗凝血酶的活性来抑制凝血酶原转变为凝血酶,从而达到抗凝血、抗血栓等目的的。

④抗病毒作用。多糖类物质对病毒的抑制作用最早是于1964年由Nahmia等报道的,Nahmia发现肝素对单纯品疱疹等病毒有抑制作用。1987年Ueno等研究发现,硫酸化右旋糖酐和肝素在体外对人类艾滋病HIV(人类免疫缺陷病毒)的复制有很强的抑制作用。

⑤其他功能。主要有以下三方面的作用:

抗疲劳作用:某些多糖具有降低机体乳酸脱氢酶活性的作用,可使其糖原含量显著增加而提高机体的运动能力,并使机体在运动后各项指标迅速恢复正常,因此具有抗疲劳作用。

抗氧化、延缓衰老作用:羊栖菜多糖、金针药多糖、银耳多糖等对自由基有较强的清除作用,还能显著降低机体心肌组织的脂褐素含量,增加脑和肝脏组织的SOD酶活力,从而起到延缓机体衰老的作用;壳聚糖是带氨基阳离子的多糖聚合物,可与自由基迅速结合,并清除体内自由基,减少组织损伤,保护正常组织。

降血脂作用:血壳聚糖可降低血清和肝脏组积中的胆固醇含量和脂肪水平,在降血脂、减肥、预防高血压等方面发挥着重要的保健作用;可溶性膳食纤维魔芋多糖可黏附胆酸并减少其通过肝肠循环,抑制胆固醇、甘油三酯的吸收,从而降低血胆固醇和血脂水平。

(3) 膳食纤维　膳食纤维是一类不能被人体消化吸收利用的多糖类物质,又称非淀粉多糖。这类多糖主要来自于多种植物性食物,如小麦麸、燕麦麸、玉米麸等谷物麸皮、甜菜纤维、角豆荚和角豆胶、香菇、木耳等多种食用菌,以及各种水果、蔬菜等。膳食纤维主要包括纤维素、半纤维素、果胶及清水胶体物质。膳食纤维具有多方面的功能,其主要生物学作用总结如下:

①抑制有毒发酵产物,防治结肠癌和便秘。食物经消化吸收后的残渣进入结肠,被微生物发酵后可能产生许多有毒的代谢产物,包括肝毒素和致癌物,而膳食纤维对这些有毒物质有吸附螯合作用,并促进其排出体外,从而起到保护肠道的作用。另外,膳食纤维可促进胃肠蠕动,加快粪便排出,减少有毒物质与肠壁的接触时间,从而起到防治结肠癌的作用;另外,膳食纤维还有通便的作用,有利于肠道内压的下降,可以预防便秘。

②调节肠道菌群。膳食纤维被结肠内的某些细菌酵解后,可产生短链脂肪酸,使pH下降,并可促进肠道中有益微生物的生长,抑制有害微生物的增殖。另外,有些水溶性膳食纤维是双歧杆菌的增殖因子,可起到调节肠道菌群的作用。

③辅助降血脂,降胆固醇,预防和改善冠状动脉硬化引起的心脏病。膳食纤维可以缩短监防通过肠道的时间,并且可以吸收肠腔内的胆汁酸,减少胆汁酸的重吸收,促进体内血脂和脂蛋白代谢的正常进行,阻止机体对脂肪和胆固醇的吸收,降低血浆胆固醇水平,因此,可达到预防动脉粥样硬化和冠心病的作用。

④辅助治疗糖尿病。许多研究表明可溶性膳食纤维可以降低餐后血糖的生成和血胰岛素升高的感应,改变末梢组织对胰岛素的感受性,降低对胰岛素的需求,从而调节糖尿病患者的血糖水平。现在已证实高膳食纤维对治疗胰岛素依赖型糖尿病有效,但对非胰岛素依赖型糖尿病的作用还有待于进一步研究。

⑤预防与控制肥胖。膳食纤维本身不提供能量,具有高持水性和遇水后体积膨胀的特性,可以减慢胃的排空速度,增加饱腹感,减少食物的摄入量,有利于控制肥胖。

⑥另外膳食纤维还有预防胆结石、抗乳腺癌等作用,还有许多的功能正在研究之中。

2. 功能性脂类

功能性脂类是指对人体有一定保健功能、药用功能以及有益健康的一类油脂类物质,这类物质属于人类膳食油脂,为人类的营养和健康所需要。保健食品中常用的功能性脂类主要多有不饱和脂肪酸(PFUA)、磷脂、复合脂质、胆碱等。

(1) 多不饱和脂肪酸　多不饱和脂肪酸是指分子中含有两个或两个以上双键的不饱和脂肪酸,其中多不饱和脂肪酸中的 α-亚麻酸、二十碳五烯酸(EPA)、二十二碳五烯酸(DPA)、二十二碳六烯酸(DHA)等都属于 ω-3系列多不饱和脂肪酸,而 γ-亚麻酸、亚油酸、花生四烯酸(AA)等属于 ω-6系列多不饱和脂肪酸,它们都具有很好的保健作用。其主要生物学作用总结如下:

①改善神经系统功能。多不饱和脂肪酸对脑、视网膜和神经系统发育具有重要意义。DHA和AA是脑的视网膜中两种主要的多不饱和脂肪酸。有研究认为,在受精卵分裂细胞初始时DHA就开始起作用,胎儿通过胎盘、婴儿通过母乳从母体中获得DHA,DHA对脑神经传导和突触的生长发育发挥着重要作用。

②预防心脑血管疾病。亚油酸和 γ-亚麻酸都属于必需脂肪酸,它们具有必需脂肪酸所具有的功能外,还具有特定的保健功能。亚油酸有助于降低血清胆固醇并抑制动脉血栓的形成,因

此，可以预防心血管疾病。γ-亚麻酸有可明显地降低血脂，并防止血栓形成的作用。EPA 有降低血液中总甘油三酯和抗血小板聚集的作用，可以延缓血栓形成，保护心、脑血管。

③抑制肿瘤生长。大量研究表明，ω-3 系列多不饱和脂肪酸对肿瘤细胞具有抑制作用。DHA 和 EPA 具有较好的抗癌作用。研究显示，恶性肿瘤的发生与摄入脂肪的种类和数量关系密切，饱和脂肪酸和动物脂肪的高摄入会增加患结肠癌、乳腺癌、前列腺癌的风险，而经常食用富含多不饱和脂肪酸的深海鱼及其他海产品的人群发生恶性肿瘤的风险明显降低。多不饱和脂肪酸具有抑制肿瘤的生长、侵袭及转移，增强某些抗癌药物的疗效，改善癌性恶病质状况，延长荷瘤宿主生存时间的作用。

④抗炎和免疫调节作用。多不饱和脂肪酸调节炎症反应的机制目前并不十分清晰，可能包括以下方面：影响类二十碳烷酸化合物的合成；使膜脂成分发生改变，影响膜流动性和某些酶活以及激素与受体的结合信号的传递；调控基因的表达；影响脂质代谢等。

(2) 磷脂　磷脂是含有磷酸的类脂化合物，是甘油三酯的一个或两个脂肪酸被含磷酸的其他基团取代而得。按其分子组成，磷酸可分为甘油醇磷脂和神经醇磷脂两大类，甘油醇磷脂是磷脂酸的衍生物，有卵磷脂、脑磷脂、肌醇磷脂和丝氨酸磷脂等。神经醇磷脂的种类较少，主要分布于细胞膜中的鞘磷脂中。磷脂的主要生物学作用总结如下。

①可作为抗癌药物和缓释药物的载体。利用磷脂的脂质体特征及作用部位的靶向性将磷脂用作药物载体，特别是抗癌药物和缓释药物的载体，以降低药物的毒副作用，提高药效。

②具有降胆固醇、调节血脂的功能。卵磷脂具有显著降低胆固醇、甘油三酯、低密度脂蛋白的作用。磷脂具有亲水性和亲脂性双重性质，其脂肪酸组成又含有生理活性很高的亚油酸和亚麻酸，可改善脂肪的吸收和利用情况，阻止胆固醇在血管壁上的沉积，并清除部分沉积物，促进粥样硬化斑块的消散，防止胆固醇引起的血管内膜损伤，从而起到预防心脑血管疾病的作用。

③具有健脑、增强记忆力的功能。磷脂有很多称号，如"脑食物""长寿因子""伟大的营养师""血管的清道夫""细胞的保护神"等。在脑神经细胞中卵磷脂的含量占其质量的 17%~20%。"乙酰胆碱"是大脑内的一种信息传到物质，是传导联络大脑神经元的主要递质。

④具有延缓衰老的功能。卵磷脂是构成细胞的重要成分，是各种脂蛋白的主要成分以及生物膜的基本结构。人体补充卵磷脂可以修复受损伤的细胞膜，增加细胞膜的脂肪酸不饱和度，改善膜的功能，使其软化和年轻化。

⑤能显著增强人体免疫力。喂食磷脂的大鼠，淋巴细胞转化率提高，这表明磷脂具有增加机体免疫功能的作用。

(3) 胆碱和脂肪替代品　胆碱广泛存在于各种食物中，它在食物中主要以卵磷脂的形式存在于各类食物的细胞膜中。胆碱具有促进脂肪代谢，预防脂肪肝，降低血清胆固醇，改善血液循环，预防心血管疾病，促进神经传导，增强智力等方面的作用。

脂肪替代品是一类物理化学性质与天然脂肪类似的物质，由人工化学合成或者利用酶法对天然脂肪进行改性得到，与天然油脂相似，能一对一取代脂肪的组分，如脂肪酸蔗糖聚酯、丙氧基甘油酯等可以为人们提供脂肪所具有的独特风味，但热能含量却很低，甚至无热量。

3. 氨基酸、活性多肽及活性蛋白

(1) 氨基酸　在 20 种氨基酸中，有些氨基酸可以在自身体内合成，被称为非必需氨基酸。而成年人有 8 种氨基酸是自身无法合成的，称为必需氨基酸，分别是：赖氨酸、色氨酸、甲硫氨酸、苏氨酸、缬氨酸、苯丙氨酸、异亮氨酸和亮氨酸。对婴儿来说，组氨酸也是必需氨基酸，近年来的研究表明，对成年人来说，组氨酸也是必需氨基酸。而半必需氨基酸，是指某些氨基酸在人体内能够合成，但在严重的应激刺激下或者在疾病状态下会发生缺乏，进而导致疾病或者影响疾病的康复进程，所以也称为条件必需氨基酸。具有特殊生理活性的氨基酸主要是精氨酸和牛磺酸。

精氨酸，最初是从鱼类精蛋白的水解液中发现的，因常在与核酸共存的精蛋白中大量出现而被定名为精氨酸，主要在肾脏中合成，部分来自瓜氨酸的代谢。正常情况下，成人体内有足够的精氨酸以满足机体需要，但是在应激、创伤或快速生长状态下则量不足，因此，精氨酸是条件必需氨基酸，有许多重要的生理功能。

①保护心肌自由基损伤。人心肌组织可能发生脂质过氧化损伤，精氨酸可通过 L-Arg-NO 通路可改善心肌供血，提高心肌组织的 SOD 活性，降低脂质过氧化反应，从而有增强心肌组织抗自由基损伤的作用。

②作为机体内运输和储存氮的重要载体，在肌肉代谢中极为重要。它能帮助机体排泄过量的氮，能刺激胰岛素、肾上腺素等激素的生成，迅速降低血糖和减少脂肪的生成。所以，对肝脏过量氨积累对解毒与减轻脂肪肝、肝硬化的形成都大有好处。

③能防止胸腺退化，补充精氨酸能增加胸腺的重量，促进胸腺中淋巴细胞与 CD 细胞的增长，提高机体免疫力。

④精氨酸与谷氨酸配伍具有改善中枢神经系统和肝功能的作用，对病毒性肝炎的恢复有 95%以上的有效率。

⑤治疗缺血性心脏病。造成缺血性心脏病的一个重要原因是 EDRF/NO 生成不足，因此，应用 EDRF/NO 的前体 Arg 促进 EDRF/NO 的合成对缺血性心脏病的治疗具有一定的作用。

⑥精氨酸还可以改善智力发育迟缓，国外用添加精氨酸的饮料来提高运动员的耐力、爆发力以及高速反应力等。

牛磺酸是牛黄的组成成分，最先从牛胆汁中被发现，广泛存在于人和哺乳动物几乎所有的脏器中，其具有特殊的生理功能和药理作用，作为药物、食品和饲料添加剂而被广泛应用。

①促进婴幼儿脑组织和智力发育。母乳中牛磺酸含量较高，尤其是初乳中牛磺酸的含量更高，新生儿体内合成牛磺酸的酶尚未成熟，故依赖于从食物中获得牛磺酸，如得不到充足的补充，则会影响幼儿的智力发育。

②提高神经传导和视觉功能。科学研究表明，猫及夜行猛禽捕捉老鼠的重要原因是因为老鼠体内含有丰富的牛磺酸，以鼠为食可保持其保持敏锐的视觉。幼儿如果以食物中获取的牛磺酸不足，会引起视网膜功能紊乱。

③促进脂肪的吸收和代谢。牛磺酸可抑制血小板的凝集，降低血液中胆固醇和低密度脂蛋白胆固醇的水平，同时提高血液中高密度脂蛋白胆固醇的水平，这有益于预防动脉粥样硬化、冠心病等疾病。

④增强人体免疫力。牛磺酸可促进垂体激素分泌，活化胰腺功能，从而改变体内内分泌系统的状态，对机体代谢有益的调节作用。牛磺酸还能促进 T 细胞和淋巴细胞的增值，从而提高机体免疫力。

⑤抗氧化、延缓衰老。对用脑过度、运动及工作过劳者有快速消除疲劳的作用。

⑥牛磺酸还具有利胆、护肝和解毒的作用，有调节机体渗透压和防治缺铁性贫血的作用。

（2）活性多肽　生物活性多肽是指对生物机体的生命活动有益或具有生理作用的肽类化合物，又称功能肽。活性多肽的分类可按原料来源和生理功能两种方法来进行划分。按活性多肽的生理功能可分为易消化吸收肽、抑制胆固醇肽、免疫调节肽、降血压肽、促进矿物质吸收肽、促进生长发育肽、类鸦片活性肽、抗菌肽和改善肠胃功能肽等。功能食品中常用的活性肽主要有大豆低聚肽、酪蛋白磷酸肽、谷胱甘肽等。

大豆低聚肽是大豆蛋白经酶水解或微生物技术处理而得到的水解产物，主要是由3~6个氨基酸分子组成的低肽混合物，其氨基酸组成与大豆球蛋白十分相似，必需氨基酸平衡良好。其主要生物学作用总结如下所述。

①调节免疫功能。科学研究表明，用大豆低聚肽喂养老鼠，能够显著提高巨噬细胞的吞噬活性，增强巨噬细胞对绵羊红细胞的吞噬作用和促进有丝分裂的作用。

②抗氧化作用。有研究表明，通过亚油酸自动氧化鉴定并分离出大豆球蛋白蛋白酶水解物中6种多肽具有抗氧化特性，此类多肽具有捕捉自由基及螯合金属离子的作用，而且多肽中都含有组氨酸和酪氨酸，并且蛋白水解度与抗氧化性有很强的联系。

③增强肌肉运动力、加速肌红蛋白的恢复。通常刺激蛋白质合成的成长激素的分泌是在运动后的15~30min以及睡眠后60min时达到顶峰的，若能在这段时间内适时提供消化吸收性良好的多肽作为肌肉蛋白质的原料，将有效地增加运动员的肌肉。

谷胱甘肽（GSH）是由谷氨酸、半胱氨酸、甘氨酸组成的活性三肽，半胱氨酸上的巯基为活性基团，谷胱甘肽有还原型（G-SH）和氧化型（G-S-S-G）两种形式，在生理条件下以还原型谷胱甘肽为主。谷胱甘肽广泛地存在于动植物细胞内，在肝脏、血液、酵母和小麦胚芽中含量较多。保健食品中的谷胱甘肽主要生物学作用总结如下：

①解毒作用。谷胱甘肽可直接与某些毒物结合并一起被排出体外，或先经肝脏细胞色素P代谢酶系氧化和氢化，然后在谷胱甘肽-硫-转移酶的作用下，与谷胱甘肽结合成大分子络合物，而使毒物灭活并增加水溶性，最后以降解等方式经胆汁或肾脏排出体外。

②抗衰老、抗辐射、美容护肤作用。谷胱甘肽具有很强的自由基清除能力。机体代谢产生的过多自由基会损伤生物膜，侵袭生命大分子，促进机体衰老，并诱发肿瘤或动脉硬化的产生。谷胱甘肽可消除自由基，能起到对身体强有力的缓解作用。谷胱甘肽对于放射线、放射性药物所引起的白细胞减少等症状，有强有力的缓解作用。谷胱甘肽能够螯合体内自由基、重金属等毒素，防止皮肤色素沉着，防止新的黑色素形成并减少其氧化，并可使皮肤产生光泽，所以无论是外敷还是内服，谷胱甘肽都有很好的养颜美容功效。

③抗过敏作用。谷胱甘肽能够纠正乙酰胆碱、胆碱酯酶的不平衡，调节乙酰胆碱代谢，从而消除由此引发的过敏症状。

④参与体内代谢调节，对多种疾病有辅助治疗的作用。大量研究表明，谷胱甘肽作为抗氧化剂和细胞代谢调节剂，在肝病、急性肾功能衰竭、心血管疾病、老年性眼病、糖尿病神经损伤和肠道疾病等治疗过程中起重要作用。

酪蛋白磷酸肽（CPP）是从牛乳酪蛋白中经蛋白酶水解后分离提纯而得到的富含磷酸丝氨酸的多肽制品，也是目前研究最多的矿物元素结合肽，CPP能与多种矿物元素结合形成可溶性的有机磷酸盐，充当许多矿物元素如Fe^{2+}、Mn^{2+}、Cu^{2+}、Se^{2+}，特别是Ca^{2+}在体内的运输载体，能够促进小肠对Ca^{2+}和其他矿物元素的吸收。因此，CPP可促进儿童骨骼和牙齿的生长发育，在预防和改善骨质疏松、加快骨折患者的康复等方面具有重要作用，对贫血患者的预防治疗也有明显的效果，还可以预防龋齿。

（3）活性蛋白　活性蛋白是指既具有一般蛋白质的营养作用，又具有某些特殊生理功能的一类蛋白质。

乳铁蛋白，是一种天然的具有免疫功能的铁结合性糖蛋白，由转铁蛋白转变而来，因其结晶呈红色，故又称红蛋白，主要存在于母乳和牛乳中，其主要生物学作用总结如下：

①参与铁代谢。乳铁蛋白具有结合并转运铁的能力，到达人体肠道后再释放出铁，这样乳铁蛋白就能增强铁的实际吸收率和生物利用率，并稳定还原状态的铁离子，减少对胃肠道的刺激作用。

②提高机体免疫力。乳铁蛋白能增强嗜中性粒细胞的吞噬作用和杀灭作用，提高自然杀伤细胞（NK细胞）的活性，可促进淋巴细胞的增殖。乳铁蛋白可以促进中性粒细胞对受伤部位的吸附和聚集，增加粒细胞黏性，促进细胞间的相互作用，调节免疫球蛋白的分泌，参与调节机体的免疫耐受力。

③抗菌、抗病毒、抗氧化作用。临床试验表明，乳铁蛋白在体内外均可杀死或抑制许多细菌，增强巨噬细胞的吞噬作用。中性粒细胞缺乏产生乳铁蛋白的颗粒或者有颗粒但不合成乳铁蛋白的人，要比正常人受微生物感染的程度严重。非饱和乳铁蛋白可隔离自由铁，能保护糖蛋白不被氧化剂氧化。乳铁蛋白还能降低吞噬细胞产生自由羟基的可能性，抑制单核细胞膜中铁的催化氧化反应。

④对婴儿的健康成长有重要作用。有证据证明，给婴儿喂食含有乳铁蛋白的乳粉后，发现婴儿的大便中，双歧杆菌的数量明显地增加了，粪便的pH下降，溶菌酶的活性和有机酸的含量均有上升。

胶原蛋白是一种多糖蛋白，含有少量的半乳糖和葡萄糖，是细胞外基质的主要成分，也是哺乳动物体内含量最多、分布最广的功能性蛋白，占蛋白质总量的25%~30%，某些生物体中的蛋白质含量甚至高达80%。其主要生物学作用总结如下：

①细胞-基质间的相互作用。胶原蛋白是细胞外基质的主要成分，作为细胞生长的依附与支架，能诱导上皮细胞等的增殖分化与移植，起支撑器官和保护机体的重要机能。胶原基材料与宿主细胞及组织之间良好的相互作用，成了细胞与组织正常生理功能的一部分。胶原蛋白与其他成分可按照特定的形式排列组合，形成细胞外间质的网状结构，对细胞起到锚定和支撑的作用，并为细胞的增殖提供适当的微环境。在生理或病理机制的调控下，胶原蛋白可有机地参与细胞迁移和代谢，从而使细胞更准确地发挥其功能。

②增强皮肤代谢。胶原蛋白及其水解物与人皮肤胶原的结构相似，相容性好。胶原的这些特点使得它对人的皮肤具有多种作用。胶原含有18种氨基酸，可给予皮肤必需的养分，使皮肤中的胶原蛋白活性加强。胶原蛋白和周围组织的亲和性很好，具有修复组织的作用。胶原蛋白分子中含有大量亲水基，使之具有良好的保湿功效，能够达到保持皮肤润泽的目的。胶原蛋白具有调节和稳定肌肤pH的作用。它对皮肤和头发表面的蛋白质分子有较大的亲和力，可达到营养皮肤的作用。此外，胶原蛋白溶液还有很强的抗辐射作用，可减少阳光照射对皮肤的影响。

③增强免疫。胶原虽然是大分子物质，但由于其结构重复性大，与其他具有免疫性的蛋白质相比，胶原的免疫原性比较低，尤其是它以胶原组织和纯化胶原形式被使用时，免疫原性低的特点更为明显。

④胶原的天然结构，尤其是足够发达的四级结构，是胶原具有凝聚能力的基础。

大豆蛋白是指存在于大豆籽粒中贮藏性质蛋白质的总称,其必需氨基酸组成接近标准蛋白质,是一种优质蛋白质。临床研究表明,大豆蛋白的消化率可与肉、乳、蛋相媲美,氨基酸组成符合人体需求。除婴儿以外,大豆蛋白产品的必需氨基酸含量均高于各年龄段的推荐摄入量。由于大豆蛋白具有特殊的生物功能,近年来备受关注。其主要生物学作用总结如下:

①调节血脂。大豆蛋白能与肠内胆固醇结合,阻碍固醇类物质的吸收,并促进肠内胆固醇排出体外。

②增强免疫。大豆中的蛋白质含量高达40%,与一般谷物中蛋白质仅含10%左右的含量相比,是一个非常优质的蛋白质源,而增加蛋白质的吸收可以增强机体的免疫力。

③减少骨质丢失。动物蛋白质富含含硫氨基酸,大量摄入会加快尿钙损失,导致机体钙出现负平衡。大豆蛋白中的含硫氨基酸含量偏低,是所有高蛋白食品中引起尿钙损失最少的。动物试验证明,食用大豆蛋白能防止骨质过多丢失,从而减少患骨质疏松的风险。

④具有减肥作用。可通过减少饥饿感、增加代谢率而降低人类肥胖的发病率。

⑤预防慢性肾脏病。与摄入的动物蛋白相比,摄入大豆蛋白可减少肾脏负担,减少血液中的有益成分从血液中流失的概率。

4. 维生素类

维生素是人和动物为维持正常的生理功能而必须从食物中获取的微量有机物质。缺乏任何一种微生物都会使机体出现特有的缺乏症状,严重时足以致命。维生素种类繁多,生理功能各不相同,每种维生素具有特殊的生理功能,所以在体内不能互相代替。而人体自身不能合成维生素,起码不能合成足量的维生素来满足人体的需求,所以只能从食物中获取,因此,饮食中保证有足够的各类维生素是十分重要的。只有维生素D是例外,当人体暴露在紫外线下时,维生素D就会自发地由它的前体合成。维生素按其溶解性能可分为两大类:脂溶性维生素和水溶性维生素。

脂溶性维生素中,维生素D的作用是防治儿童佝偻病、成人骨质疏松,促进钙、磷吸收及正常代谢,维生素D主要来源于动物性食物。维生素A对眼、耳、皮肤黏膜、对传染病的抵抗力有增强作用,还可以预防皮肤和黏膜的角质增生和干眼病,促进食欲和生长发育,维生素A主要来源于鱼肝油、鲜乳、蛋黄、动物肝、肾等食物中。植物性蔬菜、胡萝卜、番茄、青椒和绿色蔬菜中含有丰富的β-胡萝卜素,其可在人体内转化为维生素A,维生素E为生殖功能所必需,能促进生长发育,具有预防肌肉萎缩症等功能。

水溶性维生素中,维生素B能刺激代谢而促进食欲和消化,抗神经炎、预防脚气病,促进碳水化合物的代谢,构成辅酶成分。烟酸是辅酶I和辅酶II的成分,可调节神经系统、维持皮肤和神经的健康,参与碳水化合物和蛋白质的代谢。维生素C能防治坏血病,维持结缔组织的生长和正常结构,促进骨的生长,并有抗氧化作用。此外,水溶性维生素还包括维生素B_2、维生素B_6、维生素B_{12}、泛酸、叶酸、生物素、胆碱、生物类黄酮等,都具有重要的生理功能。

5. 益生菌类

益生菌是一类微生物,服用足够数量的益生菌将给人体健康带来有益作用。乳酸菌是一类微生物的统称,可以利用碳水化合物的发酵从而产生大量乳酸,进而可以增强人体抗衰老的能力,提高机体的抗癌免疫力,降低血脂和胆固醇含量,预防冠心病的产生,减轻人体的乳糖不适症。常见的益生菌有双歧杆菌、乳杆菌、益生生链球菌等。益生菌及其发酵产品具有多种调节生理功能的作用,其主要生物学作用总结如下:

(1) 促进消化吸收　益生菌通过发酵,可将乳制品中的乳糖变成了乳酸,水解了蛋白质,增加了可溶性钙、磷及某些 B 族维生素的数量。此外,益生菌及其代谢产物能促进宿主消化酶的分泌和肠道蠕动,促进食物的消化吸收。而且其中的部分乳糖(30%~40%)已被代谢生成乳酸,所以患有乳糖不耐症的人可以食用发酵乳制品,以减少食用普通乳引起的肠内胀气、腹泻及呕吐现象。

(2) 调节肠胃道菌群平衡、纠正肠道功能紊乱　益生菌通过自身代谢产物以及与其他细菌间的相互作用,可维持和保证肠道菌群最佳优势组合及稳定性。益生菌在人体内可发酵糖类产生大量的醋酸和乳酸,还可抑制病原性细菌的生长繁殖。

(3) 调节免疫、抑制肿瘤作用　乳杆菌及双歧杆菌等益生菌及其代谢产物,能诱导产生干扰素和促进细胞分裂素,活化免疫细胞,增加免疫球蛋白的产生,提高机体免疫力并可抑制肿瘤的发生。

(4) 降低血脂和胆固醇、预防冠心病　益生菌能降低血液中胆固醇的水平,可预防高血脂导致的冠状动脉硬化及冠心病。

(5) 防止便秘　双歧杆菌代谢产物有机酸能促进肠道蠕动,同时,双歧杆菌的生长还可以使大便湿度提高,从而防止便秘。

6. 功能性植物化合物

人们在植物性食物中不仅发现了维生素和矿物质,还陆续发现了一些植物性化合物对人体健康具有的重要作用。研究表明,这些植物性化合物具有增强免疫力、抗氧化、延缓衰老以及预防一些慢性非传染性病如癌症、心血管疾病等功效。功能性植物化合物主要有酚类化合物、有机硫化物、萜类化合物、植物固醇、天然色素以及膳食纤维、植物多糖等。

(1) 酚类化合物　酚类化合物是指分子中含有酚基团的一类有益健康的化合物,具有较强的抗氧化功能。常见的酚类化合物有简单酚、酚酸、类黄酮、异黄酮、茶多酚等,主要具有抗氧化、调节血脂、保护血管、预防肿瘤、类雌激素等的作用。

(2) 有机硫化合物　有机硫化合物是指分子结构中含有元素硫的一类植物化合物,其以不同的化学形式存在于蔬菜或水果中,其主要作用是抑癌和杀菌。如异硫氰酸盐(ITC)存在于西蓝花、卷心菜、菜花、球茎甘蓝、荠菜、小萝卜等十字花科蔬菜中;如葱蒜中含有机硫化合物。

(3) 萜类化合物　萜类化合物是指分子的基本单元是异戊二烯的一类化合物,如单萜是由 2 个异戊二烯单元组成的,倍半萜是由 3 个异戊二烯单元组成的,二萜是由 4 个异戊二烯单元组成的,以此类推。萜类化合物主要存在于中草药、水果、蔬菜以及全谷粒食物中。富含萜烯类的食物主要是柑橘类的水果,芹菜、胡萝卜、茴香等伞形科蔬菜,番茄、茄子、辣椒等茄科蔬菜,苦瓜、葫芦等葫芦科蔬菜以及黄豆等豆科植物。

(4) 植物固醇　植物固醇主要以游离态或者结合态的形式广泛存在于植物的根、茎、叶、果实和种子中,有预防心血管系统疾病、抑制肿瘤等作用。其中结合态的形式有固醇酯、固醇糖苷、固醇脂肪酸酯、固醇咖啡酸酯等,在植物细胞中主要起着稳定细胞膜的作用。目前研究表明,在已被确认的 40 多种植物固醇中,以 β-谷固醇、豆固醇、菜油固醇等为主,这些固醇的结构与胆固醇结构基本类似,但生理功能却有极大的区别。

(5) 植物天然色素　食品中的天然色素是指在新鲜食品原料中,人的视觉能够感受到的有色物质。这些物质在以前经提取后用于食品加工中的调色工艺,但近年的研究表明,这些有色物质都含有特殊的化学基团，所以具有调节生理功能的作用，可能在预防慢性疾病的过程中具有重要作用。

7. 微量元素

人体的组织器官中约有60余种化学元素，其中碳、氢、氧和氮构成了约占体重95%的有机物和水，其余元素无论以什么形式存在、含量多少都统称为无机盐。在这些元素中，钙、镁、钾、钠、硫、磷、氯7类元素被称为宏量元素，其含量约占人体总灰分的60%~80%，而其他元素在人体内的含量极少，被称为微量元素，其含量低于人体体重的0.01%，而微量元素中有14种元素是机体生命活动中必不可少的，被称为必需微量元素，分别是铁、锌、硒、铬、碘、铜、锰、钴、钼、锡、镍、硅、氟、钒。必需微量元素虽然含量极少，但是作用却极大。它们参与了人体内50%~70%的酶组分，构成了人体内重要的载体和电子传递系统，参与某些激素和维生素的合成，与某些原因不明的疾病（如癌症或地方病等）相关。

第四节　保健食品的安全与危害因子的检测

保健食品有三个基本属性：食品属性、功能属性和非药品属性。保健食品是食品，符合普通食品基本要求，能提供一种或者多种营养物质，能被人体消化吸收，安全无毒，但又区别于普通的一般食品，属于一类特殊的食品，这是保健食品的食品属性。保健食品具有特定的保健功能，是可以用科学的实验方法进行客观验证的具有具体、明确的功能，可满足特殊人群的特殊生理机能需要的特殊食品。受食用对象、食用量限制，保健食品并非老少皆宜，这是保健食品的功能属性。保健食品是食品而不是药品，不能取代药物。国家市场监管总局提醒消费者，包括保健食品在内的所有食品均不具有预防和治疗功能，只能通过一定的途径调节机体的生理机能来满足人体的要求，这是保健食品的非药品属性。

而保健食品的有害因素主要有两大类：其一，作为普通食品，存在的有害因素，如重金属污染、农药残留、微生物污染等；其二，作为功能性食品可带来的特殊有害因素，如植物激素、植物内源性毒素、混淆植物品种、违禁添加药物及其结构改造物等。作为以特定保健功能声称的食品，这些有害因子的存在对人体健康将造成更大的伤害。

一、保健食品的安全

1. 化学安全性

化学安全性问题是由有毒有害的化学物质污染保健食品引起的。目前最严重的危害主要来源于化学农药、有害金属、多环芳烃类如苯并（a）芘、N-亚硝基化合物等化学污染物的污染，滥用食品加工工具、食品容器、食品添加剂、植物生长促进剂等也是引起食品化学污染的重要因素。

农药按照用途可以分为杀虫剂、杀菌剂、除草剂、植物生长调节剂、粮食熏蒸剂等；按其化学成分可分为有机氯、有机磷、有机氟、有机氮、有机硫、有机砷、有机汞、氨基甲酸酯类等。

农药污染食品的途径主要有以下几种：

(1) 为防治农作物病虫害使用了农药，通过喷洒作物而直接污染食用作物。

(2) 植物根部吸收了部分农药。

(3) 空中随雨水降落。

(4) 食物链富集。

(5) 运输储存中混放。

几种常用的、容易对食品造成污染的农药品种有：有机氯农药、有机磷农药、有机汞农药、氨基甲酸酯类农药等。

工业有害物质及其他化学物质主要指金属毒物（如甲基汞、镉、铅、砷、N-亚硝基化合物、多环芳烃类化合物等）。

工业有害物质污染食品的途径主要有：环境污染、食品容器，包装材料和生产设备/工具的污染，食品运输过程的污染等。

2. 生物安全性

生物安全性问题是由有害的病毒、细菌、真菌以及寄生虫污染食品产生的。如变形杆菌、黄色杆菌、肠杆菌等细菌可以直接污染动物性食品，也能通过工具、容器、洗涤水等污染动物性食品，使食品腐败变质。

细菌对食品的污染途径主要有以下几种：

(1) 对食品原料的污染　食品原料种类多、来源广，细菌污染的程度因不同的品种和来源而不同。

(2) 对食品加工过程中的污染。

(3) 在食品储存、运输、销售中对食品造成的污染。

食品的细菌污染指标主要有菌群总数、大肠菌群、致病菌等几种。常见的易污染食品的细菌有假单胞菌、微球菌和葡萄糖球菌、芽孢杆菌与芽孢梭菌、肠杆菌、弧菌和黄杆菌、嗜盐杆菌、乳杆菌等。

霉菌及其产生的毒素的毒性各不相同。与食品的关系较为密切的霉菌毒素有：黄曲霉毒素、赭曲霉毒素、杂色曲霉毒素、岛青霉素、黄天精、桔青霉素、展青霉素、单端孢霉素类、丁烯酸内酯等。霉菌和霉菌毒素污染食品后，引起的危害主要有两方面，即因霉菌引起的食物变质和霉菌产生的毒素引起人的中毒。毒性最强的是黄曲霉毒素。食品被这种毒素污染以后，会引起动物原发性肝癌。

污染食品的寄生虫主要有蛔虫、绦虫、旋毛虫等，这些寄生虫一般都是吸收了患者、病畜的粪便污染的水源、土壤中的污染物，然后再使鱼类、水果、蔬菜等受到污染的，人吃了受污染的食物以后就会生病。

3. 违法安全性

在保健食品安全方面最主要的问题之一是违禁药物或其结构改造物成分的滥用，这属于典型的食品欺诈范畴。在利益驱动下，一些不法厂商为凸显产品的疗效，在中成药、保健食品中非法添加减肥药、壮阳药、降糖药等化学成分的现象非常普遍。由于添加药物的兼容性不明确，药物与食品中功效成分之间以及添加药物之间均可能存在相互作用，从而对消费者产生潜在的不良反应。

目前，非法添加化学合成药物的特点主要有以下几种。

（1）添加物的来源不明

①处方药。该类物质被添加后，在使用中无法控制用法用量，很容易导致出现不良反应，甚至会损害消费者的肝肾等，如减肥类产品中添加麻黄碱，可以令中枢神经兴奋，提高机体新陈代谢的速度，从而促进减肥，同时麻黄碱还是制造冰毒的原材料之一，属于国家管控药品，长期使用会影响心率，甚至危害生命。

②现有药物的结构类似物。这些化合物是在已有药物结构基础上进行了微小修饰，但其结构基本骨架类似，可能存在相似的临床作用。由于大部分结构类似物没有进行药物临床前研究及临床研究，故存在较大的安全隐患。如很多文献报道，在保健食品中检测出了 5 型磷酸二酯酶抑制剂（PDE-5）的结构类似物。

③已撤市的药物，如芬氟拉明、西布曲明、安非拉酮等药物曾因显著的减肥功效而风靡一时，但随后的研究发现，它们会引起心血管系统及中枢神经系统不良反应，因此美国食品药品监督管理局、欧盟药品管理局、国家市场监督管理总局等相继召回了这些药物，但根据文献调研及保健食品风险评估报告显示，很多减肥类保健品中，西布曲明的检出率还是很高的。

④添加尚未获得批准的新型药物或先导化合物。

⑤药物的化工合成品。为了降低成本，有些添加的药物成分是以粗原料的形式加入的，其杂质和可能的潜在风险物质不明确。

（2）非法添加药物的剂量随意　如某类减肥保健食品中不同批次咖啡因的检出量在 4～327mg。同时，为逃避检查，某些厂家的产品不同批次中有些存在非法添加的情况，有些则不存在非法添加。

（3）非法添加药物的兼容性不明确　保健食品中非法添加的药物与保健食品配方之间均可能存在相互作用，同时添加的药物也可能与消费者正在服用的药物之间存在相互作用，这些都会对消费者的健康产生威胁。

（4）药物的复合添加　该类情况存在多种药物添加和多"剂量"水平的添加，由于有部分药物添加处于较低浓度水平，因此即使检测到，也可能被人误认为是污染引起的，从而降低了企业应受惩罚的程度，存在一定的隐蔽性。如某些减肥保健食品，在一个产品中就检测出西布曲明、酚酞、蒽醌等 6 种的添加药物。

（5）在制剂的辅料或包装材料中添加　如利用剂型的特点将违禁药物添加到胶囊壳中，而不是添加在胶囊内容物中，存在一定的隐蔽性，可躲避监督检查。

（6）"证后"添加　即在取得保健食品批文后再在上市产品中违法加入非法添加剂。

二、保健食品危害因子

1. 保健食品化学危害因子

保健食品的化学危害因子主要有农药危害（包括有机氯类农药、有机磷类农药、氨基甲酸酯类农药、拟除虫菊酯类农药等）、重金属危害、加工助剂危害等。

2. 保健食品生物危害因子

保健食品的生物危害因子主要有真菌毒素危害、微生物危害等。

三、保健食品危害因子检测

随着消费者对保健食品功效成分和安全性的日益关注，保健食品科学中检测方法和技术的应用也在不断发展。

和普通食品一样,保健食品分析的第一要素依然是确保食品安全,为了实现这一目标,保健食品的分析以现代仪器分析代替了经典的化学分析方法。除了针对保健食品产品的安全分析之外,在保健食品加工及对品质影响的分析中,分析化学发挥着重大的作用。例如,在保健食品生产、加工、配制和使用过程中,需遵从食品安全相关的法规,对其功效成分含量、有毒污染物和天然毒素进行分析,确保保健食品的安全性和可溯源性。利用分析化学还可检测掺假物质、表征保健食品化学成分,研究保健食品流变性、形态、结构或表面,分析保健食品物理性能、物理化学性能和热性能,并进行、微生物鉴定以及感官评价等。

目前,在保健食品检测领域,主要的技术方法包括以下几方面。

(1) 谱学技术　如质谱、核磁共振、红外、原子光谱、荧光法、拉曼光谱、化学发光法等。

(2) 分离技术　如高效液相色谱、气相色谱、毛细管电泳、超临界流体色谱等。

(3) 样品制备技术　如固相萃取、超临界流体萃取、顶空法、流动注射分析、吹扫捕集、加压液体萃取、微波辅助萃取、自动热解析法等。

(4) 生物技术　如聚合酶链反应(PCR)、免疫技术、生物传感器等。

(5) 电化学法。

(6) 联用技术　如气相色谱-质谱联用,液相色谱-质谱联用等。

保健食品危害因子的快速筛查可极大地提高样品分析的通量,最大限度地保障保健食品的安全性。常用技术包括以下几方面。

(1) 免疫分析技术　免疫分析方法包括:放射免疫、酶联免疫、荧光免疫、化学发光免疫和胶体金标免疫等。其中,酶联免疫检测技术(ELISA)被列为残留检测三大支柱技术之一,具有高特异性、准确性、简便、快速等特点,可用于检测农药残留、致病菌、病毒、毒素以及转基因产品。

(2) 生物传感器　生物传感器的种类繁多,但是都具有微型、智能、集成、成本低、灵敏度高、识别能力高、实用性强等特点。目前发达国家已经广泛应用的SPR生物传感器,具有快速便捷、灵敏度高、无须标记、实时等特点。纳米技术的应用使新型生物传感器的出现成为可能,开发出的新型生物传感器,可快速检测食品和水中极其微量的细菌、病毒、寄生虫、病原体等,并且灵敏度极高。

(3) 生物芯片、芯片实验室及微流控芯片系统　此类技术具有高通量、高灵敏度和快速等特点,因此,国际上对该系统在食品安全、疾病诊断等方面的应用给予了极大关注。目前已开发出用于食源性致病菌、食源性病毒和兽药残留等检测生物芯片技术平台(仪器和试剂盒),并将进一步向现场速测以及微缩芯片实验室方向发展。

(4) 特种电化学传感器　电化学传感器具有小巧、灵敏、多样化、成本低等优点,利用特种电化学传感器可构建食品安全快速检测仪,在国内外已经受到广泛关注。将纳米技术和电化学技术有机结合,已构建出快速检测食品中有毒有害重金属的仪器;运用新型纳米过氧化物传感器和纳米金属/氧化物传感器,构建了快速检测细菌总数和大肠杆菌的快速检测仪器。

(5) 激光拉曼光谱、深紫外光谱以及近红外光谱技术　采用高性能小型激光器和稳频技术,开发出的高灵敏度的便携式激光拉曼光谱仪,可用于三聚氰胺的快速筛查,不仅灵敏度高,而且可进行半定量检测;新型的拉曼光谱仪,可直接穿透玻璃和塑料包装,具有高重现性和高特征性。正在研究的深紫外光致发光光谱仪以及深紫外光化学反应仪，将催生出一批快速、灵敏的仪器安全速测仪。此外，运用近红外光谱分析技术中的聚类分析和模型识别等技术，对品牌产品的真伪进行快速鉴别已得到越来越广泛的应用。

（6）基于经典分子光谱法的速测仪器　分子光谱法是最经典的技术，几乎可用于所有检测任务，但是只能进行粗测，难以承担痕量分析的任务。随着技术的进步，有针对性地整合和优化可检测不同检测目标的多种试剂盒，并采用集束式冷光源/单色器等新技术，相关企业陆续推出了高精度、高稳定性、模块化的便携式仪器。此外，利用样品快速提取和富集技术，可制造出快速检测与保健食品安全密切相关的40多种参数（如硝酸盐、亚硝酸盐、甲醛、吊白块、味素、人造色素、无机砷、金属铅、劣质乳等）的多参数食品安全检测仪。

练习与思考

1. 简述保健食品的定义。
2. 如何对保健食品进行分类？
3. 保健食品的功能范围有哪些？
4. 保健食品的功能原理有哪些？
5. 保健食品的功效成分是什么？
6. 保健食品增强免疫功能的原理有哪几个方面？
7. 保健食品的三个基本属性分别是什么？
8. 保健食品的安全和危害因子分别是什么？
9. 保健食品检测领域，主要的技术方法包括哪些？
10. 保健食品危害因子的快速筛查的常用技术包括哪些？

参考文献

［1］迟玉杰．保健食品学［M］．北京：中国轻工业出版社，2016.

［2］张忠，李风林，余雷．食品营养学［M］．北京：中国纺织出版社，2017.

［3］陈波．保健食品安全与检测［M］．北京：科学出版社，2017.

［4］马双成，魏锋．保健食品安全性检测［M］．北京：人民卫生出版社，2011.

［5］Hiroyoshi Moriyama, Hideko Ikeda, DebasisBagchi. Chapter 24：Foods with function claims emerging from the framework of so-called health foods. *Nutraceutical and Functional Food Regulations in the United Statesand around the World*（Third Edition）［M］．2019，p377-385.

［6］JingjingYin, DegangYang, XinhuanZhang, et al. Diet shift：Considering environment, health and food culture［J］．*Science of the Total Environment*，2020，719：137484.

［7］郭洁，贾伯阳，张蓉，等．国产保健食品原料与功效/标志性成分分析［J］．食品研究与开发，2018，39（24）：218-224.

[8] 周璇.保健食品中功效成分的检验方法[J].食品安全导刊,2017(21):59.

[9] 陈世伟.关于对我国现有保健食品重新归类管理的研究[J].河南预防医学杂志,2018,29(05):402-405.

[10] 马于巽,段昊,刘宏宇,等.日本健康相关食品的分类与管理[J].食品工业科技,2019,40(07):269-272.

[11] 杨秀芳,马养民,张影珍.保健食品活性成分的主要检测方法[J].食品科学技术学报,2013,31(03):4-6.

第十六章 特殊膳食用食品

[本章主要内容]

特殊膳食用食品的定义、基本特征和种类，特殊膳食用食品的标准法规、标签和功能声称，特殊膳食用食品与其他食品的共性及差异性；国内目前常见的特殊膳食用食品介绍；国内特殊膳食用食品管理要求的解读。要求学生重点掌握特殊膳食用食品定义、基本特征、种类和标准法规；正确理解特殊膳食用食品的功能声称和与其他食品的共性及差异性；了解国内目前常见的特殊膳食用食品分类和特殊膳食用食品管理规范要求。

[本章重点]

能概述特殊膳食用食品定义、基本特征、种类和标准法规；分析特殊膳食用食品与其他食品的共性及差异性，掌握国内目前常见特殊膳食用食品适宜人群和营养成分特点。

[本章难点]

尝试解读国内目前常见特殊膳食用食品分类要求和特殊膳食用食品管理规范要求。

第一节 特殊膳食用食品概述

一、特殊膳食用食品的定义

特殊膳食用食品是指为满足特殊的身体或生理状况和（或）满足疾病、紊乱等状态的特殊膳食需求，专门加工或配方的食品。这类食品对适宜人群、营养素和（或）其他营养成分的含量要求等有一定的特殊要求，对其标签内容如能量和营养成分、食用方法、适宜人群的标示等有特殊要求。

二、特殊膳食用食品的基本特征

特殊膳食用食品是食品的一个类别，它具备普通食品的法定特征包括以下几点。
（1）供人食用或者饮用的成品或原料（含药食两用物品，不含以治疗为目的的物品）。
（2）食品应当无毒无害。
（3）符合相应的营养要求。
（4）具有相应的色、香、味等感官性状。

但特殊膳食用食品与普通食品不同，它是针对特定人群的特殊营养需求而加工或配方的食品，需具备两个基本特征条件。
（1）某一种或某一类食品最适宜特定（特殊）人群食用，如婴儿、幼儿、糖尿病患者、严重缺乏某些营养素的人群，这类人群由于生理原因，需要的膳食结构与一般人群的膳食结构有明显不同。
（2）这类食品的营养素和（或）其他营养成分的含量与可类比的普通食品有显著差别。有些营养素含量很低或很高，如无母乳喂养的婴儿需要的婴儿配方乳粉，其营养成分和含量与成年人食用的乳粉显著不同。

三、特殊膳食用食品的种类

我国特殊膳食用食品主要分为四大类，如表 16-1 所示。

表 16-1　　　　　　　　　　特殊膳食用食品主要分类

婴幼儿配方食品	①婴儿配方食品
	②较大婴儿配方食品
	③幼儿配方食品
	④特殊医学用途婴儿配方食品
婴幼儿辅助食品	①婴幼儿谷类辅助食品
	②婴幼儿罐装辅助食品
特殊医学用途配方食品	①全营养配方食品
	②特定全营养配方食品
	③非全营养配方食品
其他特殊膳食用食品	①辅食营养补充品
	②运动营养食品
	③孕妇及母乳补充食品
	④老年食品
	⑤其他有相应国家标准的特殊膳食用食品

四、特殊膳食用食品的标准法规

从特殊膳食用食品包含的种类来看，各国也不完全一致，但各国均将婴儿配方食品、特殊医学用途配方食品等划分在特殊膳食用食品范围内，部分国家/组织还将膳食补充剂、运动食品或其他类型的产品也划分在其中。

目前，国内特殊膳食用食品相关部分标准法规，如表 16-2 所示。

表 16-2　　　　　　　国内特殊膳食用食品相关部分标准法规汇总表

标准法规
①GB 10765—2021《食品安全国家标准　婴儿配方食品》（2023 年 2 月 22 日起实施）
②GB 10767—2021《食品安全国家标准　较大婴儿和幼儿配方食品》（2023 年 2 月 22 日起实施）
③GB 25596—2010《食品安全国家标准　特殊医学用途婴儿配方食品通则》
④GB 10769—2010《食品安全国家标准　婴幼儿谷类辅助食品》
⑤GB 10770—2010《食品安全国家标准　婴幼儿罐装辅助食品》
⑥GB 29922—2013《食品安全国家标准　特殊医学用途配方食品通则》
⑦GB 22570—2014《食品安全国家标准　辅食营养补充品》
⑧GB 24154—2015《食品安全国家标准　运动营养食品通则》
⑨GB 31601—2015《食品安全国家标准　孕妇及乳母营养补充食品》
⑩GB 23790—2010《食品安全国家标准　粉状婴幼儿配方食品良好生产规范》
⑪GB 29923—2013《食品安全国家标准　特殊医学用途配方食品良好生产规范》
⑫GB 13432—2013《食品安全国家标准　预包装特殊膳食用食品标签》
⑬GB 7718—2011《食品安全国家标准　预包装食品标签通则》
⑭GB 28050—2011《食品安全国家标准　预包装食品营养标签通则》
⑮GB 14880—2012《食品安全国家标准　食品营养强化剂使用标准》
⑯特殊医学用途配方食品注册管理办法（国家食品药品监督管理总局令第 24 号）
⑰GB 7718—2011《食品安全国家标准　预包装食品标签通则》

目前国际食品法典委员会（CAC）、美国、欧盟和澳大利亚/新西兰等，都在不断修订特殊膳食用食品的定义并完善其分类。表 16-3 列举了 CAC 和部分国家/组织关于特殊膳食用食品的定义和分类概况。对于这类产品的类别名称，CAC 和美国使用特殊膳食用食品（food for special dietary uses），欧盟则使用特殊营养用食品（foodstuffs for particular nutritional uses），以显示该类食品的营养特点，澳大利亚/新西兰使用的名称为特殊用途食品（special purpose food）。虽然各国家/组织用词有所不同，但是在各自的定义中都表明该类食品是为了满足特殊身体或生理状况（particular physical or physiological），或满足疾病、紊乱（specific diseases and disorders）而专门加工或配方（specially processed or formulated，special composition or manufacturing process）的食品。

表 16-3　　CAC 和部分国家/组织关于特殊膳食用食品的定义和主要类别

国家/组织	名称	定义	主要类别
国际食品法典委员会（CAC）	特殊膳食用食品	特殊膳食用食品指有特殊加工或配方，能满足特定身体或生理状态下和/或特定疾病和紊乱时的特殊膳食需求的食品。这类食品的成分与可类比的普通食品显著不同	①婴儿配方食品、较大婴儿和幼儿配方食品、特殊医学用途婴儿配方食品 ②婴幼儿辅助食品 ③特殊医学目的用食品 ④瘦身和减重配方食品 ⑤营养食品（如膳食用补充食品） ⑥食物补充剂
美国	特殊膳食用食品	特殊膳食用意味着食物的特定用途（区别于一般），如： ①满足生理、病理或其他条件下的特殊饮食需要的食物，包括但不限于疾病、妊娠、哺乳、食物过敏、低体重和超重的情况； ②满足特殊年龄的特殊膳食需求，包括但不限于婴儿和儿童； ③补充或强化普通膳食中的维生素、矿物质或其他膳食属性。任何特定用途的食品都是特殊膳食，不管这种食物是否可以用于一般人群	①婴儿配方食品 ②低钠食品 ③特殊医学用途配方食品 ④其他*
欧盟	特殊营养目的用食品	特殊营养目的用食品是指由于其具有特殊的成分或制造工艺而与普通消费的食品明显不同的食品，这类产品应符合其声称的营养目的且在销售过程中应标明其适用性	①婴儿配方食品、较大婴儿和幼儿配方食品 ②婴幼儿加工谷类食品和专用食品 ③减重膳食中能量限制食品 ④特殊医学用途配方食品 ⑤满足肌肉高强度运动人群尤其是运动员的食品 ⑥碳水化合物代谢紊乱（糖尿病）人群用食品
澳大利亚/新西兰	特殊用途食品	特殊加工或配方的食品应满足下列情况机体对特殊膳食的需求： ①特定身体或生理状态； ②特定疾病或紊乱； ③上述二者同时存在	①婴儿配方食品 ②婴儿用食品 ③代餐或补充食品 ④运动补充食品 ⑤特殊医学用途配方食品 ⑥特殊饮食用食品 ⑦宏量营养素改良食品

*因美国法规中特殊膳食用食品类别不明确，此处仅列出部分类别。

五、特殊膳食用食品的标签及营养声称

特殊膳食用食品标签（含营养标签）应符合 GB 13432—2013《食品安全国家标准 预包装特殊膳食用食品标签》，该标准涵盖了对预包装特殊膳食用食品标签的一般要求，如食品名称、配料表、生产日期、保质期等，以及营养标签要求，包括营养成分表、营养成分含量声称和功能声称。预包装特殊膳食用食品的标签除符合 GB 7718—2011《食品安全国家标准 预包装食品标签通则》规定的基本要求的内容，还应符合以下要求：不应该涉及疾病预防、治疗功能；应符合预包装特殊膳食用食品相应产品标准中标签、说明书的相关规定；不应对 0~6 月龄婴儿配方食品中的必需成分进行含量声称和功能声称。

能量和营养成分的含量是特殊膳食用食品与普通食品区别的主要特征，其含量标示是特殊膳食用食品标签上最重要的部分之一。特殊膳食用食品的能量和营养成分的含量应符合产品标准要求，并应在标签上如实标示。

特殊膳食用食品的能量和营养成分的含量声称应在预包装上进行标示，需符合以下条件：能量或营养成分在产品中的含量达到相应产品标准的最小值或允许强化的最低值时，可进行含量声称；含量声称用语包括"含有""提供""来源""含""有"等。某种营养成分若在产品标准中无最小值要求或无最低强化量要求，应提供其他国家和（或）国际组织允许的对该营养成分进行含量声称的依据。表 16-4 收集整理了部分国内外关于特殊膳食用食品的含量声称要求、声称用语及法规依据。

表 16-4 允许使用的含量声称

营养物质	含量声称用语	含量要求	可使用的产品类别
二十二碳六烯酸（DHA）	含有	≥总脂肪酸含量的 0.2%	婴儿配方食品 特殊医学用途婴儿配方食品
牛磺酸	含有	≥0.8mg/100kJ	婴儿配方食品 特殊医学用途婴儿配方食品
低聚半乳糖 低聚果糖 多聚果糖 棉籽糖	含有膳食纤维或单体名称	其单体或混合物的含量≥3g/100g（固态或粉状） ≥1.5g/100mL（液态）或 ≥1.5g/420kJ	婴幼儿配方食品 婴幼儿谷类辅助食品

特殊膳食用食品针对不同的适用对象有不同的配方，其能量和营养成分的含量在产品标准中已有明确要求，没有必要设置比较声称，因此 GB 13432—2013《食品安全国家标准 预包装特殊膳食用食品标签》未设置比较声称规定。

符合含量声称要求的预包装特殊膳食食品，可对能量各（或）营养成分进行功能声称。能量和营养成分功能声称的要求和条件，如表 16-5 所示。功能声称的用语应选择使用GB 28050—2011《食品安全国家标准 预包装食品营养标签通则》中规定的功能声称标准用语，详

见表 16-6。

表 16-5　　能量和营养成分功能声称的要求和条件

项目	含量声称方式	含量要求[1]	限制条件
能量	无能量	≤17kJ/100g（固体）或 100mL（液体）	其中脂肪提供的能量≤总能量的 50%
	低能量	≤170kJ/100g 固体 ≤80kJ/100mL 液体	
蛋白质	低蛋白质	来自蛋白质的能量≤总能量的 5%	总能量指每 100g/mL 或每份
	蛋白质来源，或含有蛋白质	每 100g 的含量≥10%NRV 每 100mL 的含量≥5%NRV 或者 每 420kJ 的含量≥5%NRV	
	高或富含蛋白质	每 100g 的含量≥20%NRV 每 100mL 的含量≥10% NRV 或者 每 420kJ 的含量≥10%NRV	
脂肪	无或不含脂肪	≤0.5g/100g（固体）或 10mL（液体）	
	低脂肪	≤3g/100g 固体 ≤1.5g/100mL 液体	
	瘦	脂肪含量≤10%	仅指畜肉类和禽肉类
	脱脂	液态乳和酸乳：脂肪含量≤0.5%；乳粉：脂肪含量≤1.5%。	仅指乳品类
	无或不含饱和脂肪	≤0.1g/100g（固体）或 100mL（液体）	指饱和脂肪及反式脂肪的总和
	低饱和脂肪	≤1.5g/100g 固体 ≤0.75g/100mL 液体	①指饱和脂肪及反式脂肪的总和 ②其提供的能量占食品总能量的 10%以下
	无或不含反式脂肪酸	≤0.3g/100g（固体）或 100mL（液体）	
胆固醇	无或不含胆固醇	≤5mg/100g（固体）或 100mL（液体）	应同时符合低饱和脂肪的声称含量要求和限制性条件
	低胆固醇	≤20mg/100g 固体 ≤10mg/100mL 液体	

续表

项目	含量声称方式	含量要求[1]	限制条件
碳水化合物（糖）	无或不含糖	≤0.5g/100g（固体）或100mL（液体）	
	低糖	≤5g/100g（固体）或100mL（液体）	
	低乳糖	乳糖含量≤2g/100g（mL）	仅指乳品类
	无乳糖	乳糖含量≤0.5g/100g（mL）	
膳食纤维	膳食纤维来源或含有膳食纤维	≥3g/100g（固体） ≥1.5g/100mL（液体）或 ≥1.5g/420kJ	膳食纤维总量符合其含量要求；或者可溶性膳食纤维、不溶性膳食纤维或单体成分任一项符合含量要求
	高或富含膳食纤维或良好来源	≥6g/100g（固体） ≥3g/100mL（液体）或 ≥3g/420kJ	
钠	无或不含钠	≤5mg/100g或100mL	符合"钠"声称的声称时，也可用"盐"字代替"钠"字，如"低盐""减少盐"等
	极低钠	≤40mg/100g或100mL	
	低钠	≤120mg/100g或100mL	
维生素	维生素x来源或含有维生素x[2]	每100g中≥15%NRV 每100mL中≥7.5%NRV或 每420kJ中≥5%NRV	含有"多种维生素"指3种和（或）3种以上维生素含量符合"含有"的声称要求
	高或富含维生素x	每100g中≥30%NRV 每100mL中≥15%NRV或 每420kJ中≥10%NRV	富含"多种维生素"指3种和（或）3种以上维生素含量符合"富含"的声称要求
矿物质（不包括钠）	矿物质x来源，或含有矿物质x	每100g中≥15%NRV 每100mL中≥7.5%NRV或 每420kJ中≥5%NRV	含有"多种矿物质"指3种和（或）3种以上矿物质含量符合"含有"的声称要求
	高，或富含矿物质x	每100g中≥30%NRV 每100mL中≥15%NRV或 每420kJ中≥10%NRV	富含"多种矿物质"指3种和（或）3种以上矿物质含量符合"富含"的声称要求

①用"份"作为食品计量单位时，也应符合100g（mL）的含量要求才可以进行声称。
②x指具体维生素或矿物质种类。

表 16-6　　　　　　　　　　　能量和营养成分功能声称标准用语

名称	功能声称标准用语
能量	人体需要能量来维持生命活动 机体的生长发育和一切活动都需要能量 适当的能量可以保持良好的健康状况 能量摄入过高、缺少运动与超重和肥胖有关
蛋白质	蛋白质是人体的主要构成物质并提供多种氨基酸 蛋白质是人体生命活动中必需的重要物质，有助于组织的形成和生长 蛋白质有助于构成或修复人体组织 蛋白质有助于组织的形成和生长 蛋白质是组织形成和生长的主要营养素
脂肪	脂肪提供高能量 每日膳食中脂肪提供的能量比例不宜超过总能量的 30% 脂肪是人体的重要组成成分 脂肪可辅助脂溶性维生素的吸收 脂肪提供人体必需脂肪酸
饱和脂肪	饱和脂肪可促进食品中胆固醇的吸收 饱和脂肪摄入过多有害健康 过多摄入饱和脂肪可使胆固醇增高，摄入量应少于每日总能量的 10%
反式脂肪酸	每天摄入反式脂肪酸不应超过 2.2g，过多摄入有害健康 反式脂肪酸摄入量应少于每日总能量的 1%，过多摄入有害健康 过多摄入反式脂肪酸可使血液胆固醇增高，从而增加心血管疾病发生的风险
胆固醇	成人一日膳食中胆固醇摄入总量不宜超过 300mg
碳水化合物	碳水化合物是人类生存的基本物质和能量主要来源 碳水化合物是人类能量的主要来源 碳水化合物是血糖生成的主要来源 膳食中碳水化合物应占能量的 60% 左右
膳食纤维	膳食纤维有助于维持正常的肠道功能 膳食纤维是低能量物质
钠	钠能调节机体水分，维持酸碱平衡 成人每日食盐的摄入量不超过 6g 钠摄入过高有害健康
维生素 A	维生素 A 有助于维持暗视力 维生素 A 有助于维持皮肤和黏膜健康
维生素 D	维生素 D 可促进钙的吸收 维生素 D 有助于骨骼和牙齿的健康 维生素 D 有助于骨骼形成

续表

名称	功能声称标准用语
维生素 E	维生素 E 有抗氧化作用
维生素 B_1	维生素 B_1 是能量代谢中不可缺少的成分
	维生素 B_1 有助于维持神经系统的正常生理功能
维生素 B_2	维生素 B_2 有助于维持皮肤和黏膜健康
	维生素 B_2 是能量代谢中不可缺少的成分
维生素 B_6	维生素 B_6 有助于蛋白质的代谢和利用
维生素 B_{12}	维生素 B_{12} 有助于红细胞形成
维生素 C	维生素 C 有助于维持皮肤和黏膜健康
	维生素 C 有助于维持骨骼、牙龈的健康
	维生素 C 可以促进铁的吸收
	维生素 C 有抗氧化作用
烟酸	烟酸有助于维持皮肤和黏膜健康
	烟酸是能量代谢中不可缺少的成分
	烟酸有助于维持神经系统的健康
叶酸	叶酸有助于胎儿大脑和神经系统的正常发育
	叶酸有助于红细胞形成
	叶酸有助于胎儿正常发育
泛酸	泛酸是能量代谢和组织形成的重要成分
钙	钙是人体骨骼和牙齿的主要组成成分，许多生理功能也需要钙的参与
	钙是骨骼和牙齿的主要成分，并维持骨密度
	钙有助于骨骼和牙齿的发育
	钙有助于骨骼和牙齿更坚固
镁	镁是能量代谢、组织形成和骨骼发育的重要成分
铁	铁是血红细胞形成的重要成分
	铁是血红细胞形成的必需元素
	铁对血红蛋白的产生是必需的
锌	锌是儿童生长发育的必需元素
	锌有助于改善食欲
	锌有助于皮肤健康
碘	碘是甲状腺发挥正常功能的元素

对于 GB 28050—2011《食品安全国家标准　预包装食品营养标签通则》中没有列出功能声称标准用语的营养成分，应提供其他国家和（或）国际组织关于该物质功能声称用语的依据。表 16-7 收集了部分国内外允许用于特殊膳食用食品的功能声称及其依据。

表 16-7　　　　　　　　　　　允许使用的功能声称

营养物质	功能声称用语	含量要求	可使用的产品类别
二十二碳六烯酸（DHA）	二十二碳六烯酸（DHA）有助于婴儿视力的正常发育	≥总脂肪酸含量的0.3%	较大婴儿配方食品
低聚半乳糖 低聚果糖 多聚果糖 棉籽糖	①膳食纤维有助于维持正常的肠道功能 ②膳食纤维是低能量物质	其单体或混合物的含量 ≥3g/100g（固态或粉状） ≥1.5g/100mL（液态） 或≥1.5g/420kJ	婴幼儿配方食品 婴幼儿谷类辅助食品
聚葡萄糖	①膳食纤维有助于维持正常的肠道功能 ②膳食纤维是低能量物质	达到允许强化的最低量	婴幼儿配方食品
酵母 β-葡聚糖	①膳食纤维有助于维持正常的肠道功能 ②膳食纤维是低能量物质	达到允许强化的最低量	幼儿配方粉

六、特殊膳食用食品与其他食品的共性及差异性

特殊人群饮食调控的科学本质是控制常规饮食、补充特殊膳食、强化针对营养、减少代谢负担、促进身体健康。特殊膳食用食品根据特殊人群的特殊生理和病理状态，有针对性地确定其生理及营养需要，即在整体综合性调节的基础上，进行有针对性的对抗性调节（保留、强化、添加或弱化某些生理与营养成分、吸收效果、代谢负担）；以极低的热量提供具有明确针对性、系统定量性和广泛多样性的、完整的食品价值。

特殊膳食用食品是一种智能化的定向性食品，具有"多元""天然""活性""安全""益生""营养"的客观属性。特殊膳食用食品是来源广泛而多样的各种食物精华，经科学系统的定量配比，可通过专门复杂的特殊工艺加工而成，是具有明确针对性或特殊指向性的定向性食品。和普通食品、保健食品相比，特殊膳食用食品除了所采用的配方与生产工艺具有特殊性和复杂性外，还具有更完整的食品价值，即在高水准和安全的生物利用价值的前提下，同时提供丰富而具有特殊指向性的营养价值和生理功能价值。

特殊膳食用食品与其他食品的差异性主要如下。

1. 目标与成分不同

特殊膳食用食品是为特殊人群提供特殊营养的，即可提供特殊的生理和营养成分（无法从日常的普通膳食中摄取）。

普通食品向人们提供的是人体所需的基本营养物质。

保健食品向人们提供的则是能调节人体机能的特定生理成分。

2. 食用价值不同

（1）营养价值　特殊膳食用食品有丰富而具特殊指向性的营养成分。

普通食品不同程度地具有某些基本营养成分。

保健食品不以提供营养成分为主要目的，更不能提供特殊营养。

（2）生理功能价值　特殊膳食用食品虽然往往有较丰富而具特殊指向性的生理成分，但一般地其单一指向性的生理功能成分的强化程度不如保健食品。

普通食品不以提供生理功能价值为主要目的。

保健食品具有明确的指向性的生理功能价值，因而其对应的生理功能成分往往是最强化的。

（3）生物利用价值　特殊膳食用食品具有高水平且安全的生物利用价值，即代谢负担低，生物指标也很严格（指细菌、农残或重金属指标）、没有毒副作用。

普通食品有一定程度的代谢负担、生物指标也较宽松、一般没有毒副作用。

保健食品代谢负担相对最高、有一定的毒副作用（因此虽然不是药，仍然要谨遵医嘱）、生物指标很严格。

3. 配方与工艺不同

特殊膳食用食品在配方及工艺上具有明确的针对性或指向性，系统的定量性和广泛的多样性，和其他所有的食品形式相比，具有最大的特殊性和复杂性。

第二节　常见特殊膳食用食品

一、婴幼儿配方食品

婴儿指从出生到满1周岁。在这个阶段，婴儿需经过从母体内生活到母体外生活，从完全依赖母乳营养到依赖母乳以外食物营养的转变。婴儿期是人生中生长发育的第一高峰期，其身高、体重都呈迅猛增长状态。在0~6个月阶段，婴儿的体重平均每月增加0.6kg；6~12个月阶段，体重平均每月增加0.5kg；到1岁时，婴儿体重将增加至出生时的3倍（9kg以上）；身长将增加至1.5倍（平均75cm）。

婴儿的大脑也快速发育。在婴儿期的前6个月，脑细胞数目快速增长，到6个月时，脑重已达到出生时的2倍（600~700g）；在婴儿期的后6个月，主要是脑细胞的体积增大，树突增多、延长，有神经髓鞘形成，脑组织进一步发育。在1岁时，婴儿的脑重已达到900~1000g，重量接近成人脑重的2/3。

婴儿的消化系统处于发育的初始阶段，各项功能还不完善，因此对食物的消化、吸收和排泄能力均不强，不恰当的喂养易导致婴儿的消化系统功能紊乱和营养不良。

母乳中营养素齐全，能满足婴儿生长发育的需要。充足的母乳喂养所提供的热能及各种营养素的种类、数量、比例优于任何代乳品，母乳中的营养素能与婴儿消化功能相适应，也不会增加婴儿肾脏的负担，是婴儿的最佳食物。而在无母乳或母乳不足的情况下，可选择婴儿配方食品来代替部分或全部母乳对婴儿进行喂养。

1. 婴儿配方食品

婴儿配方食品是依据母乳的营养素及其组成模式进行调整生产的，适用于正常婴儿食用，其能量和营养成分满足 0~6 月龄婴儿正常营养需要的配方食品。其各项指标应符合 GB 10756—2021《食品安全国家标准 婴儿配方食品》规定要求,婴儿配方食品主要分为两种。

(1) 乳基婴儿配方食品 指以乳类及乳蛋白制品为主要原料,加入适量的维生素、矿物质和/或其他成分,仅用物理方法生产加工制成的液态或粉状产品。

(2) 豆基婴儿配方食品 指以大豆及大豆蛋白制品为主要原料,加入适量的维生素、矿物质和/或其他成分,仅用物理方法生产加工制成的液态或粉状产品。

婴儿配方食品中所有必需成分对婴儿的生长和发育是必需的。产品在即食状态下每100mL 所含的能量应在 60~70kcal 范围;产品中不应使用果糖和蔗糖作为碳水化合物的来源,可适当添加葡萄糖聚合物(其中淀粉经预糊化后才可加入)。对乳基婴儿配方食品,碳水化合物的来源应首选乳糖(乳糖占碳水化合物含量应≥90%)。婴儿配方食品每100kcal 所含蛋白质、脂肪、碳水化合物的量应符合表 16-8 的规定。

表 16-8　　　　　　　　婴儿配方食品的蛋白质、脂肪和碳水化合物指标

营养素	指标			
	每 100kJ		每 100kcal	
	最小值	最大值	最小值	最大值
蛋白质①				
乳基/g	0.43	0.72	1.8	3.0
豆基/g	0.53	0.72	2.2	3.0
脂肪②/g	1.05	1.43	4.4	6.0
其中:亚油酸/g	0.07	0.33	0.3	1.4
α-亚麻酸/mg	12	N.S.③	50	N.S.
亚油酸与α-亚麻酸比值	5:1	15:1	5:1	15:1
碳水化合物/g	2.2	3.3	9.0	14.0

①蛋白质含量的计算,应以氮(N)×6.25;乳基婴儿配方食品中乳清蛋白含量应≥60%(可按原料添加量计算)。为改善婴儿配方食品的蛋白质质量或提高其营养价值,可添加 L 型单体氨基酸。

②终产品脂肪中月桂酸和肉豆蔻酸(十四烷酸)总量≤总脂肪酸的20%;反式脂肪酸最高含量≤总脂肪酸的3%;芥酸含量≤总脂肪酸的1%;总脂肪酸指 C_4~C_{24} 脂肪酸的总和。

③N.S. 为没有特别说明。

婴儿配方食品中维生素和矿物质必须符合婴儿生长发育所需,维生素和矿物质含量应符合表 16-9 和表 16-10。

表 16-9　　　　　　　　　婴儿配方食品的维生素指标

维生素	指标			
	每 100kJ		每 100kcal	
	最小值	最大值	最小值	最大值
维生素 A/μg RE①	14	36	60	150
维生素 D/μg②	0.48	1.20	2.0	5.0

续表

维生素	指标			
	每 100kJ		每 100kcal	
	最小值	最大值	最小值	最大值
维生素 E /mg α-TE[③]	0.12	1.20	0.5	5.0
维生素 K_1/μg	0.96	6.45	4.0	27.0
维生素 B_1/μg	14	72	60	300
维生素 B_2/μg	19	120	80	500
维生素 B_6/μg	8.4	41.8	35	175
维生素 B_{12}/μg	0.024	0.359	0.10	1.50
烟酸（烟酰胺）/μg[④]	96	359	400	1500
叶酸/μg	2.4	16.7	10	70
泛酸/μg	96	478	400	2000
维生素 C/mg	2.4	16.7	10	70
生物素/μg	0.36	2.39	1.5	10.0
胆碱/mg	4.8	23.9	20	100

① RE 为视黄醇当量。1μg RE＝1μg 全反式视黄醇（维生素 A）＝3.33 IU 维生素 A。维生素 A 只包括预先形成的视黄醇，在计算和声称维生素 A 活性时不包括任何的类胡萝卜素组分。
② 钙化醇，1μg 维生素 D＝40 IU 维生素 D。
③ 1mg d-α-生育酚＝1mg α-TE（α-生育酚当量）。1 mg dl-α-生育酚＝0.74 mg α-TE（α-生育酚当量）。
④ 烟酸不包括前体形式。

表 16-10　　婴儿配方食品的矿物质指标

矿物质	指标			
	每 100kJ		每 100kcal	
	最小值	最大值	最小值	最大值
钠/mg	7	14	30	59
钾/mg	17	43	70	180
铜/μg	14.3	28.7	60	120
镁/mg	1.2	3.6[①]	5.0	15.0
铁/mg				
乳基	0.10	0.36	0.42	1.50
豆基	0.15	0.36	0.63	1.50
锌/mg				
乳基	0.12	0.36	0.50	1.50
豆基	0.18	0.36	0.65	1.50
锰/μg	0.72	23.90	3.0	100.0

续表

矿物质	指标			
	每 100kJ		每 100kcal	
	最小值	最大值	最小值	最大值
钙/mg	12	35	50	146
磷/mg				
乳基	6	24	25	100
豆基	7	24	30	100
钙磷比值	1∶1	2∶1	1∶1	2∶1
碘/μg	3.6	14.1	15	59
氯/mg	12	38	50	159
硒/μg	0.72	2.06	3.0	8.6

①仅适用于乳基婴儿配方食品。

婴儿配方食品可在必需营养素基础上选择添加一种或多种国家法规允许的营养素（如氨基酸类单体、胆碱、牛磺酸、左旋肉碱、二十二碳六烯酸、二十碳四烯酸等）进行营养强化，提高其营养价值。

2. 较大婴儿配方食品

较大婴儿配方食品适用于正常较大婴儿食用，其能量和营养成分能满足 6~12 月龄较大婴儿部分营养需要的配方食品。

按蛋白质来源不同，分乳基较大婴儿配方食品和豆基较大婴儿配方食品。

较大婴儿食品中所有必需成分对较大婴儿的生长和发育是必需的，各项指标应符合 GB 10766—2021《食品安全国家标准　较大婴儿配方食品》规定要求。产品即食状态下每 100mL 所含的能量应在 60k~75kcal 范围。不应使用果糖和蔗糖作为碳水化合物的来源，可适当添加葡萄糖聚合物（其中淀粉经预糊化后才可加入），对乳基较大婴儿配方食品，碳水化合物的来源首选乳糖（乳糖占碳水化合物含量应≥90%）。产品中每 100kcal 所含蛋白质、脂肪的量应符合表 16-11 的规定。

表 16-11　　较大婴儿配方食品的蛋白质、脂肪和碳水化合物指标

营养素	指标			
	每 100kJ		每 100kcal	
	最小值	最大值	最小值	最大值
蛋白质①				
乳基/g	0.43	0.84	1.8	3.5
豆基/g	0.53	0.84	2.2	3.5
脂肪②/g	0.84	1.43	3.5	6.0
其中：亚油酸/g	0.07	0.33	0.3	1.4
α-亚麻酸/mg	12	N.S.③	50	N.S.
亚油酸与 α-亚麻酸比值	5∶1	15∶1	5∶1	15∶1

续表

营养素	指标			
	每100kJ		每100kcal	
	最小值	最大值	最小值	最大值
碳水化合物/g	2.2	3.3	9.0	14.0

①蛋白质含量的计算，应按氮（N）×6.25 计。乳基较大婴儿配方食品中乳清蛋白含量应≥40%（可按原料添加量计算）。为改善较大婴儿配方食品的蛋白质质量或提高其营养价值，可添加 L 型单体氨基酸。

②终产品脂肪中月桂酸和肉豆蔻酸（十四烷酸）总量≤总脂肪酸的 20%；反式脂肪酸含量≤总脂肪酸的 3%；芥酸含量≤总脂肪酸的 1%；总脂肪酸指 $C_4 \sim C_{24}$ 脂肪酸的总和。

③N.S. 为没有特别说明。

较大婴儿食品中维生素和矿物质也必须符合较大婴儿生长发育所需，维生素和矿物质含量应符合表 16-12 和表 16-13。

表 16-12　　　　　　　　　较大婴儿配方食品的维生素指标

维生素	指标			
	每100kJ		每100kcal	
	最小值	最大值	最小值	最大值
维生素 A/μg RE①	18	43	75	180
维生素 D/μg②	0.48	1.20	2.0	5.0
维生素 E/mg α-TE③	0.14	1.20	0.6	5.0
维生素 K_1/μg	0.96	6.45	4.0	27.0
维生素 B_1/μg	14	72	60	300
维生素 B_2/μg	19	120	80	500
维生素 B_6/μg	11.0	41.8	46	175
维生素 B_{12}/μg	0.041	0.359	0.17	1.50
烟酸（烟酰胺）④/μg	110	359	460	1500
叶酸/μg	2.4	16.7	10	70
泛酸/μg	96	478	400	2000
维生素 C/mg	2.4	16.7	10	70
生物素/μg	0.41	2.39	1.7	10.0
胆碱/mg	4.8	23.9	20	100

①RE 为视黄醇当量。1μg RE=1μg 全反式视黄醇（维生素 A）=3.33 IU 维生素 A。维生素 A 只包括预先形成的视黄醇，在计算和声称维生素 A 活性时不包括任何类胡萝卜素组分。

②钙化醇，1μg 维生素 D=40 IU 维生素 D。

③1mg d-α-生育酚=1mg α-TE（α-生育酚当量）。1 mg dl-α-生育酚=0.74 mg α-TE（α-生育酚当量）。

④烟酸不包括前体形式。

表 16-13　　较大婴儿配方食品的矿物质指标

矿物质	指标			
	每 100kJ		每 100kcal	
	最小值	最大值	最小值	最大值
钠/mg	N.S.[①]	20	N.S.	84
钾/mg	18	54	75	225
铜/μg	8.4	28.7	35	120
镁/mg	1.2	3.6	5.0	15.0
铁/mg				
乳基	0.24	0.48	1.0	2.0
豆基	0.36	0.48	1.5	2.0
锌/mg				
乳基	0.12	0.36	0.50	1.50
豆基	0.18	0.36	0.75	1.50
锰/μg	0.24	23.90	1.0	100.0
钙/mg	17	43	71	180
磷/mg				
乳基	8	26	35	110
豆基	10	26	42	110
钙磷比值	1.2∶1	2∶1	1.2∶1	2∶1
碘/μg	3.6	14.1	15	59
氯/mg	N.S.	52	N.S.	218
硒/μg	0.48	2.06	2.0	8.6

①N.S. 为没有特别说明。

与婴儿配方食品相似，可在较大婴儿配方食品的必需营养素基础上选择添加一种或多种国家法规允许的营养素（如肌醇、牛磺酸、左旋肉碱、二十二碳六烯酸、二十碳四烯酸等）进行营养强化，提高其营养价值。

3. 幼儿配方食品

幼儿配方食品以乳类及乳蛋白制品和（或）大豆及大豆蛋白制品为主要蛋白来源，加入适量的维生素、矿物质和（或）其他原料，仅用物理方法生产加工制成的产品。适用于幼儿食用，其能量和营养成分能满足正常幼儿的部分营养需要。

幼儿配方食品中所有必需成分对幼儿的生长和发育是必需的。各项指标应符合 GB 10767—2021《食品安全国家标准　幼儿配方食品》规定要求。产品在即食状态下每 100mL 所含的能量应在 60~80kcal 范围。产品中每 100kcal 所含蛋白质、脂肪和碳水化合物含量应符合表 16-14 的规定。

表 16-14　　　　　　　幼儿配方食品的蛋白质、脂肪和碳水化合物指标

营养素	指标			
	每 100kJ		每 100kcal	
	最小值	最大值	最小值	最大值
蛋白质①/g	0.43	0.96	1.8	4.0
脂肪②/g	0.84	1.43	3.5	6.0
其中：亚油酸/g	0.07	0.33	0.3	1.4
α-亚麻酸/mg	12	N.S.③	50	N.S.
亚油酸与α-亚麻酸比值	5∶1	15∶1	5∶1	15∶1
碳水化合物④/g	1.8	3.6	7.5	15.0

①蛋白质含量的计算，应按氮（N）×6.25 计。
②反式脂肪酸含量≤总脂肪酸的 3%。总脂肪酸指 $C_4 \sim C_{24}$ 脂肪酸的总和。
③N.S. 为没有特别说明。
④对于乳基幼儿配方食品（无乳糖和低乳糖产品除外），乳糖占碳水化合物含量应≥50%（固态无乳糖配方食品中乳糖含量应≤0.5g/100g；固态低乳糖配方食品中乳糖含量应≤2g/100g）。

幼儿配方食品中维生素和矿物质满足幼儿生长发育所需，维生素和矿物质含量应符合表 16-15 和表 16-16。

表 16-15　　　　　　　　　幼儿配方食品的维生素指标

营养素	指标			
	每 100kJ		每 100kcal	
	最小值	最大值	最小值	最大值
维生素 A①/μg RE	18	43	75	180
维生素 D②/μg	0.48	1.20	2.0	5.0
维生素 E③/mg α-TE	0.14	1.20	0.6	5.0
维生素 K_1/μg	0.96	6.45	4.0	27.0
维生素 B_1/μg	14	72	60	300
维生素 B_2/μg	19	155	80	650
维生素 B_6/μg	11.0	41.8	46	175
维生素 B_{12}/μg	0.041	0.478	0.17	2.00
烟酸（烟酰胺）④/μg	110	359	460	1500
叶酸/μg	2.4	12.0	10	50
泛酸/μg	96	478	400	2000
维生素 C/mg	2.4	16.7	10	70
生物素/μg	0.41	2.39	1.7	10.0

①RE 为视黄醇当量。1μg RE =1μg 全反式视黄醇（维生素 A）= 3.33 IU 维生素 A。维生素 A 只包括预先形成的视黄醇，在计算和声称维生素 A 活性时不包括任何类胡萝卜素组分。
②钙化醇，1μg 维生素 D=40 IU 维生素 D。
③1mg d-α-生育酚=1mg α-TE（α-生育酚当量）。1mg dl-α-生育酚=0.74mg α-TE（α-生育酚当量）。
④烟酸不包括前体形式。

表 16-16　　　　　　　　　　幼儿配方食品的矿物质指标

矿物质	指标			
	每 100kJ		每 100kcal	
	最小值	最大值	最小值	最大值
钠/mg	N.S.①	20	N.S.	84
钾/mg	18	69	75	290
铜/μg	6.9	34.9	29	146
镁/mg	1.4	4.3	6.0	18.0
铁/mg	0.24	0.60	1.0	2.5
锌/mg	0.10	0.31	0.40	1.30
钙/mg	17	50	71	210
磷/mg	8	26	35	110
钙磷比值	1.2:1	2:1	1.2:1	2:1
碘/μg	1.4	14.1	6	59
氯/mg	N.S.	52	N.S.	218

①N.S. 为没有特别说明。

与婴儿配方食品和较大婴儿配方食品相似，幼儿配方食品在必需营养成分基础上可选择添加一种或多种国家法规允许的营养素（如硒、胆碱、锰、肌醇、牛磺酸、左旋肉碱、二十二碳六烯酸、二十碳四烯酸等）进行营养强化，提高其营养价值。

二、婴幼儿辅助食品

随着婴幼儿的生长发育、活动量日益增加，此时单纯靠母乳喂养已不能满足婴幼儿对能量和各种营养素的需求了。因此，在婴幼儿的消化功能有了明显提高的时候，应添加适当的辅食。辅助食品（complementary food）是指除了母乳以外给婴幼儿添加的任何含有营养素的食物或液体。它是属于从单纯的母乳到普通家庭食物之间的过渡食品（transition food）。联合国儿童基金会没有使用"断乳食品（weaning food）"这种名称，就是为了强调所添加的辅助食品还不宜完全替代母乳或配方食品喂养婴幼儿。

我国的婴幼儿辅助食品主要分为两大类：婴幼儿谷类辅助食品和婴幼儿罐装辅助食品。

1. 婴幼儿谷类辅助食品

婴幼儿谷类辅助食品是指以一种或多种谷物（如小麦、大米、大麦、燕麦、黑麦、玉米等）为主要原料，且谷物占干物质组成的25%以上，并添加适量的营养强化剂和（或）其他辅料，经加工制成的适于6月龄以上婴儿和幼儿食用的辅助食品。

婴幼儿谷类辅助食品的各项指标应符合 GB 10769—2010《食品安全国家标准　婴幼儿谷类辅助食品》的要求，所使用的原料应符合相应的安全标准和/或相关规定。应保证婴幼儿的安全，满足营养需要，不应使用危害婴幼儿营养与健康的物质；不应使用氢化油脂；不应使用经辐照处理过的原料。

根据添加原料或加工方式或食用方式不同，婴幼儿谷类辅助食品可分为 4 种类别，具体如

表 16-17 所示。

表 16-17　婴幼儿谷类辅助食品分类及定义

类别	定义
婴幼儿谷物辅助食品	用牛乳或其他含蛋白质的适宜液体冲调后可食用的婴幼儿谷类辅助食品
婴幼儿高蛋白谷物辅助食品	添加了高蛋白质原料，用水或其他不含蛋白质的适宜液体冲调后可食用的婴幼儿谷类辅助食品
婴幼儿生制类谷物辅助食品	煮熟后方可食用的婴幼儿谷类辅助食品
婴幼儿饼干或其他婴幼儿谷物辅助食品	可直接食用或粉碎后加水、牛乳或其他适宜液体冲调后可食用的婴幼儿谷类辅助食品

为保证婴幼儿生长发育营养要求，婴幼儿谷类辅助食品必须强化基本营养元素，强化基本的营养成分指标应符合表 16-18 的规定。

表 16-18　婴幼儿谷类辅助食品

营养成分	指标			
	婴幼儿谷物辅助食品	婴幼儿高蛋白谷物辅助食品	婴幼儿生制类谷物辅助食品	婴幼儿饼干或其他婴幼儿谷物辅助食品[1]
能量/[kJ/100g（kcal/100g）] ≥	1250（299）	1506（360）	1250（299）	1250（299）
蛋白质/[g/100kJ（g/100kcal）]	≥0.33（1.4）	0.66~1.30（2.8~5.4）	≥0.33（1.4）	0.33~1.30（1.4~5.4）
脂肪/[g/100kJ（g/100kcal）] ≤	0.8（3.3）	1.1（4.6）	0.8（3.3）	0.8（3.3）
其中[2]：亚油酸（g/100kJ）		0.07~0.29		
月桂酸/(%总脂肪) ≤	—	15.0	—	—
肉豆蔻酸/(%总脂肪) ≤		15.0		
维生素 A/[μgRE/100kJ（μgRE/100kcal）]	14~43（59~180）			—
维生素 D/[μg/100kJ（μg/100kcal）]	0.25~0.75（1.05~3.14）			—
维生素 B_1/[μg/100kJ（μg/100kcal）] ≥	12.5（52.3）			
钙/[mg/100kJ（mg/100kcal）] ≥	12.0（50.2）	20.0（83.7）	12.0（50.2）	12.0（50.2）
铁/[mg/100kJ（mg/100kcal）]	0.25~0.50（1.05~2.09）			—
锌/[mg/100kJ（mg/100kcal）]	0.17~0.46（0.71~1.92）			—
钠/[mg/100kJ（mg/100kcal）] ≤	24.0（100.4）			

①婴幼儿饼干或其他婴幼儿谷物辅助食品如果选择添加维生素 A、维生素 D、铁、锌成分，其含量应符合表 16-18 中其他类别产品相应成分的要求。

②仅适用于脂肪≥0.8g/100kJ 的产品。

婴幼儿谷类辅助食品可在必需营养素基础上选择添加一种或多种国家法规允许的营养素（如维生素 E、维生素 B_2、维生素 B_6、维生素 B_{12}、烟酸、叶酸、泛酸、维生素 C、生物素、磷、碘、钾等）进行营养强化，以提高其营养价值。

如果在产品中添加碳水化合物（包括蔗糖、果糖、葡萄糖、葡萄浆或蜂蜜），碳水化合物添加限量应符合相关规定。

产品标签应符合 GB 13432—2013《食品安全国家标准 预包装特殊膳食用食品标签》的规定，营养分表的标识应增加"100 千焦（100kJ）"含量的标示；标签中还应按标明产品的类别名称，如"婴幼儿高蛋白谷物辅助食品"等；对于婴幼儿谷物辅助食品来说，还应在标签中标明"需用牛乳或其他含蛋白质的适宜液体冲调"或类似文字。

2. 婴幼儿罐装辅助食品

婴幼儿罐装辅助食品是指食品原料经处理、灌装、密封、杀菌或无菌灌装后达到商业无菌水平，可在常温下保存的适合 6 月龄以上婴幼儿食用的食品。

婴幼儿罐装辅助食品中各项指标应符合 GB 10770—2010《食品安全国家标准 婴幼儿罐装辅助食品》的要求，所使用的原料应符合相应的安全标准和/或相关规定，应保证婴幼儿的安全，满足其营养需要，不应使用危害婴幼儿营养与健康的物质。与产品直接接触的生产用水应符合 GB 5749—2006《生活饮用水卫生标准》中规定的要求。畜肉和禽肉类、鱼类原料应去掉骨、鳞、刺等不适宜婴幼儿食用的物质；植物来源的原料必要时应去除粗纤维；水果、蔬菜类原料应使用未腐败变质的优质原料或其制品；畜肉和禽肉类、鱼类原料应使用新鲜或冷冻的优质原料或其制品；不应使用经辐照处理过的原料；不应使用氢化油脂；不应使用香辛料。

根据添加原料或加工方式或食用方式的不同，婴幼儿罐装辅助食品可分为 3 种类别，具体如表 16-19 所示。

表 16-19　　　　　　　　　　婴幼儿罐装辅助食品分类及定义

类别	定义
泥（糊）状罐装食品	吞咽前不需咀嚼的泥（糊）状婴幼儿罐装食品
颗粒状罐装食品	含有 5mm 以下的碎块，颗粒大小应保证不会引起婴幼儿吞咽困难且稀稠适中的婴幼儿罐装食品
汁类罐装食品	呈液体状态的婴幼儿罐装食品

为保障婴幼儿生长发育营养需求，要对婴幼儿罐装辅助食品有基本的营养成分要求，基本的营养成分指标应符合表 16-20 所示的规定。

表 16-20　　　　　　　　　婴幼儿罐装辅助食品基本的营养成分指标

营养成分	指标		
	产品[①]	产品[②]	产品[③]
配料比/% ≥	40[④]	8[⑤]	—
蛋白质/[g/100kJ（g/100kcal）][⑥] ≥	1.7（7）	0.7（3）	—
脂肪[⑦]/[g/100kJ（g/100kcal）] ≤	1.4（6）	1.4（6）	—

续表

营养成分	指标		
	产品[1]	产品[2]	产品[3]
氯化钠	—	—	不应添加[8]
总钠[9]/(mg/100g)　≤		200	

[1]畜肉、禽肉、鱼肉或动物内脏是产品中除水以外的唯一配料或唯一蛋白质来源的产品，不包括汁类产品。

[2]畜肉、禽肉、鱼肉、动物内脏等分别（或组合）与水果或蔬菜混合制作的产品，不包括汁类产品。

[3]为[1]和[2]之外的产品。

[4]畜肉、禽肉、鱼肉或动物内脏等配料量占产品总质量的百分比。

[5]在畜肉、禽肉、鱼肉或动物内脏等配料中，含量最多的配料占产品总质量的百分比。

[6]能量值参照GB 10769 2010中的方法计算。

[7]仅适用于含畜肉、禽肉、鱼肉、动物内脏等肉类原料的产品。

[8]仅适用于水果类产品。

[9]以即食状态计。

婴幼儿罐装辅助食品可在添加了必需营养素基础上，选择添加一种或多种国家法规允许的营养素进行营养强化，以提高其营养价值。

产品标签应符合GB 13432—2013《食品安全国家标准　预包装特殊膳食用食品标签》的规定，营养分表的标识应增加"100千焦（100kJ）"含量的标示；标签中应标明适宜食用的婴幼儿月龄、食用方法食用注意事项；汁类罐装食品应标明产品中所含果蔬原汁或原浆的含量。

三、辅食营养补充品

在天然食品中，没有一种食品可以完全满足人体对各种营养素的需要，食品在加工、运输、贮藏和烹调过程中还往往会出现某些营养素有损失的情况。为了弥补天然食品的营养缺陷及补充食品在加工、贮藏中营养的损失，以适应不同人群的生理需要和职业需要，世界上许多国家对相关食品采取了营养强化。所谓食品营养强化（fortification）就是根据各类人群的营养需要，在食品中人工添加一种或多种营养素或者某些天然食品以提高食品营养价值的过程。所添加的营养素或含有营养素的物质（包括天然的和人工合成的）被称为食品营养强化剂。添加营养强化剂后的食品被称为营养强化食品（fortified food）。

营养素补充剂是营养强化食品的一种，它是以一种或多种经化学合成或从天然动植物中提取的营养素（如维生素和矿物质）为原料制成的产品，以补充人体所需营养素和以预防疾病为目的。这种方式的吸收利用率较高，可以快速控制已出现营养素缺乏的个人或人群，是特殊人群营养素补充的最佳方式。

在生命的不同阶段中，人体的代谢状况是各不相同的，各阶段对维生素和矿物质补充剂的需要也各不相同。针对婴幼儿和学龄前儿童来说，有除母乳或配方食品以外的营养素需求，需要在额外的辅助营养食品中获得其机体生长发育所需的维生素和矿物质等，这些额外的辅助营养食品被称为辅食营养补充品。

辅食营养补充品是指一种含多种微量营养素（维生素和矿物质等）的补充品，其中含或不含食物基质和其他辅料，可添加在6~36月龄婴幼儿即食辅食中食用，也可用于37~60月龄儿童。目前常用的形式有辅食营养素补充食品、辅食营养素补充片、辅食营养素撒剂，其定义如表16-21所示。

表 16-21　　　　　　　　　　　辅食营养补充品分类及定义

类别	定义
辅食营养素补充食品	以大豆、大豆蛋白制品、乳类、乳蛋白制品中的一种或一种以上为食物基质，添加多种微量营养素和（或）其他辅料制成的辅食营养补充品。食物形态可以是粉状或颗粒状或半固态等，且食物基质可提供部分优质蛋白质
辅食营养素补充片	以大豆、大豆蛋白制品、乳类、乳蛋白制品中的一种或一种以上为食物基质，添加多种微量营养素和（或）其他辅料制成的片状辅食营养补充品，易碎或易分散
辅食营养素撒剂	由多种微量营养素混合成的粉状或颗粒状辅食营养补充品，可不含食物基质

辅食营养补充品中的食物基质应为可即食的食物原料，蛋白质含量应不低于25g/100g；大豆类及其加工制品应经过高温等工艺处理以消除抗营养因子，如胰蛋白酶抑制物等。

辅食营养补充品每日份推荐量：辅食营养素补充食品10.0~20.0g；辅食营养素补充片1.5~3.0g；辅食营养素撒剂0.8~2.0g。辅食营养补充品中其他营养素的含量折成每日份计应符合表16-22的要求。

表 16-22　　　　　　　　　辅食营养补充品的必需营养素指标

营养素	每日份含量		
	6~12月龄食用	13~36月龄食用	37~60月龄食用
钙/mg[①]	120~240	180~360	180~360
铁/mg	3.0~9.0	3.6~10.8	3.6~10.8
锌/mg	2.0~6.0	2.0~7.0	2.0~7.0
维生素 A/μg RE[②]	120~360	150~450	150~450
维生素 D/μg[③]	3.0~9.0	3.0~9.0	3.0~9.0
维生素 B_1/mg ≥	0.12	0.24	0.24
维生素 B_2/mg ≥	0.2	0.24	0.24

①仅适用于辅食营养素补充食品。

②RE 为视黄醇当量。1μg RE＝3.33IU 维生素 A＝1μg 全反式视黄醇（维生素 A）。维生素 A 只包括预先形成的视黄醇，在计算和声称维生素 A 活性时不包括任何类胡萝卜素组分。

③钙化醇，1μg 维生素 D＝40IU 维生素 D。

辅食营养补充品可在必需营养素基础上选择添加一种或多种国家法规允许的营养素进行营养强化（如钙、维生素 K_1、烟酸（烟酰胺）、维生素 B_6、维生素 B_{12}、叶酸、泛酸、胆碱、生物素、维生素 C 和二十二碳六烯酸等），提高其营养价值。

产品标签应符合 GB 13432—2013《食品安全国家标准　预包装特殊膳食用食品标签》的规定，并标注"辅食营养补充品"和/或相应类别"辅食营养素补充食品""辅食营养素撒剂"。标签上应按月龄标明适宜人群，并标注"本品添加多种微量营养素，与其他同类产品同时食用时应注意用量"。供 6~36 月龄婴幼儿食用的产品，还应标明"本品不能代替母乳及婴幼儿辅助食品"。

四、运动营养食品

运动员训练和比赛时，机体的能量消耗会骤然增多，代谢旺盛。此时体内的代谢产物堆积，可使身体发生特殊的内环境改变。运动员的心血管系统容量在运动时会明显增大，以适应吸入大量氧气和提供大量能量以及代谢产物排泄的需要。心输入量水平升高，可达到输出量的 85%。合理营养补充对于运动员增强体质、消除疲劳、加速体力恢复具有非常重要的作用。

运动营养食品是指为满足运动人群（指每周参加体育锻炼 3 次以上、每次持续时间 30min 及以上、每次运动强度达到中等及以上的人群）的生理代谢状态、运动能力及对某些营养成分的特殊需求而专门加工的食品。

运动营养食品按特征营养素和运动项目分类，其定义如表 16-23 所示。

表 16-23　　　　　　　　　　运动营养食品分类及定义

类别		定义
按特征营养素分类	补充能量类	以碳水化合物为主要成分，能够快速或持续提供能量的运动营养食品
	控制能量类	能够满足运动控制体重需求的运动营养食品，含促进能量消耗和能量替代两种
	补充蛋白质类	以蛋白质和/或蛋白质水解物为主要成分，能够满足机体组织生长和修复需求的运动营养食品
按运动项目分类	速度力量类	以肌酸为特征成分，适用于短跑、调高、球类、举重、摔跤、柔道、跆拳道、健美及力量器械练习等人群使用的运动营养食品
	耐力类	以维生素 B_1 和维生素 B_2 为特征成分，适用于中长跑、慢跑、快走、自行车、游泳、划船、有氧健身操、舞蹈、户外运动等人群的运动营养食品
	运动后恢复类	以肽类为特征成分，适用于中、高强度或长时间运动后恢复体能的人群使用的运动营养食品

运动营养食品中，补充蛋白质类产品中的优质蛋白质所占比例应不低于 50%，按特征营养素分类的各类产品需满足表 16-24 的营养素技术要求。

表 16-24 运动营养食品按特征营养素分类的各类产品的特征营养素技术要求

项目	补充能量类		控制能量类				补充蛋白质类		
			促进能量消耗		能量替代				粉体
	固体	半固体或液体	固体	半固体或液体	部分代餐	完全代餐	固体	半固体或液体	半固体(需冲调后食用)
能量	≥1500kJ /100g	≥150kJ /100g	≤300kJ /100g	≤80kJ /100g	835~1670kJ/餐	3350~5020kJ/d	—	—	—
碳水化合物提供的能量占产品总能量的比例/%	≥60	≥60							
蛋白质/(g/100g)							≥15	≥4	≥50
蛋白质提供的能量占产品总能量的比例/%	—	—	—	—	25~50	25~50	—	—	—
脂肪/(g/100g)	—	—	—	—	—	—	≤15	≤1.5	≤6
脂肪提供的能量占产品总能量的比例/%	—	—	≤25	≤25	≤25	≤25	—	—	—

按运动项目分类的各类产品中,必须添加的成分和建议添加的成分应符合表 16-25 的要求,其每日使用量应符合表 16-26 的要求。

表 16-25 运动营养食品按运动项目分类必须添加成分和建议添加成分

成分	按运动项目产品分类		
	速度力量类	耐力类	运动后恢复类
必须添加成分	肌酸	维生素 B_1、维生素 B_2	肽类
建议添加成分	谷氨酰胺、β-羟基-β-甲基丁酸钙、1,6-二磷酸果糖	肽类、左旋肉碱、咖啡因、维生素 B_6	谷氨酰胺、L-亮氨酸、L-异亮氨酸、L-缬氨酸

表 16-26　运动营养食品按运动项目分类的各类产品中营养成分的种类和每日使用量

成分	每日使用量
咖啡因/mg	20~100
肌酸/g	1~3
谷氨酰胺/g	3.5~15.0
肽类/g	1~6
β-羟基-β-甲基丁酸钙/g	1~3
1,6-二磷酸果糖/g ≤	0.3
L-亮氨酸/g	1.5~3
L-异亮氨酸/g	0.75~1.5
L-缬氨酸/g	0.75~1.5

运动营养食品可在必需营养素基础上选择添加一种或多种国家法规允许的营养素进行营养强化（如维生素类、矿物质类、牛磺酸等），以提高其营养价值。

标签中应在主要展示面标示"运动营养食品"及产品所属分类；如有不适宜人群，应在标签中标识；对于添加了肌酸的产品应在标签中标示"孕妇、哺乳期妇女、儿童及婴幼儿不适宜食用"。

五、老年食品

老年人群是特殊的人群，他们在饮食、健康等方面有着更特殊的要求。老年人会出现一系列生理机能衰退现象，如反应迟钝、免疫力下降、肿瘤易感性增强、代谢吸收功能减退、骨质疏松、睡眠欠佳、出现老年痴呆症等问题。通过对老年人膳食营养方面的特殊照顾，可以防止老年人的过早衰老，减少疾病，保持其良好的体力与精力。

老年人对营养的需求在于方方面面，如老年人肌肉量减少、肌肉无力、骨骼中无机盐减少，水分减少，需补充水分、优质蛋白质和钙，为防止肥胖又因减少脂肪与总热量的摄入；老年人的内分泌功能下降，易患骨质疏松和糖尿病，需补充钙，控制碳水化合物，补充维生素等；老年人因牙齿脱落从而会影响到对食物的咀嚼，使得机体的物理消化能力下降，需要选择易食、易吞咽、易消化的食物。

老年食品是指经改善食物物理性状和（或）调整膳食（营养）成分的种类及含量，以适应咀嚼和（或）吞咽功能下降、营养不良的老年人生理特点，以满足其对饮食需要或营养需求的一类特殊膳食用食品。老年食品主要包括易食食品、老年营养配方食品和老年营养补充食品。

1. 易食食品

易食食品是指经改善食物物理性状以满足咀嚼和（或）吞咽功能下降老年人群膳食需求的一类特殊膳食用食品，食物形态从固态到液态，包括软质型、细碎型、细泥型、高稠型、中稠型和低稠型。其性状特征，如表 16-27 所示。

表 16-27　　　　　　　　　　易食食品性状特征

类型[1]	性状特征
软质型	可以用牙齿轻松碾碎的食物。质构松软、湿润，可以用汤匙边缘或筷子将此类食物切断或分成小块；固体颗粒粒径不超过 1.5cm
细碎型	可以用牙龈碾碎的食物。质构松软、湿润，容易形成食团；食物中可见块状固体，其颗粒粒径不超过 0.5cm
细泥型	可以用舌头和上颚碾碎的食物，不需要咀嚼。可在餐盘独立成型，质构不均一的泥状，含有少量颗粒，不含块状
高稠型	质构均一、顺滑，无法在餐盘上独立成型，不能用吸管或杯子[2]饮用，需要用勺子挖取送食；即使倾斜杯子也不会流出
中稠型	质构均一的液体，可通过粗吸管或杯子[2]饮用。从杯子倒出时会有一层液体附着在杯子[2]表面
低稠型	质构均一的液体，可以用吸管轻松吸取；用杯子饮用后会在杯内留下模糊痕迹

[1]以即食状态计。
[2]杯子指的是内壁光滑的玻璃杯。

2. 老年营养配方食品

老年营养配方食品是指以乳类、乳蛋白制品、大豆蛋白制品、粮谷类及其制品为主要原料，加入适量的维生素、矿物质和（或）其他成分生产加工制成的特殊膳食用食品，适用于营养不良和（或）有营养需求的老年人群，其营养成分能满足老年人的全部营养需求。

3. 老年营养补充食品

老年营养补充食品是指以乳类、乳蛋白制品、大豆蛋白制品中一种或以上为食物基质，添加维生素、矿物质和（或）其他成分制成的适应老年人群营养补充需要、改善老年人群营养状况的特殊膳食用食品。

老年食品的产品标准正在制定中。

第三节　特殊膳食用食品管理

一、《中华人民共和国食品安全法》对特殊膳食用食品的管理要求

目前，我国特殊膳食用食品安全总体稳定，各类产品标准逐步完善并与国际标准接轨；配套基础标准也同时更新，这保障消费者健康、保证市场产品品质发挥着重要作用。

特殊食品注册管理制度与以往普通食品安全监管制度完全不同，从某种意义上说要严于对普通食品的监管。针对特殊食品注册与监管面临的问题和挑战，国家食药监总局也提出了两个目标：第一个目标就是保障特殊食品安全有效；第二个目标是要推动特殊食品产业持续健康发展。

我国新修订的《中华人民共和国食品安全法》单设章节，要求对特殊食品实行严格监督管理，明确了对保健食品实行注册与备案分类管理制度，明确了对婴幼儿配方乳粉的产品配方和特殊医学配方食品实行注册管理，国家市场监督管理总局也始终把这项工作摆在重要位置。

《中华人民共和国食品安全法》规定特殊医学用途配方食品应当经国务院食品安全监督管理部门注册。注册时，应当提交产品配方、生产工艺、标签、说明书以及表明产品安全性、营养充足性和特殊医学用途临床效果的材料。特殊医学用途配方食品广告遵守《中华人民共和国广告法》和其他法律、行政法规关于药品广告管理的规定。

婴幼儿配方食品生产企业应当实施从原料进厂到成品出厂的全过程质量控制，对出厂的婴幼儿配方食品实施逐批检验，以保证食品安全。生产婴幼儿配方食品使用的生鲜乳、辅料等食品原料、食品添加剂等，应当符合法律、行政法规的规定和食品安全国家标准，应能保证婴幼儿生长发育所需的营养成分。婴幼儿配方食品生产企业应当将食品原料、食品添加剂、产品配方及标签等事项向省、自治区、直辖市人民政府食品安全监督管理部门备案。婴幼儿配方乳粉的产品配方应当经国务院食品安全监督管理部门注册。注册时，应当提交配方研发报告和其他表明配方科学性、安全性的材料。不得以分装方式生产婴幼儿配方乳粉，同一企业不得用同一配方生产不同品牌的婴幼儿配方乳粉。

特殊医学用途配方食品、婴幼儿配方乳粉的注册人或者备案人应当对其提交材料的真实性负责。省级以上人民政府食品安全监督管理部门应当及时公布特殊医学用途配方食品、婴幼儿配方乳粉目录，并对注册或者备案中获知的企业商业秘密予以保密。特殊医学用途配方食品、婴幼儿配方乳粉生产企业应当按照注册或者备案的产品配方、生产工艺等技术要求组织生产。

生产特殊医学用途配方食品、婴幼儿配方食品和其他专供特定人群的主辅食品的企业，应当按照良好生产规范的要求建立与所生产食品相适应的生产质量管理体系，定期对该体系的运行情况进行自查，保证其有效运行，并向所在地县级人民政府食品安全监督管理部门提交自查报告。

二、婴幼儿配方食品管理规范

1. 婴幼儿配方乳粉产品配方注册管理办法

婴幼儿配方乳粉产品配方注册是指国家市场监督管理总局依据本办法规定的程序和要求，对申请注册的婴幼儿配方乳粉产品配方进行审评，并决定是否准予注册的活动。

婴幼儿配方乳粉质量安全关系婴幼儿身体健康和生命安全，关系中华民族未来。为确保婴幼儿配方乳粉能够满足正常婴幼儿生长发育的营养需要，针对目前我国市场存在的婴幼儿配方乳粉产品配方过多、过滥，配方制定缺乏充分的研究论证，配方之间的区分缺少科学证实，品牌与配方的混乱以及夸大宣传会使消费者面临选择困难，生产过程中频繁更换配方会造成产品质量安全隐患等问题，《中华人民共和国食品安全法》第七十四条、第八十一条规定，对婴幼儿配方食品等特殊食品实行严格监督管理。婴幼儿配方乳粉的产品配方应当经国家市场监督管理总局注册。注册时，应当提交配方研发报告和其他表明配方科学性、安全性的材料。

申请人应当为拟在中华人民共和国境内生产并销售婴幼儿配方乳粉的生产企业或者拟向中华人民共和国出口婴幼儿配方乳粉的境外生产企业。申请人应当具备与所生产婴幼儿配方乳粉相适应的研发能力、生产能力、检验能力，产品应符合粉状婴幼儿配方食品良好生产规范要求，实施危害分析与关键控制点体系,对出厂产品按照有关法律法规和婴幼儿配方乳粉食品安全国家标准规定的项目实施逐批检验。

申请注册产品配方应当符合有关法律法规和食品安全国家标准的要求,并应提供证明产品配方科学性、安全性的研发与论证报告和充足依据。

同一企业申请注册两个以上同年龄段产品配方时,产品配方之间应当有明显差异,并经科学证实。每个企业原则上不得超过3个配方系列9种产品配方,每个配方系列包括婴儿配方乳粉(0~6月龄,1段)、较大婴儿配方乳粉(6~12月龄,2段)、幼儿配方乳粉(12~36月龄,3段)。

为优化企业产能、满足市场需求,同一集团公司的全资子公司已经注册的婴幼儿配方乳粉产品配方,可以由集团公司内控其他全资子公司使用生产,但其他全资子公司应取得婴幼儿配方乳粉产品配方注册和婴幼儿配方乳粉生产许可,具备生产该产品配方的相关条件。集团公司在组织生产前,向国家市场监督管理总局提交书面报告。

2. 婴幼儿配方食品生产许可管理办法

生产许可条件审查主要有以下几方面。

(1) 管理制度审查　食品质量安全管理制度审核;主要生产原料管理制度审核;采购制度审核;技术标准、工艺文件及记录管理制度审核;产品配方管理制度审核;过程管理制度审核;检验管理制度审核;产品防护管理制度审核;物料储存和分发制度审核;人员管理制度审核;信息化管理、产品追溯及召回制度审核;研发能力审核。

(2) 场所核查　企业厂房选址和设计、内部建筑结构、辅助生产设施应符合相关标准的规定;有与企业生产能力相适应的生产车间和辅助设施;生产车间和辅助设施的设置应按生产流程需要及卫生要求,有序而合理布局。同时,应根据生产流程、生产操作需要和清洁度的要求进行隔离,防止交叉污染;车间内应区分清洁作业区、准清洁作业区和一般作业区;企业应定期对清洁作业区进行空气质量监测,每年应请有资质的第三方检验机构进行监测,并出具空气洁净度的检测报告;生产车间地面应平整,易于清洗、消毒和保持清洁;更衣室应设在车间入口处,并与洗手消毒室相邻;生产区域内的卫生间应有洗手、消毒设施,卫应保持清洁且不得与生产、包装或贮存等区域直接连通。

(3) 设备核查　通用设备、必备的生产设备和必备的检测设备符合要求。

(4) 设备布局、基本工艺流程、关键控制点及清场符合要求。

(5) 人员核查　企业负责人、质量安全管理人员、生产管理人员、质量安全受权人、生产技术人员、检验人员、生产操作人员和人员健康证明符合要求。

本章知识链接

正常生理状况下具有特殊营养需求的人群包括婴幼儿、孕妇、乳母、老年人等;病理状况下具有特殊营养需求的人群包括各种疾病患者,如心脑血管疾病、高血压、糖尿病人等。强调:当特殊膳食用食品选择的营养素种类及用量达到具有调节特定生理功能的程度时,在改善营养状况的同时,也具有特定保健功能。例如食源性短肽是高效的小分子蛋白质,易吸收,利用率高,具有很高的营养价值;一些短肽也具有明显的生理功能,如增强免疫力、抗疲劳、辅助降血糖、辅助降血脂、辅助降血压等。特膳食品与普通食品、保健食品的差异明显,主要体现在以下几个方面:①目的不同。特膳食品是以满足特定人群或某些病人的生理、营养需要为目的。

普通食品是用于满足一般人群的基本营养需要。保健食品是不能直接用于减轻疾病的症状，以调节特定人群的机体功能为目的。②成分不同。特膳食品是为特定人群提供特殊营养的，大多无法从日常的普通膳食中摄取。普通食品是向人们提供的是人体所需的基本营养物质。保健食品是向人们提供的是能调节特定人群体机能的特定生理成分。③目标人群不同。特膳食品针对有特定人群的生理或营养需求，通常为婴儿、孕妇、乳母、老年人、某些疾病患者（已患病）。普通食品是适用于一般人群，无特定指向性。保健食品是针对特定人群需要进行相应生理功能调节的人群（减少或降低疾病风险）。④食用价值不同。特膳食品是具有丰富而特殊指向性的营养成分。普通食品是不同程度地具有某些基本营养成分。保健食品是不以提供营养成分为主要目的，更不能提供特殊营养。⑤生理利用价值不同。特膳食品是具有高水准以及安全的生理利用价值，即代谢负担低，生物指标很严格，没有毒副作用。普通食品是有一定程度的代谢负担，生物指标较宽松，一般没有毒副作用。保健食品是代谢负担相对最高，有的有一定毒副作用，生物指标则很严格。⑥对适宜人群标示的要求不同。特膳食品是必须标示适宜人群。普通食品是不要求标示适宜人群。保健食品是必须标示适宜人群。⑦审批管理的程度不同。特膳食品是必须经过省级市场监督管理部门备案及 SC 生产许可。普通食品办理 SC 生产许可。保健食品是必须经过备案或注册。

练习与思考

1. 特殊膳食用食品定义和基本特征是什么？
2. 特殊膳食用食品的种类有哪些？
3. 特殊膳食用食品与其他食品的区别是什么？
4. 目前国内常见特殊膳食用食品有哪些？
5. 对特殊膳食用食品生产企业在申请生产许可证时主要在哪几个方面审查？

参考文献

[1] 中华人民共和国国家卫生和计划生育委员会. GB 13432—2013 食品安全国家标准 预包装特殊膳食用食品标签 [S]. 北京：中国标准出版社，2013.

[2] 全国人民代表大会常务委员会. 中华人民共和国食品安全法 [Z]. 2018-12-29.

[3] 中华人民共和国卫生健康委员会、国家市场监督管理总局. GB 10765—2021 食品安全国家标准　婴儿配方食品 [S]. 北京：中国标准出版社，2021.

[4] 中华人民共和国卫生健康委员会、国家市场监督管理总局. GB 10766—2021 食品安全国家标准较大　婴儿配方食品 [S]. 北京：中国标准出版社，2021.

[5] 中华人民共和国卫生健康委员会、国家市场监督管理总局. GB 10769—2021 食品安全国家标准　幼儿配方食品 [S]. 北京：中国标准出版社，2021.

[6] 中华人民共和国卫生部. GB 10769—2010 食品安全国家标准　婴幼儿谷类辅助食品 [S]. 北京：中国标准出版社，2010.

［7］ 中华人民共和国卫生部. GB 10770—2010 食品安全国家标准 婴幼儿罐装辅助食品［S］. 北京：中国标准出版社，2010.

［8］ 中华人民共和国国家卫生和计划生育委员会. GB 22570—2014 食品安全国家标准 辅食营养补充品［S］. 北京：中国标准出版，2014.

［9］ 中华人民共和国国家卫生和计划生育委员会. GB 24154—2015 食品安全国家标准 运动营养食品通则［S］. 北京：中国标准出版社，2014.

［10］ CAC. Codex Stan 146-1985 General standard for the labelling of and claims for prepackaged foods for special dietary uses［S］. 1985.

［11］ CAC. Codex Stan 192-1995 General standard for food additives［S］. 2015.

［12］ USA. Title 21-Food and drugs chapter I-food and drug administration part 105 foods for special dietary use［S］. 2011.

［13］ EU. Directive 2009/39/EC of the European Parliament and of the Council of 6 May 2009 on foodstuffs intended for particular nutritional uses［S］. 2009.

［14］ Food Standards Australia New Zealand. Food standards code［S］. 2016.

第十七章 特殊医学用途配方食品

[本章主要内容]

特殊医学用途配方食品国内外发展概况、特殊医学用途配方食品分类、目前国内执行和试行的特殊医学用途配方食品的标准法规、特殊医学用途配方食品与其他食品的差异性和国内特殊医学用途配方食品管理规范。要求学生重点掌握特殊医学用途配方食品定义、分类和标准法规；正确理解特殊医学用途配方食品与其他食品的差异性；掌握国内目前常见的特殊医学用途配方食品分类及主要技术要求，了解特殊医学用途配方食品管理规范要求。

[本章重点]

能概述特殊医学用途配方食品定义、分类和标准法规；分析特殊医学用途配方食品与其他食品的差异性，掌握国内目前常见特殊医学用途配方食品适宜人群和产品特点。

[本章难点]

尝试解读国内目前常见特殊医学用途配方食品分类要求和特殊医学用途配方食品管理规范要求。

第一节 特殊医学用途配方食品概述

一、特殊医学用途配方食品国内外发展概况

特殊医学用途配方食品是属于特殊膳食用食品，当目标人群通过进食正常膳食或日常膳食无法满足其营养需求时，特殊医学用途配方食品可作为一种营养补充途径，为患者的疾病治疗、康复及机体功能维持起到重要的营养支持作用。针对不同年龄阶段、不同疾病的特异性代谢状态，特殊医学用途配方食品对相应的营养素含量提出了特别规定，以更好地适应目标人群的需要，为患者提供有针对性的营养支持。

1. 国内特殊医学用途配方食品发展状况

我国特殊医学用途配方食品发展可分为三个阶段。

第一阶段（1970—2000年）政策初始阶段。在这一阶段，随着临床营养学发展，人们对特殊医学用途配方食品的临床效果和社会价值开始有了一些认识。早期，特殊医学用途配方食品也就是常说的"肠内营养制剂（EN）"，其一直被作为药品管理，医生和患者对其缺乏足够的认识和重视。肠内营养制剂在我国已经有约40年的使用历史了，1974年肠内营养制剂就已经在北京应用于临床，并取得了良好的效果。研究表明，肠内营养制剂可以维护和改善患者的营养状态，可有效降低患者的医疗成本，提高患者康复效率，减少由于营养不良导致的并发症发生率和住院天数，与肠外营养（PN）相比还具有操作技术简单、易掌握，可改善和维持患者的肠道功能、刺激消化液分泌等优点。

第二阶段（2001—2009年）逐步重视阶段。这段时期我国对特殊医学用途配方食品的技术和功能具有一定要求，同时也提出了因政策上的不配套带来的问题，为我国调整和完善特殊医学用途配方食品政策提供了科学依据。

第三阶段（2009—2019年）政策完善阶段。新《中华人民共和国食品安全法》中明确了特殊医学用途配方食品的"食品"身份，在此之前，特殊医学用途配方食品是根据国家药品管理法中化学药品注册管理进行管理的，因此制约了我国特殊医学用途配方食品的产品开发，也制约了外资产品的进入。为解决产品开发和临床需求提出的问题，国家卫计委提出了"2+1"的标准管理方案。

目前国内在产品营销渠道方面，销售模式是围绕医院和医生展开的，医生处方与推荐是目前该类产品的重要销售渠道。特殊医学用途配方食品的销售渠道借鉴国外该类产品的销售模式，采取医院、药店和超市均可购买的方式。目前特殊医学用途配方食品通常为食品形态，如凝胶状食品、多孔状食品、粉状食品和糊状食品等。医院里的特殊医学用途配方产品主要采用乳剂的形式，方便医生给患者使用；院外销售的产品考虑到货架期和储存条件以及食用灵活方便性，主要采用粉剂等其他形式。

2. 国外特殊医学用途配方食品发展状况

在世界范围内，健康领域正在发生着新的变化，即从疾病到来时采取治疗手段而逐渐转变为治未病阶段。在营养上为患者提供经过科学论证的营养配方，与药品共同辅助治疗疾病，能加快人体机能的恢复，这一创新已经在医疗体系中扮演越来越重要的角色。特殊医学用途配方食品的应用在改善患者营养状况，促进患者康复，缩短住院时间，节省医疗费等方面发挥了巨大作用，不少国家已经将这类产品列入医保报销的范围。

许多发达国家早在 20 世纪 80 年代就广泛使用特殊医学用途配方食品，制定了管理措施和（或）相应标准，如在国际食品法典委员会及欧盟、美国、澳大利亚和新西兰、日本等多个国家和地区已实行。

（1）国际食品法典委员会（CAC） 国际食品法典委员会（CAC）于 1981 年发布了《婴儿配方及特殊医用婴儿配方食品标准》（Codex Stan 72-1981，2016 年修订），该标准的 B 部分专门针对特殊医学用途婴儿配方食品，规定其营养成分应以正常婴儿配方食品的要求为基础，根据疾病状况进行调整；

（2）欧盟 2013 年颁布关于婴幼儿食品、特殊医学用途食品和控制体重代餐的法规［EU）No 609/2013］；

（3）美国 美国食品药品监督管理局（FDA）1988 年首次出台了特殊医学用途配方食品生产和监管的指导原则，包括生产、抽样、检验和判定等多项规定；

（4）澳大利亚和新西兰 2012 年公布了特殊医学用途配方食品标准（Standard 2.9.5），并于 2014 年 6 月实施。该标准主要规定了特殊医学用途配方食品的定义、销售、营养素含量、标签标识四部分内容；

（5）日本 日本健康增进法（2002 年法律第 103 号）第 26 条确定了特殊医学用途配方食品的法律地位。

二、 特殊医学用途配方食品的分类

我国特殊医学用途配方食品主要分为两大类，如表 17-1 所示。

表 17-1　　　　　　　　　　特殊医学用途配方食品分类

一级分类	二级分类	产品名称
特殊医学用途婴儿配方食品		①特殊医学用途婴儿无乳糖配方食品
		②特殊医学用途婴儿低乳糖配方食品
		③特殊医学用途婴儿乳蛋白部分水解配方食品
		④特殊医学用途婴儿乳蛋白深度水解配方食品
		⑤特殊医学用途婴儿氨基酸配方食品
		⑥特殊医学用途早产/低出生体重婴儿配方食品
		⑦性特殊医学用途婴儿营养补充剂
		⑧特殊医学用途婴儿氨基酸代谢障碍配方食品

续表

一级分类	二级分类	产品名称
特殊医学用途配方食品	常见特定全营养配方食品	①特殊医学用途糖尿病全营养配方食品
		②特殊医学用途呼吸系统疾病全营养配方食品
		③特殊医学用途肾病全营养配方食品
		④特殊医学用途肿瘤全营养配方食品
		⑤特殊医学用途肝病全营养配方食品
		⑥特殊医学用途肌肉衰减综合征全营养配方食品
		⑦特殊医学用途创伤、感染、手术及其他应激状态全营养配方食品
		⑧特殊医学用途炎性肠病全营养配方食品
		⑨特殊医学用途食物蛋白过敏全营养配方食品
		⑩特殊医学用途难治性癫痫全营养配方食品
		⑪特殊医学用途胃肠道吸收障碍、胰腺炎全营养配方食品
		⑫特殊医学用途脂肪酸代谢异常全营养配方食品
		⑬特殊医学用途肥胖、减脂手术全营养配方食品
	非全营养配方食品	①特殊医学用途营养素组件［蛋白质（氨基酸）组件、脂肪（脂肪酸）组件、碳水化合物组件］配方食品
		②特殊医学用途电解质组件配方食品
		③特殊医学用途增稠组件配方食品
		④特殊医学用途流质组件配方食品
		⑤特殊医学用途氨基酸代谢障碍配方食品

三、特殊医学用途配方食品的标准法规

目前，我国特殊医学用途配方食品相关部分标准法规等，如表17-2所示。

表17-2　　国内特殊医学用途配方食品相关部分标准法规汇总表

产品标准相关	①GB 29922—2013《食品安全国家标准　特殊医学用途配方食品通则》
	②GB 25596—2010《食品安全国家标准　特殊医学用途婴儿配方食品通则》
	③GB 29923—2013《食品安全国家标准　特殊医学用途配方食品良好生产规范》
	④GB 13432—2013《食品安全国家标准　预包装特殊膳食用食品标签》

续表

注册与评审	①特殊医学用途配方食品注册管理办法（国家食品药品监督管理总局令第24号） ②《特殊医学用途配方食品注册管理办法》解读 ③原国家食品药品监督管理总局关于发布《特殊医学用途配方食品注册管理办法》相关配套文件的公告（2016年第123号） ④原国家食品药品监督管理总局办公厅关于印发国家食品药品监督管理总局特殊医学用途配方食品注册审评专家库管理办法（试行）的通知（食药监办食监-〔2016〕101号） ⑤原国家食品药品监督管理总局关于发布《特殊医学用途配方食品注册申请材料项目与要求（试行）（2017修订版）》 ⑥《特殊医学用途配方食品稳定性研究要求（试行）（2017修订版）》的公告（2017年第108号） ⑦原国家食品药品监督管理总局办公厅关于公开遴选特殊医学用途配方食品注册审评专家的通知（食药监办食监一函〔2017〕56号） ⑧特殊医学用途配方食品注册审批事项服务指南 ⑨关于《特殊医学用途配方食品注册证书》等5种监管证件实施联网核查的公告（海关总署市场监督管理总局公告2018年第142号） ⑩国家市场监管总局关于发布《特殊医学用途配方食品生产许可审查细则》的公告（2019年第5号）
临床试验	①原国家食品药品监督管理总局关于发布特殊医学用途配方食品临床试验质量管理规范（试行）的公告（2016年第162号） ②《特殊医学用途配方食品临床试验质量管理规范（试行）》解读 ③国家市场监督管理总局关于组织研制特定全营养配方食品临床试验技术指导原则的通知 ④国家市场监督管理总局发布《特定全营养配方食品临床试验技术指导原则糖尿病》《特定全营养配方食品临床试验技术指导原则肾病》及《特定全营养配方食品临床试验技术指导原则肿瘤》的公告（2019年第43号）

四、特殊医学用途配方食品与其他食品差异性

特殊医学用途配方食品因为成分明确，医生可以根据不同患者的情况给予合理的食用建议，并且在患者使用后出现的各种良性或不良反应时对原因有很好的回溯，及时进行补救。与其他食品不同，特殊医学用途配方食品的医学性质十分明显，无论是特殊医学用途配方食品还是特殊医学用途婴儿配方食品，都强调了在医生或营养师指导下食用，最终的决定者应该是医生，患者没有选择的权利，效果也是由医生根据病情、诊断资料和患者反馈进行评估的，根据患者个体情况或医学状况的不同阶段进行调整。

第二节 特殊医学用途配方食品

一、特殊医学用途婴儿配方食品

特殊医学用途婴儿配方食品是指针对患有特殊紊乱、疾病或医疗状况等特殊医学状况婴儿的营养需求设计制成的粉状或液态配方食品。在医生或临床营养师的指导下,单独食用或与其他食物配合食用时,其能量和营养成分能够满足0~6月龄特殊医学状况婴儿的生长发育需求。

特殊医学用途婴儿配方食品中所使用的原料应符合相应的食品安全国家标准和(或)相关规定,禁止使用危害婴儿营养与健康的物质;所使用的原料和食品添加剂不应含有谷蛋白。不应使用氢化油脂;不应使用经辐照处理过的原料。

特殊医学用途婴儿配方食品的配方应以医学和营养学的研究结果为依据,其安全性、营养充足性以及临床效果均需要经过科学证实,单独或与其他食物配合使用时应可满足0~6月龄特殊医学状况婴儿的生长发育需求。

特殊医学用途婴儿配方食品要包含能量和基础营养成分的必需成分,通常情况下,特殊医学用途婴儿配方食品每100kcal所含蛋白质、脂肪、碳水化合物的量应符合表17-3的规定。

表17-3　特殊医学用途婴儿配方食品蛋白质、脂肪和碳水化合物指标

营养素	指标			
	每100kJ		每100kcal	
	最小值	最大值	最小值	最大值
蛋白质	0.45	0.70	1.88	2.93
脂肪[①]/g	1.05	1.40	4.39	5.86
其中:亚油酸/g	0.07	0.33	0.29	1.38
α-亚麻酸/mg	12	N.S.[②]	50	N.S.[②]
亚油酸与α-亚麻酸比值	5:1	15:1	5:1	15:1
碳水化合物/g	2.2	3.3	9.2	13.8

①终产品脂肪中月桂酸和肉豆蔻酸(十四烷酸)总量<总脂肪酸的20%;反式脂肪酸最高含量<总脂肪酸的3%;芥酸含量<总脂肪酸的1%;总脂肪酸指C_4~C_{24}脂肪酸的总和。

②N.S. 为没有特别说明。

特殊医学用途婴儿配方食品中维生素和矿物质也必须符合婴儿生长发育所需,维生素和矿物质含量应符合表17-4、表17-5的规定。

表 17-4　　　　　　　特殊医学用途婴儿配方食品的维生素指标

维生素	指标			
	每 100kJ		每 100kcal	
	最小值	最大值	最小值	最大值
维生素 A/μg RE①	14	43	59	180
维生素 D/μg②	0.25	0.60	1.05	2.51
维生素 E/mg α-TE③	0.12	1.20	0.50	5.02
维生素 K_1/μg	1.0	6.5	4.2	27.2
维生素 B_1/μg	14	72	59	301
维生素 B_2/μg	19	119	80	498
维生素 B_6/μg	8.5	45.0	35.6	188.3
维生素 B_{12}/μg	0.025	0.360	0.105	1.506
烟酸（烟酰胺）/μg④	70	360	293	1506
叶酸/μg	2.5	12.0	10.5	50.2
泛酸/μg	96	478	402	2000
维生素 C/mg	2.5	17.0	10.5	71.1
生物素/μg	0.4	2.4	1.5	10.0

①RE 为视黄醇当量。1μg RE＝1μg 全反式视黄醇（维生素 A）＝3.33IU 维生素 A。维生素 A 只包括预先形成的视黄醇，在计算和声称维生素 A 活性时不包括任何的类胡萝卜素组分。

②钙化醇，1μg 维生素 D＝40IU 维生素 D。

③1mg α-TE（α-生育酚当量）＝1mg d-α-生育酚。每克多不饱和脂肪酸中至少应含有 0.5mg α-TE，维生素 E 含量的最小值应根据配方食品中多不饱和脂肪酸的双键数量进行调整：0.5mg α-TE/g 亚油酸（18∶2n-6）；0.75mg α-TE/g α-亚麻酸（18∶3n-3）；1.0mg α-TE/g 花生四烯酸（20∶4n-6）；1.25mg α-TE/g 二十碳五烯酸（20∶5n-3）；1.5mg α-TE/g 二十二碳六烯酸（22∶6n-3）。

④烟酸不包括前体形式。

表 17-5　　　　　　　特殊医学用途婴儿配方食品的矿物质指标

矿物质	指标			
	每 100kJ		每 100kcal	
	最小值	最大值	最小值	最大值
钠/mg	5	14	21	59
钾/mg	14	43	59	180
铜/μg	8.5	29.0	35.6	121.3
镁/mg	1.2	3.6①	5.0	15.1
铁/mg	0.10	0.36	0.42	1.51
锌/mg	0.12	0.36	0.50	1.51
锰/μg	1.2	24.0	5.0	100.4

续表

矿物质	指标			
	每 100kJ		每 100kcal	
	最小值	最大值	最小值	最大值
钙/mg	12	35	50	146
磷/mg	6	24	25	100
钙磷比值	1∶1	2∶1	1∶1	2∶1
碘/μg	2.5	14.0	10.5	58.6
氯/mg	12	38	50	159
硒/μg	0.48	1.90	2.01	7.95

对于特殊医学用途婴儿配方食品，除应满足特殊需求（如乳糖不耐受）外，首选碳水化合物应为乳糖和（或）葡萄糖聚合物；只有经过预糊化后的淀粉才可以被加入到特殊医学用途婴儿配方食品中；特殊医学用途婴儿配方食品不得使用果糖。

特殊医学用途婴儿配方食品是在加入必需营养素基础上选择添加一种或多种国家法规允许的营养素进行营养强化的（如铬、钼、胆碱、肌醇、牛磺酸、左旋肉碱、二十二碳六烯酸、二十碳四烯酸等），以提高其营养价值。

特殊医学用途婴儿配方食品可以根据患有特殊紊乱、疾病或医疗状况婴儿的特殊营养需求进行适当调整，以满足上述特殊医学状况婴儿的营养需求。如产品在即食状态下每100mL所含有的能量应在60～70kcal，但针对某些婴儿的特殊医学状况和营养需求，其能量可进行相应调整。

目前常见特殊医学用途婴儿配方食品主要分为以下6类。

1. 特殊医学用途婴儿无乳糖或低乳糖配方食品

乳糖不耐症是指摄食乳糖或含乳糖的乳制品后出现一系列症状，主要原因是人体内缺乏乳糖酶或者是乳糖酶的活性已减弱而引起的乳糖吸收不良，轻者症状不明显，较重者可出现腹泻、肠鸣、排期、腹泻等症状。乳糖酶缺乏可能有三种类型：先天性乳糖酶缺乏、原发性个体发育性乳糖酶缺乏、继发性乳糖酶缺乏。

特殊医学用途婴儿无乳糖或低乳糖配方食品适用于原发或继发乳糖不耐受的婴儿群体。粉状无乳糖配方食品中乳糖含量应低于0.5g/100g；粉状低乳糖配方食品中乳糖含量应低于2g/100g，液态产品可以按照稀释倍数做相应折算。

特殊医学用途婴儿无乳糖或低乳糖配方食品配方开发的主要技术要求：

（1）配方中以其他碳水化合物完全或部分代替乳糖。

（2）配方中蛋白质由乳蛋白提供。

2. 特殊医学用途婴儿乳蛋白部分水解配方食品

婴儿期因为牛乳蛋白是婴儿的主要食物蛋白来源，所以婴儿期食物过敏以牛乳蛋白过敏最为常见。牛乳蛋白过敏临床症状不典型，临床表现轻重不一，可表现为皮肤、胃肠道和呼吸道症状。也有食用牛乳蛋白致过敏性休克的报道。婴儿由于消化道屏障功能不成熟，肠壁结构松弛，黏膜通透性较高，小肠获得性免疫系统处理抗原的能力有限，所以接触过多的抗原或不适当的抗原会破坏肠黏膜的自身稳定，加之婴儿肠道正常菌群尚未建立，易使胃肠黏膜形成免疫炎症反应，出现相应的胃肠道症状，如呕吐、腹泻、腹胀、肠绞痛、消化道出血等。

特殊医学用途婴儿乳蛋白部分水解配方食品是将牛乳蛋白经过加热和（或）酶水解为小分子乳蛋白、肽段和氨基酸，以降低大分子牛乳蛋白的致敏性。根据不同配方，此类产品的碳水化合物既可以完全使用乳糖，也可以使用其他碳水化合物部分或全部替代乳糖。其他碳水化合物指葡萄糖聚合物或经过预糊化的淀粉，但不能使用果糖。

特殊医学用途婴儿乳蛋白部分水解配方食品适用于乳蛋白过敏高风险婴儿群体，配方开发的主要技术要求：

（1）乳蛋白经加工分解成小分子乳蛋白、肽段和氨基酸。
（2）配方中可用其他碳水化合物完全或部分代替乳糖。

3. 特殊医学用途婴儿乳蛋白深度水解配方食品或氨基酸配方食品

乳蛋白深度水解配方食品是通过一定工艺将易引起过敏反应的大分子乳蛋白水解成短肽及游离氨基酸。氨基酸配方食品是将单体氨基酸代替蛋白质。上述配方食品是将过敏源去除或不含过敏源，适用于食物蛋白过敏婴儿。食物蛋白过敏是婴儿对食物中蛋白质不恰当的免疫应答引起的不良反应，通常伴有腹泻等症状，因此乳蛋白深度水解配方食品或氨基酸配方食品不应含有食物蛋白，这样可减少对婴儿胃肠道的刺激。同时，应当根据婴儿代谢状况调整部分维生素、矿物质等营养素的含量。根据相关法规、标准和科学资料调整范围，如表 17-6 所示。

表 17-6　乳蛋白深度水解配方或氨基酸配方中能量、部分营养素可调整范围值

能量和营养素	可调整上、下限值（/100kJ）	
	下限值	上限值
能量/(kJ/100mL)	250	315
蛋白质/g	0.45	1.40
维生素 D/μg	0.25	0.75
维生素 B_1/μg	10	72
维生素 B_2/μg	14	119
维生素 B_6/μg	8.5	75
烟酸/μg	70	750
叶酸/μg	1	12
泛酸/μg	70	478
生物素/μg	0.40	5
维生素 C/mg	1.90	17
钙/mg	12	60
铁/mg	0.10	0.50
锌/mg	0.12	0.60
锰/μg	1.2	50
铜/μg	4.80	29

续表

能量和营养素	可调整上、下限值（/100kJ）	
	下限值	上限值
碘/μg	1.20	14.00
硒/μg	0.25	1.90

特殊医学用途婴儿深度水解配方食品或氨基酸配方食品适用于食物蛋白过敏的婴儿群体，其配方开发的主要技术要求如下。

（1）配方中不含食物蛋白。

（2）所使用的氨基酸来源应符合 GB 14880—2012《食品安全国家标准 食品营养强化剂使用标准》或 GB 2559—2010《食品安全国家标准 特殊医学用途婴儿配方食品通则》附录 B 的规定。

（3）可适当调整某些矿物质和维生素的含量。

4. 特殊医学用途早产/低出生体重婴儿配方食品

临床上，孕 37 周前出生的婴儿称为早产儿，出生体重低于 2500g 的婴儿称为低出生体重儿，早产儿多为低出生体重儿。早产/低出生体重儿与足月儿在生理状况、营养需求以及营养物质的消化吸收方面有较大差异，为满足其追赶生长的营养需求，此类婴儿配方食品中能量、蛋白质以及一些维生素和矿物质的含量应明显高于足月儿配方食品。

为满足早产/低出生体重儿的特殊营养需求，早产/低出生体重婴儿配方食品的能量、蛋白质及某些维生素和矿物质含量的下限值不应低于表 17-3、表 17-4、表 17-5 和表 17-7 规定的最小值，上限值可以根据实际情况适当上调，调整依据包括：国际或国外法规和标准，或其他国家批准的产品；针对早产/低出生体重儿营养需求研究的国际权威建议指南、营养学论著文献的推荐营养素限量值（包括其更新版本）。经对各国法规或权威论著进行研究，总结早产/低出生体重婴儿配方中能量和部分营养素可调整的上限值如表 17-7 所示。

表 17-7　早产/低出生体重婴儿配方中能量和部分营养素可调整上限值

能量和营养素	可调整上限值（/100kJ）
能量[①]/（kJ/100mL）	465
蛋白质/g	0.98
脂肪/g	1.9
维生素 A/μg RE	177
维生素 D/μg	2.18
维生素 E/mg α-TE	2.39
维生素 B_2/μg	148
维生素 B_6/μg	75
烟酸/μg	1195
叶酸/μg	21.5
生物素/μg	8.8

续表

能量和营养素	可调整上限值（/100kJ）
钙/mg	60
磷/mg	30
镁/mg	4.1
铁/mg	0.87
锌/mg	0.65
硒/μg	2.15
铜/μg	59.8
钠/mg	25
氯/mg	54
肌醇/mg	17.7

①对于提高了能量的早产/低出生体重婴儿配方食品，由于脂肪含量增加，势必造成碳水化合物含量的降低，可不限制碳水化合物下限值。

特殊医学用途早产/低出生体重婴儿配方食品适用于早产/低出生体重婴儿群体，配方开发的主要技术要求如下：

（1）能量、蛋白质及某些矿物质和维生素的含量应高于表 17-3、表 17-4 和表 17-5 的规定。

（2）早产/低体重婴儿配方应采用容易消化吸收的中链脂肪作为脂肪的部分来源，但中链脂肪不应超过总脂肪的 40%。

5. 特殊医学用途婴儿营养补充剂

母乳营养补充剂是为了补充早产/低出生体重儿母乳中能量、蛋白质、维生素和矿物质不足而特别设计的、需加入到母乳中使用的液态或粉状特殊医学用途婴儿配方食品。在提倡母乳喂养的同时，为早产/低出生体重儿提供充足的能量和营养素。

在母乳营养补充剂配方设计时，对于母乳中含量水平已能够满足早产/低出生体重儿需求的营养成分，无须另外补充；对于母乳中含量水平尚不足以满足早产/低出生体重儿快速生长需求的营养成分，则需要额外添加，主要体现在能量、蛋白质、部分维生素和矿物质等方面。

母乳营养补充剂不是全营养配方食品，是对早产/低出生体重儿母乳喂养的补充。与母乳配合使用时的能量和营养素含量应能满足早产/低出生体重婴儿配方能量和营养素上限值、下限值的要求。

特殊医学用途婴儿营养补充剂适用于早产/低出生体重婴儿群体，配方开发的主要技术要求：可选择性地添加必需成分和可选择性成分，其含量可依据早产/低出生体重儿的营养需求及公认的母乳数据进行适当调整，与母乳配合使用可满足早产/低出生体重儿的生长发育需求。

6. 特殊医学用途婴儿氨基酸代谢障碍配方食品

氨基酸代谢障碍是指由于遗传因素造成某些酶的缺陷，使一种或几种氨基酸在婴儿体内代谢发生障碍，导致患儿体格生长发育迟滞，智力发育障碍，严重时可导致不可逆的损害。氨基酸代谢障碍配方食品是指不含或仅含少量代谢障碍氨基酸的特殊配方食品，用于代替普通婴儿配方食品，以改善患儿症状，减轻智力损害，同时为患儿提供必要的、充足的营养素以维持其正常生长发育的需求。

常见的氨基酸代谢障碍有苯丙酮尿症、枫糖尿症、丙酸血症/甲基丙二酸血症、酪氨酸血症、高胱氨酸尿症、戊二酸血症Ⅰ型、异戊酸血症、尿素循环障碍等，其配方食品中应限制的氨基酸种类及含量如表17-8所示。

表17-8　　　　常见的氨基酸代谢障碍及应限制的氨基酸种类及含量

常见的氨基酸代谢障碍	应限制的氨基酸种类	配方食品中应限制的氨基酸含量 mg/g 蛋白质同等物
苯丙酮尿症	苯丙氨酸	≤1.5
枫糖尿症	亮氨酸、异亮氨酸、缬氨酸	≤1.5
丙酸血症/甲基丙二酸血症	甲硫氨酸、苏氨酸、缬氨酸	≤1.5
	异亮氨酸	≤5
酪氨酸血症	苯丙氨酸、酪氨酸	≤1.5
高胱氨酸尿症	甲硫氨酸	≤1.5
戊二酸血症Ⅰ型	赖氨酸	≤1.5
	色氨酸	≤8
异戊酸血症	亮氨酸	≤1.5
尿素循环障碍	非必需氨基酸（丙氨酸、精氨酸、天冬氨酸、天冬酰胺、谷氨酸、谷氨酰胺、甘氨酸、脯氨酸、丝氨酸）	≤1.5

氨基酸代谢障碍患儿的膳食管理非常严格，除严格限制相应的氨基酸外，由于患儿对部分营养素吸收利用率低或排泄增加，需要对其配方中的能量和营养素范围值进行调整，以维持患儿正常生长发育。氨基酸代谢障碍配方中能量及各营养素的可调整范围值可参考表17-6。

氨基酸代谢障碍配方食品去除了与患儿代谢障碍相关的一种或多种氨基酸，但其中某些需严格限制摄入的氨基酸是婴儿生长发育过程中所需的必需氨基酸，因此，患儿需要在医生指导下，根据个体疾病状况及机体对特定氨基酸的耐受程度，适当搭配少量母乳或普通婴儿配方食品，以满足婴儿生长发育的需要。

以无苯丙氨酸配方为例，由于苯丙氨酸的代谢障碍导致酪氨酸成为患儿的必需氨基酸，因此配方限制苯丙氨酸的同时，需适当提高酪氨酸含量，以满足患儿的营养需求。

特殊医学用途婴儿氨基酸代谢障碍配方食品适用于氨基酸代谢障碍婴儿群体。配方开发的主要技术要求如下：

（1）不含或仅含有少量与代谢障碍有关的氨基酸，其他的氨基酸组成和含量可根据氨基酸代谢障碍做适当调整。

（2）所使用的氨基酸来源应符合 GB 14880—2012《食品安全国家标准　食品营养强化剂使用标准》或 GB 2559—2010《食品安全国家标准　特殊医学用途婴儿配方食品通则》附录 B 的规定。

（3）可适当调整某些矿物质和维生素的含量。

二、特殊医学用途配方食品

特殊医学用途配方食品是指为了满足进食受限、消化吸收障碍、代谢紊乱或特定疾病状态人群对营养素或膳食的特殊需要,专门加工配制而成的配方食品。该类产品必须在医生或临床营养师指导下,单独食用或与其他食品配合食用。

针对不同疾病的特异性代谢状态,特殊医学用途配方食品对相应的营养素含量做出了特别规定,能更好地适应特定疾病状态或疾病某一阶段的营养需求,为患者提供有针对性的营养支持,是进行临床营养支持的一种有效途径。但此类食品不是药品,不能替代药物起治疗作用,产品也不得声称对疾病有预防和治疗功能。

特殊医学用途配方食品的配方应以医学和(或)营养学的研究结果为依据,其安全性及临床应用(效果)均需要经过科学证实。特殊医学用途配方食品主要分为以下3大类。

1. 全营养配方食品

全营养配方食品是指可作为单一营养来源,能满足目标人群营养需求的特殊医学用途配方食品。

全营养配方食品主要针对广泛意义上的因为进食受限、消化吸收有障碍的患者而非针对某一类型的特殊患者,因此诸如肿瘤患者、炎症性肠病患者、短肠综合征患者、运动神经元疾病患者、囊性纤维化患者,创伤和中风患者都被包括在内。

全营养配方食品适用于有此类食品需求且对营养素没有特别限制的人群。符合全营养配方食品技术要求的产品单独食用时即可满足目标人群的营养需求。根据不同人群可划分为2类年龄段营养需求:1~10岁人群和10岁以上人群。

适用于1~10岁人群的全营养配方食品每100 mL(液态产品或可冲调为液体的产品在即食状态下)或每100g(直接食用的非液态产品)所含有的能量应不低于60kcal;蛋白质的含量应不低于2g/100kcal,其中优质蛋白质所占比例不少于50%;亚油酸供能比应不低于2.5%;α-亚麻酸供能比应不低于0.4%。适用于1~10岁人群的全营养配方食品中维生素和矿物质的含量应符合表17-9的规定。

表17-9　　全营养配方食品中维生素和矿物质指标(1~10岁人群)

营养素	指标			
	每100kJ		每100kcal	
	最小值	最大值	最小值	最大值
维生素 A/μg RE[①]	17.9	53.8	75.0	225.0
维生素 D/μg[②]	0.25	0.75	1.05	3.14
维生素 E/mg α-TE[③]	0.15	N.S.[⑤]	0.63	N.S.[⑤]
维生素 K_1/μg	1	N.S.[⑤]	4	N.S.[⑤]
维生素 B_1/mg	0.01	N.S.[⑤]	0.05	N.S.[⑤]
维生素 B_2/mg	0.01	N.S.[⑤]	0.05	N.S.[⑤]
维生素 B_6/mg	0.01	N.S.[⑤]	0.05	N.S.[⑤]
维生素 B_{12}/μg	0.04	N.S.[⑤]	0.17	N.S.[⑤]

续表

营养素	指标			
	每 100kJ		每 100kcal	
	最小值	最大值	最小值	最大值
烟酸（烟酰胺）/mg④	0.11	N.S.⑤	0.46	N.S.⑤
叶酸/μg	1.0	N.S.⑤	4.0	N.S.⑤
泛酸/mg	0.07	N.S.⑤	0.29	N.S.⑤
维生素 C/mg	1.8	N.S.⑤	7.5	N.S.⑤
生物素/μg	0.4	N.S.⑤	1.7	N.S.⑤
钠/mg	5	20	21	84
钾/mg	18	69	75	289
铜/μg	7	35	29	146
镁/mg	1.4	N.S.⑤	5.9	N.S.⑤
铁/mg	0.25	0.50	1.05	2.09
锌/mg	0.1	0.4	0.4	1.5
锰/μg	1.3	24.0	1.1	100.4
钙/mg	17	N.S.⑤	71	N.S.⑤
磷/mg	8.3	46.2	34.7	193.5
碘/μg	1.4	N.S.⑤	5.9	N.S.⑤
氯/mg	N.S.⑤	52	N.S.⑤	218
硒/μg	0.5	2.9	2.0	12.0

①RE 为视黄醇当量。1μg RE＝1μg 全反式视黄醇（维生素 A）＝3.33IU 维生素 A。维生素 A 只包括预先形成的视黄醇，在计算和声称维生素 A 活性时不包括任何的类胡萝卜素组分。

②钙化醇，1μg 维生素 D＝40IU 维生素 D。

③1mg α-TE（α-生育酚当量）＝1mg d-α-生育酚。

④烟酸不包括前体形式。

⑤N.S. 为没有特别说明。

适用于 10 岁以上人群的全营养配方食品每 100mL（液态产品或可冲调为液体的产品在即食状态下）或每 100g（直接食用的非液态产品）所含有的能量应不低于 70kcal；蛋白质的含量应不低于 3g/100kcal，其中优质蛋白质所占比例不少于 50%；亚油酸供能比应不低于 2.0%；α-亚麻酸供能比应不低于 0.5%。适用于 10 岁以上人群的全营养配方食品中维生素和矿物质的含量应符合表 17-10 的规定。

表 17-10　　全营养配方食品中维生素和矿物质指标（10 岁以上人群）

营养素	指标			
	每 100kJ		每 100kcal	
	最小值	最大值	最小值	最大值
维生素 A/μg RE①	9.3	53.8	39.0	225.0

续表

营养素	指标			
	每 100kJ		每 100kcal	
	最小值	最大值	最小值	最大值
维生素 D/μg②	0.19	0.75	0.80	3.14
维生素 E/mg α-TE③	0.19	N.S.⑤	0.80	N.S.⑤
维生素 K_1/μg	1.05	N.S.⑤	4.40	N.S.⑤
维生素 B_1/mg	0.02	N.S.⑤	0.07	N.S.⑤
维生素 B_2/mg	0.02	N.S.⑤	0.07	N.S.⑤
维生素 B_6/mg	0.02	N.S.⑤	0.07	N.S.⑤
维生素 B_{12}/μg	0.03	N.S.⑤	0.13	N.S.⑤
烟酸（烟酰胺）/mg④	0.05	N.S.⑤	0.20	N.S.⑤
叶酸/μg	5.3	N.S.⑤	22.2	N.S.⑤
泛酸/mg	0.07	N.S.⑤	0.29	N.S.⑤
维生素 C/mg	1.3	N.S.⑤	5.6	N.S.⑤
生物素/μg	0.5	N.S.⑤	2.2	N.S.⑤
钠/mg	20	N.S.⑤	83	N.S.⑤
钾/mg	27	N.S.⑤	111	N.S.⑤
铜/μg	11	120	44	500
镁/mg	4.4	N.S.⑤	18.3	N.S.⑤
铁/mg	0.20	0.55	0.83	2.30
锌/mg	0.1	0.5	0.4	2.2
锰/μg	6.0	146.0	25.0	611.0
钙/mg	13	N.S.⑤	56	N.S.⑤
磷/mg	9.6	N.S.⑤	40.0	N.S.⑤
碘/μg	1.6	N.S.⑤	6.7	N.S.⑤
氯/mg	N.S.⑤	52	N.S.⑤	218
硒/μg	0.8	5.3	3.3	22.2

①RE 为视黄醇当量。1μg RE＝1μg 全反式视黄醇（维生素 A）= 3.33IU 维生素 A。维生素 A 只包括预先形成的视黄醇，在计算和声称维生素 A 活性时不包括任何的类胡萝卜素组分。

②钙化醇，1μg 维生素 D=40IU 维生素 D。

③1mg α-TE（α-生育酚当量）= 1mg d-α-生育酚。

④烟酸不包括前体形式。

⑤N.S. 为没有特别说明。

全营养配方食品可选择性添加一种或多种成分的营养素（如铬、钼、氟、胆碱、肌醇、牛磺酸、左旋肉碱、二十二碳六烯酸、二十碳四烯酸、核苷酸、膳食纤维等），以强化全营养配方食品的营养价值。

2. 特定全营养配方食品

特定全营养配方食品是指可作为单一营养来源能够满足目标人群在特定疾病或医学状况下营养需求的特殊医学用途配方食品。

在特定疾病状况下，全营养配方食品无法适应疾病的特异性代谢变化，不能满足目标人群的特定营养需求，需要对其中的某些营养素进行调整。特定全营养配方食品的能量和营养成分含量应以全营养配方食品为基础，但可依据疾病或医学状况对营养素的特殊要求适当调整，适用于特定疾病或医学状况下需对营养素进行全面补充的人群，并可满足人群对部分营养素的特殊需求。

符合特定全营养配方食品技术要求的产品，可有针对性地适应不同疾病的特异性代谢状态，更好地起到营养支持作用。

特定全营养配方食品的适用人群一般指单纯患有某一特定疾病且无并发症或合并其他疾病的人群。对于伴随其他疾病或并发症的患者，均应由医生或临床营养师根据患者情况决定其是否可以选用此类食品。

国内目前划分有13类常见的特定全营养配方食品，目前科学证据充分、应用历史长的8种特定全营养配方食品，包括糖尿病患者用全营养配方食品、慢性阻塞性肺疾病（COPD）患者用全营养配方食品、肾病患者用全营养配方食品、恶性肿瘤（恶病质状态）患者用全营养配方食品、炎性肠病患者用全营养配方食品、食物蛋白过敏患者用全营养配方食品、难治性癫痫患者用全营养配方食品、肥胖和减脂手术患者用全营养配方食品，已明确了其在全营养配方食品基础上可调整的营养素含量技术指标。其他5种特定全营养配方食品，包括肝病患者用全营养配方食品、肌肉衰减综合征患者用全营养配方食品、创伤、感染、手术及其他应激状态患者用全营养配方食品、胃肠道吸收障碍、胰腺炎患者用全营养配方食品和脂肪酸代谢异常患者用全营养配方食品。目前，对这5种特定全营养配方食品的营养素调整证据尚不充分，今后将随着科学证据的不断积累，根据临床营养支持需要，在充分保证其安全性和科学性的前提下完善其技术指标。

以下对已有充分科学证据和临床验证结论的8种特定全营养配方食品进行简要介绍：

（1）糖尿病全营养配方食品　糖尿病是指由于体内胰岛素分泌不足（缺乏）或相对不足（胰岛素受体敏感性降低）而引起的以糖、蛋白质及脂肪代谢紊乱为主的一种综合征，其主要特征是高血糖和糖尿。糖尿病临床上分为胰岛素依赖型（1型）、非胰岛素依赖型（2型）、妊娠糖尿病以及其他特殊类型糖尿病四种类型。1型糖尿病发病主要人群是青少年，血糖波动大，需依赖注射胰岛素；2型糖尿病发病主要人群是40岁以后的成年人，2型糖尿病人数占糖尿病总人数的80%~90%。1型糖尿病是存在易感基因的基础上，病毒感染损伤胰岛组织引起的；2型糖尿病是在基因缺陷的基础上，因老龄化和肥胖等引起的胰岛素抵抗和胰岛素分泌障碍共同导致的结果。

糖尿病全营养配方食品是指作为单一营养来源能够满足糖尿病或高血糖相关疾病患者在特定疾病或医学状况下需求的特殊医学用途配方食品。适用由于遗传因素、内分泌功能紊乱等原因引发糖、蛋白质、脂肪、水和电解质等一系列代谢紊乱的糖尿病患者。此类患者的常见的临床表现：多饮、多食、多尿、体力及体重下降；餐前低血糖；皮肤瘙痒及感染；视力下降；神经系统病变等。糖尿病全营养配方食品配方调整了宏量营养素的比例和钠的含量，强调了产品的低血糖生成指数（低GI），为患者提供全面而均衡的营养支持。

低血糖生成指数（低 GI）是指进食恒量的食物（含 50g 碳水化合物）后，2~3h 内的血糖曲线下面积相比空腹时的增幅除以进食 50g 葡萄糖后血糖曲线下面积的相应增幅。通常定义 GI≤55% 为低 GI 食物，55%~70% 为中 GI 食物，GI≥70% 为高 GI 食物。

糖尿病全营养配方食品应满足技术要求：

①低血糖生成指数（GI）配方≤55%。

②饱和脂肪酸的供能比应不超过 10%。

③碳水化合物供能比在 30%~60%，含量应不低于 7.5g/100kcal，多选择低 GI 成分，配方总体 GI 值应≤55%。膳食纤维含量应不低于 1.4g/100kcal。

④钠的含量应不低于 30mg/100kcal，不高于 175mg/100kcal。

（2）呼吸系统疾病全营养配方食品 [针对慢性阻塞性肺疾病（COPD）患者] 慢性阻塞性肺疾病（COPD）是一种以持续气流受限为特征的可以预防和治疗的常见疾病，气流受限多呈进行性发展，与气道和肺对有毒颗粒或气体的慢性炎症反应增强有关，是呼吸系统疾病中的一种。

COPD 患者常伴有不同程度的营养不良，营养不良发生率为 20%~60%，肺功能严重障碍者尤其明显。研究发现 COPD 患者营养不良的主要原因是呼吸肌负荷增高和肺部慢性炎症所导致的机体能量消耗增加，这可使患者在正常饮食状态下的营养需求相对低，而非摄入不足所致。COPD 患者在长期病程中可能反复出现病情的急性加剧，如急性呼吸道感染，甚至发生呼吸衰竭，此时患者总能量消耗增加，营养状态急剧恶化，若未能及时纠正，则直接影响预后，使病情恢复缓慢甚至不能恢复，全身营养状态和体重不断下降，全身各脏器功能障碍日益加重，病情迅速恶化。COPD 伴有营养不良患者发生急性加剧时的死亡率明显高于营养状态正常者。

COPD 患者因慢性或急性呼吸衰竭可导致高碳酸血症，因此其治疗目标之一是通过增加 CO_2 排出或减少 CO_2 生成以达到降低 $PaCO_2$（动脉血二氧化碳分压）水平的目的，而碳水化合物（糖类）在体内代谢产生的 CO_2 多于脂肪和蛋白质，因此饮食适当降低碳水化合物的供能比例（40%~55%）（如继发呼吸道感染，甚至呼吸衰竭等应激状态时，碳水化合物供能比例降至 40%），提高蛋白质和脂肪供能比例，有利于维持合适的呼吸商，减少 CO_2 生成，降低肺功能负荷。《中国重症加强治疗病房危重患者营养支持指导意见（2006）》中指出应用高脂低碳的营养制剂作为 COPD 患者膳食的一部分（3 种营养素提供热量分别为：蛋白质 16.7%，脂肪 55.1%，碳水化合物 28.2%），证明高脂低碳的营养制剂可改善患者的血气指标，并显著改善肺功能 1s 用力呼气容积（FEV1）。

为了减少肺部二氧化碳潴留的情况，COPD 患者需要适当的营养支持，并需要适量添加中链甘油三酯（MCT）的摄入以减轻胃肠负担，同时可在配方中选择性添加 $n-3$ 脂肪酸。

COPD 患者用全营养配方食品应满足如下技术要求：

①脂肪供能比应为 30%~55%；当脂肪供能比>40% 时，中链甘油三酯（MCT）提供的能量应为总能量的 10%~20%。

②如果添加 $n-3$ 脂肪酸（以 EPA 和 DHA 计），在配方中的供能比应为 1%~6%，同时对亚油酸和 α-亚麻酸的供能比不再做相应要求。

（3）肾病全营养配方食品 慢性肾脏病（CKD）是指各种原因引起的慢性肾脏结构和功能障碍（肾脏损害病史大于 3 个月），包括 GFR（肾小球滤过率）正常和不正常的病理损伤、血液或尿液成分异常，及影像学检查异常，或不明原因 GFR 下降 [<60mL/（min·1.73m²）] 超

过 3 个月,即为 CKD。

肾病全营养配方食品适用于成人慢性肾脏病患者。此类患者早期通常不会表现出任何明显的症状,但在晚期,患者常见排尿次数增加、体能下降、注意力无法集中、食欲差、恶心和呕吐、手脚肿胀、皮肤干燥瘙痒、睡眠困难、肌肉痉挛等症状。

肾病全营养配方食品根据透析或非透析慢性肾脏病患者对营养素的不同需求,通过调整蛋白质及电解质的水平,来满足患者对营养的需要。

对于非透析慢性肾脏病患者,产品配方具体技术要求:

配方中蛋白质含量应不高于 2.7g/100kcal,其他营养素应调整的范围如表 17-11 所示。

表 17-11　非透析慢性肾脏病病人用全营养配方食品营养素调整的范围

营养素	指标			
	每 100kJ		每 100kcal	
	最小值	最大值	最小值	最大值
钾/mg	5	32	20	133
钠/mg	5	40	20	168
磷/mg	3.3	16.0	14.0	67.0
镁/mg	1.0	6.0	4.0	25.0
钙/mg	7	30	30	127
维生素 A/μg RE	N.S.①	53.8	N.S.	225.0

①N.S. 为没有特别说明。

对于透析治疗的患者,产品配方具体技术要求:

配方中蛋白质含量应不低于 3.3g/100kcal,其他营养素应调整的范围如表 17-12 所示。

表 17-12　透析慢性肾脏病病人用全营养配方食品营养素调整的范围

营养素	单位	指标			
		每 100kJ		每 100kcal	
		最小值	最大值	最小值	最大值
钾	mg	10	64	41	267
钠	mg	7	40	30	168
磷	mg	6.0	16.0	26.0	68.0
镁	mg	1.8	N.S.①	7.5	N.S.
钙	mg	8	32	35	133
维生素 A	μg RE	N.S.	53.8	N.S.	225.0

①N.S. 为没有特别说明。

(4) 肿瘤全营养配方食品　肿瘤是指超出了组织正常生长、修复或发挥功能而发生的任何细胞的病灶积聚。肿瘤有良性、恶性之分,良性肿瘤通常生长相对缓慢,但更重要的是细胞还保留着大部分所在组织的特化性和空间定位;相反,恶性肿瘤细胞的特征为特化性丧失、生长快速、可侵蚀周围组织并向其他器官转移以形成继发性肿瘤或次生肿瘤。因此，癌症可被定义为恶性肿瘤的发展、生长和转移扩散。

肿瘤患者出现营养不良以至恶病质的原因和机制既包括肿瘤导致的机体代谢改变，及来自肿瘤治疗的机体改变。一般认为肿瘤是两种机制共同作用的结果：营养素摄入减少和代谢变化。

能量消耗异常：肿瘤的存在将改变宿主能量消耗（energy expenditure，EE），出现能量消耗异常，包括能量消耗的增加或降低。肿瘤患者能量消耗异常与肿瘤的部位、组织类型、分化程度以及肿瘤的进展情况密切相关。

碳水化合物代谢异常：葡萄糖在体内氧化产能率低，宿主外周组织的葡萄糖利用下降，机体组织对胰岛素耐受。乳酸和生糖氨基酸的糖异生作用增加是肿瘤患者葡萄糖转化增加的主要特征。

脂肪代谢异常：内源性脂肪消耗和脂肪氧化增加，体内脂肪储备减少，而外源性脂肪利用差。

蛋白质和氨基酸代谢异常：机体蛋白质分解增加超过了合成的增加，存在低蛋白血症、负氮平衡和氨基酸代谢异常等。肿瘤患者内源性氮的丢失主要反应在骨骼肌上，肌肉蛋白质合成减少，分解率增加。

肿瘤全营养配方食品是指可作为单一营养来源、能够满足肿瘤患者营养需求，适用于手术期、恶液质期恶性肿瘤（恶病质状态）患者的食品。由于肿瘤的消耗、阻碍进食和消化以及肿瘤对食欲的影响、患者精神抑郁等因素，伴随以体重下降为特征的营养不良比较常见，因此应对患者进行营养补充。肿瘤全营养配方食品配方可适当提高蛋白质的含量并调整与机体免疫功能相关的营养素含量，为患者提供每日所需的营养物质。

恶性肿瘤（恶病质状态）患者应用全营养配方食品应满足如下技术要求：

①能量。每100mL（液态产品或可冲调为液体的产品在即食状态下）或每100g（直接食用的非液态产品）所含有的能量应不低于120kcal。

②蛋白质。蛋白质的含量应不低于4.2g/100kcal，蛋白质原料应为全优质蛋白（整蛋白、短肽和/或游离氨基酸）。

③脂肪。脂肪的含量应不低于2.8g/100kcal，不高于5.6g/100kcal（脂肪供能占总能量的25%~50%），其中 n-3 脂肪酸（以EPA和DHA计）在配方中的供能比应为2%~6%，其中EPA含量不低于50%。

④可选择添加营养素（精氨酸、谷氨酰胺、亮氨酸）。如果添加精氨酸，其在产品中的含量应不低于0.5g/100kcal；如果添加谷氨酰胺，其在产品中的含量应为0.15~2.22g/100kcal；如果添加亮氨酸，其含量应不低于0.13g/100kcal。

（5）炎性肠病全营养配方食品　炎性肠病又称炎症性肠病（IBD），为累及回肠、直肠、结肠的一种特发性肠道炎症性疾病。临床表现为腹泻、腹痛，甚至可出现便血。本病包括溃疡性结肠炎（UC）和克罗恩病（CD）。溃疡性结肠炎是结肠黏膜层和黏膜下层连续性炎症，疾病通常先累及直肠，逐渐向全结肠蔓延，克罗恩病可累及全消化道，为非连续性全层炎症，最常累及的部位为末端回肠、结肠和肛周。

临床上，炎性肠病患者会出现腹痛、腹泻、黏液血便，甚至出现各种全身并发症，如视物模糊、关节疼痛、皮疹等。本病经治疗可好转，也可自行缓解。但多数患者病情反复发作，迁延不愈，其中相当部分患者因出现并发症而需要进行手术治疗。

炎性肠病患者肠道不能正常吸收进食的碳水化合物、蛋白质、脂肪、维生素及多种微量元素,加上肠道炎症或服用的药物可能造成食欲不佳,因此炎性肠病患者常伴随有不同程度的营养不良,甚至会影响小孩正常的生长发育。营养支持对 IBD 症状缓解及促进愈合有重要的作用,因此,保持自身良好的营养状态是治疗炎症性肠病一个重要的部分。

炎性肠病全营养配方食品可作为单一营养,可满足炎性肠病患者全部营养需求的特殊医学用途配方食品,适用于 10 岁以上患炎性肠病人群。炎性肠病全营养配方食品应使用易消化吸收的蛋白质和脂肪来源,以改善患者的营养状况和临床症状。

炎性肠病患者应用的全营养配方食品应满足如下技术要求:

①可以选用整蛋白、食物蛋白质水解物、肽类和/或氨基酸作为蛋白质的来源。

②脂肪供能比应不超过 40%,其中中链甘油三酯(MCT)含量应不低于总脂肪的 40%。

(6)食物蛋白过敏全营养配方食品 食物过敏是指人体免疫系统对特定食物产生不正常的免疫反应。也就是说,食物中的某些物质(通常是蛋白质)进入了体内,被免疫系统当成入侵病原,免疫系统便使释放出一种特异型免疫球蛋白 E,并与食物结合生成许多化学物质,从而使人体出现皮肤红肿、经常性腹泻、消化不良、头痛、咽喉疼痛、哮喘等过敏症状。

蛋白质过敏主要是因为身体排斥异己的原因,自由基对人体免疫系统的侵害是过敏体质形成的基础,自由基可直接氧化人体的肥大细胞和嗜碱细胞,导致细胞膜破裂释放出组织胺,引发过敏反应。蛋白质过敏有遗传因素,也有后天因素,与生活压力、感染、饮食结构、使用化学制品、药物、环境污染等有很大的关系。尤其是现代生活中压力的增加,是导致食物过敏的一个重要诱因。

食物蛋白过敏全营养配方食品是食物蛋白过敏婴儿配方食品的一个衍生物,在提供所需营养物质的基础上,排除了过敏因子,适用于 1 岁以上的食物蛋白过敏患者。

食物蛋白过敏全营养配方食品配方应为食物蛋白深度水解配方或氨基酸配方,即采用一定的工艺将引起过敏反应的食物蛋白水解成短肽和游离氨基酸,或者直接采用单体氨基酸代替蛋白质的配方。此产品配方满足的技术要求可参考本章第二节中特殊医学用途婴儿乳蛋白部分水解或深度水解配方食品和特殊医学用途婴儿氨基酸配方食品内容。

(7)难治性癫痫全营养配方食品 癫痫是一组最常见且起因较复杂临床症候群的疾病,俗称"羊痫风""羊羔风"。癫痫是大脑神经元突发性异常放电导致短暂的大脑功能障碍的一种慢性疾病。癫痫发作,是指脑神经元异常和过度同步化放电所造成的临床现象,其特征是突然和一过性发作。由于异常放电的神经元在大脑中的部位不同,癫痫有多种多样的表现,可以是运动感觉神经或自主神经的伴有或不伴有意识或警觉程度的变化。癫痫病因极其复杂,可分三大类:特发性癫痫、症状性癫痫、隐源性癫痫。

对于药物控制不好的或手术治疗无效的癫痫患者,可以考虑试用生酮饮食治疗,生酮饮食是难治性癫痫患者的主要营养支持。大脑细胞主要是利用葡萄糖提供能量的,大脑细胞也可以将脂肪产能后产生的酮体作为能量来源。

生酮饮食(KD)是一种高脂、低碳水化合物的配方饮食,其碳水化合物含量较少,而蛋白质和脂肪含量相对较高。生酮饮食有 3 种不同方案。一是经典治疗食谱即 4∶1 食谱。脂肪与蛋白质+糖类的比例为 4∶1,用脂肪长链饱和脂肪酸,如以奶油和白脱油为主。二是以中链脂肪酸为主食,称 MCT 食谱。三是自 20 世纪 80 年代起采用的 JR 食谱,其中中链脂肪酸与长链饱和脂肪酸各占总能量 30% 左右。经典的生酮饮食中,脂肪/(蛋白质+碳水化合物)的比例为 4∶1,脂肪分解可代谢产生酮体(丙酮、乙酰乙酸和 β-羟基丁酸),酮体在体内堆积,形成稳定的酮症，从而控制癫痫发作。

难治性癫痫全营养配方食品可作为单一营养来源，其是能够满足难治性癫痫患者全部营养需求的特殊医学用途配方食品，适用于患有难治性癫痫病人群。

难治性癫痫患者用全营养配方食品应满足技术要求：脂肪与蛋白质及碳水化合物的质量比范围应在1∶1~5∶1。

(8) 肥胖、减脂手术全营养配方食品　减肥手术，又称肥胖症手术，指针对严重肥胖人群，以减肥为目的的一系列医疗治疗手段。

肥胖、减脂手术患者由于代谢紊乱，从而会引发蛋白质和微量营养素摄入不足的情况，肥胖、减脂手术全营养配方食品的配方特点为在提供较低能量的同时可以保证充足的蛋白质和微量营养素（维生素、矿物质等）的供应，适用于肥胖、做减脂手术的患者。

肥胖、减脂手术全营养配方食品产品配方应满足如下技术要求：

①根据产品使用说明，每日摄入的能量为600~1200kcal。

②为保证蛋白质和微量营养素的摄入，每100kcal 产品中应适当增加某些营养素的含量，调整范围如表17-13 所示。

表17-13　肥胖症、减脂手术病人用全营养配方食品营养素可调整的范围

营养素	指标			
	每100kJ		每100kcal	
	最小值	最大值	最小值	最大值
蛋白质/g	2.0	N.S.[①]	8.4	N.S.
碳水化合物/g	2.0	N.S.	8.4	N.S.
维生素 A/mg RE	24.0	N.S.	100.0	N.S.
维生素 D/mg	0.10	N.S.	0.42	N.S.
维生素 E/mg α-TE	0.40	N.S.	1.70	N.S.
维生素 B_1/mg	0.03	N.S.	0.14	N.S.
维生素 B_2/mg	0.05	N.S.	0.20	N.S.
维生素 B_6/mg	0.08	N.S.	0.34	N.S.
维生素 B_{12}/μg	0.04	N.S.	0.17	N.S.
维生素 C/mg	1.2	N.S.	5.0	N.S.
烟酸（烟酰胺）/mg	0.44	N.S.	1.84	N.S.
叶酸/μg	8.0	N.S.	33.4	N.S.
钠/mg	40	N.S.	167	N.S.
钾/mg	64	N.S.	267	N.S.
铜/μg	60	N.S.	250	N.S.
镁/mg	14.0	N.S.	58.4	N.S.
铁/mg	0.64	N.S.	2.67	N.S.
锌/mg	0.2	N.S.	1.0	N.S.

续表

营养素	指标			
	每 100kJ		每 100kcal	
	最小值	最大值	最小值	最大值
钙/mg	20	N.S.	84	N.S.
磷/mg	20.0	N.S.	84.0	N.S.
碘/μg	5.6	N.S.	23.4	N.S.

①N.S. 为没有特别说明。

3. 非全营养配方食品

非全营养配方食品是指可满足目标人群部分营养需求的特殊医学用途配方食品，不适用于作为单一营养来源。

由于非全营养配方食品不能作为单一营养来源以满足目标人群的营养需求，因此，对营养素含量不作要求。该类产品应在医生或临床营养师的指导下，按照患者个体的特殊医学状况，与其他特殊医学用途配方食品或普通食品配合使用。

非全营养配方食品是按照产品组成特征来进行分类的。常见的非全营养配方食品主要包括营养素组件、电解质配方、增稠组件、流质配方和氨基酸代谢障碍配方等。

(1) 营养素组件　营养素组件包含蛋白质（氨基酸）组件、脂肪（脂肪酸）组件、碳水化合物组件三类组件。

①蛋白质（氨基酸）组件。由蛋白质和（或）氨基酸构成；蛋白质来源为一种或多种氨基酸、蛋白质水解物、肽类或优质的整蛋白（如乳清蛋白、酪蛋白、大豆蛋白等）。蛋白质（氨基酸）组件类产品主要适用于需要增加蛋白质摄入人群，如有创（烧）伤、手术等患者。

②脂肪（脂肪酸）组件。由脂肪和（或）脂肪酸构成；有长链甘油三酯（LCT）、中链甘油三酯（MCT）。适用于对脂肪有特殊需求的疾病状态的人群，如对部分脂肪不耐受、脂肪吸收代谢障碍的患者等。LCT适用于必需脂肪酸缺乏患者。MCT适用于脂肪消化或吸收障碍患者，因其不含必需脂肪酸，不可单独使用；此外，MCT的生酮作用较强，患者处于糖尿病酮症酸中毒期不宜使用。

③碳水化合物组件。由碳水化合物构成，碳水化合物来源包括单糖（葡萄糖、果糖、半乳糖）、双糖（蔗糖、乳糖和麦芽糖）、多糖（淀粉、低聚糖、葡萄糖聚合物和麦芽糊精）。主要适用于对碳水化合物有特别需求的人群或者作为基质与其他类别产品配合使用等。不同碳水化合物组件其功能、作用不同，临床上常应用于有能量不足、营养代谢失调、消化功能障碍的患者。

(2) 电解质配方　电解质是以碳水化合物为基础并添加适量电解质的非全营养配方食品。有呕吐、腹泻等脱水症状存在的患者服用含有电解质的碳水化合物配方可在迅速补充水分的同时获得需要的电解质，维持身体电解质平衡。一般手术患者在手术前禁食状态下需要口服电解质配方食品，并且能够一直用到手术前2h。研究表明，该类产品的使用在降低手术后患者胰岛素抵抗、术后恶心呕吐、体重丢失、改善围手术期患者临床状态及减少术后住院时间等方面有很好的作用。

(3) 增稠组件　稠组件是增加液体食品的黏稠度并降低其流动性的非全营养配方食品。该类产品以碳水化合物为基础,添加一种或多种增稠剂可帮助增加液态食物的黏稠度,以延迟气道保护机制的启动时间,防止或减少吞咽过程中误吸的发生,适用于有吞咽障碍或(和)有误吸风险的患者。在这类产品中可以适量添加膳食纤维。

(4) 流质配方　流质配方是以碳水化合物和蛋白质为基础的,可以添加多种维生素和矿物质和适量膳食纤维的非全营养配方食品,一般为液态产品。这类产品由于不含脂肪,适用于需要限制脂肪摄入、神经性厌食、吞咽困难、肠道功能紊乱和围手术期等的患者。

(5) 氨基酸代谢障碍配方　氨基酸代谢障碍配方是以氨基酸为主要原料,不含或仅含少量与代谢障碍有关的氨基酸,可以加入适量的脂肪、碳水化合物、维生素、矿物质和(或)其他成分,加工制成的适用于氨基酸代谢障碍人群的非全营养配方食品。氨基酸代谢障碍患者由于不能代谢某一种或多种氨基酸,从而使日常蛋白质摄入受限,同时由于食物不能满足机体的需要,常常有某些维生素和矿物质摄入不足。

因此,该类产品在满足患者部分蛋白质需求的同时,应同时提供适量的维生素和矿物质,以及其他营养素,以满足患者需求。此类配方食品在临床上通常由医生通过监测患者血液中与代谢障碍有关的氨基酸浓度,来指导患者食用该类配方食品并同时配以低蛋白饮食。

第三节　特殊医学用途配方食品的管理规范

一、特殊医学用途配方食品注册管理办法

《特殊医学用途配方食品注册管理办法》是根据《中华人民共和国食品安全法》等法律法规制定的,以达到规范特殊医学用途配方食品注册行为,加强注册管理,保证特殊医学用途配方食品质量安全的目的。

特殊医学用途配方食品的注册是指国家市场监督管理总局根据申请,依照《特殊医学用途配方食品注册管理办法》规定的程序和要求,对特殊医学用途配方食品的产品配方、生产工艺、标签、说明书以及产品安全性、营养充足性和特殊医学用途临床效果进行审查,并决定是否准予注册的过程。

1. 注册

(1) 申请与受理　特殊医学用途配方食品注册申请人(以下简称申请人)应当为拟在我国境内生产并销售的特殊医学用途配方食品的生产企业和拟向我国境内出口特殊医学用途配方食品的境外生产企业。

申请人应当具备与所生产特殊医学用途配方食品相适应的研发、生产能力,设立特殊医学用途配方食品研发机构,配备专职的产品研发人员、食品安全管理人员和食品安全专业技术人员,按照良好生产规范要求建立与所生产食品相适应的生产质量管理体系,具备按照特殊医学用途配方食品国家标准规定的全部项目逐批检验的能力。研发机构中应当有食品相关专业高级职称或者相应专业能力的人员。

申请特殊医学用途配方食品注册,应当向国家市场监督管理总局提交材料包括:

特殊医学用途配方食品注册申请书；产品研发报告和产品配方设计及其依据；生产工艺资料；产品标准要求；产品标签、说明书样稿；试验样品检验报告；研发、生产和检验能力证明材料；申请特定全营养配方食品注册，还应当提交临床试验报告；与注册申请相关的证明材料。申请人应当对其申请材料的真实性负责。

（2）审查与决定 审评机构应当对申请材料进行审查，并根据实际需要组织对申请人进行现场核查、对试验样品进行抽样检验、对临床试验进行现场核查和对专业问题进行专家论证。核查机构应当通知申请人所在地省级市场监督管理部门参与现场核查，省级市场监督管理部门应当派员参与现场核查。审评机构应当委托具有法定资质的食品检验机构进行抽样检验。审评机构可以从特殊医学用途配方食品注册审评专家库中选取专家，对审评过程中遇到的问题进行论证，并形成专家意见。

根据核查报告、检验报告以及专家意见完成技术审评工作，并做出审查结论。审评机构认为申请材料真实，产品科学、安全，生产工艺合理、可行和质量可控，技术要求和检验方法科学、合理的，应当提出予以注册的建议。审评机构提出不予注册建议的，应当向申请人发出拟不予注册的书面通知。

（3）变更与延续注册 申请人需要变更特殊医学用途配方食品注册证书及其附件载明事项的，应当向国家市场监督管理总局提出变更注册申请，提交材料包括：特殊医学用途配方食品变更注册申请书；产品注册证书及其附件复印件；申请人主体登记证明文件复印件；变更后的产品标签、说明书、生产工艺材料等与变更事项内容相关的注册申请材料等。

涉及产品配方、生产工艺等可能影响产品安全性、营养充足性以及特殊医学用途临床事项的变更，应按新产品注册要求提出变更注册申请。

特殊医学用途配方食品注册证书有效期届满，需要继续生产或者进口的，应当在有效期届满6个月前，向国家市场监督管理总局提出延续注册申请，提交材料包括：特殊医学用途配方食品延续注册申请书；特殊医学用途配方食品质量安全管理情况；特殊医学用途配方食品质量管理体系自查报告；特殊医学用途配方食品跟踪评价情况等。

2. 临床试验

特定全营养配方食品需要进行临床试验的，由申请人委托符合要求的临床试验机构出具临床试验报告。临床试验报告应当包括完整的统计分析报告和数据。临床试验应当按照特殊医学用途配方食品临床试验质量管理规范开展。申请人组织开展多中心临床试验的，应当明确组长单位和统计单位。申请人应当对用于临床试验的试验样品和对照样品的质量安全负责。用于临床试验的试验样品应当由申请人生产并经检验合格才能予以生产，生产条件应当符合特殊医学用途配方食品良好生产规范。

3. 标签和说明书

特殊医学用途配方食品的标签，应当依照法律、法规、规章和食品安全国家标准的规定进行标注。特殊医学用途配方食品的标签和说明书的内容应当一致，涉及特殊医学用途配方食品注册证书内容的，应当与注册证书内容一致，并标明注册号。特殊医学用途配方食品标签、说明书应当真实准确、清晰持久、醒目易读。特殊医学用途配方食品标签、说明书不得含有虚假内容，不得涉及疾病预防、有治疗功能等内容。生产经营者应对其提供的标签、说明书的内容负责。特殊医学用途配方食品的名称应当反映食品的真实属性，使用食品安全国家标准规定的分类名称或者等效名称。特殊医学用途配方食品标签、说明书应当按照食品安全国家标准的规定，在醒目位置标示，内容包括：在医生或者临床营养师指导下使用；不适用于非目标人群使用；本品禁止用于肠外营养支持和静脉注射。

4. 监督检查

特殊医学用途配方食品生产企业应当按照批准注册的产品配方、生产工艺等技术要求组织生产，保证特殊医学用途配方食品的安全。

特殊医学用途配方食品的生产企业提出的变更注册申请在未经批准前，应当严格按照已经批准的注册证书及其附件载明的内容组织生产，不得擅自改变生产条件和要求。特殊医学用途配方食品生产企业提出变更注册申请经批准后，应当严格按照变更后的特殊医学用途配方食品注册证书及其附件载明的内容组织生产。

参与特殊医学用途配方食品注册申请受理、技术审评、现场核查、抽样检验、临床试验等工作的人员和专家，应当保守注册中知悉的商业秘密。申请人应当按照国家有关规定对申请材料中的商业秘密进行标注并注明依据。

5. 法律责任

申请人隐瞒真实情况或者提供虚假材料申请注册的，国家市场监督管理总局不予受理或者不予注册，并给予警告；申请人在1年内不得再次申请注册。被许可人以欺骗、贿赂等不正当手段取得注册证书的，由国家市场监督管理总局撤销注册证书，并处1万元以上3万元以下罚款；申请人在3年内不得再次申请注册。伪造、涂改、倒卖、出租、出借、转让特殊医学用途配方食品注册证书的，由县级以上市场监督管理部门责令改正，给予警告，并处1万元以下罚款；情节严重的，处1万元以上3万元以下罚款。注册人变更不影响产品安全性、营养充足性以及特殊医学用途临床效果的事项，未依法申请变更的，由县级以上市场监督管理部门责令改正，给予警告；拒不改正的，处1万元以上3万元以下罚款。注册人变更产品配方、生产工艺等影响产品安全性、营养充足性以及特殊医学用途临床效果的事项，未依法申请变更的，由县级以上市场监督管理部门依照食品安全法第一百二十四条第一款的规定进行处罚。市场监督管理部门及其工作人员对不符合条件的申请人准予注册，或者超越法定职权准予注册的，依照食品安全法第一百四十四条的规定给予处理。市场监督管理部门及其工作人员在注册审批过程中滥用职权、玩忽职守、徇私舞弊的，依照食品安全法第一百四十五条的规定给予处理。

二、特殊医学用途配方食品良好生产规范

特殊医学用途配方食品良好生产规范规定了特殊医学用途配方食品生产过程中的原料采购、加工、包装、贮藏和运输等环节的场所、设施、人员的基本要求和管理准则；严格规定了生产过程中的各项要求，重视控制产品的整个生产环节，充分保护患者免受食源性疾病和食品变质对健康的影响，保证特殊医学用途配方食品的质量和安全；重点关注整个生产过程中对微生物的控制；配套的规范将设定一定的准入门槛，以进一步保证产品质量。

特殊医学用途配方食品良好生产规范涵盖如下内容。

1. 选址及厂区环境
2. 厂房和车间（设计和布局、建筑内部结构与材料、设施）
3. 设备（生产设备、监控设备、设备的保养和维修）
4. 卫生管理（卫生管理制度、厂房及设施卫生管理、清洁和消毒、人员健康与卫生要求、虫害控制、废弃物处理、有毒有害物管理、污水管理、工作服管理）

5. 原料和包装材料的要求（一般要求、原料和包装材料的采购和验收要求、原料和包装材料的运输和贮藏要求、其他）

6. 生产过程的食品安全控制（产品污染风险控制、微生物污染的控制、化学污染的控制、物理污染的控制、食品添加剂和食品营养强化剂、包装、特定处理步骤）

7. 验证

8. 检验

9. 产品的贮藏和运输

10. 产品追溯和召回

11. 培训

12. 管理制度和人员

13. 记录与文件的管理

14. 对食品安全控制措施有效性的监控与评价。

三、 特殊医学用途配方食品生产许可审查细则

《特殊医学用途配方食品生产许可审查细则》中指出，申请特殊医学配方食品生产许可时，在产品注册时已经通过现场核查的项目和内容，可以不再进行现场核查；在产品注册时未进行现场核查的项目和内容，应当进行现场核查。

1. 生产企业现场核查要点

特殊医学用途配方食品注册生产企业现场核查要点及判断原则（试行）中指出，特殊医学用途配方食品注册申请时，食品药品监督管理部门需对生产企业试制样品现场进行的核查工作，并对现场核查项目、核查项目判定原则、现场核查判定原则做出规定。

2. 主要现场核查项目

现场核查项目主要分为：生产能力、研发能力、检验能力，生产场所、设备设施、人员、物料管理、生产过程管理八个部分共 24 个核查项目，其中关键核查项目 5 个，一般核查项目 19 个。

3. 核查项目判定按以下原则

符合项中规定的内容全部符合的，该核查项目核查结论为符合；存在基本符合项中一项或一项以上情形的，该核查项目核查结论为基本符合；存在不符合项中一项或一项以上情形的，该核查项目核查结论为不符合。

4. 对整体现场核查的判定原则

全部核查项目的核查结论均为符合的，核查单位做出通过现场核查的决定；当任何 1 个至 4 个核查项目核查结论为基本符合的，申请人对基本符合项进行整改，整改应在 10 天内完成。申请人认为整改到位后，由当地省级食品药品监督管理部门予以核查确认并签字，核查单位做出通过现场核查的决定；当任何 1 个关键核查项目的核查结论为不符合，或 5 个及以上核查项目为基本符合，或逾期未完成整改或整改不到位的，核查单位做出不予通过现场核查的决定。

5. 特殊医学用途配方食品注册与食品生产许可关系

食品安全法第三十五条规定，从事食品生产应当依法取得许可；第八十条规定，特殊医学用途配方食品应当经国务院食品药品监督管理部门注册。因此，取得产品注册证书与食品生产许可证是境内企业生产特殊医学用途配方食品的必要条件。

在具体程序上，拟在我国境内生产并销售特殊医学用途配方食品的生产企业，首先，应当依法取得相应经营范围的营业执照；然后根据《特殊医学用途配方食品注册管理办法》规定的条件和程序提出特殊医学用途配方食品注册申请，取得产品注册证书后；再根据《食品生产许可管理办法》规定的条件和程序提出特殊医学用途配方食品的生产许可申请，取得对应产品的食品生产许可证后，方可生产特殊医学用途配方食品。

四、特殊医学用途配方食品临床试验质量管理规范（试行）

《特殊医学用途配方食品临床试验质量管理规范（试行）》是对特殊医学用途配方食品临床试验全过程的规定，包括临床试验计划制定、方案设计、组织实施、监察、记录、受试者权益和安全保障、质量控制、数据管理与统计分析、临床试验总结和报告。

特殊医学用途配方食品临床试验研究，应当依法并遵循公正、尊重人格、力求使受试者最大程度受益和尽可能避免伤害的原则。临床试验机构应当为药物临床试验机构，具有营养科室和经过认定的与所研究的特殊医学用途配方食品相关的专业科室；具备开展特殊医学用途配方食品临床试验研究的条件。

特殊医学用途配方食品临床试验应当遵循随机、对照和重复的原则。与临床试验相关的主要主体包括申请人、临床试验机构、伦理委员会、监察员等。申请人负责发起临床试验，并对试验的启动、管理、财务和监察负责。申请人同时对临床试验用产品的质量及临床试验安全负责。临床试验机构应当具备相应的资质及条件，负责临床试验的实施，并在临床试验完成后形成临床试验总结报告。伦理委员会负责对临床试验项目的科学性、伦理合理性进行审查，经批准后方可进行临床试验；并负责在临床试验进行过程中对批准的临床试验进行跟踪审查。监察员负责在临床试验期间，定期到试验单位监察并向申请人报告试验进行情况；保证受试者选择、试验用产品的使用和保存、数据记录和管理、不良事件记录等按照临床试验方案和标准操作规程进行。

保障受试者权益的主要规定有：申请人应当制定临床试验质量控制和质量保证措施并有效执行；临床试验方案的科学性、伦理性必须经伦理委员会审查批准后方可进行临床试验；所有参与试验人员必须具备相应资质并经过培训合格后方可参与试验；受试者对临床试验知情同意；试验期间出现的所有不良事件均能得到及时适当的处置；受试者自愿参加试验，无须任何理由有权在试验的任何阶段退出试验，且其医疗待遇与权益不受影响；发生与试验相关的损害时将获得治疗和（或）相应的补偿；受试者参加试验及在试验中的个人资料均应保密等。

特殊医学用途配方食品临床试验观察指标包括安全性（耐受性）指标及营养充足性和特殊医学用途临床效果观察指标。安全性（耐受性）指标：如胃肠道反应等指标、生命体征指标、血常规、尿常规、血生化指标等。营养充足性和特殊医学用途临床效果观察指标：保证适用人群维持基本生理功能的营养需求、维持或改善适用人群营养状况、控制或缓解适用人群特殊疾病状态的指标。

参与临床试验的研究者及试验单位应保证受试者在试验期间出现不良事件时能得到及时适当的处置；发生严重不良事件时，应采取必要的紧急措施，以确保受试者安全，并在确认后24h内由研究者向负责及参加临床试验单位的伦理委员会、申请人报告，同时向涉及同一临床试验的其他研究者通报。

所有不良事件的名称、例次、严重程度、治疗措施、受试者转归及不良事件与试验用产品的关联性等应详细记录并进行分析。严重不良事件应单独进行总结和分析并撰写病例报告。

本章知识链接

特殊医学用途配方食品注册是指原国家食品药品监督管理总局（现其职能划入国家市场监督管理总局）根据申请，依照办法规定的程序和要求，对特殊医学用途配方食品的产品配方、生产工艺、标签、说明书以及产品安全性、营养充足性和特殊医学用途临床效果进行审查，并决定是否准予注册的过程。

2020年部分地区出现食品安全恶性事件，某地区发现部分孩子身体出现湿疹、体重严重下降、头骨畸形酷似"大头娃娃"及不停拍头等异常情况。经医生检查发现，这些孩子普遍存在维生素D缺乏、发育迟缓等症状，并依此诊断为佝偻病。受害儿童都曾被医院诊断为牛乳过敏，需要服食深度水解乳粉，也就是俗称的氨基酸乳粉。其实，从新闻报道中得知，所购的产品为蛋白固体饮料。固体饮料是普通食品，不是婴幼儿配方乳粉，更不是特殊医学用途配方食品（以下简称"特医食品"），其蛋白质和营养素含量远低于婴幼儿配方乳粉和特殊医学用途配方食品。根据《中华人民共和国食品安全法》，婴幼儿配方乳粉、特医食品属于特殊食品，在我国实行严格注册管理和出厂批批检验，质量安全有保障。消费者选购婴幼儿食品，要注意查看标签标识，选购合适的产品。

练习与思考

1. 特殊医学用途配方食品国内发展有哪几个阶段？
2. 特殊医学用途配方食品定义是什么？
3. 特殊医学用途配方食品的分类有哪些？
4. 特殊医学用途配方食品与其他食品的区别是什么？
5. 1岁以下人群的特殊医学用途配方食品有哪些？
6. 国内13类常见的特定全营养配方食品是指哪些？
7. 特殊医学用途配方食品注册管理办法制定的目的是什么？

参考文献

[1] 全国人民代表大会常务委员会. 中华人民共和国食品安全法[Z]. 2018-12-29.
[2] 中华人民共和国国家卫生和计划生育委员会. GB 29922—2013 食品安全国家标准 特殊医学用途配方食品通则[S]. 北京：中国标准出版社，2013.
[3] 中华人民共和国卫生部. GB 25596—2010 食品安全国家标准特殊医学用途婴儿配方食品通则[S]. 北京：中国标准出版社，2010.
[4] 中华人民共和国国家卫生和计划生育委员会. GB 29923—2013 食品安全国家标准特殊医学用途配方食品良好生产规范[S]. 北京：中国标准出版社，2013.

[5] 韩军花. 特殊医学用途配方食品系列标准实施指南 [M]. 北京：中国标准出版社, 2015.

[6] CAC. Codex Stan 72-1981 Standard for infant formula and formulas for special medical purposes intended for infants [S]. 2007.

[7] EFSA. Scientific and technical guidance on foods for special medical purposes in the context of Article 3 of Regulation (EU) No 609/2013 [S]. 2015.

[8] CAC. Report of the thirty seventh session of the Codex Committee on nutrition and foods for special dietary uses [R]. German：Bod Soden am Taunus, 2015.